Haegele · Winkler

DER TESTAMENTSVOLLSTRECKER

Haegele · Winkler

DER TESTAMENTS-

VOLLSTRECKER

nach bürgerlichem, Handels- und Steuerrecht

Begründet von
Karl Haegele, Notar

fortgeführt von
Dr. Karl Winkler, Notar in München

14., neubearbeitete Auflage

WALHALLA
REGENSBURG · BONN

Die Deutsche Bibliothek – CIP-Einheitsaufnahme

Haegele, Karl :
Der Testamentsvollstrecker : nach bürgerlichem, Handels- und Steuerrecht /
begr. von Karl Haegele. Fortgef. von Karl Winkler. –
14., aktualisierte Aufl. – Regensburg ; Bonn : Walhalla, 1996
 ISBN 3-8029-7454-9
NE: Winkler, Karl [Bearb.]

Zitiervorschlag:
Haegele/Winkler: Der Testamentsvollstrecker,
Regensburg, Bonn, 1996

Produktion: Walhalla Fachverlag, **93042** Regensburg
Druck und Bindung: PVA – Pfälzische Verlagsanstalt GmbH, Landau
Printed in Germany
ISBN 3-8029-7454-9

Vorwort zur 14. Auflage

Die Testamentsvollstreckung ist eine Rechtseinrichtung, von der in starkem Umfang praktischer Gebrauch gemacht wird. An den Testamentsvollstrecker treten Fragen des bürgerlichen Rechts, des Handelsrechts und des Steuerrechts in vielgestaltiger Form heran. Er muß seine Verwaltungs- und Verfügungsrechte, seine Rechtsbeziehungen zu den Erben, Vermächtnisnehmern und zum Nachlaßgericht und seine steuerlichen Pflichten kennen.

Der Erblasser selbst kann sich aus der Darstellung Auskunft darüber holen, ob und in welchem Umfang er für seinen Nachlaß Testamentsvollstreckung anordnen soll und wie er diese Anordnung zu treffen hat.

Das Erbrecht und damit auch das Institut der Testamentsvollstreckung gewinnen zunehmend an Bedeutung. Was die „Gründerväter" der Bundesrepublik in den Jahren nach dem Zweiten Weltkrieg aufgebaut haben, wird nunmehr allmählich auf die nächste Generation vererbt. Schätzungen gehen für die 90er Jahre von einem zu vererbenden Geldvermögen von rund 20 Milliarden DM und einem Immobilienvermögen von rund 100 Milliarden DM jährlich aus. Pro Haushalt werden in den 90er Jahren durchschnittlich Vermögenswerte in Höhe von 300 000,– DM vererbt.

Das Buch richtet sich an alle Personen, die als Testamentsvollstrecker in Frage kommen und als Erblasser Testamentsvollstreckung anordnen. Es wendet sich an Richter und Rechtspfleger, die damit befaßt sind, insbesondere beim Nachlaßgericht und Grundbuchamt, sowie Notare und Rechtsanwälte, die laufend mit Fragen der Testamentsvollstreckung zu tun haben.

Das Buch wurde in fünf Auflagen, deren erste im Jahr 1953 erschienen ist, von Notar Karl Haegele bearbeitet. Seit dessen Tod im Jahre 1977 wird es von dem Unterzeichnenden fortgeführt. Die vielfältige Resonanz aus der Praxis beweist deren Interesse an der Materie, das seitdem bereits acht Neuauflagen erforderlich machte.

Rechtsprechung und Schrifttum sind bis September 1996 berücksichtigt. Für Kritik und Anregungen ist der Verfasser dankbar.

München, im September 1996   *Karl Winkler*

5

Inhaltsübersicht

7

Fünfter Abschnitt:
Testamentsvollstrecker und Nachlaßgericht

15

Schrifttum

Gesamtdarstellungen

Arnold/Goldmann Formular-Kommentar, 3. Teil, Familien-Erbrecht 1977, Nr. 3 656 ff.

Bengel/Reimann Handbuch der Testamentsvollstreckung, 1994

Brandner §§ 2197–2228 in Münchener Kommentar zum BGB, Bd. 6 (Erbrecht), 2. Auflage, 1989 (MüKo)

Brox Erbrecht, 11. Auflage, 1988

Bumiller/Winkler Freiwillige Gerichtsbarkeit, 6. Auflage, 1995

Dittmann/Reimann/Bengel Testament und Erbvertrag, 2. Auflage, 1986

Esch/Schulze zur Wiesche Handbuch der Vermögensnachfolge, 3. Auflage, 1989

Firsching/Graf Nachlaßrecht, 7. Auflage, 1994

Gail Grundzüge des Erbrechts, 1979

Hoffmann-Becking/Schippel Formularbuch zum bürgerlichem, Handels- und Wirtschaftsrecht, 4. Aufl., 1986

Keidel/Kuntze/Winkler Freiwillige Gerichtsbarkeit, 13. Auflage, 1992

Keidel/Schmatz/Stöber Registerrecht, 5. Auflage, 1991

Kersten/Bühling Formularbuch und Praxis der freiwilligen Gerichtsbarkeit, 20. Auflage, 1994, § 118

Kipp/Coing Erbrecht, 14. Auflage, 1990

Lange/Kuchinke Lehrbuch des Erbrechts, 4. Auflage, 1995

Langenfeld Handbuch der Familienunternehmen, Loseblatt, Stand 1986

Leipold Grundzüge des Erbrechts, 7. Auflage, 1988

v. Lübtow Erbrecht, 2 Bände, 1971

Model Testamentsrecht, 2. Auflage, 1964

Model/Haegele Testament und Güterstand des Unternehmens, 5. Auflage, 1966

Möhring/
Beisswingert/
Klingelhöffer Vermögensverwaltung in Vormundschafts- und
Nachlaßsachen, 7. Auflage, 1992

Nieder Handbuch der Testamentsgestaltung, 1992

Peter/Petzoldt/
Winkler Unternehmensnachfolge, Testamente und
Gesellschaftsverträge in der Praxis, 4. Auflage, 1977

Reimann Testamentsvollstreckung in der Wirtschaftspraxis,
RWS-Skript, 2. Auflage, 1992

Schlüter Erbrecht, 13. Auflage, 1995

Schneider/Martin Familienunternehmen und Unternehmertestament,
4. Auflage, 1963

Soergel/Damrau Kommentar zum BGB, 12. Auflage, 1992

Staudinger/
Reimann Kommentar zum BGB, 12. Auflage, 1989

Sudhoff Handbuch der Unternehmensnachfolge, 3. Auflage, 1984

Winkler Erbrecht von A–Z, 5. Auflage, 1995

Wurm/Wagner/
Zartmann Das Rechtsformularbuch, 12. Auflage, 1989

Allgemeine Fragen

App Überblick über die Rechtsstellung des Anwalts als
Testamentsvollstrecker, JurBüro 1991, 745

Bork Testamentsvollstreckung durch Banken, WM 1995, 225

Bund Aufgaben und Risiko des Testamentsvollstreckers,
JuS 1966, 60

v. Coelln Verwaltung von fremden Vermögen, 2. Aufl., 1961, 9 und
NWB Fach 30, 321

Damrau Pflegschaft für den unbekannten Testamentsvollstrecker,
Festschrift für Hermann Lange 1992, 797–803

Damrau Auswirkungen des Testamentsvollstreckeramtes auf
elterliche Sorge, Vormundschaft und Betreuung, ZEV
1994.1

Damrau Der Nachlaß vor Beginn des Testamentsvollstreckeramtes,
ZEV 1996, 81

Deckert Testamentsvollstreckung, JABl 1995, 111

Haegele Einzel- und Zweifelsfragen um den
Testamentsvollstrecker, RPfleger 1957, 147

Haegele Familienrechtliche Fragen um den Testamentsvollstrecker,
RPfleger 1963, 330

Haegele Der Testamentsvollstrecker im Landwirtschaftsrecht, RdL 1954, 144

Herold Der Vermögens- und Nachlaßverwalter, 2. Aufl., 1974, 19

Jansen Zur bindenden Wirkung der Ernennung eines Testamentsvollstreckers durch das Nachlaßgericht, NJW 1966, 331

Johannsen Die Rechtsprechung des BGH auf dem Gebiet des Erbrechts, Die Testamentsvollstreckung, WM 1969, 1402 und 1973, 535

Kämmerer Die Rechtsstellung der Vermögensverwalter, JR 1970, 328

Kraiß Testamentsvollstrecker und Vermächtnis, BWNotZ 1986, 12

Lange Die Rechtsmacht des Testamentsvollstreckers und ihre Grenzen, JuS 1970, 101

Model/Haegele Testament und Güterstand des Unternehmers, 5. Aufl., 1966, Rz. 538 ff.

von Morgen/Götting „Gespaltene" Testamentsvollstreckung bei gesamtdeutschen Nachlässen, DtZ 1994, 199

Muscheler Die Haftungsordnung der Testamentsvollstreckung, 1994

Muscheler Testamentsvollstreckung über Erbteile, AcP 195 (1995), 35 ff.

Nägele Das vermeintliche Testamentsvollstreckeramt, Diss. Konstanz 1986

Reimann Die Kontrolle des Testamentsvollstreckers, FamRZ 1995, 588

Rohlff Nießbraucher und Vorerbe als Testamentsvollstrecker, DNotZ 1971, 518

Schaub Testamentsvollstreckung durch Banken, FamRZ 1995, 845

Scheck Der Testamentsvollstrecker im internationalen Privatrecht, Diss. Mainz 1977

Skibbe Zur Kumulation von Testamentsvollstreckeraufgaben in einer Hand, Festschrift für Brandner, 1996, S. 769 ff.

Trageser Die Verwaltungsvollstreckung bei Vermächtnissen, Diss. Frankfurt 1978

Verwaltungs- und Verfügungsrechte des Testamentsvollstreckers

Garlichs Passivprozesse des Testamentsvollstreckers, 1996

Haegele Auseinandersetzungen durch den Testamentsvollstrecker, Justiz 1955, 216

Haegele Zur Verfügung des Testamentsvollstreckers über Grundbesitz, Justiz 1953, 139

Haegele Der Testamentsvollstrecker und das Selbstkontrahierungsverbot des § 181 BGB, RPfleger 1958, 370

Haegele Recht des Testamentsvollstreckers zu unentgeltlichen Verfügungen und zur Erbteilung bei Dauervollstreckung, BWNotZ 1962, 260

Haegele Der Testamentsvollstrecker bei Konkurs, Vergleich und Anfechtung außerhalb Konkurses, KTS 1969, 158

Haegele Die Verfügungsbefugnis des Testamentsvollstreckers, RPfleger 1972, 43

Häußermann Überlassung von Nachlaßgegenständen durch den Testamentsvollstrecker, BWNotZ 1969, 281

Kessler Der Testamentsvollstrecker im Prozeß, DRiZ 1965, 195; 1967, 299

Kreppel Der Testamentsvollstrecker und die Erben des Gesellschafters, DStR 1996, 430

Lehmann Die unbeschränkbare Verfügungsbefugnis des Testamentsvollstreckers, AcP 188 (1988), 1

v. Lübtow Insichgeschäfte des Testamentsvollstreckers, JZ 1960, 151

Mattern Insichgeschäfte des Testamentsvollstreckers, BWNotZ 1961, 149

Müller Zur Heilung der fehlenden Verpflichtungsbefugnis eines Testamentsvollstreckers, JZ 1981, 370

Müller Zur Unentgeltlichkeit der Verfügung als Schranke der Verfügungsmacht des Testamentsvollstreckers, WM 1982, 466

Tiedtke Der Testamentsvollstrecker als gesetzlicher oder gewillkürter Prozeßstandschafter, JZ 1981, 429

Trees Die Begründung von Nachlaßverbindlichkeiten durch rechtsgeschäftliches Handeln des Testamentsvollstreckers, Diss. Mainz 1981

Holzhauer Einschränkung der Verwaltungstestamentsvollstreckung im Handelsrecht, 1973 – Abkürzung Holzhauer

John Testamentsvollstreckung über ein einzelkaufmännisches Unternehmen, BB 1980, 757

Klein Die Testamentsvollstreckung in Gesellschaftsbeteiligungen an offenen Handelsgesellschaften und Kommanditgesellschaften, DStR 1992, 292, 326

Koch Streit der BGH-Senate und die Nachlaßzugehörigkeit des vererbten Gesellschaftsanteils, BB 1987, 2106

Lorz Testamentsvollstreckung und Unternehmensrecht, 1995

Marotzke Die Mitgliedschaft in einer offenen Handelsgesellschaft als Gegenstand der Testamentsvollstreckung, JZ 1986, 457

Marotzke Die Nachlaßzugehörigkeit ererbter Personengesellschaftsanteile und der Machtbereich des Testamentsvollstreckers nach dem Urteil des BGH v. 14. 5. 1986, AcP 187 (1987), 223

Mayer Testamentsvollstreckung am Kommanditanteil, ZIP 1990, 976

Quack Die Testamentsvollstreckung an Kommanditanteilen, BB 1989, 2271

Rehmann Testamentsvollstreckung an Gesellschaftsanteilen, BB 1985, 297

Schleitzer Testamentsvollstreckung am Gesellschaftsanteil eines persönlich haftenden Gesellschafters, Frankfurt a. M. 1994

Schmitz Testamentsvollstreckung an Personengesellschaften, ZGR 1988, 140

Stimpel Testamentsvollstreckung über den Anteil an einer Gesellschaft bürgerlichen Rechts, 1996, S. 779 ff.

Ulmer Testamentsvollstreckung am Kommanditanteil – Voraussetzungen und Rechtsfolgen, NJW 1990, 73

Weber Testamentsvollstreckung an Kommanditanteilen, Festschrift für Stiefel (1987) S. 829

Weidlich Die Testamentsvollstreckung im Recht der Personengesellschaften, 1993

Weidlich Die Testamentsvollstreckung an Beteiligungen einer werbenden OHG bzw. Kommanditgesellschaft, ZEV 1994, 205

Wiedemann Die Übertragung und Vererbung von Mitgliedschaftsrechten bei Handelsgesellschaften, 1965, § 13

Winkler „Echte" Testamentsvollstreckung am Unternehmen und OHG-Anteil? Festschrift für Schippel, 1996, S. 519–531

Im übrigen siehe zu diesem Fragengebiet die Zusammenstellung des Schrifttums Rz 293 Fußnote 1.

Vergütung des Testamentsvollstreckers

Belde JurBüro 1969, 260

Dittus Der Vergütungsanspruch des vermeintlichen Testamentsvollstreckers, NJW 1961, 590

Ebeling Abzug von Testamentsvollstrecker-Gebühren im Einkommen- und Erbschaftsteuerrecht, BB 1970, 344

Glaser Die Vergütung des Testamentsvollstreckers, NJW 1962, 1998

Glaser Die Vergütung für die Tätigkeit des Testamentsvollstreckers, DB 1979, 877

Glaser Das Honorar des Testamentsvollstreckers, MDR 1983, 93 = AnwBl. 1983, 147

Haegele Vergütung des Testamentsvollstreckers, BWNotZ 1968, 1

Morgan Die Testamentsvollstreckervergütung bei Erbteilsvollstreckungen, ZEV 1996, 170

Schumann Bundesgebührenordnung für Rechtsanwälte, 1957 § 1 Anh. II, ErgBd 1961, 55

Tschischgale JurBüro 1965, 89

Testamentsvollstrecker im Steuerrecht

Ebeling Abzug der Testamentsvollstreckergebühren im Einkommen- und Erbschaftsteuerrecht, BB 1970, 344

Haegele Der Testamentsvollstrecker im Steuerrecht, JurBüro 1969, 291

Haegele Steuerpflicht des Testamentsvollstreckers für den Nachlaß, BWNotZ 1968, 269

Kapp Rechte und Pflichten des Testamentsvollstreckers im Besteuerungsverfahren, DStR 1985, 725

Möhring/ Seebrecht Zur Höhe und Erstattungsfähigkeit der für die Vergütung des Testamentsvollstreckers und Vormunds zu zahlenden Umsatzsteuer, BB 1977, 1057

Möhring/ Seebrecht Steuerrechtliche Fragen zu den Vergütungen für Testamentsvollstrecker und Vormund, BB 1977, 1561

Oswald Die Frage der steuerlichen Beurteilung der
Testamentsvollstreckungskosten, Wirtschaftsprüfung 1979

Schelter Höhe und Erstattungsfähigkeit der Umsatzsteuer,
BB 1977, 1235

Streck Der Steuerberater als Testamentsvollstrecker und
Vermögensverwalter, DStR 1991, 592

Winkler Der Testamentsvollstrecker im Steuerrecht, Neues
Steuerrecht 1984, Testamentsvollstrecker Darstellung 1

*Im übrigen siehe die Erläuterungswerke und Lehrbücher
zum BGB, zum FGG und zum HGB. Wegen des bis 1945
vorliegenden Schrifttums zum Testamentsvollstrecker siehe
die Zusammenstellung bei Soergel/Damrau,
Vorbem. vor § 2197 BGB.*

Abkürzungen

AcP	=	Archiv für die Zivilistische Praxis
AktG	=	Aktiengesetz
AktGes	=	Aktiengesellschaft
AO	=	Abgabenordnung
BayObLGZ	=	Bayerisches Oberstes Landesgericht in Zivilsachen
BB	=	Zeitschrift Der Betriebsberater
Bengel/Reimann und jeweiliger Bearbeiter	=	Handbuch der Testamentsvollstreckung 1994
BeurkG	=	Beurkundungsgesetz
BewG	=	Bewertungsgesetz
BFH	=	Bundesfinanzhof
BGB	=	Bürgerliches Gesetzbuch
BGBl	=	Bundesgesetzblatt
BGHZ	=	Bundesgerichtshof (auch Entscheidungssammlung dieses Gerichts) in Zivilsachen
BlGBW	=	Blätter für Grundstücks-, Bau- und Wohnungsrecht
BNotO	=	Bundesnotarordnung
Brox	=	Brox, Lehrbuch des Erbrechts
BStBl	=	Bundessteuerblatt
BWNotZ	=	Zeitschrift für das Notariat in Baden-Württemberg
DB	=	Zeitschrift Der Betrieb
DDR	=	Deutsche Demokratische Republik
DFG	=	Zeitschrift Deutsche Freiwillige Gerichtsbarkeit
DJ	=	Zeitschrift Deutsche Justiz
DNotZ	=	Deutsche Notarzeitschrift
DR	=	Zeitschrift Deutsches Recht
DRiZ	=	Deutsche Richterzeitung
DRW	=	Zeitschrift Deutsches Recht, Wochenausgabe
DStZ	=	Deutsche Steuerzeitung
EGBGB	=	Einführungsgesetz zum BGB
Einf.	=	Einführung
Erman und jeweiliger Bearbeiter	=	Erman, BGB
ErbSt	=	Erbschaftsteuer
ESt	=	Einkommensteuer
EWiR	=	Entscheidungen zum Wirtschaftsrecht

FamRZ	=	Ehe und Familie, Zeitschrift für das gesamte Familienrecht
FGG	=	Gesetz über die Angelegenheiten der freiwilligen Gerichtsbarkeit
FGPrax	=	Praxis der Freiwilligen Gerichtsbarkeit (Zeitschrift)
G	=	Gesetz
GBl	=	Gesetzblatt
GBVfg	=	Grundbuchverfügung
GBO	=	Grundbuchordnung
GG	=	Grundgesetz
GmbH	=	Gesellschaft mit beschränkter Haftung
Gruch	=	Gruchots Beiträge zur Erläuterung des Deutschen Rechts
GVBl	=	Gesetz- und Verordnungsblatt
Haegele/ Schöner/ Stöber	=	Haegele/Schöner/Stöber, Grundbuchrecht
Hartmann	=	Hartmann, Testamentsvollstreckung und Nießbrauch zur Sicherung der Nachfolge des Einzelunternehmers, 1983
HEZ	=	Sammlung Höchstrichterliche Entscheidungen in Zivilsachen
HFR	=	Höchstrichterliche Finanzrechtsprechung
HGB	=	Handelsgesetzbuch
Holzhauer	=	Einschränkung der Verwaltungstestamentsvollstreckung im Handelsrecht, 1973
HRR	=	Entscheidungssammlung Höchstrichterliche Rechtsprechung
Jansen	=	Jansen, Freiwillige Gerichtsbarkeit, 2. Aufl.
JFG	=	Jahrbuch für die Entscheidungen der freiwilligen Gerichtsbarkeit
JMBl	=	Justizmaterialblatt
JR	=	Juristische Rundschau
JurBüro	=	Zeitschrift Juristisches Büro
JuS	=	Zeitschrift Juristische Schulung
Justiz	=	Zeitschrift Die Justiz, Amtsblatt des Justizministeriums Baden-Württemberg
JW	=	Juristische Wochenschrift
JZ	=	Juristenzeitung
Keidel/Kuntze/ Winkler	=	Keidel/Kuntze/Winkler, FGG
Kersten/ Bühling	=	Formularbuch und Praxis der freiwilligen Gerichtsbarkeit
KG	=	Kammergericht, Kommanditgesellschaft
KGJ	=	Jahrbuch der Entscheidungen des KG in Angelegenheiten der freiwilligen Gerichtsbarkeit

Kipp/Coing	=	Lehrbuch des Erbrechts
KO	=	Konkursordnung
KostO	=	Kostenordnung
KTS	=	Zeitschrift für Konkurs-, Treuhand- und Schiedsgerichtswesen
LAG	=	Lastenausgleichsgesetz
LG	=	Landgericht
LM	=	Nachschlagewerk des BGH, herausgegeben von Lindenmaier und Möhring
Lübtow	=	v. Lübtow, Erbrecht
LZ	=	Leipziger Zeitschrift für Deutsches Recht
MDR	=	Monatsschrift für Deutsches Recht
MIR	=	Meikel/Imhof/Riedel, GBO, 7. Aufl.
MittBayNot	=	Mitteilungen des Bayerischen Notarvereins
MittRhNotK	=	Mitteilungen der Rheinischen Notarkammer
MüKo	=	Münchener Kommentar zum BGB
Nachw.	=	Nachweis (Nachweise)
NdsRpfl	=	Zeitschrift Niedersächsische Rechtspflege
NJW	=	Neue Juristische Wochenschrift
NJW-RR	=	Neue Juristische Wochenschrift Rechtsprechungs-Report
NRW	=	Nordrhein-Westfalen
OGH	=	Oberster Gerichtshof (der fr. Britischen Zone)
OLGZ	=	Oberlandesgericht (auch Rechtsprechung der Oberlandesgerichte) in Zivilsachen
Palandt und jeweiliger Bearbeiter	=	Palandt, BGB, 55. Aufl.
RdL	=	Zeitschrift Recht der Landwirtschaft
Rdn	=	Randnummer
Rz	=	Randziffer
Recht	=	Entscheidungssammlung Das Recht
RFH	=	Reichsfinanzhof
RGZ	=	Reichsgericht (auch Rechtsprechung dieses Gerichts) in Zivilsachen
RGBl	=	Reichsgesetzblatt
RGR und jeweiliger Bearbeiter	=	Kommentar zum BGB, herausgegeben von Reichsgerichtsräten und Bundesrichtern, 12. Aufl.
RJA	=	Entscheidungen in Angelegenheiten der freiwilligen Gerichtsbarkeit, herausgegeben vom fr. Reichsjustizamt
RPfleger	=	Zeitschrift Der deutsche Rechtspfleger

RpflG	=	Rechtspflegergesetz
RStBl	=	Reichssteuerblatt
RWP	=	Zeitschrift Rechts- und Wirtschafts-Praxis
Schlüter	=	Schlüter, Erbrecht
SeuffArch	=	Seufferts Archiv für Entscheidungen der obersten Gerichte
SJZ	=	Süddeutsche Juristenzeitung
Soergel/ Damrau	=	Soergel/Siebert/Damrau – Bearbeiter: Damrau, BGB, 12. Aufl.
Staudinger und jeweiliger Bearbeiter	=	Staudinger, BGB, 10./11., 12. bzw. 13. Aufl.
StAnpG	=	Steueranpassungsgesetz
StGB	=	Strafgesetzbuch
TV	=	Testamentsvollstrecker
TVg	=	Testamentsvollstreckung
UmwG	=	Umwandlungsgesetz
VersR	=	Zeitschrift Versicherungsrecht
vgl.	=	vergleiche
VerglO	=	Vergleichsordnung
Vorbem	=	Vorbemerkung
Warn	=	Warneyer, Rechtsprechung des Reichsgerichts
Westermann	=	Westermann/Scherpf/Paulick/Bulla/Hackbeil, Handbuch der Personengesellschaften
Wiedemann	=	Die Übertragung und Vererbung von Mitgliedschaftsrechten bei Handelsgesellschaften (1965)
WM	=	Wertpapier-Mitteilungen Teil IV B
WürttNotV	=	Mitteilungen aus der Praxis, herausgegeben vom Württ. Notarverein
WürttR	=	Zeitschrift für die Rechtspflege in Württemberg
WürttZ	=	Zeitschrift für die freiwillige Gerichtsbarkeit in Württemberg
Zeller/Stöber	=	Zwangsversteigerungsgesetz, 14. Aufl., 1993
ZEV	=	Zeitschrift für Erbrecht und Vermögensnachfolge
ZGR	=	Zeitschrift für Unternehmens- und Gesellschaftsrecht
ZHR	=	Zeitschrift für das gesamte Handelsrecht und Wirtschaftsrecht
ZIP	=	Zeitschrift für Wirtschaftsrecht
ZPO	=	Zivilprozeßordnung
ZVG	=	Zwangsversteigerungsgesetz

Erster Abschnitt
Allgemeine Fragen

I. Rechtscharakter und Arten der Testamentsvollstreckung

1. Wesen der Testamentsvollstreckung

Testamentsvollstreckung ist eine vom Erblasser bestimmte Verwaltung seines **1** ganzen oder teilweisen Vermögens, um seine letztwilligen Anordnungen auszuführen, gegebenenfalls die Auseinandersetzung unter den Erben zu bewirken oder den Nachlaß zu verwalten.[1] Davon zu unterscheiden ist die vom Erblasser erteilte Vollmacht über den Tod hinaus.[2]

Der Testamentsvollstrecker ist **Träger und Inhaber eines dem Privatrecht zugehörigen** – also nicht eines öffentlichen – **Amtes.** Kraft dieses ihm vom Erblasser testamentarisch übertragenen Amtes übt er seine Rechte und Pflichten zur Vollziehung des letzten Willens des Erblassers aus. Der TV handelt zwar aus eigenem Recht und – allerdings unter seiner Bezeichnung als TV – in eigenem Namen, unabhängig von den Erben, aber nicht mit Wirkung für seine Person, sondern im Interesse und für die Person des Erben.[3] Ein Schiedsvertrag, den

---

[1] Siehe unten Rz 3.

[2] Siehe unten Rz 4.

[3] RGZ 56, 330; 68, 558; 75, 302; 76, 126; 86, 294; 121, 395; 130, 134; 144, 401; 155, 353; 138, 136; BGHZ 13, 205 = NJW 1959, 1036 (Amtstheorie). Siehe auch § 114 Abs. 3 ZPO. Einen Überblick der Theorien gibt Soergel/Damrau, vor § 2197 BGB Rz 1–14. Siehe zur allgemeinen Rechtsstellung des TV ferner Schlüter, Erbrecht, § 42 I; Brox, Erbrecht, Rdnr. 380; Firsching/Graf, Nachlaßrecht, Rz 4421 ff.; Möhring/Beisswingert/Klingelhöffer, Vermögensverwaltung in Vormundschafts- und Nachlaßsachen, S. 174 ff.; Palandt/Edenhofer, Einführung 1 vor § 2197 BGB; Soergel/Damrau, Vorbem. 1 ff. vor § 2197; Staudinger/Reimann, Vorbem. 12 vor § 2197 BGB; Haegele, RPfleger 1957, 148; Trees, S. 18 ff. mit zahlreichen Nachweisen. Nach Kipp/Coing, Erbrecht, § 66 III, entspricht die Kennzeichnung des TV als Treuhänder am besten sowohl der geschichtlichen Entwicklung wie den ihm gestellten Aufgaben (siehe auch Liebich, Treuhand und Treuhänder im Wirtschaftsrecht, S. 219). Dem widerspricht Lange/Kuchinke, Lehrbuch, § 29 III 3. Er weist (§ 29 II 2) darauf hin, daß das schweizerische ZGB vom „Willensvollstrecker" spricht. Betrachtet man die Streitfrage vom praktischen Ergebnis her, so ist sie, wie Lange/Kuchinke (§ 29 II 1) mit Recht feststellt, von geringer Bedeutung; a. A. Soergel/Damrau, a. a. O. Siehe auch Lange, JuS 1970, 101, 108 wie folgt: So dogmatisch bedenklich es in unserem romanistischen Erbrechtssystem ist, den TV als Treuhänder zu konstruieren, so treffend ist diese Bezeichnung als Anruf an den TV, den Willen des Erblassers zu wahren und dennoch die Interessen der Erbbeteiligten nicht außer Acht zu lassen. Zur rechtlichen Stellung des TV siehe auch Kämmerer JR 1970, 328 und v. Lübtow, Lehrbuch, S. 923.
Zur Entwicklung des Rechts der TVg (auch im Ausland) siehe Holzhauer, S. 45, RGR-Kregel, Vorbem. 1 vor § 2197 und Siebert, Rechtsvergleichendes Handbuch VI (1938) S. 561.

Miterben für ihre künftigen Streitigkeiten aus der Verwaltung und Auseinandersetzung des Nachlasses abschließen, bindet den TV daher nicht.[1])

2 Der TV ist weder Vertreter des Nachlasses, da dieser keine eigene Rechtspersönlichkeit hat,[2]) noch der Nachlaßgläubiger, da er nicht von ihnen bestellt ist und auch nicht vornehmlich deren Interessen zu vertreten hat. Er ist auch nicht Vertreter der Erben,[3]) denn er kann auch gegen diese vorgehen (vgl. §§ 2206 Abs. 2, 2208 Abs. 2 BGB); sein rechtsgeschäftlicher Wille, der den Nachlaß verpflichtet, ist nicht der der Erben. Daher bedarf er der Genehmigung des Vormundschaftsgerichts grundsätzlich auch dann nicht, wenn er für geschäftsunfähige oder in der Geschäftsfähigkeit beschränkte Erben Rechtsgeschäfte vornimmt.[4]) Der TV übt vielmehr das ihm zugewiesene Amt aus eigenem Recht gemäß dem letzten Willen des Erblassers und dem Gesetz selbständig aus: **Inhalt und Umfang seiner Aufgaben** bestimmen sich nach den testamentarischen Anordnungen des Erblassers in Verbindung mit den gesetzlichen Vorschriften.[5])

2. Arten der Testamentsvollstreckung

3 Üblicherweise wird unterschieden zwischen folgenden Arten von TVg:[6])

a) **Abwicklungs-TV** (Ausführung des letzten Willens des Erblassers, bei mehreren Erben Nachlaßauseinandersetzung) nach § 2204 BGB (wegen Einzelheiten siehe Rz 120 ff., 507 ff.).

b) **Dauer-TV** nach § 2209 Satz 1 Halbs. 2 BGB (Einzelheiten siehe Rz 130 ff.).

c) **Verwaltungs-TV** nach § 2209 Satz 1 Halbs. 1 BGB (Einzelheiten siehe Rz 130 ff.).

d) **Nacherben-TV** nach § 2222 BGB (Einzelheiten siehe Rz 153 ff.).

e) **Vermächtnis-TV** nach § 2223 BGB (Einzelheiten siehe Rz 162 ff.).

f) **TV** mit beschränktem Aufgabenkreis nach § 2208 BGB (Einzelheiten siehe Rz 143 ff.).

Bei den unter Buchst. a–c und f genannten TV-Arten kann TVg sowohl für den **Vor-** wie für den **Nacherben,** bei allen TV-Arten kann **Ersatz-TVg** in Frage kommen. Ist in einem gemeinschaftlichen Testament sowohl für den Nachlaß des erstversterbenden als auch für den des letztversterbenden Ehegatten TVg angeordnet, so handelt es sich um zwei voneinander rechtlich unabhängige

---

[1]) LG Hamburg, EWiR 1985, 815 mit Anm. Damrau.

[2]) Siehe allerdings §§ 207, 254, 278 BGB, § 241 ZPO, wo er als Vertreter des Nachlasses anzusehen ist; RGZ 100, 218; 144, 399; HRR 1934 Nr. 1359; vgl. auch BFH, BB 1971, 899.

[3]) BGHZ 13, 203.

[4]) Firsching/Graf, Nachlaßrecht, Rz 4421; unten Rz 218, 531.

[5]) Über letztere siehe Rz 25, 26.

[6]) Zur Kumulation von Aufgaben in einer Hand ausführlich Skibbe, Festschrift für Brandner, 1996, S. 769 ff.

Fälle von TVg, für die jeweils die Voraussetzungen ihrer Wirksamkeit selbständig zu prüfen sind.[1]) Das gleiche gilt, wenn Vor- und Nacherbschaft von der TVg erfaßt sind.[2])

3. Bevollmächtigung über den Tod hinaus

a) Postmortaler Bevollmächtigter

Vom TV zu **unterscheiden** ist der vom Erblasser über seinen Tod hinaus **4** Bevollmächtigte. Die Vollmacht ist für den Rechtsverkehr unter Lebenden vorgesehen. Sie kann aber auch über den Tod des Vollmachtgebers hinaus wirken und in Verbindung mit einer aufschiebenden Bedingung so ausgestaltet werden, daß von ihr erst **nach** dem Tode des Vollmachtgebers Gebrauch gemacht werden kann. Man spricht in diesem Fall von einer „postmortalen Vollmacht".[3]) Der Erblasser kann durch Rechtsgeschäft unter Lebenden, durch Erbvertrag oder durch gemeinschaftliches Testament unter Beteiligung des für die Zukunft Bevollmächtigten, aber auch durch einseitige letztwillige Verfügung – durch eigenhändiges Testament, wenn dessen Zugehen an den Bevollmächtigten nach dem Tode des Erblassers sichergestellt ist –,[4]) für sich und zugleich für seine Erben einer bestimmten namentlich bezeichneten Person (oder mehreren Personen, je für sich allein oder nur zusammen vertretungsberechtigt) eine **General- oder Spezialvollmacht** des Inhalts erteilen, daß die Vollmacht über seinen Tod hinaus gegenüber seinen Erben, die dann die Vertretenen sind, wirkt. Der Erblasser kann auch einen Bevollmächtigten dergestalt bestellen, daß die Vollmacht überhaupt erst mit seinem Tode in Kraft treten soll.[5])

Eine solche Vollmacht, die über den Tod hinaus Geltung hat, sollte jeder **5** Erblasser schriftlich niederlegen, um die Verfügung über Bank-,[6]) Postscheck- bzw. Postgirokonten, Versicherungssummen usw. zu erleichtern, da es häufig eine Zeitspanne dauert, bis der TV sein Amt angenommen hat und der TV außerdem die Erteilung des TV-Zeugnisses abwarten muß, um legitimiert zu sein.[7]) Die Erteilung eines TV-Zeugnisses nimmt jedoch meist längere Zeit in Anspruch. Der Bevollmächtigte, der eine solche Vollmacht in der Hand hat,

---

[1]) BayObLGZ 1985, 233.

[2]) Siehe Rz 153 ff.

[3]) Zur postmortalen Vollmacht s. u. a. Böhm, DB 1969, 1978; Haegele, RPfleger 1968, 346 und RWP 2 BürgR materielles TV I 1; Hopf, ZHR 1970; v. Lübtow, S. 1240; Merkel, WM 1987, 1001; Rehmann, BB 1987, 213; Reithmann, BB 1984, 1394/1396 und Riedel, JurBüro 1972, 1041.

[4]) Vgl. OLG Hamburg, DNotZ 1967, 30; OLG Köln, DNotZ 1951, 36 = NJW 1950, 702; LG Siegen, DNotZ 1950, 164; Erman/Hense, Vorbem. 5 vor § 2197 BGB; Grußendorf, DNotZ 1950, 164; Lindemann, DNotZ 1951, 215; Lukowsky, MittRhNotK 1963, 215; Palandt/Edenhofer, Einf. vor § 2197 BGB Rz 17 ff.; Staudinger/Reimann, Vorbem. vor § 2197 BGB Rz 100 ff.

[5]) RGZ 88, 347; 114, 354; RG, DJ 1938, 127; KG, JFG 12, 276.

[6]) Dazu Merkel, WM 1987, 1001; Rehmann, BB 1987, 213.

[7]) Dazu Burghardt, ZEV 1996, 136, 138.

kann nach dem Tod des Erblassers für diesen handeln, ohne daß es eines TV-Zeugnisses bedarf.

6 Die Möglichkeit der Ausstellung einer über den Tod des Vollmachtgebers hinaus erteilten – zumindest zunächst – für den Erben wirkenden Vollmacht ist insbesondere für die Fälle von Bedeutung, in denen es nach dem Tode des Vollmachtgebers voraussichtlich geraume Zeit dauern wird, bis der TV sein Amt angenommen hat. Sie ist ferner dann von Bedeutung, wenn der überlebende Ehegatte in der Verfügung über seinen Nachlaß durch ein entsprechendes gemeinschaftliches Testament oder durch einen Erbvertrag daran gehindert ist, einseitig eine TVg anzuordnen.[1] Er kann dann wenigstens einen Bevollmächtigten über seinen Tod hinaus berufen.

7 Der Erblasser kann auf diese Weise eine spezielle Vollmacht, die nur für bestimmte Geschäfte gilt, oder auch eine Generalvollmacht erteilen. Bei dieser empfiehlt sich **Beurkundung oder Beglaubigung durch den Notar**. Post und Banken haben für Vollmachten meist besondere Formulare, die bei ihnen beschafft werden können und entsprechend auszufüllen sind (z. B. Schrankfach-, Post-, Fernmeldevollmacht). Für den Grundbuchverkehr ist es erforderlich, daß der Erblasser die Vollmacht notariell beurkunden oder zumindest seine Unterschrift von einem Notar beglaubigen läßt (§ 29 GBO).[2]

b) Widerruf

8 Vom TV **unterscheidet** sich der Bevollmächtigte vor allem dadurch, daß er nicht Träger eines Amtes ist [3] und in den Nachlaß nur bis zum **Widerruf** der Vollmacht eingreifen darf. Während der TV vom Willen der Erben weitgehend unabhängig ist und die TVg als solche durch die Erben nicht beseitigt werden kann, ist die vom Erblasser über seinen Tod hinaus erteilte Vollmacht – auch während bestehender Erbengemeinschaft und trotz der TVg – vom Erben mit der Folge jederzeit widerruflich, daß der Bevollmächtigte über den Nachlaß nicht mehr mit Wirkung gegenüber dem Erben verfügen kann.[4] Ist Widerruf der Vollmacht durch den Erblasser ausgeschlossen worden, so können die Erben bei Vorliegen eines wichtigen Grundes die Vollmacht gleichwohl widerrufen. Handelt es sich um eine vom Erblasser erteilte unwiderrufliche Generalvollmacht in abstrakter Form, so ist sie nach seinem Tode gleichwohl als

---

[1]   Unten Rz 62; vgl. Hilberscheid, DNotZ 1938, 491.

[2]   Siehe Peter/Petzold/Winkler, Ziffer 6.1.

[3]   Oben Rz 1.

[4]   § 671 BGB; RGZ 88, 345; 106, 185; KG, DFG 1937, 151 = DNotZ 1937, 813; Palandt/Edenhofer, Einf. v. § 2197 BGB Rz 19; Hoffmann/Becking/Schippel, Formularbuch, VI. 10.5.

widerruflich anzusehen; bis zum Widerruf gilt sie weiter, wenn der Erblasser sie auch ohne Verzicht auf den Widerruf erteilt hätte.[1]

Bei einer Erbengemeinschaft ist **jeder** einzelne **Miterbe** für seine Person widerrufsberechtigt. Gegenüber nicht widerrufenden Miterben bleibt die Vollmacht dagegen bestehen. In diesem Fall kann Rückgabe der Vollmachtsurkunde nicht verlangt werden, sondern lediglich die Eintragung eines einschränkenden Vermerks.[2] Der Erblasser kann allerdings einen oder mehrere bestimmte Miterben zum alleinigen Widerruf der Vollmacht mit Wirkung für alle Erben ermächtigen.

Die Vertretungsmacht des Bevollmächtigten wird durch eine TVg nicht beeinträchtigt.[3] Die **Vollmacht erlischt nicht** allein dadurch, daß der **Erblasser auch** einen **TV ernannt** hat.[4] Die Aufgabengebiete von TV und Bevollmächtigten können verschiedene sein. Auch ist die Vertretungsmacht des über den Tod hinaus Bevollmächtigten insofern eine weitergehende, als der Bevollmächtigte auch unentgeltlich über die von seiner Vollmacht erfaßten Nachlaßwerte verfügen kann. Siehe zu vorstehenden Fragen und wegen der Möglichkeiten der **Überschreitung** von Handlungen des TV und des Bevollmächtigten im einzelnen die Ausführungen Rz 244. **9**

Der **TV selbst** kann aber zum mindesten eine Generalvollmacht, die der Erblasser über seinen Tod hinaus erteilt hat, im Rahmen seines Verwaltungsrechts nach §§ 2205, 2216 BGB **widerrufen,** falls ihm der Erblasser nicht dieses Widerrufsrecht entzogen hat; in diesem Fall können nur die Erben widerrufen. Bei einer Spezialvollmacht wird ein eigenes Widerrufungsrecht des TV in der Regel zu verneinen sein. **10**

Eine vom Willen der Erben unabhängige Verwaltung des Nachlasses kann somit durch eine über den Tod hinaus erteilte Vollmacht nicht herbeigeführt werden, sondern nur durch Anordnung einer TVg.[5] Eine Umgehung der Vor- **11**

---

[1] RG, DJ 1938, 1127; Palandt/Edenhofer, Einf. vor § 2197 BGB Rz 19; Staudinger/Reimann, Vorbem. 112 vor § 2197 BGB. Das Recht auf Widerruf einer Vollmacht ist jedenfalls dann unverzichtbar, wenn der ihr zugrunde liegende Auftrag nur den Interessen des Auftraggebers dient. Eine Unwiderruflichkeitsklausel, die eine auf Grund eines solchen Auftrags erteilte Vollmacht enthält, ist wirkungslos (BGH, DNotZ 1972, 229 = WM 1971, 956). Nach Erman/Hense, Vorbem. 5 vor § 2197 BGB, ist eine unwiderrufliche Generalvollmacht entweder nach § 138 BGB nichtig oder in Erbeinsetzung umzudeuten. Letzteres wird aber nur ganz selten möglich sein. S. zu (unwiderruflichen) Generalvollmachten an den TV auch RGZ 88, 345; 107, 238; BGHZ 25, 275; NJW 1962, 1718; OLG München JFG 14, 433; Soergel/Damrau, § 2205 BGB Rz 51; Spitzbarth, BB 1962, 851.

[2] BGH NJW 1990, 507.

[3] Unten Rz 253.

[4] BGHZ 9, 233 = DNotZ 1952, 415.

[5] RGZ 134, 41.

schriften über die TVg durch Erteilung einer entsprechend gefaßten über den Tod des Vollmachtgebers hinauswirkenden Vollmacht ist insoweit unzulässig.[1])

c) Verdrängende Vollmacht

11a Aus dem Wesen der Vollmacht ergibt sich eine weitere Einschränkung: Die Vollmacht gibt dem Bevollmächtigten die Berechtigung für den Vollmachtgeber zu handeln, schließt aber die Befugnis des Vollmachtgebers, selbst zu handeln, nicht aus. Dieses Recht des Vollmachtgebers wird durch die Vollmacht grundsätzlich nicht verdrängt (sog. konkurrierende Befugnis).[2]) Der Erbe wird durch die postmortale Vollmacht grundsätzlich nicht gehindert, selbst zu handeln, z. B. über Nachlaßgegenstände zu verfügen.

d) Auslegung

12 Die Frage, ob der Erblasser eine TVg anordnen oder eine postmortale Vollmacht erteilen wollte, muß im Zweifelsfall im Wege der **Auslegung** (§§ 133, 2084 BGB) entschieden werden. Dabei sind besonders die unterschiedlichen Befugnisse beider Rechtsinstitute zu bedenken.[3]) In der zur Auseinandersetzung des Nachlasses erteilten testamentarischen Vollmacht kann, wenn die Auseinandersetzung nach billigem Ermessen erfolgen soll,[4]) die Anordnung einer TVg liegen, nicht aber in der Erteilung einer Generalvollmacht, welche die Erben jederzeit widerrufen können.

13 Die Frage, ob eine Vollmacht durch den Tod des Vollmachtgebers begrifflich wegfällt, wenn der Bevollmächtigte Alleinerbe ist, wird nicht einheitlich beantwortet,[5]) ist aber wohl zu verneinen.

e) Testamentsvollstrecker als Erben-Bevollmächtigter

14 Der TV und der Bevollmächtigte über den Tod hinaus können dieselbe Person sein. Beide Vertretungsbefugnisse können sich also in der gleichen Person vereinigen. Hierbei werden die Unterschiede beider Rechtsinstitute besonders deutlich.[6]) Wie eben ausgeführt, hat die Vollmacht den Nachteil, daß sie jederzeit von den Erben oder einem Teil von ihnen widerrufen werden kann,[7]) und

---

[1]) RGZ 139, 43; v. Lübtow, S. 1246; Palandt/Edenhofer, Einf. vor § 2197 BGB Rz 19; Staudinger/ Coing, § 168 BGB Anm. 4; Staudinger/Boehmer, § 1922 BGB Anm. 22b.

[2]) Siehe unten Rz 352.

[3]) Siehe unten Rz 14 und Rz 361 ff.

[4]) Unten Rz 510.

[5]) Die Frage wird vom OLG Stuttgart, NJW 1948, 627 bejaht, von Hueck, SJZ 1948, 55 und Palandt/ Heinrichs, § 168 BGB Anm. 1 verneint.

[6]) Wegen der Einzelheiten siehe ausführlich unten Rz 244 ff., 350 ff.; Muster Rz 863.

[7]) Siehe unten Rz 351.

die Befugnis des Vollmachtgebers, selbst zu handeln, nicht ausschließt.[1]) Der Erblasser kann diese Nachteile aber dadurch ausschließen, daß er den Erben durch erbrechtliche Strafklauseln oder Auflagen vom Widerruf oder eigenem Handeln abhält.[2])

Umgekehrt gewährt die Vollmacht dem TV mehr Rechte als ihm als TV zustehen. So kann der TV die Erben über den Nachlaß hinaus verpflichten (§ 2206 BGB), er darf nicht unentgeltlich über Nachlaßgegenstände verfügen (§ 2205 S. 3 BGB), die TVg endet grundsätzlich nach 30 Jahren (§ 2210 BGB). Die Vollmacht kennt diese Beschränkungen nicht. Der Erblasser muß also genau überlegen, welche Befugnisse der TV, der gleichzeitig Bevollmächtigter ist, haben soll. Er kann die Vorteile beider Rechtsinstitute auch kombinieren, die Vollmacht etwa inhaltlich dahin begrenzen, daß sie unentgeltliche Verfügungen nicht umfaßt und eingegangene Verpflichtungen nur den Nachlaß, nicht den Erben persönlich binden. Dies kann freilich zu Nachweisschwierigkeiten führen und der bezweckten Erleichterung des Rechtsverkehrs widersprechen. Die damit zusammenhängenden Fragen sind eingehend behandelt bei der Ausübung von Gesellschaftsrechten, bei denen eine TVg zweifelhaft ist und deshalb mit Bevollmächtigung gearbeitet wird.[3])

Auch wenn der TV gleichzeitig Bevollmächtigter ist, ist es zulässig, ihn von den Beschränkungen des § 181 BGB auch in seiner Eigenschaft als Bevollmächtigter zu befreien.[4])

---

[1]) Siehe unten Rz 352.
[2]) Eingehend unten Rz 353; Muster unten Rz 863.
[3]) Siehe unten Rz 344 ff., 361 ff.
[4]) Siehe unten Rz 244.

II. Mit der Testamentsvollstreckung verfolgte Zwecke

15 Die Anordnung der TVg kann verschiedene Ziele verfolgen, z. B. den Nachlaß vor ungeeigneten oder geschäftlich unerfahrenen oder böswilligen Erben zu schützen, die Abwicklung und Verwaltung des Nachlasses zu vereinfachen, etwa bei einer großen Zahl Beteiligter und/oder bei im Ausland lebenden Beteiligten, die Unternehmensnachfolge zu sichern, einem Erben vor den übrigen Miterben den Vorrang zu geben, den Zugriff der Eigengläubiger der Erben auf den Nachlaß zu verhindern.[1]

1. Vorsorge für die Zukunft

16 Durch die TVg kann der Erblasser noch über seinen Tod hinaus durch einen fortlebenden Menschen seines Vertrauens Einfluß auf die **künftige Entwicklung** und die sich verändernden Bedürfnisse des **Nachlasses** nehmen.[2] Viele Erblasser mit größerem Vermögen wollen die Herrschaft hierüber mit ihrem Tod nicht aufgeben, sondern darüber hinaus durch Ernennung eines TV gewissermaßen als verlängerten Arm weiterhin ausüben, weil sie – zu Recht oder Unrecht – überzeugt sind, daß nur sie allein die Zukunft meistern können.[3]

17 Diese Wünsche des Erblassers lassen sich aber durch die TVg nicht immer erfüllen. So führt Kegel aus:

> *„Über sein Vermögen kann der Erblasser auch **in die Zukunft hinein** bestimmen, also weiter als nach § 137 Satz 1. Aber er kann es grundsätzlich nur für ein Menschenalter (§§ 2044 Abs. 2, 2109, 2162, 2163, 2210 BGB, die für Verfügungen von Todes wegen das Gegenstück zur englisch-amerikanischen ‚rule against perpetuities' darstellen). Bis dahin gelten seine Erbteilungsverbote (§ 2044 Abs. 2), vorausgesetzt, daß ein Beteiligter noch zu ihnen steht. – Aber selbst, wenn es im BGB den Grundsatz der Universalsukzession nicht gäbe, könnten sich die Betroffenen gemeinsam über Erbteilungsverbote hinwegsetzen und hier stoßen wir auf den wirklichen Grund der Kraftlosigkeit solcher Verbote.*
>
> *Es liegt in der Eigenart der Verfügung von Todes wegen im Unterschied zum Rechtsgeschäft unter Lebenden. Die Aufgabe der Verfügung von Todes wegen ist nämlich, einen oder mehrere Nachfolger zu bestimmen, für den Erblasser, der selbst verschwindet. Der Erblasser kann keine Befugnisse zurückhalten: er verliert alles und entweder das Gesetz oder sein Wille bestimmt, wer es bekommt. Darum muß über jeden Nachlaßgegenstand jederzeit verfügt werden können, wenn alle Beteiligten einig*

---

[1] Hartmann, Abschn. 2.11.

[2] Vgl. Schlüter, Erbrecht, § 42 I 2. Wegen der Vor- und Nachteile einer TVg bei Handelsgeschäften s. ausführlich Wiedemann, S. 316.

[3] Vgl. Lange, JuS 1970, 101.

sind. Wenn's ans Sterben kommt, gilt daher: nemo minus juris trans-
ferre potest, quam ipse habet.'' [1])

2. Erleichterung der Nachlaßabwicklung

Der Zweck, der mit der Ernennung eines TV – bei gewillkürter oder bei **18**
gesetzlicher Erbfolge – verfolgt wird, ist ferner der, **den Vollzug der vom**
Erblasser getroffenen Verfügung von Todes wegen unabhängig vom Willen der
einzelnen Erben sicherzustellen. Persönliche Erbstreitigkeiten zwischen den
am Nachlaß beteiligten Personen werden so verhindert und die Nachlaßauseinandersetzung wird erleichtert und vereinfacht. Aus diesen Gründen ist die
Ernennung eines TV namentlich in den Fällen besonders ratsam, in denen eine
große Zahl von – dem Erblasser vielleicht nicht nahestehenden – Erben vorhanden ist (von denen sich vielleicht noch ein Teil im Ausland befindet) oder
in denen vor der Auseinandersetzung des Nachlasses eine länger dauernde
Verwaltung, etwa wegen Vorhandenseins eines Betriebs oder Grundbesitzes, in
Frage kommt.

Durch Anordnung von TVg kann auch erreicht werden, daß der Nachlaß wäh- **19**
rend ihrer Dauer **vor Zugriffen persönlicher Gläubiger** der **Erben geschützt**
ist.[2])

Die Ernennung eines TV ist auch möglich für **einen Teil des Nachlasses** (z. B. **20**
ein Gebäude oder ein Geschäft) oder nur für einen **bestimmten Erbteil** (z. B.
denjenigen eines noch nicht 25 Jahre alten Miterben) oder nur für einen
bestimmten Erben (z. B. nur einen Enkel, nicht aber einen Sohn oder nur
einen Erbeserben).[3]) Eine solche Beschränkung kann sich auch nachträglich
ergeben.[4]) Ist TVg für den gesamten Nachlaß angeordnet, hierfür aber nicht
zulässig und deshalb unwirksam, so kann darin die Anordnung der TVg für
einen Erbteil liegen.[5])

3. Überlebender Ehegatte als Testamentsvollstrecker

Zahlreich sind die Fälle, in denen der **überlebende Ehegatte zum TV ernannt** **21**
wird. Dies kommt insbesondere dann vor, wenn die Ehegatten an der gesetzlichen Erbfolge nichts ändern wollen, der Überlebende aber von den übrigen

---

[1]) So wörtlich Kegel in seinem Aufsatz „Nemo minus juris transferre potest, quam ipse habet, oder
warum Erbteilungsverbote so kraftlos sind'' in Festschrift für Richard Lange zum 70. Geburtstag,
S. 927, 940. Kegel behandelt in diesem Aufsatz wiederholt Fragen der TVg.

[2]) Unten Rz 181.

[3]) Unten Rz 143. Zur Angabe der Beschränkung im Erbschein siehe Rz 150, im TV-Zeugnis siehe
Rz 691.

[4]) Siehe BGH, NJW 1962, 912 in einem Fall, in dem TVg zwar in den ganzen Nachlaß angeordnet,
die Anordnung aber hinsichtlich eines Miterben wegen eines früheren Erbvertrags ungültig war
(vgl. Rz 64).

[5]) BayObLG RPfleger 1991, 112 = NJW-RR 1991, 6 = FamRZ 1991, 231 mit Anm. von Preuschan
(FamRZ 1993, 1390); vgl. auch Rz 66.

Erben möglichst unabhängig sein soll. Das ist vor allem bedeutsam, weil der Überlebende dann von den erheblichen Beschränkungen und Verpflichtungen befreit ist, die bestehen, wenn er die Verwaltung der Erbteile der Kinder kraft elterlicher Gewalt ausübt, die Kinder also geschäftsunfähig oder beschränkt geschäftsfähig sind. Die Verfügungsmacht des TV über den Nachlaß ist in diesen Fällen nicht wie die des Vormunds beschränkt und deshalb unabhängig von der Genehmigung des Vormundschaftsgerichts.[1]) Meist wird in einem solchen Fall der überlebende Ehegatte nicht nur zum TV ernannt, es wird ihm vielmehr auch der lebenslängliche oder bis zu seiner etwaigen Wiederverheiratung dauernde **Nießbrauch** an den Erbteilen der Miterben verschafft und es wird auf die gleiche Zeit die **Auseinandersetzung des Nachlasses ausgeschlossen.** Auf diese Weise läßt sich, wirtschaftlich gesehen, erreichen, daß auf den Tod des erststerbenden Ehegatten der Überlebende in Besitz und Genuß des gesamten Vermögens gelangt und von den Miterben weitgehend unabhängig ist.[2])

4. Beschränkung der Erbenstellung

22 Vom Gesichtspunkt der Erben aus stellt sich die TVg vielfach als eine Beschränkung ihrer Rechte dar, zumal der TV den **letzten Willen** des Erblassers erforderlichenfalls auch **gegen ihren Willen auszuführen** hat. Die TVg bedeutet aber keine Beschränkung der Haftung für die Nachlaßverbindlichkeiten.

23 Der TV soll gleichwohl seine Aufgabe auch in der **Beratung und Unterstützung** der Erben sehen, soweit dies mit seinen Pflichten in Einklang zu bringen ist. Er soll sich als Vertrauensmann des Erblassers wie der Erben betrachten. Letzten Endes sind doch die Erben, nicht der TV, die Herren des Nachlasses.[3]) Der TV ist den Erben gegenüber verantwortlich.

24 Im Einzelfall kann die Tatsache, daß sich eine TVg als Beschränkung der Erben darstellt, dazu führen, daß sie aufgrund des Pflichtteilsrechts **als nicht angeordnet** gilt.[4]) Kosten der TVg bleiben bei der Berechnung des Pflichtteils grundsätzlich außer Betracht.[5])

---

[1]) Hartmann, Abschn. 2.13.

[2]) Siehe auch Rz 242, 424, 776, 849.

[3]) Lange, JuS 1970, 101, 105, weist darauf hin, daß in nicht seltenen Fällen der Erblasser im TV nur einen Berater der Erben bestellen will, der diesen mit Sachkunde zur Seite stehen soll, ohne selbst Verfügungen oder Verpflichtungen übernehmen zu können. Nicht selten will der Erblasser den TV auch nur zur Vermittlung bei Streit der Miterben über Maßnahmen, höchstens zur Entscheidung über einen solchen berufen, also bei Einhelligkeit die Erben selbst entscheiden lassen. Siehe aber auch Rz 121 Fußnote 1 und Rz 145.

[4]) Zu diesen Fällen § 2306 BGB; Rz 121 ff.

[5]) BGH NJW 1985, 2828, 2830.

III. Gesetzliche Grundlagen der Testamentsvollstreckung

1. Vorschriften des BGB

Die Vorschriften über den TV sind vor allem in den §§ 2197 bis 2228, 2306, **25** 2338, 2364, 2368, 2376 BGB enthalten. Darüber hinaus finden sich im BGB noch weitere Vorschriften, die teils unmittelbar, teils mittelbar für den TV gelten, insbesondere §§ 83, 2042 bis 2056, 2235 BGB; Art. 25, 26 **EGBGB**.

2. Sonstige Vorschriften

Aus den sonstigen Rechtsgebieten sind folgende Vorschriften zu erwähnen: **26** §§ 114 Abs. 3, 243, 327, 728, 748, 779, 780, 863, 991 **ZPO;** §§ 217, 224 **KO;** §§ 35, 40, 52 **GBO;** §§ 76 Abs. 2, 80 bis 82, 85, 86 **FGG;** §§ 41, 55, 58, 74 **Schiffs-RegO** (BGBl III 315–18); § 86 Gesetz über **Rechte an Luftfahrzeugen** (BGBl III 403–9); §§ 6, 49, 65, 107, 107a, 108, 109, 112, 113, 115 **KostO.**

Siehe auch §§ 31 Abs. 5, 32 **ErbStG;** §§ 34 Abs. 3, 69, 70 **AO;** §§ 246, 266 **StGB.**

IV. Internationales Recht zur Testamentsvollstreckung [1])

1. Grundsätzliche Fragen

27 Wird ein Erblasser nach ausländischem Recht beerbt, so richten sich auch Inhalt und Rechtswirkungen einer TVg nach dem **Erbstatut**. Zulässigkeit der TVg, Rechtsstellung, Umfang der Verwaltungs- und Verfügungsbefugnisse und Entlassung des TV bestimmen sich nach dem Erbstatut und dieses nach der Staatsangehörigkeit des Erblassers (Art. 25, 26 EGBGB; siehe auch Rz 686).[2]) Für die Frage, nach welchem Recht sich die formellen Anforderungen an eine Verfügung von Todes wegen richten, durch die die TVg angeordnet wird, ist das **Formstatut** maßgebend.

28 Seit der Reform des IPR v. 1. 9. 1986 kann der Erblasser für das im Inland belegene unbewegliche Vermögen – und damit die sich darauf erstreckende TVg – in der Form einer Verfügung von Todes wegen **deutsches Recht wählen** (Art. 25 Abs. 2 EGBGB). Der ausländische Erblasser kann somit für sein inländisches unbewegliches Vermögen deutsches materielles Erbrecht wählen.

---

[1]) Eingehende Darstellung bei Bengel/Reimann/Gottwald/Haas, 9. Kap.

[2]) BGH, DNotZ 1963, 609 = NJW 1963, 46; BGH, WM 1969, 72; BayObLGZ 1986, 466/475; 1990, 51 = RPfleger 1990, 363 = NJW-RR 1990, 906. Siehe ferner Kegel, Internationales Privatrecht, § 21 II, Kipp/Coing, Erbrecht, § 130 III 4; Lange/Kuchinke, Erbrecht, § 3 II 3a; Möhring/Beisswingert/Klingelhöffer, S. 196, Pinckernelle/Spreen, Das Internationale Nachlaßverfahrensrecht, DNotZ 1967, 195, 206; Scheck, Der TV im internationalen Privatrecht, Diss. Mainz 1977; Soergel/Damrau, § 2197 BGB Rz 32 und § 2368 BGB Rz 3, 4; Wolff, Das Internationale Privatrecht Deutschlands, § 24 II 2. Nach BGH, DNotZ 1963, 609 = NJW 1963, 46 verstößt die Anwendung eines ausländischen Gesetzes (hier: der Schweiz), nach dem der Erbe ohne Zustimmung des TV keine Verpflichtungsgeschäfte über Nachlaßgegenstände eingehen kann (nach deutschem Recht kann er dies; siehe Rz 183 ff.), nicht gegen den Zweck eines deutschen Gesetzes. Siehe ferner BayObLGZ 1965, 377 = BayJMBl 1966, 25 wie folgt: „Das nach deutschem internationalem Privatrecht maßgebende Erbstatut gilt auch für die Rechtsstellung des TV. Das internationale ungarische Erbrecht kennt grundsätzlich keine Rückverweisung; es geht von der Nachlaßeinheit aus. Ist für die Erbfolge nach einem ausländischen Erblasser im Ausland ein Erbschein erteilt worden, so sind die deutschen Nachlaßgerichte an diesen jedenfalls dann nicht gebunden, wenn bei ihnen ein (gegenständlich beschränkter) Erbschein (TV-Zeugnis) beantragt und erteilt werden kann. Kennt das ausländische (hier ungarische) Recht eine durch Gericht oder Behörde zu verfügende Entlassung des TV nicht an, so kann das deutsche Nachlaßgericht einen gleichwohl auf die Entlassung gerichteten Antrag abweisen, ohne die Frage der internationalen Zuständigkeit abschließend prüfen zu müssen. Ist der TV (nach ungarischem Recht) zugleich Miterbe, so können die anderen Miterben sein Recht zur Vermögensverwaltung mit der Wirkung widerrufen, daß die Stellung des TV endet."

Tritt Nachlaßspaltung ein (Art. 3 Abs. 3, Art. 4, vgl. Art. 25 Abs. 2 EGBGB), so richten sich die Befugnisse des für den Gesamtnachlaß bestellten TV nach den verschiedenen Rechtsordnungen, denen die Nachlaßteile unterstehen.[1])

Das **deutsche Nachlaßgericht** kann nur insoweit tätig werden, als das inländi- **29** sche Recht für den Einzelfall maßgebend ist. Bemißt sich die TVg nach auslän- dischem Recht, so ist eine sachliche Zuständigkeit des deutschen Nachlaßge- richts nicht gegeben.

Umstritten ist die Frage, ob die deutschen Nachlaßgerichte zur Entscheidung **30** über die Entlassung eines TV international zuständig sind, dessen Rechtsstel- lung sich nach **ausländischem Recht** richtet.[2])

In der ehemaligen **DDR** [3]) konnte die Anordnung von TVg und die Regelung **31** der Befugnisse des TV Inhalt eines Testaments sein (§ 371 Abs. 3 des Zivilge- setzbuchs vom 19. 6. 1975). § 371 Abs. 3 lautete:

> *(3) Der Erblasser kann einen Miterben oder einen anderen Bürger dazu bestimmen, im Testament getroffene Festlegungen auszuüben und insoweit den Nachlaß zu verwalten sowie darüber zu verfügen (Testa- mentsvollstrecker). In diesem Rahmen kann der Erblasser die Befug- nisse des Testamentsvollstreckers im einzelnen regeln.*

Das Staatliche Notariat hatte auf Antrag die Ernennung eines vom Erblasser **32** bestimmten TV zu bescheinigen. Wurden dessen Befugnisse durch den Erblas- ser im einzelnen geregelt, waren diese in der Bescheinigung anzugeben. Für das Verfahren galten die Bestimmungen über das Erbscheinverfahren entspre- chend (§ 32 NotG vom 5. 2. 1976, GBl. DDR 1976 I S. 93).[4])

Eine von einem Staatlichen Notariat der ehemaligen DDR ausgesprochene Entlassung eines TV ist in der Bundesrepublik nicht anzuerkennen.[5])

---

[1]) Wegen weiterer Fragen über die räumliche Geltung des Rechts der TVg siehe Staudinger/Rei- mann, Vorbem. 91 ff. vor § 2197 BGB. Dort sind auch die Grundzüge des TV-Rechts in England, USA, Frankreich, Italien, Spanien, Niederlande, Schweiz und Österreich dargestellt. Vgl. auch kurz – Kipp/Coing, Erbrecht, § 66 IV. Siehe ferner zur Rechtsstellung des TV im in- und ausländi- schen Recht RG Seuff Arch 86, 271. Zur Bedeutung von Ausländernachlässen siehe auch allge- mein – mit zahlreichen Nachweisen – Firsching/Graf, Nachlaßrecht, S. 45 ff. Zur Behandlung von Ausländernachlässen und Erteilung von Erbscheinen und Zeugnissen mit Ausländerberührung durch das Nachlaßgericht siehe Karle, Justiz 1966, 107 (ferner Rz 686).

[2]) BayObLGZ 1965, 377, 383; Pinckernelle/Spreen, DNotZ 1967, 208. Vgl. auch Fußnote 1 und Rz 36.

[3]) Dazu Bestelmeyer, RPfleger 1992, 229, 235.

[4]) Siehe dazu Appell, Das neue Notariatsgesetz in der DDR, DNotZ 1976, 580, 584; Mampel, Das Erbrecht im neuen Zivilrecht der DDR, NJW 1976, 593, 597, 602. Abdruck des erbrechtlichen Teils des ZGB bei Palandt, BGB, 35. Aufl., S. 2327 ff.

[5]) KG, OLGZ 1965, 214 = JZ 1967, 123 mit teilw. kritischer Anm. von Wengler; siehe auch BGH, WM 1969, 1403; Palandt/Edenhofer, § 2227 BGB, Rz 16; Keidel/Kuntze/Winkler, FGG, § 35 Rz 17, § 72 Rz 35; Wengler, JZ 1969, 664.

33 Durch den **Einigungsvertrag** vom 31. 8. 1990 (BGBl. II S. 889)[1]) ist – wenn auch mit gewissen Einschränkungen – das gesamte Erbrecht der Bundesrepublik mit Wirkung vom 3. 10. 1990 auf die neuen Bundesländer erstreckt worden. Ist jedoch der Erblasser vor dem Wirksamwerden des Beitritts gestorben, bleibt für die erbrechtlichen Verhältnisse das bisherige Recht maßgebend. Für abgeschlossene Vorgänge verbleibt es also bei den Vorschriften, wie sie in der ehemaligen DDR galten. Für neue, ab 3. 10. 1990 eintretende Erbfälle gilt das Erbrecht des BGB, und zwar sowohl für das materielle Recht als auch für das Verfahren. Es gibt davon einige wichtige Ausnahmen:

– Den Bürgern der ehemaligen DDR soll Vertrauensschutz beim sogenannten Errichtungsakt des Testaments gewährt werden. Das heißt: Jedes Testament, das zu Zeiten der ehemaligen DDR verfaßt wurde und den Formvorschriften des damals geltenden Erbrechts entspricht, bleibt gültig, falls es keine inhaltlichen Mängel hat, und zwar auch dann, wenn der Verfasser (Erblasser) nach dem 3. 10. 1990 gestorben ist oder stirbt. Das Alt-Testament wird nicht nach den jetzt gültigen, neuen und abweichenden Formvorschriften des BGB geprüft. Die inhaltliche Wirksamkeit richtet sich dagegen nach BGB.

– Das Recht der ehemaligen DDR räumte nichtehelichen Kindern Vorteile ein, die im Erbrecht der Bundesrepublik nicht enthalten sind. Diese Vorteile bleiben laut Einigungsvertrag für alle bis zum 3. 10. 1990 geborenen nichtehelichen Kinder erhalten.

– Auf das frühere Recht wird auch verwiesen, wenn es um die Bindung des Erblassers bei einem gemeinschaftlichen Testament geht, sofern es vor dem 3. 10. 1990 errichtet wurde. In diesen Fällen bleibt es z. B. bei der Regelung nach § 393 DDR-ZGB, wonach der überlebende Ehegatte – anders als nach § 2271 Abs. 2 BGB – seine im gemeinschaftlichen Testament getroffenen Verfügungen aufheben kann, wenn er sich mit seinem gesetzlichen Erbteil begnügt.

Die Rechtsstellung eines für ein Grundstück in der ehemaligen DDR eingesetzten TV bestimmt sich nach dem Recht der ehemaligen DDR, wenn der Erblasser in der Zeit zwischen dem 1. 1. 1976 und 2. 10. 1990 mit letztem Wohnsitz im alten Bundesgebiet verstorben ist. Nach dem Recht der ehemaligen DDR hat der TV lediglich die Rechtsstellung eines Vertreters der Erben oder gegebenenfalls des Vermächtnisnehmers. Bestimmt sich die Rechtsstellung eines TV nach dem Recht der ehemaligen DDR, kann die TVg durch die Vertretenen widerrufen werden. Dabei ist der Widerruf der TVg bei mehreren Vertretern nur wirksam, wenn er von allen erklärt wird. Für den Fall der Anordnung einer TVg sowohl für die Erben als auch für Vermächtnisnehmer, was nach dem Recht der ehemaligen DDR möglich war, ist die TVg jedoch im

---

[1]) Vgl. dazu von Morgen/Götting, DtZ 1994, 199 („gespaltene" TVg bei gesamtdeutschen Nachlässen).

Verhältnis zu den Erben auch dann beendet, wenn diese allein von den Erben widerrufen wird.[1])

Im Fall der Nachlaßspaltung beurteilt sich die Frage der TVg nach dem Recht des Gebietes, in dem der Erblasser im Zeitpunkt der Testamentserrichtung seinen Wohnsitz hatte. Hat der Erblasser TVg auch für den abgespaltenen Nachlaß angeordnet, richtet sich die TVg insoweit nach dem Recht der ehemaligen DDR.[2])

In der **Schweiz** gibt es den Willensvollstrecker. Seine Aufgaben sind insbesondere Verwaltung des Nachlasses, Einziehung der Forderungen, Bezahlung der Schulden, Beendigung der laufenden Geschäfte, sowie nötig auch gerichtliche Feststellung der Rechte und Pflichten des Erblassers, Erfüllung der Vermächtnisse, Vornahme der Erbteilung. Die Verwertung des Nachlasses steht dem Willensvollstrecker nur insoweit zu, als dies zur Erfüllung der genannten Aufgaben erforderlich ist. Zwecks Bezahlung der Schulden ist der Willensvollstrecker grundsätzlich auch zur Veräußerung von Grundstücken befugt. Er gilt als Treuhänder kraft eigenen Rechts und ist nicht an Anweisungen der Erben gebunden. Der Erbe kann sich ohne Zustimmung des Willensvollstreckers nicht wirksam verpflichten, über Nachlaßgegenstände zu verfügen. Es können auch mehrere Willensvollstrecker bestellt werden (§§ 517, 518 Schweiz. Zivilgesetzbuch).[3]) Eine „Willensvollstreckung" nach Art. 517, 518 entspricht, was die Verfügungsbefugnis des Willensvollstreckers über Grundstücke und Rechte an Grundstücken sowie den Verlust der Verfügungsbefugnis der Erben betrifft, weitgehend den Rechtswirkungen einer TVg nach deutschem Recht (§§ 2203 bis 2205, 2211 BGB). Unter den Vorraussetzungen des § 52 GBO ist deshalb auch ein TV-Vermerk in das Grundbuch einzutragen.[4]) **34**

In **Österreich** ist die Erfüllung des letzten Willens Sache des Testamentsexekutors oder der Erben. Es hängt vom Willen des Vollziehers ab, dieses Geschäft auf sich zu nehmen. Hat er es übernommen, so ist er schuldig, entweder als Machthaber die Anordnungen des Erblassers selbst zu vollziehen oder den saumseligen Erben zur Vollziehung derselben zu treiben (§ 816 ABGB). Die Regelung im österreichischen Recht unterscheidet sich wesentlich von der deutschen. Der TV spielt dort wegen der amtswegigen gerichtlichen Abhandlungspflege nur eine geringe Rolle.[5]) **35**

2. Einzelfragen

Der in einem englischen privatschriftlichen Testament eingesetzte **„executor and trustee"** bedarf zum Nachweis seiner Verfügungsbefugnis über ein deut- **36**

---

[1])   KG FGPrax 1995, 157 = Rpfleger 1995, 505.

[2])   KG ZEV 1996, 234 = FamRZ 1996, 569 = DtZ 1996, 217.

[3])   Siehe dazu Kraiß/Huber, Das Erbrecht in der Schweiz, BWNotZ 1976, 73, 76.

[4])   BayObLGZ 1990, 51 = RPfleger 1990, 363 = DNotZ 1991, 546 = NJW-RR 1990, 906.

[5])   Staudinger/Reimann, vor § 2297 BGB Rz 98.

sches Nachlaßgrundstück eines deutschen TV-Zeugnisses. Das englische Zeugnis **„grand of probate"** genügt nicht.[1])

37 Im **amerikanischen** Recht hat der „executor" die Befugnis, den Nachlaß abzuwickeln, insbesondere Schulden und Steuern zu bezahlen. Der „trustee" soll den Nachlaß treuhänderisch verwalten, die Erträgnisse in bestimmtem Sinn einsetzen und nach Beendigung das Trustvermögen an die Bezeichneten herausgeben. Wollte der Erblasser nur eine Person benennen, die die Abwicklung des Nachlasses in die Hand nehmen sollte, wie sie das amerikanische Recht (unter Überwachung des Nachlaßgerichts) vorsieht, so ist die Stellung des „executors" regelmäßig nicht mit der eines Testamentsvollstreckers nach deutschem Recht vergleichbar. Nur dann, wenn nach dem Willen des Erblassers (§ 133 BGB) der executor zugleich, zumal über einen längeren Zeitraum hinweg, mit weiteren Aufgaben betraut, insbesondere „trustee", sein sollte, wird die Anordnung einer Testamentsvollstreckung auch im Sinne des deutschen Rechts angenommen werden können. Unbeachtlich ist für das deutsche Recht, daß beide nach amerikanischem Recht Rechtsinhaber und nicht bloß Nachlaßverwalter eines fremden, den Erben zustehenden Vermögens sein sollen. Der executor ist demnach Vollstrecker mit beschränktem Aufgabenkreis, der trustee Dauervollstrecker (§ 2209 Satz 1 Halbs. 2 BGB).[2])

---

[1]) LG Frankfurt, JW 1936, 1154. Siehe auch OLG München, DFG 1937, 35.

[2]) Firsching, DNotZ 1959, 354; Gutachten zum JPR 1976 Nr. 42; siehe auch BGH, WM 1969, 72; BayObLG 1980, 42, 48; OLG Frankfurt, DNotZ 1972, 543. Zur Bedeutung der Einsetzung eines executors nach amerkanischem Recht bei der ErbSt siehe RFH, RStBl 1931, 122; 1938, 717; BFH, BStBl 1957 III 211, 1958 III 79; 1961 III 321; 1964 III 408 = BB 1964, 796; Kapp/Ebeling, Anm. 26 ff. zu § 14 ErbStG und allgemein zur Beurteilung ausländischer Steuerfälle Anm. 51 ff. zu § 1 ErbStG. Zu executor-trustee siehe ferner Rheinstein, AcP 1966, 547 und Soergel/Damrau, Bem. 32 vor § 2197 BGB und § 2197 BGB Rz 3.
Auf Ersuchen eines Ausländers (Niederländers), der nach seinem Heimatrecht beerbt wird (Art. 25 EGBGB), kann das deutsche Nachlaßgericht einen TV nach § 2200 BGB (Rz 74 ff.) nur ernennen, wenn dies auch nach dem Heimatrecht zulässig ist (OLG Neustadt, JZ 1951, 644 mit Anm. von Neuhaus = RPfleger 1951, 565). Siehe auch Staudinger/Firsching, § 2368 BGB Rz 33, 34.
Zur Unterscheidung des „uitvoerder van zijn uiterste wilsbeschikkingen" und des „bewinvoerder" als Formen der TVg **niederländischen Rechts** siehe OLG Köln, MittRhNotK 1971, 632.
Wegen der Vererbung von in **Österreich** belegenen Grundstücken eines deutschen Erblassers siehe BayObLG, NJW 1960, 775.
Zur Entlassung eines TV bei ausländischem Recht siehe Rz 809.

Zweiter Abschnitt
Ernennung
zum Testamentsvollstrecker

I. Ernennung durch den Erblasser

1. Zulässigkeit

a) Allgemeines

Die Ernennung des TV ist von der Anordnung einer TVg, die schon ohne **38** Bestimmung des Vollstreckers die Rechte der Erben am Nachlaß beschränkt, von der Annahme seines Amtes und vom Beginn seiner Amtstätigkeit zu unterscheiden. Aber der Erblasser kann die TVg nur dadurch anordnen, daß er einen TV ernennt oder einen Dritten zur Ernennung ermächtigt oder das Nachlaßgericht um die Ernennung ersucht.[1] Die Ernennung kann der Erblasser nur **persönlich** vornehmen, und zwar nur in einer gültigen Verfügung von Todes wegen (einseitiges oder gemeinschaftliches Testament oder Erbvertrag).[2] Eine letztwillige Verfügung ist auch dann gültig, wenn sie nichts anderes enthält als die Einsetzung eines TV.[3]

b) Höfeordnung

Auch der Eigentümer eines der **Höfeordnung** in den Ländern der ehemals **39** britischen Zone (Hamburg, Niedersachsen, Nordrhein-Westfalen, Schleswig-Holstein)[4] unterstehenden Hofes ist nicht gehindert, hinsichtlich seines gesamten Nachlasses einen TV zu ernennen.[5] Diese Anordnung stellt sich für den Hof als nach § 16 Abs. 1 HöfeO zulässige Beschränkung[6] der Erbfolge kraft Höferechts dar.[7]

---

[1]   Schlüter, § 42 II 1; unten Rz 43 ff.

[2]   Einzelheiten siehe Rz 42.

[3]   Möhring/Beisswingert/Klingelhöffer, S. 167.

[4]   § 1 HöfeO, dazu Keidel/Kuntze/Winkler, § 72 FGG Rz 3.

[5]   Vgl. BGH, NJW 1972, 582. Der TV ist u. a. auch für die Regelung der Ansprüche der weichenden Erben zuständig.

[6]   Lüdtke-Handjery, HöfeO, 8. Aufl. 1978, § 16 HöfeO Rz 37.

[7]   Der TV kann im Bereich der Höfeordnung die Feststellung des Landwirtschaftsgerichts, daß ein zum Nachlaß gehörender Grundbesitz Hof ist, mit Beschwerde anfechten (OLG Celle, RdL 1967, 42). Siehe dazu unten Rz 798.

40 Durch Anordnung einer TVg kann der Erblasser verhindern, daß nach seinem Tod in seinem Hof ein **Zuweisungsverfahren** nach §§ 13 ff. GrdstVG vom 28. 7. 1961 (BGBl I S. 1091) durchgeführt wird (§ 14 Abs. 3 GrdstVG).[1])

c) Teilweise Unwirksamkeit

41 Die Ernennung eines TV kann den einzigen Inhalt der Verfügung bilden, oder, wie es die Regel ist, mit sonstigen Verfügungen für den Todesfall verbunden werden, insbesondere mit Erbeinsetzungen und Vermächtnissen. Enthält die Verfügung von Todes wegen außer der TV-Ernennung noch weitere letztwillige Bestimmungen und sind diese ganz oder **teilweise unwirksam,** so hat dies die Unwirksamkeit der Ernennung des TV nur dann zur Folge, wenn anzunehmen ist, der Erblasser hätte diese Ernennung ohne anderen unwirksamen Bestimmungen nicht getroffen (§ 2085 BGB). Dies wird aber in der Regel nicht anzunehmen sein. Nur wenn die Verfügung von Todes wegen in ganzem Umfang vereitelt wird, fällt auch die TVg weg. Die Ernennung eines TV kann selbständig angefochten werden.[2])

d) Bindungswirkung beim gemeinschaftlichen Testament oder Erbvertrag

42 Geschieht die Ernennung eines TV nicht in einer einseitigen Verfügung von Todes wegen, sondern in einem gemeinschaftlichen Testament oder einem gegenseitigen Erbvertrag, so ist sie, da aus ihr keine erbvertragliche Bindung erwächst (§ 2278 Abs. 2 BGB), durch jeden Erblasser nach den allgemeinen Vorschriften über Testamentswiderruf **jederzeit widerruflich** (§§ 2270 Abs. 3, 2271, 2278 Abs. 2 BGB).[3]) Ist in einem gemeinschaftlichen Testament sowohl für den Nachlaß des erstversterbenden als auch für den des letztversterbenden Ehegatten TVg angeordnet, so handelt es sich um zwei voneinander rechtlich unabhängige Fälle von TVg.[4]) Der Widerruf der TV-Ernennung durch einen Ehegatten hat in diesem Fall auch nicht die Unwirksamkeit der übrigen Bestimmungen der Eheleute zur Folge. Jeder Ehegatte kann aber nur die von

---

[1]) Siehe dazu BGH, NJW 1952, 1110; Haegele, RPfleger 1961, 276, 280; Palandt/Edenhofer, § 2042 BGB Rz 24, § 2204 BGB Rz 1; Keidel/Kuntze/Winkler, § 86 FGG Rz 34.

[2]) Vgl. Rz 98 f.

[3]) RGZ 116, 321; LG Stade, MDR 1960, 142; Soergel/Damrau, § 2197 BGB Rz 1. Siehe auch Bühler, Zur Wechselbezüglichkeit und Bindung beim gemeinschaftlichen Testament und Erbvertrag, DNotZ 1962, 359 (mit Fragen der TVg). Vgl. auch Rz 62 ff.
Durch Erbvertrag berufene Erben kann der Erblasser aber nur in diesem Erbvertrag mit TVg belasten. Die vorherige Ernennung eines TV in einem einseitigen Testament wird durch den Erbvertrag aufgehoben, soweit sie die Erben oder sonstigen Bedachten beeinträchtigen würde. Eine erst nach Erbvertragserrichtung vom Erblasser einseitig vorgenommene TV-Ernennung wäre nach § 2289 Abs. 1 BGB im gleichen Umfang unwirksam (so Kipp/Coing, Erbrecht, § 67 I 1; siehe auch Rz 63).
Eine Bestellung des TV durch Vertrag mit dem Erblasser ist nur als Auftrag wirksam und kann vom Erblasser und vom Erben jederzeit widerrufen werden (RGZ 139, 41; vgl. Rz 4).

[4]) BayObLGZ 1985, 233 = FamRZ 1985, 1187.

ihm selbst, nicht auch die vom anderen Ehegatten vorgenommene TV-Ernennung widerrufen. Mit **wechselbezüglicher Wirkung** kann in einem gemeinschaftlichen Testament TV-Ernennung auch nicht auf Grund ausdrücklichen Willens der Erblasser festgelegt werden, so daß insbesondere die Rechtsfolgen des § 2271 BGB auf die TV-Ernennung in keinem Fall zutreffen können. Denn die Möglichkeit, wechselbezügliche Verfügungen in einem gemeinschaftlichen Testament zu treffen, geht nicht weiter als die Möglichkeit der Erblasser, in einem Erbvertrag vertragsmäßige Verfügungen zu treffen (§ 2278 Abs. 2 BGB). Fällt die durch Erbvertrag angeordnete TVg als solche weg, etwa weil der TV sein Amt nicht annehmen will oder kann und eine Ersatz-TVg nicht in Betracht kommt, so wird hiervon die Wirksamkeit des Erbvertrags im übrigen nicht berührt.[1]) Anderen Verfügungen als Erbeinsetzungen, Vermächtnissen und Auflagen können mithin die Wirkungen der Wechselbezüglichkeit nicht beigelegt werden, selbst wenn die Erblasser dies gewollt haben.[2])

2. Möglichkeiten der Ernennung

Will der Erblasser einen TV ernennen, so hat er die folgenden **Möglichkeiten:**

a) Der Erblasser kann **einen oder mehrere TV** ernennen (§§ 2197 Abs. 1, 2224 BGB). Dabei muß er die Person des TV entweder selbst bestimmen oder dieses Bestimmungsrecht einem Dritten übertragen (nachst. Buchstabe c). **43**

b) Der Erblasser kann **für den Fall, daß der von ihm ernannte TV vor oder nach Annahme des Amtes wegfällt, einen Ersatzmann als TV bestimmen** (§ 2197 Abs. 2 BGB). Diese Ersatzbenennung gilt auch für den Fall, daß der Ernannte das Amt ablehnt oder daß die Ernennung des zuerst bestimmten TV nach § 2201 BGB (Unfähigkeit, das Amt zu bekleiden; siehe Rz 98) unwirksam ist. Es können auch m e h r e r e E r s a t z m ä n n e r nacheinander in unbeschränkter Zeit bestellt sein. **44**

---

[1]) Möhring/Beisswingert/Klingelhöffer, S. 167.

[2]) OLG Darmstadt, DNotZ 1936, 380; KGJ 48 A 99; Palandt/Edenhofer, § 2270 BGB Rz 11; vgl. auch RGZ 116, 322; a.A. KG, DRW 1941, 2448.
Schäfer führt BWNotZ 1962, 188, 195 folgendes aus: „Ehegatten können in einem gemeinschaftlichen Testament (oder in zwei getrennten Einzeltestamenten) die gleiche Person mit der Maßgabe zum TV einsetzen, daß die beiden Anordnungen in ihrer Wirksamkeit voneinander abhängig sind. Anders als bei der echten Wechselbezüglichkeit (deren eine TV-Ernennung nicht fähig ist) kann aber hier der Überlebende seine TV-Anordnung jederzeit widerrufen; ein solcher Widerruf vernichtet kraft Bedingungseintritts auch die gleichlautende Verfügung des bereits verstorbenen Ehegatten." Praktisch brauchbar ist aber eine solche Regelung nur, wenn der Widerruf noch zu Lebzeiten des anderen Ehegatten erfolgt. Denn die bedingte Einsetzung muß im TV-Zeugnis angegeben werden mit der Folge, daß sich kein Dritter mit einem auf diese Weise nur bedingt berufenen TV auf ein Rechtsgeschäft einlassen wird, das u. U. später unwirksam sein kann, wenn sich infolge Widerrufs des überlebenden Ehegatten ergibt, daß die vom erstverstorbenen Ehegatten verfügte TV-Ernennung durch den Bedingungseintritt wirkungslos geworden ist, und zwar mit Wirkung vom Tode des erstverstorbenen Ehegatten an. Noch mehr ist von entsprechenden Einzeltestamenten abzuraten, da hier auf den Tod des erstverstorbenen Ehegatten nur sein Testament eröffnet wird.

49

45 c) Der Erblasser kann die **Bestimmung der Person des TV einem Dritten nach seiner Wahl überlassen** (§ 2198 BGB, Durchbrechung des Grundsatzes des § 2065 BGB). Die Bestimmung, ob TVg nach seinem Tode überhaupt eintreten soll, kann der Erblasser einem Dritten aber nicht überlassen.[1]) Eine letztwillige Anordnung des Inhalts, daß eine bestimmte Person TV sein soll, wenn ein Dritter die Ernennung eines TV verlangen sollte, ist also nichtig. Die Bestimmung der Person des TV durch einen Dritten erfolgt, wenn der Erblasser über den Personenkreis keine näheren Anordnungen getroffen hat, nach freiem Belieben des Dritten. Auch ein Erbe kann vom Erblasser zu dieser Bestimmung ermächtigt werden, selbst der Alleinerbe.[2]) Der Dritte kann sich selbst zum TV bestimmen, falls er nicht der Alleinerbe ist. Ein Vorerbe ist im Verhältnis zum Erblasser Dritter.

46 Die Bestimmung der Person des TV geschieht durch unwiderrufliche Erklärung gegenüber dem Nachlaßgericht; die Erklärung muß in öffentlich beglaubigter Form abgegeben werden (§§ 2198, 129, 130 BGB).[3]) Ist eine selbst siegelführende Stelle ermächtigt, wie z. B. der Präsident eines OLG[4]) oder der amtierende Notar oder sein Amtsnachfolger,[5]) so genügt die für deren amtliche Erklärungen vorgesehene Form; einer öffentlichen Beglaubigung bedarf es nicht. Die Erklärung des Dritten wird mit ihrem Eingang beim Nachlaßgericht wirksam (§ 130 BGB), auch wenn sie erst nach seinem Tode dem Nachlaßgericht zugeht, falls er nur alles getan hat, was von seiner Stelle aus erforderlich ist, um die Wirksamkeit seiner Erklärung her-

---

[1]) KG, KGJ 42, 219 = RJA 12, 63; Höver, DFG 1939, 25; wegen wohlwollender Auslegung der Anordnung des Erblassers siehe Greiser, DFG 1939, 216; Möhring/Beisswingert/Klingelhöffer, S. 168.

[2]) RGZ 92, 68; a.A. Höver, DFG 1939, 25.

[3]) Beglaubigungsform genügt auch dann, wenn der Erblasser für die Ernennung des TV Beurkundungsform angeordnet hat, da Beurkundung der Oberbegriff ist (Keidel/Kuntze/Winkler, § 40 BeurkG Rz 2); siehe Erman/Hense, § 2198 BGB Rz 3; Palandt/Edenhofer, § 2198 BGB Rz 1; Soergel/Damrau, § 2198 BGB Rz 3; verneinend RGR/Kregel, § 2199 BGB Rz 5; Staudinger/Reimann, § 2198 BGB Rz 14. – Die Ernennung kann auch in einem öffentlichen Testament erfolgen (Palandt/Edenhofer, § 2198 BGB Rz 2; Staudinger/Reimann a.a.O.; a.A. Erman/Hense a.a.O.).

[4]) OLG Stuttgart NJW-RR 1986, 7 = DNotZ 1986, 300. Hat der Erblasser im Testament den aufsichtführenden Richter gebeten, einen TV zu bestimmen, so ist dieser Richter regelmäßig Dritter im Sinne des § 2198 Abs. 1 BGB (OLG Hamm, DNotZ 1965, 487 = JMBl NRW 1964, 209). Wegen Überlassung der Bestimmung an den Leiter einer Behörde siehe KG, DFG 1938, 131 = JW 1938, 1900.

[5]) Ist in einem notariellen Testament bestimmt, daß der amtierende Notar oder sein Amtsnachfolger den TV ernennen soll, so genügt es, wenn der betr. Notar die Erklärung über die TV-Bestimmung gegenüber dem Nachlaßgericht unterzeichnet und mit dem Amtssiegel versieht. Die Erklärung bedarf keiner Beglaubigung, denn der Notar wird hier in der Betreuung auf dem Gebiet der freiwilligen Gerichtsbarkeit als Inhaber eines öffentlichen Amtes tätig (OLG Neustadt, DNotZ 1951, 339).

beizuführen.[1]) Er darf also nicht bestimmt haben, die Erklärung solle dem Nachlaßgericht erst nach seinem Tode zugehen. Erklärung in Beglaubigungsform vor dem Nachlaßgericht ist nicht möglich, da die Gerichte nicht mehr zu Unterschriftsbeglaubigungen zuständig sind. Die Aufnahme einer Niederschrift in der Form des BeurkG (vgl. dessen § 1 Abs. 2) durch das Nachlaßgericht dürfte aber zulässig sein (vgl. dazu § 1945 BGB zur Ausschlagung). Entspricht die Erklärung nicht der vorgeschriebenen Form, so muß das Nachlaßgericht auf den Mangel hinweisen.[2])

Auf Antrag eines Beteiligten (Erben, Vermächtnisnehmers, Pflicht- **47** teilsberechtigten, sonstigen Nachlaßgläubigers) hat das Nachlaßgericht (Rechtspfleger; § 3 Nr. 2c RpflG) dem Dritten eine ihrer Dauer nach in seinem Ermessen liegende **Frist zur Bestimmung der Person des TV** zu setzen. Die Verfügung ist dem Dritten und dem Antragsteller sowie den sonstigen Beteiligten zuzustellen. Gegen sie können der Dritte und sonstige Beteiligte sofortige Beschwerde (bei Fristsetzung durch den Rechtspfleger befristete Erinnerung) erheben (§ 81 FGG, § 11 RpflG). Gegen die Ablehnung der Fristsetzung durch das Nachlaßgericht steht dem Antragsteller das Recht zur Einlegung der einfachen Beschwerde (Erinnerung) zu (§§ 80, 82, 19, 20, 22 FGG; § 11 RpflG).[3]) Die Frist kann auf Antrag des Dritten angemessen verlängert werden.[4]) Nach fruchtlosem Ablauf der Frist kann der Dritte das Bestimmungsrecht nicht mehr ausüben (§ 2198 Abs. 2 BGB). Dieses Recht erlischt auch bei Ablehnung der Bestimmung vor Ablauf der gesetzten Frist. Ob damit die **TVg** überhaupt **in Wegfall kommt,** hängt von der Lage des Einzelfalles ab. Vielfach wird der Erblasser selbst einen Ersatzmann benannt haben, der für diesen Fall den TV zu bestimmen hat, oder er hat ein – wenn auch stillschweigendes – Ersuchen an das Nachlaßgericht um Ernennung eines TV gerichtet.[5]) Trifft beides nicht zu, so kommt die TVg in Wegfall. Insofern hat der Dritte einen Einfluß auf den Bestand der TVg.

Der Dritte haftet nicht für die Auswahl des von ihm ernannten TV.

Die Erklärung, in der der Dritte den TV bestimmt, wird vom Nach- **48** laßgericht ohne weitere Verfügung zu den Akten genommen. Eine Benachrichtigung der Erben durch das Nachlaßgericht ist nicht vorgeschrieben, erfolgt aber gleichwohl vielfach.

d) Der Erblasser kann den TV ermächtigen, einen oder mehrere **Mit-TV** **49** **oder Nachfolger** zu ernennen (§ 2199 BGB). Von seiner Entscheidung

---

[1]) RGZ 170, 382; KG, JW 1936, 2462.

[2]) KG, KGJ 50, 1.

[3]) Höver, DFG 1939, 25, 26; Greiser, DFG 1939, 210.

[4]) Greiser, DFG 1939, 216; a.A., Höver, DFG 1939, 25 und RGR/Kregel, § 2198 BGB Rz 3.

[5]) Rz 54, 74.

hängt es in diesem Falle ab, ob Mit-TVg oder Nachfolger-TVg überhaupt eintritt. Fristsetzung wie bei § 2198 BGB [1]) ist hier nicht möglich. Die Ernennung des Nachfolgers kann der TV nur solange vornehmen, als er selbst noch im Amt ist, und nur für den Fall der Beendigung seines Amtes nach §§ 2225 bis 2227 BGB (Erlöschen des Amtes, Kündigung oder Entlassung), falls nicht ein anderer Wille des Erblassers zu ermitteln ist.[2]) Läßt sich ein entgegenstehender Wille des Erblassers nicht feststellen, so kann der TV auch einen Teil seiner Aufgaben auf den von ihm ernannten Nachfolger übertragen und den Rest beibehalten.[3]) Der vom Erblasser ermächtigte TV kann den Wirkungskreis des Nachfolgers einengen.

50   Sind mehrere TV ernannt, [4]) so ist es Frage der Auslegung, ob ein weiterer TV durch Mehrheits- oder nur durch Einstimmigkeitsbeschluß bestellt werden kann. [5])

Der Nachfolger kann im Zweifel wieder einen Nachfolger ernennen.

51   **Die Bestimmung** erfolgt gegenüber dem Nachlaßgericht, die Erklärung bedarf der öffentlichen Unterschriftsbeglaubigung. Der TV kann seinen Nachfolger auch in einer Erklärung benennen, die dem Nachlaßgericht erst nach seinem Tode zugeht, wenn er nur alles getan hat, was von seiner Seite aus erforderlich ist, um die Wirksamkeit seiner Erklärung herbeizuführen.[6]) Er darf also nicht bestimmt haben, die Erklärung solle dem Nachlaßgericht erst nach seinem Tode zugehen. Der TV haftet für eine sorgfältige Auswahl des zu ernennenden TV.

52   Der Erblasser kann nicht einen anderen, auch nicht den überlebenden Ehegatten, ermächtigen, dem ernannten TV das Recht einzuräumen, seinerseits einen Mit-TV zu ernennen.

53   Ein Recht, den ernannten Mit-TV oder Nachfolger wieder **abzusetzen,** hat der zunächst ernannte TV nicht. Die Ernennungsbefugnis schließt nicht die Absetzungsmöglichkeit ein; das ergibt sich aus dem Ausnahmecharakter der Ermächtigung. Der Erblasser kann ihm im Hinblick auf § 2065 BGB ein solches Recht nicht geben.[7])

---

[1])   Siehe oben Rz 47.

[2])   KG, RJA 12, 112. Bei der Kündigung, die mit dem Eingang beim Nachlaßgericht wirksam wird, muß somit spätestens im Kündigungsschreiben die Ernennung enthalten sein (vgl. dazu Erman/Hense, § 2199 BGB Rz 2; Staudinger/Reimann, § 2199 BGB Rz 10).

[3])   RGZ 81, 170; KG, KJG 43a, 88; Firsching, S. 241; RGR, § 2199 BGB Rz 2; LRG 170, 382; 65, 270; siehe auch unten Rz 789.

[4])   Unten Rz 458 ff.

[5])   Vgl. Soergel/Damrau, § 2199 BGB Rz 2.

[6])   RGZ 170, 382; KG, JW 1936, 2462. Gleiche Rechtslage wie bei Rz 45.

[7])   So MüKo/Brandner, Rz 2; Palandt/Edenhofer, Rz 1; Soergel/Damrau, Rz 3; Staudinger/Reimann, Rz 8; je zu § 2199 BGB.

e) Der Erblasser kann das **Nachlaßgericht um die Ernennung eines TV** **54**
ersuchen (§ 2200 BGB).[1]

f) Die Ernennung eines TV kann unter einer **aufschiebenden oder unter** **55**
einer auflösenden Bedingung oder auf bestimmte Zeit erfolgen.[2] Der
Erblasser kann also z. B. anordnen, daß TVg nur eintreten soll, wenn
ein bestimmtes Ereignis (z. B. die Wiederverheiratung des überlebenden Ehegatten) eintritt oder daß sie ein Ende finden soll, wenn ein
bestimmtes Ereignis (z. B. die Veräußerung des Handelsgeschäfts)
eingetreten ist oder daß sie nur innerhalb einer bestimmten Zeit von
Jahren nach seinem Tode bestehen soll. Der Erblasser kann einen TV
jedoch nicht zu einer Auslegung solcher Bestimmungen ermächtigen,
die den Bestand seines eigenen Amtes betreffen.[3]

Wegen Beschränkung einer TVg auf bestimmte Teile des Nachlasses **56**
oder auf bestimmte Erbteile siehe die Ausführungen Rz 20.

Ein **Prokurist** kann einen TV für den Inhaber des Handelsgeschäfts **57**
nicht ernennen.

3. Fassung der Testamentsvollstrecker-Anordnung

Für die Ernennung eines TV ist keine bestimmte Ausdrucksweise vorgeschrie- **58**
ben, insbesondere ist der Gebrauch des Ausdrucks „Testamentsvollstrecker"
nicht erforderlich; der entsprechende Wille kann durch sinngemäße Auslegung
ermittelt werden.[4] Zweckmäßig ist aber, daß sich der Erblasser der **gesetzlichen Bezeichnung** „Testamentsvollstrecker" bedient, wenn er einen solchen
ernennen will. Unbedingt notwendig ist dies aber nicht; auch die Bezeichnun-
gen „Beistand", „Kuratel", „Pflegschaft" können Anhaltspunkte hierfür sein.
Der Wille des Erblassers, TVg anzuordnen, kann auch – insbesondere bei
eigenhändigen Testamenten – aus dem gesamten Inhalt des Testaments zu
entnehmen sein (vgl. § 133 BGB). So genügt z. B. die Anordnung des Erblassers, daß die Verwaltung seines Nachlasses oder eines Teils von ihm einem
Dritten (auch einem Pfleger) und nicht dem Erben obliegen soll.[5] Ordnet der
Erblasser an, der Erbe könne über das ihm zugewendete Vermögen nicht frei
verfügen, sondern habe es zusammen mit einer anderen Person anzulegen, so
kann dieses Ziel nicht durch eine Auflage, sondern nur durch Einsetzung eines
TV erreicht werden; denn die gewollte Beschränkung der Verfügungsmacht
des Erben geht über die bloße Verpflichtung des Erben zur Erhaltung des
angelegten Kapitals hinaus, die als Auflage i. S. des § 1940 BGB einzuordnen

---

[1] Unten Rz 74.
[2] Unten Rz 211 und 813; RGZ, LZ 1921, 457 (aufschiebende Bedingung in einem gemeinschaftlichen Testament des Inhalts, daß der erststerbende Ehegatte für seinen Nachlaß TVg unter der
Bedingung anordnet, daß der überlebende Ehegatte für seinen Nachlaß einen TV ernennt).
[3] BGHZ 41, 23 = NJW 1964, 1316; siehe auch RGZ 100, 76.
[4] BayObLGZ 1992, 175, 178; FGPrax 1996, 26 = ZEV 1996, 33.
[5] BayObLGZ 1982, 59 = RPfleger 1982, 226 = FamRZ 1982, 1138.

wäre.[1]) Räumt der Erblasser dem überlebenden Ehegatten das unbeschränkte Verwaltungs- und Veräußerungsrecht an seinem Nachlaß ein, so kann darin im Einzelfall ebenfalls seine Ernennung zum TV erblickt werden.[2]) Allerdings kann darin auch die bloße Berufung des überlebenden Ehegatten zum Vorerben liegen.[3]) Der Wille zur Anordnung einer TVg kann auch in die Form eines Wunsches oder einer Hoffnung gekleidet werden.[4]) Ratsam ist stets klare zweifelsfreie Anordnung von TVg. Ist eine TVg für den gesamten Nachlaß angeordnet, hierfür aber nicht zulässig (z. B. wegen § 2289 Abs. 1 Satz 2 BGB) und deshalb unwirksam, so kann die Auslegung ergeben, daß TVg nur für einen Erbteil angeordnet ist.[5])

59 In der Vollmacht zur Verteilung des Nachlasses **nach billigem Ermessen** kann TV-Anordnung ebenfalls liegen, nicht aber in der Erteilung einer unbeschränkten Generalvollmacht, die von den Erben jederzeit widerrufen werden kann.[6]) Unter Umständen kann auch in der Berufung eines Pflegers eine TV-Ernennung erblickt werden. Schließlich liegt TV-Anordnung vor, wenn nach dem Testament der überlebende Ehegatte oder eine andere Person den Erbteil von Kindern bis zu einem bestimmten Lebensalter oder bis zum Eintritt eines bestimmten Ereignisses verwalten soll.

Zur Auslegung einer testamentarischen Vollmacht in TVg siehe Rz 12.

Verwaltungsanordnungen im Sinn des § 2216 Abs. 2 Satz 1 BGB sind ebenfalls durch letztwillige Verfügungen zu treffen. Ist eine Anordnung lückenhaft, so ist sie im Weg der ergänzenden Auslegung auszufüllen. Mehr als auf anderen Rechtsgebieten sind im Erbrecht alle Umstände zu berücksichtigen, bei denen die Verfügung des Erblassers Erfolg haben kann (vgl. §§ 2084, 2085 BGB). Dabei können und müssen auch Umstände außerhalb des Testaments zur Vervollständigung und Ergänzung des Erblasserwillens herangezogen werden. Es ist auch auf den mutmaßlichen Willen des Erblassers Rücksicht zu nehmen, der sich auch in Anhaltspunkten außerhalb der letztwilligen Verfügung ausgedrückt haben kann.[7]) Verwaltungsanordnungen sind vom Testamentsvollstrecker daher auch dann zu beachten, wenn sie in anderer als testamentarischer Form vom Erblasser festgelegt sind, sofern sie nur ihre Grundlage oder Anhaltspunkte in einer letztwilligen Verfügung haben.

---

[1]) BayObLG FGPrax 1996, 26 = ZEV 1996, 33.

[2]) OLG Stuttgart, WürttZ 1913, 171; KGJ 32 A 88.

[3]) BayObLGZ 22, 75; 23, 20; OLG München, DNotZ 1938, 172; KG, DNotZ 1906, 461; DNotZ 1938, 172, hat in dieser Richtung wie folgt formuliert: Die Anordnung, daß der überlebende Ehegatte Nießbrauch, Verwaltung und Verfügung über den ganzen Nachlaß haben soll, ist, wenn die Verfügungsbefugnis ihm zu eigenem Nutzen eingeräumt ist, als Vorerbschaft, wenn er sie aber in fremdem – der Erben – Interesse ausüben soll, als TVg anzusehen. Siehe dazu auch BayObLG, RPfleger 1981, 64; Hartmann, S. 6, 50, 52.

[4]) RGZ 92, 68; einschränkend LG Berlin, DFG 1941, 167. Siehe auch Rz 122.

[5]) BayObLG, RPfleger 1991, 5 (LS).

[6]) RG, HRR 1925, 1860; BayObLGZ 40, 129; OLG Hamburg, DNotZ 1967, 30; vgl. Rz 12.

[7]) MüKo/Brandner, § 2203 BGB Rz 4; Lange/Kuchinke, Erbrecht § 29 V 1b, S. 476.

Ernennen **Eheleute** in einem gemeinschaftlichen Testament einen TV, ohne zu **60** bestimmen, für wessen Nachlaß er bestellt sein soll, so ist in der Regel anzunehmen, daß sowohl für den Nachlaß des Mannes wie den der Frau TVg angeordnet sein soll.[1]) Ist in einem gemeinschaftlichen Testament, in dem der überlebende Ehegatte zum Vorerben und die Kinder zu Nacherben eingesetzt sind, TVg vorgesehen, die Bestimmung der Person des TV aber vorbehalten und weiter bestimmt: „Der Überlebende soll auch für sich allein berechtigt sein, den TV zu ernennen", so ist der überlebende Ehegatte nicht als Vorerbe kraft der Ermächtigung des verstorbenen Ehegatten berechtigt, auch für dessen Nachlaß einen TV zu ernennen; das Testament ist vielmehr dahin aufzufassen, daß jeder Ehegatte zu seinem TV denjenigen bestimmt, der von dem überlebenden Ehegatten zu seinem, des Überlebenden, TV ernannt werden wird. Der Erblasser kann jedoch auch für den Fall, daß sein im gemeinschaftlichen Testament als Vorerbe eingesetzter überlebender Ehegatte für seinen eigenen Nachlaß TVg anordnet, diesen zugleich zu seinem TV bestimmen.[2])

Erwähnt ein späteres Testament nichts von einer in einem früheren Testament **61** angeordneten TVg, so liegt darin noch kein Widerspruch zu dem früheren Testament, also kein Widerruf der angeordneten TVg.[3])

4. Testamentsvollstrecker-Ernennung bei vorhergehendem gemeinschaftlichen Testament, Erbvertrag oder Ehevertrag

Ist die Ernennung des TV durch einen Ehegatten in einem **einseitigen Testa- 62 ment** enthalten, dem bereits ein wirksames gemeinschaftliches Testament der Eheleute – ohne TV-Ernennung – vorausgeht, so muß, wenn dieses Testament keinen entsprechenden Vorbehalt enthält, geprüft werden, ob der Ehegatte zur einseitigen Ernennung eines TV für seinen Nachlaß **überhaupt noch berechtigt oder ob er nach dem Tode des anderen Ehegatten nicht** durch das gemeinschaftliche Testament **bereits gebunden** ist (§ 2271 BGB). Denn die in einem späteren Testament nur eines Ehegatten vorgenommene Ernennung eines TV kommt als Beschränkung der Erben einem teilweisen Widerruf des früheren gemeinschaftlichen Testaments gleich.[4]) Der überlebende Ehegatte kann nach Annahme der Erbschaft vom Erstverstorbenen den in einem gemeinschaftli-

---

[1]) KG, HRR 1937, 259 = DFG 1936, 265. Dazu über Anordnung der TVg in einem gemeinschaftlichen Testament Granicky, NJW 1957, 407. Nach Erman/Hense, § 2197 BGB Rz 1 ist dagegen im Zweifelsfall anzunehmen, daß die TVg erst nach dem Tod des überlebenden Ehegatten beginnen soll.

[2]) RG, DJZ 1925, 625. Ist der überlebende Ehegatte Alleinerbe des Erstverstorbenen und sind für den ersten Erbfall keine weiteren der Auslegung bedürftigen Verfügungen getroffen und keine Anhaltspunkte für eine Verwaltungs- oder DauerTVg nach § 2209 BGB (Rz 130) vorhanden, so wird der TV nur für den Nachlaß des Überlebenden eingesetzt sein (Staudinger/Reimann, § 2197 BGB Rz 5).

[3]) LG Berlin, DFG 1943, 96.

[4]) OLG München, DNotZ 1937, 704; KG, DNotZ 1967, 438; OLG Frankfurt, WM 1993, 803.

chen wechselbezüglichen (korrespektiven) Testament auf seinen Tod ohne entsprechenden Vorbehalt bindend eingesetzten Erben nicht bereits dann durch
eine TVg beschränken, wenn er – subjektiv – annimmt, daß diese TV-Ernennung auch vom erstverstorbenen Ehegatten gebilligt werden würde, sondern
nur dann, wenn das letztere objektiv feststellbar ist, wenn die vom überlebenden Ehegatten einseitig angeordnete TVg also dem übereinstimmenden Willen
beider Eheleute, wie er in deren gemeinschaftlichem Testament niedergelegt
ist, nicht zuwiderläuft.[1]) Es ist eine Auslegungsfrage, ob die unterstellte
Zustimmung des Vertragserben sich nur auf einen bestimmten TV bezieht
oder auf die Anordnung der TVg im allgemeinen.[2])

63 Der überlebende Ehegatte kann die in einem **gemeinschaftlichen Testament**
von ihm auf seinen Tod festgelegte TV-Ernennung widerrufen oder einen
anderen TV ernennen (vgl. § 2278 Abs. 2 BGB).[3]) Die Berufung bestimmter
TV nach dem Überlebenden kann in einem gemeinschaftlichen Testament
oder Erbvertrag nicht „vertragsgemäß" erfolgen.[4])

64 Zu Lasten des in einem **Erbvertrag** berufenen Vertragsgegners kann der
Erblasser eine TVg mittels einseitigen Testaments regelmäßig nicht wirksam
anordnen; die Einsetzung eines TV stellt eine Beeinträchtigung des Erbrechts
i. S. v. § 2289 Abs. 1 S. 2 BGB dar. Dies gilt auch dann, wenn der Bedachte sich
mit der Anordnung vor oder nach dem Erbfall einverstanden erklärt oder
wenn der Erblasser nach dem Erbvertrag über die Hälfte seines Nachlasses
frei verfügen kann, den TV aber für den gesamten Nachlaß eingesetzt hat;[5]) sie
ist nur dann zulässig, wenn sie in dem Erbvertrag – ausdrücklich oder stillschweigend – vorbehalten war.[6]) Die bloße Auswechselung der Person eines
TV ist regelmäßig keine unzulässige Beeinträchtigung des (erb-)vertragsmäßig
Bedachten.[7]) Ein einseitiger Verzicht auf das Recht zur Bestimmung eines
anderen TV ist wie ein Verzicht auf die Testierfreiheit grundsätzlich nicht möglich.[8]) Ein solcher Vorbehalt kann darauf beschränkt werden, daß der Erblasser nur eine bestimmte Person zum TV ernennen darf.[9]) Steht eine erbver-
tragsmäßige Erbeinsetzung der nachträglichen Anordnung einer TVg entgegen und will der eingesetzte Erbe die Erbschaft nicht ausschlagen, so können

---

[1]) BayObLGZ 19, 171; KG, JW 1936, 3264; DNotZ 1938, 804; DNotZ 1942, 101; OLG München,
DNotZ 1937, 704. Siehe auch Soergel/Damrau, § 2197 BGB und oben Rz 42.

[2]) Meyding, ZEV 1994, 98.

[3]) OLG Darmstadt, DNotZ 1936, 380; LG Stade, MDR 1960, 142. Siehe auch Häussermann,
BWNotZ 1960, 261 und Bühler, DNotZ 1962, 359.

[4]) OLG Düsseldorf ZEV 1994, 302 = RPfleger 1995, 72 = FGPrax 1995, 65 = MDR 1994, 1016.

[5]) LG Stuttgart, RPfleger 1993, 68.

[6]) OLG Hamm FGPrax 1995, 241.

[7]) OLG Düsseldorf ZEV 1994, 302 = RPfleger 1995, 72 = FGPrax 1995, 65 = MDR 1994, 1016; dazu
Meyding, ZEV 1994, 98.

[8]) OLG Düsseldorf ZEV 1994, 302 = RPfleger 1995, 72 = FGPrax 1995, 65 = MDR 1994, 1016.

[9]) OLG Stuttgart, OLGZ 1979, 49 = Justiz 1979, 20.

die Beteiligten die Wirksamkeit der Anordnung nur dadurch erreichen, daß sie bei Lebzeiten des Erblassers eine Abänderung des Erbvertrages unter Beachtung der §§ 2290 bis 2292 BGB vornehmen.[1]) Dem Erblasser bleibt allerdings in solchen oder ähnlichen Fällen die Möglichkeit, mit Wirkung auch für und gegen seine Erben wenigstens einen Bevollmächtigten zu bestellen.[2])

Der Fall kann auch so liegen, daß der Erblasser in einem **Erbvertrag** zu Lasten **65** des **vertragsmäßig berufenen Erben** gleichzeitig **einseitig** einen **TV ernannt** hat. Es erhebt sich die Frage, ob eine solche Belastung des Vertragserben mit TVg überhaupt wirksam ist. Die Frage ist zu bejahen und auch vom OLG Hamm bejaht worden.[3]) Es heißt dort:

> *Hat der Erblasser in dem Erbvertrag einen Erben vertragsmäßig einge-*
> *setzt, so bedeutet eine von ihm in demselben Vertrag einseitig angeordnete*
> *TVg eine Beschränkung des Verwaltungs- und Verfügungsrechts des Ver-*
> *tragserben und damit eine Beeinträchtigung der Rechte dieses Bedachten.*
> *Solche beeinträchtigende Verfügungen sind grundsätzlich, wie aus § 2289*
> *Abs. 1 BGB hervorgeht, unwirksam, einerlei ob sie zeitlich vor oder nach*
> *dem Erbvertrag getroffen werden. Etwas anderes gilt nur, wenn und*
> *soweit die erbvertraglichen Bestimmungen die Feststellung eines Vorbe-*
> *halts für eine derartige Beeinträchtigung des vertragsmäßig Bedachten*
> *erlauben. Obschon § 2289 Abs. 1 BGB den Fall einer unmittelbar im*
> *Erbvertrag einseitig (§ 2289) getroffenen beeinträchtigenden Verfügung,*
> *z. B. der Anordnung einer TVg, nicht regelt und daher hierauf nicht*
> *unmittelbar anzuwenden ist, erscheint nach dem Sinn und Zweck der*
> *Vorschrift ihre entsprechende Anwendung geboten.[4]) Jedoch ist in der*
> *Regel eine im Erbvertrag enthaltene einseitige beeinträchtigende Verfü-*
> *gung mit Wissen oder mindestens stillschweigender Zustimmung des Ver-*
> *tragsgegners getroffen und deshalb wirksam.[5]) Jedenfalls dann, wenn ein*
> *Erbvertrag vor dem Notar durch Errichtung einer Niederschrift über die*
> *in der Verhandlung vor ihm von den Beteiligten mündlich abgegebenen*
> *Erklärungen, die vorgelesen und genehmigt worden sind, abgeschlossen*
> *worden ist, erscheint es ausgeschlossen, daß der vertragsmäßig bedachte*
> *Teil eine im Vertrag enthaltene einseitige, ihn beeinträchtigende Verfü-*
> *gung, z. B. die Anordnung einer TVg, nicht zur Kenntnis genommen hat;*

---

[1]) Vgl. OLG Hamm, DNotZ 1974, 625 = FamRZ 1974, 389 = JR 1974, 332 = RPfleger 1974, 223 wie folgt: Die formlose Zustimmung des Vertragsgegners eines Erbvertrages oder des vertragsmäßig Bedachten genügen nicht, um einer Verfügung von Todes wegen, die das Recht des in einem früheren Erbvertrag vertraglich Bedachten beeinträchtigen würde, Wirkung zu verleihen.

[2]) Vgl. Rz 4, 6.

[3]) OLG Hamm am 28. 10. 1976 (Leitsatz RPfleger 1976, 14).

[4]) Hinweis des Gerichts auf Staudinger/Reimann, § 2289 BGB; Palandt/Edenhofer, § 2289 BGB Rz 3 a.E.

[5]) Hinweis des Gerichts auf Staudinger/Reimann und Palandt/Edenhofer je a.a.O., ferner auf KG, HRR 1934 Nr. 17.

wenn er dann die vorgelesenen Erklärungen ohne Widerspruch oder Vorbehalt genehmigt hat, umfaßt dies auch die beeinträchtigende Verfügung.

66 Ist TVg für den ganzen Nachlaß angeordnet, die Anordnung aber hinsichtlich eines Miterben wegen eines früheren Erbvertrages ungültig,[1]) so kann die Anordnung den anderen Erben gegenüber wirksam sein, wenn Teil-TVg dem Willen des Erblassers entspricht.[2])

67 Bei Bestehen von **ehelicher Gütergemeinschaft** kann, wenn sowohl vom zuerststerbenden wie vom überlebenden Ehegatten ein TV in der Person des gleichen Dritten ernannt ist, der vom zuerststerbenden Ehegatten berufene TV bis zum Tode des **nicht** sein **Alleinerbe** gewordenen überlebenden Ehegatten nicht auch für den letzteren als TV handeln, also nicht allein über das Gesamtgut der ehelichen Gütergemeinschaft verfügen. Er bedarf vielmehr der Mitwirkung des überlebenden Ehegatten.[3]) Dieser hat allerdings die Möglichkeit, dem vom erstverstorbenen Ehegatten berufenen TV eine entsprechende **Vollmacht** zu erteilen, die auch unwiderruflich sein kann. Ein Widerruf dieser Vollmacht durch die Erben des überlebenden Ehegatten scheidet in diesem Falle aus. Das Verwaltungs- und Verfügungsrecht des zum TV ernannten Dritten erstreckt sich in einem solchen Fall nicht nur auf das Teilhaberecht des verstorbenen Ehegatten im ganzen, sondern auf die **einzelnen Gegenstände des Gesamtguts** (in Liquidation), die dieses erst ausfüllen; andererseits wirkt sich die Belastung eines Teilhaberrechts mit der TVg auch als eine Belastung der einzelnen Gegenstände aus. Denn nach § 1419 Abs. 1 BGB kann nicht über den Anteil an den zum Gesamtgut gehörenden einzelnen Gegenständen verfügt werden. Der überlebende Ehegatte und der zum TV ernannte Dritte müssen also gemeinschaftlich verfügen. Die übrigen Mitglieder der Gemeinschaft brauchen dagegen nicht mitzuwirken.[4])

68 Hat bei Gütergemeinschaft der erstverstorbene Ehegatte den Überlebenden zu seinem **alleinigen Vollerben** und einen Dritten zum TV ernannt, so bedarf es bei Verfügungen über Gegenstände, die bisher zum Gesamtgut der Gütergemeinschaft gehört haben, auch weiterhin der Mitwirkung von TV und Alleinerbe. Wenn auch eine Gesamthands- oder Liquidationsgemeinschaft in diesen Fällen nicht besteht, weil das Gesamtgut – ohne Liquidation – auf den überlebenden

---

[1]) Oben Rz 64.

[2]) BGH, FamRZ 1962, 193 = NJW 1962, 912 = MDR 1962, 470; BayObLG RPfleger 1991, 112 = NJW-RR 1991, 6 = FamRZ 1991, 231 mit Anm. von Preuschan (FamRZ 1993, 1390); vgl. auch Rz 20.

[3]) OLG Stuttgart, NJW 1967, 1809; Palandt/Edenhofer, § 2205 BGB Rz 28; Staudenmeier, BWNotZ 1967, 136.

[4]) Im einzelnen siehe Haegele, TVg bei Gütergemeinschaft, Die Information über Steuer und Wirtschaft 1975, S. 379.

Ehegatten übergegangen ist, so wird diese doch, soweit TVg besteht, aufrecht erhalten.[1])

Eine unmittelbare oder wenigstens sinngemäße Anwendung der Rechtssätze, **69** die dann gelten, wenn nach in der Ehe bestandener Gütergemeinschaft der überlebende Ehegatte **nur alleiniger Vorerbe** ist, kommt nicht in Frage; die Rechtslage zur alleinigen Voll-Vorerbschaft ist verschieden.[2])

Der **BGH** hat zu dieser Frage entschieden, daß nach bestandener ehelicher **70** Gütergemeinschaft der überlebende Ehegatte als alleiniger und befreiter Vorerbe unentgeltlich über ein Grundstück verfügen kann, das zum Nachlaß gehört.[3]) Würde man § 2113 BGB auch auf Gesamtgutsgegenstände entsprechend anwenden, müßte dies zwangsläufig dazu führen, daß nicht nur der zum Nachlaß gehörige Gesamtgutsanteil den Verfügungsbeschränkungen des § 2113 BGB unterworfen würde, sondern der zum Gesamtgut gehörende Gegenstand insgesamt. Denn nach § 1419 Abs. 1 BGB kann bei einem Gesamtgutsgegenstand nicht über den Anteil des einen Gesamthändlers allein, sondern nur über den Gegenstand insgesamt verfügt werden. Davon würde notwendig auch der dem überlebenden Ehegatten schon bisher zu eigenem Recht zustehende andere Gesamtgutsanteil betroffen. Demgegenüber muß die mit der Verfügungsfreiheit des Vorerben verbundene Schmälerung der Rechtsstellung des Nacherben in Kauf genommen werden.

Diese Rechtslage kann dem hier behandelten Fall der Berufung eines TV **71** gleichgestellt werden. Auf eine Vorerbschaft folgt eine Nacherbschaft. Diese stellt den Übergang von Vermögen des Erblassers von einem auf einen anderen Nachfolger eben dieses Erblassers dar (nicht etwa des Vorerben auf den Nacherben). Nach eingetretener Vollerbschaft handelt es sich dagegen nur um die direkte Vererbung des Vermögens auf einen anderen. Wer dieser andere ist, bestimmt der Vollerbe. Ob Nacherbfolge eintritt, bestimmt der Erblasser. Bei Nacherbschaft ist eine Auseinandersetzung des Gesamtguts der früheren Gütergemeinschaft zwischen dem daran beteiligten überlebenden Ehegatten (oder dessen Erben) und den Nacherben erforderlich. Bei Vollerbschaft scheidet eine solche Auseinandersetzung in jedem Fall aus. Der Vorerbe ist nicht der endgültige Herr des Nachlasses, sondern nur Zwischeneigentümer. Der Vollerbe ist, auch wenn TVg besteht, endgültiger Eigentümer des Ererbten. Die TVg kommt irgend wann einmal in Wegfall. Nach Beendigung der Gütergemeinschaft bis zur Auseinandersetzung des Gesamtguts steht zu Lebzeiten beider Ehegatten des Verwaltungs- und Verfügungsrecht am Gesamtgut den Ehegatten gemeinschaftlich zu (§ 1472 Abs. 1 BGB). Bei Tod eines Ehegatten

---

[1]) A. A. Haegele, a.a.O. und in der 5. Auflage, Tz 38, der annahm, daß der Ehegatte der Mitwirkung des TV nicht bedarf, wenn er höchstens über die Hälfte eines früheren Gesamtgutsgegenstandes verfügt.

[2]) Haegele, a.a.O.

[3]) BGH, NJW 1976, 893 = RPfleger 1976, 205; ebenso BayObLG, RPfleger 1976, 290; Palandt/Edenhofer, § 2113 BGB Rz 13.

treten seine Erben an seine Stelle. Hat der erststerbende Ehegatte einen TV ernannt, so vertritt dieser die Erben. Das führt zu dem Ergebnis, daß nach dem Tode eines Ehegatten der andere Ehegatte als Gesamthandsmitberechtigter und der TV als Vertreter der Erben des anderen Ehegatten gemeinschaftlich über das Gesamtgut und einzelne dazu gehörende Gegenstände verfügungsberechtigt sind. Ist zum TV der überlebende Ehegatte berufen, so kann dieser mithin das Gesamtgut allein vertreten. Die Grundsätze von Vor- und Nacherbschaft passen also im Fall der TVg nicht; wollte man anders entscheiden, so könnten Ehegatten, die in Gütergemeinschaft leben, auf den Tod des erstversterbenden Ehegatten keine das Gesamtgut miterfassende TVg anordnen.[1])

72 Für den Fall, daß nach **ehelicher Gütergemeinschaft** auf den Tod des erststerbenden Ehegatten **fortgesetzte Gütergemeinschaft** eintritt (§§ 1483 ff. BGB), ist die Anordnung von TVg in das Gesamtgut der fortgesetzten Gütergemeinschaft nicht allgemein zulässig (§ 1518 BGB),[2]) sondern nur im Rahmen der nach §§ 1512 bis 1514 BGB bestehenden Möglichkeiten. Unzulässig ist danach die Beschränkung des Verwaltungsrechts des überlebenden Ehegatten (§§ 1487, 1422 BGB) durch Überweisung der Verwaltung an einen TV,[3]) zulässig aber der Vertrag des überlebenden Ehegatten mit einem Dritten über die Beschränkung seines Verwaltungsrechts zugunsten des TV.[4]) Verpflichtet sich in einem gemeinschaftlichen Testament der eine Ehegatte, nach dem Tode des anderen auch seinen Anteil am Gesamtgut der ehelichen Gütergemeinschaft der Verwaltung eines TV zu unterstellen, so handelt es sich für ihn nur um einen nach § 671 BGB jederzeit widerruflichen Auftrag.[5])

Über seinen Anteil am Gesamtgut der fortgesetzten Gütergemeinschaft kann der überlebende Ehegatte TVg anordnen.

73 Ist die Anordnung einer TVg aufgrund Erbvertrags oder gemeinschaftlichen Testaments nicht mehr möglich, kann der Zweck, den die Anordnung der TVg verfolgt hätte, in bestimmtem Umfang – die Erben können widerrufen! – durch die Erteilung einer **Vollmacht** über den Tod [6]) hinaus erreicht werden.

---

[1]) Siehe Haegele, Die Information über Steuer und Wirtschaft 1975, 379.

[2]) RG, JW 1916, 43; Haegele, RPfleger 1963, 331; zur nicht fortgesetzten ehelichen Gütergemeinschaft siehe BGH, NJW 1983, 2247.

[3]) Palandt/Diederichsen, § 1518 BGB Rz 2; Staudinger/Felgentraeger, § 1518 BGB Rz 8.

[4]) RG, JW 1916, 43.

[5]) Im übrigen siehe wegen der Ernennung eines TV nach Aufhebung der fortgesetzten Gütergemeinschaft Burth, WürttNotV 8, 104; Haegele, RPfleger 1963, 331; Staudinger/Reimann, § 2197 BGB Rz 13.

[6]) Oben Rz 4 ff.; vgl. Bengel/Reimann, 1. Kap. Rz I 23.

5. Ernennung durch das Nachlaßgericht

Der Möglichkeit des Erblassers, das Nachlaßgericht um die Ernennung des TV **74**
zu ersuchen (§ 2200 BGB),[1]) kommt große Bedeutung zu. Der Erblasser
macht von ihr insbesondere dann Gebrauch, wenn er zwar TVg unbedingt
anordnen will, aber nicht weiß, wen er als TV ernennen soll. Der Erblasser
kann die Ernennung eines TV durch das Nachlaßgericht auch für den Fall
vorsehen, daß der von ihm selbst Ernannte das Amt nicht annimmt oder später
wegfällt [2]) oder daß der Dritte, den er um die Bestimmung der Person des TV
ersucht hat,[3]) diesem Ersuchen nicht nachkommt. Diese Möglichkeiten sollten
stets im Testament vorgesehen werden.

Das **Ersuchen** des Erblassers an das Nachlaßgericht um Ernennung des TV **75**
erfolgt am besten **ausdrücklich,** doch kann es auch stillschweigend erfolgen
und aus den gesamten Umständen als gestellt anzusehen sein. Es reicht grundsätzlich aus, daß der Ausschluß der Erben von der Verwaltung des Nachlasses
angeordnet oder daß klar ist, daß der Erblasser eine fortdauernde TVg wollte.[4]) Auf der anderen Seite muß die Ernennung des TV durch das Nachlaßgericht mit dem Wortlaut und dem Inhalt des Testaments vereinbar sein. Das
Ersuchen, das für den Fall des Todes des vom Erblasser selbst ernannten TV
an das Nachlaßgericht gestellt ist, kann auch für den Fall von dessen Amtsab-
lehnung oder vorzeitigen Kündigung gelten.

Das Nachlaßgericht kann an Stelle eines weggefallenen TV auch dann einen **76**
neuen bestellen, wenn dieser Fall im Testament zwar nicht ausdrücklich vorgesehen, aber ein dahingehender Wille des Erblassers mit genügender Deutlich-

---

[1]) Oben Rz 54.

[2]) Oben Rz 44.

[3]) Oben Rz 45.

[4]) RGZ 92, 68; KGJ 45, 114; KG, DNotZ 1956, 649; LG Kiel, MDR 1967, 593; LG Stade, MDR 1960,
142; vgl. unten Rz 111, 791, 810; siehe aber auch einschränkend KG, DFG 1944, 57; Greiser, DFG
1939, 216. Siehe ferner OLG Düsseldorf, MDR 1957, 421 wie folgt:
„Die Ernennung eines TV durch das Nachlaßgericht ist auch zulässig, wenn sich nach den allgemeinen für die Testamentsauslegung entwickelten Grundsätzen im Wege der ergänzenden Auslegung ergibt, daß ein Ersuchen im Sinne des § 2200 BGB dem Willen des Erblassers entsprechen
würde, wenn er bei der Testamentserrichtung vorausschauend die inzwischen eingetretene Entwicklung bedacht hätte. Voraussetzung ist allerdings, daß eine solche Auslegung mit dem Wortlaut
und dem Inhalt des Testaments vereinbar ist. Sind im Zeitpunkt der Ernennung bereits Schwierigkeiten mit den Erben vorauszusehen, die zu einer Entlassung des in Aussicht genommenen TV –
wenn auch ohne dessen Verschulden – führen können, so ist von dessen Ernennung jedenfalls
abzusehen, wenn eine andere geeignete Persönlichkeit gefunden werden kann." Ist von Anfang an
ein wichtiger Grund vorhanden, der nach § 2227 BGB (siehe Rz 792) die Entlassung des TV durch
das Nachlaßgericht rechtfertigen würde, so ist nach LG Göttingen, NdsRpfl 1952, 104 seine Ernennung aufzuheben. Vgl. auch Jansen, Zur bindenden Wirkung der Ernennung eines TV durch das
Nachlaßgericht, NJW 1966, 331 (Ernennung ist für alle Behörden bindend. Keine Bindung besteht
hinsichtlich der Anordnung der TVg durch den Erblasser, der Annahme des Amtes und des
Fehlens von Endigungsgründen). Siehe ferner OLG Hamm, JMBl NRW 1964, 209 über Auslegung
der Ermächtigung eines Dritten, einen TV zu bestimmen, in ein Ersuchen an das Nachlaßgericht
um eine TV-Ernennung.

keit aus dem Testament zu entnehmen ist.[1]) Grundsätzlich wird das Nachlaßgericht gemäß § 2200 BGB nicht von Amts wegen tätig, sondern nur auf ein Ersuchen des Erblassers. Ein solches Ersuchen kann aber auch durch **Auslegung** ermittelt werden, wenn z. B. dem Erben die Verwaltung durch eine Dauer-TVg entzogen ist.[2]) Das Ersuchen kann auch für den Fall gestellt sein, daß der vom Erblasser ernannte TV das Amt nicht annimmt oder vor dem Erbfall verstirbt, da sich anderenfalls die Anordnung des TVg nicht auswirken könnte (§ 2084 BGB). Hat der Erblasser die TVg selbst angeordnet und ist der eingesetzte TV vor dem Erblasser verstorben, so ist zu prüfen, ob das Testament in seiner Gesamtheit den Willen des Erblassers erkennen läßt, die TVg auch nach dem Wegfall der vom Erblasser benannten Person fortdauern zu lassen.[3]) Das Ersuchen kann also auch stillschweigend oder **aus den gesamten Umständen** als gestellt gelten. Es reicht grundsätzlich aus, daß der Ausschluß des Erben von der Verwaltung des Nachlasses angeordnet oder klar ist, daß der Erblasser eine fortdauernde TVg wollte.[4]) Das Nachlaßgericht kann anstelle eines weggefallenen TV auch dann einen neuen bestellen, wenn dieser Fall im Testament zwar nicht ausdrücklich vorgesehen, aber ein dahingehender Wille des Erblassers mit genügender Deutlichkeit aus dem Testament zu entnehmen ist. Die Befugnis des Nachlaßgerichts zur Ernennung eines TV ist in einem derartigen Falle solange als fortdauernd anzusehen, als noch Geschäfte des Nachlasses auszuführen sind, wie sie der Erblasser dem TV übertragen wollte.[5])

77 Die Ernennung eines **Ersatz-TV** durch das **Nachlaßgericht** (§ 2200 BGB) auf Grund ergänzender Testamentsauslegung kann auch zulässig sein, wenn der **Erblasser** in einem Erbvertrag TVg angeordnet hat. In diesem Fall bedarf es zusätzlich der Feststellung, daß der vertragsmäßig Bedachte mit einem entsprechenden Ersuchen des Erblassers bei Abschluß des Erbvertrags einverstanden war.[6])

---

[1]) BayObLG, RPfleger 1988, 67; OLG Hamm, OLGZ 1976, 20/21. Das Nachlaßgericht hat den TV zu ernennen, wenn bei Vorliegen eines Berliner Testaments (§ 2269 BGB) der Überlebende die darin enthaltene Ernennung eines TV durch ein weiteres Testament ohne gleichzeitige Neubenennung eines TV widerruft (LG Stade, NdsRpfl 1960, 67).

[2]) Palandt/Edenhofer, § 2200 BGB Rz 1.

[3]) BayObLG, RPfleger 1988, 67; vgl. auch BayObLG, FamRZ 1987, 98.

[4]) RGZ 92, 68; KG, DNotZ 1956, 649; OLG Düsseldorf, MDR 1957, 421.

[5]) Die Ernennung eines TV ist von vornherein gegenstandslos, wenn im Zeitpunkt der Ernennung alle TV-Aufgaben ausgeführt sind (BGHZ 41, 23 = MDR 1964, 310 = DNotZ 1965, 98 = NJW 1964, 1316 mit Anm. von Strickrodt = RPfleger 1964, 210). In diesem Fall gilt die TVg auch dann nicht zugunsten des Ernannten als fortbestehend, wenn er irrigerweise an das Vorhandensein weiterer Aufgaben glaubt. Zur Entscheidung über diese Frage ist das Prozeßgericht zuständig. Siehe auch Bund, JuS 1966, 60; Jansen, NJW 1966, 331; Johannsen, WM 1969, 1403 und Rz 820.

[6]) OLG Hamm, DNotZ 1976, 566; oben Rz 67.

Durch **Anträge von Erben oder Dritten** kann ein fehlendes Ersuchen nach **78**
§ 2200 BGB in keinem Falle ersetzt werden. Einigung der Erben über einen
TV bindet das Nachlaßgericht nicht und hat nur die Bedeutung einer Anregung.[1])

Trotz eines ordnungsmäßigen Ersuchens des Erblassers an das Nachlaßgericht **79**
um Ernennung eines TV steht es im **pflichtgemäßen Ermessen des Gerichts,**
ob es diesem Ersuchen nachkommt; eine Pflicht des Nachlaßgerichts zur
Ernennung eines TV besteht nicht. Gleichwohl wird das Nachlaßgericht dem
Ersuchen in aller Regel entsprechen und es nur dann ablehnen, wenn die TVg
aus triftigen Gründen nicht zweckmäßig erscheint.[2]) Ein Vorbescheid, mit dem
das Nachlaßgericht die Ernennung eines TV ankündigt, ist nicht zulässig. Der
Erbe kann einen solchen Vorbescheid mit der einfachen Beschwerde anfechten.[3])

Für die **Auswahl des TV** durch das Nachlaßgericht ist in erster Linie der etwa- **80**
ige Wille des Erblassers maßgebend. Die Auswahl untersteht dem pflichtgemäßen Ermessen des Nachlaßgerichts.[4]) Das Nachlaßgericht kann auch mehrere
TV ernennen. Ernannt werden kann auch der Notar, der die Verfügung von
Todes wegen beurkundet hat.[5]) Aus der Tatsache, daß der Erblasser den TV
nicht selbst der Person nach bestimmt hat, kann u. U. zu schließen sein, daß
dieses Amt kein Erbe oder eine sonst nahestehende Person, sondern ein Fremder ausüben soll, der Streit unter den Erben besser verhindern kann als ein
Familienangehöriger. Das Nachlaßgericht darf nicht eine für das Amt ungeeig-
nete Person bestellen.[6]) Die Ernennung eines bestimmten TV ist abzulehnen,
wenn Schwierigkeiten mit den Erben vorauszusehen sind, die zu einer Entlassung der in Aussicht genommenen Person führen können.[7]) Das Nachlaßgericht soll vor der Ernennung des TV denjenigen Gelegenheit zur Äußerung
geben, die an der TVg ein rechtliches Interesse haben – Erben, Vermächtnisnehmer, Pflichtteilsberechtigte, nicht aber bloße Nachlaßgläubiger –, wenn
dies ohne erhebliche Verzögerung und ohne unverhältnismäßige Kosten
geschehen kann (§ 2200 Abs. 2 BGB; Art. 103 Abs. 1 GG).[8])

---

[1])   OLG Hamm, RPfleger 1959, 53 und JMBl NRW 1962, 211.

[2])   OLG Hamm, OLGZ 1984, 282 = RPfleger 1984, 316.

[3])   BayObLGZ 1993, 389.

[4])   OLG Frankfurt, RPfleger 1978, 178, 179.

[5])   Dazu unten Rz 93.

[6])   OLG Hamm, JMBl 1962, 211.

[7])   OLG Düsseldorf, MDR 1957, 421.

[8])   Geht der Erblasser im Testament davon aus, daß der TV das Amt **unentgeltlich** auszüben habe,
       so kann das Nachlaßgericht bei einem nicht beträchtlichen Nachlaß nicht einen Rechtsanwalt zum
       TV berufen, der einen Anspruch auf Vergütung hat (LG Berlin, DFG 1942, 113). – Das pflichtge-
       mäße Ermessen des Nachlaßgerichts bei Ernennung eines TV ist dahin eingeschränkt, daß es keine
       für das Amt ungeeignete Person ernennen darf (OLG Hamm, JMBl NRW 1962, 211). Palandt/
       Edenhofer, § 2200 BGB Rz 4, weist auf Art. 103 Abs. 1 GG hin. Siehe dazu auch unten Rz 690.

81 Den **Wirkungskreis des TV maßgeblich zu bestimmen,** ist das Nachlaßgericht von sich aus nicht befugt. Handelt es sich bei der im Testament ausgesprochenen Bitte des Erblassers hinsichtlich der Fortführung des Geschäfts nur um einen unverbindlichen Wunsch, so ist eine TVg nicht angeordnet.[1]

82 Die Ernennung des TV erfolgt durch **Beschluß des Nachlaßgerichts** (Richter, § 16 Abs. 1 Nr. 2 RPflG). Sie wird dadurch wirksam, daß sie dem Ernannten förmlich zugestellt wird (§ 16 Abs. 2 Satz 1 FGG); damit ist die Ernennung vollzogen. Die TVg selbst tritt erst mit der Annahme des Amtes durch den Ernannten in Kraft.[2]

83 Der Beschluß des Nachlaßgerichts ersetzt auch nicht etwa das TV-Zeugnis nach § 2368 BGB, wohl aber kann die Ernennung des TV durch das Nachlaßgericht in der Erteilung des TV-Zeugnisses erblickt werden.[3]

84 Außer an den Ernannten ist der Beschluß über die Ernennung den Erben bekannt zu geben.[4] **Gegen die Ernennung** des TV steht dem Erben, dem Miterben auch nach Pfändung seines Miterbenanteils, und den sonstigen Beteiligten (auch Vermächtnisnehmern, Pflichtteilsberechtigten[5]) und sonstigen Nachlaßgläubigern) die sofortige **Beschwerde zu** (§§ 81, 19, 22 FGG).[6] Dem Ernannten selbst steht kein Beschwerderecht zu; er kann aber die Annahme des Amtes ablehnen (§ 2202 BGB). Gegen die **Ablehnung des Antrags auf Ernennung** eines TV durch das Nachlaßgericht ist einfache Beschwerde gegeben (§§ 19, 20 FGG), und zwar für den einzelnen Miterben auch dann, wenn TVg nur für den Erbteil eines anderen Miterben angeordnet ist.[7] Gegen einen die Ernennung aufhebenden Beschluß steht dem vom Nachlaßgericht nach § 2200 Abs. 1 BGB ernannten TV, der das Amt angenommen hat, die **Beschwerde** zu; er hat zwar keinen Anspruch auf Ernennung, aber mit der

---

[1]   LG Berlin, DFG 1941, 154; 1942, 113; KGJ 45, 114 = DJZ 1914, 237; DFG 1942, 86.

[2]   Unten Rz 102.

[3]   KG, DFG 1939, 35 = JW 1939, 421; KG, DNotZ 1955, 649; BayObLGZ 1985, 233, 239.

[4]   KG, JW 1939, 421; Keidel/Winkler, § 81 FGG Rz 4.

[5]   Für Pflichtteilsberechtigte siehe KG, NJW 1963, 1553.

[6]   Bezüglich Nachlaßgläubigern a.A. KG, OLGZ 1973, 385 = RPfleger 1973, 359. Im Verfahren der sofortigen Beschwerde gegen die Ernennung eines TV kann das Beschwerdegericht seine Nachprüfung des pflichtgemäßen Ermessens des Nachlaßgerichts nur auf Tatsachen stützen, die schon im Zeipunkt der Ernennung bestanden, dagegen nicht auf Tatsachen, die erst nach der Ernennung eingetreten sind. Diese können nur Gegenstand eines Verfahrens zur Entlassung des TV nach § 2227 BGB (Rz 792) sein (OLG Hamm, JMBl NRW 1962, 211). Sofortige weitere Beschwerde ist gegen den Beschluß des LG, durch den das AG angewiesen wird, einen TV zu ernennen, zulässig (OLG Hamburg, JW 1934, 2247).

[7]   KG, RJA 11, 15; für Pflichtteilsberechtigte siehe KG, NJW 1963, 1553. Hat das Nachlaßgericht einen TV ernannt und hat dieser das Amt angenommen, das Beschwerdegericht aber die Ernennung aufgehoben, so steht dem Ernannten das Recht der weiteren Beschwerde gegen die Aufhebung zu (KGJ 40 A 42, HRR 1939, 1166).

Ernennung eine Rechtsposition erlangt, die ihn zur Anfechtung der Aufhebung berechtigt.[1])

Gegen die Entscheidung des Beschwerdegerichts im Verfahren der Ernennung **85** eines TV durch das Nachlaßgericht ist **sofortige weitere Beschwerde** zulässig (§§ 81 Abs. 2, 29 Abs. 2 FGG).[1]) Die Entscheidung kann erst mit ihrer Rechtskraft wirksam werden. Sofortige Wirksamkeit der Entscheidung kann allerdings das Landgericht anordnen (§ 26 Satz 2 FGG). Geschieht das nicht, so bleibt der TV bis zur Entscheidung über die sofortige weitere Beschwerde im Amt.[2]).

Der Beschluß über die Ernennung des TV durch das Nachlaßgericht kann von **86** jedem eingesehen werden, der ein berechtigtes Interesse daran glaubhaft macht (§ 78 FGG).[3])

Hat das Nachlaßgericht einen TV ernannt, obwohl ein **die Ernennung rechtfer-** **87** **tigendes Ersuchen des Erblassers nicht vorlag** oder ist die TV-Ernennung durch das Nachlaßgericht (z. B. wegen Fehlens einer vom Erblasser übertragenen Aufgabe) nicht durch den letzten Willen des Erblassers gedeckt, so fragt sich, ob hieraus die völlige Unwirksamkeit (Nichtigkeit) der Ernennungsverfügung abzuleiten ist. Nach einer Ansicht ist die Ernennung nicht unwirksam,[4]) doch bildet die Tatsache für sich allein einen hinreichenden Grund zur Entlassung des TV nach § 2227 BGB, sofern von einem Beteiligten ein Antrag hierauf gestellt wird.[5]) Der Bestellte ist, solange er das Amt im Vertrauen auf die Gültigkeit seiner Bestellung ausgeübt hat, den Beteiligten gegenüber wie ein wirksam bestellter TV berechtigt und verantwortlich.[6]) Nach überwiegender Ansicht ist eine solche Ernennung jedoch **gegenstandslos** und ist durch das Beschwerdegericht aufzuheben, um den Rechtsschein ihrer Gültigkeit und Wirksamkeit zu beseitigen.[7])

---

[1]) KG, OLGZ 1992, 139, 141.

[2]) OLG Hamm, Leitsatz RPfleger 1976, 14.

[3]) Unten Rz 746.

[4]) KG, Recht 1925, 2438; KG, DNotZ 1955, 649; Kipp/Coing, § 67 I 7; RGR/Kregel, § 2200 BGB Rz 1. Siehe zu dieser Frage auch Haegele, RPfleger 1957, 147 und Höver, DFG 1939, 25, 28. Einem Pflichtteilberechtigten steht gegen die Ablehnung der Ernennung eines TV ein Beschwerderecht nach KG, NJW 1963, 1553 = RPfleger 1964, 54 mit Anm. von Haegele zu.

[5]) Siehe unten Rz 792.

[6]) RG, DNotZ 1937, 902. Für Zulässigkeit der Aufhebung auf Beschwerde Staudinger/Reimann, § 2200 BGB Rz 13; RG, DNotZ 1937, 902. Siehe auch BGHZ 41, 23, 29 (weitere Fundstellen siehe Fußnote 4 zu Rz 76).

[7]) BayObLG ZEV 1995, 22; vgl. BGH NJW 1964, 1316, 1319; Palandt/Edenhofer § 2200 BGB Rz 2; Johannsen WM 1969, 1402, 1403.

6. Person des Testamentsvollstreckers

88 Als TV können sowohl **natürliche Personen** wie auch **juristische Personen,** insbesondere Banken,[1]) Treuhandgesellschaften, Körperschaften, Vereine,[2]) mit dem Erblasser Verwandte wie auch Familienfreunde, Erben und Nicht-Erben, auch Ausländer, ernannt werden. Ehegatten bedürfen zur Führung des Amts nicht der Zustimmung des Ehegatten. Ob die Einsetzung der Geliebten als TV durch verheirateten Erblasser sittenwidrig ist,[3]) hängt von den Umständen des Einzelfalls ab.[4]) Für juristische Personen führen deren Organe das Amt im Namen und unter der Verantwortlichkeit der juristischen Person. Eine Behörde kann nicht TV sein, wohl aber kann der Inhaber eines bestimmten Amtes zum TV ernannt werden, z. B. der jeweilige Vorstand einer Behörde etc., der jeweilige Notar einer bestimmten Notarstelle.[5]) Das Alter des TV spielt keine Rolle, er muß aber volljährig sein (§ 2201 BGB).[6]) Handelt es sich um eine länger dauernde TVg, so empfiehlt es sich, einen nicht zu alten TV zu wählen, zumindest sollte ein geeigneter Ersatz-TV vorgesehen werden.[7])

89 Im Idealfall sollte der TV u. a. folgenden Anforderungen genügen: volles Vertrauen des Erblassers; erhebliche rechtliche Kenntnisse; menschliche Qualifikation, um mit den menschlichen Schwierigkeiten fertig zu werden; ein Alter, das die Aufgabenerfüllung während der gesamten Dauer der Vollstreckung erwarten läßt; ausreichende Zeit.[8])

90 Der **Alleinerbe** kann nicht sein alleiniger TV sein, er kann aber zum Mit-TV mit gemeinschaftlicher Amtsführung ernannt werden.[9]) Dies gilt auch für den alleinigen Vorerben während der Dauer der Vorerbschaft. Der Vorerbe kann auch nicht zum TV zur Wahrnehmung der Rechte und Pflichten des Nacherben (§ 2222 BGB)[10]) bestimmt werden, denn die Interessengegensätze und der Zweck der genannten Vorschrift machen die Vereinigung dieser Stellungen unmöglich. Der Nacherbe kann aber TV des Vorerben sein, sofern er als solcher nur den Vorerben beschränken soll.[11]) Dagegen kann der TV für den Vorerben und derjenige nach § 2222 BGB für den Nacherben die gleiche – fremde – Person sein. Sind zwei Vorerben eingesetzt, so kann einer von ihnen jedenfalls dann zum

---

[1]) Dazu Bork WM 1995, 225; Schaub FamRZ 1995, 845.

[2]) Sauter/Schweyer, Der eingetragene Verein, 15. Auflage 1994 Rdn. 3.

[3]) So BGH, FamRZ 1954, 194, 198.

[4]) Vgl. dazu Palandt/Edenhofer § 1937 Rz 20 ff.

[5]) BayObLGZ 20, 55; Bengel/Reimann, 2. Kap. Rz 180.

[6]) Unten Rz 98.

[7]) So mit Recht Esch/Schulze zur Wiesche, Handbuch der Vermögensnachfolge, 4. Aufl. 1992, Rz 622, 623.

[8]) Hartmann, Abschn. 2.121; Esch/Schulze zur Wiesche, Rz 620 f.; Peter/Petzoldt/Winkler, S. 107 f.

[9]) RGZ 77, 177; HRR 1934, 173; KG, JFG 11, OLG 27, 361; BayObLG 20, 242.

[10]) Unten Rz 153 ff.

[11]) BGH DNotZ 1992, 241; RGZ 61, 139; BayObLGZ 1959, 128 = DNotZ 1960, 430 = JR 1959, 384 = MDR 1959, 761 = NJW 1959, 1920; KGJ 38 A 29, KGJ 52, 77.

TV und zugleich zum Nacherben-TV berufen werden, wenn die TVg durch ein Kollegium ausgeübt wird.[1]) Auch sämtliche Miterben können allein oder neben einem Fremden Mit-TV sein.[2]) Der Alleinerbe kann aber ausnahmsweise als TV zur Ausführung eines Vermächtnisses ernannt werden.[3])

Ernennt der Erblasser eine Person zum TV, die **Vormund bzw. Betreuer eines** **91** **Miterben ist,** so muß für diesen Miterben Ergänzungspflegschaft nach § 1909 BGB angeordnet werden. Bei der Doppelstellung des TV einerseits und des Vormunds andererseits besteht ein Interessengegensatz, der so erheblich ist, daß er die Wahrnehmung der Aufgaben der beiden Ämter durch ein und dieselbe Person ausschließt; denn der durch den Vormund vertretene Erbe hat Überwachungs- und Auskunftsrechte und gegebenenfalls Schadensersatzansprüche gegen den TV, die dieser nicht gegen sich selbst geltend machen kann.[4]). Der Wirkungskreis eines solchen Pflegers hat die Wahrnehmung aller Rechte zu umfassen, die dem Mündel in der betreffenden Nachlaßsache gegen den TV zustehen. Man kann den Wirkungskreis eines solchen Pflegers auch dahin formulieren: „Vertretung bei der Verwaltung des dem Mündel vom Erblasser X zugefallenen Vermögens unter Beschränkung auf die nicht dem TV zustehenden Verwaltungsrechte." Mit dieser Maßgabe steht auch nichts entgegen, daß der TV zugleich **Vormund bzw. Betreuer des Alleinerben** ist.[5])

Der **Notar,** der eine Verfügung von Todes wegen beurkundet, oder ein naher **92** Angehöriger von ihm, kann in dieser Verfügung selbst nicht zum TV ernannt werden (§§ 27, 7 BeurkG).[6]) Ein Verstoß gegen diese Vorschrift macht nicht die Beurkundung der ganzen Verfügung von Todes wegen ungültig, sondern nur die Ernennung zum TV. Der Erblasser ist jedoch nicht gehindert, den Notar in einer privatschriftlichen oder vor einem anderen Notar errichteten Verfügung von Todes wegen zum TV zu ernennen.[7]) Hat der Notar nur den **Wunsch** des Erblassers an das Nachlaßgericht beurkundet, nach Möglichkeit

---

[1]) BayObLGZ 1976, 67 = NJW 1976, 1692 = RPfleger 1976, 430.

[2]) RGZ 77, 177; 163, 58; siehe auch RGR/Kregel, § 2197 BGB Rz 4. Zur Bestellung eines Nießbrauchers als TV siehe Rz 791 und Rohlff, DNotZ 1971, 518. Nach dessen Ansicht kann entgegen der herrschenden Meinung (vgl. v. Lübtow, S. 937; RGR/Kregel, § 2222 BGB Rz 2) der Vorerbe zum TV des Nacherben nach § 2222 BGB (Rz 153) bestellt werden. Er begründet dies damit, daß die Ernennung des Vorerben zum TV des Nacherben ersteren nicht von allen ihm im Interesse des Nacherben auferlegten Beschränkungen und Verpflichtungen befreit. Rohlff meint aber, daß einer solchen Anordnung neben einer vollständigen Befreiung des Vorerben (§ 2136 BGB) nur geringe praktische Bedeutung zukommt (siehe auch Erman/Hense, § 2222 BGB Rz 3).

[3]) Siehe unten Rz 162.

[4]) LG Frankfurt, RPfleger 1990, 207 mit Anm. Meyer-Stolte; vgl. BayObLG, RPfleger 1977, 440; vgl. Damrau ZEV 1994, 1.

[5]) KG, DNotZ 17, 278 = KGJ 48 A 141.
Die Frage, ob der TV gleichzeitig zum Pfleger des Erben bestellt werden kann, wird teils bejaht (KG, JW 1935, 3558), Bedenken hat BayObLG 25, 193.

[6]) Keidel/Winkler, § 27 BeurkG Rz 3; ausführlich dazu Reimann, DNotZ 1994, 659.

[7]) Huhn/v. Schuckmann, § 27 BeurkG Rz 7; Keidel/Kuntze/Winkler, § 27 BeurkG Rz 9; Reimann DNotZ 1994, 659, 663.

ihn zu berufen, so ist dies wirksam; das Nachlaßgericht kann auf Ersuchen des Erblassers den Notar zum TV ernennen, der die letztwillige Verfügung beurkundet hat.[1]) Die notarielle Beurkundung einer testamentarischen TV-Ernennung ist auch nicht deshalb unwirksam, weil der beurkundende Notar mit dem ernannten TV in einer **Notarsozietät** verbunden ist.[2]) Verletzt ein Zeuge oder der zweite Notar die Vorschrift des § 27 BeurkG, so hat das auf die Wirksamkeit keinen Einfluß, da § 26 Abs. 1 Nr. 2 BeurkG Sollvorschrift ist.[3]) Die teilweise Unwirksamkeit der Beurkundung hat nach § 125 BGB die **materiellrechtliche Nichtigkeit** dieser Einzelverfügung zur Folge. Anders als nach § 139 BGB bewirkt dies nach § 2085 BGB in der Regel nicht die Unwirksamkeit des ganzen Testaments, sondern die übrigen Verfügungen bleiben im Zweifel bestehen (für den Erbvertrag siehe § 2298 BGB). In einer nach § 27 BeurkG unwirksamen TV-Berufung kann ein Ersuchen an das Nachlaßgericht um Ernennung eines TV nach § 2200 BGB [4]) erblickt werden.[5])

93 Die **Unwirksamkeit** tritt unabhängig davon ein, ob der Notar von der Ernennung wußte. Erkennt der Notar, daß der Erblasser ihn in einer (offen oder verschlossen) übergebenen Schrift (§ 2232 BGB) zum TV ernennt, so soll er seine Mitwirkung bei der Testamentsbeurkundung versagen. Das gleiche gilt für den Vertreter des Notars, wenn er oder der Notar zum TV ernannt werden soll (§ 41 Abs. 2 BNotO).[6]) Genügt die übergebende Schrift den Anforderungen an ein eigenhändiges Testament (§ 2247 BGB), so ist die letztwillige Verfügung trotz Unwirksamkeit der Beurkundung voll gültig, wenn die Willensrichtung des Erblassers eine Umdeutung gestattet (§ 140 BGB).[7])

---

[1]) OLG Stuttgart OLGZ 1990, 14 = DNotZ 1990, 430, 433 mit Anm. Reimann.

[2]) BGH DNotZ 1987, 768; Reimann DNotZ 1994, 659, 666; unzutreffend OLG Oldenburg NJW-RR 1990, 1350 = DNotZ 1990, 431 mit abl. Anm. Reimann = WM 1990, 160, das allein auf den Zufluß der TV-Vergütung abstellt, § 7 BeurkG geht aber vom Begriff des „rechtlichen Vorteils" aus, nicht des wirtschaftlichen Vorteils; a.A. Moritz NJW 1992, 3215.

[3]) Keidel/Winkler, § 26 BeurkG Rz 15.

[4]) Oben Rz 74 ff.

[5]) Dabei besteht die Möglichkeit, den unwirksam ernannten Notar zum TV zu ernennen (LG Göttingen, DNotZ 1952, 445; Staudinger/Firsching, § 2235 BGB Rz 12; ablehnend Lange, JuS 1970, 105).

[6]) Für den Ausschluß von Zeugen gilt § 26 Abs. 1 Nr. 2 BeurkG. Bei seiner Verletzung ist die TV-Ernennung aber nicht unwirksam, wenn der Ernannte zu der Testamentserrichtung ohne gesetzliche Notwendigkeit als Zeuge zugezogen worden ist, also nicht etwa als Schreibzeuge nach § 25 BeurkG (OLG Frankfurt, OLGZ 1971, 308).
Der Vollständigkeit halber hier noch folgendes:
Das in § 3 BeurkG festgelegte Verbot der Mitwirkung des Notars bei Beurkundungen gilt auch dann, wenn der Notar als TV tätig ist (Keidel/Winkler, § 3 BeurkG Rz 18, 46). Im Rahmen der für einen Notar nach § 6 BeurkG bestehenden Ausschließungsgründe steht der TV einem Vertreter gleich (Keidel/Winkler, § 6 BeurkG Rz 22). § 7 BeurkG über Beurkundungen zugunsten des Notars oder seiner Angehörigen findet – abgesehen von dem oben behandelten Fall des § 27 BeurkG – keine Anwendung, wenn der Vorteil nicht dem Notar oder seinen Angehörigen persönlich, sondern einer von ihnen als TV vertretenen Vermögensmasse zugute kommt (RGZ 49, 129; Keidel/Winkler, § 7 BeurkG Rz 10).

[7]) Keidel/Winkler, § 27 BeurkG Rz 12; Staudinger/Firsching, § 2235 BGB a. F. Rz 5.

Der Erblasser kann aber den Notar, der seinen letzten Willen beurkundet hat, durch Testament vor einem anderen Notar oder durch **eigenhändiges Testament** zum TV ernennen.[1]) Zur Übernahme einer TVg bedarf der Notar gemäß § 8 Abs. 2 BNotO keiner Genehmigung seiner Aufsichtsbehörde.[2]).

Auch die Ernennung des jeweiligen Inhabers eines Notariats oder des jeweiligen Bürgermeisters ist zulässig.[3]) Ernannt werden können auch z. B. die jeweiligen Mitglieder eines Organs wie des Beirats oder Aufsichtsrats oder Vorstands einer Gesellschaft. Hierdurch soll Personenidentität zwischen Organmitgliedern und TV gewahrt werden. Eine namentliche Benennung im Testament erfolgt nicht, weil einmal über die Person der Mitglieder/TV bei Abfassung des Testaments noch keine letzte Klarheit herrscht und zum anderen bei Veränderungen im Kreis der Mitglieder durch eine derartige Gestaltung ein sonst jeweils notwendiger Testamentsnachtrag vermieden werden soll.[4]) **94**

Das Nachlaßgericht kann nicht zum TV ernannt werden. Ist ein **Rechtsanwalt** zum TV ernannt, so darf damit keine Tätigkeit verbunden sein, die mit dem Beruf des Rechtsanwalts nicht vereinbar ist (vgl. § 14 Abs. 2 Nr. 9 BRAO), wie etwa die Geschäftsführung eines kaufmännischen Unternehmens. Ausnahmsweise ist eine solche Geschäftsführung auch über mehrere Jahre mit der Ausübung des Anwaltsberufs vereinbar, wenn nur auf diesem Weg ein Familienunternehmen fortgeführt werden kann.[5]) **95**

7. Legitimation des Testamentsvollstreckers

Nach Beginn seines Amtes hat der TV seine Legitimation im Rechtsverkehr regelmäßig durch ein TV-Zeugnis nach § 2368 BGB nachzuweisen.[6]) Anders als im Erbschein, der lediglich die Tatsache der TVg bekundet, werden im TV-Zeugnis die Person des TV sowie etwaige Beschränkungen und Erweiterungen seines Amtes vermerkt. Während im rechtsgeschäftlichen Verkehr immer die Vorlage des TV-Zeugnisses verlangt werden kann,[7]) ergeben sich für den wichtigen Bereich des Grundbuchs und Handelsregisters Erleichterungen für den Nachweis der Legitimation. Zwar wird auch hier grundsätzlich die Vorlage des TV-Zeugnisses in Urschrift oder Ausfertigung verlangt; die Vor- **96**

---

[1]) LG Berlin, DFG 1943, 96.

[2]) Siehe unten Rz 656, 661.

[3]) BayObLGZ 20, 55; 21, 321; OLG Neustadt, DNotZ 1951, 339. Soll der jeweilige Inhaber eines Notariats solange TV sein, als er dieses Notariat innehat, so tritt bei Versetzung des Notars an ein anderes Notariat sein Amtsnachfolger an seine Stelle (Soergel/Damrau, § 2197 BGB Rz 6).

[4]) Schaub ZEV 1995, 361; siehe oben Rz 88.

[5]) EGH Baden-Württemberg, NJW 1991, 2298; vgl. allg. App, Jur.Büro 1991, 745.

[6]) Siehe Rz 685 ff.

[7]) BGH WM 1961, 479; ein solches Begehren löst keine Schadensersatzansprüche aus.

lage einer beglaubigten Abschrift desselben genügt nicht.[1]) Befinden sich die Nachlaßakten mit dem TV-Zeugnis beim selben Amtsgericht wie das Handelsregister oder Grundbuchamt, genügt eine Verweisung auf die Nachlaßakten, ohne daß hier der Nachweis der Amtsannahme durch den TV geführt werden müßte.[2]) Wegen § 35 Abs. 2 i. V. m. Abs. 1 GBO kann im Grundbuchverfahren der Legitimationsnachweis auch durch Vorlage einer öffentlich beurkundeten Verfügung von Todes wegen, in der der TV ernannt worden ist, sowie der Eröffnungsniederschrift erfolgen. Hinzu kommen muß allerdings hier der Nachweis der **Amtsannahme** durch den TV, der durch ein Zeugnis des Nachlaßgerichts über die Annahme oder durch die Niederschrift über die Annahmeerklärung erbracht wird.[3]) Befinden sich die Nachlaßakten beim selben Amtsgericht wie das Grundbuchamt oder Handelsregister,[4]) kann hierauf wieder verwiesen werden.[5])

Die vorgenannte Nachweiserleichterung gilt nach überwiegender Meinung dann nicht, wenn zwar eine öffentliche Verfügung von Todes wegen vorliegt, aber darin ein TV nicht **namentlich** benannt ist, sondern sich seine Person erst im Zusammenhang mit anderen Umständen oder Urkunden ergibt, etwa weil er einem Beirat, Aufsichtsrat, Vorstand oder einem sonstigen Organ oder einer Institution angehört.[6]) Auch bei der Legitimationserleichterung für die Erben gemäß § 35 Abs. 1 Satz 2 GBO wird verlangt, daß die Erben bzw. Nacherben oder Ersatznacherben zweifelsfrei in der letztwilligen Verfügung bezeichnet sind; fehlt es an der namentlichen Benennung der Nacherben, ist ein Erbschein zu verlangen.[7]) Nichts anderes kann für den Bereich der TVg gelten.

97 Hat das Nachlaßgericht den TV ernannt, so ist dessen Legitimation nicht vom Grundbuchamt oder Prozeßgericht dahin zu prüfen, ob ein Ersuchen des Erblassers tatsächlich vorgelegen hat und ob die Ernennung wirksam ist.[8]) Der Nachweis des Testamentsinhalts muß zusätzlich erbracht werden (§ 35 Abs. 1 Satz 2 GBO). Ist ein TV-Zeugnis erteilt, so kann die Verfügungsbefugnis oder die sonstige Rechtsstellung der TV allein durch das Zeugnis nachgewiesen

---

[1]) Horber/Demharter § 35 GBO Rz 60; Keidel/Winkler § 12 BeurkG Rz 12; § 47 BeurkG Rz 8; vgl. auch BGH NJW 1982, 170, 172 = DNotZ 1982, 159 zum Erbschein.

[2]) Bengel/Reimann/Schaub, 5. Kap. Rz 26.

[3]) KGJ 28, 283; 38, 136.

[4]) Bengel/Reimann 2. Kap. Rz 269; Schaub ZEV 1994, 71 ff.

[5]) Allerdings nicht, wenn die Nachlaßakten nur eine privatschriftliche Annahmeerklärung des TV enthalten (KG OLG 14, 49).

[6]) Ausführlich dazu Schaub ZEV 1995, 361.

[7]) Horber/Demharter § 35 GBO Rz 42.

[8]) OLG Stuttgart, JW 1934, 923; Horber, § 35 GBO Anm. 6 D. Auch im Verfahren zur Einziehung eines Erbscheins ist die Prüfung der Frage, ob die Ernennung des TV durch das Nachlaßgericht zu Recht erfolgt ist oder nicht, unzulässig (OLG Hamburg, NJW 1965, 1968; KG, DNotZ 1955, 649; Palandt/Edenhofer, § 2200 BGB Rz 8; Keidel/Winkler, § 81 FGG Rz 3; Soergel/Damrau, § 2200 BGB Rz 9).

werden; zu einer eigenen ergänzenden oder berichtigenden Auslegung der Verfügungen von Todes wegen ist das Grundbuchamt nicht berechtigt.[1])

8. Unwirksamkeit der Testamentsvollstrecker-Ernennung

Die Ernennung zum TV ist unwirksam (§ 2201 BGB), wenn der Ernannte zu **98** der Zeit, zu der er sein Amt anzutreten hat (Erlangung der Kenntnis von der Ernennung) geschäftsunfähig (§ 104 BGB) oder in der Geschäftsfähigkeit beschränkt (§§ 106, 110, 114 BGB) ist oder wegen körperlichen oder geistigen Gebrechens zur Besorgung seiner Vermögensangelegenheiten einen Betreuer (§§ 1896, 2201 BGB) erhalten hat.[2]) Die Ernennung ist unwirksam, ohne daß es einer Aufhebung der TVg oder einer Entlassung des TV (§ 2227 BGB)[3]) bedarf. Durch späteren Erwerb der vollen Geschäftsfähigkeit kann eine unwirksame TV-Ernennung nicht geheilt werden.

Nichtig ist die Anordnung einer TVg für den Fall, daß ein Dritter die Ernen- **99** nung des TV verlangen sollte. Ungültig ist auch in der Regel die Einsetzung der Geliebten als TV wegen Sittenwidrigkeit.[4])

Hält der TV seine Ernennung für ungültig, so kann er das Amt ablehnen oder **100** kündigen.

Wegen **Unwirksamkeit** der TV-Ernennung bei teilweiser Ungültigkeit des **101** Testaments siehe § 2085 BGB. Im Zweifel wird man gemäß § 2085 BGB und unter Heranziehung des Rechtsgedankens des § 2161 BGB annehmen müssen, daß die TVg Bestand hat, sofern nicht Anhaltspunkte für das Gegenteil vorliegen.[5])

---

[1]) BayObLG, FamRZ 1991, 984 = MittBayNot 1991, 122 = MittRhNotK 1991, 124 = BWNotZ 1991, 142 = RPfleger 1991, 194 (LS); siehe unter Rz 714.

[2]) BayObLGZ 1994, 313 = RPfleger 1995, 160 = DNotZ 1996, 102.

[3]) Unten Rz 784, 792.

[4]) BGH, FamRZ 1954, 194, 198; Palandt/Edenhofer, § 2197 BGB Rz 3.

[5]) Über Teilunwirksamkeitsklauseln siehe Kohler, DNotZ 1961, 195. Vgl. auch Möhring/Beisswingert/Klingelhöffer, Vermögensverwaltung, S. 167 sowie Rz 93, 119.

II. Beginn des Testamentsvollstrecker-Amtes

1. Annahme des Amtes

102 Das Amt des TV beginnt mit dem Zeitpunkt, in dem der **Ernannte das Amt annimmt** (§ 2202 Abs. 1 BGB). Es bedarf keiner gerichtlichen Bestellung oder Verpflichtung, wie es beispielsweise beim Vormund der Fall ist. Zur Annahme des Amtes kann niemand gezwungen werden, auch dann nicht, wenn das Nachlaßgericht den TV ernennt. Allerdings kann sich der TV dem Erblasser oder dem Erben gegenüber zur Annahme des Amtes wirksam verpflichten (Auftrag); in diesem Falle kann er durch Klage zur Annahme des Amtes gezwungen oder auf Schadenersatz belangt werden.[1]) Das Recht zur Kündigung des Amtes (§ 2226 BGB) [2]) steht ihm aber auch in diesem Falle zu. Der TV, dem die nötigen Kenntnisse für sein Amt fehlen, darf dies nicht annehmen oder muß für schwierige Entscheidungen, die über seine eigenen Fachkenntnisse hinausgehen, eine fachkundige Person zu Rate ziehen.[3])

103 Die Annahme (oder die Ablehnung) des Amtes erfolgt durch unbedingte, unbefristete (unwiderrufliche) formlose **Erklärung gegenüber dem Nachlaßgericht** nach Eintritt des Erbfalls (§ 2202 Abs. 2 BGB). Sie kann bereits vor der Testamentseröffnung ausgesprochen werden. Abgabe der Erklärung durch einen Bevollmächtigten ist zulässig. Die Erklärung wird mit ihrem Eingang beim Nachlaßgericht wirksam (§ 130 BGB). In diesem Zeitpunkt beginnt die Verjährung eines Anspruchs nach § 207 BGB zu laufen.[4]) Ist TVg in bezug auf eine **Nacherbschaft** angeordnet, so kann die Annahme des Amtes nicht vor Eintritt der Nacherbschaft erklärt werden (§ 2139 BGB).

104 Das gleiche gilt, wenn der Amtsbeginn vom Eintritt einer Bedingung oder Befristung abhängig ist.[5])

105 Auf Antrag eines Beteiligten kann das Nachlaßgericht dem Ernannten eine **Frist zur Erklärung** über die Annahme des Amtes setzen. Der Fristsetzungsbeschluß des Nachlaßgerichts ist dem Antragsteller und dem TV zuzustellen; gegen ihn ist sofortige Beschwerde zulässig (§§ 81 Abs. 1, 22 FGG). Schweigen innerhalb der Frist gilt als Ablehnung des Amtes (§ 2202 Abs. 3 BGB). Dies

---

[1]) RGZ 139, 41 = DR 1939, 1524 m. Anm. v. Smolla; RGR/Kregel, § 2202 BGB Rz 3. Die Frage ist umstritten; siehe Lange/Kuchinke, Erbrecht, § 29 IV 4; Palandt/Edenhofer, § 2202 BGB Rz 2; Soergel/Damrau, § 2202 BGB Rz 2; Staudinger/Reimann, § 2202 BGB Rz 19 je mit Nachweisen. Der Auftrag ist vom Erblasser und Erben widerrufbar (§ 671 BGB; RGZ 139, 41). Siehe auch Fußnote 3 zu Rz 626.
   Eine Bindung des Erblassers zur Ernennung einer bestimmten Person als TV wird durch § 2302 BGB über den Schutz der Testierfreiheit ausgeschlossen (Palandt/Edenhofer, § 2202 BGB Rz 2).

[2]) Unten Rz 788.

[3]) OLG Stuttgart, BWNotZ 1962, 61; unten Rz 560.

[4]) RGZ 100, 279, 281.

[5]) Oben Rz 55.

gilt auch dann, wenn der Ernannte rechtsirrtümlich geglaubt hat, daß er nicht zum TV ernannt sei. Der Antrag auf Fristsetzung ist vom Nachlaßgericht (Rechtspfleger) abzulehnen, wenn derjenige, gegen den sich die Fristsetzung richten soll, zur Führung des Amtes als TV überhaupt nicht oder noch nicht berufen ist. Für das Fristsetzungsverfahren gilt im übrigen das gleiche wie Rz 47 ausgeführt.

Die Annahme braucht nicht gegenüber der mit der Behandlung der Nachlaß- **106** sache betrauten Abteilung des – örtlich zuständigen – Amtsgerichts zu erfolgen. Die Prüfung der Gültigkeit der Annahmeerklärung wird erst dann erforderlich, wenn die Erteilung eines TV-Zeugnisses beantragt wird (§ 2368 BGB).[1] Eine Benachrichtigung der Erben von der Annahme des Amtes als TV ist nicht vorgeschrieben. Über die Annahme des Amtes kann der TV ein Zeugnis des Nachlaßgerichts verlangen; dieses Zeugnis ersetzt aber für sich allein nicht das TV-Zeugnis.[1]

Erklärt der zum TV Ernannte, daß er grundsätzlich dieses Amt annehme, **107** bittet er jedoch um Verlängerung der Annahmefrist, so liegt nur eine Bereitschaft zur Annahme des Amtes, nicht aber die Annahme des Amtes schon selbst vor.[2]

Da die Annahmeerklärung gegenüber dem Nachlaßgericht abzugeben ist, liegt **108** in der Führung der Geschäfte als TV für sich keine Annahme des Amtes, wohl aber darin, daß der Berufene in seiner Eigenschaft als TV beim Nachlaßgericht Anträge stellt, nämlich um Erteilung eines TV-Zeugnisses bittet; denn hierdurch bringt er seinen Willen, das Amt anzunehmen, deutlich erkennbar zum Ausdruck.[3]

Mit der Annahme des Amtes erhält der TV das Recht und übernimmt er die **109** Pflicht, sein Amt auszuüben. Hat der TV bereits vor Annahme seines Amtes ein Rechtsgeschäft vorgenommen, so kann er es nach Amtsannahme durch Genehmigung wirksam machen (§§ 177, 180 BGB).[4] Das gleiche gilt für vorher vorgenommene Verfügungen (§ 185 Abs. 2 Satz 1 BGB).[5] Ein einseitiges Rechtsgeschäft, das der TV vorzeitig vorgenommen hat, ist grundsätzlich nichtig (§§ 180, 141 BGB).

Nach Annahme des Amtes bleibt dem TV nur das **Kündigungsrecht** (§ 2226 **110** BGB),[6] ein Widerruf der Annahme ist unzulässig.

---

[1] Unten Rz 685.

[2] KG, DFG 1944, 34.

[3] RGZ 81, 166, 171; BGH, WM 1961, 479.

[4] RGR/Kregel, § 2202 BGB Rz 3; vgl. auch Lange/Kuchinke, Erbrecht, § 29 V 3.

[5] RGR/Kregel, § 2202 BGB Rz 4; Staudinger/Reimann, § 2202 BGB Rz 2. Umstrittene Frage; siehe RGZ 129, 284; 110, 94; 149, 22; Erman/Hense, Anm. 4 zu § 2202; v. Lübtow, S. 938, nach dem Verfügungen des TV gemäß § 185 Abs. 2 Fall 2 sofort nach Amtsannahme wirksam werden, Palandt/Edenhofer, § 2202 BGB Rz 1 und Soergel/Damrau, § 2202 BGB Rz 5.

[6] Unten Rz 788.

2. Ablehnung des Amtes

111 Zur Annahme des Amtes kann niemand gezwungen werden.[1]) Die Ablehnung des Amtes als TV ist unwiderruflich.[2]) Sie hat meist zur Folge, daß nunmehr **TVg überhaupt nicht besteht.** Sofern der Erblasser für diesen Fall (durch Bestimmung eines Ersatzmannes) nicht selbst unmittelbar Vorsorge getroffen hat, wird aus den gesamten Umständen des Falles vielfach zu schließen sein, daß das Nachlaßgericht um Ernennung eines Testamentsvollstreckers ersucht sein soll.[3]) Solche Umstände können etwa angenommen werden, wenn der Erblasser Dauer-TVg [4]) angeordnet oder dem Erben für immer die Verwaltung entzogen hat.[5]) Ein solches Ersuchen setzt das endgültige Fehlen eines TV voraus; daher ist das Nachlaßgericht vom Erblasser nicht um Ernennung eines TV ersucht, solange ein vom Erblasser ernannter und nach Amtsantritt weggefallener TV einen Nachfolger wirksam ernannt und dieser das Amt noch nicht abgelehnt hat.[6]) Bei schriftlicher Ablehnung des Amtes als TV kann der Nachweis hierfür dem Grundbuchamt gegenüber nur durch einen – die Beschränkung der Anordnung der TVg nicht enthaltenden – Erbschein erbracht werden.[7])

3. Die Zeit vor Beginn des Testamentsvollstreckeramtes

111a Hat der Erblasser TVg angeordnet, hat aber noch kein TV das Amt angetreten, so gibt es niemanden, der berechtigterweise notwendige Verwaltungsmaßnahmen treffen könnte. Dies ist nicht nur von Nachteil für den Erben, dem jegliches Verwaltungs- und Verfügungsrecht über den Nachlaß fehlt, sondern auch für Dritte, wie Gläubiger, Angestellte und Arbeiter, Vermieter und Mieter des Erblassers, die nicht wissen, an wen sie sich wenden, etwa wem gegenüber sie kündigen sollen.[8]) Denn auch wenn der Erbe feststeht, ist er nicht verfügungsberechtigt und kann nicht für den Nachlaß handeln, weil TVg angeordnet ist.

Dieser mißliche Zustand ergibt sich etwa, wenn noch kein TV ernannt ist, oder wenn er zwar ernannt ist, aber das Amt noch nicht angenommen hat. Hat der Erblasser einem Dritten die Bestimmung der Person des TV überlassen (§ 2198 BGB),[9]) so kann der Zeitraum zwischen Erbfall und Amtsantritt des TV durch eine verzögerliche Bestimmung seitens des Dritten erheblich sein.

---

[1]) Oben Rz 102.

[2]) KG, KGJ 29 A 45.

[3]) Oben Rz 74 ff.

[4]) Unten Rz 130 ff.

[5]) OLG 43, 401 Fußn. 1b; Palandt/Edenhofer, § 2200 BGB Rz 1.

[6]) BayObLG, RPfleger 1988, 239; vgl. auch BayObLG, FamRZ 1987, 98.

[7]) KG, OLG 43, 401.

[8]) Damrau, Festschrift für Lange 1992, S. 797, 798; ZEV 1996, 81.

[9]) Oben Rz 45.

Das gleiche gilt, wenn das Nachlaßgericht um die Bestimmung der Person des TV ersucht wurde (§ 2200 BGB).[1]) Dieselbe Situation ergibt sich im übrigen auch dann, wenn der bisherige TV sein Amt gekündigt hat (§ 2226 BGB), bis zur Ernennung eines Nachfolgers, den der TV zuvor bestimmt hat (§ 2199 BGB), den das Nachlaßgericht (§ 2200 BGB) oder ein Dritter (§ 2198 BGB)[2]) auswählen muß, oder bei einem notwendigen Amtswechsel wegen Tod (§ 2225 BGB)[3]) oder Entlassung des TV (§ 2227 BGB).[4])

Für diese Zeit einer **Testamentsvollstreckung ohne amtierenden TV** gilt es im Bedarfsfall rasch eine Person zu finden, die die Interessen des Nachlasses bzw. die Interessen Dritter gegenüber dem Nachlaß wahrnehmen kann. Diese Problematik hat als erster *Damrau*[5]) ausführlich behandelt. Er wendet § 1913 BGB analog an; das Vormundschaftsgericht soll und kann einen Pfleger für den unbekannten TV ernennen. Demgegenüber greift Bengel[6]) auf eine Analogie zu § 1960 BGB zurück, wonach gerichtliche Sicherung des Nachlasses durch das Nachlaßgericht veranlaßt ist, wenn die Person des Erben ungewiß ist und ein aktuelles Handlungsbedürfnis besteht. Damrau lehnt die Bestellung eines Nachlaßpflegers ab, da die Vorschriften der §§ 1960, 1961 BGB an die Unklarheit über den endgültigen Erben anknüpfen; diese Voraussetzungen seien nicht erfüllt, da der Erbe zumeist feststehe, nicht aber der TV. Gegenüber der Nachlaßpflegschaft sei die Pflegschaft für unbekannte Beteiligte (§ 1913 BGB) die allgemeinere Regelung. Sie stelle sich als eine Ausdehnung des Prinzips der Nachlaßpflegschaft für den unbekannten Erben auf andere Regelungen dar.[7]) Bengel weist darauf hin, daß die Zuständigkeit des Nachlaßgerichts sachgerechter sei, weil es sich letztlich wie beim Pfleger für den unbekannten Erben um eine Nachlaßsache handelt. Dieses praktische Argument sollte den Ausschlag geben. Ist das Nachlaßgericht zuständig für die Ernennung des TV selbst, so sollte es auch im vorliegenden Fall tätig werden.

Zuständig ist somit das **Nachlaßgericht.** Örtlich zuständig ist das Nachlaßgericht, in dessen Bezirke das Fürsorgebedürfnis hervortritt (§ 74 FGG). Da die Pflegschaft gemäß § 1960 BGB **von Amts wegen** angeordnet wird, genügt die Anregung irgendeiner Person (Erbe, Geschäftsgegner), um ein Tätigwerden des Gerichts zu veranlassen. Da der Pfleger für den unbekannten TV Pfleger ist und nicht TV, unterliegt er der Aufsicht des Nachlaßgerichts und bedarf

---

[1]) Oben Rz 74.
[2]) Oben Rz 49.
[3]) Unten Rz 138.
[4]) Unten Rz 792 ff.
[5]) Festschrift für Lange 1992, S. 801; ZEV 1996, 81.
[6]) Bengel/Reimann, 1. Kap. Rz 15.
[7]) Motive IV S. 1265.

z. B. für Grundstücksgeschäfte – anders als ein TV – der Genehmigung gemäß §§ 1962, 1821 BGB.[1])

Um diese Schwierigkeiten zu vermeiden, schlägt Damrau der Praxis zutreffend die Erteilung einer postmortalen Vollmacht [2]) durch den Erblasser vor.[3]) Wer eine bestimmte Person zum Testamentsvollstrecker ernennt, sollte ihr postmortale Vollmacht bis zum Amtsantritt des Testamentsvollstreckers erteilen; bei Unsicherheit über die Person des Testamentsvollstreckers sollte er einem Dritten diese postmortale Vollmacht geben. Diese Vollmachten dürfen bei einem hinterlegten Testament nicht in diesem enthalten sein, weil die Verfügung erst gewisse Zeit nach dem Erbfall eröffnet wird. Die Vollmacht kann in privatschriftlicher oder notarieller Form erteilt werden.

---

[1])   Unten Rz 218, Damrau a.a.O. S. 803.

[2])   Dazu Rz 4, 350 ff., 548.

[3])   ZEV 1996, 81, 84.

III. Beschränkungen der Testamentsvollstrecker-Ernennung durch das Pflichtteilsrecht

1. Fälle der unwirksamen Testamentsvollstrecker-Ernennung

112 Einem **als Erben berufenen Pflichtteilsberechtigten** (Abkömmling, Ehegatten, Eltern) gegenüber (siehe dazu § 2304 BGB) gilt die in der Ernennung eines TV liegende Beschränkung kraft Gesetzes (und selbst gegen den Willen des Pflichtteilsberechtigten) **als nicht angeordnet,** wenn der dem Erben hinterlassene **Erbteil** (Erbquote ohne Rücksicht auf den durch die Beschränkung oder Beschwerung geminderten Wert – nicht der Wert des Hinterlassenen –)[1] **die Hälfte des gesetzlichen Erbteils nicht übersteigt** (ihr also gleichkommt oder geringer ist; § 2306 Abs. 1 Satz 1 BGB).[2]

113 Ist der hinterlassene Erbteil **größer,** so hat der Pflichtteilsberechtigte die Wahl, ob er die Erbschaft ausschlagen und den vollen Pflichtteil ohne Beschränkung mit TVg verlangen oder ob er die Erbschaft annehmen und sich der TVg unterwerfen will. In diesem Fall kann er sich gegen die Beeinträchtigung seines Pflichtteils nur im Rahmen der §§ 2318 ff. BGB zur Wehr setzen (teilweises

---

[1] RGZ 93, 3; 113, 45; BGHZ 19, 309; Staudinger/Ferid, § 2306 BGB Rz 44. Bei Bestehen von **Zugewinngemeinschaft** ist von dem um ein Viertel erhöhten Ehegattenerbteil auszugehen (§ 1371 Abs. 1 BGB). Siehe dazu ausführlich Palandt/Edenhofer, § 2306 BGB Rz 12; RGR/Kregel, § 2306 BGB Rz 37 ff. Bei Bestehen von **Gütertrennung** erhöht sich der Erbteil des überlebenden Ehegatten nicht; sind als gesetzliche Erben neben dem Ehegatten ein oder zwei Kinder des Erblassers berufen, so erben der Ehegatte und jedes Kind gemäß § 1931 Abs. 4 BGB zu gleichen Teilen (Hälfte oder Drittel). Siehe zu dieser Vorschrift Haegele, BWNotZ 1972, 130.

Entspricht der dem Erben zugewendete Erbteil dem Pflichtteil und nimmt der Erbe darüber hinaus noch ein Vermächtnis an, so steht er einem Erben gleich, dessen Erbteil größer ist als der Pflichtteil (OLG Neustadt, NJW 1957, 1523). Über die sich hier bei Zugewinngemeinschaft ergebenden besonderen Fragen siehe Brage, FamRZ 1957, 337.

Ist der Pflichtteil infolge von Anrechnungs- und/oder Ausgleichspflichten (§§ 2315, 2316 BGB) größer oder kleiner als die Hälfte des gesetzlichen Erbteils, so ist der durch Berücksichtigung dieser Pflicht sich ergebende rechnerische Betrag des Pflichtteils dafür maßgebend, ob Ausschlagung erforderlich ist oder nicht (RGZ 93, 3; 113, 45; BayObLGZ 1959, 77 = JZ 1959, 539 = NJW 1959, 1934; Staudinger/Ferid, a.a.O.; a.A. Natter, JZ 1955, 138; OLG Stuttgart, NJW 1959, 1735). Dabei sind die Beschwerungen durch Vermächtnisse usw. nicht zu berücksichtigen (RGZ 193, 3; 113, 45 = JW 1925, 1543). Bei **Zugewinngemeinschaft** ist der Pflichtteil des überlebenden Ehegatten, der ausschlägt, der kleine (normale) Pflichtteil, da er daneben noch den Anspruch auf Ausgleich des Zugewinns hat (§ 1371 Abs. 2, 3 BGB).

Steht der **Erbersatzanspruch** eines nichtehelichen Kindes in Frage, so ist für eine vom Erblasser angeordnete TVg § 2306 BGB ohne Bedeutung, denn die TVg betrifft den Erbersatzberechtigten als Nachlaßgläubiger nicht (Palandt/ Edenhofer, § 2306 BGB Rz 17; Soergel/Damrau, § 2306 BGB Rz 14 mit weiteren Nachw.).

[2] BayObLGZ 1986, 112. Gesetzlicher Erbteil ist grundsätzlich ebenfalls die Erbquote (BGH, WM 1968, 543; BayObLGZ 1959, 80; 1968, 112). Dabei kommt es auf die erbrechtlichen Verhältnisse im Zeitpunkt des Erbfalls an (OLG Schleswig-Holstein, NJW 1961, 1929). Wegen der Rechtslage bei Bestehen von Anrechnungs- oder Ausgleichspflichten siehe auch Fußnote 1.

Verweigerungsrecht; § 2306 BGB). Die Frist für die Ausschlagung (Sechswochenfrist) beginnt, wenn der Pflichtteilsberechtigte von der Beschwerung Kenntnis erlangt, sowie davon, ob der ihm hinterlassene Erbteil die Hälfte des gesetzlichen Erbteils und den ihm bei Berücksichtigung der gesetzlichen Anrechnungs- und Ausgleichungspflichten zukommenden Pflichtteilsbetrag übersteigt.[1]) Vor der Verkündung der Verfügung von Todes wegen beginnt die Frist in keinem Falle.[2])

114 Unwirksamkeit der TVg aufgrund des § 2306 BGB kann auch gegenüber **nur einem Teil der Miterben** eintreten; in diesem Fall bleibt die TVg den anderen Miterben gegenüber wirksam.[3])

115 Die Tatsache, daß die TVg aufgrund des § 2306 BGB unter den Rz 112 genannten Voraussetzungen kraft Gesetzes als nicht angeordnet gilt, ist vom Nachlaßgericht von Amts wegen zu beachten: Sie hat, wenn Antrag auf Erteilung eines TV-Zeugnisses gestellt wird, dessen Zurückweisung zur Folge. Wird Antrag auf Erteilung eines Erbscheins gestellt, so darf dem betreffenden Erben gegenüber die TVg im Erbschein nicht erwähnt werden.

116 Im Einzelfall ist bei § 2306 BGB noch folgendes zu beachten:

Der pflichtteilsberechtigte Erbe, gegen den die angeordnete TVg nicht wirkt, kann gegen den gleichwohl seine Befugnisse ausübenden TV für seinen Erbteil auf Unterlassung der beeinträchtigenden Verfügung klagen. Er macht damit keinen Pflichtteilsanspruch geltend, so daß § 2213 Abs. 1 Satz 3 BGB [4]) der Klage nicht entgegensteht. Der TV hat nicht die Pflicht, einem derartigen Erben gegenüber den Nachlaß zu verwalten. Tut er dies gleichwohl, obgleich ihm bekannt ist, daß er dazu kein Recht hat, haftet er nach den Grundsätzen der Geschäftsführung ohne Auftrag.[5])

117 Teilweise wird die Ansicht vertreten, daß die nach § 2306 BGB an sich unwirksame TV-Ernennung dann nicht ohne weiteres wegfällt, wenn der Erblasser den Pflichtteilsberechtigten ausdrücklich vor die Wahl gestellt hat, unter der Beschränkung mit TVg Pflichtteilserbe oder nur gewöhnlicher Pflichtteilsberechtigter zu werden. Schlägt er in diesem Falle nicht rechtzeitig aus, so soll er nach vorstehender Auffassung, obwohl nur Pflichtteilserbe, an die hinzuge-

---

[1]) OLG Stuttgart und Natter wie Fußnote 1 zu Rz 112.

[2]) Wegen weiterer Einzelheiten siehe Palandt/Edenhofer, § 2306 BGB Rz 13 und RGR/Kregel, § 2306 BGB Rz 24.

[3]) Unten Rz 119.

[4]) Unten Rz 441.

[5]) RGR/Kregel, § 2306 BGB Rz 14; Staudinger/Ferid, § 2306 BGB Rz 49. Die Frage, ob der TV verpflichtet oder wenigstens berechtigt ist, einen Miterben auf das für diesen u. U. Vorteil bietende Ausschlagungsrecht nach § 2306 Abs. 1 Satz 2 BGB hinzuweisen, ist mit Kohler, DNotZ 1958, 245 Fußnote 5 und RWP BürgR D Erbrecht Einzelfragen 3 550, 12 sowie Kipp/Coing, § 66 III, und Palandt/Edenhofer, § 2203 BGB Rz 4 zu verneinen. Andernfalls könnte sich der TV dem mit einem Vermächtnis, etwa einem wertvollen Übernahmerecht, bedachten Erben gegenüber schadensersatzpflichtig machen.

fügte Beschränkung gebunden bleiben.[1]) Dem wird von anderer Seite entgegengehalten, diese Auffassung beachte nicht, daß die nach gemeinem Recht zulässige cautela Socini in dem zwingenden Recht des § 2306 Abs. 1 Satz 1 BGB eine Schranke findet.[2])

Ist der einem als Erben berufenen Pflichtteilsberechtigten hinterlassene Erbteil geringer als die Hälfte seines gesetzlichen Erbteils,[3]) so kann er den Zusatzanspruch nach § 2305 BGB geltend machen. **118**

2. Folgen der Unwirksamkeit der Testamentsvollstrecker-Ernennung

Die Unwirksamkeit der Anordnung einer TVg aufgrund des § 2306 BGB hat **119** die **Unwirksamkeit der übrigen Verfügungen** des Erblassers von Todes wegen nur dann zur Folge, wenn anzunehmen ist, daß der Erblasser diese ohne Wirksamkeit der TVg nicht getroffen haben würde, was im allgemeinen nicht der Fall sein wird (§ 2085 BGB).[4])

---

[1]) So RG, Warn 1913, 250; Staudinger/Ferid, § 2306 BGB Rz 3, 53.

[2]) RGR/Kregel, § 2306 BGB Rz 15; v. Lübtow, S. 577.

[3]) Oben Rz 112.

[4]) So auch BGH, FamRZ 1962, 193 = MDR 1962, 470 = NJW 1962, 912.

Dritter Abschnitt
Aufgaben, Rechte und Pflichten des Testamentsvollstreckers

I. Allgemeiner Wirkungskreis des Testamentsvollstreckers

1. Ausführung des letzten Willens des Erblassers

Der TV hat, wie bereits seine Bezeichnung sagt, die letztwilligen Verfügungen **120** des Erblassers, gleich welchen Inhalts, zur Ausführung zu bringen, soweit sie rechtsgültig sind (§ 2203 BGB). Hat der Erblasser nichts anderes bestimmt, so ist das Verwaltungsrecht des TV nach den gesetzlichen Vorschriften grundsätzlich **allgemein, ausschließlich** und **unbeschränkt,** erstreckt sich auf den **ganzen Nachlaß** und schließt in diesem Umfang das Verfügungsrecht des Erben aus (§ 2211 BGB). Beschränkungen ergeben sich lediglich durch das Schenkungsverbot (§ 2205 S. 3 BGB), Anordnungen des Erblassers (§ 2208 BGB) und die Grundsätze ordnungsmäßiger Verwaltung (§§ 2206, 2216 BGB). Sein Wirkungskreis richtet sich also vor allem nach dem vom Erblasser wirksam zum Ausdruck gebrachten Willen, findet aber seine Ergänzung, Festlegung und Beschränkung im einzelnen auch im Gesetz.[1]

Bei mehreren Erben hat der TV den Nachlaß unter ihnen auseinanderzusetzen (§ 2204 BGB). Dies ist der **Regeltypus,** wenn der Erblasser die Aufgaben des TV nicht anders bestimmt.[2] Die auszuführenden letztwilligen Anordnungen des Erblassers können dabei verschiedenster Art sein, z. B. Vermächtnisse oder Auflagen zu Lasten der Erben, Teilungsanordnungen und überhaupt alle Verfügungen, die ohne Ernennung eines TV die Erben auszuführen hätten.[3] Ferner hat der TV die Nachlaßverbindlichkeiten zu erfüllen.[4] Die Auseinandersetzung unter Miterben hat der TV, soweit sie der Erblasser nicht nach § 2204 BGB ausgeschlossen hat, alsbald zu bewirken.

Verwaltungsanordnungen im Sinne des § 2216 Abs. 2 Satz 1 BGB sind ebenfalls durch letztwillige Verfügungen zu treffen. Ist eine Anordnung lückenhaft, so ist sie im Weg der ergänzenden Auslegung auszufüllen. Mehr als auf anderen Rechtsgebieten sind im Erbrecht alle Umstände zu berücksichtigen, bei denen die Verfügung des Erblassers Erfolg haben kann (vgl. §§ 2084, 2085 BGB). Dabei können und müssen auch Umstände außerhalb des Testaments

---

[1]) Rechtsquellen siehe Rz 25, 26.
[2]) Nieder, Münchner Vertragshandbuch, 3. Aufl. 1992, Band 4, 2. Halbband Ziffer XVI 4.
[3]) Staudinger/Reimann, § 2203 BGB Rz 2.
[4]) MüKo/Brandner, § 2203 BGB Rz 5.

zur Vervollständigung und Ergänzung des Erblasserwillens herangezogen werden. Es ist auch auf den mutmaßlichen Willen des Erblassers Rücksicht zu nehmen, der sich auch in Anhaltspunkten außerhalb der letztwilligen Verfügung ausgedrückt haben kann.[1]) Verwaltungsanordnungen sind vom Testamentsvollstrecker daher auch dann zu beachten, wenn sie in anderer als testamentarischer Form vom Erblasser festgelegt sind, sofern sie nur ihre Grundlage oder Anhaltspunkte in einer letztwilligen Verfügung haben.

121 Der **Inhalt der letztwilligen Verfügungen** des Erblassers kann der verschiedensten Art sein, vor allem erbrechtlicher Natur. Doch werden vom Erblasser vielfach auch familienrechtliche und andere Bestimmungen getroffen. Die letztwilligen Verfügungen des Erblassers sind vom TV unabhängig von dem Willen der Erben zu vollziehen; an Weisungen und Anträge der Erben ist der TV nicht gebunden, auch wenn diese von allen Erben gemeinschaftlich ausgehen.[2]) Andererseits können die Erben den Wirkungskreis des TV auch nicht über den wirksam zum Ausdruck gebrachten Willen des Erblassers und das Gesetz hinaus erweitern oder den TV von der Einhaltung zwingender Vorschriften befreien.[3]) Dies alles schließt natürlich nicht aus, daß der TV auf angebrachte, berechtigte und mit dem letzten Willen des Erblassers zu vereinbarende Wünsche, Vorschläge und Anregungen der Erben entsprechende Rücksicht nimmt, diese von der Ausführung der letztwilligen Verfügungen jeweils in Kenntnis setzt und ihnen zur Seite steht, soweit sich dies mit seinem Amt vereinbaren läßt.[4])

122 **Wünsche, Hoffnungen und Bitten,** die der Erblasser im Testament zum Ausdruck bringt, sind nach dem Beschluß des BayObLG vom 29. 3. 1976 [5]) grundsätzlich **keine bindenden Verwaltungsanordnungen,** falls nicht entweder der

---

[1]) MüKo/Brandner, § 2203 BGB Rz 4; Lange/Kuchinke, Erbrecht S. 405.

[2]) Bei der Durchführung hat der TV die Anordnungen und den letzten Willen des Erblassers zu befolgen (RGZ 105, 250), auch vom Erblasser verfügte Bedingungen einzuhalten (BGH, WM 1970, 930). Eine Verpflichtung des TV gegenüber den Erben, nur solche Handlungen vorzunehmen, denen die Erben zuvor zugestimmt haben, ist unwirksam (BGHZ 25, 275 = JZ 1958, 167 mit Anm. von Coing = NJW 1957, 1916). Der Erblasser kann die Erfüllung seiner testamentarischen Anordnungen zugunsten des TV zur aufschiebenden oder ihre Nichterfüllung zur auflösenden Bedingung der Berufung als Erben machen (Lange, JuS 1970, 102) oder sie für den Fall ihres Zuwiderhandelns mit Vermächtnissen zugunsten Dritter belasten. Siehe zu diesen Fragen – Strafklauseln – die Ausführungen Rz 208, 210, 313 ff. Siehe aber auch Fußnote 1 zu Rdn 23 und Rz 143. Jeder Erbe hat das Recht, den TV auf Erfüllung der ihm obliegenden Verpflichtung zu verklagen (RGZ 73, 26; Soergel/Damrau, § 2203 BGB Rz 8).
Der Erblasser kann bestimmen, daß der TV ein Nachlaßgrundstück jemand übereignen soll, wenn dieser Gewähr zur ordnungsmäßigen Verwaltung und Erhaltung des Grundstücks bietet, und daß der TV über das Vorliegen dieser Bedingungen entscheiden soll (BGH, WM 1970, 370). Dieses Entscheidungsrecht entfällt auch dann nicht, wenn der TV sein Entscheidungsrecht im Einvernehmen mit dem Vormundschaftsgericht treffen soll, dieses aber seine Mitwirkung versagt (Soergel/Damrau, § 2203 BGB Rz 2).

[3]) Siehe aber auch unten Rz 199.

[4]) Vgl. oben Rz 23.

[5]) BayObLG, NJW 1976, 1692 = RPfleger 1976, 430.

TV nach dem Willen des Erblassers auch seinen Wünschen (Hoffnungen, Bitten) Folge zu leisten hat oder die Wünsche den Zweck der TVg erst deutlich machen. Im einzelnen hat das BayObLG ausgeführt:

Unter Voranstellung der für die Auslegung einer letztwilligen Verfügung maßgeblichen Grundsätze und der Vorschrift des § 2216 Abs. 2 Satz 1 BGB, wonach Verwaltungsanordnungen des Erblassers vom TV zu befolgen sind, hat das LG bei seiner umfangreichen Würdigung des Testamentswortlauts zunächst mit Recht geprüft, inwieweit es der wirkliche Wille des Erblassers war, die TV durch Verwaltungsanordnungen zu binden. Solche Anordnungen sind Richtlinien für die Verwaltungsaufgabe des TV (BayObLGZ 1961, 155/159 mit weit. Nachw.). Im Gegensatz zu bindenden Verwaltungsanordnungen stehen bloße Wünsche für die Verwaltung des Nachlasses, die der Erblasser im Testament ausspricht mit dem Beifügen, er hoffe, daß der TV sie beachten werde. Solche Wünsche kommen nur dann als bindende Verwaltungsanordnungen in Betracht, wenn der Erblasser den Willen zum Ausdruck gebracht hat, daß der TV auch seinen Wünschen Folge zu leisten habe, oder wenn die Wünsche den Zweck der TVg erst deutlich machen, nicht aber, wenn der Erblasser insoweit die Entscheidung dem TV überläßt und ihm nur nahelegt, nach seinen Wünschen zu entscheiden (HansRGZ 1933 B S. 325; Staudinger, Rdn 18, RGR 12. Aufl., Rdn 10, Erman, BGB, 5. Aufl., Rdn 3, Palandt, BGB, Anm. 2, je zu § 2216).

Wenn die Tatrichter unter Beachtung dieser Grundsätze das Testament dahin ausgelegt haben, daß der Erblasser einen Aktienverkauf der in Frage stehenden Art zwar nicht gewünscht, ihn aber auch nicht untersagt habe, so kann dies nach der hierfür gegebenen Begründung rechtlich nicht beanstandet werden. Die Beschwerdekammer durfte mit Rücksicht auf die Mitwirkung eines erfahrenen Rechtsanwalts bei der Abfassung des Testaments dem unterschiedlichen Wortlaut in den einzelnen Testamentsbestimmungen – bestimmte Anordnungen einerseits, auf Wünsche, Bitten und Hoffnungen hindeutende Formulierungen andererseits – besondere Bedeutung beimessen und daraus die Folgerung ziehen, daß es sich einmal um bindende Richtlinien für die Verwaltung des Nachlasses, zum anderen aber nur um Wünsche handelt, ohne daß zum Ausdruck kommt, daß die TV den Wünschen Folge zu leisten hätten und insoweit in ihrer Entscheidung nicht frei wären. Dabei hat das LG mit Recht besonderes Gewicht darauf gelegt, daß der Erblasser in die TV seiner Wahl großes Vertrauen setzte und ihnen gegenüber den Vor- und Nacherben alle nach dem Gesetz überhaupt nur möglichen Rechte, also weitestgehende Unabhängigkeit und Entscheidungsfreiheit einräumen wollte (vgl. BGH NJW 1969, 841/844 rechte Spalte). Das konnte die Beschwerdekammer unbedenklich den herangezogenen Testamentsstellen, insbesondere der eingehenden Regelung der TVg entnehmen, in der der Erblasser Vorsorge getroffen

> *hat, daß zu wirtschaftlichen Entscheidungen befähigte Personen seines Vertrauens in das TV-Amt berufen werden, die im Rahmen des Zulässigen keinen Beschränkungen unterliegen (Befreiung auch von dem Selbstkontrahierungsverbot des § 181 BGB und Befreiung nach § 2207 Satz 1 BGB) und sogar die Befugnis haben sollten, bindend über den Sinn etwa zweifelhafter Testamentsstellen zu entscheiden sowie die TVg ab 1. 1. 1973 zu beenden.*

123 Eine testamentarische Verfügung, bestimmte als Erben berufene Personen sollen, wenn sie nicht innerhalb einer bestimmten Frist (2 Monate), von der Testamentseröffnung an gerechnet, unaufgefordert gegenüber dem TV schriftlich den in einer Testamentsbestimmung näher geregelten letzten Willen anerkennen, samt ihren Abkömmlingen von der Erbfolge ausgeschlossen sein, ist wirksam.[1])

2. Einzelne Aufgabengebiete des Testamentsvollstreckers

124 Dem TV obliegt insbesondere die **Verwaltung** des Nachlasses, die ein umfassendes **Verfügungsrecht** in sich schließt,[2]) der **Vollzug von Vermächtnissen** und Auflagen, der einem Vermächtnisnehmer auferlegten Beschwernisse und die Erfüllung von **Pflichtteilsansprüchen,** ferner die **Auseinandersetzung des Nachlasses,** wenn und soweit sie nicht ganz oder teilweise auf bestimmte Zeit ausgeschlossen ist (§ 2204 BGB).[3]) Die Ausübung von **Urheberrechten** kann ebenfalls dem TV übertragen werden; § 2210 BGB gilt hier nicht (§ 28 Abs. 2 UrhG).[4])

124a Zur Durchsetzung seiner Befugnisse hat er auch die sonst dem Erben zustehenden Auskunftsrechte, wie etwa gegenüber Hausgenossen, die zur Zeit des Erbfalls mit dem Erblasser in häuslicher Gemeinschaft lebten (§ 2028 BGB), oder gegenüber ausgleichspflichtigen Miterben (§ 2057 BGB); er ist insoweit auch berechtigt zur Stellung des Antrages auf Abgabe der eidesstattlichen Versicherung gemäß §§ 2028 Abs. 2, 2057, 260, 261 BGB.[5])

125 Die Erben können den TV zur Ausführung der letztwilligen Verfügungen des Erblassers im **Klageweg** anhalten, notfalls den Erlaß einer entsprechenden einstweiligen Verfügung gegen ihn erwirken.

126 Die **Auslegung seines letzten Willens** kann der Erblasser dem TV nicht übertragen (§ 2065 BGB), erst recht nicht hinsichtlich solcher Bestimmungen, die den Bestand des TV-Amtes selbst betreffen, da niemand Richter in eigener

---

[1])   OLG Stuttgart, OLGZ 1974, 67 = MittRhNotK 1974, 430.

[2])   Unten Rz 194 ff.

[3])   Siehe im einzelnen unten Rz 507 ff.

[4])   Siehe hierüber Fromm, NJW 1968, 1245.

[5])   Keidel/Kuntze/Winkler, § 163 FGG Rz 6; Palandt/Edenhofer, § 2057 BGB Rz 3; unten Rz 528.

Sache sein kann.[1]) Das ist allein Sache des Gerichts; Streit über Gültigkeit oder Auslegung oder Tragweite einer letztwilligen Verfügung des Erblassers zwischen Erben (Vermächtnisnehmern) und TV ist im Weg der Feststellungsklage auszutragen. Der Erblasser kann aber den TV zum **Schiedsrichter** über eine Auslegungsfrage bestellen.[2]) Die Einsetzung des überlebenden Ehegatten zum TV und Schiedsrichter kann nach §§ 1032, 1041, 42 ZPO zur Ablehnung als Schiedsrichter führen.[3]) Der Erblasser kann die Bestimmung der Person des Erben (§ 2065 BGB)[4]) oder die Bestimmung des Zeitpunktes, zu dem die Nacherbfolge eintreten soll, nicht dem TV überlassen.[5])

Im allgemeinen ist der TV gesetzlich nicht verpflichtet, von Verfügungen oder **127** Anordnungen, die er treffen will, zuvor den **Beteiligten Kenntnis zu geben.** Gleichwohl wird eine vorherige Unterrichtung der Erben vielfach zweckmäßig und für den TV im Hinblick auf seine Rechnungslegungs- und Verantwortungspflicht (§§ 2218 Abs. 2, 2219 BGB) angebracht sein. Eine offensive Informationspolitik gegenüber den Erben bringt Transparenz und Schnelligkeit in das Verfahren. Es empfiehlt sich daher regelmäßig, den Beteiligten Entwürfe des Nachlaßverzeichnisses und des Teilungsplans vorher zu überlassen mit der Bitte um Äußerung innerhalb angemessener Frist. Der TV hat den Erben über den Stand seiner Tätigkeit auf Verlangen **Auskunft zu geben** (§§ 2218, 666 BGB).[6])

---

[1]) RG, Recht 1912 Nr. 888; RGZ 100, 76; BGHZ 41, 23 = DNotZ 1965, 98 = MDR 1964, 310 = NJW 1964, 1316 mit Anm. von Strickrodt = RPfleger 1964, 210 in Abgrenzung zu RGZ 100, 76; zu dieser Entscheidung auch Bund, JuS 1966, 60; Bengel/Reimann/Schaub, 3. Kap. Rz 119, 120. Auch Hartmann, Abschn. 2.141, verneint das Recht des TV zur Testamentsauslegung.

[2]) RGZ 100, 76; 133, 128; 170, 380, 383; aber nur für Ansprüche, die sich auf seine letztwilligen Anordnungen gründen und auch dies nur insoweit, als der Erblasser auch im Stande ist, einem Dritten die Bestimmung zu überlassen (wegen der dabei in Frage kommenden Fälle siehe Model/Haegele, Testament und Güterstand des Unternehmers, 5. Aufl., Rdn 476 ff. und Rdn 530 ff.). Zum TV als Schiedsrichter siehe ferner Kohler, DNotZ 1958, 245, 251; 1961, 195, 196; 1962, 125, 129 mit Entwurf einer Schiedsklausel, Kersten/Bühling, Nr. 997 sowie RGR/Johannsen, § 2065 BGB Rz 6 und RGR/Kregel, Rdn VI vor § 1937. Gegen Zulässigkeit der Bestellung eines TV zum Schiedsrichter Kipp/Coing, Erbrecht, § 78 III 5.
Nach Sudhoff, Handbuch der Unternehmensnachfolge, § 33, kann im Schiedsgerichtvertrag auch angeordnet werden, daß das Schiedsgericht befugt sein soll, über die Verteilung der Erbmasse und die Zuwendung von Nachlaßgegenständen nach eigenem billigen Ermessen zu bestimmen (Hinweis auf BGH, NJW 1959, 1493) und darüber zu entscheiden, wer von mehreren Vermächtnisnehmern den ausgesetzten Vermächtnisgegenstand erhalten soll oder welcher Anteil des Vermächtnisses den einzelnen Berechtigten zufallen soll (siehe dazu auch Rz 296 ff.).
Die Testamentsform genügt für die Schiedsrichter-Anordnung (§ 1048 ZPO; Kohler, DNotZ 1962, 127). Bei einem Erbvertrag ist die Anordnung gesondert im Anschluß an diesen zu unterzeichnen (§ 1027 ZPO; BGHZ 38, 155 = NJW 1963, 203; a. A. Kohler, DNotZ 1962, 125).

[3]) Vgl. Kohler, NJW 1947/48, 361, 363.

[4]) Bengel/Reimann/Schaub, 3. Kap. Rz 122.

[5]) BGHZ 15, 199.

[6]) Siehe dazu ausführlich Rz 475 ff., 559.

128 Der TV ist berechtigt, für die Pflege des **Grabes** des Erblassers in ortsüblicher und standesgemäßer Weise zu sorgen, falls der Erblasser nicht selbst eine Anordnung getroffen hat. Dies gilt auch dann, wenn die Erben widersprechen. Die Grabpflege entspricht zwar nur einer sittlichen und keiner Rechtspflicht,[1]) aber der TV hat auch sittliche Pflichten zu berücksichtigen, wie sich z. B. auch aus § 2205 Satz 3 BGB ergibt.

129 Während eines **Nachlaßkonkurses** ist eine Tätigkeit des TV praktisch ausgeschlossen; der TV kann aber zum Konkursverwalter bestellt werden. Entsprechend das gleiche gilt für die Nachlaßverwaltung (§§ 1975 ff. BGB).[2])

---

[1]) Vgl. RGZ 160, 256.

[2]) Siehe auch Rz 170 ff.

II. Erweiterter Wirkungskreis des Testamentsvollstreckers

1. Verwaltungs-Testamentsvollstreckung [1]) und Dauer-Testamentsvollstreckung

Während im § 2205 BGB dem TV die Nachlaßverwaltung nur als Mittel zum **130** Zweck übertragen ist, um ihm die Durchführung seiner eigentlichen Aufgaben, nämlich die Ausführung der letztwilligen Anordnungen und die Auseinandersetzung des Nachlasses (§§ 2203, 2204 BGB) zu ermöglichen,[2]) läßt § 2209 BGB die Verwaltung des Nachlasses als Selbstzweck zu. Der Erblasser kann den Wirkungskreis des TV **erweitern.** Entweder beauftragt er den TV ausschließlich mit der schlichten **Verwaltung** des Nachlasses, überträgt ihm also keine anderen Aufgaben (Satz 1 Halbs. 1) [3]) oder er ordnet an, daß der Vollstrecker **nach Erledigung der übrigen Aufgaben** die Verwaltung fortzusetzen hat (Satz 1 Halbs. 2 **Dauer-TVg**).[4]) Gegen eine derartige Anordnung kann sich der Erbe nur dadurch wehren, daß er seinen Erbteil ausschlägt und den Pflichtteil verlangt (§ 2306 BGB),[5]) falls nicht ausnahmsweise Anfechtung nach § 2078 in Frage kommt.[6]) Auch bei Dauer-TVg erhält der TV die besondere Rechtsstellung, die mit dem selbständigen Verwaltungs- und Verfügungsrecht verbunden ist, bereits mit dem Erbfall.

Der Erblasser kann den Wirkungskreis des TV dahin erweitern, daß er ihm die **131** Verwaltung des Nachlasses auch für die Zeit nach der Erledigung seiner sonstigen Aufgaben überträgt (**Dauer-TVg**, § 2209 Satz 1 Halbs. 2 BGB). Hierbei handelt es sich um einen **Sondertyp** der TVg. Die Erledigung der sonst zugewiesenen Aufgaben führt somit nicht zu der normalerweise eintretenden Amtsbeendigung, sondern die Verwaltung dauert fort bis zu dem vom Erblasser festgesetzten Zeitpunkt, äußerstenfalls bis zur zeitlichen Grenze nach

---

[1]) Zur Verwaltungs-TVg siehe auch Baur, JZ 1958, 356. Zur Verwaltungs-TVg als Mittel, um ein Teilungsverbot bei einem testamentarischen Familiengut zu sichern, siehe Kohler, DNotZ 1958, 245. Zur Dauer-TVg in bezug auf eine Stiftung siehe BGHZ 41, 23; Bund, JuS 1966, 60; Strickrodt, NJW 1964, 1316.

[2]) Oben Rz 120 ff.

[3]) Palandt/Edenhofer, § 2209 BGB, Rz 1, weist ebenfalls darauf hin, daß in Satz 1 des § 2209 BGB zwei Sonderfälle behandelt sind, die einander ausschließen: in Satz 1 Halbs. 1 die bloße Verwaltung ohne andere Aufgaben, deren Zulässigkeit sich schon aus § 2208 BGB ergibt, und in Satz 1 Halbs. 2 die eine erhebliche Erweiterung der Befugnisse des TV enthaltende Dauer-TVg. Letztere läuft nach Palandt/Edenhofer a.a.O. praktisch auf eine fürsorgliche Bevormundung der Erben hinaus. Holzhauer, S. 50, spricht von Verwaltungs-TVg zu "vormundschaftlichem" Zweck. Wegen Festlegung der Verwaltungs-TVg bis zur Vollendung des 25. oder 30. Lebensjahres des einzelnen Erben s. Holzhauer, S. 54. Bei der reinen Verwaltungs-TVg überläßt der TV nach ihrer Beendigung den Nachlaß den Erben, die ihn dann selbst auseinanderzusetzen haben (vgl. Brox, Rdn 383).

[4]) Soergel/Damrau, § 2209 BGB Rz 1.

[5]) Siehe Rz 112 ff.

[6]) Vgl. Rz 238.

§ 2210 BGB. Der **Zweck** der Verwaltung ist bei der Verwaltungsvollstreckung ein anderer als bei der gewöhnlichen TVg (Abwicklungsvollstreckung). Dient bei dieser die Verwaltung des Nachlasses nur der Abwicklung der schwebenden Geschäfte sowie der Beschaffung der zur Ausführung der letztwilligen Verfügungen (§ 2203 BGB) und zur Verteilung des Nachlasses unter mehrere Erben (§ 2204 BGB) erforderlichen Mittel, so ist sie bei der Verwaltungsvollstreckung auf die Nutzbarmachung des verwalteten Vermögens und auf die Erzielung von Erträgen gerichtet.[1]) Während sonst die Verwaltung neben der Abwicklung und Auseinandersetzung eine der miteinander zusammenhängenden Aufgaben des TV darstellt, die mit der Erledigung jener Aufgabe endet, bedeutet die Dauervollstreckung eine zeitliche Verlängerung der Vollstreckungstätigkeit, die eine Art **„fürsorgliche Bevormundung" der Erben** darstellt.[2])

132 Gemäß den verschiedenen Zwecken der Abwicklungstestamentsvollstreckung und der Verwaltungstestamentsvollstreckung kann die **Auslegung in Ausnahmefällen** beim Vorliegen bestimmter Umstände zur Annahme einer Dauervollstreckung führen.[3]) Während die erstere, wie ausgeführt, nur der Abwicklung der schwebenden Geschäfte und der Verteilung des Nachlasses unter mehreren Erben dient, ist letztere auf die Nutzbarmachung des verwalteten Vermögens und auf die Erzielung von Erträgen gerichtet und stellt praktisch eine Art von fürsorglicher Bevormundung des Erben dar.[2]) **Reine Verwaltung** des Nachlasses **als einzige Aufgabe** des TV im Sinn von § 2209 BGB kann insbesondere gegeben sein, wenn der Erblasser einen Abkömmling in guter Absicht enterbt und dabei einen TV ernannt hat (§§ 2338 Abs. 1, 2214 BGB, § 863 ZPO).[4]) Der Erblasser kann den Erben dadurch auch davor schützen, daß die Eigengläubiger des Erben Zugriff auf den Nachlaß nehmen (§ 2214 BGB).[5]) Dabei ist die Anordnung des Erblassers, daß im Falle einer ordnungswidrigen Veräußerung oder Pfändung des Reinertrages des Erbteils seines in guter Absicht enterbten Kindes dem TV die Befugnis zustehen soll, an Stelle

[1]) Staudinger/Reimann, § 2209 BGB Rz 2.

[2]) Palandt/Edenhofer, § 2209 BGB Rz 2.

[3]) Vgl. BayObLG ZEV 1995, 22; Klumpp ZEV 1995, 24.

[4]) Staudinger/Reimann, § 2209 BGB Rz 3.
Zur Beschränkung eines Pflichtteilsberechtigten in guter Absicht siehe Häfele, BWNotZ 1957, 49; Holzhauer, S. 52, und Klug, MittRhNotK 1971, 169. Die Anordnung ist unwirksam, wenn zur Zeit des Erbfalls der Abkömmling (auch ein nichtehelicher Abkömmling fällt darunter, siehe § 2338a BGB) sich dauernd von dem verschwenderischen Leben abgewendet hat oder die den Grund der Anordnung bildende Überschuldung nicht mehr besteht. Bei erst späterer dauernder Besserung der Verhältnisse kann das Nachlaßgericht nach Ablauf einer Probezeit die TVg aufheben (davon absehen, einen neuen TV zu ernennen; KG, DFG 1942, 86 = HRR 1942 Nr. 691).
Ist ein Schuldner unter Anordnung von TVg auf Lebenszeit von der Verwaltung seines Erbteils ausgeschlossen, so kann nicht ein Anspruch des Schuldners gegen den zur Verwaltung berechtigten TV auf die zukünftige Auszahlung des Erbteils gepfändet werden (OLG Stuttgart WürttZ 1924, 23).

[5]) Soergel/Damrau, § 2209 BGB Rz 3; Staudinger/Reimann, § 2209 BGB Rz 3.

der Auszahlung des Reinerlöses an den Bedachten dessen Naturalverpflegung eintreten zu lassen, gültig und oft zweckmäßig.[1])

Die Anordnung der Dauervollstreckung kann auch einen geschäftsuntüchtigen **133** oder verschuldeten Elternteil oder einen unerwünschten Vormund bzw. Betreuer des Erben von der Verwaltung des Nachlasses ausschließen [2]) oder dem **überlebenden Ehegatten** in vermögensrechtlicher Beziehung die Stellung eines Familienoberhaupts geben, wenn der Erblasser den überlebenden Ehegatten und die Kinder zu Erben einsetzt und den überlebenden Ehegatten zum TV nach § 2209 BGB ernennt.[3]) Die Bestimmung, daß der überlebende Ehegatte des Erblassers die „weitestgehende Unabhängigkeit" in der Verwaltung des Nachlasses haben solle, ist als Ernennung zum TV mit Übertragung des dauernden Verwaltungsrechts ausgelegt worden.[4]) Die Anordnung der reinen Verwaltung durch den TV ist auch möglich nach vorgenommener Nachlaßauseinandersetzung in Bezug auf einzelne Nachlaßgegenstände insbesondere dann, wenn ein großes Unternehmen in der Verwaltung eines TV zusammengehalten werden soll.[5]) Sie kann sich auch auf einen einzelnen Erbteil beschränken.[6]) Von einer Dauer-TVg kann im Weg der Auslegung auch dann ausgegangen werden, wenn ein Testament nichts enthält als die Einsetzung eines Alleinerben und die Ernennung eines TV, weil die TVg anders keinen

---

[1]) Hat der Erblasser einem TV die Verwaltung eines einem Minderjährigen zugefallenen Erbteils unter Ausschluß des Verwaltungsrechts seiner Eltern (nach § 1638 Abs. 1 BGB) übertragen, so ist streitig, ob ein Pfleger zu bestellen ist, der die Rechte des Minderjährigen gegenüber dem TV wahrzunehmen hat. Für nicht entbehrlich halten die Anordnung der Pflegschaft für den Minderjährigen KG, DNotZ 1911, 52; KGJ 38 A 73, RGR/Kregel, § 2209 BGB Rz 2. Zuzustimmen ist der gegenteiligen Ansicht von Palandt/Edenhofer, § 2209 BGB Rz 5, Staudinger/Reimann, § 2209 BGB Rz 4; LG Dortmund, NJW 1959, 2264 wie folgt:
„Die letztwillige Verfügung, daß der TV die Verwaltung des Nachlasses für den minderjährigen Erben nach Erledigung der ihm sonst zugewiesenen Aufgaben fortzuführen hat, steht einer Bestimmung des Erblassers, daß die elterliche Vermögensverwaltung ausgeschlossen sein soll, nicht gleich und läßt die Anordnung einer Pflegschaft nicht zu." Siehe zur Streitfrage auch Dölle, Familienrecht, § 94 II 4, und Haegele, RPfleger 1963, 334, ferner Rz 381, 535.
Aus dem Umstand, daß der Erblasser letztwillig bestimmt hat, der Nachlaß solle bis zur Vollendung eines bestimmten Lebensjahres seiner Kinder durch einen TV „verwaltet" werden, ist der Wille, den TV gemäß § 2209 BGB lediglich zur Verwaltung zu berechtigen, nicht zu entnehmen (OLG Düsseldorf, NJW 1952, 1259).

[2]) Staudinger/Reimann, § 2209 BGB Rz 4.

[3]) Staudinger/Reimann, § 2209 BGB Rz 5.

[4]) Staudinger/Reimann, § 2209 BGB Rz 7.

[5]) Verzichten Ehegatten gegenseitig auf ihr Erbrecht am Nachlaß des Erstverstorbenen, vermachen sie sich in einem Erbvertrag den lebenslänglichen Nießbrauch am Nachlaß des Erstverstorbenen und ernennen sie zugleich den Überlebenden zur Ausübung des Nießbrauchs zum Verwalter des Nachlasses des Erstverstorbenen und zum TV, so wird durch die Ernennung des TV der Erbe beschränkt. Der überlebende Ehegatte erhält damit nicht nur die Verwaltungsbefugnisse, die ihm kraft des Nießbrauchs zustehen, sondern es ist ihm die Verwaltung des Nachlasses nach § 2209 BGB übertragen (OLG München, DNotZ 1938, 172.)

[6]) Vgl. Rz 20.

Sinn hätte.[1]) Diese Verfügungsbeschränkung ist kein rechtsgeschäftliches Veräußerungsverbot, sondern die gesetzliche Rechtsfolge der dem TV eingeräumten Machtbefugnis und als gültiges Veräußerungsverbot anzusehen. Das BGB läßt zu, dem TV so weitgehende Befugnisse zu übertragen.

134 Umgekehrt kann der Erblasser, selbst wenn er dem TV die dauernde unbeschränkte Verwaltung übertragen hat, was ausdrücklich geschehen muß, trotzdem nur gewollt haben, daß der TV die Verwaltung **bis zur Erledigung** seiner sonstigen Aufgaben führen soll.[2]) Ebenso ist nach der Rechtsprechung des BayObLG dem TV selbst dann kein selbständiges Verwaltungsrecht übertragen, wenn er für den Vorerben und den Nacherben ernannt ist und einen Nachlaßgegenstand bis zum Eintritt der Nacherbfolge zu verwalten hat.[3])

135 Nicht selten drückt sich der Erblasser in seinem Testament so aus, daß dem TV alle Rechte (!) zustehen sollen, die ihm nach dem Gesetz eingeräumt werden können; in diesem Fall hat der TV insbesondere das Recht, unbeschränkt Verbindlichkeiten für den Nachlaß einzugehen, die Nachlaßauseinandersetzung nach billigem Ermessen zu bewirken und einen Nachfolger zu bestimmen; ob der TV auch das Recht hat, in einem solchen Fall den Nachlaß nach Vornahme der Auseinandersetzung weiter zu verwalten (§ 2209 BGB), erscheint jedoch fraglich, wenn der Erblasser den erweiterten Wirkungskreis des TV in der Verfügung von Todes wegen nicht selbst genau und einzeln im Sinne des § 2209 BGB festgelegt hat.[4])

136 Der Erblasser kann den TV als Dauer-TV zugleich für den Erben und für den Vermächtnisnehmer bestellen. Der TV hat dann den ganzen Nachlaß einschließlich der dem Vermächtnisnehmer vermachten Gegenstände zu verwalten.

137 Bei **Vorhandensein mehrerer Erben** hat die TVg nach § 2209 BGB Aufschiebung der Auseinandersetzung zur Folge. Den Reinertrag können die Erben bei der Dauervollstreckung nur verlangen, wenn dies dem Willen des Erblassers entspricht.[5]) Eine Anwendung des § 2217 BGB (Überlassung von zur Erfüllung der Aufgaben des TV entbehrlichen Nachlaßgegenständen an den Erben)[6]) kommt in diesem Falle im allgemeinen nicht in Betracht. Bezieht sich die TVg nur auf den Erbteil eines Miterben, so unterliegt ihr das, was dieser Miterbe bei der Nachlaßauseinandersetzung erhält.

---

[1]) BGH NJW 1983, 2247 = RPfleger 1983, 154; BayObLGZ 1988, 42, 47; MüKo/Brandner, § 2209 BGB Rz 7; Soergel/Damrau, § 2209 BGB Rz 2; Staudinger/Reimann, § 2209 BGB Rz 7.

[2]) Soergel/Damrau, § 2209 BGB Rz 2; Staudinger/Reimann, § 2209 BGB Rz 7.

[3]) BayObLGZ 1958, 299/305; Palandt/Edenhofer, § 2209 Rz 1.

[4]) Unten Rz 141.

[5]) Vgl. auch Rz 177 und 860.

[6]) Siehe unten Rz 494 ff.

2. Zeitliche Dauer der Testamentsvollstreckung

Eine TVg nach § 2209 BGB wird unwirksam, wenn seit dem Erbfall 30 Jahre **138** verstrichen sind (§ 2210 BGB). Eine Dauer- oder Verwaltungstestamentsvollstreckung kann ausnahmsweise länger als 30 Jahre wirksam bleiben, wenn der Erblasser angeordnet hat, daß die Verwaltung

a) bis zum Tod des Erben [1]) oder

b) bis zum Tod des TV oder

c) bis zum Eintritt eines anderen Ereignisses in der Person des einen oder anderen fortdauern soll.[2])

Dabei ist es anerkannt, daß Erbe im Sinne des § 2210 Satz 2 BGB auch der **139** Nacherbe ist.[3]) Der Erblasser kann auch anordnen, daß die TVg bis zum Tod des TV andauern soll. Hat er zusätzlich angeordnet, daß der TV berechtigt sein soll, einen Nachfolger zu ernennen (vgl. § 2199 Abs. 2 BGB), so stellt sich die Frage, ob die Verwaltung mit dem Tod des ersten TV endet oder gegebenenfalls erst mit dem Tod des gemäß § 2199 Abs. 2 BGB ernannten zweiten TV. Die Frage kann nicht schlechthin im letzteren Sinn entschieden werden, da sonst die TVg entgegen dem Sinn und Zweck des § 2210 BGB beliebig lang ausgedehnt werden könnte. Andererseits wird es auch in manchen Fällen weder dem Willen des Erblassers entsprechen noch durch den Zweck des § 2210 BGB geboten sein, die Anwendung des § 2210 Satz 2 BGB auf den Nachfolger des ursprünglichen TV abzulehnen. Man wird nach einer Lösung suchen müssen, die eine maßvolle Anwendung des § 2210 Satz 2 BGB auf den Nachfolger des ersten TV erlaubt, aber doch dem Zweck des § 2210 BGB Rechnung trägt. Es ist daher zu verlangen, daß der Nachfolger des TV beim Erbfall bereits gelebt hat [4]) oder noch vor Ablauf der 30 Jahre ernannt wur-

---

[1]) Die Anordnung einer TVg ist nicht deshalb sittenwidrig, weil sie auf die Lebenszeit des Alleinerben angeordnet wird (OLG Zweibrücken, RPfleger 1982, 106), siehe unten Fußnote 1 zu Rz 239.

[2]) Lange, JuS 1970, 102, bezeichnet daher die 30 Jahre als ein Schreckgespenst und fügt hinzu, daß bei einem jugendlichen TV oder einem Baby als Erben oder auch nur Miterben die TVg um Jahrzehnte verlängert werden kannn. Bei einem Nach-TV (Ersatz-TV nach Wegfall des zunächst amtierenden TV) nimmt die herrschende Meinung dabei an, daß er bereits im Zeitpunkt des Todes des Erblassers leben oder noch vor Ablauf der 30 Jahre ernannt sein muß (Kipp/Coing, Erbrecht, § 69 III 2; RGR/Kregel, § 2210 BGB Rz 2; Staudinger/Reimann, § 2210 BGB Rz 3). Für einen TV mit nur anderen Aufgabengebieten, z. B. für den Teilungs-TV (RGZ 155, 350; siehe Rz 507), oder den Auflagen-TV (siehe Rz 162) gilt die Frist von 30 Jahren überhaupt nicht. Hier kann im Einzelfall nur Entlassung des TV durch das Nachlaßgericht (§ 2217 BGB; Rz 792) helfen. Siehe auch § 28 Abs. 2 UrhG (Rz 124). Hat der Erblasser dem TV die Dauerverwaltung, daneben aber auch noch andere Aufgaben übertragen, so wird die Übertragung nach dreißig Jahren unwirksam, soweit sie nicht zur weiteren Durchführung der anderen Aufgaben erforderlich bleibt (RG, DNotZ 1937, 902).
Ist eine juristische Person TV, so bewendet es stets bei der dreißigjährigen Frist (§ 2210 BGB; siehe auch Flad, DFG 1936, 136).

[3]) Kipp/Coing, Erbrecht, § 69 III 2; Staudinger/Reimann, § 2210 BGB Rz 2.

[4]) Kipp/Coing, Erbrecht, § 69 III 2; Staudinger/Reimann, § 2210 BGB Rz 3.

de.[1]) Der TV kann allerdings einen Nachfolger gemäß § 2199 Abs. 2 BGB nur ernennen, solange sein Verwaltungsrecht nach § 2210 BGB noch besteht.

140 In solchen Fällen stellt sich häufig die Frage, ob beim Wegfall des einen TV das Amtsgericht einen anderen TV bestellt. Grundsätzlich wird das Nachlaßgericht gemäß § 2200 BGB nicht von Amts wegen tätig, sondern nur auf ein Ersuchen des Erblassers. Ein solches Ersuchen kann aber auch durch Auslegung ermittelt werden, wenn z. B. den Erben die Verwaltung durch eine Dauer-TVg entzogen ist.[2]) Das Ersuchen kann also auch stillschweigend oder aus den gesamten Umständen als gestellt gelten. Es reicht grundsätzlich aus, daß der Ausschluß des Erben von der Verwaltung des Nachlasses angeordnet oder klar ist, daß der Erblasser eine fortdauernde TVg wollte.[3]) Das Nachlaßgericht kann anstelle eines weggefallenen TV auch dann einen neuen bestellen, wenn dieser Fall im Testament zwar nicht ausdrücklich vorgesehen, aber ein dahingehender Wille des Erblassers mit genügender Deutlichkeit aus dem Testament zu entnehmen ist.

3. Allgemeine Fassung des Erweiterungsrechts

141 Der Erblasser drückt sich in seinem Testament vielfach so aus, daß dem TV alle Rechte zustehen sollen, die ihm nach dem Gesetz eingeräumt werden können. In diesem Falle hat der TV insbesondere das Recht, unbeschränkt Verbindlichkeiten für den Nachlaß einzugehen (§ 2207 BGB)[4]) und die Nachlaßauseinandersetzung nach billigem Ermessen zu bewirken (§ 2048 Satz 2 BGB).[5]) Ferner steht dem TV in diesem Falle das Recht zu, einen Mit-TV oder Nachfolger im Sinn des § 2199 BGB[6]) zu bestimmen. Ob der TV dagegen auch das Recht hat, in einem solchen Falle den Nachlaß nach Vornahme der Auseinandersetzung weiter zu verwalten (§ 2209 BGB),[7]) erscheint immerhin fraglich, wie auch zweifelhaft erscheint, ob der TV dann von der Herausgabepflicht nach § 2217 BGB[8]) befreit ist. Zweckmäßiger ist in jedem Fall, den erweiterten Wirkungskreis des TV in der Verfügung von Todes wegen selbst genau und einzeln festzulegen. Hat der Erblasser den TV nicht ausdrücklich ermächtigt, so darf dieser die Auseinandersetzung nicht nach Gutdünken und billigem Ermessen vornehmen, sondern ist, wenn keine Einigkeit unter den

---

[1]) RGR/Kregel, § 2210 BGB Rz 2; Soergel/Damrau, § 2210 BGB Rz 2.

[2]) Palandt/Edenhofer, § 2200 BGB Rz 1.

[3]) RGZ 92, 68; KG, DNotZ 1956, 649; OLG Düsseldorf, MDR 1957, 421.

[4]) Unten Rz 183 ff.

[5]) Unten Rz 510.

[6]) Oben Rz 49 und Muster 847, 848.

[7]) Rz 130 ff.

[8]) Siehe Rz 494.

Miterben besteht, an die gesetzlichen Auseinandersetzungsvorschriften der §§ 2042 Abs. 2, 750–758 BGB gebunden.[1])

4. Grenzen des Erweiterungsrechts

Der Erblasser kann dem TV **keine Befugnisse einräumen,** die mit zwingenden **142** **gesetzlichen Vorschriften in Widerspruch stehen** (§ 2220 BGB). Er kann ihn z. B. nicht von der Pflicht befreien, den Erben ein Verzeichnis der seiner Verwaltung unterliegenden Nachlaßgegenstände unverzüglich nach Annahme seines Amtes mitzuteilen (§ 2215 BGB); [2]) die Erben können allerdings auf Mitteilung eines solchen Verzeichnisses verzichten.[3]) Der Erblasser kann dem TV auch unentgeltliche Verfügungen über den Nachlaß nicht gestatten (§ 2205 Satz 2 BGB). Im Einverständnis aller Erben und Vermächtnisnehmer ist der TV aber zu unentgeltlichen Verfügungen berechtigt.[4]) Weiterhin kann der Erblasser den TV nicht befreien von der Pflicht zur Rechnungslegung, zur Benachrichtigung der Erben und zur Auskunftserteilung an diese, sowie von seiner Haftung für Verschulden (§ 2219 BGB). Nichtgeltendmachung dieser Rechte durch die Erben ist natürlich möglich.[5])

---

[1]) OLG Karlsruhe NJW-RR 1994, 905.

[2]) Siehe Rz 485.

[3]) Einzelheiten Rz 484 ff.

[4]) Einzelheiten siehe Rz 197 ff.

[5]) Bengel/Reimann/Klumpp, 6. Kap. Rz 262. Einzelheiten siehe Rz 472 ff., 549 ff., 559 ff.

III. Beschränkungen im Wirkungskreis des Testamentsvollstreckers

1. Umfang der Beschränkungsmöglichkeiten

143 Der Erblasser kann den Wikungskreis des TV **nach jeder Richtung – auch zeitlich – beschränken,** insbesondere kann er anordnen, daß die Verwaltung des Nachlasses dem TV nur hinsichtlich einzelner Nachlaßgegenstände – inhaltlich aber im vollen Umfang des § 2205 BGB – zustehen soll (§ 2208 BGB).[1] In derartigen Fällen kann dem TV vom Erblasser z. B. auch nur die Verwaltung und Weiterführungsbefugnis eingeräumt werden. Der Erblasser kann als alleinige Aufgabe des TV anordnen, für die Vollziehung einer Auflage zu sorgen, mit der ein Vermächtnisnehmer beschwert ist.[2]

144 Der Erblasser kann den Wirkungskreis des TV z. B. auf die Regelung der **Bestattung** des Erblassers oder auf Herbeiführung der Genehmigung einer von ihm errichteten **Stiftung** beschränken (§ 83 BGB). Nach Eingang der Genehmigung hat der TV der Stiftung das ihr zugedachte Vermögen zu übertragen.

145 Der Erblasser kann dem TV auch die ihm nach §§ 2203 bis 2206 BGB zustehenden Rechte – Ausführung einer letztwilligen Verfügung,[3] Vornahme der Auseinandersetzung,[4] Eingehung von Verbindlichkeiten für den Nachlaß [5] – ganz oder teilweise entziehen (§ 2208 BGB) oder ihn an die Zustimmung der Erben binden.[6] Der TV kann sich den Erben gegenüber aber nicht verpflichten, nur solche Handlungen vorzunehmen, denen die Erben zuvor zugestimmt haben, und sein Amt als TV jederzeit auf Verlangen auch nur eines Miterben niederzulegen.[7]

146 Weitere Beschränkungen ergeben sich aus § 2209 BGB – Beschränkungen auf die Verwaltung des Nachlasses,[8] § 2222 BGB – **Nacherben-TVg** bis zum Eintritt der Nacherbfolge [9] und § 2223 BGB – Beschränkungen bei **Vermächtnis.[10]**

147 Steht dem TV nach diesen Darlegungen die Ausführung des letzten Willens des Erblassers nicht selbst zu, so bleibt ihm das **Aufsichtsrecht** über die Aus-

---

[1] BGHZ 13, 203, 205; BayObLGZ 1982, 59 = RPfleger 1982, 226; Soergel/Damrau, § 2208 BGB Rz 4; Staudinger/Reimann, § 2208 BGB Rz 5; oben Rz 20.

[2] BayObLGZ 1986, 34 = RPfleger 1986, 226 = DNotZ 1986, 549. Zur Abgrenzung zwischen einer Auflage an den Erben, ein Grundstück nicht ohne Zustimmung eines Dritten zu veräußern, und der Anordnung einer beschränkten TVg s. OLG Köln NJW-RR 1991, 525 = FamRZ 1990, 1402.

[3] Oben Rz 120.

[4] Unten Rz 507 ff.

[5] Unten Rz 183.

[6] v. Lübtow, S. 975.

[7] BGHz 25, 275 = NJW 1957, 1916 = JZ 1958, 167 mit Anm. von Coing.

[8] Oben Rz 134.

[9] Unten Rz 153 ff.

[10] Unten Rz 162 ff.

führung des letzten Willens (§ 2208 Abs. 2 BGB). Er kann die Ausführung von den Erben verlangen, sofern nicht ein anderer Wille des Erblassers anzunehmen ist. Eine lediglich beaufsichtigende TVg, die den Erben in der Verfügungsmacht nicht beschränkt, ist in einem Erbschein nicht anzugeben.[1])

Eine – wesentliche – Beschränkung der Befugnisse des TV liegt vor, wenn der Erblasser letztwillig bestimmt hat, daß der TV die – ordnungsmäßige – **Fortführung seines Handelsgeschäfts** zu überwachen hat. Hier stehen dem TV nach außen hin in der Regel überhaupt keine Verwaltungs- und Verfügungsrechte über den Nachlaß zu, sondern nur Aufsichtsrechte über die Ausführung der entsprechenden letztwilligen Verfügung mit diesbezüglichem Klagerecht gegen die Erben. **148**

Ein TV kann auch mit der Bestimmung ernannt werden, lediglich zu Verfügungen des Erben über Nachlaßgegenstände seine **Zustimmung** zu erteilen. **149**

Beschränkungen dieser Art sind auch **Dritten** gegenüber wirksam, selbst wenn diese die Beschränkungen weder kannten noch kennen mußten. Soweit sich die Beschränkungen auf das Verwaltungsrecht des TV beziehen, sind sie im TV-Zeugnis und Erbschein anzugeben. Unterliegen etwa nur einzelne Nachlaßgegenstände der TVg, so ist auch die Beschränkung der TVg im Erbschein anzugeben.[2]) Bei Unterbleiben solcher Angaben wird der Dritte geschützt.[3]) **150**

Unter den hier behandelten § 2208 Abs. 2 BGB fallen alle letztwilligen Verfügungen, nicht nur Auflagen. **151**

2. Erkennbarmachung der Beschränkungen

Der Wille des Erblassers, die Befugnisse des TV einzuschränken, muß **deutlich erkennbar** zum Ausdruck kommen.[4]) Für eine von den Erben behauptete Einschränkung der dem TV nach dem Gesetz regelmäßig zustehenden Befugnisse sind die Erben beweispflichtig.[5]) Auch der **befreite Vorerbe,** dessen Erbteil mit TVg belastet ist, hat die Beweislast für seine Behauptung, daß dem TV die ihm durch das Gesetz eingeräumten Befugnisse nach dem Willen des Erblassers nicht in vollem Umfang zustehen sollen. Aus der Tatsache allein, daß der Erblasser bestimmt hat, der Vorerbe solle über den Nachlaß frei verfügen können, ergibt sich eine solche Beschränkung der Befugnisse des TV noch **152**

---

[1]) BayObLG, RPfleger 1991, 196 (LS).

[2]) LG Mönchengladbach, RPfleger 1982, 382, 426 (Heinen, Sigloch); BayObLG, MittBayNot 1986, 96; Fisching/Graf, Nachlaßrecht, Rz 4307; Staudinger/Promberger, § 2364 BGB RZ 12.

[3]) Unten Rz 691, 723.

[4]) RG, JW 1938, 1454 = DFG 1938, 155 m. Anm. von Vogels. Hat der TV nach Erfüllung besonderer letztwilliger Anordnungen des Erblassers den Nachlaß an den Vorerben herauszugeben, so liegt hierin keine Beschränkung seines Verwaltungs- und Verfügungsrechts nach § 2208 BGB (BayObLGZ 1959, 129 = DNotZ 1960, 430 = JR 1959, 384 = MDR 1959, 761 = NJW 1959, 1920). Die Aussetzung eines Nießbrauchvermächtnisses deutet mangels besonderer Umstände noch nicht auf den Willen des Erblassers hin, die freie Verfügungsbefugnis des TV zu beschränken (OLG Düsseldorf, JR 1952, 365 = NJW 1952, 1259).

[5]) RGZ 61, 142; OLG München, HRR 1938 Nr. 381.

nicht.[1]) Nach BGH [2]) stellt es nur scheinbar einen Widerspruch dar, einen befreiten Vorerben durch die Einrichtung einer TVg zu beschränken. Zwar kommen die Vorteile der Befreiung, wie sie sich etwa im Bereich des § 2134 BGB ergeben, dem befreiten Vorerben in Fällen dieser Art nicht unmittelbar zugute. Jedoch bleibt die Befreiung nicht ohne Einfluß auf die inhaltliche Ausgestaltung der Pflichten des Testamentsvollstreckers. Er hat nämlich darauf zu achten, daß dem (weitestgehend) befreiten im Gegensatz zum nichtbefreiten Vorerben nicht nur die bloßen Nutzungen der Erbschaft gebühren (§ 2111 Abs. 1 Satz 1 BGB), sondern daß ihm darüber hinaus jedenfalls im Grundsatz auch der Zugriff auf deren Substanz offensteht.

---

[1]) Rz 215.
[2]) BGH DNotZ 1992, 241.

IV. Sonderfälle

1. Testamentsvollstreckung bei Vor- und Nacherbschaft [1])

Bei der TVg im Zusammenhang mit Vor- und Nacherbschaft gibt es folgende **153** Möglichkeiten:

a) Die TVg erfaßt Vor- und Nacherbschaft.

b) Die TVg erfaßt nur die Vorerbschaft.

c) Die TVg erfaßt nur die Nacherbschaft.

d) Der Erblasser kann einen TV auch – nur oder zugleich – zu dem Zweck ernennen, daß er **während der Vorerbschaft** bis zum Eintritt einer angeordneten Nacherbschaft die **Rechte der Nacherben** ausübt und deren Pflichten erfüllt (§ 2222 BGB). Die Nacherben-TVg beschränkt nicht den Vorerben, sondern den Nacherben, dem gegenüber er auch verantwortlich ist. Der Mitvorerbe kann ein solcher TV sein, der alleinige Vorerbe nur bei Mehrheit von TV (§ 2224 Abs. 1 BGB), da er dann durch die Mit-TV genügend überwacht wird.[2]) Er kann auch neben einem für die Verwaltung der Vorerbschaft ernannten TV bestellt werden. Im Zweifel ist nicht anzunehmen, daß der im allgemeinen (für die Vorerbschaft) ernannte TV **zugleich** auch mit der Wahrnehmung der Rechte und Pflichten des Nacherben bis zum Eintritt der Nacherbschaft betraut ist.[3])

Die TVg gemäß § 2222 BGB darf nicht mit der TVg verwechselt werden, die **154** erst **nach Eintritt der Nacherbfolge** in Kraft treten soll, also für den Nacherben während der Nacherbschaft angeordnet ist.[4]) Hierbei handelt es sich um eine gewöhnliche TVg, ebenso wie bei der Einsetzung eines TV für den Vorerben während der Vorerbschaft.[5])

---

[1]) Siehe dazu die Muster Rz 840, 842. Zur Kumulation der TV-Aufgaben s. ausführlich Skibbe, Festschrift für Brandner 1996, S. 769. Zur Stellung des TV in bezug auf einen vererbten Gesellschaftsanteil bei Vor- und Nacherbschaft siehe BGH NJW 1986, 2431 = RPfleger 1986, 384 = DNotZ 1987, 116; zur Verfügungsbefugnis des TV s. unten Rz 215 ff.

[2]) BayOblGZ 1989, 183 = RPfleger 1989, 412 = DNotZ 1990, 56; Staudinger/Reimann, § 2222 BGB Rz 5.

[3]) Palandt/Edenhofer, § 2222 BGB Rz 1; dazu auch Fußnote 4.

[4]) Hat ein Erblasser Vor- und Nacherbschaft angeordnet und einen TV ernannt, ohne dessen Aufgaben näher zu umgrenzen, so erscheint es fraglich, ob auch die Nacherben mit TVg belastet sein sollen. Diese Frage kann vielfach im Wege der Auslegung für Fälle bejaht werden, in denen die Nacherbfolge verhältnismäßig rasch nach dem Tode des Erblassers eintritt. Siehe auch BayOblGZ 1959, 128 = DNotZ 1960, 438 = NJW 1959, 1920, dahingehend, daß in Anwendung der allgemeinen für die Testamentsauslegung geltenden Grundsätze (§ 2084 BGB) zu beurteilen ist, wie lange der TV bei befreiter Vorerbschaft den Nachlaß verwalten und behalten darf. Der TV kann die Nacherbschaft nicht ausschließen. Er kann sie für den Nacherben nicht ausschlagen, ferner sein Anwartschaftsrecht nich auf den Vorerben übertragen.

[5]) Palandt/Edenhofer, § 2222 BGB Rz 4; dazu unten Rz 215.

155 Die Anordnung einer Nacherben-TVg i. S. des § 2222 BGB [1]) ist bei Festlegung von Vor- und Nacherbschaft stets zweckmäßig; durch sie entfällt die sonst oft bestehende **Notwendigkeit,** für die – unbekannten – Nacherben zur Wahrnehmung ihrer Rechte und Pflichten einen **Pfleger** zu bestellen (§§ 1912, 1913 BGB).[2]) Der nach § 2222 BGB eingesetzte TV hat nicht mehr, aber auch nicht weniger Rechte und Pflichten, als sie dem Nacherben im allgemeinen gegenüber einem Vorerben zustehen; soweit diese Rechte reichen, wird nicht unzulässig in Rechte des Vorerben eingegriffen.[3]) Der TV ist zur ordnungsmäßigen Verwaltung der Rechte des Nacherben gem. § 2216 BGB verpflichtet und haftet bei Verschulden für den daraus entstehenden Schaden (§ 2219 BGB).[4]) Die etwa erforderliche Zustimmung der Nacherben bei Verfügungen über Nachlaßgegenstände kann in diesen Fällen nur ein Nacherben-TV nach § 2222 BGB oder ein Pfleger nach § 1913 BGB mit Genehmigung des Vormundschaftsgerichts erteilen; [5]) bei Nacherben-TVg erübrigt sich die Bestellung eines Pflegers mangels Bedürfnisses.[6]) Schwierig ist die Frage zu entscheiden, wer für eine **noch nicht genehmigte Stiftung** (§ 83 BGB) handelt, die Nacherbin ist, wenn für den Vorerben TVg besteht: Möglich ist die Aufstellung eines Pflegers gemäß § 1913 BGB durch das Vormundschaftsgericht oder eines Nachlaßpflegers durch das Nachlaßgericht gemäß § 1960 BGB; in letzterem Fall wäre das gleiche Gericht wie für die TVg zuständig; denkbar ist aber auch, daß der Vorerben-TV zugleich Nacherbenvollstrecker gemäß § 2222 BGB sein soll, was von der Interessenlage und Praktikabilität wohl zweckmäßig wäre.

156 Es wird oft zweckmäßig sein, das Nachlaßgericht um die Benennung der Person des TV (§ 2200 BGB) [7]) zu ersuchen. Dabei kann auch festgelegt werden, daß der TV nur bei Bedarf benannt werden soll. Dann ist es aber zweckmäßig, festzulegen, wer die Anregung dazu an das Nachlaßgericht zu geben berechtigt sein soll, etwa der Vorerbe, falls er zu einem Rechtsgeschäft die Mitwirkung des Nacherben benötigt.[8])

157 Das Amt des TV **endet** in diesem Fall mit dem Eintritt der Nacherbfolge (§ 2139 BGB), es erledigt sich durch Ausschlagung oder sonstigen Wegfall der

---

[1]) Dazu BayObLG ZEV 1995, 22 mit Anm. Klumpp.

[2]) BayObLGZ 1959, 493 = NJW 1960, 965; RPfleger 1989, 412; Soergel/Damrau, § 2222 BGB Rz 4; Staudinger/Reimann, § 2222 BGB Rz 2. Die etwa erforderliche Zustimmung der Nacherben bei Verfügung über Nachlaßgegenstände kann in diesen Fällen nur ein Nacherben-TV nach § 2222 BGB oder ein Pfleger nach § 1913 BGB (mit Genehmigung des Vormundschaftsgerichts) erteilen. Wegen Einzelheiten zu diesen Fragen siehe Haegele, RPfleger 1971, 121, 122 und Kanzleiter, DNotZ 1970, 335.

[3]) Zur Auskunftpflicht siehe unten Rz 475.

[4]) BGHZ 127, 360 = NJW 1995, 456 = Rpfleger 1995, 298 = WM 1995, 253 = ZEV 1995, 67; MüKo/ Brandner § 2222 BGB Rz 5; Soergel/Damrau § 2222 BGB Rz .11.

[5]) Dazu Haegele, RPfleger 1971, 121, 122; Kanzleiter, DNotZ 1970, 335.

[6]) BayObLG, NJW 1960, 966.

[7]) Oben Rz 74 ff.

[8]) Siehe Muster Rz 840, 842.

Vor- und Nacherbfolge. Nicht zu verwechseln damit ist der Fall, daß TVg für den Nacherbfall angeordnet ist; auch hier entfällt die TVg mit der Ausschlagung (§ 2142 BGB) oder dem sonstigen Wegfall der Nacherbschaft.[1]) Beschränkt durch einen solchen TV ist nur der Nacherbe. Der TV ist nicht befugt, auf die Rechte der Nacherben zu verzichten, insbesondere die Nacherbschaft auszuschlagen oder ihre Anwartschaft (auf den Vorerben) zu übertragen. Wohl aber darf er Nachlaßgegenstände dem Vorerben entgeltlich zur freien Verfügung überlassen.[2]) Ist der Vorerbe minderjährig oder steht er unter Vormundschaft, so bedarf die Übertragung eines Kommanditanteils auf ihn der vormundschaftsgerichtlichen Genehmigung.[3]) Der Erblasser kann die Bestimmung des Zeitpunktes, in dem die Nacherbfolge eintreten soll, nicht dem TV überlassen.[4])

Bei Eintragung des **Nacherbenvermerks im Grundbuch** (§ 51 GBO) ist die **158** Tatsache der Ernennung eines TV miteinzutragen (§ 52 GBO). Ein Verzicht des TV auf Eintragung des Nacherbenvermerks im Grundbuch ist aber zulässig.[5]) Ein solcher Verzicht läßt das Nacherbenrecht unberührt. Er nimmt ihm nur die Sicherung, die dieses Recht durch die Eintragung des Vermerks gegenüber rechtsgeschäftlichem Erwerb aufgrund des öffentlichen Glaubens des Grundbuchs (§ 892 BGB) erhält. Der Verzicht auf die Eintragung des Nacherbenvermerks fällt, ebenso wie die Sorge für die Eintragung, in die Verwaltungstätigkeit des TV (§ 2205 Satz 1 BGB); eine Überprüfung der Erklärung darauf, ob sie zweckmäßig ist und ordnungsmäßiger Wahrnehmung der Interessen des Nacherben entspricht, steht dem Grundbuchamt nicht zu.[6])

Die für den **befreiten Vorerben** bestehenden Erleichterungen (§§ 2136, 2137 **159** BGB) hat auch der für den Nacherben ernannte TV zu beachten.

Zum **Aufgabenkreis eines allgemeinen TV** gehört die Wahrnehmung der Rechte **160** und Pflichten der Nacherben für die Zeit bis zum Eintritt der Nacherbfolge nicht.[7]) Doch kann der Erblasser diese Wahrnehmung durch den gleichen TV (falls er nicht zugleich Vorerbe ist) [8]) anordnen, so daß dann, wenn dies dem erkennbaren Willen des Erblassers entspricht, derselbe TV für Vorerben und

---

[1]) Bengel/Reimann/Mayer, 5. Kap. Rz 279; Soergel/Damrau, § 2222 BGB Rz 11.

[2]) KG, JW 1937, 1553; KG, HRR 1933, 1202 = DNotZ 1933, 420.

[3]) OLG Hamburg, DNotZ 1983, 381.

[4]) BGHZ 15, 199.

[5]) BayObLGZ 1989, 183 = RPfleger 1989, 412 = DNotZ 1990, 56; KG, DNotZ 1930, 480; Horber, § 51 GBO Anm. 3 E.

[6]) BayObLGZ 1989, 183 = RPfleger 1989, 412 = DNotZ 1990, 56; Staudinger/Reimann, § 2222 BGB Rz 13.

[7]) KG, OLGZ 18, 335; BayObLGZ 1959, 128 = DNotZ 1960, 430 = JR 1959, 384 = MDR 1959, 761 = NJW 1959, 1920; Palandt/Edenhofer, § 2222 BGB Rz 1.

[8]) Oben Rz 91.

Nacherben handeln kann.[1]) Unabhängig hiervon hat der TV jedoch den Interessengegensatz zwischen Vor- und Nacherben zu berücksichtigen und dabei insbesondere die Ausgleichsbestimmungen der §§ 2124 bis 2146 BGB zu beachten. Er darf weder die dem Vorerben gebührenden Nutzungen schmälern noch die Substanz zum Nachteil des Nacherben mindern oder gefährden.[2])

161 Ist der TV zugleich für den Vor- und den Nacherben eingesetzt, so unterliegt er nicht den Beschränkungen der §§ 2113–2115 BGB.[3]). Ist für den Vorerben und den Nacherben ein und dieselbe Person als TV bestimmt, so kann der TV rechtlich Nachlaßgegenstände dem Vorerben zur freien Verfügung dergestalt überlassen, daß die nacherbrechtlichen Beschränkungen daran erlöschen und die Gegenstände endgültig aus dem Nachlaß ausscheiden.[4])

2. Testamentsvollstreckung zur Vermächtnisausführung [5])

162 Zulässig ist es auch, einen TV zur **Verwaltung** und Erfüllung (Auflassung) eines Vermächtnisses zu ernennen (z. B. eines Grundstücks oder einer Fabrik oder eines Nießbrauchs) und zwar auch einen Erben oder an sich selbst als den Bedachten (Rz 242). Die Verwaltungsvollstreckung bei Vermächtnissen ist zwar nur im Pflichtteilsrecht gesetzlich geregelt (§§ 2306, 2307, 2338 Abs. 1 Satz 2 BGB). Da sich aber auch die Nachlaßverwaltungsvollstreckung auf einen einzelnen Nachlaßgegenstand beziehen kann, ergeben sich keine nennenswerten Unterschiede und ist es zulässig, daß der Erblasser in gleicher Weise wie für einen Erben auch für einen Vermächtnisnehmer die Verwaltung eines Nachlaßgegenstandes anordnet.[6])

Die Stellung des Vermächtnisnehmers ist gegenüber dem TV weitaus stärker als die eines sonstigen Nachlaßgläubigers.[7]) Dies ergibt sich daraus, daß der TV gegenüber den Vermächtnisnehmern und den Erben gemäß § 2216 BGB zur ordnungsmäßigen Verwaltung des Nachlasses verpflichtet ist und der Vermächtnisnehmer bei fehlerhaften Handlungen des TV diesen gemäß § 2219 Abs. 1 BGB auf Schadensersatz in Anspruch nehmen kann.[8]) Dies ist von besonderer Bedeutung, weil eine solche Inanspruchnahme durch den Gläubi-

---

[1]) KG, JFG 2, 155.

[2]) BGH, NJW-RR 1988, 386 = DNotZ 1988, 440 = WPM 1988, 125 = FamRZ 1988, 278.

[3]) BGHZ 40, 115 = NJW 1963, 2320 = DNotZ 1964, 623 = FamRZ 1963, 646 = MDR 1963, 994; BayObLG FamRZ 1991, 984 = MittBayNot 1991, 122 = MittRhNotK 1991, 124 = BWNotZ 1991, 142 = RPfleger 1991, 142 (LS).

[4]) KG, JFG 11, 121; zustimmend Bengel/Reimann/Mayer, 5. Kap. Rz 280.

[5]) Siehe dazu die Muster 843, 844; Kraiß, BWNotZ 1986, 12.

[6]) Siehe im einzelnen BGHZ 13, 203 = DNotZ 1954, 399 = JZ 1954, 447 = MDR 1954, 399 = NJW 1954, 1036; Steinhauser, WürttZ 1935, 187; Schindler, WürttNotV 16, 60; Lindemann, DNotZ 1951, 215; Trageser, Die Verwaltungsvollstreckung bei Vermächtnissen, Diss., Frankfurt 1978. Zur Entlassung des TV bei erheblichem Interessengegensatz s. BayObLG FamRZ 1991, 490.

[7]) BGH, NJW 1971, 2264.

[8]) Dazu Skibbe, Festschrift für Brandner 1996, S. 769, 777.

ger ebensowenig möglich ist wie durch einen Auflagebegünstigten. Der Vermächtnisnehmer ist insoweit dem Erben gleichgestellt.

Der Erblasser kann einen TV auch – nur – zu dem Zweck ernennen, daß er **163** für die Ausführung der einem **Vermächtnisnehmer auferlegten Beschwerungen** sorgt (§ 2223 BGB). Bei den Beschwerungen kann es sich um Untervermächtnisse (§§ 2147, 2186 BGB), Nachvermächtnisse (§ 2191 BGB) und Auflagen (§ 2192 BGB) handeln.[1]) Zum TV kann in diesem Fall ausnahmsweise auch der Alleinerbe ernannt werden.[2]) Der Vermächtnisvollstrecker ist dem Vermächtnisnehmer und den aus den Beschwerungen Berechtigten gegenüber verantwortlich.[3]) Ob auch ein TV nur mit dem Zweck ernannt werden kann, daß er bis zum Anfall des Nachvermächtnisses die Rechte des Nachvermächtnisnehmer ausübt, läßt sich aus dem Gesetz nicht unmittelbar entnehmen; ausdrücklich geregelt ist es nur für den Fall des Nacherbenvollstreckers in § 2222 BGB, gleichwohl muß aus dem Gesichtspunkt, daß das Gesetz dem Erblasser die umfassende Möglichkeit eröffnet, seinen letzten Willen durch TVg ausführen zu lassen, auch die Anordnung einer TVg lediglich für die Ausübung der Rechte des Nachvermächtnisnehmers als zulässig angesehen werden.[4]) Es finden die allgemeinen Vorschriften über die TVg entsprechende Anwendung. Ist der vermachte Gegenstand ein Grundstück oder Grundstücksrecht, so kommt auch die Eintragung eines TVg-Vermerks entsprechend § 52 GBO in Betracht, es sei denn, daß der vermachte Gegenstand nach dem Willen des Erblassers nicht der Verwaltung des TV unterliegt.[5]) Möglich ist auch eine Anordnung, daß der Vermächtnisnehmer über das vermachte Grundstück oder Grundstücksrecht nur mit Zustimmung des TV verfügen kann. Ist dies mit (dinglicher) Außenwirkung angeordnet, kann ein entsprechender Vermerk im Grundbuch eingetragen werden.[5])

---

[1]) Veräußert der TV in Erfüllung eines Vermächtnisses das Nachlaßgrundstück an den Vermächtnisnehmer, so endet die Verfügungsbeschränkung mit dem Eigentumswechsel, auch wenn Nachvermächtnisse angeordnet worden sind (LG Aachen, RPfleger 1986, 306).

[2]) Zur Frage der TVg zur Ausübung der Rechte des Nachvermächtnisnehmers vor Anfall des Nachvermächtnisses: § 2222 BGB (Rz 153) findet auf eine TVg nach § 2223 BGB Anwendung (Dieterich, NJW 1971, 2017).

[3]) Palandt/Edenhofer, § 2223 BGB Rz 1; MüKo/Brandner, § 2223 BGB Rz. 4; Reimann, NJW 1990, 1826, 1829.

[4]) H. M.; Dietrich, NJW 1971, 2017; Reimann, NJW 1990, 1826, 1829; Staudinger/Reimann, § 2223 BGB Rz 10.

[5]) BayObLGZ 1990, 82 = RPfleger 1990, 365 = DNotZ 1991, 548 = FamRZ 1990, 913; Bengel/Reimann/Mayer, 5. Kap. Rz 295.

3. Testamentsvollstreckung bei verschwenderischem Pflichtteilsberechtigten

164   Der Erblasser kann einen TV auch zur Verwaltung des Erbteils eines verschwenderischen Pflichtteilsberechtigten ernennen. Rechtsgrundlage hierfür ist § 2338 BGB.[1]

---

[1] Siehe dazu oben Rz 134.

V. Inbesitznahme und Verwaltung des Nachlasses

1. Grundsätze für die Verwaltung

Der TV hat, soweit sein Aufgabengebiet reicht, den **Nachlaß** des Erblassers **in 165 Besitz zu nehmen** (§§ 854 Abs. 1, 857, 868 BGB) und **ordnungsmäßig zu verwalten** (§§ 2205, 2216 Abs. 1 BGB). Es findet also kein unmittelbarer Besitzübergang auf den TV statt. Dieser wird erst mit der Inbesitznahme unmittelbarer, der Erbe mittelbarer Besitzer (§ 868 BGB). Notfalls muß der TV aufgrund des § 2205 BGB Klage auf Besitzübertragung erheben. Der TV kann es in einem solchen Falle dem unmittelbaren Besitzer überlassen, seinerseits nachzuweisen, daß er dem TV gegenüber zum Besitz berechtigt ist.[1]

Die **Verwaltung des Nachlasses** – als Recht und Pflicht – obliegt dem TV in 166 der Regel[2] nicht als Selbstzweck, sondern nur solange, als sie zur Durchführung der letztwilligen Verfügungen und zur Auseinandersetzung unter den Beteiligten notwendig ist. Der Erblasser kann den TV von der Pflicht zur ordnungsmäßigen Verwaltung des seiner TVg unterliegenden Nachlasses (§ 2216 Abs. 1 BGB) **nicht befreien** (§ 2220 BGB). Diese Pflicht besteht aber nur gegenüber den Erben, Vermächtnisnehmern und Auflageberechtigten, nicht gegenüber anderen Nachlaßgläubigern und nicht gegenüber Nachlaßschuldnern. Jeder Miterbe kann den TV unmittelbar auf Erfüllung dieser Pflicht und auf Einhaltung der dabei bestehenden Grenzen verklagen.[3]

Der Grundsatz der **ordnungsmäßigen Verwaltung** verpflichtet den TV zu 167 besonderer Gewissenhaftigkeit und Sorgfalt.[4] Der TV hat das ihm anvertraute Vermögen zu erhalten und zu sichern, Verluste zu verhindern und die Nutzungen zu gewährleisten; diese Pflicht enthält aber nicht eine Mehrung des Nachlaßwertes.[5] Dabei stellt die Rechtsprechung an die Ordnungsmäßigkeit strenge Anforderungen.[6] Die Frage, welche Verwaltungsmaßnahmen ordnungsgemäß sind, entscheidet sich nach objektiven Gesichtspunkten. Diese zu erkennen und die Verwaltung nach ihnen auszurichten, ist Aufgabe des TV.[7] Das Erfordernis der ordnungsgemäßen Verwaltung ist im Einzelfall als erfüllt anzusehen, wenn die Beweggründe für das Verwaltungsgeschäft klar (substantiiert) vorgetragen werden, verständlich und der Wirklichkeit gerecht werdend erscheinen und wenn irgendwelche Zweifel an der Pflichtmäßigkeit der Hand-

---

[1] LG Oldenburg, NdsRpfl 1948, 10.
   Der Erbschaftsanspruch (§ 2018 BGB) steht zwar dem TV zu, besteht aber nicht gegen ihn als solchen, da er sich kein Erbrecht anmaßt (RGZ 81, 151; Palandt/Edenhofer, Einf. v. § 2197 BGB Rz 12; RGR/Kregel, § 2212 BGB Rz 9 und § 2213 BGB Rz 5).

[2] Ausnahmen siehe Rz 134.

[3] BGHZ 25, 275 = NJW 1957, 1916; 73, 26.

[4] RGZ 130, 131/135; BGH NJW 1987, 1070.

[5] BGH, NJW-RR 1989, 642.

[6] Vgl. BGH, NJW 1967, 443; 1987, 1070.

[7] BGHZ 25, 275, 280; Hartmann, Abschn. 2.23.

lung nicht ersichtlich sind. Nur wenn der TV die Grenzen des ihm eingeräumten Ermessens überschreitet, verstößt er gegen seine Pflicht zur ordnungsmäßigen Verwaltung, etwa wenn sein Vorgehen zu einer Schädigung des Nachlasses führt.[1]) Der Nachweis der pflichtgemäßen Ausübung der Verwaltung bedarf in Grundbuchsachen nicht der Form des § 29 GBO.

2. Einzelheiten der Verwaltung

168 Die Verwaltung des Nachlasses besteht insbesondere in seiner **Sicherung, der Aufstellung eines Nachlaßverzeichnisses,** der **Instandhaltung** der zum Nachlaß gehörenden Gegenstände und in ihrer **Bewirtschaftung.** Zur ordnungsmäßigen Verwaltung gehören auch Kündigung und Einziehung von Nachlaßforderungen, Zahlung von Nachlaßverbindlichkeiten, Aufrechnung von Gegenforderungen, ferner Kündigung von Mietverträgen, Stellung des Antrages auf Todeserklärung eines Beteiligten, sofern dieser vor dem Erblasser verstorben sein soll (§ 16 Abs. 2c VerschollG).[2])

---

[1]) BGHZ 25, 275/283 = NJW 1957, 1916; NJW 1987, 1070.

[2]) OLG Frankfurt, OLGZ 1977, 407; Arnold, RPfleger 1952, 25; Palandt/Edenhofer, § 2205 BGB Rz 5; zweifelnd Schubart, NJW 1947/48, 375, 376. Nach OLG Düsseldorf (JMBl NRW 1966, 141 = OLGZ 1966, 222) hat der TV nach einem Miterben des Verschollenen ein rechtliches Interesse an der Feststellung des wahrscheinlichsten Todeszeitpunkts. Ist in einem anderen Verfahren der Todeszeitpunkt eines Verschollenen schematisch auf den 8. Mai 1945 rechtskräftig festgestellt, so hindert § 11 VerschG nicht die Feststellung des wahrscheinlichsten Todeszeitpunktes für einen gleichzeitig Verschollenen, auch wenn es möglich ist, daß beide gleichzeitig verstorben sind.
Zu der sich aus § 2205 BGB ergebenden Aufgabe des TV, den Nachlaß zu verwalten, gehört auch die Erfüllung der der Erbengemeinschaft als Eigentümerin eines Nachlaßgrundstücks auferlegten **Verkehrssicherungspflichten.** Ihm obliegt daher insbesondere auch die Vorsorge für das Streuen bei Schneeglätte (LG Dortmund, VersR 1957, 307). Wegen Geltendmachung von **Haftpflichtversicherungsansprüchen** durch den TV siehe RGZ 159, 337. Dem TV und nicht dem Erben steht im Rahmen seines Verwaltungsrechts die Befugnis zu, die Zwangsvollstreckung aus einem erwirkten Räumungsvergleich zu betreiben. Hat der Erbe als Hauseigentümer ein berechtigtes Interesse daran, die zur Räumung verurteilte Partei wegen der zwischenzeitlich veränderten Umstände in ihrer Wohnung zu belassen, so kann ihr auch gegen den Willen des TV nach § 765a ZPO unbefristeter Vollstreckungsschutz gewährt werden (LG Mannheim, Wohnungswirtschaft und Mietrecht 1960, 157).
Die Erhebung von **Anfechtungsklagen** vor den Verwaltungsgerichten gehört zu den Aufgaben des TV, wenn die behördlichen Maßnahmen sich auf den Nachlaß beziehen (Bd.-Württ. VerwGH, DRspr. I 174–59c). Die **Postulationsfähigkeit** für die weitere Beschwerde fehlt dem Notar als TV (BayObLGZ 1972, 44 = DNotZ 1972, 372 = MittBayNot 1972, 82 = RPfleger 1972, 142).

Die **mündelsichere Anlage** von vorhandenen und eingehenden Geldern ist **169** dem TV nicht zwingend vorgeschrieben, steht vielmehr in seinem Ermessen.[1]) Allerdings darf sich der TV nach der höchstrichterlichen Rechtsprechung nicht mit mäßigem Erfolg seiner Tätigkeit begnügen, sondern muß Möglichkeiten zu besserem Erfolg wahrnehmen.[2]) Das schließt es aus, den TV, wenn er ein erhebliches Vermögen verwaltet, bei **Anlageentscheidungen** zugleich an den sogenannten „sichersten Weg" zu binden. Das Gesetz schreibt, wo es den Gesichtspunkt der Sicherheit ganz in den Vordergrund rückt, sogenannte mündelsichere Anlagen vor. Das gilt vor allem für den Vormund (§§ 1807 f. BGB) und auch im Sachenrecht (§ 1079 BGB). Aber auch im Erbrecht gibt es eine derartige Anlagevorschrift (vgl. § 2119 BGB), nicht jedoch für den TV. Er genießt – als Person und als Institution – das besondere Vertrauen des Erblassers. Im Vordergrund steht deshalb, wie eben erwähnt, sein Ermessen.[3]) Eine äußerste Grenze seines Ermessens bildet § 2205 Satz 3 BGB, der ihm unentgeltliche (und nicht voll entgeltliche) Verfügungen grundsätzlich verbietet.[4]) Im übrigen aber steht er ähnlich wie der Erblasser und bei größerem Vermögen unter Umständen ähnlich wie ein Unternehmer. Schon dieser Gesichtspunkt verbietet es, die Grenzen der ordnungsmäßigen Verwaltung (§ 2216 Abs. 1 BGB) bereits da zu ziehen, wo der sogenannte „sicherste Weg" verlassen wird. Wie der BGH in seiner Entscheidung vom 3. 12. 1986 ausführt,[5]) haben Notare, Rechtsanwälte und sonstige Berater diesen Weg zu beachten, weil der Beratene in die Lage gebracht werden muß, seine – möglicherweise weniger vorsichtigen oder auch gewagten – Entscheidungen **selbst** zu treffen. Die Situation des TV ist damit nicht vergleichbar. Er muß vielmehr in eigener Verantwortung selbständig entscheiden, und zwar unter Umständen gegen den Willen aller Erben. Mit Recht wird deshalb auf allgemeine wirtschaftliche

---

[1]) Mit der Anlegung eines **Wertpapierdepots** durch den TV werden Rechte und Pflichten unmittelbar für die Erben begründet. Die Bank braucht auch in diesem Fall nachfolgende Verfügungen des TV über die zum Nachlaß gehörenden Wertpapiere nur zuzulassen, wenn der TV seine Befugnis hierzu nachgewiesen hat. Auf den Willen der Erben kommt es hierbei nicht an (BGH, Betrieb 1961, 568 = WM 1961, 749). Der TV kann verpflichtet sein, Wertpapiere zu verkaufen und von Bezugsrechten Gebrauch zu machen (BGH, WM 1967, 25).
Der TV ist beschwerdeberechtigt, wenn die vom Vormundschaftsgericht einem **Vormund** nach § 1836 BGB gewährte **Vergütung** aus dem seiner Verwaltung unterliegenden dem Mündel rechtlich zustehenden Nachlaß zu zahlen ist (OLG München, JFG 14, 9). Er ist ferner gegen die Ablehnung eines Antrags, von einem **gemeinschaftlichen Ehegattentestament** auch die Verfügungen des überlebenden Ehegatten zu verkünden, beschwerdeberechtigt (Jansen, § 20 FGG Rz 79).

[2]) OGHZ 3, 242/24; Klumpp, ZEV 1994, 65; es besteht aber keine Pflicht zur Mehrung des Nachlaßwertes (BGH, NJW-RR 1989, 642).

[3]) BGHZ 25, 275/283 = NJW 1957, 1916; NJW 1987, 1070; ZEV 1995, 110; Staudinger/Reimann, § 2216 BGB Rz 1.

[4]) Dazu unten Rz 197 ff.

[5]) NJW 1987, 1070 = DB 1987, 575 = RPfleger 1987, 160 = WPM 1987, 239 = FamRz 1987, 377 = MDR 1987, 478.

Gesichtspunkte [1]) abgestellt. Die Grundsätze der Wirtschaftlichkeit legen nach Ansicht des BGH bei Anlageentscheidungen aber gerade nicht stets den vorsichtigen „sichersten Weg" nahe; damit wäre die Initiative des TV zu sehr eingeengt. Im Vordergrund steht vielmehr, um mit dem BGH zu sprechen, „das Bild eines zwar umsichtigen und soliden, aber dynamischen Geschäftsführers, der die Risiken und Chancen kalkuliert und dann eingeht/nutzt oder nicht". Der TV steht daher, vorbehaltlich anderweitiger Anordnungen des Erblassers, ebenso frei, wie der Vormundschaftsrichter den Vormund äußerstenfalls stellen darf (§ 1811 BGB). Ihm sind deshalb nur solche Anlagen verwehrt, die nach Lage des Falles „den Grundsätzen einer wirtschaftlichen Vermögensverwaltung zuwiderlaufen". Diese Grundsätze schließen die Eingehung eines kalkulierten Wagnisses nicht ohne weiteres aus. Mit Recht macht Coing [2]) darauf aufmerksam, bei den Beratungen des § 2119 BGB sei bemerkt worden, daß die ordnungsmäßige Verwaltung eine spekulative Anlage nicht (unter allen Umständen) ausschließe. Maßgebend sind insoweit vielmehr in erster Linie die Grundsätze der Wirtschaftlichkeit. Die Rechtsprechung verlangt vom TV Solidität und Dynamik. Wenn z. B. die Ausübung eines Bezugsrechts für junge Aktien sehr günstig für den Nachlaß ist, muß der TV andere Papiere verkaufen.[3]) Rein spekulative Anlagen, mit denen bei großem Risiko eine hohe Wertsteigerung oder eine besonders hohe Rendite erstrebt wird, sind aber jedenfalls dann ausgeschlossen, wenn sie den gesamten Nachlaß oder einen sehr hohen Teil davon erfassen. Unternehmerische Entscheidungen können demgemäß im nachlaßgerichtlichen Entlassungsverfahren nur in eingeschränktem Umfang nachgeprüft werden.[4])

Diese Grundsätze können allerdings nur bei normalen wirtschaftlichen Verhältnissen angewendet werden, nicht dagegen unter außergewöhnlichen Umständen, die erfahrungsgemäß auch eine sonst ordnungsmäßige Verwaltung erschüttern und die Gefahr einer Verschleuderung von wertvollen Sachgütern mit sich bringen.[5])

170 Weiterhin gehört zur ordnungsgemäßen Verwaltung des Nachlasses das Recht und im Rahmen des § 1980 BGB die Pflicht des TV, wenn ihm die Verwaltung des Nachlasses im ganzen zusteht, unverzüglich nach Erlangung der Kenntnis

---

[1]) Z. B. BGH, WM 1967, 25/27; Bengel/Reimann/Klumpp, 5. Kap. Rz 439 ff.; Staudinger/Reimann, § 2216 BGB Rz 2.

[2]) Festschrift für Heinz Kaufmann, 1972, S. 133.

[3]) BGH, WPM 1967, 25, 27; Möhring/Beisswingert/Klingelhöffer, S. 191.

[4]) BayObLGZ 1990, 177, 182 = NJW-RR 1990, 1420.

[5]) KG, JFG 2, 433; 3, 278; OLGZ 46, 229; vgl. für die Zeit vor der Währungsreform wegen der Frage der ordnungsmäßigen Verwaltung bei der TVg insoweit mindestens wesensähnlichen Vorerbschaft BGH, NJW 1952, 698 und LindZ 1967, 151; OLG Celle, MDR 1948, 142 mit Anm. von Kleinrahm und NdsRpfl 1947, 121; LG Essen, MDR 1948, 151; LG und OLG Hamburg, MDR 1947, 118. Der TV verletzt sein pflichtgemäßes Ermessen jedoch nicht, wenn er trotz sinkender Kurse die zum Nachlaß gehörenden Aktien bekannter deutscher Unternehmen nicht gegen festverzinsliche Schuldverschreibungen austauscht (Die Aktiengesellschaft 1964, 308).

von der **Überschuldung** des Nachlasses die Eröffnung des **Nachlaßkonkurses** zu beantragen (§ 217 KO).[1])

Mit Eröffnung des **Konkursverfahrens** über den Nachlaß endet das Amt des **171** den Nachlaß verwaltenden TV nicht. Seine Tätigkeit beschränkt sich jedoch, falls er nicht zum Konkursverwalter bestellt wird, während des Konkurses im wesentlichen auf den nicht dem Konkursverfahren unterliegenden Nachlaß.[2]) Der TV ist auch zum Widerspruch im Forderungsprüfungsverfahren (§ 141 KO) berechtigt. Nur das Nichtbestreiten einer Forderung durch den TV gibt für die Betreibung der Forderung außerhalb Konkurses aus Nachlaßgegenstän-

---

[1]) Jaeger, 8. Auflage, Anm. 27 zu §§ 217/220 KO, verneint zwar eine solche Pflicht des TV gegenüber den Gläubigern, bejaht aber eine Schadensersatzpflicht des TV aus § 2219 BGB (siehe unten Rz 559). Holzhauer, S. 36, lehnt Schadensersatzpflicht ab.

Mehrere TV müssen den Eröffnungsantrag gemeinsam stellen. Einigen sie sich darüber nicht, so entscheidet auf Antrag eines von ihnen das Nachlaßgericht nach § 2224 Abs. 1 BGB (Rz 679).

Das Recht zur Einlegung der sofortigen Beschwerde, soweit eine solche nach den Vorschriften der KO zulässig ist, steht auch dem TV zu, wenn er zur Verwaltung des Nachlasses im ganzen befugt ist (Holzhauer, S. 36; Jaeger, Anm. 19 und Mentzel/Kuhn, 7. Aufl., Anm. 11 je zu § 214 KO).

Der nur zur Verwaltung einzelner Nachlaßgegenstände oder nur zur Verwaltung eines Erbteils ernannte TV oder der durch entsprechende Anordnung des Erblassers in der Verwaltung des Nachlasses beschränkte TV (§ 2208 BGB, Rz 20) hat das Antragsrecht nicht (Jaeger, Anm. 12 zu §§ 217/220 KO, Mentzel/Kuhn/Uhlenbruck, 10. Aufl., Anm. 6 zu § 217 KO).

[2]) Böhle-Stamschräder/Kilger, 14. Aufl., Anm. 5; Jaeger, Anm. 19 und Mentzel/Kuhn/Uhlenbruck, Anm. 11 je zu § 214 KO; Palandt/Edenhofer, Einf. 2a vor § 2197 BGB. Dabei handelt es sich jedoch vielfach um Vermögenswerte oder Aussichten auf solche, die der Verwaltung des TV gar nicht unterliegen, so etwa Annahme oder Ausschlagung einer Erbschaft oder eines Vermächtnisses, Ablehnung von fortgesetzter Gütergemeinschaft. Befand sich der Erblasser im Zeitpunkt seines Todes bereits im Konkurs, so geht dieses Verfahren nach seinem Tod unverändert weiter, Gemeinschuldner wird der Erbe als solcher. Maßgebend sind jetzt die für den Nachlaßkonkurs geltenden Vorschriften (Böhle-Stamschräder/Kilger, Anm. 7, Jaeger, Anm. 21 zu § 214 KO). Das Verfügungsrecht des Konkursverwalters (§ 6 KO) geht demjenigen des TV vor. Hat der Gemeinschuldner zwischen Konkurseröffnung und seinem Tode Neuvermögen erworben, so kommt die Eröffnung eines zusätzlichen Konkursverfahrens über das nachträglich erworbene Vermögen in Frage (§ 1975 BGB; Böhle-Stamschräder/Kilger, Anm. 5 § 214 KO; ausführlich Jaeger, Anm. 23 zu § 214 KO). Für ihn gilt in bezug auf den TV das bereits Ausgeführte.

Rechtshandlungen eines TV sind im Rahmen des von der **Konkursanfechtung** handelnden § 29 KO in gleicher Weise anfechtbar wie solche des Erben (Mentzel/Kuhn/Uhlenbruck, Anm. 17 zu § 29 KO).

Masseschulden im Nachlaßkonkurs sind die Verbindlichkeiten aus den von einem TV bis zur Beendigung des Konkurses im Rahmen einer ordnungsmäßigen Verwaltung des Nachlasses mit Dritten vorgenommenen Rechtsgeschäften einschließlich Prozeßführungskosten (§ 224 Nr. 5 KO; RGZ 60, 31; Jaeger, Anm. 13, 14; Mentzel/Kuhn/Uhlenbruck, Anm. 6 je zu § 224). Masseschulden sind ferner die Verbindlichkeiten, welche für den Erben gegenüber dem TV aus dessen Geschäftsführung entstanden sind, so weit die Nachlaßgläubiger verpflichtet sein würden, wenn der TV die Geschäfte unmittelbar für sie zu besorgen gehabt hätte (§ 224 Nr. KO).

Zur Vergütung des TV als Masseschuld siehe unten Rz 642. Der zur Verwaltung des gesamten Nachlasses befugte TV kann einen **Zwangsvergleich** schließen (Böhle-Stamschräder/Kilger, Anm. 1 zu § 230 KO; a. A. RGZ 81, 292; Jaeger, Anm. 12 zu § 230 KO; Mentzel/Kuhn/Uhlenbruck, Anm. 3 zu § 230 KO; Soergel/Damrau, vor § 2197 BGB Rz 24). Siehe zu vorstehenden Fragen auch Haegele, KTS 1969, 158.

den nach § 164 Abs. 2 KO einen Vollstreckungstitel nach § 748 Abs. 1 ZPO. Nach Verfahrensbeendigung tritt der TV wieder voll in seine Rechte ein.

172 Zur Stellung des Antrags auf Eröffnung eines **Vergleichsverfahrens** über den Nachlaß nach § 113 VerglO ist der TV ebenfalls berechtigt, aber nicht verpflichtet. Mehrere TV müssen den Antrag gemeinschaftlich stellen. Einigen sie sich nicht, so entscheidet das Nachlaßgericht nach § 2224 BGB.[1]) Daneben hat der Erbe ein selbständiges Antragsrecht. Er kann daher – zum mindesten vorläufig – einen vom TV gestellten Konkursantrag durch Stellung eines Antrags auf Eröffnung des Vergleichsverfahrens durchkreuzen (vgl. § 46 VerglO).[2])

173 Die Eröffnung eines Vergleichsverfahrens über den Nachlaß (§ 113 VerglO) berührt die TVg nicht; der TV übernimmt die Vertretung der Erben.[3])

174 Der TV ist ferner zur Stellung des Antrags auf Anordnung der **Nachlaßverwaltung** (§§ 2205 Satz 1, 1981 Abs. 1 BGB) sowie auf Erlaß des **Aufgebots der Nachlaßgläubiger** (§§ 991 Abs. 2, 3 ZPO, §§ 1970 ff. BGB) berechtigt bzw. verpflichtet. Gegen die Anordnung der Nachlaßverwaltung auf Antrag eines Nachlaßgläubigers kann der TV sofortige Beschwerde einlegen (§ 1981 Abs. 2 BGB, § 76 Abs. 2 FGG). Ist Nachlaßverwaltung angeordnet, so verliert der TV – wie der Erbe – die Verwaltungsbefugnis am Nachlaß, falls er nicht zum Nachlaßverwalter bestellt wird. Die TVg als solche bleibt aber bestehen. Die Schlußrechnung des Nachlaßverwalters kann der TV oder der Erbe abnehmen. Eine Frist zur **Errichtung des Inventars** (§ 1994 BGB) kann dem TV nicht gesetzt werden.

175 Wegen der Pflicht des TV, Nachlaßgegenstände, deren er zur Erfüllung seiner Obliegenheiten offenbar nicht – mehr – bedarf, den Erben auf Verlangen zur freien Verfügung zu überlassen, siehe die Ausführungen Rz 494 ff. Zum Fall, daß der TV Vormund eines Miterben ist, siehe Rz 92.

176 Der TV eines **Erblassers,** der **Vormund** war, ist zur Legung der Schlußrechnung an Stelle des Erblassers und zur Herausgabe des Mündelvermögens verpflichtet (nicht der Erbe), weil es sich hierbei um einen vermögensrechtlichen Passivbestand des Nachlasses handelt, welcher der Verwaltung des TV unterliegt. Das gleiche gilt für sonstige Fälle ähnlicher Art (siehe z. B. §§ 666, 667 BGB).

---

[1])   Unten Rz 679.

[2])   Zur Antragstellung, zur Rechtsstellung des TV im **Vergleichsverfahren** und zum Recht des TV auf Vergleichsabschluß, sowie zu Fragen des **außergerichtlichen Vergleichs** siehe Haegele, KTS 1969, 163.

[3])   Siehe zu Fragen des Konkurs- und Vergleichsrechts bei TVg auch Böhle-Stamschräder/Kilger, KO, Anm. 5 zu § 214 KO; Palandt/Edenhofer, Einf. v. § 2197 BGB Rz 3, 4; Soergel/Damrau, vor § 2197 BGB Rz 25 und § 2205 BGB Rz 49, 50; Staudinger/Reimann, § 2197 BGB Rz 22. Zum Fall, daß über das **Vermögen eines Erben Konkurs** eröffnet wird, siehe Rz 474.

3. Herausgabe von Nutzungen

Hat der Erblasser über Art und Zeitpunkt der Herausgabe der Nutzungen des **177**
Nachlasses an die Erben keine testamentarischen Bestimmungen getroffen,[1])
so ist dafür entweder Zweck und Ziel der letztwilligen Verfügungen oder der
Grundsatz der ordnungsmäßigen Verwaltung Richtlinie.[2]) § 2217 BGB über
die Herausgabe von Nachlaßgegenständen an die Erben [3]) ist nicht anzuwenden. Grundsätzlich ist der TV nicht verpflichtet, die Nutzungen des Nachlasses
in einer bestimmten Weise anzulegen. Doch kann sich eine solche Pflicht aus
dem Grundsatz der ordnungsmäßigen Verwaltung des Nachlasses ergeben.[4])

Im allgemeinen werden die Erben, auch wenn dies der Erblasser nicht aus- **178**
drücklich festgelegt hat, Anspruch auf Herausgabe desjenigen Betrags der
Nutzungen haben, den sie zur Bestreitung eines angemessenen Lebensunterhalts benötigen, sofern eine solche Nutzungsherausgabe für den Nachlaß tragbar ist. Dieser Anspruch wird sich vielfach aus dem Willen des Erblassers oder
aus dem Grundsatz der ordnungsmäßigen Verwaltung des Nachlasses ergeben,
aber auch daraus, daß die Erbenstellung nicht völlig ihres wirtschaftlichen
Inhalts beraubt werden darf.

4. Außerkraftsetzung von Verwaltungsanordnungen des Erblassers

Anordnungen, die der Erblasser für die Verwaltung des Nachlasses durch den **179**
TV testamentarisch getroffen hat, sind von diesem zu befolgen. Sie können
allerdings vom Nachlaßgericht auf Antrag des TV oder eines anderen Berechtigten außer Kraft gesetzt werden, wenn ihre Befolgung den Nachlaß erheblich
gefährden würde (§ 2216 Abs. 2 BGB).[5])

5. Rechtslage der Eigengläubiger der Erben

Gläubiger der Erben, die nicht zu den Nachlaßgläubigern gehören, können **180**
sich – bereits vom Erbfall an – **nicht an die der Verwaltung des TV unterliegenden Nachlaßgegenstände halten** (§ 2214 BGB). Diese Nachlaßgegenstände
können von den Eigengläubigern der Erben auch nicht mit Wirkung für die
spätere Beendigung der TVg im Weg der Zwangsvollstreckung gepfändet werden. Für die Dauer der Testamentsvollstreckung, die gemäß § 2209 BGB für
einen Zeitraum von 30 Jahren und u. U. noch länger angeordnet werden

---

[1]) Vgl. Muster Rz 860.

[2]) BGH, NJW-RR 1988, 386 = DNotZ 1988, 440 = FamRZ 1988, 279.

[3]) Unten Rz 494 ff.

[4]) Siehe oben Rz 165 sowie RG, JR 1927 Nr. 114 (S. 70); Hartmann, Abschn. 2.24; Staudinger/Rei-
mann, § 2216 BGB Rz 10.

[5]) Einzelheiten siehe unten Rz 669.

kann,[1]) ist der Privatgläubiger – im Gegensatz zum Nachlaßgläubiger – gehindert, durch das Betreiben der Zwangsvollstreckung in die Nachlaßgegenstände an sein Geld zu kommen. Die Pfändung der Ansprüche auf Herausgabe eines der TVg unterliegenden Erbteils ist unzulässig und auf Erinnerung des TV aufzuheben. § 2214 BGB ist vom Vollstreckungsgericht von Amts wegen zu beachten; eine dagegen verstoßende Zwangsvollstreckung ist unstatthaft; erfolgt sie trotzdem, so ist sie aber nicht einfach nichtig, sondern nur mangelhaft und muß im Weg der Erinnerung des TV nach § 766 ZBO beseitigt werden.[2]) Sind mehrere Erben vorhanden, so können Eigengläubiger aber deren Anteil am Nachlaß (Erbteil) pfänden; der TV ist hierdurch nicht gehindert, weiter über die einzelnen Nachlaßgegenstände zu verfügen.[3]) Gemäß § 751 Satz 2 BGB muß der Gläubiger den Auseinandersetzungsausschluß aber nicht gegen sich gelten lassen, sondern kann als Pfändungsgläubiger grundsätzlich die Auseinandersetzung (§ 86 FGG) verlangen oder Teilungsklage erheben (§§ 749 ff., 2042 BGB). Dadurch kann der Eigengläubiger einer Erbengemeinschaft erreichen, daß die Erbengemeinschaft vorzeitig aufgelöst wird. Die Verwertungsbefugnis der Nachlaßgegenstände steht wegen § 2214 BGB aber weiterhin dem TV zu.[4])

6. Rechtslage bei behindertem Kind

181 Eltern, die ein behindertes Kind versorgen müssen, wollen die Versorgung des Kindes möglichst über dem gesetzlichen Sozialhilfeniveau sicherstellen, aber eine Anrechnung von Zuwendungen aus ihrem Nachlaß auf die gesetzlichen Sozialhilfeleistungen möglichst verhindern. Da häufig eine Heimunterbringung des behinderten Kindes nach dem Tod der Eltern erforderlich ist, besteht die Gefahr, daß der dem behinderten Kind zugewandte Nachlaß durch die Heimunterbringungskosten rasch aufgebraucht ist und dann weder für Leistungen an das behinderte Kind noch für andere Abkömmlinge zur Verfügung steht.[5]) Hier hat sich eine Kombination der Anordnung von Vor- und Nacherbfolge und TVg eingebürgert:

Die Eltern setzen das behinderte Kind in Höhe eines Erbteils, der geringfügig über dem gesetzlichen Pflichtteil liegen sollte, zum **Vorerben** und seine Abkömmlinge, bzw. falls nicht vorhanden, seine Geschwister oder andere Verwandte als **Nacherben** ein; der Nacherbfall tritt ein mit dem Tod des Vorerben. Dadurch daß der dem Kind zugewendete Erbteil größer als der Pflichtteil ist, gelten die Beschwerungen des Erben gemäß § 2306 Abs. 1 Satz 1 BGB als

---

[1]) Vgl. Rz 130 ff.

[2]) Vgl. Schmidt, DJZ 1935, 522; Stöber, RPfleger 1962, 9.

[3]) Vgl. auch BGH, NJW 1967, 200.

[4]) Vgl. dazu Ensthaler, RPfleger 1988, 94. Die Erbteilspfändung kann auch während der Dauer der TVg als Verfügungsbeschränkung im Grundbuch eines zum Nachlaß gehörenden Grundstücks eingetragen werden, ohne daß dazu die Zustimmung des TV erforderlich wäre (KGJ 38 A 273).

[5]) Bengel/Reimann/Mayer, 5. Kap. Rz 342.

nicht weggefallen; das Ausschlagungsrecht des behinderten Erben ist ein Gestaltungsrecht und kein nach § 90 BSHG überzuleitender Anspruch im Sinn des § 90 Abs. 1 BSHG.[1]) Die Einsetzung des Kindes zum Vorerben verhindert den Vermögensübergang auf die Erben des behinderten Kindes und die Haftung des Nacherben nach § 92c BSHG.[2])

Für den dem behinderten Kind zugewandten Erbteil wird **Dauer-TVg** bis zum Tod des Behinderten angeordnet, wobei eine dem Behinderten nahestehende Person bestimmt wird, der der Erblasser nach § 2216 Abs. 2 BGB die Anweisung erteilt, aus den Erträgen des Erbteils dem Behinderten Zuwendungen zu machen, die möglichst nicht auf die Sozialhilfeleistungen anzurechnen sind. Durch die Anordnung der TVg machen sich die Eltern die Situation zunutze, daß sich Gläubiger nicht an die der Verwaltung des TV unterliegenden Nachlaßgegenstände halten können (§ 2214 BGB).[3]) Da nach § 2211 BGB der Erbe nicht über das Vermögen verfügen kann und nach § 2214 BGB sich Eigengläubiger des Erben bzw. Vermächtnisnehmer nicht an die der Verwaltung des TV unterliegenden Nachlaßgegenstände halten können, unterliegen diese auch nicht dem Zugriff des **Sozialhilfeträgers.** Sozialhilferechtlich stellen die einzelnen Nachlaßgegenstände kein verwertbares Vermögen i. S. des § 88 Abs. 1 BSHG dar.[4]) Die TVg entzieht das geerbte Vermögen der Verfügungsgewalt des Erben und verhindert den Zugriff des Sozialhilfeträgers als Eigengläubiger des behinderten Erben. Es bleibt ein Restrisiko: Der Erbteil, auch ein Vorerbteil, ist pfändbar, da der TV durch eine derartige Maßnahme nicht gehindert wäre, weiter über die einzelnen Nachlaßgegenstände zu verfügen.[5])

Grundsätzlich kann der Sozialhilfeträger gemäß § 90 BSHG den Anspruch gegen den TV, für den angemessenen Unterhalt des Erben zu sorgen, soweit dieser aus regelmäßigen Einkünften des Nachlasses getragen werden kann,[6]) auf sich überleiten. Die an den Erben abzuführenden Nachlaßeinkünfte sind pfändbar. Der Erblasser seinerseits kann aber für die Verwaltung letztwillig Anordnungen treffen, an die der TV gebunden ist (§ 2216 Abs. 2 Satz 1 BGB). Diese Anordnungen dürften den allgemeinen Pflichten des TV nach § 2216 Abs. 1 BGB vorgehen. Beispielsweise ist der Erblasser berechtigt, anzuordnen, einem Erben die Reinerträge seines Erbteils nur in Gestalt von Naturalverpflichtungen herauszugeben, und zwar selbst dann, wenn hierdurch Gläubigerinteressen beeinträchtigt werden.[7]) Es empfiehlt sich, von dieser Möglichkeit auch beim Behinderten-Testament Gebrauch zu machen und den TV anzuweisen, Erträge aus dem der Verwaltung unterliegenden Erbteil nur für solche

182

---

[1]) Karpen, MittRhNotK 1988, 149; Kuchinke, FamRZ 1992, 363; Reimann, MittBayNot 1990, 248.

[2]) Bengel/Reimann/Mayer, 5. Kap. Rz 352.

[3]) Siehe oben Rz 181, Muster siehe unten Rz 852a.

[4]) VGH Mannheim, NJW 1993, 152; Karpen, MittRhNotK 1988, 131, 149.

[5]) Reimann, DNotZ 1992, 247.

[6]) RGZ LZ 1918, 1268, 1269.

[7]) So jedenfalls RG, Warn. 1919, 107, 108 f.

Leistungen an den Behinderten zu verwenden, auf die der Sozialhilfeträger nach §§ 76 ff., 88, 89 BSHG nicht zugreifen kann.

Durch eine solche Kombination der Anordnung von TVg und Vor- und Nacherbschaft kann somit die Sozialbehörde weitgehend ausgeschaltet werden. Im Hinblick auf die mit solchen Gestaltungen eintretende Schädigung des Sozialhilfeträgers ist die Frage nach der **Sittenwidrigkeit** von „Behinderten-Testamenten" gestellt worden.[1]) So dürfte ein völliger Ausschluß des Anspruchs des Erben auf Auskehrung des Nachlasses einschließlich dessen Früchte nicht wirksam sein.[2]) Eine Anordnung, die vorrangig auf die Auffüllung und Erhaltung des Vermögens des behinderten Kindes zielt, liegt aber stets im wohlverstandenen Interesse des Kindes, so daß Sittenwidrigkeit jedenfalls nicht schon deshalb vorliegt, weil der Erblasser durch die Verfügung von Todes wegen den Nachlaß am Sozialhilfeträger vorbeisteuern will [3]) und dadurch der Träger der Sozialhilfe Kostenersatz nicht erlangt.[4])

---

[1]) BGH, DNotZ 1992, 241; LG Konstanz, FamRZ 1992, 360 mit Anm. Kuchinke; Otte, JZ 1990, 1027; Schubert, JR 1991, 106; van de Loo, NJW 1990, 2856.

[2]) Vgl. RG, Warn. 1919, 107, 108 f.; BGH, NJW-RR 1986, 1069 = WM 1986, 1095, 1096; NJW-RR 1988 386 = WM 1988, 125; Bengel/Reimann/Mayer, 5. Kap. Rz 356; MüKo/Brandner, § 2216 BGB Rz 7; § 2209 BGB Rz 15; van de Loo, NJW 1990, 2852, 2855.

[3]) BGHZ 123, 368 = NJW 1994, 248 = DNotZ 1994, 380 mit ausführlicher Besprechung von Nieder, NJW 1994, 1264 u. J. Mayer, DNotZ 1994, 347 = ZEV 1994, 35 mit Anm. v. Bengel, ZEV 1994, 29 = MittBayNot 1994, 49 mit Anm. Reimann.

[4]) Einzelheiten BGH, NJW 1990, 2055 = DNotZ 1992, 241 mit Anm. Reimann; JZ 1990, 1027 mit Anm. Otte; LG Konstanz, FamRZ 1992, 360 mit Anm. Kuchinke; BGHZ 123, 368 (s. vorherige Fußnote); vgl. auch Pieroth, NJW 1993, 173 und Bengel/Reimann/Mayer, 5. Kap. Rz 357 mit ausführlichem Formulierungsvorschlag Rz 359.

VI. Verpflichtungsgeschäfte des Testamentsvollstreckers für den Nachlaß

1. Allgemeines Verpflichtungsrecht [1])

Der TV ist berechtigt, Verbindlichkeiten für den Nachlaß einzugehen, soweit **183** die Eingehung zur ordnungsgemäßen Verwaltung des Nachlasses erforderlich ist (§ 2206 Abs. 1 Satz 1 BGB). Dabei muß der TV, will er nicht selbst berechtigt und verpflichtet werden, **erkennbar** als TV auftreten. Nach h. L. wird der Nachlaß durch ein Rechtsgeschäft des TV nur dann verpflichtet, wenn dieser als solcher auftritt, wenn er sich erkennbar auf den Nachlaß bezieht, andernfalls führt der TV ein Eigengeschäft und wird als Privatperson verpflichtet. Handelt er für den Nachlaß, so treffen diesen auch ohne Erkennbarkeit seines Willens die Folgen, wenn es dem Vertragspartner gleichgültig ist, mit wem er abschließt.[2])

Die Eingehung der Verbindlichkeit muß zur **ordnungsmäßigen Verwaltung** des **184** Nachlasses erforderlich sein. Trotz des Wortlauts des § 2206 Abs. 1 Satz 1 BGB, der auf objektiv ordnungsmäßige Verwaltung hindeutet, muß es mit der h. L. im Interesse der Verkehrssicherheit genügen, wenn der Vertragsgegner des TV bei Abschluß des Geschäfts annahm und ohne Fahrlässigkeit annehmen konnte, daß die Eingehung der daraus hergeleiteten Verbindlichkeit zur ordnungsmäßigen Verwaltung des Nachlasses erforderlich ist. Im Streitfall ist der Vertragsgegner beweispflichtig.[3])

---

[1]) Siehe dazu insbesondere Hartmann, Abschn. 2.213; zu Fragen der fehlenden Verpflichtungsbefugnis des TV, insbesondere deren Heilung ausführlich Müller, JZ 1981, 370.

[2]) Schlüter, § 42 I; Trees, S. 36 ff. mit Nachweisen, der einen erkennbaren Bezug auf den Nachlaß fordert.

[3]) Bengel/Reimann, 1. Kap. Rz 86; Palandt/Edenhofer, § 2206 BGB Rz 1; Soergel/Damrau, § 2206 BGB Rz 3; Staudinger/Reimann, § 2206 BGB Rz 10.

185 Der **Erbe** hat, soweit dies der TV (zu seiner Deckung im Hinblick auf die Haftungsvorschrift des § 2219 BGB) [1]) verlangt, zur Eingehung von Verbindlichkeiten im hier behandelten Rahmen seine **Einwilligung** zu geben, unbeschadet des Rechts, die Beschränkung seiner Haftung für die Nachlaßverbindlichkeiten geltend zu machen (§ 2206 Abs. 2 BGB).[2]) Mit seinem eigenen Vermögen haftet der Erbe dabei nur, wenn er für die Verbindlichkeiten unbeschränkt haftet. Wegen des Konkursfalls siehe Rz 170.

186 Der Erbe kann die **Einwilligung verweigern,** wenn es sich um die Verpflichtung zu einer Verfügung handelt, die der TV zwar nach §§ 2205, 2208 BGB eingehen kann, deren Eingehung aber einer ordnungsmäßigen Verwaltung widerspricht.

187 Die vom TV rechtswirksam eingegangenen Verbindlichkeiten sind den Nachlaßverbindlichkeiten (§ 1967 BGB) gleichzusetzen.

188 Wegen eines **Mißbrauchs** des hier behandelten Verpflichtungsrechts des TV siehe Rz 193.

189 Zur **Verfügung** über einen Nachlaßgegenstand ist der TV frei und unbeschränkt befugt. Dieses Recht wird nur durch das grundsätzliche Verbot unentgeltlicher Verfügungen über Nachlaßgegenstände begrenzt.[3])

190 Verpflichtungs- und Verfügungsrechte des TV sind nach den vorstehenden Ausführungen scharf zu unterscheiden.

2. Erweitertes Verpflichtungsrecht

191 Der Erblasser kann anordnen, daß der TV in der **Eingehung von Verbindlichkeiten für den Nachlaß nicht beschränkt sein soll.** In diesem Fall kann er auch solche Verwaltungsgeschäfte vornehmen, die einer ordnungsgemäßen Verwal-

---

[1]) Dazu unten Rz 559.

[2]) Siehe dazu Erman/Hense, Anm. 3 zu § 2206 wie folgt:
„Die in § 2206 Abs. 2 BGB vorgesehene Einwilligung des Erben hat mit der Gültigkeit des Rechtsgeschäfts unmittelbar nichts zu tun. Ihre Verweigerung macht ein wirksames nicht unwirksam und ihre Erteilung ein unwirksames nicht wirksam. Die Zustimmung des Erben kann für den TV oder für den Dritten aber von Bedeutung sein, um endgültig Klarheit darüber zu haben, ob die in Aussicht genommene Verbindlichkeit noch in das Aufgabengebiet des TV fällt. Zweifel können sich daraus ergeben, daß eine einengende Anordnung des Erblassers auszulegen ist oder daß die Grenzen der ordnungsmäßigen Verwaltung nicht deutlich genug feststellbar sind. Die Einwilligung sichert den TV gegen Schadenersatzansprüche (§ 2219 BGB) und den Dritten gegen spätere Einwendungen des Erben über den Mangel der Vertretungsmacht des TV. Jedoch bezieht sich Abs. 2 nur auf Abs. 1 Satz 1, nicht auch auf Satz 2. Bei Verfügung nach § 2206 Abs. 1 Satz 2 BGB kann der TV schadenersatzpflichtig bleiben (Bartholomeyczik/Schlüter, Erbrecht, § 42 VI 4). Einwilligung kann im Klageweg erzwungen werden, jedoch ist nur der TV klageberechtigt, nicht der Dritte. Erbe kann seinerseits gegen TV oder Dritten Feststellungsklage über Unwirksamkeit der Verbindlichkeiten erheben, wenn Voraussetzungen des § 256 ZPO zu bejahen sind."
Nach Wegfall der TVg können die Erben auf die Geltendmachung der Unwirksamkeit des vom TV vorgenommenen Rechtsgeschäfts verzichten.

[3]) Siehe zum Verfügungsrecht im einzelnen Rz 194 ff.

tung des Nachlasses zuwiderlaufen (§ 2207 BGB).[1]) In beiden Fällen der TVg nach § 2209 BGB [2]) ist der TV in der Eingehung von Verbindlichkeiten für den Nachlaß bereits kraft Gesetzes nicht beschränkt (§ 2209 BGB).

Neben diesem erweiterten Verpflichtungsrecht des TV kann der Erblasser **192** durch letztwillige Verfügungen **den Erben** die **Auflage** machen, dem TV die Befugnis einzuräumen, auch über den Rahmen des § 2206 BGB [3]) hinaus für ihn **persönliche Verpflichtungen** einzugehen.[4])

3. Rechtslage bei mißbräuchlichen Geschäften des Testamentsvollstreckers

Tritt jemand mit dem TV in rechtsgeschäftliche Beziehungen, so muß er im **193** eigenen Interesse prüfen, ob der TV zur Vornahme des beabsichtigten Rechtsgeschäfts befugt ist. Dem dabei den Ausschlag gebenden Erfordernis der ordnungsmäßigen Verwaltung [5]) durch den TV ist allerdings genügt, wenn der – gegebenenfalls hierfür beweispflichtige – Vertragsgegner des TV ohne Fahrlässigkeit annehmen kann, daß die Eingehung der Verbindlichkeit zur **ordnungsmäßigen Verwaltung** des Nachlasses erforderlich ist.[6]) Muß der Dritte dagegen bei einer gewissenhaften Prüfung der Verhältnisse erkennen (oder erkennt er nur infolge Fahrlässigkeit nicht), daß der TV seine Befugnisse mißbraucht, so kann er **gegen den Nachlaß keine Rechte** geltend machen; er kann nur den TV aufgrund des § 179 BGB in Anspruch nehmen.[7]) Verträge, bei denen TV und der andere Vertragsteil bewußt zum Nachteil des Nachlasses zusammenwirken, sind gemäß § 138 Abs. 1 BGB nichtig. Macht der TV bei Abschluß eines Vertrages über Nachlaßgegenstände in ersichtlich verdächtiger Weise von seiner Vollmacht Gebrauch, so steht dem Anspruch auf Vertragserfüllung der Einwand unzulässiger Rechtsausübung entgegen.[8])

Die Erben sind für Verschulden des TV nach § 278 BGB verantwortlich, da sein Amt ein vertreterähnliches Verhältnis darstellt.[9]) Sie haben daher auch das Recht, vom TV die Einhaltung der Grenzen seiner Befugnisse und die

---

[1]) Einzelheiten siehe Rz 165 ff.

[2]) Rz 130.

[3]) Rz 183.

[4]) BGHZ 12, 100 = DNotZ 1954, 271; a. A. Bondi, JW 1931, 3073; siehe auch Soergel/Damrau, § 2206 BGB Rz 2 und § 2207 BGB Rz 2.

[5]) Siehe Rz 165, 184.

[6]) BGH, NJW 1983, 40.

[7]) RGZ 52, 99; 71, 219; 75, 299; 83, 348; 130, 131; BGHZ 30, 67; BGH, NJW 1983, 40 = WM 1982, 1082; Schlüter, Erbrecht, § 42 VI 1; Staudinger/Reimann, § 2206 BGB Rz 11. Bei Rechtsgeschäften mit dem TV ist ein Dritter nicht geschützt, der einen Nachlaßgegenstand, auf den sich die Verfügungsbefugnis des TV nicht erstreckt, in gutem Glauben an diese Verfügungsbefugnis erwirbt (Staudinger/Reimann, § 2211 BGB Rz 18). Siehe auch Hartmann, S. 15, 16.

[8]) BGH, NJW-RR 1989, 642.

[9]) RGZ 144, 402; Staudinger/Reimann, § 2205 BGB Rz 69.

ordnungsmäßige Führung der Verwaltung zu verlangen. Jedem von mehreren Erben steht jederzeit das Recht zu, gegen den TV entsprechende Klage zu erheben, und zwar, um unmittelbar die Erfüllung der entsprechenden Verpflichtung zu erzwingen. Die Erben sind nicht auf Geltendmachung der in §§ 2219, 2227 BGB vorgesehenen besonderen Rechte beschränkt.[1]

---

[1] Schadenersatzleistung – siehe Rz 559, Entlassung des TV – siehe Rz 792.

VII. Verfügungen des Testamentsvollstreckers über den Nachlaß

1. Allgemeine Grundsätze

a) Übersicht

Das Verwaltungsrecht des TV enthält, soweit es reicht,[1] als notwendigen **194** Bestandteil das **alleinige Verfügungsrecht des TV über den Nachlaß** (bzw. die seiner Verwaltung unterliegenden Nachlaßgegenstände oder Erbteile)[2] unmittelbar für und gegen die betroffenen Erben (§ 2205 BGB), und zwar auch für den lediglich zur Verwaltung des Nachlasses[3] berufenen TV.[4] Der TV hat also insoweit z. B. ausschließlich das Recht der Veräußerung und Belastung von Nachlaßgegenständen jeder Art,[5] der Zahlung, Abtretung und Annahme von Hypothekenforderungen und Grundschulden, der Löschung solcher Rechte usw. Die Rechtsstellung des Erben ist insoweit eingeschränkt; diese Beschränkung entfällt dort, wo der TV aus Rechtsgründen an der Amtsausübung verhindert ist.[6]

Bei der Verwertung des Nachlasses durch Veräußerung darf der TV sich nicht **195** mit einem mäßigen Erfolg begnügen, wenn sich die Möglichkeit zu einem besseren Ergebnis bietet und er nach Veranlagung und Kenntnissen dies auch zu erkennen und zu verwirklichen weiß.[7] Das schließt es aus, den TV bei **Anlageentscheidungen** an den „sichersten" Weg zu binden. Wie der BGH in seinem Urteil vom 3. 12. 1986 ausführt,[8] ist auf allgemeine wirtschaftliche Gesichtspunkte abzustellen, die aber gerade nicht stets den vorsichtigen „sichersten" Weg nahelegen. Andernfalls wäre die Initiative des TV zu sehr eingeengt. Der TV steht daher, vorbehaltlich anderweitiger Anordnungen des Erblassers, ebenso frei, wie der Vormundschaftsrichter den Vormund äußerstenfalls stellen darf (§ 1811 BGB). Ihm sind deshalb nur solche Anlagen ver-

---

[1]) Rz 165 ff.

[2]) Rz 20.

[3]) Siehe Rz 130 ff.

[4]) RG, DNotZ 1944, 9; OLG Düsseldorf, NJW 1952, 1259. In dieser Entscheidung ist gesagt, daß es zur Übertragung der gesamten Befugnisse auf den TV genügt, wenn er zur Nachlaßverwaltung bestellt ist. Es liegt also in diesem Falle keine reine Verwaltungs-TVg nach § 2209 BGB (Rz 130 ff.) vor. Der Erbe, gegen den der TV eine zum Nachlaß gehörende Forderung geltend macht, kann sich seiner Verpflichtung auf Leistung nicht mit dem Einwand entziehen, es sei nicht erforderlich, diese Forderung einzuziehen, oder er werde durch das Vorgehen des TV im Vergleich zu anderen Miterben benachteiligt; die Berechtigung des Vorgehens des TV kann in der Regel nur im Rahmen der Entscheidung auf Entlassung des TV nach § 2227 BGB (Rz 792) überprüft werden (BGHZ 25, 275 = JZ 1958, 167 mit zust. Anm. von Coing = NJW 1957, 1916).

[5]) Zu einer Sicherungsübereignung ist der TV nur befugt, wenn eine Gegenleistung vorhanden ist (OLG Stuttgart, WürttNotV 1930, 118).

[6]) Vgl. BGHZ 30, 67/71; 51, 209/217.

[7]) OGHZ 3, 242/247.

[8]) NJW 1987, 1070 = DB 1987, 575 = RPfleger 1987, 160 = FamRZ 1987, 377 = WPM 1987, 239.

wehrt, die nach Lage des Falles „den Grundsätzen einer wirtschaftlichen Vermögensverwaltung zuwiderlaufen". Diese Grundsätze schließen die Eingehung eines kalkulierten Wagnisses nicht ohne weiteres aus. Wegen Einzelheiten wird auf Rz 169 verwiesen.

196 Mit Ausnahme der in Rz 197 behandelten unentgeltlichen Verfügungen ist das Verfügungsrecht des TV [1]) nicht beschränkt, auch wenn die Verfügung im Einzelfall einer ordnungsmäßigen Verwaltung widerspricht.[2]) Es ist also zwischen Verfügungs- und Verpflichtungsgeschäften des TV scharf zu unterscheiden. Ist der TV durch Anordnungen des Erblassers gehalten, über Nachlaßgegenstände in bestimmter Weise zu verfügen, dann ist seine Befugnis zu Verfügungen, die dazu in Widerspruch stehen, in der Regel auch **dinglich** ausgeschlossen.[3])

b) Unentgeltliche Verfügung des TV

197 Zu unentgeltlichen Verfügungen über den seiner Verwaltung unterliegenden Nachlaß ist der **TV allein** [4]) nur berechtigt, soweit sie einer **sittlichen Pflicht** oder einer auf den **Anstand zu nehmenden Rücksicht** entsprechen (§ 2205 Satz 3 BGB). Von dieser Beschränkung kann der Erblasser den TV nicht befreien (§§ 2207 Satz 2, 2220 BGB).[5]) Im übrigen ist eine unentgeltliche Verfügung des TV unwirksam. Auch ein Vergleich kann eine unentgeltliche Verfügung i. S. v. § 2205 S. 3 BGB enthalten und daher unwirksam sein.[6]) Zur Frage der Unentgeltlichkeit von Verfügungen im Rahmen der Auseinandersetzung siehe unten Rz 516 ff. Eine Verfügung, der keine Gegenleistung an die Erbschaftsmasse gegenübersteht, ist allerdings dann nicht unentgeltlich, wenn sie zur **Erfüllung** einer rechtsbeständigen **Nachlaßverbindlichkeit,** etwa eines **Vermächtnisses** durch den nach § 2203 BGB berufenen TV vorgenommen wird.[7]) Der Gegenwert der Zuwendung aus dem Nachlaß liegt in diesem Fall in der Rechtswirkung der Verfügung selbst, weil die dadurch herbeigeführte Befreiung des Nachlasses von der Schuld einen Vermögensvorteil für die Erbschaftsmasse bedeutet. Das gilt für alle Verfügungen, die der TV in ordnungsgemäßer Ausführung wirksamer Anordnungen des Erblassers über einen Nachlaßge-

---

[1]) Wegen seines Rechts zur Eingehung von Verpflichtungen siehe Rz 183 ff.

[2]) Rz 165 ff.; Bengel/Reimann/Schaub, 4. Kap. Rz 123; siehe dazu insbesondere v. Lübtow, S. 948 mit Nachweisen.

[3]) BGH, NJW 1984, 2464 = RPfleger 1984, 357 = JR 1985, 104 mit abl. Anm. Damrau im Anschluß an BGHZ 56, 275, 278 = NJW 1971, 1805; BGHZ 40, 115, 118 = NJW 1963, 2320; siehe auch unten Rz 207, 208.

[4]) Zum Fall der Mitwirkung aller Erben Rz 199.

[5]) Eine vom Erblasser ausgesprochene Befreiung ist wohl nur ganz selten dahin auslegbar, daß der TV Vorerbe oder Vermächtnisnehmer sein soll.

[6]) BGH, NJW 1991, 842 = BB 1991, 237 = DB 1991, 751 = DNotZ 1992, 507.

[7]) RGZ 105, 246, 248; KG, OLGZ 1992, 139, 143; Staudinger/Reimann, § 2205 BGB Rz 35; s. u. Rz 240.

genstand trifft.[1]) Der irrige Glaube des TV an die Erfüllung einer nicht oder nicht so bestehenden Verbindlichkeit reicht nicht aus.[2]) Diese Grundsätze gelten auch für die Erfüllung einer **Auflage.** Denn auch dabei handelt es sich um eine vom TV zu erfüllende Nachlaßverbindlichkeit (vgl. §§ 1940, 1967 Abs. 2 BGB), mag dem Begünstigten auch kein eigenes Recht auf die Leistung zustehen.

197a

Unter das Verbot des § 2205 Satz 3 BGB fallen auch sog. ehebedingte oder **„unbenannte" Zuwendungen** unter Ehegatten.[3]) Sie sind zwar regelmäßig nicht als Schenkung i. S. des § 516 BGB anzusehen, da die gleichmäßige Beteiligung des Ehegatten (Empfängers der Leistung) am ehelichen Vermögen im Vordergrund steht. Der BGH hat sie jedoch den unentgeltlichen Verfügungen im Bereich des Erbrechts gleichgestellt.[4]) Der TV ist daher nicht berechtigt, an den Ehegatten eines Erben einen Gegenstand ohne Gegenleistung zu überlassen, selbst wenn die Überlassung nur der gleichmäßigen Beteiligung des Ehegatten am vorhandenen Vermögen dienen soll. Er bedarf also zur Wirksamkeit der Zustimmung aller Miterben und Vermächtnisnehmer.[5])

197b

§ 2205 Satz 3 BGB gilt auch bei nur **teilweiser Unentgeltlichkeit.**[6]) Davon ist aber nicht schon dann auszugehen, wenn Leistung und Gegenleistung nicht völlig gleichwertig sind oder wenn ein höherer Preis erzielbar gewesen wäre. Hier kommt es auf das subjektive Element an, also darauf, ob der TV bei ordnungsmäßiger Verwaltung des Nachlasses die Unzulänglichkeit der Gegenleistung erkannt hat oder hätte erkennen müssen.[7])

---

[1]) Brandner/Müko, § 2205 BGB Rz 68; Palandt/Edenhofer, § 2205 BGB Rz 32.

[2]) KG, OLGZ 1992, 139, 145.

[3]) Zum Begriff siehe Morhard, NJW 1987, 1734; Sandweg, NJW 1989, 1965; Schotten, NJW 1990, 2841; Jaeger, DNotZ 1991, 431.

[4]) BGH, NJW 1992, 564; BFH, NJW 1994, 2044.

[5]) Bengel/Reimann, 1. Kap. Rz 139.

[6]) KG, OLGZ 1968, 337; DNotZ 1972, 176.

[7]) BayObLG, DNotZ 1989, 182; Bengel/Reimann, 1. Kap. Rz 140; ausführlich Rz 198.

198 **Unentgeltlich** ist eine Verfügung, wenn der durch sie erfolgten Verminderung des Nachlasses, objektiv gesehen, eine gleichwertige Gegenleistung nicht gegenübersteht, der Nachlaß also ein **Opfer** gebracht hat, und wenn der TV nach eigener subjektiver Anschauung ein etwa geleistetes Entgelt nicht als voll betrachten oder wenn er das von der anderen Seite zu Leistende nicht als **entsprechenden** Gegenwert ansehen darf.[1]) Nach herrschender Auffassung muß als **subjektive** Voraussetzung der Unentgeltlichkeit im Sinn des § 2205 S. 3 BGB hinzukommen, daß der TV das Fehlen oder die Unzulänglichkeit der Gegenleistung kannte oder bei ordnungsgemäßer Verwaltung zumindest hätte erkennen müssen.[2]) Dieses Erfordernis beruht im wesentlichen darauf, daß die Bewertung von Leistung und Gegenleistung unter Berücksichtigung gewisser Spielräume im Regelfall dem Ermessen des TV überlassen bleiben muß; die Einbeziehung des Begriffs der ordnungsmäßigen Verwaltung in objektiver und subjektiver Hinsicht berücksichtigt in ausreichender Weise den Zweck des § 2205 S. 3 BGB, den Nachlaß denjenigen Berechtigten möglichst ungeschmälert zu erhalten, die in den Schutzbereich der Vorschriften über die TVg einbezogen sind.[3]) Neben den objektiven sind also auch subjektive Momente heranzuziehen. Die **Grenze** der Entgeltlichkeit einer Verfügung ist also nach dem Gesichtspunkt einer ordnungsmäßigen Verwaltung zu beurteilen.

Ohne Bedeutung für die Frage der Unentgeltlichkeit ist, wie der TV den in den Nachlaß gelangten Gegenwert verwendet. Eine Verfügung, für welche der Nachlaß eine vollwertige Gegenleistung erhält, wird also nicht dadurch zu einer unentgeltlichen, daß der TV über die Gegenleistung später pflichtwidrig verfügt. Soweit die Gegenleistung dagegen überhaupt **nicht** in den **Nachlaß fließt,** muß sie grundsätzlich bei Prüfung der Frage, ob die Verfügung des TV unentgeltlich ist, außer Betracht bleiben. Dies schließt aber nicht aus, daß bei Prüfung der Entgeltlichkeit einer Verfügung des TV auch Ausgleichsleistungen berücksichtigt werden, die der durch die Verfügung begünstigte Miterbe an einen anderen Miterben (oder an den befreiten Vorerben) zu bewirken hat,

---

[1]) Wegen des Begriffs der Unentgeltlichkeit einer Verfügung des TV siehe statt vieler Zitate BGHZ 57, 84, 90 = DNotZ 1972, 90 = NJW 1971, 2265 = RPfleger 1972, 49 mit Nachweisen und KG, RPfleger 1972, 58, ferner Erman/Hense, § 2205 BGB Rz 20; Müller, WM 1982, 466; Palandt/Edenhofer, § 2205 BGB Rz 32 ff. Die Erfüllung einer vom Erblasser angeordneten Leistungspflicht aus Vermächtnissen und Auflagen ist keine unentgeltliche Verfügung (vgl. Rz 240).
Die unentgeltliche Verfügung liegt auch vor, wenn ein Nachlaßgegenstand (Grundstück) im Wege einer Vorwegnahme des Nacherbfalls dem Nacherben, der ihn beim Nacherbfall kraft letztwilliger Teilungsanordnung erhalten soll, übertragen wird. Auch in einem solchen Fall erleidet der Nachlaß eine Einbuße, für die keine Gegenleistung erbracht wird. Zur unentgeltlichen Löschung eines Vorkaufsrechts siehe BayObLG, MittBayNot 1982, 229.
Eine Gegenleistung ist auch nicht der Nießbrauch, den die Vorerbin sich im Einverständnis mit dem TV vorbehalten hat, da die Nutzungen des Grundstücks ohnehin ihr zustehen (BGH WM 1957, 84, weitere Fundstellen siehe Rz 201, Fußnote 1).

[2]) RGZ 105, 246, 248 f.; BGH, NJW 1963, 1613, 1614; KG, RPfleger 1972, 58, 59; OLGZ 1992, 139, 145; Brandner/Müko, § 2205 BGB Rz 63; Staudinger/Reimann, § 2205 BGB Rz 30.

[3]) RGZ 105, 246, 248; KG, OLGZ 1992, 139, 145.

der TV also durch die Leistung von einer anderen von ihm zu erfüllenden Verbindlichkeit befreit wird, diese mithin für Rechnung des Nachlasses erfolgt. Nicht erforderlich ist ferner in jedem Fall, daß das Entgelt erst dann Berücksichtigung finden kann, wenn es bereits geleistet ist. Insbesondere kann daraus nicht geschlossen werden, daß der TV, der aufgrund eines gegenseitigen Vertrages aus dem Nachlaß dem anderen Teil etwas zuwendet, dies bis zum Erhalt der Gegenleistung unentgeltlich tut.[1]

Die Frage, ob der TV **unter Mitwirkung aller Erben** zu unentgeltlichen Verfügungen über den von ihm verwalteten Nachlaß berechtigt ist, wurde lange Zeit **teils verneint, teils** bei Vorliegen gewisser Voraussetzungen **bejaht.** Die Gegner dieser Ansicht wiesen vor allem darauf hin, daß den Erben kein Verfügungsrecht über den Nachlaß zustehe,[2] und es daher nicht auf ihren Willen, sondern allein auf den des Erblassers ankomme. Die Voraussetzungen, bei deren Vorliegen der überwiegende Teil der Vertreter der Gegenansicht früher die Wirksamkeit einer vom TV vorgenommenen unentgeltlichen Verfügung anerkannt hat, waren im einzelnen: Zustimmung aller Erben, Nichterkennbarkeit eines entgegenstehenden Willens des Erblassers, Nichtbetroffensein oder Nichtschädigung von Interessen dritter Personen, namentlich etwaiger Vermächtnisnehmer und anderer Nachlaßgläubiger. Der **BGH** hat zunächst in einer Entscheidung vom 15. 5. 1963[3] offengelassen, ob die Erben eine gegen das Verbot des § 2205 Satz 3 BGB verstoßende unentgeltliche Verfügung des TV durch ihre Genehmigung jederzeit oder erst nach dem Ende der TVg wirksam machen können. Auch in seinen Entscheidungen vom 18. 6. 1962[4] und vom 18. 6. 1971[5] ließ der BGH diese Streitfrage unentschieden. In einer Entscheidung vom 25. 9. 1963[6] hat der BGH dahin erkannt, daß ein Auseinandersetzungsverbot des Erblassers der Wirksamkeit einer im Wege der Erbauseinandersetzung getroffenen Verfügung über Nachlaßgegenstände nicht entgegensteht, wenn sie vom TV und allen Erben gemeinsam getroffen wird.[7] Eine Ergänzung zu dieser Entscheidung bildet der bereits erwähnte Beschluß des BGH vom 18. 6. 1971, wonach TV und Erben gemeinsam über einen Nachlaßgegenstand auch dann verfügen können, wenn der Erblasser durch Anordnung von Todes wegen eine Verfügung verboten hat.

199

---

[1] So eingehend KG, DNotZ 1972, 176 = RPfleger 1972, 58 (dazu Haegele, RPfleger 1972, 48) und BGH, Lindenmeyer/Möhring, § 2136 Nr. 2 BGB. Siehe zu vorstehenden Fragen für die Erbteilung auch Rz 570.

[2] Siehe Rz 227.

[3] FamRZ 1963, 426 = MDR 1963, 666 = NJW 1963, 1615 = RPfleger 1964, 49.

[4] NJW 1962, 1718 = RPfleger 1962, 439.

[5] BGH, BWNotZ 1971, 146 = DB 1971, 1661 = DNotZ 1972, 86 = JR 1972, 23 = MDR 1971, 833 = NJW 1971, 1805 = RPfleger 1971, 349 = WM 1971, 1126. Genehmigung des Vormundschaftsgerichts ist nach allgemeinem Recht erforderlich (BGH a.a.O.).

[6] BGHZ 40, 115 = DNotZ 1964, 623 = MDR 1963, 994 = NJW 1963, 2320 = WM 1963, 1211.

[7] Vgl. unten Rz 540.

200 In den vorgenannten Entscheidungen ging es um Verfügungen entgegen einer vom Erblasser gesetzten Schranke, also entgegen einem **rechtsgeschäftlichen Verbot.** Bei der Frage, ob und unter welchen Voraussetzungen der TV unentgeltliche Verfügungen über den Nachlaß vornehmen darf, handelt es sich im Gegensatz dazu um eine Frage der Durchbrechung eines **gesetzlichen Verbots.**

201 In seiner Entscheidung vom 24. 9. 1971[1]) hält der BGH von den vorstehend behandelten Voraussetzungen nur für erforderlich:

a) die **Mitwirkung sämtlicher Erben,** auch der **etwaigen Vor- und Nacherben** (jedoch nicht etwaiger Ersatznacherben);

b) die Mitwirkung von etwaigen **Vermächtnisnehmern,** soweit die Vermächtnisse im Zeitpunkt der Vornahme der Verfügung noch nicht erfüllt sind.

202 Für nicht erforderlich hält der BGH mithin das Nichtvorliegen eines erkennbar entgegenstehenden Willens des Erblassers und die Nichtschädigung anderer Nachlaßgläubiger.[2]) Der BGH vertritt also (das ist besonders wesentlich) den Standpunkt, daß bei **Zusammenwirken des TV und aller Erben** zusätzlich etwaiger Vermächtnisnehmer im Falle der Vornahme einer unentgeltlichen Verfügung der irgendwie zum Ausdruck gebrachte anders lautende Wille des Erblassers unbeachtlich ist. Der BGH folgert dies vor allem aus §§ 2205 Satz 3, 2207 Satz 2 BGB, die die allgemeine Tendenz des Gesetzgebers erkennen lassen, bei unentgeltlichen Verfügungen den Willen des Erblassers in jeder Weise auszuschalten. Ist aber § 2205 Satz 3 BGB nur auf den Schutz des Erben ausgerichtet, so ist kein innerer Grund erkennbar, warum der Erbe nicht darauf verzichten kann, indem er unentgeltlichen Verfügungen des TV zustimmt. Bei Minderjährigen ist die Genehmigung des Vormundschaftsgerichts nach allgemeinen Regeln erforderlich.

203 Die stärkere Stellung **des Vermächtnisnehmers** gegenüber anderen Nachlaßgläubigern folgt daraus, daß der TV ihm – wie auch dem Erben – gegenüber gemäß § 2216 Abs. 1 BGB zur ordnungsgemäßen Verwaltung des Nachlasses verpflichtet ist[3]) und der Vermächtnisnehmer den TV bei Verschulden kraft der besonderen Vorschrift des § 2219 Abs. 1 BGB auf Schadenersatz in Anspruch nehmen kann. Diese starke Stellung hat neben dem Erben nur der Vermächtnisnehmer, nicht aber z. B. ein Auflagenbegünstigter oder andere Nachlaßgläubiger. Daraus ergibt sich, daß dem Vermächtnisnehmer ebenso

---

[1]) BGHZ 57, 84 = BWNotZ 1972, 14 = DNotZ 1972, 90 = FamRZ 1972, 38 = JZ 1972, 94 = MDR 1972, 36 = NJW 1971, 2264 = RPfleger 1972, 49 = WM 1971, 1393; BayObLG, FamRZ 1987, 49; RPfleger 1989, 200 = NJW-RR 1989, 587; DNotZ 1996, 20 = RPfleger 1995, 452; KG, OLGZ 1992, 139, 145; Erman/Hense, § 2205 BGB Rz 18; zustimmend Brox, Erbrecht, S. 219; Mattern LM § 2205 BGB Anm. 14; Palandt/Edenhofer, § 2205 BGB Rz 35; RGR/Kregel, § 2205 BGB Rz 2, 21; Soergel/Damrau, § 2205 BGB Rz 71.

[2]) Vgl. dazu Rz 199.

[3]) BGHZ 57, 84, 94; KG, OLGZ 1992, 139, 146.

der Schutz durch § 2205 Satz 3 BGB zukommen muß. Er muß daher bei unentgeltlichen Verfügungen mitwirken.

Die mitwirkenden Erben müssen ihre Erbeigenschaften gegenüber dem Vertragsgegner und dem **Grundbuchamt nachweisen,** in Grundbuchsachen durch Vorlage eines Erbscheins oder einer vom Nachlaßgericht beglaubigten Abschrift des notariellen Testaments samt Eröffnungsprotokoll (§ 35 GBO).[1]   **204**

Schwierigkeiten können sich ergeben, wenn der Erblasser **Nacherbfolge** angeordnet hat, diese aber im Zeitpunkt der Vornahme der Verfügung noch nicht eingetreten ist. In dem vom BGH am 24. 9. 1971 entschiedenen Fall standen die Nacherben in den beiden Kindern der Person nach fest, so daß nur ihre Mitwirkung in Frage kam. Schwieriger ist die Rechtslage, wenn im Zeitpunkt der Verfügung die **Nacherben** der Person nach noch **nicht bekannt** sind. Häufigster Fall: Zu Nacherben auf den Tod des Vorerben sind dessen in diesem Zeitpunkt vorhandenen Abkömmlinge berufen. Hier muß ein Pfleger (mit Genehmigung des Vormundschaftsgerichts) oder ein nach § 2222 BGB ernannter TV mitwirken.[2] Eine Ausnahme gilt dann, wenn es sich um ein Grundstück handelt und die Nacherbfolge gemäß § 51 GBO im Grundbuch vermerkt ist.[3]   **205**

Die **Vermächtnisnehmer** haben insoweit mitzuwirken, als ihre Ansprüche im Zeitpunkt der Vornahme der unentgeltlichen Verfügung noch nicht voll erfüllt sind. Das Erfordernis der Zustimmung kann nicht aufgrund einer Wertung für entbehrlich gehalten werden, die geschützten Interessen des Zustimmungspflichtigen seien anderweit ausreichend gesichert.[4] Wie die bereits erfolgte Erfüllung eines Vermächtnisses nachzuweisen ist, richtet sich nach der Lage des einzelnen Falles. Bei einem Grundstücksvermächtnis ist der Nachweis erbracht, wenn der Bedachte als neuer **Eigentümer** eingetragen ist. Mitzuwirken haben alle noch nicht voll befriedigten Vermächtnisnehmer. Wie vermag sich aber z. B. das Grundbuchamt – für den Vertragsgegner gilt das gleiche – Gewißheit darüber zu verschaffen, ob der Erblasser **Vermächtnisse angeordnet** hat und in welchem Umfang? Die Fälle, daß Vermächtnisse in mehreren nacheinander errichteten Verfügungen von Todes wegen angeordnet sind, sind nicht selten. Oft errichtet der Erblasser ein notarielles Testament, in dem er die Grundzüge seines letzten Willens niederlegt, insbesondere die Erbeinsetzung und die TV-Anordnung. In eigenhändigen Testamenten legt er dann später noch Vermächtnisse fest. Dies hat u. a. den Vorteil, daß der Erblasser die Vermächtnisanordnungen auf einfachste Weise wieder beseitigen oder erweitern kann. Dem Grundbuchamt wird nichts anderes übrig bleiben, als durch Einsichtnahme in die Testamentseröffnungsakten zu prüfen, welche Vermächt-   **206**

---

[1]   Vgl. Rz 722.

[2]   Siehe zu diesen Fragen auch Rz 153 ff.

[3]   LG Oldenburg, RPfleger 1981, 197.

[4]   KG, OLGZ 1992, 139, 146.

nisanordnungen vorliegen. Der Fall, daß Vermächtnisse in einem eigenhändigen Testament angeordnet worden sind, dieses aber aus irgendeinem Grund nicht an das Nachlaßgericht zur Eröffnung abgeliefert wurde, muß wohl nicht in Rechnung gestellt werden, da dies außerhalb der allgemeinen Lebenserfahrung liegt. Das Grundbuchamt kann aber die Nachlaßakten nur einsehen, wenn diese beim gleichen Amtsgericht geführt werden. Andernfalls wird es von den Beteiligten die Vorlage von dem Nachlaßgericht beglaubigten Testamentsabschriften verlangen müssen, versehen mit einer Bescheinigung des Nachlaßgerichts, daß weitere Testamente oder Erbverträge sich nicht in den Eröffnungsakten befinden.

207 Ihre **gesetzliche Grundlage** haben diese Ergebnisse der Rechtsprechung des BGH fast ausschließlich in § 137 BGB, wonach die Befugnis zur Verfügung über ein veräußerliches Recht **nicht** durch Rechtsgeschäft mit dinglicher Wirkung **ausgeschlossen oder beschränkt** werden darf, jedoch die Wirksamkeit einer Verpflichtung, über ein solches Recht nicht zu verfügen, durch das rechtsgeschäftliche Veräußerungsverbot nicht berührt wird. Damit hat diese Vorschrift im Erbrecht eine überragende Bedeutung erlangt, vermag sie doch den letzten Willen des Erblassers weitgehend außer Wirkung zu setzen. Besonders eingehend setzt sich der BGH mit dem Vorrang des § 137 BGB im Erbrecht in seiner Entscheidung vom 18. 6. 1971 [1]) auseinander. Dort findet sich u. a. der Satz: „Die sonst allerdings vom Gesetz betonte Bindung des TV an den Willen des Erblassers und nicht des Erben muß hier hinter das Gebot des § 137 BGB zurücktreten." Die verbotswidrige Verfügung ist voll wirksam.[2])

208 Für den **TV bleibt** die sich aus den testamentarischen Bestimmungen des Erblassers ergebende **Pflicht** bestehen, den letzten Willen des Erblassers zu erfüllen [3]) und ihm entgegenstehende Verfügungen zu unterlassen. Ist er zu einer Mitwirkung bei dem von der Gesamtheit der Erben gewünschten Geschäft nicht bereit, so muß dieses unterbleiben. Es wird aber zweifellos Fälle geben, in denen der TV den Standpunkt vertreten kann, daß der vom Erblasser zum Ausdruck gebrachte Wille durch eine wesentliche Änderung der Verhältnisse überholt und der Erblasser mit dem nunmehr geplanten Geschäft einverstanden sei.[4]) Stimmen in einem solchen Falle alle Erben (zusätzlich

---

[1]) Fundstellen siehe Rz 199, Fußnote 5. A.A. BGH, NJW 1984, 2464 = RPfleger 1984, 357 = JR 1985, 104 mit abl. Anm. Damrau.

[2]) Vereinzelt wird als zweifelhaft bezeichnet, ob § 137 Satz 1 BGB – Befugnis zur Verfügung über ein veräußerliches Recht kann nicht durch Rechtsgeschäft ausgeschlossen oder beschränkt werden – gerade mit Erbteilungen etwas zu tun hat; Kegel, Festschrift für Lange, S. 938 führt aus: „Indes § 137 Satz 1 BGB betrifft nur Einzelgegenstände. Auf Vermögen kann er nur mittelbar wirken. Erbteilungsverbote können außer Einzelgegenständen und Gruppen von solchen den ganzen Nachlaß ergreifen. Nur soweit sie auf Einzelgegenstände oder Gruppen von solchen abzielen, könnte § 137 Satz 1 BGB sie außer Kraft setzen."

[3]) Oben Rz 120.

[4]) Über Testamentsauslegung siehe § 2084 BGB.

etwaiger Vermächtnisnehmer) zu, so ist nicht einzusehen, warum nicht im Einvernehmen aller Beteiligten das Geschäft voll wirksam vorgenommen werden könne. Manche Verfahren nach § 2216 Abs. 2 BGB – Außerkraftsetzung von Verwaltungsanordnungen durch das Nachlaßgericht[1]) – werden sich dann erübrigen. Allerdings kann es auch vorkommen, daß der TV im Einzelfall der erdrückenden Übermacht der Erben weichen und das von diesen gewünschte dem Erblasserwillen nicht entsprechende Rechtsgeschäft mit vornehmen wird. Auf die Persönlichkeit des TV kommt es also auch heute noch entscheidend an. Der Erblasser kann die Unabhängigkeit des TV durch Anordnung einer **Straf- oder Verwirkungsklausel** besonders betonen und verstärken.[2])

209 Für die Mehrzahl aller Fälle ist wohl anzunehmen, daß der **Erblasser** das Bestehen einer Möglichkeit, daß der TV im Einvernehmen mit allen Erben (und etwaigen noch nicht befriedigten Vermächtnisnehmern) auch unentgeltliche Verfügungen über Nachlaßgegenstände treffen kann, durchaus **wünscht** und daß er selbst den TV zu unentgeltlichen Verfügungen ohne Mitwirkung der Erben ermächtigen würde, wenn dem nicht § 2205 Satz 3 BGB entgegenstehen würde.

210 Nachdem es aufgrund des BGH-Beschlusses vom 24. 9. 1971[3]) auf den Willen des Erblassers nicht ankommt, wenn zwischen TV und allen Erben (zusätzlich etwaiger Vermächtnisnehmern) Einigung über die Vornahme einer unentgeltlichen Verfügung besteht, erhebt sich die Frage, wie der **Erblasser** im Einzelfall **gegen derartige unentgeltliche Verfügungen Vorkehrungen** treffen kann, wenn die Vornahme solcher Verfügungen nach seinem Tod nicht in seinem Sinn liegt.

211 In erster Linie ist an die testamentarische Festlegung einer **Straf- oder Verwirkungsklausel** gegenüber den Erben zu denken. Inhalt z. B.: Anordnung einer bedingten Nacherbschaft gegenüber den Erben für den Fall, daß diese entgegen dem Willen des Erblassers unentgeltliche Verfügungen überhaupt oder bestimmte unentgeltliche Verfügungen in Zusammenwirken mit dem TV vornehmen wollen. Statt der Anordnung einer bedingten Nacherbschaft wird es vielfach zweckmäßiger sein, die Erben mit entsprechenden **bedingten Vermächtnissen** zu belasten.[4]) Wirken in einem solchen Fall allerdings die bedingt Berufenen nach dem Tod des Erblassers bei einer unentgeltlichen Verfügung ebenfalls mit, so ist mit der Strafklausel nicht viel gewonnen; es ist wirtschaftlich gesehen nicht möglich, eine unendliche Reihe von Ersatznachfolgern vor-

---

[1]) Unten Rz 669.

[2]) Siehe Rz 132, 313, 346 ff. Auseinandersetzungen und Machtkämpfe zwischen TV und Erben wird es immer geben. Sie werden zwar vielfach intern ausgefochten, doch münden sie auch nicht selten in den Antrag eines Erben, den TV auf Grund des § 2227 aus seinem Amt zu entlassen (Rz 792 ff.).

[3]) Fundstellen siehe Rz 201, Fußnote 1.

[4]) Wegen Einzelheiten über solche Klauseln siehe auch Birk, DNotZ 1972, 284; Keuk, FamRZ 1972, 9; Kohler, NJW 1948, 369; Natter, DRZ 1946, 163 und Haegele, JurBüro 1969, 1, ferner Rz 313, 346 ff.

zusehen. Die bedingte Nacherbfolge würde sich aus dem von den Erben vorzulegenden Erbschein ergeben, die bedingte Vermächtnisordnung dagegen nicht.

212 Wirkungsvoller kann eine Bestimmung des Inhalts sein, daß das **Amt des erstberufenen TV endigen** soll, falls er die Vornahme einer unentgeltlichen Verfügung im Einvernehmen mit den Erben beabsichtigt. Im TV-Zeugnis muß die bedingte TV-Ernennung und die Person des Ersatz-TV angegeben werden.[1])

213 Es könnte weiter daran gedacht werden, zwei TV zu berufen in der Annahme, daß wenigstens einer von diesen sich der von den Erben gewünschten unentgeltlichen Verfügung widersetzen wird. Eine unbedingt sichere Lösung ist aber auch eine solche Regelung nicht. Außerdem entstehen doppelte Kosten durch die an zwei TV zu zahlende Vergütung.[2])

214 Ferner kann überlegt werden, den TV mit einem Vermächtnis zu bedenken, das entfällt, wenn der TV einer letztwilligen Anordnung des Erblassers zuwiderhandelt (auflösend bedingtes Vermächtnis).

c) Verfügungen bei Vorerbschaft

215 Ist der mit TVg belastete Erbe nur Vorerbe,[3]) so unterliegt der TV nach allerdings streitiger Meinung nur den nach dem Recht der **TVg** bestehenden Verfügungsbeschränkungen, also in erster Linie denjenigen, die für unentgeltliche Verfügungen gelten (§ 2205 Satz 3 BGB).[4]) Den für einen Vorerben geltenden weitergehenden Verfügungsbeschränkungen nach §§ 2113, 2114 BGB – Verfügungen über Grundstücke, Verfügungen über Hypotheken, Grund- und Rentenschulden – untersteht der TV nicht, da diese nur im Verhältnis zwischen Vor- und Nacherben gelten.[5]) Das Verwaltungs- und Verfügungsrecht des TV verdrängt dasjenige des Vorerben, selbst bei befreiter Vorerbschaft.[6])

Nach BGH[7]) stellt es nur scheinbar einen Widerspruch dar, einen **befreiten** Vorerben durch die Einrichtung eines TVg zu beschränken. Zwar kommen die Vorteile der Befreiung, wie sie sich etwa im Bereich des § 2134 BGB ergeben, dem befreiten Vorerben in Fällen dieser Art nicht unmittelbar zugute. Jedoch

---

[1])   Oben Rz 55; unten Rz 691; zustimmend Bengel/Reimann/Klumpp, 6. Kap. Rz 216.

[2])   Siehe unten Rz 602.

[3])   Die Dauer einer TVg bei einer befreiten Vorerbschaft wird der Erblasser in aller Regel testamentarisch festlegen. Sonst ist sein Wille durch Testamentsauslegung zu erforschen. Diese kann ergeben, daß TVg auf Lebenszeit des Vorerben bestehen soll, aber auch einen gegenteiligen Willen des Erblassers (RG, JW 1938, 1454; BayObLGZ 1959, 129 = NJW 1959, 1920).

[4])   Siehe Rz 197.

[5])   RG, JW 1938, 1454; KGJ 13, 252; OLG Neustadt, NJW 1956, 1881; OLG Stuttgart, BWNotZ 1980, 92; Bengel/Reimann/Mayer, 5. Kap. Rz 270; Palandt/Edenhofer, § 2205 BGB Rz 28 und § 2112 BGB Rz 1. Brox, Rdn 389, vertritt allerdings die Ansicht, daß der nur für den Vorerben bestellte TV nicht mehr Rechte hat als dieser ohne TVg hätte (ebenso Bengel/Reimann/Schaub, 4. Kap. Rz 198; Erman/Hense, § 2113 BGB Rz 3; v. Lübtow, S. 892; Müko/Brandner, § 2222 BGB Rz 9).

[6])   BayObLGZ 1958, 304 und 1959, 218 = NJW 1959, 1920; Baur, JZ 1958, 465.

[7])   BGH, DNotZ 1992, 241.

bleibt die Befreiung nicht ohne Einfluß auf die inhaltliche Ausgestaltung der Pflichten des Testamentsvollstreckers. Er hat nämlich darauf zu achten, daß dem (weitestgehend) befreiten im Gegensatz zum nichtbefreiten Vorerben nicht nur die bloßen Nutzungen der Erbschaft gebühren (§ 2111 Abs. 1 Satz 1 BGB), sondern daß ihm darüber hinaus jedenfalls im Grundsatz auch der Zugriff auf deren Substanz offensteht.

Ist allerdings der **TV zugleich Mit-Vorerbe** oder ist der alleinige Vorerbe Mit-TV,[1]) so ist der TV, von der TVg nach § 2222 BGB (über den Nacherben bis zum Eintritt des Nacherbfalles)[2]) abgesehen, dem Nacherben gegenüber **ebenso beschränkt** wie ein gewöhnlicher **Vorerbe.**[3])   **216**

Ist der TV zugleich für den **Vor- und Nacherben** eingesetzt, so unterliegt er nicht den Verfügungsbeschränkungen der §§ 2113–2115 BGB.[4]) Ist für den Vorerben und den Nacherben ein und dieselbe Person als TV bestimmt, so kann der TV rechtlich Nachlaßgegenstände dem Vorerben zur freien Verfügung dergestalt überlassen, daß die nacherbrechtlichen Beschränkungen daran erlöschen und die Gegenstände endgültig aus dem Nachlaß ausscheiden.

Die Bestimmung des Zeitpunktes, in dem die Nacherbfolge eintreten soll, kann dem TV nicht übertragen werden (§ 2065 BGB).   **217**

d) Verhältnis des Verfügungsrechts des TV zu Genehmigungen

Der Erblasser kann nicht wirksam anordnen, daß Verfügungen des TV der Genehmigung des **Nachlaß- oder Vormundschaftsgerichts** bedürfen sollen.[5]) Steht ein Erbe unter **elterlicher Gewalt** oder unter **Vormundschaft,** so bedarf der TV zu Verfügungen über den Nachlaß im Rahmen seines Verwaltungsrechts weder der Zustimmung des gesetzlichen Vertreters dieser Erben (Eltern, Vater, Mutter, Vormund, Pfleger) noch der Genehmigung des Vor-   **218**

---

[1])   Oben Rz 91.

[2])   Oben Rz 153.

[3])   Palandt/Edenhofer, a.a.O.; Müko/Brandner, § 2222 BGB Rz 9.
Weist der befreite Vorerbe durch Vorlage öffentlicher Urkunden (§ 29 GBO) nach, daß der TV durch zwischenzeitlich eingetretene Tatsachen nur noch für die Verwaltung der Nacherbschaft zuständig ist, muß das Grundbuchamt vom Vorerben bestellte Belastungen eintragen, ohne eine vorherige Einschränkung des TV-Vermerks verlangen zu dürfen (LG Kleve, MittBayNot 1960, 261).
Siehe zum Verhältnis zwischen TV und Vorerben auch Erman/Hense, § 2222 BGB Rz 4; Krech, DNotZ 1940, 269; Staudinger/Reimann, § 2205 BGB Rz 60 ff.
Die nur für den Nacherben vom Anfall der Nacherbschaft an angeordnete TVg weist keine Besonderheiten auf. Sie kann mit Anordnung einer TVg nach § 2222 BGB (Rz 91, 153) verbunden werden.

[4])   BGHZ 40, 115 = NJW 1963, 2320 = DNotZ 1964, 623 = FamRZ 1963, 646 = MDR 1963, 994; BayObLG, FamRZ 1991, 984 = MittBayNot 1991, 122 = MittRhNotK 1991, 124 = BWNotZ 1991, 142 = RPfleger 1991, 194 (LS).

[5])   Siehe auch Rz 663.

mundschaftsgerichts.[1]) Dies gilt auch für den Zuerwerb,[2]) daher braucht der TV den Erwerb eines Kommanditanteils mit Mitteln der Erbschaft nicht vormundschaftsgerichtlich genehmigen zu lassen, wenn der Erbe oder Vorerbe minderjährig ist oder unter Vormundschaft steht; denn der Erwerb geschieht zugunsten des Nachlasses.[3])

219 Besteht in der Ehe eines der Erben **Zugewinngemeinschaft,** so unterliegt der TV nicht den etwaigen Verfügungsbeschränkungen eines solchen Erben nach §§ 1365, 1369 BGB.[4]) Das gleiche gilt, wenn ein Erbe in **Gütergemeinschaft** oder in **Errungenschaftsgemeinschaft** lebt und selbst daher den Verfügungsbeschränkungen der §§ 1423, 1424 BGB oder des § 1519 BGB alter Fassung unterliegt.[5])

e) Selbstkontrahierungsrecht des TV

220 **Insichgeschäfte** (§ 181 BGB) können dem TV durch den Erblasser entweder ausdrücklich oder stillschweigend **gestattet** sein.[6]) Hierin liegt ein besonderer Vertrauensbeweis, mit dem der Erblasser die Erwartung zum Ausdruck bringt, der TV werde seine Pflicht zur ordnungsgemäßen Verwaltung des Nachlasses (§ 2216 BGB) über seine persönlichen Belange zu stellen wissen.[7]) Es kann davon ausgegangen werden, daß der Erblasser dem TV alle diejenigen Rechtsgeschäfte, auch unter § 181 BGB fallende, gestattet hat, die im Rahmen ordnungsmäßiger Verwaltung des Nachlasses (§ 2216 BGB) liegen; insofern besteht ein enger inhaltlicher Zusammenhang zwischen § 181 BGB und § 2216 BGB.[8]) Erwirbt der TV einen Gegenstand aus dem Nachlaß, der nicht im Eigentum der Erben steht, so ist ein gutgläubiger Eigentumserwerb jedenfalls dann ausgeschlossen, wenn ihm der Umstand, daß der Gegenstand nicht zum Nachlaß gehörte, deshalb unbekannt geblieben ist, weil er die Unterlagen des Erblassers nicht durchgesehen hat.[9]) Ist ein **Elternteil** der zu Erben eingesetzten minderjährigen Kinder zum TV ernannt worden, so kann er seine minder-

---

[1]) RGZ 61, 144; BayObLGZ 1991, 127, 136; 1991, 390, 392 = NJW-RR 1992, 328 = RPfleger 1992, 62 mit Anm. Streuer (RPfleger 1992, 349) = FamRZ 1992, 604 mit Anm. Damrau = DNotZ 1993, 399 mit Anm. Weidlich; RPfleger 1992, 62; OLG Hamburg, DNotZ 1983, 318, 352; KGJ 51, 174; OLGZ 38, 260; 39, 263; Backs, DFG 1937, 46; a.A. Greiser, DFG 1936, 245. Trifft ein Vormund mit – wirksamer – Zustimmung des TV eine Verfügung, so bedarf es nicht der sonst erforderlichen Genehmigung (OLG Celle, FamRZ 1968, 489; ähnlich AG Bremen, RPfleger 1972, 369). Wegen der Rechtslage bei einer durch den TV bewirkten Erbauseinandersetzung siehe Rz 531.

[2]) Vgl. unten Rz 289.

[3]) OLG Hamburg, DNotZ 1983, 381.

[4]) Staudenmaier, Haegele, RPfleger 1960, 385; Palandt/Edenhofer, § 2205 BGB Rz 28; Staudinger/Felgenträger, § 1365 BGB Rz 11 gegen AG Delmenhorst, FamRZ 1959, 249.

[5]) Haegele, RPfleger 1960, 386.

[6]) RGZ 61, 139; KG, JFG 12, 202.

[7]) BGHZ 51, 209, 217.

[8]) Bengel/Reimann, 2. Kap. Rz 56.

[9]) BGH, Urt. v. 18. 2. 1981, VIII ZR 20/80.

jährigen Kinder nicht gegenüber sich selbst als TV vertreten. Es gehört zu den Aufgaben des gesetzlichen Vertreters der minderjährigen Erben, deren Rechte gegenüber dem TV geltend zu machen. Dieser Interessengegensatz schließt die Wahrnehmung beider Aufgaben durch dieselbe Person aus. An der Auseinandersetzung der Erbengemeinschaft können auf seiten der minderjährigen Kinder die gesetzlichen Vertreter wegen des Verbots des Selbstkontrahierens nicht mitwirken. Der Erblasser kann den TV hiervon nicht befreien. Gegebenenfalls ist eine **Ergänzungspflegschaft** anzuordnen.[1])

Ist der TV **Miterbe,** so ist die Annahme gerechtfertigt, daß der Erblasser ihm **221** trotz eines Interessenwiderstreits die Vornahme von Rechtsgeschäften mit sich gestattet hat. Die Zulässigkeit solcher Rechtsgeschäfte ist aber dadurch begrenzt, daß die Gestattung nur im Rahmen einer ordnungsmäßigen Verwaltung anzunehmen ist, wobei an diesen Begriff strenge Anforderungen zu stellen sind. Dem TV, auf den vorstehende Voraussetzungen nicht zutreffen und der auch sonst nicht letztwillig bedacht ist, sind Insichgeschäfte grundsätzlich nicht gestattet.[2]) Beweispflichtig für die Gestattung von Insichgeschäften ist

---

[1]) OLG Hamm, OLGZ 1993, 392 = RPfleger 1993, 340.

[2]) BGH, NJW 1954, 1036; BGHZ 30, 67 = DNotZ 1959, 480 = NJW 1959, 1429 = MDR 1959, 650 = RPfleger 1960, 88 mit Anm. von Haegele; ferner BGH, BB 1961, 583; Haegele, RPfleger 1958, 370; v. Lübtow, S. 958 und JZ 1960, 151; Mattern, BWNotZ 1961, 149; Palandt/Edenhofer, § 2205 BGB Rz 30. Etwas großzügiger ist Möhring/Beisswingert/Klingelhöffer, Vermögensverwaltung, S. 180. Nach BGH a.a.O. kann der TV dann, wenn § 181 BGB keine Anwendung findet, auch einen Nachlaßgegenstand im Wege einer öffentlichen freiwilligen Versteigerung an sich verkaufen, weil dann die Bestellung des Gerichtsvollziehers zum Versteigerungsbeamten und damit zum Bevollmächtigten des TV auch unter den Gesichtspunkt des § 181 BGB nicht zu beanstanden ist. Siehe ferner OLG Düsseldorf, JMBl NRW 1960, 101 wie folgt:
„Wenn auch für einen TV die Schranken des § 181 BGB nicht schlechthin gelten, so ist der TV doch bei einem effektiven Widerstreit zwischen seinen persönlichen Interessen und denen seines Amtes an der Amtsausübung verhindert, das Verfügungsrecht steht dann dem Erben zu (vgl. KGJ 50, 162). Dies ist anzunehmen, wenn etwa der TV – der im entschiedenen Fall nicht Miterbe war – einen Nachlaßgegenstand selbst käuflich erwerben will; denn in diesem Fall begegnen einander das Interesse, für den Nachlaß einen möglichst hohen Preis zu erzielen, und das persönliche Interesse des TV an einem möglichst niedrigen Kaufpreis (KG a.a.O.)."
Der TV kann die Löschung einer zum Nachlaß gehörenden getilgten Hypothek auf seinem eigenen Grundstück bewilligen und als Eigentümer der Löschung zustimmen (KG, DFG 1937, 131).
„Verweigerung macht ein wirksames Rechtsgeschäft nicht unwirksam und ihre Erteilung ein unwirksames nicht wirksam, da der TV seine Legitimation nicht vom Erben herleitet. Die Zustimmung des Erben kann für den TV oder den Dritten aber von Bedeutung sein, um endgültig Klarheit darüber zu haben, ob die in Aussicht genommene Verbindlichkeit noch in das Aufgabengebiet des TV fällt. Zweifel können sich daraus ergeben, daß eine einengende Anordnung des Erblassers auszulegen ist oder die Grenzen der ordnungsmäßigen Verwaltung nicht deutlich genug feststellbar sind. Die Einwilligung sichert den TV gegen Schadenersatzansprüche (§ 2219 BGB) und den Dritten gegen spätere Einwendungen des Erben über den Mangel der Vertretungsmacht des TV. Jedoch bezieht sich Abs. 2 nur auf Abs. 1 Satz 1, nicht auch auf Satz 2. Bei Verfügung nach § 2206 Abs. 1 Satz 2 BGB kann TV schadenersatzpflichtig bleiben (Bartholomeyczik, Erbrecht, § 42 VI 4). Einwilligung kann im Klageweg erzwungen werden, jedoch ist nur der TV klageberechtigt, nicht der Dritte. Erbe kann seinerseits gegen den TV oder Dritten Feststellungsklage über Unwirksamkeit der Verbindlichkeiten erheben, wenn Voraussetzungen des § 256 ZPO zu bejahen sind" (Erman/Hense, § 2206 BGB Rz 3).

der TV, der also die Ordnungsmäßigkeit des Geschäfts darlegen muß. Weist der TV dagegen die Gestattung nach, dann muß der Gegner die Überschreitung einer ordnungsmäßigen Verwaltung nachweisen. Die Unwirksamkeit eines Insichgeschäfts ist nur eine schwebende, mit der Möglichkeit der Genehmigung durch einen etwaigen Mit-TV, mangels eines solchen durch die (anderen) Erben, sofern der Wille des Erblassers nicht entgegensteht. Erst mit der Verweigerung der Genehmigung tritt Nichtigkeit ein.

222 Ist der TV **Vermächtnisnehmer,** so ist er in der Lage, ohne weitere Auseinandersetzung mit den Erben die Erfüllung des Vermächtnisses durchzuführen. Er kann allein etwa die Auffassung eines Grundstücks vor einem Notar erklären und damit die Eigentumsumschreibung auf sich bewirken. In der hier liegenden Aufgabenstellung ist eine Gestattung durch den Erblasser im Sinne des § 181 BGB zu sehen.[1])

223 Statt der TVg wäre auch eine **Vollmacht** des Erblassers an den Erben bzw. Vermächtnisnehmer über den Tod hinaus denkbar. Eine solche Vollmacht würde auch gegenüber den Erben wirken. Sie könnte aber von den Erben jederzeit widerrufen werden.[2])

224 Die Vornahme unzulässiger Insichgeschäfte kann als grobe Pflichtverletzung zur Entlassung des TV führen.[3]) Vollzieht der TV dagegen den ihn verpflichtenden Willen des Erblassers,[4]) so handelt er auch nach § 181 BGB berechtigt.

225 Zugleich im Namen eines Dritten als dessen Vertreter kann der TV nur handeln, wenn Befreiung von den Beschränkungen des § 181 BGB sowohl vom Erblasser wie vom Dritten erteilt ist.

226 Die Erben können auch nach Wegfall der TVg auf die Geltendmachung der Unwirksamkeit des vom TV vorgenommenen Rechtsgeschäfts verzichten.

f) Verfügungs- und Verpflichtungsrechte der Erben

227 Die **Erben** haben **keinerlei Verfügungsbefugnisse** dinglicher Art über den der Verwaltung des TV unterliegenden Nachlaß(teil) (§ 2211 Abs. 1 BGB). Es handelt sich um eine Verfügungsentziehung, nicht nur um ein Verfügungsverbot nach § 135 BGB. Der Nachlaß bildet insoweit ein Sondervermögen.[5]) Dies

---

[1]) BayObLG, RPfleger 1982, 344 = DNotZ 1983, 176 = JurBüro 1982, 1398 = MittBayNot 1982, 188; Hoffmann/Becking/Schippel, Formularbuch, VI 10.5.

[2]) Siehe oben Rz 73.

[3]) Unten Rz 792 ff.

[4]) Oben Rz 120.

[5]) BGHZ 48, 214, 219 = MDR 1967, 989 = NJW 1967, 2399; Kipp/Coing, § 72l.

gilt bereits vom Erbfall, nicht erst von dem Zeitpunkt an, zu dem der TV sein Amt annimmt (§ 2211 Abs. 1 BGB).[1])

Ein **Dritter** kann Nachlaßgegenstände von den Erben nur gutgläubig erwer- **228** ben, d. h. wenn er hinsichtlich des Nichtvorhandenseins eines TV oder hinsichtlich der Nichtzugehörigkeit der Gegenstände zum – der Verwaltung des TV unterliegenden – Nachlaß, also hinsichtlich des Verfügungsrechts des Erben, **in gutem Glauben** ist (§§ 2211 Abs. 2, 892, 893, 932 ff., 1033, 1207, 1244, 2364, 2366 BGB). Grobe Fahrlässigkeit des Dritten wird in der Regel schon dann anzunehmen sein, wenn er weiß, daß ein Nachlaßgegenstand vorliegt, sich aber über die nähere Rechtslage nicht erkundigt.[2]) Im Grundstücksrecht schützt der TV-Vermerk nach § 52 GBO [3]) vor gutgläubigem Erwerb.

Eine aus diesen Gründen gegen jedermann unwirksame Verfügung der Erben **229** über Nachlaßgegenstände kann durch nachträgliche Zustimmung des TV (§ 184 Abs. 1 BGB) oder durch Wegfall der TVg als solchen [4]) Wirksamkeit erlangen. Wegen der Freigabe von Nachlaßgegenständen durch den TV siehe Rz 494 ff.

Rein **schuldrechtliche Verpflichtungen** zur Verfügung über einen Nachlaßge- **230** genstand können die Erben wirksam eingehen, sie sind aber erst bei Zustimmung des TV oder nach Wegfall der TVg vollzugsfähig. Bei rechtlicher Verhinderung des TV erlangen die Erben im einzelnen Fall nur dann die Verfügungsmacht über einen Nachlaßgegenstand, wenn der Erblasser in seinem letzten Willen nicht einen Ersatz für den Wegfall oder die Behinderung des TV vorgesehen hat.[5])

Der Streit darüber, ob **Verwaltungshandlungen rein tatsächlicher Natur,** wie es **231** z. B. der Umbau eines Hauses ist, zu den den Erben verbotenen Verfügungen gehören, erscheint praktisch unwesentlich, da ein tatsächlich erfolgter Umbau nicht wieder ungeschehen gemacht werden kann. Der TV kann den Erben solche Handlungen verbieten.[6])

---

[1]) BGHZ 25, 275, 282 = WM 1957, 1489; BayObLGZ 1982, 59 = RPfleger 1982, 226. Forderungen, die der Erbe gegen den Erblasser hat, erlöschen daher nicht durch Vereinigung von Schuld und Forderung, können vielmehr gegen den TV geltend gemacht werden (BGHZ 48, 220 = WM 1967, 977).

[2]) Läßt sich der Vertragsgegner eines Erben nicht den Erbschein vorlegen, so ist vielfach grobe Fahrlässigkeit bei ihm gegeben. Die Verfügungsverbote muß eine an die Erben zahlende Bank gegen sich gelten lassen, wenn ihr die TVg angezeigt war, sie aber annahm, daß das Konto nicht zum Nachlaß gehöre (OLG Bremen, MDR 1964, 328). Für den Grundstücksverkehr siehe Rz 255 ff.

[3]) Siehe Rz 274.

[4]) Siehe unten Rz 782 ff.

[5]) OLG München, DNotZ 1937, 377; KGJ 50 A 162.

[6]) Nach OLG Düsseldorf, MDR 1947, 289 sind Baumaßnahmen eines Miterben auf einem Grundstück der Erbengemeinschaft keine Verfügung über den Nachlaßgegenstand, sondern eine Verwaltungsmaßnahme, über die die Erben durch Stimmenmehrheit beschließen können.

232 Der TV kann nicht auf Erfüllung solcher Verbindlichkeiten und Verpflichtungen in Anspruch genommen werden, die von den Erben ohne seine Zustimmung über Nachlaßgegenstände eingegangen worden sind. Mit einer derartigen Forderung kann auch nicht gegen einen vom TV geltend gemachten Anspruch des Nachlasses **aufgerechnet** werden. Ferner besteht wegen einer auf diese Weise begründeten Forderung kein **Zurückbehaltungsrecht** gegenüber Ansprüchen, die der TV geltend macht.[1]) Der Erbe kann sich selbst verpflichten.

233 Die **Verfügung über seinen Erbteil im ganzen** – einschließlich seiner Verpfändung – steht dem Erben – nicht dem TV – zu. Der TV kann über Miterbenanteile an dem Nachlaß, der seiner Verwaltung unterliegt, nicht verfügen; das gilt aber nicht für den Erbteil an einem anderen Nachlaß, der bereits dem Erblasser zugestanden hatte.[2]) Der Erbteilserwerber kann sich ohne Mitwirkung des TV an Stelle des bisher im Grundbuch zusammen mit den übrigen Erben in Erbengemeinschaft bereits eingetragenen veräußernden Miterben eintragen lassen. Aber auch nach der Veräußerung des Erbteils bleibt das Verwaltungsrecht des TV an den einzelnen Nachlaßgegenständen bestehen. Ebenso wird der TV durch die **Verpfändung** oder **Pfändung** des Erbteils in seinen gesetzlichen Befugnissen nicht beschränkt;[3]) der Pfandgläubiger hat dabei nicht mehr Rechte als der Erbe selbst,[4]) aber auch nicht weniger. Die Frage, ob die von dem **Erbteilsverkäufer erzielte Gegenleistung** ebenfalls dem Verwaltungsrecht des TV unterliegt oder ob der Erbe darüber frei verfügen kann, ist in letzterem Sinn zu beantworten; dem TV kann nicht das Recht zustehen, den veräußerten Erbteil als Teil des seiner Verwaltung unterstehenden Nachlasses weiterzuverwalten und zusätzlich noch den Erbteilserlös. Andernfalls würde das Recht des Miterben, über seinen Erbteil nach § 2033 BGB frei zu verfügen, keine praktische und materielle Bedeutung haben; der Zweck der Erbteilsveräußerung, vorzeitig zu Geld zu kommen, würde nicht erreicht.[5])

234 Der Erblasser kann den TV nicht etwa ermächtigen, an Stelle der einzelnen Miterben über die Erbteile im Wege des § 2033 BGB zu verfügen (Verstoß nach § 137 BGB); er kann auch die Erbteilsveräußerung durch die Erben nicht von der Zustimmung des TV abhängig machen. Denn Erbteile sind Eigenvermögen der Miterben, nicht Nachlaßgegenstände. Der Erblasser kann aber den einzelnen Erben mit einer Strafklausel der in Rz 211 ersichtlichen Art belasten für den Fall, daß dieser über seinen Erbteil nach § 2033 BGB verfügt. Einen solchen Erbteil wird kaum jemand erwerben.

---

[1]) BGHZ 25, 275 = 1958, 167 mit Anm. von Coing = NJW 1957, 1916.

[2]) BGH, NJW 1984, 2464 = RPfleger 1984, 357 = JR 1985, 104 mit Anm. von Damrau.

[3]) Bengel/Reimann, 1. Kap. Rz 223 ff.; Palandt/Edenhofer, § 2205 BGB Rz 28, § 2214 BGB Rz 2.

[4]) BayObLG, DB 1983, 708.

[5]) RG, JW 1905, 245; KG, DJ 1941, 350; BGH, WM 1969, 1404; LG Essen, RPfleger 1960, 58 mit Anm. von Haegele; Lange/Kuchinke, Erbrecht, § 29 VI 2; RGR/Kregel, § 2205 BGB Rz 20; Staudinger/Reimann, § 2205 BGB Rz 22.

Ist die **Verpfändung** (Pfändung) [1]) **des Erbteils** eines Miterben im Grundbuch **235** eingetragen, so verliert diese Eintragung ihre Bedeutung und kann als gegenstandslos gelöscht werden, wenn der TV das Grundstück wirksam veräußert. Eine solche Eintragung hat also, wenn TVg besteht, rechtliche Bedeutung nur für die Fälle, daß die TVg vor der Veräußerung des Grundstücks erlischt oder der TV das Grundstück dem Erben zur freien Verfügung überläßt (§ 2217 Abs. 1 BGB).[2]) Das durch die Veräußerung in seinem rechtlichen Bestand nicht berührte Pfandrecht des Gläubigers erstreckt sich im Falle der Grundstücks-Veräußerung auf den im Nachlaß vorhandenen Erlös.

Ist der **TV Schuldner** einer zum Nachlaß gehörenden Forderung, so steht das **236** Recht zu ihrer Einziehung den Erben zu.[3])

g) Annahme und Ausschlagung der Erbschaft

Die Annahme der Erbschaft kann nicht durch den TV, sondern nur durch den **237** Erben erklärt werden.[4]) Das gleiche gilt für die Erbschaftsausschlagung, die aber ohne Einfluß auf die TVg ist. Ob die Annahme oder Ausschlagung einer zum Nachlaß gehörenden Erbschaft der Entscheidung des TV oder der Erben untersteht, ist streitig, doch dürfte dieses Recht dem Erben zustehen.[5]) Im Verfahren über die vormundschaftsgerichtliche Genehmigung eines Vergleichs über das Erbrecht ist der TV nicht beschwerdeberechtigt.[6])

h) Testaments-Anfechtungsrecht

Zur Anfechtung eines Testaments (§§ 2078 ff. BGB) ist der **TV,** wenn er nicht **238** Miterbe oder Vermächtnisnehmer ist, **nicht befugt.** Das Anfechtungsrecht steht auch bei einer umfassenden TVg nur dem Erben zu. Aus diesem Grunde bedarf der TV auch der Zustimmung des Erben, um aus einer durch die Erben nicht (rechtzeitig) angefochtenen letztwilligen Verfügung die Einrede der Anfechtbarkeit gegenüber der Leistungspflicht (§ 2083 BGB) zu erheben.

Eine letztwillige Verfügung, die seine Ernennung aufhebt oder beschränkt, **239** kann der TV allerdings anfechten (siehe § 2208 Abs. 2 BGB). Dies gilt aber nicht für eine Verfügung von Todes wegen, durch die TVg angeordnet ist, auch

---

[1]) Vgl. Rz 181.

[2]) Unten Rz 494.

[3]) Übernimmt der TV die Einziehung von Außenständen des Nachlasses gegen 5 Prozent des eingehenden Betrages, dann liegt Inkassoauftrag vor, den die Erben nach § 627 BGB kündigen können (OLG Hamburg, Recht 1941, 2354).

[4]) Siehe auch Rz 473 sowie OLG Zweibrücken, OLGZ 1980, 142.

[5]) Siehe Haegele, RPfleger 1957, 147, 149; RGR/Kregel, § 2205 BGB Rz 16; Staudinger/Reimann, § 2205 BGB Rz 13; a.A. Kipp/Coing, Erbrecht § 68 III 8. Die Verwaltung der Erbschaft steht aber dem TV zu (Schlüter, Erbrecht, § 42 IV 3 f.).

[6]) OLG Zweibrücken, OLGZ 1980, 142.

nicht hinsichtlich einer solchen Verfügung, durch die dem Erblasser der Nachlaß eines Dritten angefallen war.[1])

i) höchstpersönliche Rechte

239a Fortwirkende Persönlichkeitsrechte des Erblassers, wie Namensschutz, Festlegung der Bestattungsart, Entscheidung über postmortale Organentnahme, Exhumierung[2]) unterliegen ebensowenig der TVg wie höchstpersönliche Mitgliedschaftsrechte bei Personengesellschaften.[3])

Es gibt auch persönliche Rechte, die infolge des Einrückens der Erben in die Rechtsstellung des Erblassers neu entstehen, ihrer Natur nach aber nicht von einem anderen für den Erben ausgeübt werden können. Hierunter fallen z. B. Widerruf einer Schenkung nach § 530 Abs. 2 BGB, **Anfechtung wegen Erbunwürdigkeit** nach § 2340 ff. BGB und Anspruch auf **Herausgabe** einer beeinträchtigenden **Schenkung** nach § 2287 BGB. Der **Ausgleichsanspruch** eines **Handelsvertreters** unterliegt der TVg[4]). Die Ausübung der Rechte an einer **Vereinsmitgliedschaft** steht grundsätzlich dem Erben zu.[5]) Ist bei einer vom Erblasser geschlossenen **Lebensversicherung** ein Bezugsberechtigter benannt, so gehört der Anspruch nicht zum Nachlaß, unterliegt also nicht der TVg, auch wenn ein Erbe Bezugsberechtigter ist.[6])

k) Vermächtnis, Auflage

240 Vermächtnisnehmer können die **Annahme oder** (fristlos zulässige) **Ausschlagung** des Vermächtnisses (§ 2180 BGB) sowohl dem Beschwerten wie dem TV gegenüber wirksam erklären.[7]) Die Erfüllung eines Vermächtnisses durch den TV ist keine unentgeltliche Verfügung, weil sie dem Erben einen Vermögensvorteil dadurch bringt, daß er von der Verbindlichkeit befreit wird. Der Gegenwert der Zuwendung aus dem Nachlaß liegt in der Rechtswirkung der

---

[1]) Zu Fragen der Testamentsanfechtung, siehe BGH, FamRZ 1962, 256 = NJW 1962, 1058; Schlüter, § 42 IV 3 f.; Palandt/Edenhofer, § 2203 BGB Rz 3 und § 2205 BGB Rz 4; Lange, JuS 1970, 117. Wegen **Gesetz- oder Sittenwidrigkeit** wird die Anordnung einer TVg kaum einmal nichtig sein. Denkbar wäre dies z. B. bei völliger wirtschaftlicher Knebelung des Erben auf Jahrzehnte oder auf Lebenszeit (Lange, JuS 1970, 107 mit Nachw.). Die Anordnung einer Dauer-TVg ist nicht allein deshalb sittenwidrig, weil sie auf Lebenszeit des Alleinerben angeordnet wird (OLG Zweibrücken, RPfleger 1982, 106). Weiteres Beispiel: Ernennung der Geliebten zum TV, weil sie diese den Familienangehörigen überordnet (BGH, FamRZ 1954, 198) und Anordnung der TVg, solange der Erbe einer religiösen Sekte angehört (vgl. OLG Düsseldorf NJW 1988, 2617). Siehe auch oben Rz 138.

[2]) Bengel/Reimann, 1. Kap. Rz 72.

[3]) Siehe unten Rz 335, 345, 399, 404.

[4]) Bengel/Reimann, 1. Kap. Rz 78; Soergel/Damrau, § 2205 BGB Rz 9 mit Nachw.

[5]) Ausführlich unten Rz 431.

[6]) Wegen Einzelheiten und Nachw. siehe Soergel/Damrau, § 2205 BGB Rz 43 ff.; dort auch Ausführungen über **Versicherungsverhältnisse** im allgemeinen, Sachversicherung, Unfallversicherung und Haftpflichtversicherung.

[7]) Palandt/Edenhofer, § 2180 BGB Rz 1; Staudinger/Otte, § 2180 BGB Rz 2.

Verfügung selbst, weil die dadurch herbeigeführte Befreiung des Nachlasses von der Schuld einen Vermögensvorteil für die Erbmasse bedeutet.[1]) Das gilt für alle Verfügungen, die der TV in ordnungsgemäßer Ausführung wirksamer Anordnungen des Erblassers über einen Nachlaßgegenstand trifft, also auch für die Erfüllung einer **Auflage.** Denn auch dabei handelt es sich um eine vom TV zu erfüllende Nachlaßverbindlichkeit (vgl. §§ 1940, 1967 Abs. 2 BGB), mag dem Begünstigten auch kein eigenes Recht auf die Leistung zustehen.

Fraglich ist, ob dem TV in der Form der Vermächtnisanordnung das Recht gegeben werden kann, Nachlaßgrundstücke für auf eigenen Namen aufgenommene Schulden zu belasten oder Stammvermögen zum eigenen standesgemäßen Unterhalt zu verwenden.[2]) **241**

l) Nießbrauchsberechtigter

Ist dem TV (z. B. dem überlebenden Ehegatten)[3]) der Nießbrauch am Nachlaß oder an den Erbteilen der Miterben eingeräumt, so ist er als TV in der Lage, die an sich den Erben obliegende Verpflichtung zur tatsächlichen Bestellung des dinglichen **Nießbrauchs** allein zu erfüllen.[4]) Der TV kann über die **Nutzungen des Stammvermögens** dann zu seinen Gunsten verfügen, wenn ihm gleichzeitig der Nießbrauch am Nachlaß eingeräumt ist.[5]) **242**

Ein TV kann auch ausschließlich zu dem Zweck bestellt werden, einen testamentarisch angeordneten Nießbrauch zu erfüllen.[6]) **243**

m) Verhältnis zwischen TV und Bevollmächtigtem

Die Verfügungsbefugnisse eines vom Erblasser über seinen Tod hinaus Bevollmächtigten[7]) am Nachlaß bestimmen sich nach dem Inhalt der im Einzelfall erteilten (fast stets schriftlichen) Vollmacht. Der postmortal Bevollmächtigte vertritt die Erben; auf das persönliche Vermögen der Erben kann sich eine derartige Vollmacht nicht erstrecken.[8]) Ein TV kann aufgrund einer ihm vom Erblasser über den Tod hinaus erteilten Vollmacht zugleich die Stellung eines Generalbevollmächtigten innehaben. Auch der Abschluß von **Insichgeschäften** **244**

---

[1]) RGZ 105, 246, 248; KG OLGZ 1992, 139, 143; s. o. Rz 197; LG Aachen, RPfleger 1986, 306.

[2]) Diese Frage wird z. B. bejaht von Burth, WürttNotV 9, 82, verneint von Kreher, WürttNotV 9, 116.

[3]) Vgl. Rz 21, 424, 776, 849.

[4]) Zu Fragen der Nießbraucheinräumung siehe Kohler, NJW 1947/48, 361, 362 unter § 4, ferner Bürger, Nießbrauch am Nachlaß oder an Erbteilen, BWNotZ 1963, 100. Der testamentarisch mit einem Nießbrauch Bedachte ist nicht berechtigt, aus den zur Erbschaft gehörenden mit dem Nießbrauch belasteten Grundstücken Nutzungen zu ziehen, bevor nicht der Nießbrauch entsprechend § 873 BGB bestellt und im Grundbuch eingetragen ist (KG, NJW 1964, 1808).

[5]) Dies trifft vielfach zu, wenn der überlebende Ehegatte TV ist, vgl. Rz 21, 424.

[6]) Vgl. Rz 163.

[7]) Oben Rz 4 ff.; ausführlich dazu Bengel/Reimann, 1. Kap. Rz 35 ff.

[8]) BGHZ 87, 19; FamRZ 1983, 477; a. A. Reithmann, BB 1984, 197.

ist zulässig, wenn der Erblasser Befreiung vom Verbot des Selbstkontrahierens oder der Mehrvertretung erteilt hat.[1])

245 Besteht eine Vollmacht – nebst dem zugrundeliegenden Auftrag – über den Tod des Vollmachtgebers hinaus weiter, dann bedarf der **Bevollmächtigte** grundsätzlich zu Rechtsgeschäften, die er nach dem Erbfall vornimmt, solange **keiner** Zustimmung des Erben, als dieser nicht Vollmacht oder Auftrag widerruft;[2]) er braucht sich auch nicht jeweils zu vergewissern, ob der Erbe mit dem beabsichtigten Geschäft einverstanden ist. Dieser Grundsatz gilt allerdings nicht, wenn sich das Handeln des Bevollmächtigten ausnahmsweise als **unzulässige Rechtsausübung** darstellt oder gegen die guten Sitten verstößt. Ob ein solcher Ausnahmetatbestand vorliegt, hängt von den Umständen des Einzelfalles ab; dabei sind nicht allein die Interessen des Erben, sondern zugleich die des Erblassers zu berücksichtigen und gegeneinander abzuwägen.[3])

246 Im Rahmen der Vollmacht kann der Bevollmächtigte – anders als der TV, soweit dessen Verfügung nicht alle Erben und Vermächtnisnehmer zustimmen[4]) – auch **unentgeltliche Verfügungen** über die von seiner Vollmacht erfaßten Nachlaßgegenstände vornehmen. Ist also der TV zugleich Bevollmächtigter des Erblassers über dessen Tod hinaus,[5]) so kann er, wenn er ausdrücklich als Bevollmächtigter handelt, im Rahmen seiner Vollmacht auch unentgeltliche Verfügungen ohne Mitwirkung der Erben treffen. Grundlage für diese Ausführungen bildet eine Entscheidung des BGH vom 18. 6. 1962,[6]) aus der hier folgendes wörtlich wiedergegeben sei:

247 *„Der Bevollmächtigte hat die Wechselverbindlichkeiten nicht nur als TV, sondern auch in seiner Eigenschaft als (über den Tod des Erblassers hinaus bestellter) Generalbevollmächtigter des Erblassers eingegangen. Er hat diese Rechtsstellung nicht durch seine Einsetzung als TV verloren. Es bestehen keine rechtlichen Bedenken dagegen, daß jemand sowohl die Stellung eines TV als auch die Stellung eines Generalbevollmächtigten aufgrund einer ihm vom Erblasser über seinen Tod hinaus erteilten Vollmacht innehat. Die Generalvollmacht wird auch nicht dadurch eingeschränkt, daß der Bevollmächtigte zugleich TV ist (KGJ 37 A 231, 236), er kann auch unentgeltliche Geschäfte vornehmen. Der Erbe muß vor unentgeltlichen Geschäften des TV*

---

[1]) Bengel/Reimann, 1. Kap. Rz 52; Staudinger/Reimann vor § 2197 ff. BGB Rz 116; a. A. ohne Begründung Nieder, Handbuch der Testamentsgestaltung, Rz 689; Palandt/Edenhofer, Einf. vor § 2197 BGB Rz 18.

[2]) Oben Rz 4 ff.

[3]) BGH, NJW 1969, 1245 = RPfleger 1969, 237; kritisch Finger, NJW 1969, 1624. Siehe zur postmortalen Vollmacht auch die in Rz 4 Fußnoten 1 und 2 angeführte Rechtsprechung und Literatur.

[4]) Rz 197 ff.

[5]) Rz 14.

[6]) BB 1962, 856 = DNotZ 1963, 305 = MDR 1962, 885 = NJW 1962, 1718 = RPfleger 1962, 438 mit Anm. von Haegele. Siehe ferner BGH, NJW 1969, 1624; Haegele, RPfleger 1968, 347.

*geschützt werden, weil er eine Entlassung des TV nur erreichen kann,
wenn ein wichtiger Grund vorliegt. Der Erbe braucht aber vor unentgeltlichen Geschäften des Generalbevollmächtigten nicht in dieser
Weise geschützt zu werden, da er die vom Erblasser erteilte Generalvollmacht jederzeit widerrufen kann (Staudinger-Coing, Anm. 4 zu
§ 168 BGB).*

Die Vornahme eines Geschäfts, bei dem keine Gegenleistung in den **248**
*Nachlaß fällt, kann aber einen **Mißbrauch** auch der **Vollmacht** darstellen, wenn der Bevollmächtigte die Erben mit einer Verbindlichkeit belastet, die dazu dienen soll, eine eigene Verbindlichkeit des Bevollmächtigten zu tilgen. Der Bevollmächtigte hat jedoch behauptet und das
Berufungsgericht hat unterstellt, daß die Erben mit der Eingehung der
Wechselverbindlichkeit für die Bauschulden des Bevollmächtigten einverstanden gewesen seien. Ist dies der Fall, so liegt kein Mißbrauch der
Vollmacht vor. Die Vollmacht ist zwar vom Erblasser erteilt worden; sie
wirkt aber für und gegen die Erben. Haben die Erben ausdrücklich
oder stillschweigend zugestimmt, daß der Bevollmächtigte die streitige
Wechselverbindlichkeit einging oder ist ihr Verhalten nach Treu und
Glauben jedenfalls so aufzufassen, daß sie eine derartige Zustimmung
erteilt hätten, dann besteht kein Grund, die Erben nicht haften zu lassen; sie sind dann nicht schutzwürdig.*

Gegen diese Auffassung kann auch nicht geltend gemacht werden, die **249**
*Erben seien durch die Anordnung der TVg gehindert, dem Generalbe-
vollmächtigten in dieser Eigenschaft eine wirksame Zustimmung zur
Eingehung der Wechselverbindlichkeit zu erteilen. Die Bestimmung,
daß ein TV keine unentgeltlichen Verfügungen vornehmen darf, soll vor
allem die Erben schützen; deshalb kann der Erblasser den TV von
diesem Verbot nicht freistellen. Ein schutzwürdiges Interesse der Erben
entfällt jedoch, wenn diese mit dem Verhalten des TV einverstanden
sind. Das Verbot, unentgeltliche Geschäfte vorzunehmen, wird aber
häufig auch dem Willen des Erblassers entsprechen und mag im einzelnen Fall dem Interesse von Nachlaßgläubigern oder anderer Nachlaßbeteiligten dienen (Staudinger-Dittmann, Anm. 37 zu § 2205 BGB).
Die Zustimmung der Erben könnte deshalb insoweit wirkungslos sein.
Man kann daher im Interesse der Rechtssicherheit und Rechtsklarheit
möglicherweise die Ansicht vertreten, ein TV könne niemals unentgeltlich Geschäfte abschließen. Diese Gesichtspunkte fallen aber weg, wenn
der Erblasser einen Generalbevollmächtigten über seinen Tod hinaus
bestellt. Der Generalbevollmächtigte unterliegt nicht den Beschränkungen, die für den TV gelten. Seine Stellung ist auch durch die Anordnung
der TVg nicht beeinträchtigt; er kann, solange die Vollmacht nicht
widerrufen ist, Verfügungen über Nachlaßgegenstände vornehmen
(KGJ 37 A 231, Kipp-Coing, Erbrecht, S. 305 Anm. 1) und Verpflichtungen mit Wirkung gegen den Nachlaß eingehen. Die **einzige***

Schranke *für den Generalbevollmächtigten liegt in dem Verbot, die Vollmacht zu **mißbrauchen**. Ein Mißbrauch liegt aber nicht vor, wenn die Erben mit der Vornahme des Geschäfts **einverstanden** sind.''*

250 Steht ein Erbe unter **elterlicher Gewalt** oder **Vormundschaft,** so bedarf der Bevollmächtigte in einschlägigen Fällen **nicht der Genehmigung des Vormundschaftsgerichts.**[1])

251 Bei Vorhandensein eines Bevollmächtigten über den Tod hinaus besteht für den **Erben** neben dem Vollmachtsmißbrauch **auch** die **Gefahr,** daß er von der Vollmacht zunächst gar nichts weiß und der Bevollmächtigte Geschäfte tätigt, mit denen er nicht einverstanden wäre, die er aber nur bei von ihm zu beweisenden Vollmachtsmißbrauch rückgängig machen kann. Macht der TV in ersichtlich verdächtiger Weise von seiner Vollmacht Gebrauch, so steht dem Anspruch auf Vertragserfüllung der Einwand unzulässiger Rechtsausübung entgegen.[2]) Auf der anderen Seite muß der Erbe aber beachten, daß er nach Widerruf der einem Dritten über den Tod des Erblassers hinaus erteilten Vollmacht einen neuen Bevollmächtigten nicht aufstellen kann, da dieses Recht nur dem TV zusteht.

252 Den Erben selbst steht kein Verfügungsrecht über den Nachlaß zu, wenn der Bevollmächtigte über den Tod hinaus zugleich der TV ist. Aber auch dann, wenn es sich um verschiedene Personen handelt, kann der Erbe neben dem Bevollmächtigten nicht handeln, da ihm die Verfügungsmacht über den Nachlaß nicht zusteht.[3]) Der Bevollmächtigte ist also über die Dauer der TVg in keinem Fall von Weisungen des Erben abhängig. Durch Erteilung einer Vollmacht allein – ohne Anordnung von TVg – kann der Erblasser dagegen den Nachlaß vor dem Erben nicht schützen, da dann der Bevollmächtigte von seinen Weisungen abhängig ist und neben seiner Vertretungsmacht diejenige des Erben selbständig besteht.

---

[1]) RGZ 106, 186; Palandt/Edenhofer, Einf. vor § 2197 BGB Rz 18. Auch Vorlage eines Erbausweises ist nicht erforderlich. Beschränkungen durch Nacherbschaft sind unbeachtlich. Durch die Verfügung des Bevollmächtigten scheidet der Gegenstand aus dem Nachlaß aus. Die Gegenleistung fällt aber in den Nachlaß (KG, JFG 12, 278).

[2]) BGH, NJW-RR 1989, 642.

[3]) Oben Rz 227.

Vollmacht und TVg können nebeneinander bestehen.[1]) Daher können sich **253**
Überschneidungen zwischen den Handlungen des TV und des Bevollmächtigten ergeben, wenn beide Vertreter verschiedene Personen sind. Denn die Vollmacht ermächtigt, solange sie nicht ordnungsmäßig widerrufen ist,[2]) den Bevollmächtigten, nach dem Tod des Vollmachtgebers ohne Rücksicht auf die gleichzeitig bestehende TVg und ohne Vorlegung eines Erbausweises (Erbschein, Abschrift des notariellen Testaments und des Protokolls über seine Eröffnung durch das Nachlaßgericht)[3]) im Rahmen der in der Vollmacht erteilten Befugnisse über den Nachlaß zu verfügen.[4]) Zu den Fragen der erbrechtlichen Begrenzung der Vollmacht, insbesondere wenn TV und Bevollmächtigter dieselbe Person sind, siehe oben Rz 14 und ausführlich unten Rz 361 ff.

Ist die Vollmacht etwa zur Grundstückveräußerung oder zur Nachlaßregelung **254**
erteilt, so erwirbt ein Miterbe aufgrund einer alsdann an ihn vorgenommenen Grundstücksübertragung das Eigentum an dem Grundstück frei von der bestehenden TVg; deren Eintragung im Grundbuch[5]) anläßlich der Eigentumsüberschreibung auf den Erwerber hat zu unterbleiben. Die entsprechende Verfügung des über den Tod des Vollmachtgebers hinaus Bevollmächtigten ist mithin trotz der bestehenden TVg so wirksam, wie wenn sie der TV wirksam vorgenommen hätte. Der Bevollmächtigte kann z. B. auch ohne Mitwirkung des TV die Löschung einer zum Nachlaß gehörenden Hypothek bewilligen.

---

[1])   So auch Palandt/Edenhofer, § 2197 BGB Rz 18; Soergel/Damrau, § 2205 BGB Rz 52; Wiedemann, S. 326. Teilweise unzutreffend Staudinger/Reimann, Vorbem. 110 vor § 2197 wie folgt: „. . . wird ihre Wirkung durch die Rechte des TV eingeschränkt, sobald dieser das Amt angenommen hat (§ 2202). Denn da der Bevollmächtigte nunmehr als Bevollmächtigter der Erben anzusehen ist, kann er nur im Rahmen der Verfügungsmacht der Erben handeln; diese aber ist durch die Rechte des TV beschränkt (§§ 2211, 2212 BGB). Anders ist freilich das Verhältnis zwischen postmortaler Vollmacht und TVg zu beurteilen, wenn anzunehmen ist, daß nach dem Willen des Erblassers die Rechte des TV durch die des Bevollmächtigten eingeschränkt sein sollen (§ 2208 Abs. 1 Satz 1; K 37 A 231 = Recht 1910, 1451; Kipp/Coing, § 127 Note 1). Das wird im allgemeinen nur anzunehmen sein, wenn die Vollmacht erst nach Anordnung des TVg oder doch zugleich mit dieser erteilt wurde;" ebenso MüKo/Brandner, § 2211 BGB Rz 13. Dem ist entgegenzuhalten, daß der Bevollmächtigte seine Vollmacht nicht von dem – durch TVg beschränkten – Erben herleitet, sondern von dem frei verfügungsberechtigten Erblasser. Die Beschränkungen der Erben durch TVg können daher den Bevollmächtigten wohl nicht berühren. In der nachträglichen Anordnung einer TVg ist kein Vollmachtswiderruf zu erblicken. Eine Mittelmeinung vertritt Rehmann, BB 1987, 213.

[2])   Oben Rz 4, 8.

[3])   KG, JFG 12, 274; Palandt/Edenhofer, Einf. vor § 2197 BGB Rz 18.

[4])   Vgl. insbesondere Rz 245.

[5])   Rz 274.

2. Verfügungen über Grundbesitz im besonderen

a) Nachweis der Entgeltlichkeit

255 Die bisher aufgeführten Grundsätze gelten auch dann, wenn der TV über zum Nachlaß gehörende Grundstücke oder Rechte an Grundstücken Verfügungen tritt. Die **Entgeltlichkeit** solcher Verfügungen ist dem Grundbuchamt darzulegen. Dabei ist in der Regel ein Eingehen auf den der – dinglichen – Verfügung zugrunde liegenden Rechtsgrund notwendig. Im Grundbuchverfahren ist der Nachweis der Entgeltlichkeit einer Verfügung (durch öffentliche oder öffentlich beglaubigte Urkunden, § 29 GBO) meist nicht möglich, wenn der TV allein, also ohne Mitwirkung der Erben (und etwaiger Vermächtnisnehmer) [1] verfügt. Die Rechtsprechung hat die Anwendung **allgemeiner Erfahrungssätze** in dem Sinne zugelassen, daß es für eine durch einen solchen Satz gestützte Beurteilung keines Beweises der Entgeltlichkeit bedarf. Solche Erfahrungssätze sind vor allem dann anzuwenden, wenn die Eintragungsbewilligung Bestandteil eines zweiseitigen entgeltlichen Rechtsgeschäfts ist, insbesondere eines Veräußerungsvertrags mit einem Nichterben. Das Grundbuchamt kann und muß in diesem Falle aufgrund einer Erklärung des TV, es handle sich um eine entgeltliche Verfügung, eintragen, falls ihm nicht Anhaltspunkte für die Unrichtigkeit der behaupteten Entgeltlichkeit bekannt sind, und zwar aus der Urkunde und aus allgemeinen Erwägungen, nicht aus privatem Wissen heraus.

---

[1] Siehe dazu insbesondere Rz 201.

Im letzteren Fall müssen die für die Entgeltlichkeit maßgebenden Tatsachen bewiesen werden; der Nachweis der pflichtgemäßen Ausübung der TVg bedarf aber nicht der Form des § 29 GBO.[1])

Die Erfahrungssätze können nur bei **normalen wirtschaftlichen Verhältnissen** angewendet werden, nicht dagegen unter außergewöhnlichen Umständen, die erfahrungsgemäß auch eine sonst ordnungsmäßige Verwaltung erschüttern und die Gefahr einer Verschleuderung von wertvollen Sachgütern mit sich bringen können. Hat das Grundbuchamt vor Eintragung eines neuen Grundstückseigentümers nicht im erforderlichen Umfang geprüft, ob der – allein handelnde – TV nicht etwa unentgeltlich verfügt hat, so ist schon aus verfahrensrechtli-

256

---

[1]) Vgl. etwa RGZ 65, 223; 69, 257; KG, Recht 1929, 1522; JFG 7, 284; BayObLGZ 1956, 55; OLG Zweibrücken, RPfleger 1968, 89 mit Anm. von Haegele.

Der BGH führt zu obrigen Fragen in seiner Entscheidung vom 24. 9. 1971 (Belegstellen siehe Rz 201, Fußnote 8) folgendes aus:

„Die Rechtsprechung hat gerade für den Nachweis, daß eine Verfügung des TV nicht unentgeltlich ist, von den strengen Beweisanforderungen des § 29 GBO Abstand genommen. Danach können auch einfache Erklärungen des TV genügen, wenn keine begründeten Zweifel daran erkennbar sind (vgl. KG, KGJ 33 A 164, 174 ff., OLG München, HRR 1940 Nr. 1128, BayObLG 1956, 54, 63, 1959, 278, 283, Horber Anm. 9 zu § 29 GBO, Meikel/Imhof/Riedel, Rdn 84, 85 zu § 29 GBO, Staudinger/Dittmann, Rdn 35 zu § 2205 BGB, Planck/Flad, Anm. 15 zu § 2205 BGB) . . .. Die Lockerung der strengen Beweisanforderungen ist nur dort geboten, wo es praktisch unnmöglich ist, Urkunden beizubringen. In diesen Fällen sollen die Beweisanforderungen nicht überspannt werden, um einen geordneten Geschäftsverkehr nicht unnötig zu erschweren. Kann aber unter normalen Verhältnissen eine Urkunde ohne weiteres beigebracht werden, kann darauf nicht verzichtet werden (Horber, a. a. O.)."

Beachtenswert sind ferner folgende Ausführungen von Horber/Demharter, 17. Aufl., Anm. 5 Bc zu § 52 GBO: „Es genügt eine privatschriftliche Erklärung des TV, die diesen Anforderungen entspricht, dagegen nicht seine bloße Behauptung, die Verfügung sei entgeltlich. Die Feststellung, daß eine entgeltliche Verfügung vorliegt, ist ausschließlich Sache des Grundbuchamts. Die vorstehenden Grundsätze laufen im Ergebnis auf freie richterliche Beweiswürdigung bei Prüfung der Entgeltlichkeit hinaus. Die bei dieser Prüfung oft zu beobachtende Ängstlichkeit ist nicht am Platz. Der Gesetzgeber will die Verschleuderung von Nachlaßwerten verhindern, aber er will nicht, daß der Rechtsverkehr durch unangebrachte Bedenken gehemmt wird. Bei zweifelhafter Rechtslage kann ein kurzer Aktenvermerk über das Ergebnis der Prüfung zweckmäßig sein."

Vgl. auch Kersten/Bühling, S. 1102: „Eine genaue Gleichmäßigkeit der Leistungen kann nicht gefordert werden. Es genügt vielmehr eine vertretbare Gegenleistung."

Darum wird die von Klingenstein, BWNotZ 1965, 25, gestellte Frage, ob der TV landwirtschaftliche Grundstücke zur Zwangsversteigerung bringen muß, weil in einer solchen heute auch Bieter, die keine Landwirte im Haupt- oder Nebenberuf sind, ohne Bietungsgenehmigung erwerben können und daher u. U. ein höherer Erlös zu erzielen ist als bei einem gewöhnlichen Verkauf (grundsätzlich zustimmend Palandt/Edenhofer, § 2204 BGB Rz 3 und Zeller/Stöber, ZVG, 12. Aufl. 1987, § 180 ZVG Anm. (4) 14), für den Regelfall zu verneinen sein. Dies um so mehr, als dann, wenn die freihändige Veräußerung eines land- oder forstwirtschaftlichen Grundstücks an einen Nichtlandwirt nach § 9 GrdstVG nicht genehmigt werden kann, weil ernsthafte Liebhaber aus landwirtschaftlichen Kreisen vorhanden sind, diese grundsätzlich den gleichen Preis zahlen müssen, den der nicht dem Landwirtsberuf angehörige Kaufliebhaber zu zahlen bereit ist (vgl. BGH, RdL 1966, 204). Zum Mißbrauch der derzeitigen Bietfreiheit bei Zwangsversteigerung land- und forstwirtschaftlicher Grundstücke siehe Pfeifer, RdL 1966, 286 mit zu Recht bestehender Erwiderung von Schiffhauer, RdL 1967, 88. Ein TV handelt z. B. pflichtwidrig, wenn er ein Grundstück, das den wesentlichen Teil des Nachlasses darstellt, zu einem unangemessenen niedrigen Preis verkauft (BGH, VersR 1965, 608).

chen Gründen ein Amtswiderspruch (§ 53 GBO) einzutragen.[1]) Ein Nacherbe kann eine Grundbucheintragung, die auf einer unentgeltlichen Verfügung des TV beruht, selbständig mit Beschwerde und mit dem Antrag anfechten, einen Amtswiderspruch zu seinen Gunsten einzutragen.[2])

257 Der **Prüfung** der Entgeltlichkeit durch das Grundbuchamt[3]) bedarf es dann nicht, wenn alle Erben der Verfügung des TV zustimmen. Zusätzlich ist die Mitwirkung von Vermächtnisnehmern erforderlich, wenn es sich um eine unentgeltliche Verfügung des TV handelt.[4]) Hängt die Entgeltlichkeit einer Verfügung des TV davon ab, daß der Empfänger der Leistung Miterbe ist, so ist die Erbeneigenschaft in der Form des § 35 GBO (z. B. Erbschein) – oder ggf. des § 36 GBO – nachzuweisen; die sonst für den Nachweis der Entgeltlichkeit bestehenden Beweiserleichterungen greifen hier nicht ein.[5])

b) Bestellung von Grundpfandrechten durch den TV

258 Für die Belastung eines Nachlaßgrundstücks mit einer Grundschuld oder Hypothek ergeben sich aufgrund der Ausführungen Rz 255, wenn der TV allein handelt, folgende Grundsätze: [6])

259   1. Wird auf Antrag des TV eine Grundschuld als Eigentümergrundschuld (§ 1196 BGB) für die Erben in Erbengemeinschaft eingetragen, so ist sie wirksam. Das Entgelt besteht hier in dem für die Erben neu entstandenen dinglichen Recht.

260   2. Soll eine Grundschuld unmittelbar **zugunsten eines Dritten** (Geldgebers) eingetragen werden, so muß der TV die Beweggründe für die Belastung und deren Zweck darlegen. Entsprechen Beweggründe und Belastungszweck der allgemeinen Lebenserfahrung und sind dem Grundbuchamt keine gegenteiligen Tatsachen bekannt, so steht der Eintragung der Fremdgrundschuld nichts im Wege.

261   · 3. Soll der Gegenwert aus einer Grundschuld nach vorst. Nr. 2 dem **TV selbst zufließen,** die Grundschuld also z. B. zur Sicherung eines ihm persönlich gewährten Kredits dienen, so ist das Rechtsgeschäft zwar vom Standpunkt des Gläubigers (Geldgebers) aus ein entgeltliches, nicht aber vom Standpunkt der Erben aus. Der Geldgeber kann hier die Grundschuld nicht etwa gutgläubig erwerben, da der öffentliche

---

[1]) OLG Zweibrücken, RPfleger 1968, 89 mit Anm. von Haegele.

[2]) RG, DR 1943, 90.

[3]) Rz 255.

[4]) Siehe Rz 199 ff.

[5]) BayObLGZ 1986, 208, 210 = NJW-RR 1986, 1070.

[6]) Haegele/Schöner/Stöber, Grundbuchrecht, Rz 1755.
  Zur Frage der Grundschuldbestellung durch den TV zur Sicherung eines Privatgläubigers bei Bestehen von TVg siehe LG Oldenburg, RPfleger 1969, 240 mit Anm. von Haegele. Ein TV kann über den seiner Verwaltung unterliegenden Grundbesitz verfügen, insbesondere diesen belasten, ohne daß die Pfandgläubiger einzelner Erben zustimmen müßten (KG, JR 1952, 323).

Glaube des Grundbuchs (§ 892 BGB) Mängel des Erwerbsgeschäfts nicht heilt. Derjenige allerdings, an den der Grundschuldgläubiger die Grundschuld abtritt, wäre bei Gutgläubigkeit durch den öffentlichen Glauben des Grundbuchs geschützt (§ 892 BGB).

4. Bei **Abtretung** einer auf die **Erben eingetragenen** (Eigentümer-) **262** Grundschuld (vgl. Nr. 1) durch den TV an einen **Dritten** ist die Rechtslage dieselbe wie in dem vorst. Nr. 2 und 3 behandelten Falle der unmittelbaren Eintragung der Grundschuld auf den Dritten.

5. Grundschuldbestellung durch den TV an Nachlaßgrundstücken auf **263** seinen **eigenen Namen** und für seine Rechnung stellt grundsätzlich ein unwirksames unentgeltliches Rechtsgeschäft dar, insbesondere dann, wenn die Grundschuld zur Eigenaufnahme von Kredit für den TV selbst bestimmt ist (vgl. Nr. 3).

6. Bei **Abtretung** einer gleichwohl für den **TV persönlich** (Nr. 5) einge- **264** tragenen Grundschuld an einen Dritten ist dieser gutgläubiger Erwerber im Rahmen des § 892 BGB (siehe hier vor Nr. 3).

c) Gewährung einer Grundstücksausstattung durch den TV

Ausstattungen an Kinder des Erblassers in der Form der Übertragung von **265** Nachlaßgrundstücken kann – und muß – der TV zum mindesten dann gewähren, wenn ihm vom Erblasser eine entsprechende **Verpflichtung letztwillig auferlegt** worden ist. Im übrigen ist die Frage der Berechtigung des TV zur Gewährung einer Grundstücksausstattung zweifelhaft. Die Ausstattung ist zwar keine Schenkung, aber eine unentgeltliche Zuwendung; eine sittliche Verpflichtung zur Gewährung einer Ausstattung läßt sich auch nicht aus dem Gesichtspunkt der Gleichstellung mit den übrigen Kindern herleiten.[1] Sie erfolgt objektiv ohne Gegenleistung und unterfällt daher – ebenso wie die unbenannte Zuwendung unter Ehegatten, die objektiv ebenfalls unentgeltlich ist,[2] dem Verfügungsverbot des § 2205 Satz 3 BGB.[3]

Bei der Gewährung einer Ausstattung handelt es sich in aller Regel um die **266** Zuwendung an eine Person, die meist **zugleich Miterbe** ist. Die Grundstückszuwendung kann in einem solchen Falle als eine vorschußweise Zahlung aus dem Erbteil des Kindes und Miterben bewertet werden, selbst wenn vom Erblasser eine Ausstattungsverpflichtung für den TV letztwillig nicht festgelegt worden ist. Letzten Endes kann es sich im Einzelfall um eine Leistung aus dem

---

[1]) So RG, Warn 42, 42. Zur Gewährung von Ausstattungen an Kinder des Erblassers siehe auch – ähnlich wie oben – Häußermann, BWNotZ 1967, 237.
Zum Verhältnis zwischen Ausstattungs- und Schenkungsvertrag siehe Schmid, BWNotZ 1971, 29.

[2]) Siehe oben Rz 197a.

[3]) Bengel/Reimann/Schaub, 5. Kap. Rz 60; Staudinger/Reimann, § 2205 BGB Rz 37; a. A. Haegele, Die Justiz 1953, 139, 142.

künftigen Erbe des Kindes vom überlebenden Ehegatten (zugleich TV) selbst handeln.[1]) Aber auch dies ändert nichts an der objektiven Unentgeltlichkeit.[2])

d) Betriebs- oder Hofübergabe durch den TV

267 Gehört zu dem der TVg unterliegenden Nachlaß ein Betrieb oder ein Hof, so ist der TV zu dessen Übergabe an einen Erben zu einem **unter dem wirklichen Wert** liegenden Anschlag zum mindesten dann berechtigt (und verpflichtet), wenn der Erblasser eine entsprechende verpflichtende Anordnung getroffen hat. Er dürfte es aber, soweit der Bereich der Landwirtschaft in Frage steht, auch dann sein, wenn solche Hofübergaben in der betr. Gegend allgemein oder in der überwiegenden Zahl der Fälle üblich sind.[3]) Allerdings wird es oft schwer sein, festzustellen, was dabei als sog. Kindskaufpreis in Frage kommen wird. Der TV wird wohl ermächtigt werden können, in analoger Anwendung des § 2048 Satz 2 BGB den Übernahmepreis nach **billigem Ermessen** festzusetzen.[4]) Sicherer ist es, wenn der Erblasser in dieser Richtung genaue Anordnungen trifft oder wenn er eine unparteiische Stelle ermächtigt, den Übernahmepreis zur gegebenen Zeit nach billigem Ermessen festzusetzen.

e) Sonstige Grundstücksverfügungen des TV

268 Die Auflassung eines zum Nachlaß gehörenden Grundstücks, die der TV zur Erfüllung einer **vermeintlichen,** in Wirklichkeit nicht bestehenden Vermächtnisverpflichtung vornimmt, ist als unentgeltliche Verfügung des TV unwirksam. Zustimmung aller Erben würde den Mangel heilen, wird aber wohl kaum erteilt werden.[5])

Beantragt und bewilligt der TV die Löschung einer zugunsten des Erblassers eingetragenen Rückauflassungsvormerkung, ohne daß eine Gegenleistung gegenübersteht, so hat er dem Grundbuchamt nachzuweisen, daß der Erbe der Löschung zustimmt oder daß das Grundbuch aufgrund des Todes des Berechtigten unrichtig geworden ist.[6])

---

[1]) Siehe zu diesen Fragen Burth, WürttNotV 9, 57, 83, enger Kapp, WürttNotV 9, 70.

[2]) A. A. Haegele, Die Justiz 1953, 139, 142.

[3]) Bengel/Reimann/Schaub, 5. Kap. Rz 63.

[4]) Keller, BWNotZ 1970, 50 hält eine großzügigere Behandlung im Hinblick auf die Rechtsprechung des BGH heute nur in den seltenen Fällen noch für vertretbar, in denen aus besonderen Umständen eine den Nachlaß treffende sittliche Pflicht zur verbilligten Grundstücksübergabe vorliegt. Unter Mitwirkung aller Erben kann jedoch nach der nunmehr vom BGH (siehe Rz 201) vertretenen Ansicht eine Hofübergabe zum üblichen ermäßigten Preis durch den TV erfolgen; a. A. Bengel/Reimann/Schaub, 5. Kap. Rz 63.

[5]) Vgl. KG, OLGZ 1992, 139, 145.

[6]) BayObLG RPfleger 1994, 452.

Veräußert der TV im Rahmen seines Verfügungsrechts Nachlaßgrundstücke, **269**
die mit **Hypotheken** belastet sind, so muß er, wenn nicht die Erben einverstanden sind oder die letztwillige – in diesem Punkt allerdings frei auszulegende –
Anordnung des Erblassers etwas anderes bestimmt, auch auf Regelung der
Hypothekenforderungen bestehen; er kann das Grundstück nicht so verkaufen, daß der Käufer einfach die Hypotheken übernimmt, ohne die Erben von
der Haftung für die den Hypotheken zu Grunde liegenden persönlichen Forderungen zu befreien. Das gleiche gilt, wenn das Grundstück mit Grundschulden
belastet ist, die zur Sicherung von persönlichen Forderungen dienen.[1]

Der Antrag des TV, ein Nachlaßgrundstück einem anderen Grundstück als **270**
Bestandteil zuzuschreiben, ist mit Rücksicht auf die nach § 1131 BGB eintretende Mithaftung des ersteren für die dinglichen Lasten des anderen eine Verfügung nach § 2205 BGB. Die Frage der Entgeltlichkeit dieser Verfügung ist
nach dem Gesichtspunkt einer ordnungsmäßigen Verwaltung (§§ 2205, 2216
BGB) zu beurteilen.[2]

Sollen bei einer Grundstücksverwaltung für die verkaufenden Erben Kauf- **271**
preishypotheken eingetragen werden, so bedarf es der Vorlage eines Erbausweises über sie.[3]

Soll nach Anordnung des Erblassers oder aufgrund des vom TV aufgestellten **272**
Teilungsplanes ein Miterbe ein Nachlaßgrundstück erhalten, so kann das
Grundstück vom TV an diesen Miterben in der Form des § 925 BGB aufgelas-
sen werden, ohne daß der Abschluß eines der Form des § 313 BGB bedürfen-
den schuldrechtlichen Vertrags erforderlich ist.[4]

f) Grundbuchberichtigung

Im Grundbuch können bei den zum Nachlaß gehörenden Grundstücken und **273**
Rechten an Grundstücken die **Erben** des Erblassers bei Nachweis ihres Erbrechts (§ 35 GBO)[5] in Erbengemeinschaft eingetragen werden. Den entsprechenden Grundbuchberichtigungsantrag kann nach heute noch herrschender
Meinung nur der TV stellen,[6] es ist aber nicht einzusehen, warum nicht auch

---

[1] Die Bewilligung der Löschung einer auf einem Nachlaßgrundstück eingetragenen nicht an letzter
Rangstelle stehenden Eigentümergrundschuld durch den TV ist keine unentgeltliche Verfügung
nach Rz 197, wenn die Löschung in Erfüllung einer in einem Kaufvertrag übernommenen Verpflichtung bewilligt wird, dem Käufer das Grundstück frei von Lasten in Abt. III zu verschaffen
(KG, OLGZ 1968, 215 = NJW 1968, 1632 = RPfleger 1968, 189).

[2] Oben Rz 165 ff.; KG, DNotZ 1938, 171.

[3] KG, JFG 18, 161; vgl. Rz 723.

[4] Einzelheiten siehe Rz 522.

[5] Unten Rz 723.

[6] KGJ 51, 216; OLG München, JFG 20, 373; Soergel/Damrau, § 2205 BGB Rz 74; Staudinger/Rei-
mann, § 2205 BGB Rz 27.

der Erbe antragsberechtigt sein soll; [1]) wie unzutreffend die h. M. ist, zeigt sich auch darin, daß der Erwerber eines Erbteils berechtigt ist, seine Eintragung ohne Mitwirkung des TV zu beantragen.

274 Gleichzeitig mit der Eintragung der Erben im Grundbuch ist **von Amts wegen** die sich aus dem Erbausweis ergebende **Anordnung** der TVg in Abt. II oder I-II des Grundbuchs mit**einzutragen,** es sei denn, daß das Grundstück nachweisbar nicht der TVg unterliegt (§ 52 GBO, § 10 GBVerfg).[2]) Der Vermerk ist, wenn er das Eigentum oder Rechte in Abt. II betrifft, in Abt. II, wenn er Rechte in Abt. III betrifft, dort einzutragen.[3])

275 Der Antrag, das Grundbuch durch Eintragung der Erben zu berichtigen, und die Eintragung des TV-Vermerks dürfen nur **einheitlich** erledigt werden. Dies gilt auch dann, wenn die Erben bereits vor dem Tod des Erblassers als Miteigentümer im Grundbuch miteingetragen waren.[4]) Trägt das Grundbuchamt nur die Erben, nicht auch den TV-Vermerk ein, so liegt darin eine Gesetzesverletzung, die zur Eintragung eines Amtswiderspruchs nach § 53 GBO führt, wenn das Bestehen der TVg glaubhaft ist.[5]) Die Eintragung nur des TV-Vermerks in das Grundbuch ohne gleichzeitige Eintragung der Erben ist nicht zulässig.[6])

276 War der Erblasser Gesellschafter einer **Gesellschaft** nach bürgerlichem Recht und sind die Gesellschafter als solche im Grundbuch eingetragen, so darf bei Umschreibung der Beteiligung auf die Erben des verstorbenen Gesellschafters der TV-Vermerk nach § 52 GBO nicht miteingetragen werden, denn bei einer

---

[1]) So mit Recht Bertsch, RPfleger 1968, 178; Bengel/Reimann/Klumpp, 3. Kap. Rz 79. MüKo Brandner, § 2205 BGB Rz 90; Palandt/Edenhofer, Einf. v. § 2197 BGB Rz 14; a. A. Kuntze/Ertl/Hermann/Eickmann, Grundbuchrecht, Rdn 63 zu § 13 GBO. Siehe auch Buschmann, BIGWB 1970, 124. Ob Berichtigung des Grundbuchs bei zum Nachlaß gehörenden Grundstücken oder Grundstücksrechten durch Umschreibung auf die Erben in Erbengemeinschaft überhaupt erfolgt und notwendig ist, kommt auf die Lage des einzelnen Falles an. Die nach Grundbuchrecht grundsätzlich notwendige Voreintragung der Erben im Grundbuch vor Eintragung einer über das Grundstück getroffenen Verfügung (§ 39 GBO) ist nicht erforderlich, wenn die entsprechende Eintragung – gleich welcher Art – auf Grund der wirksamen Bewilligung eines TV erfolgt (§ 40 Abs. 2 GBO). Aus diesem Grunde wird Grundbuchberichtigung der Erben bei Vorhandensein eines TV vielfach nicht erforderlich sein. Unter Erben im Sinne des vorgenannten § 40 GBO sind übrigens auch die Erbeserben zu verstehen. Es ist also nicht nötig, daß der TV für die Erben des eingetragenen Eigentümers ernannt ist; auch wenn er für deren Erbeserben bestellt ist, müssen seine Verfügungen im Grundbuch eingetragen werden, ohne daß die Zwischeneintragung der Erben verlangt werden könnte. Wegen eines Grundbuchberichtigungszwangs siehe § 82 ff. GBO. Die Auferlegung hat gegenüber dem TV zu erfolgen, wenn ihm die Verwaltung des Nachlasses zusteht, im übrigen gegenüber den Erben (siehe dazu auch Rz 465).

[2]) Zu den Kriterien für die Eintragungsfähigkeit eines TV-Vermerks bei einem Verschaffungsvermächtnis s. Meyding ZEV 1995, 100.

[3]) Haegele/Schöner/Stöber, Grundbuchrecht, Rz 3467; Horber/Demharter, § 52 GBO A. 7.

[4]) OLG Düsseldorf, MittRhNotK 1975, 639.

[5]) KG, DNotZ 1956, 195. Vgl. auch Rz 280.

[6]) BayObLG RPfleger 1996, 148 = DNotZ 1996, 99 = FGPrax 1996, 32 = ZEV 1996, 150 mit Anm. Schaub; vgl. dazu auch Bestelmeyer ZEV 1996, 261.

derartigen Gesellschaft kann der TV nicht in eben dieser Eigenschaft, sondern höchstens als Treuhänder oder als Erbenbevollmächtigter handeln.[1])

Der **Grundbuchvermerk** enthält weder den Namen des TV noch grundsätzlich **277** Angaben über dessen Wirkungskreis und Befugnisse (Ausnahme TVG nach § 2222 BGB).[2]) Er lautet in der Regel: „TVg ist angeordnet" oder „Ein TV ist ernannt".[3]) Steht dem TV allerdings die Verwaltung erst vom Eintritt einer Nacherbschaft an zu[4]) oder ist er nur zur Wahrnehmung der Rechte und Pflichten von Nacherben bis zum Eintritt der Nacherbfolge ernannt (§ 2222 BGB),[5]) so ist diese Tatsache im Grundbuch mit zu vermerken (wegen Miteintragung des Nacherbenvermerks siehe § 51 GBO).

Die TV-Ernennung ist durch ein TV-Zeugnis oder durch eine Abschrift des **278** öffentlich beurkundeten Testaments oder Erbvertrags und der Niederschrift über die Eröffnung, je beglaubigt vom Nachlaßgericht, **nachzuweisen.**[6]) Ergibt sich aus dem Eröffnungsprotokoll nichts über die Annahme des Amtes des TV, so ist dies für die Eintragung des TV-Vermerks unerheblich; der Vermerk kann – zusammen mit der Grundbuchberichtigung auf die Erben – schon vorher eingetragen werden.

Vorlage eines Erbscheins für sich allein ist nicht ausreichend, da dieser nur die **279** Ernennung des TV, nicht aber etwaige Beschränkungen seines Verfügungsrechts[7]) enthält; im übrigen gibt es keine Vermutung, daß die im Erbschein vermerkte Beschränkung durch TVg auch tatsächlich besteht.[8]) Das TV-Zeugnis andererseits weist die Erben nicht aus (es kann auch vor Annahme des Amtes nicht erteilt werden),[9]) so daß daneben noch ein Erbschein oder die vom Nachlaßgericht beglaubigten Abschriften des öffentlichen Testaments und des Eröffnungsprotokolls erforderlich sind. Mit bloßen Erklärungen der Beteiligten darf sich das Grundbuchamt nicht begnügen.[10])

Gegen die Eintragung des TV-Vermerks ist Erinnerung und Beschwerde mit **280** dem Ziel seiner Löschung, gegen die **Unterlassung** der **Eintragung** ist Erinnerung und Beschwerde mit dem Ziel der Eintragung eines Widerspruchs zulässig. Die nachträgliche Eintragung des TV-Vermerks ist zulässig, solange das betroffene Recht nicht auf einen Dritten umgeschrieben ist.

---

[1]) Unten Rz 299 ff., 388. Zur Frage, welche Rechte der TV bei der Auseinandersetzung über das Vermögen einer BGB-Gesellschaft hat, siehe BGH, NJW 1981, 749.

[2]) Siehe oben Rz 153.

[3]) Horber/Demharter, § 52 GBO A. 7.

[4]) Oben Rz 154.

[5]) Siehe Rz 153.

[6]) Unten Rz 714, 718.

[7]) Unten Rz 723.

[8]) OLG Frankfurt, WM 1993, 803.

[9]) Unten Rz 685.

[10]) Siehe zu diesen Fragen insbesondere KG, DNotZ 1956, 197; Horber/Demharter, § 52 GBO A. 2c; Meikel/Imhof/Riedel, Anm. 3 und 5 zu § 52 GBO.

281 Der **Erblasser** kann die Eintragung des TV-Vermerks **nicht verbieten.** Der **TV** kann auf diese Eintragung **nicht verzichten.**[1]) Mittelbar kann die Eintragung des TV-Vermerks allerdings dadurch umgangen werden, daß der TV Grundstücke oder Rechte an Grundstücken aus der TVg freigibt (§ 2217 BGB),[2]) bevor Antrag auf Berichtigung des Grundbuchs gestellt wird.

282 Die Eintragung des TV-Vermerks bewirkt, daß Verfügungen der Erben nicht in das Grundbuch eingetragen werden können, falls nicht die Zustimmung des TV in öffentlicher Form (§ 29 GBO) nachgewiesen wird,[3]) und daß das Verfügungsrecht des TV gegen Untergang durch gutgläubigen Erwerb (§ 892 BGB) geschützt ist.[4]) Das Grundbuchamt hat die Eintragung des TV-Vermerks solange als maßgebend zu betrachten, bis ihm Tatsachen bekannt werden, die ihre Unrichtigkeit ergeben (§ 891 BGB). Solche Tatsachen darf sich das Grundbuchamt aber nicht dadurch beschaffen, daß es die Grundbucheintragung erneut prüft.

283 Die **Löschung des TV-Vermerks** geschieht nur auf – formlosen – Antrag des TV, des Erben oder desjenigen, zu dessen Gunsten die Löschung erfolgt. Die Löschung setzt nach h. L. den Nachweis voraus, daß der Vermerk – noch – zu Unrecht eingetragen ist.[5]) Der Nachweis dafür, daß eine TVg erloschen und die Bewilligungsbefugnis des Erben wieder hergestellt ist, kann aber im Grundbuchverfahren nur durch öffentliche Urkunden geführt werden.[6]) Eine öffentlich beglaubigte Erklärung des TV reicht nach h. L. für den Nachweis grundsätzlich nicht aus; in Betracht kommt dafür außer einem Erbschein, der die Beschränkung der TVg nicht mehr ausweist, z. B. auch ein TV-Zeugnis, aus dem eine Befristung hervorgeht (§ 35 Abs. 2 1. Halbsatz GBO entspre-

---

[1]) OLG München, JFG 20, 294. Wohl aber kann der Nacherben-TV auf die Eintragung eines etwaigen Nacherbschaftsvermerks nach § 51 GBO verzichten (siehe Rz 158). Ersatznacherben müssen mitwirken (OLG Köln, NJW 1955, 633).
Setzen TV und Erben gemeinsam den Nachlaß bei Grundstücken derart (teilweise) auseinander, daß sie das Gesamthandseigentum der Erbengemeinschaft in Bruchteilsgemeinschaft der Erben umwandeln, ist der TV-Vermerk im Grundbuch zu löschen (BGH, Fußnote 5 zu Rz 199).

[2]) Unten Rz 494; KGJ 40, 212; Meikel/Riedel, Anm. 7 zu § 52 GBO.

[3]) Dazu Rz 227.

[4]) Der Erwerber eines Grundstücks erwirbt daran das Eigentum, wenn der TV-Vermerk nicht im Grundbuch eingetragen ist und der Erwerber das Verwaltungsrecht des TV nicht kennt (Kipp/Coing, Erbrecht, § 70 II 2, Lange/Kuchinke, Erbrecht, § 29 V 4). Darüber hinaus vertritt Kipp/Coing a. a. O. (ebenso v. Lübtow, S. 982) die Ansicht, daß, sofern der Erbe verfügen kann, ohne sich in das Grundbuch eintragen lassen zu müssen (§ 40 GBO; bei Veräußerung oder Löschung eines Rechts), derjenige, zu dessen Gunsten er verfügt, ohne eingetragen zu sein, durch Unkenntnis vom Verwaltungsrecht des TV nicht geschützt ist. Derartige Fälle werden nur selten vorkommen, da der Erbe sich über sein Erbrecht legitimieren muß. Geschieht dies durch Erbschein, so ist in ihm die TVg erwähnt (Rz 723). Geschieht dies durch Vorlage einer Abschrift der Verfügung von Todes wegen nebst Eröffnungsprotokoll, so wird daraus die Anordnung von TVg in aller Regel zu entnehmen sein.

[5]) AG Starnberg, RPfleger 1985, 57; siehe auch Rz 830.

[6]) BayObLGZ 1990, 51, 54 = RPfleger 1990, 363 = NJW-RR 1990, 906.

chend).[1]). Ist im Erbschein die TV-Ernennung zu Unrecht angegeben, so kann die Löschung des Vermerks im Grundbuch nur bei Vorlage eines neuen Erbscheins ohne TV-Angabe erfolgen.[2]) Dieses Verfahren ist nicht nur umständlich, sondern auch kostspielig. Man sollte die Anforderungen an die Löschung des TV-Vermerks nicht überspannen. Wenn das Amt des TV beendet und seine Verfügungsbefugnis über den Grundbesitz erloschen ist, gleicht seine Stellung bei der Löschung des Vermerks der eines Betroffenen i. S. des § 19 GBO und sein Löschungsantrag ist zugleich Bewilligung. Der öffentlich beglaubigte Antrag des TV genügt daher für die Löschung des Vermerks.[3])

284 Der zu Unrecht bestehende Eintrag des TV-Vermerks kann auf verschiedenen Umständen beruhen. Die Löschung hat zu erfolgen, wenn nachgewiesen wird, daß **TVg** gar **nicht angeordnet** worden ist (§ 22 GBO). Sie hat ferner zu erfolgen, wenn das betreffende Nachlaßgrundstück den Erben zur **freien Verfügung** ausgefolgt worden ist.[4]) Weiter kann die Löschung des TV-Vermerks erfolgen, wenn ein mit TVg belastetes Grundstück vom TV **wirksam veräußert** oder ein darunter fallendes dingliches Recht wirksam aufgehoben worden ist.[5]) Schließlich kann sie erfolgen, wenn der TV alle ihm nach dem Willen des Erblassers obliegenden **Aufgaben erfüllt** hat.[6])

285 Im Falle einer **Grundstücksfreigabe** (§ 2217 BGB) kann die Eintragung des Grundbuchvermerks unterbleiben, wenn die Freigabe bereits vor Umschreibung des Grundstücks auf die Gesamtheit der Erben erfolgt.[7])

Das **Grundbuchamt** hat den **Erben** von Eintragungen, die der TV beantragt hat, dann **Nachricht zu geben,** wenn die Erben zur Zeit der Eintragung im Grundbuch als Berechtigte bereits eingetragen waren bzw. gleichzeitig eingetragen werden.[8])

286 Ist dies nicht der Fall, so besteht für das Grundbuchamt keine Benachrichtigungspflicht nach § 55 GBO an die Erben. In diesem Falle ist lediglich der TV zu benachrichtigen. Die Frage, ob das Grundbuchamt hier wenigstens das Recht hat, die Erben zu benachrichtigen, ist offen, aber wohl zu bejahen. Will der Erbe von den Veränderungen im Grundbuch stets durch das Grundbuch-

---

[1]) BayObLGZ 1990, 51, 55 = RPfleger 1990, 363 = NJW-RR 1990, 906; OLG Hamm RPfleger 1958, 15; Horber/Demharter § 52 GBO Anm. 12.

[2]) Siehe auch Rz 722 ff.

[3]) Siehe unten Rz 830; LG Köln, MittBayNot 1986, 50; KEHE, § 52 GBO Rz 16; Meikel/Imhof/ Riedel, § 52 GBO Rz 12; überzeugend Schelter, DNotZ 1992, 683.

[4]) Rz 494.

[5]) Siehe Rz 255 ff.

[6]) Vgl. OLG Hamm, RPfleger 1957, 150; 1958, 15 für den Fall der Kündigung durch den TV (Rz 788), die aber in der Regel nicht den Wegfall der TVg zur Folge hat.

[7]) Palandt/Edenhofer, § 2217 BGB Rz 6.

[8]) Vgl. Güthe/Triebel, GBO, 5. Aufl. § 55 Anm. 27. Zu allgemein ist die Ansicht von Meikel/Imhof/ Riedel, Anm. 4 zu § 55 GBO: „Wurde der Antrag durch einen TV gestellt, so muß die Benachrichtigung sowohl an ihn (auch wenn sein Recht nicht eingetragen ist) als auch an die Erben erfolgen.‟

amt benachrichtigt werden, so muß er Grundbuchberichtigung auf die Erben herbeiführen.[1])

g) Grundsatz der Voreintragung des Betroffenen

287 Es ist ein allgemeiner Grundsatz im Grundbuchrecht, daß eine Eintragung nur erfolgen soll, wenn die Person, deren Recht durch sie betroffen wird, als der Berechtigte eingetragen ist (§ 39 GBO). Eine Ausnahme hiervon macht § 40 GBO, wenn die Person, deren Recht durch die Eintragung betroffen wird, Erbe des eingetragenen Berechtigten, also regelmäßig des Erblassers, ist und wenn die Übertragung oder die Aufhebung des Rechts eingetragen werden soll. Das gleiche gilt für eine Eintragung aufgrund der Bewilligung eines TV (§ 40 Abs. 2 GBO). Bei Vorliegen einer Eintragungsbewilligung eines TV ist daher weder eine Voreintragung der Erben noch eine Voreintragung des TV erforderlich, wenn es sich um die Übertragung oder die Aufhebung eines Rechts handelt. Da in diesen Fällen die Erben ebenso wie der TV gleich wieder aus dem Grundbuch verschwinden würden, hält es das Gesetz für gerechtfertigt und ökonomisch vernünftig, den starren Eintragungszwang zu lockern, um den Erben Kosten zu sparen. Die Eintragungsbewilligung des TV genügt aber nur dann, wenn sie gegen den Erben wirksam ist, also im Rahmen der Befugnisse des TV liegt (§§ 2205–2209 BGB), wie dies der Fall ist, wenn der TV keinen Einschränkungen unterliegt. Zum Verhältnis zwischen TV-Zeugnis und Erbschein s. auch u. Rz 722.

3. Eintragung des Testamentsvollstreckers im Handelsregister

288 Ob in das Handelsregister ein TV-Vermerk gehört, ist bestritten. Einzutragen im Handelsregister ist nicht nur, was gesetzlich angeordnet ist, sondern auch, was ohne ausdrückliche gesetzliche Vorschrift Sinn und Zweck des Handelsregisters erfordern.[2]) Im Bezug auf die Beteiligung des Erblassers an Personengesellschaften ist die bisher ablehnende h. M. in Folge der nunmehr vom BGH anerkannten Zulässigkeit der TVg[3]) zu überprüfen, zumal die ablehnende Entscheidung des Reichsgerichts[4]) auf der damaligen, jetzt aufgegebenen Rechtsprechung beruht. Soweit die TVg die Rechtsmacht des Kommanditisten beschränkt und Außenwirkung entfaltet, z. B. nach § 2212 BGB für Aktivprozesse, § 2214 BGB für den Zugriff von Eigengläubigern, sollte die Eintragung eines TV-Vermerks im Handelsregister zugelassen werden.[5]) Wer den Standpunkt vertritt, das Handelsregister habe nur die Aufgabe, die Vertretungsver-

---

[1]) Oben Rz 274.

[2]) Baumbach/Hopt, § 8 HGB Anm. 3; z. B. die Gestattung des Selbstkontrahierens, BGHZ 87, 60.

[3]) Unten Rz 368.

[4]) RGZ 132, 138.

[5]) Palandt/Edenhofer, Einf. v. § 2197 BGB Rz 15; Reimann, DNotZ 1990, 190/194; Ulmer, NJW 1990, 73/82; a. A. Damrau, BWNotZ 1990, 69.

hältnisse einer Gesellschaft zu verlautbaren, muß die Eintragungsfähigkeit der TVg im Handelsregister verneinen.[1])

Zur Anmeldung des Eintritts des Gesellschafter-Erben in das Unternehmen bzw. in die Gesellschaft ist der TV berechtigt und verpflichtet, soweit seine Befugnisse reichen;[2]) dies ist nur bei einer Dauer-Testamentsvollstreckung der Fall, nicht aber bei einer bloßen Abwicklungsvollstreckung.[3]) Der Nachweis der Anordnung der TVg ist dem Handelsregister gegenüber gemäß § 12 Abs. 2 Satz 2 HGB soweit tunlich durch öffentliche Urkunden zu führen. Ergibt sich die Rechtsnachfolge aus den Akten des Registergerichts selbst oder aus bei demselben Gericht geführten Nachlaßakten, dann genügt eine einfache Bezugnahme.[4]) Bei gesetzlicher Erbfolge oder bei Vorliegen eines privatschriftlichen Testaments muß ein TV-Zeugnis vorgelegt werden; ist das Testament in einer öffentlichen Urkunde enthalten, so genügt die Vorlage einer Testamentsausfertigung mit dem Eröffnungsprotokoll.[5])

4. Eintragung des Testamentsvollstreckers im Schiffs- und Luftfahrzeug-Register

Im Schiffsregister muß der TV bei der Eintragung des Erben des Gläubigers **289** von Amts wegen miteingetragen werden (§§ 41, 55, 58, 74 SchiffsregO – BGBl III 315 – 18). Entsprechendes gilt für das Luftfahrzeugregister (§ 86 Abs. 1 LuftfzRG – BGBl III 403 – 9).

5. Zuerwerb zum Nachlaß

Der der TVg unterliegende Nachlaß umfaßt alle zum Zeitpunkt des Erbfalls **290** vorhandenen Gegenstände und alles, was der TV für den Nachlaß erwirbt. Zum Erwerb von Sachen und Rechten für den Nachlaß ist der TV zwar im allgemeinen nicht berechtigt; ein solcher Erwerb wird in der Regel **nicht der Hauptaufgabe** des TV dienen, den Nachlaß abzuwickeln. Als Zuerwerb zum Nachlaß kann aber auch in Frage kommen, was aufgrund eines zum Nachlaß gehörenden Rechts (z. B. Herausgabeanspruch), als Ersatz für Zerstörung, Beschädigung oder Entziehung von Nachlaßgegenständen (z. B. Schadensersatzanspruch) oder was durch ein Rechtsgeschäft erworben wird, das sich auf den Nachlaß bezieht, kurz: was **mit Mitteln des Nachlasses** erworben wird. Zwar ist das **Surrogationsprinzip** nicht ausdrücklich im Gesetz erwähnt – etwa im Gegensatz zur Miterbengemeinschaft (§ 2041 BGB) und zur Vorerbschaft (§ 2111 BGB) –, aber nach ganz überwiegender Meinung gilt es auch bei der

---

[1])   Damrau, BWNotZ 1990, 69.

[2])   BGHZ 108, 187.

[3])   KG, OLGZ 1991, 261; s. unten Rz 369.

[4])   BayObLG WM 1983, 1092.

[5])   Ausführlich Bengel/Reimann, 2. Kap. Rz 269.

TVg.[1]) Wird das Rechtsgeschäft mit Mitteln des Nachlasses vorgenommen, tritt Mittelsurrogation selbst bei entgegenstehendem Willen des TV oder der Erben ein; die objektive Beziehung zum Nachlaß reicht hier allein aus.[2])

291 Das gleiche Problem stellt sich bei Erfüllung eines **Verschaffungsvermächtnisses** (§§ 2169, 2170 BGB); denn in dem Auftrag des Erblassers an den TV zur Erfüllung eines solchen Vermächtnisses liegt die Anordnung, die zum Erwerb des Vermächtnisgegenstandes erforderlichen Verbindlichkeiten für den Nachlaß einzugehen. Auch sonst kann im Einzelfall z. B. Erwerb eines Grundstücks durch den TV für den Nachlaß in Frage kommen, etwa um den bereits vorhandenen Grundbesitz zweckmäßig abzurunden. Zur Grundbucheintragung auf die Erben in einem solchen Falle siehe Rz 274.[3]) Der TV bedarf für den Zuerwerb nicht der Genehmigung des Vormundschaftsgerichts, auch wenn ein Erbe oder Vorerbe minderjährig ist oder unter Vormundschaft steht, da der Erwerb durch den TV zugunsten des Nachlasses geschieht.[4])

Zweifelhaft erscheint die Rechtslage in einem Fall, in dem Dauer-TVg bei einer Alleinerbschaft besteht und der TV mit seiner Verwaltung unterliegendem Vermögen für den Alleinerben ein Grundstück erwerben will. Erstreckt sich die TVg auch in diesem Falle auf das zuerworbene Grundstück? Eine unmittelbare Surrogationsvorschrift für einen solchen Fall fehlt. Bei unter mehreren Miterben bestehender Erbengemeinschaft wird aber, wie bereits ausgeführt, § 2041 BGB angewendet werden können.

---

[1]) BayObLGZ 1991, 390, 393 = NJW RR 1992, 328 = RPfleger 1992, 62 mit Anm. Streuer (RPfleger 1992, 349) = FamRZ 1992, 604 mit Anm. Damrau = DNotZ 1993, 399 mit Anm. Weidlich; Bengel/Reimann/Schaub, 4. Kap. Rz 67; MüKo/Brandner, § 2205 BGB Rz 4; Kipp/Coing, S. 392; Hartmann, Abschn. 2.22; Staudinger/Werner, § 2041 BGB, Rz 12; Staudinger/Reimann, § 2205 BGB Rz 10; Lange/Kuchinke, S. 724; OLG Hamburg, MDR 1982, 849 = DNotZ 1983, 381 für den Erwerb eines Kommanditanteils; a. A. Schlüter S. 332.

[2]) BGH NJW 1968, 1824; Bengel/Reimann/Schaub, 3. Kap. Rz 68.

[3]) Zu den Kriterien für die Eintragungsfähigkeit eines TV-Vermerks s. Meyding ZEV 1995, 100.

[4]) OLG Hamburg, MDR 1982, 849 = DNotZ 1983, 381 für den Erwerb eines Kommanditanteils.

Eine weit verbreitete Ansicht läßt dies auch für den Erwerb durch einen Alleinerben zu.[1])

Man könnte einwenden: Der TV kann den Alleinerben bei Verfügung über **292** das zur Zahlung des Kaufpreises erforderliche seiner TVg unterliegende Geld vertreten, er kann aber die Gegenleistung – das Grundstück – nicht ohne Mitwirkung des Alleinerben erwerben. Dabei wird dieser das Grundstück nicht der Verwaltung des TV unterstellen können, selbst wenn er das wollte, eben weil eine entsprechende Surrogationsvorschrift fehlt. Das Grundbuchamt, das insoweit die Rechtslage prüfen muß, kann den TV-Vermerk nach § 52 GBO [2]) nicht in das Grundbuch eintragen, auch wenn der Alleinerbe damit einverstanden ist, denn materiell besteht eben die TVg an dem erworbenen Grundstück nicht. Diese Ansicht hat sicherlich manches für sich. Andererseits ist kaum verständlich, daß bei Bestehen einer Mehrheit von Erben § 2041 BGB im Rahmen des Zuerwerbs durch einen TV anwendbar sein soll, bei Bestehen von Alleinerbschaft dagegen nicht.[3])

Bei Grundstücken und Rechten an Grundstücken hat die dingliche Einigung **292a** bzw. die **Auflassung** an den oder die Erben zu erfolgen, die durch den TV vertreten werden. Es genügt nicht, daß einer von mehreren Miterben erwirbt.[4]) Gleichzeitig mit der Eintragung der Erben im Grundbuch ist von

---

[1])   Vgl. BayObLGZ 1991, 390, 393 = NJW-RR 1992, 328. Lange (JuS 1970, 101, 103) führt folgendes aus:

„Wegen der tatsächlichen und rechtlichen Alleinherrschaft über den Nachlaß besteht die Gefahr, daß ein skrupelloser TV Nachlaßbestandteile in sein eigenes Vermögen überführt. Dennoch fehlt im Gesetz eine Surrogationsvorschrift, die das rechtlich hindert. Bei Miterben kann § 2041 BGB helfen; beim Alleinerben zieht man diese Vorschrift entsprechend heran (vgl. zum ganzen RG 138, 133; h. M., Haegele/Schöner/Stöber, Grundbuchrecht, Rdn 1765; Kipp/Coing, § 68 III 1; v. Lübtow, S. 946; Soergel/Eder, Anm. 7 zu § 2041 BGB). Vgl. demgegenüber aber Lange, § 43 VI 3 (Anwendung des § 2111 BGB).“ Wie Lange a. a. O. für analoge Anwendung des § 2041 BGB unter Bezugnahme auf diesen Rohlff, DNotZ 1971, 522, ebenso RGR/Kregel, § 2205 BGB Rz 15.

Schlüter, Erbrecht, § 42 VIII, führt zum Surrogationserwerb folgendes aus: „Erwirbt der TV einen Gegenstand im eigenen Namen, so erwirbt er ihn für sein eigenes Vermögen, selbst dann, wenn er zum Erwerb Mittel des Nachlasses verwendet. Das Recht der TVg kennt keine unmittelbare Ersetzung (dingliche Surrogation). Handelt der TV dagegen erkennbar als Amtstreuhänder, so erwirbt er ebenso unmittelbar für den Nachlaß, wie wenn er diesen Willen lediglich unerkennbar hat, während es dem Verkäufer gleichgültig ist, wie er erwirbt. Er besitzt als Amtstreuhänder eine gesetzliche Erwerbsermächtigung. Sie rechnet rechtliche Wirkungen der Erwerbserklärungen des Treuhänders dem Erben als Träger des Sondervermögens Nachlaß unter denselben Voraussetzungen und aus denselben Gründen zu wie das Recht der Stellvertretung die Erklärungen des Vertreters dem Vertretenen. Bestätigt er diese Erwerbsermächtigung nicht, weil er betont für sich auftritt oder will der Veräußerer an ihn persönlich veräußern, so muß und kann er den persönlichen Erwerb von seinem eigenen Vermögen auf den Nachlaß übertragen, als dessen Treuhänder er auftritt, wenn dieses ‚Insichgeschäft' der ordnungsmäßigen Verwaltung dient.“

[2])   Oben Rz 273.

[3])   Baur geht in seinem in Fußnote 2 zu Rz 328 behandelten Aufsatz ebenfalls ganz allgemein von Anwendung der Surrogationsbestimmungen aus.

[4])   BayObLGZ 1991, 390, 393 = NJW-RR 1992, 328 = RPfleger 1992, 62 mit Anm. Streuer (RPfleger 1992, 349) = FamRZ 1992, 604 mit Anm. Damrau = DNotZ 1993, 399 mit Anm. Weidlich.

Amts wegen die sich aus dem Erbausweis ergebende Anordnung der TVg in Abteilung II oder III des Grundbuchs miteinzutragen, es sei denn, daß das Grundstück bzw. Grundstücksrecht nachweisbar nicht der TVg unterliegt (§ 52 GBO; § 10 GBVfG). Der Vermerk ist, wenn er das Eigentum oder Rechte in Abt. II betrifft, in Abt. II, wenn er Rechte in Abt. III betrifft, dort einzutragen.[1]

---

[1] Vgl. oben Rz 274.

VIII. Testamentsvollstreckung im Handels- und Gesellschaftsrecht [1])

1. Problematik einer Testamentsvollstreckung

Die Frage, ob TVg an einem ererbten Handelsgeschäft oder einer Beteiligung **293**
an einer OHG, KG oder BGB-Gesellschaft zulässig ist, gehört zu den schwierigsten Problemen im Grenzbereich zwischen Handelsrecht und Erbrecht.

---

[1]) **Schrifttum** – außerhalb der Kommentare usw. zum BGB und zum HGB: Baur, Der TV als Unter-
nehmer, Festschrift für Dölle, 1963, I 249; Baur, Nutzungen eines Unternehmens bei Anordnung von
Vorerbschaft und TVg, JZ 1958, 465; Böttcher/Beinert, Zur TVg an einer Mitgliedschaft in einer
Personengesellschaft, RWP 2 Bürg.R Testament II 7 Einzelfragen; Brenig, RheinNotK 1957, 643;
Bommert, Neue Entwicklungen zur Frage der TVg in Personengesellschaften, BB 1984, 178; Brand-
ner, Das einzelkaufmännische Unternehmen unter TVg, Festschrift für Stimpel, 1985, 991; Buchwald,
AcP 154, 20; Bund, Aufgaben und Risiko des TV, JuS 1966, 60; Däubler, Die Vererbung des
Geschäftsanteils bei der GmbH, 1965, § 8; Dittmann/Reimann/Bengel, Testament und Erbvertrag,
2. Aufl., 1986, 92; Dörrie, Die Testamentsvollstreckung im Recht der Personengesellschaft und der
GmbH, 1994; Erbrecht und Gesellschaftsrecht bei Verschmelzung, Spaltung und Formwechsel,
GmbH-Rdsch. 1996, 245; Durchlaub, Die Ausübung von Gesellschaftsrechten in Personengesell-
schaften durch TV, DB 1977, 1399; Einmahl, Die Ausübung der Verwaltungsrechte des Gesellschafter-Erben durch den TV, AcP 160, 29; Emmerich, Die TVg an Gesellschaftsanteilen, ZHR 132, 297;
Hallermann, Die Rechtsstellung des TV bei Beteiligung des Erblassers in einer Personengesellschaft,
Diss., 1954; Hamann, Die Rechtsmacht des TV und ihre Grenzen nach Handelsrecht, 1963; Hart-
mann, vgl. S. XX; Hehemann, Testamentsvollstreckung bei Vererbung von Anteilen an Personengesellschaften, BB 1995, 1301; Heintzenberg, Die Einzelunternehmung im Erbgang, 1957; Holch, Diss.,
1957 und DNotZ 1958, 282; Holzhauer, vgl. S. XX; Johannsen, Führung von Handelsgeschäften und
Verwaltung von Geschäftsanteilen einer Handelsgesellschaft durch den TV, WM 1970, 570; John,
TVg über das einzelkaufmännische Unternehmen, BB 1980, 757; Klussmann, BB 1966, 1209; Lange,
Die Rechtsmacht des TV und ihre Grenzen, JuS 1970, 101; Langenbach, Fragen der Vor- und Nach-
erbschaft, RheinNotK 1965, 104; Lorz, Testamentsvollstreckung und Unternehmensrecht, 1995;
Marotzke, Die Mitgliedschaft in einer OHG als Gegenstand der TVg, JZ 1986, 457; Marotzke, Die
Nachlaßzugehörigkeit ererbter Personengesellschaftsanteile und der Machtbereich des TV nach dem
Urteil des BGH v. 14. 5. 1987, AcP 187, 123; Meyke, Der TV als Unternehmer, Diss., 1966; Möhring,
Verwaltung in Vormundschafts- und Nachlaßsachen, 4. Aufl., 1981, hier abgekürzt mit Möhring;
Nolte, Zur Frage der Zulässigkeit der TVg nach Handelsrecht, Festschrift für Hans Carl Nipperdey,
1965, I, 667; Nordemann, Zur TVg an Handelsgeschäften und in Personengesellschaften, NJW 1963,
1139; Oberberg, Zulässigkeit und Durchführbarkeit einer TVg über eine in einer Handelsgesell-
schaft bestehenden Mitgliedschaft, Diss., 1964; Peter/Petzold/Winkler, Ziff. 10.6; Priester, TVg am GmbH-Anteil, Festschrift für Stimpel, 1985, 463;
Richardi, Das Verwaltungsrecht des TV an der Mitgliedschaft in einer Personengesellschaft, 1961 –
hier abgekürzt mit Richardi; Rieper, Der TV über Einzelunternehmen und bei Personengesellschaften, Diss., 1967; Rohlff, Nießbraucher und Vorerbe, DNotZ 1971, 518; Schmellenkamp, Die TVg an
Gesellschaftsanteilen, insbesondere Kommanditanteilen, und Ersatzlösungen, MittRhNotK 1986,
181; Schneider, Familienunternehmen, 4. Aufl., 1963 – hier abgekürzt mit Schneider/Martin;
Schultze, Die Verwaltung der Mitgliedschaft eines OHG-Gesellschafters durch einen TV, Diss., 1961;
Schumacher, Die Übernahme von Handelsgeschäften und Mitgliedschaften in Personengesellschaf-
ten durch den TV, Festschrift für Knorr, 1968, 51; Siebert, Zur Gestaltung der TVg bei der Vertre-
tung der Stellung eines persönlich haftenden Gesellschafters, Festschrift für Hueck, 1959, 321, ferner
BB 1957, 18 und NJW 1955, 809; Ulmer, Probleme der Vererbung von Personengesellschaftsanteilen,
JuS 1986, 856; Weidlich, Die Testamentsvollstreckung im Recht der Personengesellschaften, 1993;
Die Testamentsvollstreckung an Beteiligungen einer werbenden OHG bzw. Kommanditgesellschaft,
ZEV 1994, 205; Beteiligung des Testamentsvollstreckers und des Erben bei der formwechselnden
Umwandlung von Personenhandelsgesellschaften und Gesellschaften mit beschränkter Haftung,
MittBayNot 1996, 1; Weiler, Die Rechtsstellung des TV gegenüber den Erben hinsichtlich einer
personengesellschaftlichen Beteiligung des Erblassers, DNotZ 1952, 283; Westermann/Scherpf/Pau-
lick/Bulla/Hackbeil, Handbuch der Personengesellschaften, Rz 503 ff.; Wiedemann, Die Übertragung
und Vererbung von Mitgliedschaftsrechten bei Handelsgesellschaften, 1965, § 13; Winkler, „Echte"
TVg am Unternehmen und OHG-Anteil?, Festschrift für Schippel, 1996, S. 519–531; Zartmann, Die
TVg bei Einzelunternehmen und Gesellschaften, RWP 2 BürgR Erbrecht I 3d.

a) Rechtsprechung und h. L.

Die Problematik wurde erst im Jahr 1931 voll aufgeworfen, als das Reichsgericht[1]) darüber zu entscheiden hatte, ob die Anordnung der TVg für ein zum Nachlaß gehöriges Handelsgeschäft in das Handelsregister eingetragen werden kann.[2]) Eine Eintragung würde nach Meinung des RG zur Folge haben, daß die Erben das Geschäft als neue Inhaber fortführen, daß aber die für die Unternehmensführung notwendigen Entscheidungs- und Handlungsbefugnisse bei einem vom Willen der Erben unabhängigen TV liegen, der bei der Eingehung von neuen Geschäftsverbindlichkeiten immer nur den Nachlaß, nicht aber darüber hinaus, die Erben – als Unternehmensträger – persönlich verpflichten kann (§§ 2206, 2207 BGB). Das würde nach Meinung des RG „auf die Führung eines Handelsgeschäfts mit beschränkter Haftung hinauslaufen", ein Rechtszustand, der „völlig unvereinbar mit den Bedürfnissen eines geordneten und sicheren Handelsverkehrs wie auch mit den Vorschriften des Gesetzes, insbesondere mit den §§ 22, 27 HGB" wäre. Dem Erblasser sei nicht die Macht gegeben, „das bisher von ihm betriebene Handelsgeschäft in der Person seines Erben oder seiner mehreren Erben zu einem Unternehmen mit beschränkter Haftung zu gestalten".[3])

Der TV kann daher nach dieser Ansicht ein ererbtes Handelsgeschäft oder eine ererbte Beteiligung an einer Personengesellschaft grundsätzlich nicht verwalten, weil er nur den Nachlaß, nicht jedoch den Erben persönlich verpflichten kann; die unternehmerische Tätigkeit verlangt aber nach allgemeinen handelsrechtlichen Grundsätzen die persönliche Haftung, von den gesetzlich geregelten Ausnahmefällen abgesehen. Auf diesen Grundsätzen, nämlich daß nach dem Handelsrecht der einzelkaufmännische Unternehmer, der Komplementär oder BGB-Gesellschafter persönlich mit seinem ganzen Vermögen für die Geschäftsschulden haften muß und das im gesetzlich vorgegebenen Rahmen der TVg wegen der auf den Nachlaß beschränkten Verpflichtungsbefugnis des TV ausgeschlossen ist, beruhen die bekannten anschließend dargestellten Ersatzlösungen, insbesondere die treuhänderische Übertragung auf den TV[4]) und die Bevollmächtigung des TV.[5])

b) „Echte" Testamentsvollstreckung im Handels- und Gesellschaftsrecht?[6])

293a   Es hat aber auch schon immer, wenn auch selten, Ansätze gegeben, die diese Rechtsprechung und h. L. für unrichtig hielten. So schrieb bereits vor 30 Jahren

---

[1])   RGZ 132, 138.

[2])   Die Frage wurde bekanntlich vom RG verneint; unten Rz 301, 317.

[3])   RGZ 132, 138/145; Schlüter, § 42 IV 3bb; John, JZ 1986, 757; Richardi, a.a.O. S. 43; unten Rz 334.

[4])   Unten Rz 298.

[5])   Unten Rz 309.

[6])   Ausführlich dazu Muscheler, Die Haftungsverfassung der Testamentsvollstreckung, 1993; Winkler, Festschrift für Schippel, 1996, S. 519–531.

Coing im 5. Band der klassischen Enneccerus-Reihe:[1] „M. E. ist trotz der vorhandenen Schwierigkeiten die Anwendung des Rechts der Testamentsvollstreckung vorzuziehen. Die aus § 2206 BGB sich ergebende Beschränkung der Haftung auf den Nachlaß schafft, wenn man an eine lang dauernde Verwaltungstestamentsvollstreckung denkt, auch im Bereich des bürgerlichen Rechts eine Ausnahmeregelung, die aus der Eigenart der Testamentsvollstreckung folgt; im Handelsregister kann die Eintragung zur Klarstellung erfolgen"; sowie zur Personengesellschaft: „M. E. ist auch hier die Anwendung der Vorschriften über die Testamentsvollstreckung trotz der Anomalie, die sich aus § 2206 BGB ergibt, vorzuziehen. Handelt es sich um einen vererbten Kommanditanteil, so ist die Verwaltung durch den Testamentsvollstrecker m. E. möglich."

Einzelne Kritiker der h. M. versuchen, eine persönliche Haftung des Erben unter Umgehung des § 2206 BGB auch für solche Rechtsgeschäfte zu begründen, die der TV tätigt.[2] Während diese Autoren die beschränkte Haftung des Erben ablehnen, weil ein persönlich haftender Gesellschafter „notwendigerweise unbeschränkt haftet",[3] sehen einige wenige Autoren die erbrechtlichen Regeln über die beschränkte Erbenhaftung auf Grund des praktischen Bedürfnisses nach Anerkennung der TVg an Gesellschaftsanteilen als vorrangig vor den gesellschaftsrechtlichen Haftungsregelungen. So hat jüngst Muscheler in grundlegenden Ausführungen das von der h. M. aufgestellte Dogma in Frage gestellt, das Handels- bzw. Gesellschaftsrecht verlange zwingend eine gegenständlich unbeschränkbare Haftung des Unternehmers oder Gesellschafters. Er kommt zum Ergebnis, daß die TVg auch über ein Unternehmen oder einen OHG-Anteil zulässig ist.[4]

(1) Die Bestimmungen des HGB über das Unternehmen und die Handelsgesellschaften traten zugleich mit dem BGB am 1. 1. 1900 in Kraft. Angesichts der auch heute noch anerkannten Gründlichkeit und Präzision des seinerzeitigen Gesetzgebers fällt es schwer, sich vorzustellen, daß der Gesetzgeber wirtschaftlich so bedeutsame Bereiche wie Unternehmen und Personengesellschaften von der TVg ausklammern wollte oder das Handels- und TVg-Recht von Anfang an in sich widersprüchlich oder gar sittenwidrig[5] geregelt hat. In der Tat kam nach Inkrafttreten des BGB zunächst 30 Jahre lang niemand auf die

---

[1] 12. Aufl. 1965, § 68 III 2, S. 300, 301; ebenso Baur, Festschrift für Dölle, 1963, Bd 1, S. 249 ff., 269 ff.

[2] Vgl. etwa Einmahl, AcP 160 (1961), 29, 36; Marotzke, JZ 1986, 457, 461; Weiler, DNotZ 1952, 283, 294 ff.; Emmerich, ZHR 132 (1969), 297, 304 ff.; der eine Testamentsvollstreckung aber für eine sittenwidrige Knebelung hält; weitere Nachweise bei Muscheler, Die Haftungsordnung der Testamentsvollstreckung, 1994, S. 540 Fn. 29.

[3] Z. B. BGHZ 108, 187, 195.

[4] AaO S. 431, 540, 554; ebenso Goldschmit, JW 1931, 3057, 3058; Baur aaO S.269 ff.; Buchwald, AcP 154 (1955), 2230; Enneccerus/Kipp/Coing aaO S. 300; Nolte, Festschrift für Nipperdey, 1965, Bd. 1, S. 667, 685 f.; LG Konstanz, DB 1990, 726; weitere Nachweise Muscheler aaO S. 286 Fn. 2.

[5] Vgl. Dörrie, Die Testamentsvollstreckung im Recht der Personenhandelsgesellschaft und der GmbH; Emmerich ZHR 132 (1969), 297, 304 ff.

Idee, die materiellrechtliche Zulässigkeit der TVg an einem Handelsgeschäft oder einer Gesellschaftsbeteiligung anzuzweifeln. Vielmehr wurde ganz einfach das Gesetz, und zwar die §§ 2197 ff. BGB auch auf diese Tatbestände angewendet.[1]) Erst der erwähnte Beschluß des RG vom 26. 3. 1931 führte mit der bereits zitierten Begründung einen grundlegenden Wandel der Rechtsprechung herbei, dem sich bald auch die Literatur anschloß. Dadurch wurden gerade wirtschaftlich so bedeutende Gegenstände wie Unternehmen und Gesellschaftsbeteiligungen von der „echten" TVg ausgeklammert; die daraus resultierenden Folgen sind bekannt. Mit dieser Entscheidung hat das RG, wie Muscheler [2]) formuliert, eine zunächst registerrechtliche Frage in eine materiellrechtliche verwandelt.

(2) Zunächst ist festzuhalten, daß der Erbe auch erbrechtlich grundsätzlich *unbeschränkt* haftet. Das Gesetz eröffnet ihm allerdings die Möglichkeit, die Haftung zu beschränken. Er haftet kraft Gesetzes endgültig unbeschränkt, wenn er das Recht verloren hat, seine Haftung in eine endgültig beschränkte zu verwandeln. Er haftet *allen* Nachlaßgläubigern endgültig unbeschränkt, wenn er die Frist für die Inventarerrichtung versäumt hat (§ 1994 Abs. 1 S. 2 BGB) oder eine Untreue bei der Inventarerrichtung begangen hat (§ 2005 Abs. 1 BGB). Er haftet *einzelnen* Nachlaßgläubigern endgültig unbeschränkt, wenn er die Abgabe der eidesstattlichen Versicherung über die Vollständigkeit des Inventars verweigert (§ 2006 Abs. 3 BGB) oder es im Erkenntnisverfahren versäumt hat, sich die Beschränkung seiner Haftung vorbehalten zu lassen (§ 780 ZPO), oder er zwar diesen Vorbehalt erwirkt hat, sich aber gegen eine Zwangsvollstreckung in sein Eigenvermögen nicht mit der Einwendungsklage zur Wehr gesetzt hat (§§ 781, 785, 767 ZPO), oder vertraglich einem bestimmten Nachlaßgläubiger gegenüber auf sein Recht zur Haftungsbeschränkung verzichtet.[3]) Hervorzuheben ist in diesem Zusammenhang, daß eine Haftungsbeschränkung nie auf das Geschäftsvermögen eintritt, etwa wie bei einer AG oder GmbH; auch wenn der TV nur einen Teil des Nachlasses verwaltet oder nur die einem Miterben bei der Teilung zugewiesenen Gegenstände, unterliegt immer der gesamte Nachlaß, nicht nur der verwaltete Teilnachlaß der Haftung. Der Erbe hat somit auch mit jenen Nachlaßgegenständen einzustehen, die von Anfang an vollstreckungsfrei waren oder später aus der Vollstreckung entlassen oder ihm als Ertrag aus laufender Geschäftstätigkeit ausge-

---

[1]) Muscheler, a.a.O. S. 287.

[2]) A.a.O. S. 292.

[3]) Palandt/Edenhofer, vor § 1967 BGB Rz 6.

kehrt wurden. Von einem „Handelsgeschäft mit beschränkter Haftung” kann schon aus diesem Grund keine Rede sein.[1])

(3) Führt der (volljährige) Erbe das Unternehmen unter der bisherigen Firma mit oder ohne Nachfolgezusatz fort, so haftet er nach dem Grundsatz des § 25 Abs. 1 HGB für die früheren Geschäftsverbindlichkeiten des Erblassers unbeschränkt. Diese handelsrechtliche Haftung trifft ihn selbst dann, wenn er erbrechtlich die Beschränkbarkeit seiner Haftung auf den Nachlaß nicht verloren hatte. Er kann aber auch seine Haftung für frühere Geschäftsschulden auf die erbrechtliche Haftung einschränken durch Weiterführung unter geänderter Firma (§ 25 Abs. 1 HGB) oder durch Einstellung des Geschäftsbetriebs innerhalb der Bedenkzeit nach § 27 Abs. 2 HGB. Nach h. M. kann er auch gemäß § 25 Abs. 2 HGB durch Eintragung in das Handelsregister und Bekanntmachung seine handelsrechtliche Haftung ausschließen.[2]) Für Minderjährige hat das BVerfG [3]) entschieden, daß Eltern aufgrund ihrer Vertretungsmacht (§ 1629 BGB) bei Fortführung eines ererbten Handelsgeschäfts in ungeteilter Erbengemeinschaft Verbindlichkeiten zu Lasten ihrer minderjährigen Kinder, die über deren Haftung mit dem ererbten Vermögen hinausgehen, nicht eingehen können. Hiernach gibt es also auch eine beschränkte Haftung für Neuschulden.

(4) Auch andere Bestimmungen, insbesondere im öffentlichen Recht, gehen davon aus, daß der TV einen Betrieb fortführen darf. So gestatten verschiedene Vorschriften dem Erben nach dem Tod des Betriebsinhabers, das Unternehmen ohne erneute sachliche oder personenbezogene Zulässigkeitsprüfung vorläufig fortzuführen. Dem Erben gleichgestellt werden Nachlaßpfleger, Nachlaßverwalter und TV, die den Betrieb, teilweise bis zu 10 Jahre, weiterführen dürfen (§ 46 Abs. 2 GewO, § 10 GastG, § 4 HandwO, § 19 GüKG). Dies setzt zwar voraus, daß der TV zivilrechtlich handeln darf; allen diesen Vorschriften ist aber gemeinsam, daß sie hiervon als selbstverständlich ausgehen.[4])

(5) Nach § 105 HGB liegt eine OHG dann vor, wenn bei keinem Gesellschafter die Haftung gegenüber den Gesellschaftsgläubigern beschränkt ist. Eine entgegenstehende Vereinbarung ist Dritten gegenüber unwirksam (§ 128 S. 2 HGB). Dieser Grundsatz der unbeschränkten Haftung richtet sich nur gegen eine durch den Gesellschaftsvertrag ausgesprochene, also auf dem Willen der Gesellschafter

---

[1]) Muscheler, a.a.O. S. 394, 395.

[2]) KG, DNotZ 1940, 487; Baumbach/Hopt, 29. Aufl. 1994, § 27 HGB Rn 3; Kersten/Bühling/Kanzleiter, S. 1629; Nolte, a.a.O. S. 667.

[3]) NJW 1986, 1859.

[4]) Vgl. Muscheler, a.a.O. S. 369 ff.

beruhende, sog. *gewillkürte Beschränkung* der Haftung.[1]) Nur wenn durch den Gesellschaftsvertrag eine solche Haftungsbeschränkung erfolgt, liegt keine OHG vor. Beschränkungen des einzelnen Gesellschafters dagegen, die auf dem Gesetz beruhen, z. B. auf dem ehelichen Güterrecht oder dem öffentlichen Recht, enthalten keine Haftungsbeschränkung des Gesellschafters in diesem Sinn und schließen auch seine Mitgliedschaft in einer OHG nicht aus. Es sei an den Fall erinnert, daß der Erbe an einer OHG beteiligt ist und der geerbte Nachlaß unter TVg steht; hier haftet der Erbe als Gesellschafter nicht mit seinem gesamten Vermögen, weil nach § 2214 BGB Gesellschaftsgläubiger nicht auf Nachlaßgegenstände zugreifen können, die der TVg unterliegen. Das gleiche gilt, wenn der OHG-Anteil zum Nachlaß gehört, aber nur der restliche Nachlaß, nicht aber der OHG-Anteil selbst, unter die TVg fällt. Niemand wendet in diesen Fällen ein, daß die gegenständlich beschränkte Haftung dem Wesen der OHG widerspreche.

Auch die Bestimmung des § 2206 BGB ist ein solcher gesetzlicher Ausnahmefall; die Beschränkung ergibt sich nicht aus dem Gesellschaftsvertrag, sondern aus dem Gesetz. Daher darf auch die Befugnis eines TV zur Verwaltung der Mitgliedschaft in einer OHG nicht deshalb verneint werden, weil der Erbe seine Haftung für die Schulden aus § 128 HGB auf den Nachlaß beschränken kann. Wie bereits geschildert, wurden in den ersten 30 Jahren ihrer Geltung die §§ 2197 ff. BGB ohne Schwierigkeiten auch im Handels- und Gesellschaftsrecht angewendet. Im Interesse der Sicherheit des Rechtsverkehrs muß damit allerdings die Eintragung der TVg im Handelsregister einhergehen.

(6) *Konkludente Beschränkung der Haftung.* Ein weiterer Gesichtspunkt führt zum gleichen Ergebnis: Wie ausgeführt schließt § 105 HGB nur die gesellschaftsvertraglich vereinbarte Haftungsbeschränkung eines Gesellschafters aus; andernfalls liegt keine OHG vor. Eine entgegenstehende Vereinbarung ist Dritten gegenüber unwirksam (§ 128 S. 2 HGB). Mit dem Grundsatz der unbeschränkten Haftung nach außen ist es aber vereinbar, wenn in dem einzelnen Rechtsgeschäft mit einem Dritten vereinbart wird, daß aus diesem Geschäft nur das Gesellschaftsvermögen oder nur bestimmte Gesellschafter oder einzelne Gesellschafter nicht oder nur beschränkt in Anspruch genommen werden dürfen.[2]) Wer mit einem TV Rechtsgeschäfte abschließt, weiß bzw. muß wissen, daß dieser nach § 2206 BGB nur berechtigt ist, Verbindlichkeiten für den Nachlaß einzugehen. Solchen

---

[1]) RGRK/Weipert, § 105 HGB Anm. 20; Schlegelberger/Geßler, § 105 HGB Rn 21; Muscheler, a.a.O. S. 550.

[2]) RGRK/Weipert a.a.O., § 105 HGB Rn 20.

Geschäften liegt also zumindest stillschweigend die Vereinbarung zugrunde, daß bei dem Geschäft der Gesellschafter neben dem Geschäftsvermögen in der Regel nur mit dem Nachlaß haftet. In seinem Beschluß vom 15. 12. 1989 hat das LG Konstanz[1]) betont, daß die Vereinbarung einer auf das verwaltete Geschäftsvermögen beschränkten Haftung in der Regel gegeben ist, wenn der TV erkennbar als solcher handelt. Wird das Geschäft nicht vom TV in dieser Eigenschaft abgeschlossen, sondern mit einem anderen vertretungsberechtigten Organ, so kommt es darauf an, ob der Vertragschließende weiß oder wissen muß, daß TVg besteht. Ist an einer OHG ein persönlich haftender Gesellschafter beteiligt, dessen Anteil der TVg unterliegt, muß das entsprechende gelten. Ein Gläubiger, der in Kenntnis des Bestehens einer TVg mit einem Unternehmen Geschäfte abschließt, kann nicht davon ausgehen, daß der Erbe, sei es der Unternehmer oder ein persönlich haftender Gesellschafter, mit seinem über das Geschäft und den Nachlaß hinausgehenden privaten Vermögen unbeschränkt haftet.

Es ist hier nicht anders als bei einer BGB-Gesellschaft, bei der die Haftung der vertretenen Gesellschafter durch Abrede mit dem Vertragspartner auf das Gesellschaftsvermögen beschränkt werden kann. Zwar kann bei der BGB-Gesellschaft – anders als bei der OHG – die Beschränkung auch im Gesellschaftsvertrag vereinbart werden, sie ist im Verhältnis zu Dritten oder Gläubigern aber nur wirksam, wenn sie bei der Prüfung, etwa durch Vorlage des Gesellschaftsvertrags, erkennbar ist.[2]) Bei einer solchen Gestaltung ergeben sich bei einer BGB-Gesellschaft aus Haftungsgründen keine Einwände gegen die TVg, sofern diese im Gesellschaftsvertrag zugelassen ist.[3]) Im vorliegenden Fall sollte es ausreichen, daß das Bestehen der TVg dem Geschäftspartner bekannt ist oder bekannt sein muß. Schließt er in einem solchen Fall einen Vertrag, so findet er sich konkludent mit der Beschränkung der Haftung des Erben ab und kann dessen Eigenvermögen nicht beanspruchen.

(7) Gerade auch im Interesse der Praxis sollte das Dogma, die unbeschränkte Haftung des Handelsrechts lasse eine TVg an Unternehmen und Anteilen an OHG und BGB-Gesellschaft nicht zu, überdacht werden. Die Anerkennung einer Dauer-TVg am Kommanditan-

---

[1])   DB 1990, 726.

[2])   BGH, NJW 1985, 1619; NJW-RR 1994, 98.

[3])   Bommert, BB 1984, 178, 183; Hehemann, BB 1995, 1301, 1307; siehe unten Rz. 388 ff., a. A. MüKo/ Brandner, § 2205 BGB Rn 39.

teil durch die höchstrichterliche Rechtsprechung [1]) nach langem Streit gibt zu gewissen Hoffnungen Anlaß.

Die folgenden Ausführungen gehen jedoch aus Gründen der Praxis von der h. L. aus.

2. Zweck einer Testamentsvollstreckung im Handels- und Gesellschaftsrecht

294 Die Anordnung einer TVg durch den Erblasser kann sich gerade dann als ein Akt sinnvoller vorsorgender Planung darstellen, wenn in den Nachlaß ein einzelkaufmännisches Unternehmen oder eine Gesellschaftsbeteiligung fällt. Dem TV kann dabei im Rahmen einer **Abwicklungsvollstreckung** nach § 2203 BGB und – bei Vorhandensein mehrerer Erben – nach § 2204 BGB die Aufgabe übertragen werden, das Unternehmen zu liquidieren, zu veräußern oder im Weg der Nachlaßauseinandersetzung einem oder mehreren Miterben zur selbständigen Fortführung zuzuteilen. Der Erblasser kann aber auch beabsichtigen, das Unternehmen dem oder den Erben zu erhalten und es langfristig durch einen TV unter Ausschluß der Erben von Entscheidungs- und Verfügungsbefugnissen fortführen zu lassen. Für eine solche **Verwaltungs-TVg** mit dem „Selbstzweck" des Verwaltens, namentlich auch als Dauervollstreckung in den weitgezogenen zeitlichen Grenzen des § 2210 BGB, kann es viele Gründe geben. Häufig traut der Erblasser die Fortführung seines Unternehmens den Erben nicht zu oder will sie ihnen nicht zumuten. Oft legt er auch Wert darauf, daß das Unternehmen weiterlebt und der Familie als Ertragsquelle erhalten bleibt.[2])

Demgemäß ist bei der Tätigkeit des TV im Handels- und Gesellschaftsrecht – wie auch sonst im Bereich der TVg – zwischen der Abwicklungs-TVg einerseits und der Verwaltungs-TVg (ohne weitere Aufgaben) sowie der Dauer-TVg (mit weiteren Befugnissen des TV) andererseits zu unterscheiden.

a) Abwicklungs-TVg

295 Handelt es sich um eine normale TVg, die der Abwicklung und Auseinandersetzung des Nachlasses dient,[3]) so endet das Verwaltungs- und Verfügungsrecht des TV schon frühzeitig. Dies ist etwa der Fall, wenn eine Personengesellschaft mit dem Tod des Gesellschafters aufgelöst wird (§ 131 Nr. 4 HGB) oder nur unter den verbleibenden Gesellschaftern fortgesetzt wird. Der TV kann in diesen Fällen die Liquidations- bzw. Abfindungsansprüche der Erben gegen die Gesellschaft geltend machen. Eine länger dauernde Verwaltung des TV am Handelsgeschäft oder an der Gesellschaftsbeteiligung des Erblassers scheidet hier aus. Bei der TVg zur reinen Abwicklung und Auseinandersetzung

---

[1]) Siehe unten Rz 367.

[2]) Vgl. Brandner, a.a.O. S. 992; Marotzke, JZ 1986, 457.

[3]) Vgl. unten Rz 507 ff.

des Nachlasses muß man die Haftungsbeschränkung auf den Nachlaß für vom
TV im Rahmen seiner Aufgabe eingegangene Verbindlichkeiten hinnehmen,
da es sich um die Erfüllung einer zweckgebundenen, vorübergehenden und
vom TV möglichst rasch zu erledigenden Verwaltungsaufgabe handelt.[1]) Das
läßt sich damit rechtfertigen, daß in diesem Fall der TV nicht unternehmerisch,
sondern eben als Abwickler auftritt. Auch Nachlaßpfleger, Nachlaßverwalter
und Nachlaßkonkursverwalter begründen aus entsprechenden Gesichtspunkten nur Nachlaßverbindlichkeiten bzw. Masseschulden, wenn sie bei ordnungsgemäßer Verwaltung Verbindlichkeiten des vererbten Handelsgeschäfts eingehen.[2]) Bei einer Personengesellschaft bedarf es wegen des Grundsatzes der
Sondererbfolge [3]) einer Auseinandersetzung durch den TV nicht.[4])

In der Regel wird der Erblasser in einem solchen Fall bestimmt haben, auf
welchen Nachfolger das Handelsgeschäft oder die Gesellschaftsbeteiligung
übergehen soll. Allerdings kann die wirksame Festlegung einer solchen
Bestimmung im Einzelfall nicht unerhebliche Schwierigkeiten bereiten, insbesondere dann, wenn das Handelsgeschäft oder die Gesellschaftsbeteiligung
nicht allen Erben, sondern nur einigen oder nur einem Dritten zufallen soll.
Auf diese die **Person des Nachfolgers** betreffenden Schwierigkeiten ist hier
nicht näher einzugehen.[5]) Auf alle Fälle muß bei der Regelung der Nachfolg-
erschaft darauf Rücksicht genommen werden, ob etwa schon der **Gesellschaftsvertrag** Bestimmungen über das Schicksal der Gesellschaft bei Tod
eines Gesellschafters enthält. Diesen Bestimmungen dürfen die testamentarischen Anordnungen nicht entgegenstehen. **Testament und Gesellschaftsvertrag**
dürfen sich also in der erbrechtlichen Regelung **nicht überschneiden.**

b) Dauer-TVg

Reine Verwaltungs- oder Dauer-TVg nach § 2209 BGB wird der Erblasser   **296**
vielfach anordnen, wenn sein Handelsgeschäft oder seine Gesellschaftsbeteiligung einen wesentlichen Bestandteil seines Vermögens darstellt. Dann wird
der Erblasser vielfach besonderen Wert darauf legen, daß dieser Vermögens-
teil von einem TV nach seinen Wünschen und Vorstellungen auf längere Zeit
verwaltet wird, also nicht von den Erben selbst.[6])

Die **Gründe** für eine derartige Regelung können verschiedener Art sein. Der
etwa später als Nachfolger vorgesehene Sohn ist bei Eintritt des Todesfalls
vielleicht noch zu jung und geschäftsunerfahren oder er hat schon einen anderen Beruf, den er nicht mehr aufgeben will, so daß vielleicht das Heranwachsen

---

[1])   Brandner, a.a.O. S. 997; Holzhauer, a.a.O. S. 61.

[2])   Brandner, a.a.O. S. 997.

[3])   Unten Rz 341.

[4])   Damrau, NJW 1984, 2785; Ulmer, § 139 HGB, Rz 67.

[5])   Siehe zu diesen Fragen Haegele, BWNotZ 1973, 76; Peter/Petzold/Winkler, Ziff. 12; für das
       GmbH-Recht Haegele, GmbH-Rdsch 1972, 219.

[6])   Vgl. auch Rz 16.

eines Enkelkindes abgewartet werden muß. Oder: ein kinderloser Erblasser kann oder will das Geschäft seiner Witwe nicht anvertrauen, im Geschäft soll daher ein Verwandter von ihm als Nachfolger herangebildet werden. Oder: nach dem Gesellschaftsvertrag ist die Nachfolge durch mehrere Kinder zulässig, es ist aber zu befürchten, daß sich diese später nicht auf eine einheitliche Geschäftsführung einigen können. Vermehrung dieser Beispiele ist möglich.

3. Testamentsvollstreckung bei einem Handelsgeschäft

Übersicht:

a) Gestaltungsmöglichkeiten im allgemeinen

297 Der Erblasser kann bei einem ihm allein gehörenden Handelsgeschäft (Einzelfirma) von einer der folgenden Gestaltungsmöglichkeiten Gebrauch machen:

1. **Fortführung** des Geschäfts **durch den TV im eigenen Namen** [1])

2. **Fortführung** des Geschäfts **durch den TV im Namen der Erben** [2])

3. **Fortführung** des Geschäfts **durch seine Verpachtung** [3])

4. **Fortführung** des Geschäfts **durch die Erben selbst** mit oder ohne Freigabe durch den TV [4])

5. Tätigkeit des **TV als Prokurist.**[5])

b) Fortführung des Handelsgeschäfts durch den TV im eigenen Namen

Der TV kann das Handelsgeschäft des Erblassers bei entsprechender testamentarischer Anordnung [6]) nach außen hin im eigenen Namen und **in eigener Haftung** und Verantwortung, wenn auch im Innenverhältnis im Interesse und für Rechnung der Erben als deren **Treuhänder** fortführen. Der Erblasser kann dem Erben die Auflage machen, die ihm zustehenden persönlichen Rechte durch einen Dritten, also auch durch den TV, ausüben zu lassen.[7]) Auch der BGH [8]) hat angenommen, daß der Erblasser durch die Anordnung der TVg den Erben dazu zwingen kann, das der Verwaltung unterliegende einzelkaufmännische Unternehmen an den TV als Treuhänder zu übertragen, weil „ohne eine solche treuhänderische Übertragung die Verwaltung durch den TV aus Rechtsgründen unmöglich ist".[9]) In einer weiteren Entscheidung erwähnt der BGH, ein TV könne das zum Nachlaß gehörende Handelsgeschäft nur in der Form fortführen, „daß er es entweder im eigenen Namen als uneigennütziger Treuhänder unter eigener persönlicher Haftung weiterführt oder daß er es aufgrund einer besonderen Bevollmächtigung seitens der Erben im Namen der Erben unter ihrer persönlichen Haftung weiterführt".[10])

298

Bei der Treuhandlösung gibt es zwei Spielarten: die sog. Vollrechtstreuhand und die sog. Ermächtigungstreuhand.

---

[1])   Rz 298.

[2])   Rz 309, Holzhauer, S. 5, bezeichnet die unter Nr. 1 und 2 genannten Möglichkeiten als „Ersatzlösungen", wobei er der Möglichkeit Nr. 2 die größere praktische Bedeutung zuerkennt.

[3])   Rz 320.

[4])   Rz 321.

[5])   Rz 327.

[6])   Unten Rz 328.

[7])   RGZ 172, 199/205.

[8])   BGHZ 12, 100; 24, 106.

[9])   BGHZ 24, 106/112.

[10])   BGHZ 35, 13/15.

(1) Ermächtigungstreuhand

299 Bei der Ermächtigungstreuhand [1]) erhält der Treuhänder nicht das volle Recht an den zu verwaltenden Gegenständen, sondern nur die Macht, im eigenen Namen darüber zu verfügen.[2]) Diese Treuhandform ist weitgehend identisch mit der beabsichtigten TVg; Rechtsprechung und viele Autoren klassifizieren die TVg ohnehin als eine Art der Treuhand,[3]) und die Befugnisse des TV werden vielfach als gesetzliche Ermächtigung bezeichnet.[4]) Der einzige Unterschied ist danach der der persönlichen Haftung. Der TV tritt zwar im eigenen Namen, also nicht im Namen der Erben, auf, stellt aber gerade durch sein Handeln als TV klar, daß er nur mit Bezug auf den Nachlaß handelt. Dagegen erfordert die notwendige Herbeiführung der Eigenhaftung das Handeln im eigenen Namen. Daher ist mit der Figur der Ermächtigungstreuhand im **Außenverhältnis** hinsichtlich der **Haftung** nicht auszukommen. Das liegt daran, daß dieses Modell eine Diskrepanz herstellt zwischen dem Auftreten des Treuhänders und seiner persönlichen passiven Betroffenheit einerseits und seiner Rechtsstellung im Bezug auf das verwaltete Vermögen andererseits.[5])

(2) Vollrechtstreuhand

300 Bei der Vollrechtstreuhand sind dem TV bei der Übernahme des Handelsgeschäfts alle zu diesem gehörenden Rechtsgegenstände voll zu übertragen; nur so ist gewährleistet, daß das in dem Unternehmen zusammengefaßte Nachlaßvermögen für die vom TV im eigenen Namen einzugehenden Geschäftsverbindlichkeiten haftet.[6]) Da eine **Übertragung** uno acto nicht möglich ist, muß der Verwaltungs-TV alle Gegenstände, Sachen und Rechte des Unternehmens – soweit tunlich – auf sich übertragen; aufgrund seiner Befugnis, über die Nachlaßgegenstände zu verfügen (§ 2205 Satz 2 BGB), ist er dazu ohne Verstoß gegen § 181 BGB berechtigt, weil es sich um die Erfüllung eines dem TV als solchem zustehenden Anspruchs handelt.[7]) Der TV wird also Eigentümer der Sachen, Inhaber der Forderungen etc. Er erwirbt dann bei seiner Geschäftsführung auch alle zukünftigen Rechte selbst.

Die **Vollrechtsübertragung** ist freilich bei manchen Gegenständen umständlich und kostspielig, z. B. bei **Betriebsgrundstücken,** die bei der Geschäftsübernahme bereits vorhanden sind und nicht auf die Einzelfirma eingetragen sein können. Der TV wird daher regelmäßig nicht Eigentümer der Geschäftsgrundstücke; er wird daher auch nicht in das Grundbuch eingetragen. Häufig wird er

---

[1])   Vgl. KG JW 1939, 104; Haegele, RPfleger 1973, 114.

[2])   RGZ 118, 330; 133, 234/241; BGHZ 19, 69/71.

[3])   Vgl. BGHZ 25, 275/279; DB 1964, 1371; Schlüter, S. 295; von Lübtow, JZ 1960, 151; siehe oben Rz 1 Fußnote 3.

[4])   Vgl. Schlüter, S. 296; Bettermann, JZ 1951, 32.

[5])   Ausführlich John, BB 1980, 757/760.

[6])   Brandner, a.a.O. S. 1004; John, BB 1980, 757/760.

[7])   John, BB 1980, 757/761.

auch nicht Eigentümer des beweglichen Geschäftsvermögens; er wird dann auch nicht Versicherungsnehmer der für einen Firmenwagen abgeschlossenen Haftpflichtversicherung, wenn dieses Kraftfahrzeug im Eigentum des bisherigen Inhabers bleibt.[1]) Richtig kann allerdings die Treuhandlösung wohl nur dann funktionieren, wenn alle zum Handelsgeschäft gehörenden Sachen und Rechte dem TV voll übertragen werden.[2]) Schwierigkeiten der Gläubiger, sie als Haftungsgrundlage in Anspruch zu nehmen, sollen bei Beschränkung auf einzelne Vermögensstücke zu tolerieren sein,[3]) zumal der TV mit seinem Vermögen voll haftet. Dies gilt vor allem auch für betriebliche Einrichtungsgegenstände, da die Gläubiger z. B. bei der Unternehmenspacht überhaupt keine Zugriffsmöglichkeit auf solche Gegenstände haben. Bei Grundstücken werden auch die Gläubiger rechtzeitig auf deren besondere Haftungssituation aufmerksam, da der Erbe im Grundbuch eingetragen ist.[4])

(3) Rechtsstellung des Testamentsvollstreckers

Der TV muß sich **persönlich als Inhaber** des Handelsgeschäfts und nicht in seiner Eigenschaft als TV in das **Handelsregister** eintragen lassen.[5]) Zur Eintragung ist die Mitwirkung der Erben nicht erforderlich.[6]) Der TV leitet sein Recht zur Antragstellung unmittelbar aus seiner Ernennung zum TV ab, die ihn von den Erben gerade möglichst unabhängig stellen will.[7]) Er ist Kaufmann und Leiter des Geschäfts mit allen sich daraus ergebenden Folgen.[8])

301

---

[1])   BGH, MDR 1975, 124 = NJW 1975, 54 = WM 1974, 1253. Diese Entscheidung läßt keine Schlüsse darüber zu, wie sich der BGH zur Frage der Zulässigkeit einer Treuhänder-TVg an einem Handelsgeschäft stellt. Es handelt sich um einen Fall, in dem ein nicht zur Fortführung des Handelsgeschäfts. sondern zu dessen Umwandlung in eine KG ernannter TV mit Zustimmung der Erben vorübergehend die treuhänderische Inhaberschaft am Handelsgeschäft übernommen hatte.

[2])   Vgl. Brandner, a.a.O. S. 1003, 1004.

[3])   So John, BB 1980, 757/761.

[4])   John, BB 1980, 757/761.

[5])   RGZ 132, 138; BayObLG RPfleger 1972, 259 mit zahlreichen Hinweisen; OLG Hamm, NJW 1963, 1554; Keidel/Schmatz/Stöber, Rz 196; Palandt/Edenhofer, § 2205 BGB Rz 8; Soergel/Damrau, § 2205 BGB Rz 17. Für Eintragungsfähigkeit des TV-Vermerks aber Baur, a.a.O. S. 260; Holzhauer, S. 62; Karsten Schmidt, Handelsrecht 1980, S. 76.

[6])   Kerdel/Schmatz/Stöber Rz 195, a. A. Bengel/Reimann/Mayer, 5. Kap. Rz 121; Staudinger/Reimann, § 2205 BGB Rz 75; zweifelnd Brandner, a.a.O. S. 991/1004.

[7])   Siehe oben Rz 18.

[8])   BGHZ 12, 100 = BB 1954, 172 = DNotZ 1954, 270 = NJW 1954, 636; ferner BGHZ 24, 106 = BB 1957, 524 = NJW 1957, 1027; BGHZ 35, 13; RGZ 32, 142; 61, 139; 132, 138 = JW 1931, 3073 mit Anm. von Bondi = DNotZ 1931, 640; KGJ 50, 162; HRR 1936, 268; KG, JW 1937, 2599 und JW 1939, 104 = DJ 1939, 1006 = DNotZ 1939, 344; Brenig, RheinNotK 1957, 643; Hartmann, Abschn. 2.321; John, BB 1980, 757; Kipp/Coing, Erbrecht, § 68 III; Krabbenhöft, RPfleger 1948/49, 370; Lenz, DNotZ 1939, 320; Mains, DFG 1939, 131; Möhring/Beißwingert/Klingelhöffer, Vermögensverwaltung, S. 184; Nordemann, NJW 1963, 1139; Sommer, DNotZ 1936, 938; Staudinger/Reimann, § 2205 BGB Rz 72; teilweise kritisch Groschuff, JW 1938, 1361; DNotZ 1952, 295; Westermann, Rz 509, 510.

Das Handelsgeschäft kann der TV nicht als solcher kraft seines Amtes fortführen, weil eine Beschränkung der handelsrechtlichen Schuldenhaftung eines Einzelkaufmanns auf den Nachlaß – für den der TV allein Verbindlichkeiten eingehen kann (§§ 2206, 2207 BGB), während er und die Erben selbst als die wirklichen Geschäftsinhaber nicht unbeschränkt haften würden – unzulässig ist und auch nicht durch Anordnung von TVg erreicht werden kann. Es würde hier ein gesetzlich nicht zulässiges Handelsgeschäft mit beschränkter Haftung vorliegen.[1]

302 Der TV als neuer Inhaber (Treuhänder) des Handelsgeschäfts ist, soweit der Wille des Erblassers nicht entgegensteht, was aber vielfach der Fall sein wird, ohne Mitwirkung der Erben auch zur **Veräußerung des Handelsgeschäfts** und zur Erteilung der Zustimmung auf Fortführung der Firma durch den Erwerber sowie zur **Verpachtung** des Betriebs [2] berechtigt. Er – nicht auch die Erbengemeinschaft – kann **Prokuristen** bestellen (§ 48 HGB) und bestehende Prokuren widerrufen.[3]

(4) Haftung für Erblasser-Geschäftsschulden, Beschränkungsmöglichkeit

303 Die vielfach mit erheblichem Risiko verbundene **unbeschränkte persönliche Haftung** für die Geschäftsschulden kann der TV nach den von dieser Haftung handelnden §§ 25, 27 HGB für die vom **Erblasser** herrührenden Geschäftsverbindlichkeiten auf den Bestand des Nachlasses beschränken. Dies wird zum Teil zu Unrecht verneint.[4]

304 Bei den **Altschulden** versteht es sich von selbst, daß jedenfalls der **Nachlaß** für sie haftet. Fraglich ist die persönliche Haftung des TV und der Erben. Die **Erben** haften nicht persönlich nach § 27 Abs. 1 HGB, da für sie die Überlassung des Handelsgeschäfts an den TV einer Einstellung nach § 27 Abs. 2 HGB gleich steht.[5] Ihre Haftung für die noch vom **Erblasser** begründeten Geschäftsverbindlichkeiten tritt mithin nicht ein, wenn die Übernahme des Geschäfts durch den TV innerhalb der in dieser Vorschrift festgelegten Dreimonatsfrist erfolgt. Die Erben haben auch die Möglichkeit, ihre Haftung

---

[1] Siehe oben Rz 293.

[2] Siehe Rz 320.

[3] KG, DNotZ 1956, 609; NJW 1959, 1086; OLG München JFG 14, 428; Hofmann, Der Prokurist, 3. Aufl., 1972, 29; Soergel/Damrau, § 2205 BGB Rz 42. Auch einen Miterben kann der TV zum Prokuristen bestellen (Würdinger, § 48 HGB, Anm. 6). Das KG erhält seine Rechtsprechung aufrecht, wonach der in der Verwaltung des Nachlasses nicht beschränkte TV für das zum Nachlaß gehörende Handelsgeschäft eines Einzelhandelskaufmanns Prokura erteilen kann, mit der Maßgabe, daß der TV das Handelsgeschäft entweder als Treuhänder im eigenen Namen oder als Bevollmächtigter der Erben (Rz 309 ff.) fortführen muß.

[4] RGZ 132, 138. Beschränkung nach § 25 Abs. 2 HGB allein ist dagegen möglich (KG, DFG 1938, 267 = DJ 1939, 1006 = DNotZ 1939, 344 = JW 1939, 104); siehe auch Holzhauer, S. 8, mit Nachw. für und gegen und Kritik zu RGZ 132, 138; ferner Soergel/Damrau, § 2205 BGB Rz 19.

[5] RGZ 132, 144; KG JW 1937, 2599; Haegele, RPfleger 1973, 114; Rieper, a.a.O. S. 47; Würdinger, § 27 HGB Rz 26.

gegenüber dem TV auf den Nachlaßbestand zu beschränken.[1]) Da der **TV** aus erbrechtlichem Rechtsgrund erwirbt, muß er zunächst so haften, wie dies beim erbrechtlichen Erwerb für den Erben vorgesehen ist, also nach § 27 Abs. 1 HGB. Zweifelhaft ist, ob er diese Haftung durch Eintragung ins Handelsregister oder Mitteilung an die Gläubiger ausschließen kann. Einige Autoren lehnen die Ausschlußmöglichkeit beim fortführenden Erben ab, weil in den Fällen der Übernahme unter Lebenden, in denen § 25 HGB einen solchen Ausschluß ausdrücklich vorsieht, der frühere Inhaber weiter haftet, was hier aber nicht der Fall ist.[2]) Die Gläubiger aus der Zeit des Erblassers stehen dadurch aber nicht schlechter, da ihnen immer noch der ganze Nachlaß haftet, also eben das Vermögen, das ihnen auch früher zur Verfügung stand.[3]) Die überwiegende Meinung läßt daher zu Recht den Ausschluß wie in § 25 HGB beim fortführenden Erben unbeschränkt zu.[4])

Das gleiche muß nach den obigen Erwägungen für den **Treuhänder-TV** gelten. **305** Wenn die Rechtsprechung [5]) den TV bei Fortführung des Geschäfts im eigenen Namen zwingt, sich ohne Hinweis auf seine treuhänderische Stellung als Inhaber im Handelsregister eintragen zu lassen mit der Folge, daß er nunmehr unbeschränkt auch für die vor ihm eingegangenen Verbindlichkeiten persönlich haftet, dann muß man ihm auch wie jedem anderen Geschäftsnachfolger bei Firmenfortführung die Möglichkeit des Ausschlusses der Übernahme der vom Erblasser herrührenden Geschäftsschulden nach §§ 25 Abs. 2, 27 HGB geben. Der TV, der im eigenen Namen eine Firma fortführen muß, kann nicht schlechter gestellt sein als jeder beliebige Erwerber der Firma. Gläubigerinteressen werden in beiden Fällen nicht verletzt. Da der TV das Geschäft nicht unter Lebenden erworben hat, kann § 25 HGB nicht unmittelbar angewendet werden, doch steht einer analogen Anwendung der § 27 Abs. 1, § 25 Abs. 2 HGB nichts im Weg.[6]) Zu dieser Lösung muß man insbesondere auch dann kommen, wenn ein Erbe noch gar nicht existiert (z. B. die als Erbin eingesetzte Stiftung mangels staatlicher Genehmigung noch nicht existent geworden ist, § 83 BGB) und daher auch der von Würdinger [7]) aufgezeigte Weg der Überlassung des Geschäfts durch den Erben an den TV zur Fortführung im eigenen Namen mit der Folge der direkten Anwendung des § 25 Abs. 2 HGB nicht gangbar ist.

---

[1]) Einzelheiten zur Haftungsbeschränkung siehe bei Holzhauer, a.a.O. S. 16 mit Nachweisen.

[2]) So etwa Baumbach/Duden/Hopt, § 27 HGB Anm. 1 D; Oberberg, a.a.O. S. 29; Reuter, ZHR 135 S. 511.

[3]) So richtig John, BB 1980, 757/758.

[4]) KG DR 1940, 2007; Baur, a.a.O. S. 254; Heymann/Kötter, § 27 HGB Anm. 2; Hueck, ZHR 108, S. 6; John, BB 1980, 757/759; Nolte, a.a.O. S. 675; Säcker, ZGR 1973, 265; Weimar, JR 1935, 22.

[5]) Vgl. RGZ 132, 138; BayObLG, RPfleger 1972, 259.

[6]) Ausführlich John, BB 1980, 757/758; Schelter, DNotZ 1976, 703.

[7]) § 27 HGB Anm. 26.

Macht der TV davon keinen Gebrauch, so hat er allerdings im Innenverhältnis gegenüber den Erben einen (oft nur auf dem Papier stehenden) **Anspruch auf Befreiung** von seiner unbeschränkten Haftung für die vom Erblasser herstammenden Geschäftsverbindlichkeiten (§§ 2218, 670 BGB).[1]

(5) Haftung für neu begründete Geschäftsschulden

306 Führt der TV das Handelsgeschäft im eigenen Namen fort, so haften die **Erben** für die durch den TV neu begründeten Verbindlichkeiten nicht; private Gläubiger der Erben können in das Geschäftsvermögen schon deshalb nicht vollstrecken, weil der Erbe nicht dessen Rechtsinhaber ist. Der **TV,** der ohne jeden Hinweis auf seine TVg als Inhaber des Geschäfts ins Handelsregister eingetragen wird,[2] haftet als notwendige Folge dieser Tatsache auch allein persönlich für die von ihm eingegangenen Geschäftsverbindlichkeiten.[3]

Schwieriger ist die Frage zu beantworten, ob **private Gläubiger des TV** in das Geschäftsvermögen vollstrecken können. Nach den Grundsätzen der Vollrechtstreuhand ist das im Unternehmen befindliche Vermögen treuhänderisch gebunden, also Treuhandvermögen. Das hat zur Folge, daß die Privatgläubiger des TV zwar die Vollstreckung in diese Gegenstände betreiben können, der Erbe aber gemäß § 771 ZPO **Drittwiderspruchsklage** erheben kann.[4] Dies gilt nicht nur für die Gegenstände, die der TV vom Erben erworben hat, sondern auch für später von anderen Personen erworbene Gegenstände. Auf Grund des im Sachenrecht herrschenden Unmittelbarkeitsprinzips beschränkt zwar die wohl h. L. die treuhänderische Bindung auf die Gegenstände, die der TV aus dem Vermögen des Treugebers erhalten hat;[5] dieses Unmittelbarkeitsprinzip ist aber dort einzuschränken, wo auch ohne Erwerb vom Treugeber für die Bestimmtheit der Zuordnung gesorgt ist. Das ist der Fall, wenn das Treuhandvermögen, in das der erworbene Gegenstand eingegliedert wird, deutlich als Sondervermögen verwaltet wird, also vom Privatvermögen des Treuhänders eindeutig getrennt ist.[6] Die im Sachenrecht geforderte Klarheit ist hier gewährleistet.

Schuldenaufnahme ist eine Maßnahme der Verwaltung des TV. Dieser kann Nachlaßgrundstücke für Geschäftszwecke belasten.

---

[1] Zweifelnd Brandner, a.a.O. S. 1004.

[2] Siehe oben Rz 301.

[3] Palandt/Edenhofer, § 2205 BGB Rz 8; Würdinger, § 22 HGB Anm. 28. Zur Frage des Ersatzanspruchs gegen die Erben siehe unten Rz 308.

[4] RGZ 84, 214; 153, 369; BGH NJW 1959, 1224 = BB 1959, 573; DB 1964, 403; OLG Hamm NJW 1977, 1160; Baumbach/Lauterbach/Albers/Hartmann, § 771 ZPO Anm. 6a; John, BB 1980, 757/760; MüKo/Thiele, vor § 164 BGB Rz 37.

[5] RGZ 84, 214; 94, 305; 160, 52; BGH WM 1965, 174; BB 1968, 560 = JZ 1968, 791; NJW 1971, 559 = BB 1971, 197; Thomas, NJW 1968, 1705.

[6] So ausführlich John, BB 1980, 757, 760; vgl. für Treuhandvermögen auf Anderkonten z. B. BGHZ 11, 37 = BB 1953, 993 = JZ 1954, 438 mit zust. Anm. Raiser; NJW 1959, 1223 = BB 1959, 573.

Überläßt der TV später das **Geschäft den Erben** (§ 2217 BGB),[1]) so kommt § 25 HGB zur Anwendung. Das Recht aus § 27 Abs. 2 HGB steht den Erben jedoch nicht mehr zu.[2])

(6)   Verhältnis zu den Erben

Im Verhältnis zu den Erben unterscheidet sich die Stellung des TV, der das **307** zum Nachlaß gehörende Handelsgeschäft nach außen hin als Inhaber fortführt, nicht von der eines gewöhnlichen TV.[3]) Er hat den Erben gegenüber alle Rechte und Pflichten eines solchen und kann sich diesen Pflichten nicht etwa durch Berufung auf seine – nur für das Außenverhältnis maßgebende – Stellung als Geschäftsführer entziehen.

Der TV ist zwar nicht nach außen, aber im Verhältnis zu den Erben an den Grundsatz der „**ordnungsmäßigen Verwaltung**" (§ 2216 BGB) gebunden. Dieser Grundsatz ist normalerweise am Ziel des bloßen Bewahrens orientiert;[4]) deshalb erscheint die persönliche Haftung des normalen TV verzichtbar. Dagegen umfaßt unternehmerisches Handeln auch ein gewisses **Risiko,** ohne das sich ein Unternehmen nicht weiterentwickeln kann. Die stärkere Wendung zum Risiko ist der innere Grund für die unabdingbare persönliche Haftung des Unternehmensleiters.[5]) Es wird u. a. durch die erhöhte Vergütung abgegolten.[6]) Stets bleibt der TV an die Beschränkungen gebunden, die das Testament vorsieht. Er ist den Erben zum Schadensersatz verpflichtet, wenn er gegen Grundsätze verstößt, die auch für einen Unternehmensleiter gelten, etwa gegen die Sorgfalt eines ordentlichen Kaufmanns.[7])

Der TV hat im Innenverhältnis einen Anspruch gegenüber den Erben auf **308** **Befreiung** von den **Geschäftsschulden** und Aufwendungsersatz gemäß §§ 2218, 670 BGB, so daß die vom TV begründeten Geschäftsschulden mittelbar den Erben treffen.[8]) Ob der Erbe seine Haftung auf den Nachlaß **beschränken** kann, ist umstritten. Nach einer Ansicht ist der Anspruch des TV auf Aufwendungsersatz ein Anspruch gegen den Nachlaß, für den der Erbe nur beschränkbar haftet.[9]) Dies ist eine Rechtsfolge, die sicher manchen TV davon abhalten wird, ein zum Nachlaß gehörendes Unternehmen im eigenen Namen fortzu-

---

[1])   Siehe unten Rz 494 ff.

[2])   KG, HRR 1936, 268; Soergel/Damrau, § 2205 BGB Rz 19.

[3])   Gschwendtner NJW 1996, 362; John, BB 1980, 757/761; Staudinger/Reimann, § 2205 BGB Rz 75.

[4])   BGH NJW 1959, 1820 = BB 1959, 794.

[5])   Vgl. John, BB 1980, 757/761.

[6])   Siehe unten Rz 599.

[7])   Ausführlich John, BB 1980, 757/761.

[8])   MüKo/Brandner, § 2205 BGB Rz 16; Staudinger/Reimann, § 2205 BGB Rz 75.

[9])   Erman/Hense, § 2218 BGB Rz 6; Holzhauer, a.a.O. S. 16; John, BB 1980, 757/761; RGRK/Kregel, § 2218 BGB Rz 1; Richardi, a.a.O. S. 58.

führen.[1]) Dabei wird aber wohl nicht genügend berücksichtigt, daß das Treuhandverhältnis neben dem gesetzlichen Schuldverhältnis steht.[2]) Der Treuhänder-TV kann für seine Person über den Nachlaß hinaus Verbindlichkeiten eingehen. Dem – neben dem gesetzlichen Schuldverhältnis stehenden – Treuhandverhältnis liegt notwendigerweise ein zusätzliches vertraglich begründetes Geschäftsbesorgungsverhältnis zugrunde, so daß schwerlich angenommen werden kann, daß die Befreiungs- und Erstattungspflicht des Erben gegenüber dem TV auf den Nachlaß beschränkt oder beschränkbar sind.[3])

c) Fortführung des Handelsgeschäfts durch den TV im Namen der Erben

309 Will der TV wegen des damit verbundenen Risikos von der vorstehend behandelten Treuhandlösung keinen Gebrauch machen oder darf er dies infolge abweichender Anordnungen des Erblassers nicht,[4]) so kann er das Geschäft unter dem Namen **der Erben** und unter **deren persönlicher Haftung** als ihr Bevollmächtigter führen, ohne sich selbst in das Handelsregister eintragen zu lassen,[5]) ebenso wie dies durch einen Generalbevollmächtigten des Geschäftsinhabers oder auch seinen gesetzlichen Vertreter möglich ist. Dies geschieht durch eine Verbindung der Vollmacht mit erbrechtlichen Klauseln, um die Vollmacht gegen Widerruf zu schützen. Diese Lösung wurde erstmals in dem Urteil des BGH vom 18. 1. 1954 herausgestellt, daß der Erblasser durch letztwillige Anordnung einer entsprechenden Bedingung oder Auflage den Erben verpflichten könne, „dem Testamentsvollstrecker die Befugnis einzuräumen, auch über den Rahmen des § 2206 BGB hinaus persönliche Verpflichtungen

---

[1]) Schelter, DNotZ 1976, 703.

[2]) Vgl. dazu für die Praxis Gschwendtner NJW 1996, 362, 364.

[3]) Vgl. BGHZ 12, 100/104; Brandner, a.a.O. S. 1004/1005; Donner, DNotZ 1944, 143; Haegele, RPfleger 1956, 182; Holch, DNotZ 1958, 282; Hueck, ZHR 108 S. 1 ff.; Johannsen, LM § 2216 BGB Nr. 1; Lange/Kuchinke, S. 412; Staudinger/Reimann, vor § 2197 BGB Rz 71; § 2205 BGB Rz 75.

[4]) Unten Rz 328 ff.

[5]) Anderer Ansicht LG Konstanz, FamRZ 1990, 441 = NJW-RR 1990, 716.

für den Erben einzugehen",[1]) also dem Testamentsvollstrecker eine entsprechende Vollmacht zu geben.

Die Vollmacht ist als Rechtsinstitut für den Rechtsverkehr unter Lebenden **310** vorgesehen, kann aber auch über den Tod des Vollmachtgebers hinaus wirken. Sie kann in Verbindung mit einer aufschiebenden Bedingung so ausgestaltet werden, daß von ihr erst nach dem Tode des Vollmachtgebers Gebrauch gemacht werden kann. Man spricht in diesem Fall von einer **„postmortalen Vollmacht".** Der Erblasser kann dem TV eine solche erst mit seinem Tod beginnende Vollmacht letztwillig erteilen[2]) oder auch dem Erben zur Auflage machen, sie nicht zu widerrufen bzw. dem TV eine entsprechende Vollmacht zu erteilen. Zu dieser Regelung benötigt der TV daher grundsätzlich das Einverständnis und die entsprechende Vollmacht der persönlich haftenden Erben. Das Nachlaßgericht kann die erforderliche Vollmacht nicht an Stelle der Erben erteilen.[3])

(1) Widerruflichkeit der Vollmacht

Um den beabsichtigten Zweck zu erfüllen, muß die Vollmacht bis zur regulä- **311** ren oder vorzeitigen Beendigung der TVg unwiderruflich sein.[4]) Dies ist mit Schwierigkeiten verbunden, da die Vollmacht grundsätzlich von den Erben oder einem Teil von ihnen jederzeit widerrufen werden kann. Eine unwiderrufliche Vollmacht kann der Erblasser für die Zeit nach seinem Tod kaum wirksam erteilen, wenn sie über einen Einzelauftrag hinausgehen und erhebliche

---

[1]) BGHZ 12, 100 = BB 1954, 172 = DNotZ 1954, 270 = NJW 1954, 636; BGHZ 24, 106 = BB 1957, 524 = NJW 1957, 1026; BGHZ 35, 13. Das BayObLG hat in einer Entscheidung vom 11. 6. 1969 (BayObLGZ 1969, 138 = NJW 1969, 205 = MDR 1969, 844 = RPfleger 1969, 299 mit Anm. von Haegele) dahin erkannt, daß, sofern der TV das Geschäft nicht in eigenem Namen unter seiner persönlichen Haftung als Treuhänder für die Erben betreiben will (Rz 298), die Möglichkeit der Betreibung als Bevollmächtigter des Erben unter dessen persönlicher Haftung in Frage kommt. Dabei hat das BayObLG insbesondere auf BGHZ 12, 100 Bezug genommen. Siehe aus der Literatur Gruß, BB 1955, 573; Hartmann, Abschn. 2.322; Holch, DNotZ 1958, 282, 294; Keidel/Schmatz/ Stöber Rz 195; Soergel/Damrau, § 2205 BGB Rz 18; Staudinger/Reimann, § 2205 BGB Rz 76; Lange/Kuchinke, § 29 V 7b leiten die Berechtigung direkt aus § 2205 BGB ab. John, BB 1980, 757, lehnt die Vollmachtlösung aus vertretungsrechtlichen Gründen ab. Nach Ansicht von Nordemann, NJW 1963, 1139, kann der Erbe nicht gezwungen werden, gegen seinen Willen das Unternehmen selbst zu betreiben, handelsrechtlich voll zu haften oder gar mitgliedschaftliche Erklärungen weisungsgebunden abzugeben (siehe zu Nordemann aber auch Holzhauer, S. 42). Bedenken gegen die Zulässigkeit der Fortführung des Handelsgeschäfts durch den TV als Bevollmächtigter der Erben äußern auch Donner, DNotZ 1944, 145; Hueck, ZHR 108, 30; Richardi, S. 34; Weiler, DNotZ 1952, 298; Westermann, Rz 510. Siehe aber auch Schlüter, Erbrecht, § 42 IV 3c, der die Bedenken von Nordemann a.a.O. nicht teilt. Er führt aus: Das Recht, die Entlassung des TV zu beantragen, ist nicht ausgeschlossen, so daß Auflagen dieser Art nicht, wie Nordemann a.a.O. es meint, gegen § 138 BGB verstoßen (vgl. auch RGZ 172, 205).

[2]) Siehe oben Rz 4 ff.

[3]) BayObLGZ 1969, 138 = NJW 1969, 2051 = RPfleger 1969, 299 = MDR 1969, 844.

[4]) Brandner, a.a.O. S. 1001; John, BB 1980, 757/758.

Zeit gelten soll, weil sie die Vorschriften über die TVg umgehen, die Erben in nicht zulässiger Form binden und eine Art Generalvollmacht darstellen würde.[1])

Es ist jedoch zulässig, die Vollmacht faktisch als unwiderruflich zu gestalten und zwar nicht nur als Verpflichtung des Vollmachtgebers, die Vollmacht nicht zu widerrufen, sondern als unmittelbar wirksame Widerrufssperre. **Unwiderruflichkeit** kann in dem der Vollmacht zugrunde liegenden Auftragsverhältnis begründet werden; daneben wird Unwiderruflichkeit der Vollmacht auch anerkannt, wenn ein eigenes Interesse des Bevollmächtigten vorliegt. Beides ist bei der postmortalen Vollmacht in der Regel nicht gegeben. Aber auch die rechtlich widerrufliche Vollmacht kann faktisch durch Verbindung mit Strafklauseln oder Auflagen zu einer unwiderruflichen gemacht werden. Der an sich zum Widerruf berechtigte Erbe kann durch erbrechtliche Klauseln vom Widerruf abgehalten werden.[2])

(2) Verdrängende Vollmacht

312 Eine andere Einschränkung ergibt sich aus dem Wesen der Vollmacht. Die Vollmacht gibt dem Bevollmächtigten die Berechtigung, für den Vollmachtgeber zu handeln, schließt aber die Befugnis des Vollmachtgebers, selbst zu handeln, nicht aus (sog. **konkurrierende Befugnis**). Dieses Recht des Vollmachtgebers wird durch die Vollmacht grundsätzlich nicht verdrängt. Der Erbe wird durch die postmortale Vollmacht grundsätzlich nicht gehindert, selbst zu handeln. Wer zuerst handelt – TV oder Erbe –, dessen Handlungen sind wirksam. Durch die Vollmachtserteilung an den TV soll aber ein Handeln der Erben selbst verhindert werden (sog. **verdrängende Befugnis**). Auch dies kann durch Kombination der Vollmacht mit testamentarischen Strafklauseln und Auflagen erreicht werden. Allerdings muß der Erblasser, wenn er von diesem Druckmittel Gebrauch machen will, dann solche Ersatzerben an Stelle von widerrufenden Erben einsetzen, die außerhalb des Kreises seiner übrigen Testamentserben liegen. Andernfalls kann er mit der auflösend bedingten Erbeinsetzung den beabsichtigten Druck auf die Erben praktisch nicht verwirklichen (vgl. §§ 2104, 2105 BGB). Daran wird die Verwendung dieses Druckmittels nicht selten scheitern.[3])

(3) Absicherung durch Verfügung von Todes wegen

313 Der Erblasser muß also auf andere Weise sicherstellen, daß die Erben eine entsprechende Vollmacht erteilen, sie nicht widerrufen und nicht neben dem TV handeln oder in seine Geschäftsführung eingreifen. Der Erblasser kann die Erben dazu durch entsprechende testamentarische **Bedingung** (§§ 2074 ff.

---

[1]) Einzelheiten oben Rz 4 ff.

[2]) Siehe unten Rz 313 ff., 353 ff.

[3]) Vgl. die ähnlich gelagerte Situation im Gesellschaftsrecht unten Rz 352.

BGB) oder **Auflage** (§§ 1940, 2192 ff. BGB) verpflichten.[1]) Die Bedingung dürfte vielfach bereits darin liegen, daß der Erblasser für sein Handelsgeschäft eine Verwaltungs-TVg nach § 2209 BGB angeordnet hat.[2])

Ist das Bestehen einer **Bedingung (Auflage)** in diesem Sinn anzunehmen, so kann der TV selbst nach §§ 2208 Abs. 2, 2194 BGB die Vollziehung der Bedingung oder Auflage von den Erben verlangen;[3]) dabei ist vor allem bei der Auslegung eigenhändiger Testamente besondere Sorgfalt anzuwenden. Alsdann kann er über § 2206 BGB hinaus persönliche Verpflichtungen für die Erben eingehen.

Hat der Erblasser eine letztwillige Verfügung unter der **Bedingung** getroffen, daß der Bedachte während eines Zeitraums von unbestimmter Dauer etwas fortgesetzt tut und das Tun lediglich in seiner Willkür liegt, so ist im Zweifel anzunehmen, daß die Zuwendung von der auflösenden Bedingung abhängig sein soll, daß der Bedachte das Tun unterläßt (§ 2075 BGB). Die Zielrichtung des Erblassers ist bei Auflage und Bedingung dieselbe. Das gleiche gilt für die Pflicht der Erben zur Vollziehung einer Bedingung im Sinne von Rz 313.[4]) Der unter einer auflösenden Bedingung Bedachte hat die Rechtsstellung eines in der Regel befreiten[5]) Vorerben.[6])

Dabei ist zweckmäßigerweise mitanzuordnen, daß die Vollmacht in notariell **beurkundeter Form,** also nicht nur mit Beglaubigung der Unterschrift des Vollmachtgebers, erteilt wird.[7]) Weigern sich alle oder einige Erben, die durch die Auflage angeordnete Vollmacht auf den TV auszustellen, so kann der als

---

[1])   Lange, JuS 1970, 105 führt zu diesen Fragen folgendes aus: Der Erbe hat aus der Einsetzung des TV die Pflicht, die Aufnahme und Durchführung des Amtes zu ermöglichen. §§ 2205 S. 2 und 2206 Abs. 2 BGB bedürfen daher der Ausweitung. Auch für Treuhandlösung (Rz 298) und Vollmachtlösung (Rz 309) bedarf es daher der Auflagenkonstruktion nicht, wenn die eine oder andere dem Willen und Ziel des Erblassers gerecht wird und dem Erben zugemutet werden kann. Hierüber ist gegebenenfalls im Prozeß zu entscheiden. Aus der gleichen Verpflichtung heraus hat der Erbe dem TV die Zustimmung des § 25 Abs. 1 HGB zu erklären, falls man eine solche Erklärung trotz Anordnung der TVg noch für nötig hält. Übergang von Vollmacht zu Treuhandlösung kommt in Frage, wenn der Erbe sich hartnäckig weigert, die Vollmacht zu erteilen oder wenn er in die Geschäftsführung des TV pflichtwidrig eingreift, neben diesem handelt oder die Vollmacht grundlos widerruft. Auch Übergang der Treuhand-TVg in Vollmacht kann in Frage kommen.

[2])   RGZ 1972, 199; BGHZ 12, 100 = NJW 1954, 636 = DNotZ 1954, 270 = BB 1954, 172; KG, JW 1936, 1137; Donner, DNotZ 1944, 143; Lenz, DNotZ 1939, 322; Mains, DFG 1939, 391; Staudinger/Reimann, § 2205 BGB Rz 76; a.A. Bondi, JW 1931, 3073.

[3])   BGHZ 12, 100 (siehe vorige Fußnote); Holch, DNotZ 1958, 285, 295; Palandt/Edenhofer, § 2194 BGB Rz 1; Sommer, DNotZ 1936, 941; Staudinger/Otte, § 2194 BGB Rz 4.

[4])   Vgl. Brüggemann, FamRZ 1975, 663, 664.

[5])   BayObLGZ 1962, 57.

[6])   Palandt/Edenhofer, § 2075 BGB Rz 3.

[7])   In der Vollmacht ist festzulegen, daß sich der Bevollmächtigte eine beliebige Zahl von Ausfertigungen dieser Vollmacht auf einseitigen Antrag erteilen lassen darf (Keidel/Kuntze/Winkler, § 47 BeurkG Rz 3, 6; § 49 BeurkG Rz 9). Siehe zu den Unterschieden zwischen notariell beurkundeter und nur mit Unterschriftsbeglaubigung versehener Vollmacht Haegele/Schöner/Stöber, Grundbuchrecht Rz 1947 ff., 1964 und Keidel/Kuntze/Winkler, § 12 BeurkG Rz 2, 7.

Bevollmächtigte vorgesehene TV aufgrund des § 2208 Abs. 2 BGB aus der Auflage klagen.[1]) Aus Gründen der Sicherheit kann es sich empfehlen, daß der Erblasser selbst eine Vollmacht testamentarisch ausstellt und zusätzlich die Erben zur Ausstellung einer Vollmacht verpflichtet.[2])

314 Diese Befugnis des Erblassers, im Testament durch Auflage oder Bedingung dem Erben die Erteilung einer Vollmacht an den TV aufzuerlegen,[3]) ist nicht unbestritten. Der BGH ließ in dem Urteil vom 20. 1. 1969[4]) auf dem Gebiet des Gesellschaftsrechts die Frage offen, ob der Erbe durch eine Auflage wirksam gebunden werden kann, einem TV die Ausübung der Mitgliedschaftsrechte zu überlassen, mit der zusätzlichen Bemerkung, das sei „im Gegensatz zu RGZ 172, 199 wohl zu verneinen". Seither hat sich, soweit ersichtlich, jedenfalls die höchstrichterliche Rechtsprechung mit der Zulassung und Ausgestaltung der Vollmachtlösung nicht mehr befaßt. In seiner Anmerkung dazu hat Johannsen darauf abgestellt, inwieweit eine solche Belastung dem Erben **zumutbar** sei.[5]) Nach einer anderen Meinung kann der Erbe nicht gezwungen werden, das Unternehmen gegen seinen Willen zu betreiben und handelsrechtlich voll zu haften.[6]) Er werde dadurch in sittenwidriger Weise selbst entmündigt.[7]) In der Verwaltung seines Privatvermögens solle der Erbe durch die TVg keineswegs beschränkt werden.[8])

Richtig ist, daß die Vollmachtlösung keine für den Erben unzumutbaren Gefahren mit sich bringt. Will der Erbe das Risiko vermeiden, kann er die Erbschaft **ausschlagen.**[9]) Bedingungen oder Auflagen dieser Art verstoßen daher nicht gegen § 138 BGB.[10]) Es ist ferner darauf hinzuweisen, daß der Erbe auch im Normalfall für Verbindlichkeiten, die der TV mit Wirkung für den Nachlaß eingeht, zunächst unbeschränkt haftet (§ 1967 BGB). Der Erbe ist zwar in der Lage, diese erbrechtliche Haftung auf den Nachlaß zu beschränken (§§ 1975 ff. BGB); dieses Haftungsbeschränkungsrecht kann jedoch erlöschen, z. B. wenn der Erbe die Inventarfrist versäumt (§ 1994 Abs. 1 Satz 2 BGB). In derartigen Fällen verliert der Erbe sein Haftungsbeschränkungsrecht gegenüber **allen** Nachlaßgläubigern, gleich ob deren Forderungen bereits vor dem Erbfall oder später entstanden sind.

---

[1]) RGZ 172, 207.

[2]) Siehe unten Rz 359.

[3]) So z. B. BGHZ 12, 100, 103 = NJW 1954, 636 = DNotZ 1954, 270 = BB 1954, 172; Soergel/Damrau, § 2205 BGB Rz 18; Staudinger/Reimann, § 2205 BGB Rz 76; siehe oben Rz 313.

[4]) BB 1969; 773 = WM 1969, 492; siehe unten Rz 360.

[5]) Ausführlich unten Rz 360.

[6]) Nordemann, NJW 1963, 1139, gegen ihn Schlüter, § 42 IV 3c.

[7]) So John, BB 1980, 757/758.

[8]) Brandner, a.a.O. S. 1002.

[9]) BGHZ 12, 100/103; Soergel/Damrau, § 2205 BGB Rz 18; Staudinger/Reimann, § 2205 BGB Rz 76.

[10]) Schlüter, § 42 VI 3c; vgl. auch RGZ 172, 199/205.

Die Kritik der Gegner der Vollmachtlösung gipfelt in der Feststellung von Brandner: [1] „Wenn der Erblasser einen TV mit der Aufgabe, das Privatvermögen des Erben zu verwalten – selbstverständlich – nicht ernennen kann, dann kann das auch nicht wirksam durch eine Anordnung geschehen, daß der Erbe den Testamentsvollstrecker zu bevollmächtigen habe." Diese überspitzte Formulierung verkennt, daß das Handelsgeschäft eben doch zum Nachlaß gehört. Allein die Tatsache, daß die Vollmacht mehr Befugnisse gewährt als die TVg, ermöglicht im Ausnahmefall den Eingriff des TV in das Privatvermögen des Erben. Es ist aber verfehlt, anhand einer stets möglichen Ausnahme oder einer Pflichtwidrigkeit eine vernünftige Regelung als solche ad absurdum zu führen. Nicht die Vollmachtlösung als solche ist abzulehnen, sondern die überschießende Außenmacht der Vollmacht ist auf das erbrechtlich zulässige und damit dem Erben zumutbare [2] Maß zu begrenzen, wie anschließend auszuführen sein wird.[3]

(4) Erbrechtliche Begrenzung der überschießenden Außenmacht der Vollmacht

Die Bedenken, die gegen Druckmittel gegenüber dem Erben bestehen, dem **315** TV eine Vollmacht zu erteilen, beruhen vor allem darauf, daß die Vollmacht dem TV mehr Rechte gewährt, als ihm als TV zustehen. So kann der TV die Erben nicht über den Nachlaß hinaus verpflichten (§ 2206 BGB), er darf keine unentgeltlichen Verfügungen treffen (§ 2205 Satz 3 BGB), die TVg endet grundsätzlich nach 30 Jahren (§ 2210 BGB). Die Vollmacht kennt diese Beschränkungen nicht.[4] Das rechtliche **Können** schießt über das rechtliche **Dürfen** hinaus, dies bringt Gefahren mit sich. Es sind daher Vorkehrungen zu treffen, daß von der Außenmacht der Vollmacht kein Gebrauch gemacht wird über die Befugnisse hinaus, die das Erbrecht dem TV einräumt.

Die **zeitliche Begrenzung** der Vollmacht auf die Dauer der TVg wird am ein- **316** fachsten dadurch gesichert, daß die Vollmacht dem jeweiligen TV erteilt oder als Inhalt ihr Erlöschen mit dem Ablauf der TVg bestimmt wird. Es dürfte zulässig sein, ganz allgemein denjenigen – ohne Namensnennung – als Bevollmächtigten vorzusehen, der nach dem Tod des Erblassers sein TV sein wird, mag dessen namentliche Benennung auch durch einen Dritten (§ 2198 BGB) [5] oder durch das Nachlaßgericht (§ 2220 BGB) [6] geschehen. Damit ist die zeitliche Begrenzung des § 2210 BGB gewährleistet.

Zur Sicherung gegen Mißbrauch der überschießenden Außenmacht kommt eine inhaltliche Begrenzung in Betracht. Es ist möglich, in die Vollmacht eine

---

[1]   a.a.O. S. 1002, 1003.

[2]   Vgl. Johannsen unten Rz 360.

[3]   Unten Rz 315.

[4]   Ausführlich zu unentgeltlichen Verfügungen oben Rz 246 ff.

[5]   Siehe oben Rz 45.

[6]   Siehe oben Rz 74.

inhaltliche Begrenzung des Inhalts einzufügen, daß sie **unentgeltliche Verfügungen** nicht umfaßt [1]) und eingegangene Verpflichtungen nur den **Nachlaß,** nicht den Erben persönlich binden dürfen. Solche Begrenzungen belasten den TV allerdings mit Nachweisschwierigkeiten. Das bedeutet z. B., daß der bevollmächtigte TV der Zustimmung der Erben zu unentgeltlichen Verfügungen bedarf und zu allen Geschäften, zu denen die erforderlichen Mittel nicht aus dem Nachlaß aufgebracht werden können. Der Erblasser sollte daher von vorneherein nur eine derart inhaltlich begrenzte Vollmacht anordnen.

Es ist ferner überlegenswert, als Inhalt der Vollmacht zu bestimmen, daß von der Vollmacht nur oder in bestimmten Fällen nur Gebrauch gemacht werden kann unter Vorlage der Vollmachtsurkunde, die wiederum bei einer besonderen Vertrauensperson hinterlegt wird (sog. **überwachbare Vollmacht**) [2]). Soll indes schon eine Vertrauensperson zur Überwachung des TV eingesetzt werden, so erscheint es besser, diese zum Mittestamentsvollstrecker zu ernennen, mit der Maßgabe, daß die TV nur gemeinschaftlich berechtigt sind. [3]) Werden mehrere Personen zu gemeinschaftlich handlungsberechtigten TV und Bevollmächtigten ernannt, so ist einem Mißbrauch der überschießenden Außenmacht der Vollmacht genügend vorgebaut.

(5) Befugnisse und Haftung des TV

317 Der TV kann also das Geschäft unter dem Namen der Erben und unter deren persönlicher Haftung mit den Haftungsbeschränkungsmöglichkeiten nach §§ 25, 27 HGB [4]) führen, ohne sich selbst in das Handelsregister eintragen zu lassen. Die **Erben** werden selbst als **Inhaber** des im Nachlaß bleibenden Handelsgeschäfts in das Handelsregister eingetragen. Eine Eintragung des **TV-Vermerks** im Handelsregister erfolgt nicht.[5]) Alle Erben sind **anmeldepflichtig,** nicht der TV.[6]) Die Erteilung oder der Widerruf einer **Prokura** ist aber der Erbengemeinschaft vorbehalten, wobei alle Miterben der Erbengemeinschaft mitwirken müssen.[7])

---

[1]) Dazu ausführlich oben Rz 246 ff.

[2]) Bei beurkundungspflichtigen Geschäften kann als Inhalt der Vollmacht bestimmt werden, daß von der Vollmacht nur vor einem bestimmten Notar Gebrauch gemacht werden kann, der den Gebrauch der Vollmacht zu überwachen verpflichtet wird (Reithmann, BB 1984, 1394/1398).

[3]) Dazu siehe unten Rz 458 ff.

[4]) Dazu siehe oben Rz 314.

[5]) Vgl. Keidel/Schmatz/Stöber, Rz 169 Fußnote 32; a. A. LG Konstanz FamRZ 1990, 441 = NJW-RR 1990, 716; Holzhauer, a.a.O. unter Bezugnahme auf § 15 HGB.

[6]) Bengel/Reimann/Mayer, 5. Kap. Rz 136; Keidel/Schmatz/Stöber, Rz 169 Fußnote 32, Rz 195; Zartmann, a.a.O. (Fußnote 1 zu Rz 293) für Anmeldepflicht auch des TV KG, RJA 11, 271; Soergel/Damrau, § 2205 BGB Rz 18; für Anmeldepflicht nur des TV Möhring, S. 303; Würdinger, RGR, § 27 HGB Anm. 26.

[7]) Hartmann, Abschn. 233; Soergel/Damrau, § 2205 BGB Rz 42 mit Nachweisen; vgl. auch KG, NJW 1959, 1086, wonach hier auch der TV zur Prokuraerteilung berechtigt ist.

Führt der TV das Geschäft als Bevollmächtigter der Erben in deren Namen und unter ihrer Haftung fort, so **verpflichten** seine im Namen der Erben für das Geschäft eingegangenen **Verbindlichkeiten,** wie ausgeführt, die **Erben** auch persönlich, und zwar auch dann, wenn sie ihre Haftung im übrigen nach bürgerlichem Recht auf den Nachlaß beschränken können. In dieser Haftung liegt für die Erben u. U. eine Gefahr, die der Erblasser durch entsprechende Anordnung berücksichtigen sollte.[1]) Der TV **darf** aber, wie ausgeführt,[2]) aufgrund der **erbrechtlichen Begrenzung** der Vollmacht keine unentgeltlichen Verfügungen oder Geschäfte vornehmen, zu denen die erforderlichen Mittel nicht aus dem Nachlaß aufgebracht werden können. Hierzu bedarf es der Zustimmung der Erben.

Der **TV haftet** den Gläubigern gegenüber **nicht unmittelbar.** Er haftet aber den **318** Erben bei schuldhafter Verletzung seiner Pflichten nach § 2219 BGB.[3]) Auch können die Erben kraft ihres Rechts auf Auskunft und Rechnungslegung (§ 2218 BGB) die Geschäftsführung des TV überwachen[4]) und u. U. seine Entlassung durch das Nachlaßgericht (§ 2227 BGB) verlangen.[5]) Darin liegt eine gewisse Milderung der eben erwähnten Gefahr für die Erben. Will der Erbe dieses Risiko vermeiden, so kann er auch die Erbschaft ausschlagen.[6]) Freilich läßt sich innerhalb der kurzen Ausschlagungsfrist das Risiko meist noch nicht überblicken.

Einem **Dritten** bleibt der interne Ausschluß der Erben von der Geschäftsfüh- **319** rung verborgen, da diese im Handelsregister eingetragen werden. Er muß aus der Eintragung schließen, daß das Handelsgeschäft den Erben zur freien Verfügung herausgegeben und die TVg daran erloschen ist. Schließt der Dritte unmittelbar mit den Erben ab, so haften diese für das Geschäft. Ob dagegen zum Schutz des TV immer mit einer Strafklausel des Erblassers geholfen werden kann,[7]) ist fraglich.

d)   Fortführung des Handelsgeschäfts durch seine Verpachtung

Eine weitere Möglichkeit besteht für den TV darin, daß er das Handelsge- **320** schäft verpachtet, falls der Erblasser nichts Gegenteiliges bestimmt hat, was

---

[1])   Vgl. Schneider/Martin, Familienunternehmen S. 461.

[2])   Siehe oben Rz 315.

[3])   Siehe unten Rz 559.

[4])   Siehe unten Rz 483, 549.

[5])   Siehe unten Rz 792.

[6])   BGH, NJW 1954, 636 = DNotZ 1954, 270 = BB 1954, 172.

[7])   Siehe Holch, DNotZ 1958, 282, 296.

aber oft der Fall sein wird.[1]) Er hat dann als Vertreter der Verpächter immerhin noch eine gewisse Aufsichtsmöglichkeit. U. U. kommt Verpachtung an einen (vom Erblasser zu bezeichnenden) Familienangehörigen in Frage.

e) Fortführung des Handelsgeschäfts durch die Erben selbst mit oder ohne Freigabe

321 Die Erben können das Handelsgeschäft **selbst fortführen.** Dann sind sie – zunächst in Erbengemeinschaft – in das **Handelsregister einzutragen.** Der TV hat der durch die Erben selbst vorzunehmenden Anmeldung auf ihre Eintragung im Handelsregister beizutreten.[2]) Ob der TV mit anmeldepflichtig ist, ist allerdings teilweise umstritten.[3]) Die Übertragung eines Gesellschaftsanteils auf minderjährige oder unter Vormundschaft stehende Erben oder Vorerben bedarf der Genehmigung durch das Vormundschaftsgericht.[4])

322 Hat der **Erblasser** ein **Handelsgeschäft** betrieben, so kommt nach seinem Tod dessen Fortsetzung durch die Erben nur in der Form einer **Handelsgesellschaft,** nicht aber auch in der Form der Gesellschaft nach bürgerlichem Recht in Frage.[5])

323 Für die Miteintragung des TV-Vermerks (ähnlich wie im Grundbuch, siehe § 52 GBO; vgl. auch § 55 SchiffsregO) ist dabei kein Raum. Mit Eintragung der Erben in das Handelsregister findet hier die TVg bezüglich des Handelsgeschäftes ihr **Ende.** Der TV hat den Erben die zum Handelsgeschäft gehörenden Vermögenswerte nach § 2217 BGB auszufolgen.[6]) Das wird vielfach gerade nicht der Wille des Erblassers sein.

324 Gehören zum Vermögen des Erblassers (Betriebs-)Grundstücke, so muß der TV darüber entscheiden, ob sie, weil sie nicht auf die Einzelfirma eingetragen sein können, auf die von den Erben jetzt etwa betriebene Personengesellschaft

---

[1]) Brenig, RheinNotK 1957, 650; Donner, DNotZ 1944, 143; Hartmann, Abschn. 233; Keidel/Schmatz/Stöber, Registerrecht, Rz 198; Vogels, DJ 1939, 1008. Der TV ist auch berechtigt, das Handelsgeschäft **stillzulegen** oder zu **veräußern,** doch wird meist der Wille des Erblassers entgegenstehen.

[2]) RGZ 132, 138; HRR 1937, 1374; JW 1931, 3073; KG, DNotZ 1942, 225; RG, JW 1936, 1138; 1937, 2599; 1939, 104, 293; Bondi, JW 1938, 3073; Hueck, ZHR 108, 28; Mains, DFG 1939, 191; Möhring, Vermögensverwaltung, 231; Sommer, DNotZ 1936, 937; Waldmann, DFG 1944, 37.

[3]) Krieger/Lenz, Anm. 35 zu § 22 HGB; Würdinger, Anm. 6 zu § 31 HGB; Gessler/Hefermehl, Anm. 8 zu § 22 und Anm. 6 zu § 31 HGB.

[4]) OLG Hamburg, DNotZ 1983, 381 für einen Kommanditanteil, den der TV mit Mitteln der Erbschaft erworben hat.

[5]) Vgl. Brüggemann, FamRZ 1975, 663.

[6]) Siehe auch KG, HRR 1936, 268 = JW 1936, 1137 wie folgt: Führt der TV ein Handelsgeschäft des Erblassers nicht in eigenem Namen weiter, sondern überläßt er es dem Erben zur Weiterführung in dessen Namen, so gibt es damit frei.

oder BGB-Gesellschaft [1]) umgeschrieben oder dieser nur zur Nutzung überlassen werden sollen. Entschließt er sich zu letzterem, so kann der TV die Grundstücke nicht mehr für Verbindlichkeiten aus dem Geschäftsbetrieb der Erben-Firma belasten. Die Erben als Grundstückseigentümer werden aus einer solchen Belastung nicht verpflichtet, wenn der Gläubiger die mangelnde Vertretungsmacht des TV kannte oder infolge Fahrlässigkeit nicht kannte.[2])

Die Erben können bei Ausnützung der hier behandelten Möglichkeiten den **TV als Prokuristen** bestellen. **325**

Über die hiervor behandelte Möglichkeit hinaus besteht nach vereinzelt vertretener Ansicht [3]) die Möglichkeit, daß der TV das Geschäft im **Innenverhältnis** zu den Erben nicht freigibt. Doch können sich in einem solchen Fall wohl erhebliche Überschneidungen der Rechte von TV und Erben ergeben, die sicher nicht im Sinn des Erblassers sind. **326**

f) Tätigkeit des TV als Prokurist

Der zum TV ernannte Prokurist eines Handelsgeschäfts kann dieses Geschäft ebenfalls entweder im eigenen Namen fortführen [4]) oder – bei Fehlen abweichender Anordnungen des Erblassers – die Fortführung den Erben überlassen. In beiden Fällen tritt für das Handelsgeschäft eine Vereinigung der Ämter des Prokuristen und des TV in einer Person nicht ein.[5]) Der Prokurist verliert also die Prokura nicht. **327**

g) Durch den Erblasser (den TV) im Einzelfall zu treffende Regelung

Hat der Erblasser die Verwaltung und Fortführung seines Handelsgeschäfts einem TV überlassen und soll die Fortführung nach seinem erkennbaren Willen eine länger dauernde sein, so wird bei Fehlen weiterer Anordnungen des Erblassers seine Verfügung in der Regel dahin zu verstehen sein, daß der TV befugt und auch verpflichtet ist, das Geschäft als treuhänderischer Inhaber für Rechnung der Erben, nach außen hin aber als unbeschränkter Inhaber zu **328**

---

[1]) Zur Frage des Übergangs einer Erbengemeinschaft in eine OHG siehe Model/Haegele, a.a.O., Rz 858, 859.

[2]) Siehe zu diesen Fragen auch Haegele, BWNotZ 1958, 147.

[3]) Siehe Donner, DNotZ 1944, 143; Staudinger/Reimann, § 2205 BGB Rz 77.

[4]) Siehe das Beispiel bei John, BB 1980, 757; siehe oben Rz 298.

[5]) KG, HRR 1936 Nr. 268 = JW 1946, 1137; Soergel/Damrau, § 2205 BGB Rz 42; Würdinger, Anm. 6 zu § 48 HGB; siehe auch Meeske/Hofmann, Der Prokurist, 3. Aufl. 1972, 139. Im übrigen siehe auch zu Fragen des Verhältnisses von TV zu Prokurist (Widerruf der Prokura durch Bestellung eines TV – Beschränkung der Prokura durch das Verwaltungsrecht des TV – Zusammenfallen der Prokura mit TVg) Dempewolf, DB 1955, 889. Dazu siehe aber auch Palandt/Edenhofer, § 2205 BGB Rz 8, wonach entgegen Dempewolf in der Ernennung eines TV kein Prokura-Widerruf liegt.

betreiben.[1]) Die Anordnung der Dauer-TVg enthält dann gleichzeitig für den Erben die **Auflage,** dem TV das Handelsgeschäft **zu treuen Händen zu übertragen,** damit dieser es in seinem Namen und mit unbeschränkter persönlicher Haftung führen kann.[2]) Nach anderer Meinung ist das nur möglich, wenn der Erblasser einen dahin gerichteten Willen zum Ausdruck gebracht hat,[3]) oder wenn der Erbe eine Vollmachtserteilung an den TV ablehnt.[4])

329 Der TV übernimmt in diesem Fall, wenn es sich nicht um ein gut fundiertes Unternehmen handelt, eine nicht zu unterschätzende Haftung mit seinem eigenen Vermögen. Ein mit diesem Aufgabenkreis vom Erblasser ausdrücklich ernannter TV, der nicht Miterbe ist, wird es sich überlegen müssen, ob er das Amt als TV überhaupt annimmt oder ob er es nicht kündigen soll, bevor er sich in das Handelsregister als Geschäftsinhaber eintragen läßt. Der Erblasser kann allerdings dem zum TV Ernannten die Sache dadurch annehmbarer machen, daß er ihm im Wege der Vermächtnisanordnung eine Beteiligung als stiller Teilhaber oder in der Form einer Umsatz- oder Gewinnprovision zuwendet.[5])

330 Weiter kann für den TV die Möglichkeit nach den Ausführungen Rz 309 in Frage kommen, also Fortführung des Geschäfts durch ihn, aber nach außen unter dem Namen und der Haftung der Erben.

331 **Welche** dieser **Möglichkeiten** im Einzelfall in Betracht kommt, hat in erster Linie der **Erblasser letzwillig** zu bestimmen und durch entsprechende Bedin-

---

[1]) So auch KG, DFG 1938, 267 = DJ 1939, 1006 mit zust. Anm. von Vogels = DNotZ 1939, 344 = JW 1939, 104; Donner, DNotZ 1944, 143; Soergel/Damrau, § 2205 BGB Rz 19; Staudinger/Reimann, § 2205 BGB Rz 74; kritisch Weiler DNotZ 1952, 295; vgl. auch Rz 300.

[2]) Baur, Der TV als Unternehmer (Festschrift für Dölle, 1963), I 249, tritt für eine „echte TV-Lösung" ein (zust. Schlüter, § 42 IVc bb; Kipp/Coing, § 68 III 2a; vgl. auch Palandt/Edenhofer, § 2205 BGB Rz 8; kritisch Erman/Hense, § 2205 BGB Rz 10, 138). Holzhauer, S. 1 und S. 61, nimmt einen Standpunkt ein, der – wie er sagt – „zwischen den Fronten der bisher herrschenden und der von Baur, Schlüter und Coing a.a.O. vertretenen neuen Ansicht liegt":

  a) Die normale Abwicklungs-TV gemäß den Regeln der §§ 2197 ff. BGB ist auch zulässig, wenn ein Handelsgeschäft oder ein OHG-Anteil zum Nachlaß gehört. Hier muß der Handelsverkehr es hinnehmen, daß der Erbe seine Haftung für die Geschäftsverbindlichkeiten auf den Nachlaß beschränken kann.

  b) Die selbständige TVg ist nur dann ohne Einschränkung nach den Regeln des Gesetzes zulässig, wenn sie kein Handelsgeschäft oder einen OHG-Anteil umfaßt. In diesen beiden Fällen ist die selbständige TVg nur als Maßnahme der Pflichtteilsbeschränkung in guter Absicht oder „zu vormundschaftlichem Zweck" (vgl. dazu Rz 130) bis zum 30. Lebensjahr des Erben zulässig. Der Erbe kann jedoch seine Haftung für die Geschäftsverbindlichkeiten nicht auf den Nachlaß beschränken.

  c) Darüber hinaus ist eine TVg an einem Handelsgeschäft oder einem Gesellschaftsanteil unzulässig.

  Bei Buchst. b) tritt der Begriff der „Zumutbarkeit" (Rz 314, 360, 420) in Erscheinung.

[3]) Westermann, Handbuch der Personalgesellschaften, Bd. 1 Rz 511 für die treuhänderische Übernahme der Gesellschafterstellung.

[4]) So anscheinend BGHZ 24, 106/112; allgemein zu diesen Alternativen Brandner, a.a.O. S. 1000, 1001.

[5]) Ebenso Bengel/Reimann/Mayer, 5. Kap. Rz 139.

gungen oder Auflagen sicherzustellen. Läßt er die Frage offen, so hat der TV die Entscheidung nach pflichtgemäßem Ermessen zu treffen.[1]

Der Erblasser hat sich auch zu überlegen, ob er nicht für seine Erben testa- **332** mentarisch die **Umwandlung** seines **Einzelunternehmens** in eine **Personen- oder Kapitalgesellschaft** anordnen will oder sollte. Auch die Umwandlung einer bereits bestehenden Gesellschaft in eine andere Gesellschaftsform kann in Frage kommen, und zwar gerade im Hinblick darauf, daß ein TV ernannt werden soll.[2] Am praktikabelsten erscheint es, den Erben durch Auflage und den TV durch Anordnung zu veranlassen, das zum Nachlaß gehörende Einzelunternehmen im Weg der Sachgründung auf eine GmbH überzuführen oder nach § 56a UmwG **umzuwandeln.** Da eine TVg bei Kapitalgesellschaften leichter möglich und wirkungsvoller ist,[3] kann die TVg dann auf die GmbH-Geschäftsanteile bezogen werden.[4] Im Einzelfall kann es auch sinnvoll sein, daß der Erblasser bereits zu Lebzeiten eine Vorratsgesellschaft in der Rechtsform einer GmbH gründet.[5]

4. Testamentsvollstreckung bei einer Personengesellschaft [6]

Übersicht:

---

[1]   Vgl. BGHZ 12, 102; KG, JFG 18, 276; KG, JW 1939, 104; Brenig, RheinNotK 1957, 648; Holch, DNotZ 1958, 282, 293; RGR/Kregel, § 2205 BGB Rz 7; Vogels; DJ 1939, 1008.

[2]   Siehe dazu etwa Esch/Schulze zur Wiesche, Handbuch der Vermögensnachfolge, 1976, Rz 603 ff.

[3]   Siehe unten Rz 392 ff.

[4]   Muster s. unten Rz 853b.

[5]   Bengel/Reimann/Mayer, 5. Kap. Rz 142, 144.

[6]   Schrifttum siehe Fußnote 1 vor Rz 293.

a) Allgemeines

334 Die **Abwicklungstestamentsvollstreckung** [1]) ist allgemein für die Beteiligung an einer Personengesellschaft zugelassen.[2]) Die Beteiligung unterliegt der TVg, soweit und solange dies für die dem TV obliegende Abwicklung notwendig ist. Der TV hat jedenfalls die gleiche Stellung wie der Nachlaßverwalter. Die Abwicklungstestamentsvollstreckung bedarf nicht der Zustimmung der anderen Gesellschafter.[3]) Ohne diese Zustimmung hat der TV jedoch – auch hinsichtlich des Kommanditanteils [4]) – nicht die Verwaltungsrechte hinsichtlich der Beteiligung.

334a Dagegen gehört die Frage, ob eine **Dauer-Verwaltungs-Testamentsvollstreckung** [5]) an Gesellschaftsanteilen zulässig ist, zu den schwierigsten Problemen im Grenzbereich zwischen Gesellschaftsrecht und Erbrecht. Vor allem in drei Punkten treffen verschiedenartige Grundsätze beider Rechtsgebiete gegeneinander, wobei sich die Diskussion in vielfältiger Weise überlagert:

Zum einen wird argumentiert, daß der Gesellschaftsanteil nicht zum **Nachlaß** gehöre.[6]) Zum anderen handele es sich bei der Personengesellschaft um eine persönlichkeitsbezogene Arbeits- und Haftungsgemeinschaft; die Gesellschafterbeziehungen seien daher **höchstpersönlich** und verhinderten die Wahrneh-

---

[1]) Siehe oben Rz 120 ff.

[2]) KG OLGZ 1991, 261 = RPfleger 1991, 318 = DB 1991, 1066; Flume, NJW 1988, 161/163; ders. Festschrift für Müller-Freienfels, 1986, S. 116/124.

[3]) Dazu siehe unten Rz 346.

[4]) Dazu siehe unten Rz 367.

[5]) Dazu oben Rz 131; zur Abwicklungs-TVg siehe unten Rz 348a.

[6]) Unten Rz 340.

mung durch dritte Personen; wegen des besonderen Vertrauenscharakters sei die Wahrnehmung auch durch den TV für die verbleibenden Gesellschafter unzumutbar.[1]) Schließlich widersprechen sich die **beschränkte Erbenhaftung** und die **persönliche Haftung des Gesellschafters.**[2])

Die Beachtung dieser Gesichtspunkte führt zu verschiedenen Auswirkungen der TVg, je nachdem, ob die „Innenseite"[3] oder die „Außenseite"[4] der Gesellschaft betroffen ist, um mit dem BGH[5]) zu sprechen. Dabei sind unter Innenseite die höchstpersönlichen innergesellschaftlichen Mitgliedschafts- und Mitwirkungsrechte und unter Außenseite die vermögensrechtliche Zuordnung des Gesellschaftsanteils zu verstehen.

Aufgrund der Höchstpersönlichkeit der Gesellschafterbeziehungen können **335** Rechte **innerhalb der Gesellschaft** vom TV nicht ausgeübt werden, wenn der Gesellschaftsvertrag dies nicht vorsieht oder die **übrigen Gesellschafter** damit nicht **einverstanden** sind.[6]) Läßt der Gesellschaftsvertrag die TVg zu oder sind die Gesellschafter damit einverstanden, so ist eine TVg aus gesellschaftsrechtlichen Gründen zwar zulässig; angesichts der unterschiedlichen Haftungsprinzipien, die die unbeschränkte gesellschaftsrechtliche **Haftung** gegenüber den Erben nicht zulassen, kann der Erblasser nach h. L. nur wählen, ob der TV die Gesellschafterrechte als treuhänderischer Gesellschafter oder als Erben-Bevollmächtigter ausüben soll.

Die **Außenseite,** nämlich die vermögensrechtliche Zuordnung des Gesell- **336** schaftsanteils, ist **erbrechtlichen** Ursprungs und kann durch den Gesellschaftsvertrag weder ausgeschlossen noch eingeschränkt werden. Der Gesellschafter-Erbe kann also nicht über seinen Gesellschaftsanteil ohne Zustimmung des TV verfügen, er bedarf zu Maßnahmen, die sein Abfindungsguthaben[7]) oder seinen Gewinnanspruch betreffen, der Zustimmung des TV. Auch können seine Gläubiger nur mit Zustimmung des TV in den Anteil vollstrecken.[8])

Das **RG** hat zunächst in einem Urteil vom 4. 3. 1943[9]) zu der Frage Stellung **337** genommen, ob der TV die aus einer Beteiligung des Erblassers als persönlich haftender Gesellschafter einer OHG oder KG herrührenden und zu seinem Nachlaß gehörenden (Mitgliedschafts-)Rechte für die Erben wahrnehmen kann, wenn entgegen der gesetzlichen Regel (vgl. §§ 131 Nr. 4, 161 Abs. 2

---

[1]) Unten Rz 369.

[2]) Siehe oben Rz 293, unten Rz 345.

[3]) Dazu unten Rz 335, 345.

[4]) Dazu unten Rz 336, 373.

[5]) NJW 1986, 2431 = RPfleger 1986, 384.

[6]) Unten Rz 346.

[7]) BGH DNotZ 1985, 561.

[8]) Unten Rz 372.

[9]) RGZ 170, 392 = DNotZ 1944, 91. Siehe dazu auch Holch, DNotZ 1958, 282, 286; Richardi, S. 10 ff.; Soergel/Damrau, § 2205 BGB Rz 23. Siehe zuvor schon RGZ 132, 138 = JW 1931, 3073.

HGB) im Gesellschaftsvertrag die Fortsetzung der Gesellschaft mit den Erben oder einigen oder einem von ihnen [1]) festgelegt ist. Der Erblasser war OHG-Gesellschafter und hatte TVg angeordnet, ohne über Wahrnehmung der Gesellschaftsrechte durch den TV besondere **Anordnungen** zu treffen. Für einen solchen Fall sah das RG als entscheidend an, daß der Machtbereich des TV sich grundsätzlich auf den Nachlaß beschränkt und dem TV daher jede Einwirkung auf die nicht ausschließlich in den Bereich des Nachlasses fallenden Rechtsbeziehungen der Erben versagt ist. Der TV kann in einem derartigen Fall nach diesem Urteil mithin die in der **OHG angelegten und auf die Erben als Gesellschafter übergegangenen Vermögenswerte** des Erblassers **nicht in Besitz nehmen** und die **Mitgliedsschaftsrechte** des verstorbenen Gesellschafters und der an seiner Stelle in die OHG eintretenden Erben **nicht ausüben.**

338 Eine weitere Entscheidung des **RG** vom 10. 1. 1944 [2]) befaßte sich zwar mit dem Verhältnis der TVg zu den Erben eines **Kommanditisten.** [3]) Da das RG aber festgestellt hat, daß sich aus der Eigenart der KG keine Abweichungen von seinem in dem vorbehandelten Urteil vom 4. 3. 1943 vertretenen Standpunkt ergeben, ist auch die zweite Entscheidung hier einschlägig. Das RG hielt in diesem Urteil eine ausdrückliche letztwillige Anordnung **(Auflage, Bedingung)** des Inhalts, daß der TV die Rechte der Erben in bezug auf die personengesellschaftliche Beteiligung des Erblassers wahrnehmen soll, für **wirksam.** Unmittelbar aufgrund einer solchen Anordnung ist nach dieser Entscheidung der TV befugt, nach § 2194 BGB in Verbindung mit § 2208 Abs. 2 BGB von den Erben ihre Vollziehung zu verlangen mit der Folge, daß die Erben der Rechtsausübung durch den TV nicht widersprechen dürfen, sie vielmehr zu dulden verpflichtet sind, soweit sich die Handlungen des TV im Rahmen einer ordnungsmäßigen Verwaltung (§ 2205 BGB) halten. Das KG hat sich in einem Beschluß vom 21. 4. 1955 [4]) dem angeschlossen.

---

[1]) Zu derartigen Vererblichkeitsklauseln (auch als Nachfolgeklauseln bezeichnet) siehe BGHZ 68, 225 = NJW 1977, 1339 = DNotZ 1977, 550; Göbel, DNotZ 1979, 133; Haegele, BWNotZ 1973, 76. Nach den dort gemachten Ausführungen kommen folgende Klauseln in Frage: a) allgemeine Nachfolgeklausel, also unmittelbarer Eintritt sämtlicher Erben an Stelle des Gesellschafter-Erblassers; b) beschränkte Nachfolgeklausel, also unmittelbarer Eintritt nur einiger oder nur eines von mehreren Erben, c) bloße Eintrittklausel, also Wahlrecht der Erben oder einiger oder eines von ihnen, ob in die Gesellschaft eingetreten werden wird.

[2]) RGZ 172, 199; vgl. auch BayObLGZ 1986, 34/40.

[3]) Über dieses Verhältnis siehe die Ausführungen Rz 367.

[4]) DNotZ 1955, 418.

Der **BGH** hat in einem Urteil vom 11. 4. 1957 [1]) zur TVg bei einer OHG (und **339** beim Komplementär einer KG) u. a. wörtlich folgendes ausgeführt: „Handelt es sich bei einem vererblichen Gesellschaftsanteil an einer Personengesellschaft um den Anteil eines persönlich haftenden Gesellschafters, so **steht** einer **einfachen Verwaltung** dieses Anteils durch den TV – abgesehen von sonstigen gesellschaftsrechtlichen Bedenken, die sich aus der notwendigen Berücksichtigung der schutzwerten Belange der anderen Gesellschafter ergeben – schon allein das **Hindernis entgegen,** daß dieser den Erben ohne sein Einverständnis nicht über die Mittel des Nachlasses hinaus verpflichten kann, eine solche unbeschränkte persönliche Verpflichtung aber notwendigerweise mit der Stellung als persönlich haftender Gesellschafter einer Personenhandelsgesellschaft verbunden ist. Daraus ist die Folgerung zu ziehen, daß eine allgemeine Verwaltungs-TVg an der Mitgliedschaft eines persönlich haftenden Gesellschafters nicht möglich ist." Im wesentlichen deckt sich diese Auffassung des BGH mit der Entscheidung des RG vom 4. 3. 1943.[2]) In weiteren Entscheidungen zur erbrechtlichen Nachfolge in die Mitgliedschaft der offenen Handelsgesellschaft hat der BGH bekräftigt, daß sich der Machtbereich eines TV nicht auf den Anteil eines persönlich haftenden Gesellschafters einer OHG oder KG erstreckt.[3]) Die jüngste Rechtsprechung des BGH wird bei den einzelnen Fragenkreisen dargestellt.

Im **Schrifttum** werden teilweise großzügigere Ansichten vertreten. Vereinzelt **340** wird eine „echte" TVg am Gesellschaftsanteil für zulässig gehalten.[4]) Bommert stellt auf Geschäftsführung und Vertretung des verstorbenen OHG-Gesellschafters ab: ist er von der Geschäftsführung und Vertretung ausgeschlossen, so könne die persönliche Außenhaftung nicht mit der beschränkten Vertretungsmacht des TV kollidieren, da dieser im Außenverhältnis der Gesellschaft nicht tätig werde.[5]) Aus dem Grundsatz der Selbstorganschaft können richtigerweise keine Bedenken gegen die Zulässigkeit der TVg hergeleitet werden: rechtsgeschäftliche Vollmachten an Dritte und gesetzliche Regelungen, nach denen aus übergeordneten Gründen anstelle eines Gesellschafters ein Dritter die Rechte und Interessen des Gesellschafters wahrzunehmen hat, bleiben davon unberührt, was für die Wahrnehmung der organschaftlichen

---

[1]) BGHZ 24, 100 = BB 1957, 524 = DNotZ 1957, 413 = NJW 1957, 1026 und WM 1966, 1888; 1969, 492; dazu auch Klußmann, BB 1966, 1029; ebenso BGHZ 68, 225, 239 = NJW 1977, 1339 = DNotZ 1977, 550; dazu Ulmer, BB 1977, 805, 808.
 Die Anmeldung des Neueintritts der Erben zum Handelsregister durch den TV ist ebenfalls nicht zulässig, wenn sich aus der letztwilligen Verfügung nicht ergibt, daß der TV die Rechte der Erben aus der Beteiligung wahrnehmen soll (OLG Hamburg, DNotZ 1966, 622 = NJW 1966, 986).

[2]) Rz 337. Siehe aber auch das in Rz 360 behandelte noch weiter einschränkende Urteil des BGH.

[3]) BGHZ 24, 106, 113 = NJW 1957, 1026; BGHZ 68, 225, 239 = NJW 1977, 1339 = DNotZ 1977, 550 = BB 1977, 809.

[4]) Emmerich, ZHR 132 (1969), 297; Marotzke, JZ 1986, 457; Weiler, DNotZ 1952, 283; Winkler, siehe oben Rz 293a.

[5]) BB 1984, 178.

Geschäftsführungs- und Vertretungsrechte durch gesetzliche Vertreter h. M. ist;[1]) für die Verwaltungs-TVg, mit der der Gesetzgeber das Interesse des Erblassers am künftigen Schicksal seines Vermögens anerkannt hat, kann nichts anderes gelten.[2])

Nach anderer Ansicht ist auch ohne ausdrückliche Beschwerung des Erben mittels Auflage oder Bedingung zur Vollmachtserteilung bzw. treuhänderischen Übertragung ein dahingehender Wille des Erblassers insbesondere dann anzunehmen, wenn der Gesellschaftsanteil das einzige erhebliche Nachlaßstück ist oder wenn eine Verwaltungs-TVg nach § 2209 BGB vorliegt,[3]) oder wenn es sich um geschäftskundige Erben handelt.[4]) Andere Autoren halten es nicht für zulässig, den Erben durch eine Auflage zu verpflichten, daß er auch die Ausübung höchstpersönlicher Rechte – etwa Erhebung der Auflösungsklage aus wichtigem Grunde nach § 133 HGB – dem TV vollständig überlassen muß.[5]) Wieder andere [6]) stimmen dagegen der Rechtsprechung des RG zu, wenn es auch die Ausübung solcher Mitgliedschaftsrechte, die an sich nicht übertragbar sind, durch den TV zuläßt. Nur gewisse grundlegende Entscheidungen – insbesondere die Entscheidung über den Eintritt als Kommanditist nach § 139 HGB – müssen nach dieser Ansicht den Erben selbst als höchstpersönliches Recht vorbehalten bleiben.[7])

b) Nachlaßzugehörigkeit des Gesellschaftsanteils

341 Der Gesellschaftsanteil des Gesellschafters einer Personengesellschaft als der Inbegriff seiner Rechtsbeziehungen aus dem Gesellschaftsverhältnis zu der Gesellschaft, zu deren Vermögen und zu den übrigen Gesellschaftern,[8]) kurz seine Mitgliedschaft, gehört zu seinem Vermögen und kann Gegenstand einer Verfügung unter Lebenden sein.[9]) Der Verbleib des Gesellschaftsanteils beim Tod eines Gesellschafters richtet sich, wenn darüber nicht schon durch den Gesellschaftsvertrag oder sonst durch Rechtsgeschäfte unter Lebenden bestimmt ist, nach **Erbrecht**.[10]) Das Erbrecht kann die Rechte des Erblassers nur so auf dessen Rechtsnachfolger weiterleiten, wie sie beim Erbfall vorhan-

---

[1]) BGHZ 44, 100, 101 (Gebrechlichkeitspflegschaft); Stimpel, Festschrift für Brandner 1996, S. 779, 783; a. A. Hehemann BB 1995, 1301, 1307.

[2]) Stimpel, Festschrift für Brandner 1996, S. 779, 783.

[3]) Oben Rz 130.

[4]) Weiler, DNotZ 1952, 296, 298.

[5]) Schlegelberger/Gessler, § 139 HGB Anm. 14; RGR/Weipert, § 139 HGB Anm. 13; siehe auch Richardi, a.a.O. S. 47 und Wiedemann, a.a.O. S. 331.

[6]) Vgl. Staudinger/Reimann, § 2205 BGB Rz 80; Dittrich, DR 1943, 807.

[7]) RGZ 170, 392; Staudinger/Reimann, a.a.O.; Donner, DNotZ 1944, 143 und 1952, 288. Teilweise a.A. Sommer, DNotZ 1936, 940, siehe auch Möhring/Beisswingert/Klinghöffer, Vermögensverwaltung, S. 185 und Richardi, S. 72.

[8]) BGHZ 65, 79/82 = NJW 1975, 1774.

[9]) BGHZ 81, 82/84 = NJW 1981, 2747.

[10]) BGH NJW 1983, 2376 = MDR 1983, 1003.

den sind. Dies ist besonders dann von Bedeutung, wenn ein Recht oder eine Rechtsstellung des Erblassers nicht oder nur beschränkt vererblich ist, wie das bei einem Gesellschaftsanteil der Fall ist.[1]) Die vererblich gestellte Mitgliedschaft in einer Personengesellschaft geht beim Tod ihres Inhabers nicht mit dem sonstigen Nachlaß „als ganzes", sondern im Wege der **Singularsukzession** unmittelbar und geteilt an die mehreren Nachfolger-Erben über.[2])

Daraus ist aber nicht etwa zu schließen, daß der Gesellschaftsanteil oder die **342** geteilten Gesellschaftsanteile der mehreren Nachfolger-Erben nicht zum Nachlaß (zur Erbschaft) gehören. Nach ganz überwiegender Ansicht in Rechtsprechung und Schrifttum gehört der Gesellschaftsanteil des persönlich haftenden Gesellschafters wie des Kommanditisten zum **Nachlaß.**[3]) Die Betonung der Trennung des Gesellschaftsanteils von dem erbrechtlich gesamthänderisch gebundenen übrigen Nachlaßvermögen in manchen Entscheidungen [4]) bedeutet nichts anderes. Der Begriff Nachlaß darf nicht mit dem Begriff des erbengemeinschaftlichen Gesamthandvermögens verwechselt werden; der TVg können auch einzelne Nachlaßgegenstände unterliegen (§ 2208 Abs. 1 Satz 2 BGB).[5]) Entgegen verbreiteter Meinung hat sich auch das RG in seinen zitierten Urteilen [6]) nicht eindeutig gegen die Anerkennung des Gesellschaftsanteils als Nachlaßgegenstand ausgesprochen. Die Entscheidungen betonen vielmehr, daß der Machtbereich des TV grundsätzlich auf den Nachlaß beschränkt ist, und leiten daraus ab, daß dem TV jede Einwirkung auf die Rechtsbeziehungen, die der Gesellschafter-Erbe mit dem Eintritt in die Gesellschaft aufgrund Erbfolge erlangt, versagt ist. Die Einschränkung des Machtbereichs des TV begründet das RG nicht damit, daß der vererbte Gesellschaftsanteil nicht Teil des Nachlasses sei, sondern damit, daß die Rechte und Pflichten, die dem Gesellschafter-Erben aus der Rechtsnachfolge in die Gesellschafterstellung des Erblassers erwachsen, nicht ausschließlich in den Bereich des Nachlasses fallen.

---

[1])   BGHZ 22, 186/191 = NJW 1957, 180; BGHZ 68, 225/237 = NJW 1977, 1339.

[2])   BGHZ 22, 186/191 = NJW 1957, 180; BGHZ 68, 225/237 = NJW 1977, 1339; BFH 137, 500.

[3])   Vgl. BGHZ 24, 106/112 = NJW 1957, 1026; BGHZ 50, 316/318 = NJW 1968, 2003; BGHZ 68, 225/ 238/240 = NJW 1977, 1339; BGHZ 69, 47/50 = NJW 1977, 1540; BGHZ 78, 177/182/184 = NJW 1981, 105; BGH NJW 1983, 2376 = DNotZ 1984, 35 = RPfleger 1983, 314; BGHZ 91, 132/135/ 138 = NJW 1984, 2104; BGH NJW 1981, 749; 1981, 1560; 1984, 362; OLG Hamm OLGZ 1989, 148; Flume, DB 1983, 2272; ZHR 1991 Bd. 155, 501; Marotzke, AcP 184 (1984), 553; 187 (1987), 223; JZ 1986, 457; Esch, NJW 1981, 2222; NJW 1984, 339; Weidlich S. 20 ff.; a.A. Ulmer, Festschrift für Schilling, 1973, S. 79/85; NJW 1984, 1496, 1498; unklar Koch, NJW 1983, 1762.

[4])   Vgl. z. B. BGHZ 91, 132/135/138 = NJW 1984, 2104.

[5])   Esch, NJW 1981, 2222; NJW 1984, 339.

[6])   RGZ 170, 392; 172, 199; siehe oben Rz 335, 336.

343 Wie der **BGH** in seinem Urteil vom 14. 5. 1986 [1]) zutreffend darlegt, kann aus der anerkannten Singularsukzession bei der Vererbung der Mitgliedschaft in einer Personengesellschaft an mehrere Gesellschafter-Erben nicht geschlossen werden, daß der vom gesamthänderisch gebundenen Nachlaß getrennte Gesellschaftsanteil nicht die Qualität eines **Nachlaßgegenstandes** hat. Die Gegenmeinung [2]) läßt außer Betracht, daß die Nachlaßgegenstände auch nach der Auseinandersetzung in der Hand der einzelnen Erben weiterhin „Nachlaß" bleiben. Demgemäß bleibt die Beschränkung der Haftung auf den Nachlaß (§ 780 Abs. 1 ZPO) für jeden Miterben auch nach der Teilung sinnvoll (§§ 1990 ff. BGB). Wie der BGH in diesem Urteil betont, ist entscheidend die Funktion, die dem Nachlaß als **Haftungsobjekt** für die Nachlaßverbindlichkeiten zukommt. Die eher formale Zuordnung des Nachlasses zum Eigenvermögen des Erben gemäß § 1922 BGB oder der einzelnen Miterben nach der Auseinandersetzung (§ 2042 BGB) werde nämlich materiell überlagert durch die Ordnung des Haftungszugriffs, einerseits durch die Eigengläubiger des Erben und andererseits durch die Nachlaßgläubiger. Dieser Ordnung liege der Gedanke zugrunde, daß der Erbe und seine Eigengläubiger in Bezug auf den Haftungszugriff der Gläubiger des Erblassers auf dessen Vermögen nach dem Erbfall grundsätzlich nicht besser stehen dürfen als vorher der Erblasser.[3]) Dementsprechend können die Nachlaßgläubiger in das Erblasservermögen nach dessen Übergang auf den Erben weiterhin Zugriff nehmen; dabei haben sie sogar, wie bei der Nachlaßverwaltung, beim Nachlaßkonkurs und in den Fällen der §§ 780 Abs. 1 ZPO, 1990 ff. BGB deutlich werde, den Vorrang vor den Eigengläubigern des Erben. Diese Haftung des Erblasservermögens für die Nachlaßverbindlichkeiten sichere das Gesetz mit Hilfe der Qualifizierung dieses von dem oder den Erben ererbten Vermögens und der durch dingliche Surrogation (§§ 2019, 2041, 2111 BGB) an seine Stelle getretenen Vermögensstücke als „Nachlaß".

344 Die grundsätzliche Zuordnung des ererbten Gesellschaftsanteils des Gesellschafter-Erben zum Nachlaß hat nicht die Folge, daß der TV in die inneren Angelegenheiten der Gesellschaft eingreifen dürfte oder könnte. Sie verhindert aber, daß der Gesellschafter-Erbe über den ererbten Gesellschaftsanteil verfügen kann und daß seine Eigengläubiger in den Anteil und die daraus erwachsenden Vermögensrechte vollstrecken können (§ 2214 BGB). Insofern unterliegt der Gesellschaftsanteil, um mit dem BGH zu sprechen,[4]) „als ganzes" gewissermaßen mit seiner „Außenseite" nach wie vor der **Verwaltung des**

---

[1]) BGHZ 98, 48 = NJW 1986, 2431 = RPfleger 1986, 384 = DNotZ 1987, 116 = JR mit Anm. Müller = ZGR 1988, 140 mit Anm. Schmitz; ebenso Bommert, BB 1984, 178; Damrau, NJW 1984, 2785; Emmerich, ZHR 132 (1969), 297; Esch, NJW 1984, 339; Flume NJW 1988, 161; Marotzke, JZ 1986, 457; AcP 187, 223.

[2]) Ulmer, Festschrift für Schilling, 1973, S. 79/85; NJW 1984, 1496/1498.

[3]) BGHZ 68, 225/239/240 = NJW 1977, 1339.

[4]) BGH NJW 1986, 2431/2433 = RPfleger 1986, 384/386.

TV. Schützenswerte Interessen des Gesellschafter-Erben, seiner Mitgesellschafter oder der Gesellschaft, die auch einen derartigen „Minimalschutz" der dem TV anvertrauten Interessen der übrigen Nachlaßbeteiligten verböten, sind nicht ersichtlich. Ein mögliches Interesse der Gesellschafter-Erben, den Gesellschaftsanteil als Kreditgrundlage zu verwerten, muß hinter die Interessen der sonstigen Nachlaßbeteiligten zurücktreten. Diese Rechtslage hat zur Folge, daß auch bei einer Vereinigung aller Gesellschaftsanteile in einer Hand [1]) die Gesellschaft als nicht erloschen anzusehen ist.[2])

c) Ausübung innergesellschaftlicher Rechte

Die grundsätzliche Zuordnung des ererbten Gesellschaftsanteils des Gesellschafter-Erben zum Nachlaß hat nicht die Folge, daß der TV in die inneren Angelegenheiten der Gesellschaft eingreifen dürfte oder könnte. Wie bereits oben Rz 335 ausgeführt, verhindert die **Höchstpersönlichkeit der Gesellschafterbeziehungen** in einer Personengesellschaft die Wahrnehmung durch Dritte, auch durch einen TV; das höchstpersönliche Element der Beteiligung ist unvererblich, die Wahrnehmung der Gesellschafterrechte durch einen Dritten ist für die verbleibenden Gesellschafter wegen des besonderen Vertrauenscharakters unzumutbar; sie müssen sich innerhalb ihrer Gemeinschaft niemanden aufdrängen lassen.[3]) Eine Ausnahme gilt für Vormund und Betreuer; deren sozialer Schutzzweck ist dem Interesse der Gesellschafter, familienfremde oder ihnen sonst nicht genehme Personen von der Wahrnehmung gesellschaftlicher Angelegenheiten auszuschließen, grundsätzlich übergeordnet.[4]) Daher kann der TV die Rechte des Gesellschafter-Erben innerhalb der Gesellschaft nicht ausüben. Läßt der Gesellschaftsvertrag die TVg ausdrücklich zu oder sind die übrigen Gesellschafter damit einverstanden,[5]) so stehen gesellschaftsrechtliche Gründe zwar nicht entgegen. Hier ist aber zu berücksichtigen, daß im Gesellschaftsrecht und im Erbrecht **unterschiedliche Haftungsprinzipien** gelten: Während die Erben für den Nachlaß nur beschränkt (beschränkbar) haften, haftet der Kaufmann grundsätzlich mit seinem ganzen Vermögen; angesichts der Gefahr einer Verpflichtung des Privatvermögens der Erben durch Maßnahmen des TV kann der TV nach h. L. nicht als solcher in der Gesellschaft gesellschaftliche Mitgliedschaftsrechte ausüben.[6]) Der Erblasser kann nur wählen, ob der TV die Gesellschafterrechte

345

---

[1])   Vgl. z. B. BGHZ 65, 79/82 = NJW 1975, 1774; BGHZ 71, 296/303 = NJW 1978, 1525.

[2])   Vgl. BGHZ 48, 214/219 = NJW 1967, 2399; BGH NJW 1983, 2247/2249.

[3])   Vgl. BGHZ 65, 79/84 = DNotZ 1976, 113; BGHZ 13, 179/184; 24, 106/114; BGH NJW 1986, 2431 = RPfleger 1986, 384.

[4])   BGHZ 44, 98/100 für Gebrechlichkeitspfleger.

[5])   Dazu siehe unten Rz 346.

[6])   A.A., für „echte" TVg in OHG, soweit ersichtlich nur Emmerich, ZHR 132 (1969), 297; Marotzke, JZ 1986, 457; Weiler, DNotZ 1952, 283; Bommert, BB 1984, 178, wenn der verstorbene Gesellschafter von Geschäftsführung und Vertretung der Gesellschaft ausgeschlossen war (siehe oben Rz 340).

als treuhänderischer Gesellschafter [1]) oder als Erben-Bevollmächtigter [2]) ausüben soll. Zu den Besonderheiten beim nur mit seiner Einlage haftenden Kommanditisten siehe unten Rz 368, zur Einschränkung bei Eingriffen in die Kernrechte der Mitgliedschaft siehe unten Rz 372.

aa) Erfordernis der Zustimmung der übrigen Gesellschafter zur TVg

346 Einer der mit dem Erbrecht im Widerspruch stehenden Grundsätze der Personengesellschaft ist, wie ausgeführt, die **Höchstpersönlichkeit der Gesellschafterbeziehungen.** Im Hinblick auf den höchstpersönlichen Charakter des gesellschaftlichen Zusammenschlusses muß sich ein Mitgesellschafter innerhalb dieser Gemeinschaft niemanden aufdrängen lassen, mit dem er sich nicht auf die
Gesellschaft eingelassen hat.[3])

Dementsprechend stehen zwingende gesellschaftsrechtliche Gründe im allgemeinen auch dann entgegen, wenn der Nachlaßverwalter oder der Konkursverwalter die ererbten Mitgliedschaftsrechte der Gesellschafter-Erben geltend
machen wollen.[4]) Für den TV gilt in Bezug auf die Ausübung der Mitgliedschaftsrechte des Nachfolger-Erben als eines persönlich haftenden Gesellschafters einer OHG [5]) oder als eines mitgeschäftsführenden Gesellschafters
einer Gesellschaft bürgerlichen Rechts [6]) oder eines Kommanditisten [7]) nichts
anderes.

Die Ausübung von gesellschaftsrechtlichen Befugnissen durch den TV gegenüber den Mitgesellschaftern des Erblassers bedarf daher in jedem Fall einer
besonderen Legitimation seitens der **Mitgesellschafter.** Hierzu ist also, falls
nicht ein Mitgesellschafter als TV berufen wird,[8]) die Zustimmung der Mitgesellschafter erforderlich, sei es bereits im Gesellschaftsvertrag, sei es erst nach

---

[1]) Siehe unten Rz 349.

[2]) Siehe unten Rz 350 ff.

[3]) Vgl. z. B. BGHZ 65, 79/84 = DNotZ 1976, 113; BGHZ 98, 48/55 = NJW 1986, 2431, BGHZ 13,
179/184; 24, 106/114; NJW 1986, 2431 = RPfleger 1986, 384; Ausnahme: BGHZ 44, 98/100 für
Gebrechlichkeitspfleger.

[4]) BGHZ 47, 293; 91, 132/136 = DNotZ 1984, 630.

[5]) BGHZ 68, 225/239 = DNotZ 1977, 550.

[6]) Siehe unten Rz 388.

[7]) Siehe unten Rz 367 ff.

[8]) Soergel/Hadding § 727 BGB Rz 44 a. E.; Soergel/Damrau § 2205 BGB Rz 23 a. E.; a. A. Muscheler, a.a.O. S. 476 wegen des Haftungsarguments.

dem Erbfall [1]). Es genügt dazu, daß der Gesellschaftsvertrag die Wahrnehmung gesellschaftsrechtlicher Befugnisse durch einen TV ausdrücklich und allgemein zuläßt.[2])

Teilweise wird bereits in einer allgemeinen Vererblichkeits- oder Fortsetzungsklausel des Gesellschaftsvertrages [3]) eine Zustimmung der Mitgesellschafter dahin erblickt, daß der Erblasser die Ausübung der Gesellschafterrechte und -pflichten bei Eintritt des Erbfalls statt durch den Erben einen TV vornehmen lassen kann.[4]) Für die Mitgesellschafter ist es gleichgültig, ob ein „fremder" Erbe oder ein „fremder" TV mitwirkt. Zumindest gilt dies dann, wenn im Gesellschaftsvertrag nicht eine bestimmte oder bestimmbare Person bezeichnet ist, die nach dem Tod des Gesellschafters als Erbe die Gesellschaft fortsetzen darf, der Gesellschaftsvertrag vielmehr die Bestimmung der Erben der letztwilligen Verfügung des Erblassers überläßt.[5]) Dagegen kann in der Vereinbarung des Gesellschaftsvertrags, daß die Gesellschaft mit einem bestimmten Erben fortzusetzen ist, eine solche Zustimmung nicht erblickt werden.[6]) Fehlt eine Klausel überhaupt, so ist auf den Charakter der Gesellschaft abzustellen: Handelt es sich offensichtlich nicht um eine persönlichkeitsbezogene Arbeits- und Haftungsgemeinschaft, sondern etwa um eine rein kapitalistische Publikums-KG, so kann diese Zustimmung aus dem Gesellschaftsvertrag wohl auch ohne ausdrückliche Festlegung entnommen werden.[7]) Zur Vermeidung von

347

---

[1])   Aus dem Schrifttum: Holch, DNotZ 1958, 282, 298; Richardi, S. 20; Schneider/Martin, S. 462. Holch a.a.O. weist u. a. auf Godin, Nutzungsrecht an Unternehmen und Unternehmensbeteiligungen, 1949 S. 118 hin, wo ausgeführt ist: „Die überlebenden Gesellschafter können, wenn der Gesellschaftsvertrag uneingeschränkt die Fortsetzung der Gesellschaft mit den Erben vorsieht, nicht hindern, daß ein ihnen gänzlich unbekannter Testamentserbe Gesellschafter wird." Kritisch zu der hier behandelten großzügigeren Ansicht Richardi, S. 21; ablehnend Zartmann, RWP BürgR D Erbrecht I 3d Anm. II 2b. Zur KG siehe Nachweise unten Fußnote 1 zu Rz 368.

[2])   Donner, DNotZ 1944, 149; Holch, DNotZ 1959, 282, 298; Weiler, DNotZ 1952, 291, 302; Westermann, Rz 505 mit weiteren Nachweisen. Ist das nicht der Fall, so ist nach OLG Hamm OLGZ 1991, 388 = DNotZ 1992, 323 mit Anm. Winkler = NJW-RR 1991, 837 ein Mitgesellschafter zur Einlegung der Beschwerde gegen die Erteilung eines TV-Zeugnisses befugt, um geltend machen zu können, daß seine zur Wirksamkeit der Anordnung einer Verwaltungs-TVg an dem vom Erblasser gehaltenen Kommanditanteil erforderliche Zustimmung nicht erteilt ist.

[3])   BGHZ 47, 293; 91, 132/136 = DNotZ 1984, 630.

[4])   Vgl. Esch/Schulze zur Wiesche, Rz 610 mit weiteren Nachweisen.

[5])   So Holch a.a.O.; kritisch Muscheler a.a.O., S. 475; Richardi, S. 21; ablehnend Zartmann, Anm. II 2b. Ist im Gesellschaftsvertrag eine ganz bestimmte oder bestimmbare Person bezeichnet, die nach dem Tode des Gesellschafters die Gesellschaft fortsetzen darf, oder ein Kreis solcher Personen (wie etwa die Abkömmlinge oder bestimmte Familienangehörige), so liegt darin zwar die Zustimmung der Gesellschafter zum Eintritt dieser konkreten Personen, über deren Eigenschaften die übrigen Gesellschafter bereits zu Lebzeiten des Erblassers eine bestimmte Vorstellung haben. Dagegen berechtigt diese Klausel noch nicht, an Stelle dieser Personen einen den übrigen Gesellschaftern unbekannten TV zu setzen. So insbesondere Holch, DNotZ 1958, 282, 298; Hueck, OHG, § 28 II 5; Schlegelberger/Gessler, Anm. 14 zu § 139 HGB; Wiedemann, S. 335; Westermann, Handbuch, Rz 505.

[6])   Esch/Schulze zur Wiesche, Rz 610.

[7])   Muscheler a.a.O., S. 476; Reithmann, BB 1984, 1394/1395.

Zweifeln empfiehlt es sich aber, im Gesellschaftsvertrag oder einem Nachtrag dazu stets eine ausdrückliche diesbezügliche Bestimmung aufzunehmen.[1])

348 Erfüllt der Gesellschaftsvertrag die vorstehenden Voraussetzungen nicht, so kann die Möglichkeit einer Tätigkeit des vom Erblasser letztwillig berufenen TV nur durch eine nach dem Tod des Erblassers von den übrigen Gesellschaftern erteilte **Zustimmung** geschaffen werden.[2]) Diese Zustimmung stellt eine Änderung des Gesellschaftsvertrags dar, so daß sie der für Änderungen u. U. vorgesehenen bestimmten Mehrheit und Form bedarf. Wird die Zustimmung einem bestimmten (benannten) TV erteilt, impliziert sie in der Regel nicht die Einwilligung in die Tätigkeit eines Ersatzvollstreckers.[3]) **Verweigern** die überlebenden Gesellschafter die Zustimmung zur TVg, so fallen die aus dem ererbten Anteil folgenden abspaltbaren Vermögensrechte (vgl. § 717 Satz 2 BGB), also die „Außenseite" [4]) in den Herrschaftsbereich des TV.[5]) Eine Ausnahme ist nach BGH allerdings hinsichtlich der Wertsteigerung des Gesellschaftsanteils und der Gewinnansprüche zu machen, da diese auch Folge der vom Gesellschafter-Erben entfalteten persönlichen Tätigkeit sind. Diese Ansprüche sind daher nicht völlig dem Nachlaß, sondern zu einem angemessenen Teil auch dem Gesellschafter-Erben zuzuordnen.[6])

348a Dagegen bedarf die Abwicklungs-TVg nicht der Zustimmung der anderen Gesellschafter. Dies ist etwa der Fall, wenn die Gesellschaft durch den Tod des Gesellschafters aufgelöst (§ 131 Nr. 4 HGB) oder nur unter den verbleibenden Gesellschaftern fortgesetzt wird. Der TV kann in diesen Fällen die Liquidations- bzw. Abfindungsansprüche der Erben gegen die Gesellschaft geltend machen. Verwaltungsrechte hinsichtlich der Beteiligung, soweit noch gegeben, hat er jedoch ohne Zustimmung der anderen Gesellschafter nicht.[7])

---

[1]) Siehe Schneider/Martin, Familienunternehmen, S. 462 mit Muster. Bei der Anmeldung der Erben zum Handelsregister, die von den Erben und dem TV zu vollziehen ist, empfiehlt es sich für den letzteren, klarzustellen, daß es sich dabei nicht etwa um eine Freigabe des zum Nachlaß gehörenden Gesellschafteranteils des Erblassers an die Erben zur freien Verfügung nach § 2217 BGB (siehe dazu Rz 494) oder eine vom TV vorgenommene Teilauseinandersetzung und Überlassung des Gesellschafteranteils oder seiner einzelnen erbrechtlichen Teile an die Erben zur freien Verfügung handelt, sondern lediglich um die Erfüllung der gesetzlichen und vertraglichen Anmeldepflicht gegenüber den anderen Gesellschaftern und auch gegenüber den Gesellschaftsgläubigern (siehe insbesondere Donner, DNotZ 1944, 143). Siehe auch Westermann, Rz 505.

[2]) Ebenso Muscheler a.a.O., S. 474; Ulmer, NJW 1990, 76; Weidlich S. 81.

[3]) OLG Stuttgart, ZIP 1988, 1335/1337; Muscheler, S. 474.

[4]) Siehe unten Rz 373.

[5]) BGH NJW 1986, 2431, 2433; Schmitz, ZGR 1988, 152.

[6]) BGH NJW 1986, 2431, 2433; Bengel/Reimann/Mayer, 5. Kap. Rz 191; Klein, DStR 1992, 95; ablehnend Weidlich S. 102 f. m. w. N.

[7]) Flume, NJW 1988, 161/163; siehe oben Rz 334.

bb) TV als treuhänderischer Gesellschafter

Der Erblasser kann anordnen, daß der TV selbst als Treuhänder im eigenen **349** Namen, aber für Rechnung der Erben Mitgesellschafter wird, falls im Gesellschaftsvertrag die Übernahme der Beteiligung durch den TV (der dann wohl gleichzeitig auch Miterbe sein wird) vorgesehen ist oder die Mitgesellschafter einer solchen Übernahme später zustimmen.[1]) In einem derartigen Fall **haftet der TV** allerdings den Gläubigern der Gesellschaft persönlich **unbeschränkt;** das kann für ihn u. U. ein erhebliches Risiko bedeuten.[2]) Bei großen Vermögen kann das Risiko des TV weitgehend dadurch ausgeräumt werden, daß eine juristische Person als TV bestellt wird, etwa eine zu gründende GmbH, die dann als solche unbedenklich die Beteiligung an der Personengesellschaft treuhänderisch halten könnte.[3]) Das Treuhandverhältnis im vorstehenden Sinne hat grundsätzlich keinen Einfluß auf das Rechtsverhältnis des TV zu den anderen Gesellschaftern.[4]) Zu beachten ist, daß bei einer **Mehrheit** von TV jeweils nur einer Treuhänder sein kann.[5]) Wegen Einzelheiten wird auf die entsprechenden Ausführungen zur TVg an einem Handelsgeschäft verwiesen.[6]) Im

---

[1]) Klußmann, BB 1966, 1210 mit zahlreichen Nachweisen; Schneider/Martin, Familienunternehmen, S. 462 ff.; Sommer, DNotZ 1936, 939; Weidlich S. 63 ff.; Zartmann, RWP 2 BürgR D Erbrecht I 3d unter II 2b. Siehe auch Richardi, S. 56 ff. und die Ausführungen in Rz 346 und Fußnote 1 zu Rz 346.

[2]) BGHZ 24, 100; 32, 29; BGH, WM 1962, 1353; RGR/Fischer, HGB, Rdn 280 zu § 105 HGB; Soergel/Damrau, § 2205 BGB Rz 32; Staudinger/Reimann, § 2205 BGB Rz 84.

[3]) Klußmann, BB 1966, 1210. Zartmann, RWP 2 BürgR D Erbrecht I 3d, weist unter I 3b und II 2f in sinngemäßer Fortführung des Vorschlags von Böttcher (StbJb 1953/1954, 282) darauf hin, daß es zweckmäßig sein kann, wenn nicht vornherein für den Fall des Todes des persönlich haftenden Gesellschafters durch gesellschaftsvertragliche Vereinbarung des Verstorbenen mit seinen Mitgesellschaftern die Umgestaltung der Personengesellschaft in eine **GmbH & Co** vorgesehen wird, in welcher der im Testament ernannte TV als Geschäftsführer der Komplementär-GmbH fungiert, während die Erben in dem Unternehmen Kommanditistenstellung einnehmen. Eine solche Lösung schließt nach Zartmann nicht aus, daß die Gesellschafterrechte der Erben als Kommanditisten treuhänderisch vom TV wahrgenommen werden, was für letztere angesichts der beschränkten Kommanditistenhaftung kein übergroßes Risiko bedeutet. Zartmann weist dabei darauf hin, daß auch bei einer derartigen Gestaltung sorgfältig auf eine Koordinierung der erbrechtlichen und der gesellschaftsrechtlichen Bestimmungen geachtet werden muß. Siehe zum Unternehmer-Risiko auch Wiedemann, S. 343. Er behandelt dort auch das – geringere – Risiko bei der KG. Siehe auch den Vorschlag von Wiedemann, S. 345, die Mitgliedschaft für die Zeit der Treuhandverwaltung durch den TV in eine risikoarme Kommanditbeteiligung umzuwandeln (vgl. dazu auch § 139 HGB).
Beim Ersatzanspruch des TV gegen die Erben wegen seiner Aufwendungen (vgl. Rz 303) ist die Frage offen, inwieweit der Erbe persönlich haftet. Für persönliche Haftung sind BGHZ 12, 100; Donner, DNotZ 1944, 145; Klußmann, BB 1966, 1209; für Haftung nur bis zur Grenze des Wertes des Nachlasses sind Hueck, OHG, S. 418; RGR/Fischer, HGB, Bem. 28c zu § 105 HGB; Soergel/Damrau, § 2205 BGB Rz 32.
Siehe dazu die entsprechenden Ausführungen Rz 301, die von der gleichartigen Stellung des TV bei Vorhandensein eines Handelsgeschäfts handeln.

[4]) BGHZ 3, 354 = BB 1952, 10 = JZ 1952, 114 mit Anm. v. Hueck; Holch, DNotZ 1958, 282, 290; Richardi, S. 59.

[5]) Siehe unten Muster Rz 854b.

[6]) Siehe oben Rz 298 ff.

Zusammenhang mit der Einkommensteuerpflicht der Erben hat der BFH mit Urteil v. 16. 5. 1995 entschieden, daß der Kommanditist auch dann Mitunternehmer bleibt, wenn der ihm testamentarisch vermachte Kommanditanteil einer (treuhänderischen) Verwaltungs-TVg unterliegt und er die Gewinnanteile an einen Untervermächtnisnehmer herausgeben muß.[1]

cc) TV als Erben-Bevollmächtigter

350 Wegen des Risikos, das für den TV u. U. eintreten kann, wenn er treuhänderischer Gesellschafter wird,[2] wird er im Einzelfall sein Amt zweckmäßigerweise als Bevollmächtigter der Erben für deren Rechnung und unter deren ausschließlichen unbeschränkten Haftung ausüben.[3] Dabei geht es darum, das angestrebte wirtschaftliche Ziel, nämlich die Unternehmensfortführung durch den TV zu sichern. Dies geschieht durch eine Verbindung der Vollmacht mit erbrechtlichen Klauseln, um die Vollmacht gegen Widerruf zu schützen, und den Einsatz der Vollmacht zur Unterstützung der TVg.

Die Vollmacht ist als Rechtsinstitut für den Rechtsverkehr unter Lebenden vorgesehen. Sie kann aber auch über den Tod des Vollmachtgebers hinaus wirken. Sie kann in Verbindung mit einer aufschiebenden Bedingung so ausgestaltet werden, daß von ihr erst nach dem Tode des Vollmachtgebers Gebrauch gemacht werden kann. Man spricht in diesem Fall von einer **„postmortalen Vollmacht"**. Der Erblasser kann dem TV eine solche erst mit seinem Tod beginnende Vollmacht letztwillig erteilen.[4] Um den beabsichtigten Zweck zu erfüllen, muß die Vollmacht bis zur regulären oder vorzeitigen Beendigung der TVg unwiderruflich und umfassend sein.

(1) Widerruflichkeit der Vollmacht

351 Die Vollmacht hat den Nachteil, daß sie von den Erben oder einem Teil von ihnen jederzeit widerrufen werden kann. Denn grundsätzlich ist die Vollmacht widerruflich. Eine unwiderrufliche Vollmacht kann der **Erblasser** für die Zeit nach seinem Tod kaum wirksam erteilen, wenn sie über einen Einzelauftrag hinausgehen und erhebliche Zeit gelten soll, weil sie die Vorschriften über die

---

[1] NJW 1995, 3406 = GmbH-Rdsch. 1995, 915; dazu ausführlich Gschwendtner NJW 1996, 362; dazu auch unter Rz 776.

[2] Siehe Rz 349.

[3] Weidlich S. 71; vgl. die gleiche Möglichkeit beim Handelsgeschäft oben Rz 309 ff.

[4] Siehe oben Rz 4 ff.

TVg umgehen, die Erben in nicht zulässiger Form binden und eine Art Generalvollmacht über die Beteiligung darstellen würde.[1])

Es ist jedoch zulässig, die Vollmacht als **unwiderruflich** zu gestalten und zwar nicht nur als Verpflichtung des Vollmachtgebers, die Vollmacht nicht zu widerrufen, sondern als unmittelbar wirksame Widerrufssperre. Unwiderruflichkeit kann in dem der Vollmacht zugrunde liegenden Auftragsverhältnis begründet werden; daneben wird Unwiderruflichkeit der Vollmacht auch anerkannt, wenn ein eigenes Interesse des Bevollmächtigten vorliegt. Beides ist bei der postmortalen Vollmacht in der Regel nicht gegeben. Eine unwiderrufliche Vollmacht könnte aber im Einzelfall im **Gesellschaftsvertrag** begründet werden, wenn sich die Gesellschafter gegenseitig verpflichten, zum Zweck der reibungslosen Durchführung des Gesellschaftszwecks eine unwiderrufliche Vollmacht auch für den Todesfall zu erteilen.[2]) Aber auch die rechtlich widerrufliche Vollmacht kann faktisch durch **Verbindung mit Strafklauseln** oder **Auflagen** zu einer unwiderruflichen gemacht wrden. Der an sich zum Widerruf berechtigte Erbe kann durch erbrechtliche Klauseln vom Widerruf abgehalten werden.[3])

(2) Verdrängende Vollmacht

Eine andere Einschränkung ergibt sich aus dem Wesen der Vollmacht. Die **352** Vollmacht gibt dem Bevollmächtigten die Berechtigung, für den Vollmachtgeber zu handeln, schließt aber die Befugnis des Vollmachtgebers, selbst zu handeln, nicht aus (sog. **konkurrierende Befugnis**). Dieses Recht des Vollmachtgebers wird durch die Vollmacht grundsätzlich nicht verdrängt. Der Erbe wird durch die postmortale Vollmacht grundsätzlich nicht gehindert, selbst zu handeln, z. B. seine Rechte in der Gesellschafterversammlung selbst wahrzunehmen. Wer zuerst handelt – TV oder Erbe –, dessen Handlungen sind wirksam. Durch die Vollmachterteilung an den TV soll aber ein Handeln des Erben selbst verhindert werden (sog. **verdrängende Befugnis**). Auch dies kann durch Kombination der Vollmacht mit testamentarischen **Strafklauseln** und **Auflagen** erreicht werden. Allerdings muß der Erblasser, wenn er von diesem Druckmittel Gebrauch machen will, dann solche Ersatzerben an Stelle von widerrufenden Erben einsetzen, die außerhalb des Kreises seiner übrigen Testamentserben liegen. Andernfalls kann er mit der auflösend bedingten Erbeinsetzung den beabsichtigten Druck auf die Erben praktisch nicht verwirklichen (vgl.

---

[1])   Einzelheiten oben Rz 4 ff. Eine unwiderrufliche Stimmrechtsvollmacht des Erblassers ist ebenfalls als unwirksam anzusehen, da das Stimmrecht an die Beteiligung gebunden und eine Abspaltung der Verwaltungsrechte von der Mitgliedschaft unzulässig ist (BGHZ 3, 357; 20, 364; 44, 158; Soergel/Damrau, § 2205 BGB Rz 24). Während die Ausübung des Stimmrechts durch Dritte bei den Personengesellschaften ausdrücklich zugelassen sein muß, ist sie bei Kapitalgesellschaften nicht auf den Kreis der Mitglieder beschränkt (vgl. § 47 Abs. 3 GmbHG; Priester, a.a.O. S. 469; siehe unten Rz 395).

[2])   Reithmann, BB 1984, 1394/1396.

[3])   Siehe unten Rz 353 ff.

§§ 2104, 2105 BGB). Daran wird die Verwendung dieses Druckmittels nicht selten scheitern.[1])

(3) Absicherung durch Verfügung von Todes wegen

353 Der Erblasser muß also bei Erteilung einer solchen Vollmacht zusätzlich auf andere Weise sicherstellen, daß die Vollmacht durch die Erben nicht widerrufen wird oder die Erben nicht selbst handeln. Dazu bedarf es besonderer Druckmittel gegenüber den Erben. Zu denken ist an die **bedingte Erbeinsetzung:** Der Erbe kann unter der Bedingung eingesetzt werden, daß er die Vollmacht nicht widerruft; es kann aber auch ein aufschiebend bedingtes **Vermächtnis** angeordnet werden dahin, daß der Erbe dann, wenn er die Vollmacht widerruft, zur Abtretung des Gesellschaftsanteils an einen Dritten, den Vermächtnisnehmer, verpflichtet wird. In Frage kommt auch das Institut der **Auflage:** Dem Erben kann die Auflage gemacht werden, die Vollmacht nicht zu widerrufen und auch selbst nicht tätig zu werden. Dieser Weg ist als der den Erben am wenigsten belastende vorzuziehen. Die Anordnung einer Auflage genügt dann, wenn ihre Durchführung gesichert ist. Dies ist der Fall, wenn ein Testamentsvollstrecker mit der Überwachung und Durchsetzung der Auflage betraut ist.[2])

354 Im folgenden sei hierauf näher eingegangen: Der Erblasser kann die Berufung seiner Erben von der **auflösenden Bedingung** abhängig machen, daß die Erbeinsetzung erlischt, wenn die Erben (oder einige davon) die von ihm dem TV erteilte Vollmacht widerrufen oder wenn sie neben dem TV handeln oder

---

[1]) Siehe zu diesen Fragen insbesondere Böttcher/Beinert, a.a.O.; Model/Haegele, a.a.O; Rz 486b ff. und JurBüro 1969, 1; ferner Richardi, S. 56; Schlegelberger/Gessler, Anm. 14a zu § 139 HGB. Bedenken gegen die hier behandelte Möglichkeit eines Handelns des TV als Erben-Bevollmächtigten überhaupt macht Nordemann, NJW 1963, 1139 geltend. Er hält nur die Rz 349 erörterte Möglichkeit der treuhänderischen Tätigkeit des TV für gegeben und zulässig (siehe zu dieser Frage wegen Einzelheiten die in Rz 360 behandelte Entscheidung des BGH). Ein weiteres gegen die Erben wirkendes Druckmittel ist die Anordnung, daß eine Verteilung des Ertrags solange unterbleibt, als eine wirksame Bevollmächtigung des TV nicht besteht. Daran, daß der Gewinnanspruch gegen eine Personengesellschaft der Verwaltung eines TV unterstellt werden kann, besteht kein Zweifel (§ 717 Satz 2 BGB). Dies gilt auch für einen künftigen Anspruch (vgl. Holch, DNotZ 1958, 286 und Wellmann, RheinNotK 1968, 38). Bei Fehlen einer besonderen Bestimmung hat der TV den Anspruch auf Gewinn, soweit er nicht zur Finanzierung der ordnungsmäßigen Verwaltung und zur Deckung der Vergütung des TV oder zur Erfüllung anderer dem TV vom Erblasser zugewiesener Aufgaben, etwa von Vermächtnissen, benötigt wird, den Erben zu überlassen (vgl. Holch, DNotZ 1958, 282, 286). Der Gesellschaftsvertrag kann die Übertragung der gesetzlich übertragbaren Gewinnansprüche ausschließen oder beschränken, auch von der Zustimmung der Gesellschafterversammlung abhängig machen. Auch Wiedemann, S. 324, macht erhebliche Bedenken gegen die oben behandelte verdrängende Verfügungsbefugnis geltend. Das Ergebnis seiner Untersuchungen geht dahin, daß die rechtsgeschäftliche Begründung der TVg durch einen persönlich haftenden Gesellschafter ausscheidet. Wiedemann, S. 331 ff., hält auch die TVg hinsichtlich der entziehbaren Mitwirkungs- und Kontrollrechte für einen nicht an der Geschäftsführung beteiligten Personengesellschafter nicht für durchführbar, soweit eine unwiderrufliche Vollmacht in Frage steht. Auch hält er eine Strafklausel zur Erzwingung des Nichtwiderrufens einer Vollmacht für unzulässig.

[2]) Reithmann, BB 1984, 1394/1397.

pflichtwidrig in dessen Geschäftsführung eingreifen. Bei diesen im Fall des Eintritts einer aufschiebenden Bedingung eintretenden, vom Erblasser zu bestimmenden Personen handelt es sich genau ausgedrückt um **Nacherben.** Der unter einer auflösenden Bedingung Eingesetzte ist **Vorerbe.**[1])

In zahlreichen Fällen wird es den Verhältnissen wohl besser entsprechen, an **355** Stelle einer auflösend bedingten Erbeinsetzung anzuordnen, daß der die Vollmacht widerrufende Miterbe seinen Anteil an der Gesellschaftsbeteiligung an einen namentlich bezeichneten Dritten **als Vermächtnis herauszugeben** hat und zwar im Zeitpunkt des Widerrufs der Vollmacht. Dann bleibt dem betreffenden Erben seine Erbenstellung (bezüglich des sonstigen Nachlasses) gewahrt. Dieses Druckmittel wirkt sich nicht so hart aus, insbesondere wenn eine bestimmte Entschädigung für den Belasteten ausgesetzt wird.

Eine Strafklausel dieser Art wird mancher Erblasser überhaupt vermeiden **356** wollen, zumal dann, wenn er nicht weiß, wen er als Ersatzerben bzw. als Vermächtnisnehmer einsetzen soll. Es ist daher zu prüfen, ob der Erblasser nicht durch Festlegung einer entsprechenden **Auflage** besser zu seinem Ziel kommen kann. Eine bloße Auflage des Inhalts, daß die Erben nur im Innenverhältnis verpflichtet sein sollen, dem TV jeweils Bericht über die Gesellschaftsverhältnisse zu erstatten und bei Verwaltung der Beteiligung die Anweisungen des TV zu befolgen,[2]) wird der Erblasser in der Regel nicht für ausreichend ansehen können, da sie den Erben nach außen hin freie Verfügungsgewalt beläßt.[3])

Die vom Erblasser testamentarisch anzuordnende Auflage muß vielmehr in **357** der Regel dahin gehen, daß die **Erben verpflichtet** werden, dem ernannten TV innerhalb einer bestimmten – entweder vom Erblasser oder nach dessen Tode vom TV festzulegenden – Frist eine **Vollmacht zu erteilen,** die ihm die entsprechenden Vertretungsrechte gibt. Dabei ist zweckmäßigerweise mitanzuordnen, daß die Vollmacht in notariell beurkundeter Form (also nicht bloß mit Beglaubigung der Unterschrift des Vollmachtgebers) erteilt werden muß.[4]) In bezug auf die Gesellschaftsbeteiligung handelt der TV in diesem Falle allerdings nach außen hin nicht in dieser Eigenschaft, sondern als **Bevollmächtigter** der Erben, so daß sich seine Rechtsstellung nach der eines bevollmächtigten Vertreters

---

[1])   Vgl. oben Rz 313; Brüggemann, FamRZ 1975, 663.

[2])   Siehe darüber Klußmann, BB 1966, 1211 und Sudhoff, Handbuch der Unternehmensnachfolge, § 12, der auch eine Verpflichtung der Erben zur Stimmrechtserteilung an den TV für möglich hält, was aber zweifelhaft erscheint.

[3])   Siehe unten Rz 359.

[4])   In der Vollmacht ist festzulegen, daß sich der Bevollmächtigte eine beliebige Zahl von Ausfertigungen dieser Vollmacht auf einseitigen Antrag erteilen lassen darf (Keidel/Kuntze/Winkler, § 47 BeurkG Rz 3, 6; § 49 BeurkG Rz 9). Siehe zu den Unterschieden zwischen notariell beurkundeter und nur mit Unterschriftsbeglaubigung versehener Vollmacht Haegele/Schöner/Stöber, Grundbuchrecht Rdn 1947 ff., 1964 und Keidel/Kuntze/Winkler, § 12 BeurkG Rz 2, 7.

mit Geschäftsbesorgung richtet.[1] **Weigern** sich alle oder einige Erben, die durch die Auflage angeordnete **Vollmacht** auf den TV **auszustellen,** so kann der als Bevollmächtigte vorgesehene TV aufgrund des § 2208 Abs. 2 BGB aus der Auflage klagen.[2] Das gleiche gilt für den Fall, daß die Erben eine zunächst erteilte **Vollmacht widerrufen** oder pflichtwidrig in die **Geschäftsführung des TV eingreifen** oder selbst über ihre **Beteiligung verfügen.**

358 Ein Klageverfahren ist aber eine langwierige Sache. Auch können bis zu seinem Ausgang die Erben selbst über die Gesellschaftsbeteiligung schon Verhältnisse geschaffen haben, die nicht mehr rückgängig zu machen sind. Es kommt damit auch bei dieser Regelung meist wieder darauf hinaus, zusätzlich eine **Strafklausel** der bereits behandelten Art in das Testament einzubauen.[3]

359 Aus Gründen der Sicherheit kann es sich empfehlen, daß der **Erblasser selbst** eine Vollmacht der in Rz 354 behandelten Art testamentarisch ausstellt und **zusätzlich die Erben** zur Ausstellung einer Vollmacht der in Rz 357 behandelten Art verpflichtet (für den Fall, daß die von ihm selbst erteilte Vollmacht aus irgend einem Grunde unwirksam sein oder werden sollte).

360 Der BGH ließ in seinem Urteil vom 20. 1. 1969 durchblicken, daß er Bedenken gegen eine den Erben bindende Auflage zur Erteilung einer Vollmacht an den TV hat, ohne sich allerdings in dieser Frage festzulegen.[4] Zu dieser Entschei-

---

[1] So auch Klußmann, BB 1966, 1211. Siehe auch Schlüter, § 42 IV 3c bb und BayObLGZ 1986, 34/40.

[2] RGZ 172, 207; Klußmann, BB 1966, 1211.

[3] Wenn Zartmann, RWP 2 BürgR Erbrecht 1, 3d unter II 2d ausführt, daß sich dann, wenn der Erblasser durch Auflage seine Erben testamentarisch wirksam verpflichten kann, die Ausübung der Mitgliedschaftsrechte durch Vollmacht dem TV zu übertragen, die hier behandelte Strafklausel erübrigt, so ist das doch nicht ganz sicher, da wohl in zahlreichen Fällen der TV nicht sofort auf Erfüllung der Auflage klagen wird oder kann und dann nur das Druckmittel der Strafklausel wirksamen Einfluß auf die Stellung der Erben wird ausüben können.

[4] BB 1969, 773 = WM 1969, 492.

dung des BGH hat Johannsen [1]) näher Stellung genommen. Seine Ausführungen seien wenigstens teilweise wörtlich wiedergegeben:

> *„Siebert (Festschrift für A. Hueck, 1959 S. 335) hält die den Erben gemachte Auflage, den TV zu bevollmächtigen, für nichtig. Die Erben werden dadurch verpflichtet, etwas aus ihrem persönlichen Vermögen zu leisten, nämlich dem TV zu gestatten, sie mit ihrem Vermögen haftbar zu machen. Eine dahingehende Auflage sei aber nur wirksam, wenn den Erben ein entsprechender Vermögenswert aus dem Nachlaß zufließt. Denn die Leistung muß wenigstens wirtschaftlich aus dem Nachlaß erfolgen. Das sei aber hier nicht der Fall, da die Haftung unbeschränkt sei und daher über das hinausgehen könne, was der Erbe aus dem Nachlaß erhält. Dagegen hält Siebert die Zuwendung unter der Bedingung, daß der Erbe den TV bevollmächtigt, für zulässig. Er ist jedoch der Auffassung, daß ein dahingehender Wille des Erblassers aus der bloßen Anordnung einer TVg oder einer entsprechenden Auflage nicht entnommen werden kann.*
>
> *Soweit es sich um die Ausübung der Rechte eines Erben handelt, der Gesellschafter ist, wird ein weiteres Bedenken daraus hergeleitet, daß eine Abspaltung der Vermögens- und Herrschaftsrechte des Gesellschaftserben von seinem Gesellschaftsanteil mit dem Wesen der Gesamthandsgemeinschaft nicht vereinbar ist und daher auf rechtgeschäftlichem Weg nicht vollzogen werden kann (vgl. dazu BGH 3, 354, 357 und Fischer, Anm. 28d zu § 105 HGB). In den hier erörterten Fällen handelt es sich, wie Fischer a.a.O. darlegt, um eine Abspaltung*

---

[1]) WM 1970, 570; siehe auch Lenzen, GmbH-Rdsch. 1977, 56.
Gegen Zulässigkeit einer Auflage siehe auch Emmerich, ZHR 132, 314; nur für Bedingung Schlegelberger/Geßler, Anm. 14a zu § 139 HGB. Gegen Zulässigkeit einer Auflage ferner Düringer/Hachenburg, HGB, Bem. 12 zu § 130 HGB; RGR/Weipert, HGB, Bem. 13 zu § 139 HGB; Staudinger/Keßler, § 717 BGB Rz 22.
v. Lübtow, S. 993, 994 hält weder eine Auflage noch eine Bedingung in obigem Sinne für zulässig und wirksam. Bei Verhängung der letzteren hält v. Lübtow die Erbeinsetzung für hinfällig. Wörtlich führt er sodann aus: „Jedoch kann die dem Erben gemachte Auflage, dem TV Vollmacht zur Verwaltung des Anteils an einer Personalgesellschaft zu erteilen, regelmäßig in der Weise aufrecht erhalten werden, daß der Erbe für die Dauer der TVg gemäß § 139 Abs. 1 HGB die Stellung eines Kommanditisten zu wählen hat (Emmerich, ZHR 132, 297). Das entsprechende gilt für die erwähnte Bedingung. Damit entfällt für den Erben das sonst mit der TVg verbundene und für ihn nicht beherrschbare Haftungsrisiko. Der TV verwaltet die KG-Beteiligung. Nach Beendigung der TVg wird man § 139 HGB analog anwenden und dem Erben vor allem gestatten müssen zu verlangen, daß ihm wieder die Stellung eines offenen Handelsgesellschafters eingeräumt wird (zweifelnd Emmerich a.a.O.). Denn bis zur Beendigung der TVg war dem Erben das ihm vom § 139 Abs. 1 HGB unabdingbar gegebene Wahlrecht versagt. Eine freiwillige Unterwerfung des Erben als persönlich haftenden Gesellschafters unter die TVg würde nämlich wie die Erteilung einer unwiderruflichen und unbeschränkten Generalvollmacht in aller Regel eine sittenwidrige Selbstentmündigung (§ 138 Abs. 1 BGB) bedeuten (Emmerich a.a.O.). Es ist auch nicht etwa so, daß die TVg entfällt, wenn der Erbe die Stellung als persönlich haftender Gesellschafter wählt. Diese Lösung wäre mit dem Willen des Erblassers unvereinbar (Emmerich a.a.O.)." Siehe auch Baur (Fußnote 1 zu Rz 328).

einzelner Rechte und nicht um eine Bevollmächtigung. Denn das Wesen der Vollmacht besteht darin, daß die Befugnis des Bevollmächtigten neben die bestehenbleibende Befugnis des Vollmachtgebers tritt. Hier aber soll der Erbe gerade nicht befugt sein, seine Rechte neben dem TV selbst auszuüben (vgl. BGH 20, 365).

Der Erblasser kann in jedem Fall den Erben unter der Bedingung einsetzen, daß er dem TV eine Vollmacht erteilt (so auch Wiedemann, „Die Übertragung und Vererbung von Mitgliedschaftsrechten bei Handelsgesellschaften", S. 333). Wenn der Erblasser den Erben durch eine Auflage oder durch bedingte Zuwendung verpflichtet hat, dem TV eine Vollmacht zu erteilen, ist zu prüfen, ob darin ein zulässiger Eingriff in die persönliche Sphäre des Erben liegt. Das ist stets der Fall, wenn der Erbe bereits die Stellung eines persönlich haftenden Gesellschafters hat und die Vollmacht unwiderruflich sein soll. Es ist aber m. E. nicht so, daß mit der Stellung eines persönlich haftenden Gesellschafters immer nur eine frei widerrufliche Vollmacht zu vereinbaren ist, wie es Siebert und Wiedemann annehmen.

Der Erblasser kann die Widerrufsgründe in seiner letztwilligen Verfügung im einzelnen angeben, er kann z. B. anordnen, daß der Erbe bis zur Vollendung eines bestimmten Lebensalters die Vollmacht nur aus wichtigem Grunde widerrufen kann. Es kann dem Erben zugemutet werden, eine solche in seinem eigenen Interesse auferlegte Beschränkung hinzunehmen. Wenn er das nicht will, muß er die Erbschaft ausschlagen.

Auch Lange, JuS 1970, 101, 105, stellt darauf ab, ob dem Erben die Beschränkung seiner Rechte durch Erteilung einer Vollmacht (oder durch eine Treuhand) zugemutet werden kann.[1]) Er ist allerdings der Ansicht, der Erbe brauche nicht durch eine Auflage verpflichtet zu werden, dem TV (das Unternehmen treuhänderisch zu übertragen oder ihm) Prokura oder Vollmacht zu erteilen. Seine Pflicht dazu ergebe sich daraus, daß die Einsetzung des TV für den Erben die Pflicht begründet, diesem die Aufnahme und Durchführung des Amtes zu ermöglichen (ebenso Lange, Erbrecht, § 29 V 7b).

Zusammenfassung *(der Ausführungen von Johannsen a.a.O.): Es ergibt sich sonach, „daß der TV, der als Bevollmächtigter des Erben . . . dessen Gesellschaftsanteil als persönlich haftender Gesellschafter einer Handelsgesellschaft verwaltet, durch seine Tätigkeit den Erben unbeschränkt haftbar macht. Daraus folgt aber nicht, daß eine darauf gerichtete Auflage in jedem Falle rechtsunwirksam ist. Es kommt darauf an, inwieweit eine solche Belastung für den Erben zumutbar ist. Im Rahmen des Zumutbaren kann der Erbe auch verpflichtet werden, dem*

---

[1]) Siehe die Wiedergabe der Stellungnahme von Lange in Fußnote 1 zu Rz 313.

TV eine Vollmacht zu erteilen, die nur aus den vom Erblasser angeführten Gründen widerrufen werden kann."

Der von Johannsen aufgestellte Grundsatz des „Zumutbaren" ist ein weiter Begriff, der nicht voll zu befriedigen vermag. Unzumutbare Gefahren für den Erben sind mit der Vollmachtlösung nicht verbunden. Will der Erbe das Risiko vermeiden, kann er die Erbschaft **ausschlagen.**[1]) Bedingungen und Auflagen dieser Art verstoßen daher nicht gegen § 138 BGB. Marotzke hat mit Recht darauf hingewiesen, daß der Erbe auch im **Normalfall** für Verbindlichkeiten, die der TV mit Wirkung für den Nachlaß eingeht, zunächst unbeschränkt nach § 1967 BGB haftet.[2]) Der Erbe ist zwar in der Lage, diese erbrechtliche Haftung auf den Nachlaß zu beschränken (§§ 1975 ff. BGB); dieses **Haftungsbeschränkungsrecht** kann jedoch **erlöschen,** z. B. wenn der Erbe die Inventarfrist versäumt (§ 1994 Abs. 1 Satz 2 BGB). In solchen Fällen verliert der Erbe sein Haftungsbeschränkungsrecht gegenüber **allen** Nachlaßgläubigern, wobei es keine Rolle spielt, ob deren Forderungen bereits vor dem Erbfall oder später entstanden sind.

(4) Erbrechtliche Begrenzung der überschießenden Außenmacht der Vollmacht

Die Bedenken, die gegen Druckmittel gegenüber dem Erben, dem TV eine Vollmacht zu erteilen, bestehen, beruhen vor allem auch darauf, daß die Vollmacht dem TV mehr Rechte gewährt, als ihm als TV zustehen. So kann der TV die Erben nicht über den Nachlaß hinaus verpflichten (§ 2206 BGB), er darf keine unentgeltlichen Verfügungen treffen (§ 2205 Satz 3 BGB), die TVg endet grundsätzlich nach 30 Jahren (§ 2210 BGB).[3]) Die Vollmacht kennt diese Beschränkungen nicht: Das rechtliche **Können** schießt über das rechtliche **Dürfen** hinaus, dies bringt die Gefahr des Mißbrauchs mit sich. Es sind daher Vorkehrungen zu treffen, daß von der Außenmacht der Vollmacht kein Gebrauch gemacht wird über die Befugnisse hinaus, die das Erbrecht dem TV einräumt. **361**

Die **zeitliche Begrenzung** der Vollmacht auf die Dauer der TVg wird am einfachsten dadurch gesichert, daß die Vollmacht dem jeweiligen TV erteilt oder als Inhalt ihr Erlöschen mit dem Ablauf der TVg bestimmt wird. Es dürfte zulässig sein, ganz allgemein denjenigen – ohne Namensnennung – als Bevollmächtigten vorzusehen, der nach dem Tod des Erblassers sein TV sein wird, mag dessen namentliche Benennung auch durch einen Dritten (§ 2198 BGB)[4]) oder durch das Nachlaßgericht (§ 2220 BGB)[5]) geschehen. Damit ist die zeitliche Begrenzung des § 2210 BGB gewährleistet. **362**

---

[1]) Siehe unten Rz 366.

[2]) JZ 1986, 457/464; er hält eine „echte" TVg unmittelbar am Gesellschaftsanteil für zulässig.

[3]) Ausführlich zu unentgeltlichen Verfügungen oben Rz 246 ff.

[4]) Siehe oben Rz 45.

[5]) Siehe oben Rz 74.

363 Zur Sicherung gegen Mißbrauch der überschießenden Außenmacht kommt eine **inhaltliche Begrenzung** in Betracht. Es ist möglich, in die Vollmacht eine inhaltliche Begrenzung des Inhalts einzufügen, daß sie unentgeltliche Verfügungen nicht umfaßt [1]) und eingegangene Verpflichtungen nur den Nachlaß, nicht den Erben persönlich binden. Solche Begrenzungen belasten den TV allerdings mit Nachweisschwierigkeiten.

364 Es ist daher überlegenswert, als Inhalt der Vollmacht zu bestimmen, daß von der Vollmacht nur oder in bestimmten Fällen nur Gebrauch gemacht werden kann unter Vorlage der Vollmachtsurkunde, die wiederum bei einem besonderen Treuhänder hinterlegt wird (sog. **überwachbare Vollmacht**).[2]) Soll aber schon eine Vertrauensperson zur Überwachung des TV eingesetzt werden, so erscheint es besser, diese zum Mittestamentsvollstrecker zu ernennen, mit der Maßgabe, daß die TV nur gemeinschaftlich berechtigt sind.[3]) Werden mehrere Personen zu gemeinschaftlich handlungsberechtigten TV und Bevollmächtigten ernannt, so ist einem Mißbrauch der überschießenden Außenmacht der Vollmacht genügend vorgebaut.

(5) Auswirkungen

365 Das bedeutet z. B., daß in **Gesellschafterversammlungen** der bevollmächtigte TV das Stimmrecht nur in diesem Rahmen ausüben darf. Er bedarf der Zustimmung des Gesellschafter-Erben etwa bei unentgeltlichen Verfügungen, bei Änderungen des Gesellschaftsvertrags hinsichtlich der Abfindungsregelung zu Lasten des Gesellschafter-Erben oder bei Kapitalerhöhungen, wenn die zur Kapitalbeschaffung erforderlichen Mittel nicht aus dem **Nachlaß** aufgebracht werden können.

(6) Ausschlagung der Erbschaft

366 In jedem Fall muß der Erblasser damit rechnen, daß ein mit einer Auflage oder Bedingung [4]) belasteter Erbe, um allen Bindungen zu entgehen, die **Erbschaft ausschlägt** und aufgrund des § 2306 BGB seinen **Pflichtteil fordert**.[5]) Dieser wäre sofort zahlungsfällig (wegen einer Stundungsmöglichkeit siehe allerdings § 2331a BGB). Seine Bereinigung könnte zu erheblichen Zahlungsschwierigkeiten und Belastungen des Nachlasses führen. Dieser Gefahr kann der Erblasser nur dadurch begegnen, daß er schon zu seinen Lebzeiten mit den voraussichtlichen Erben Pflichtteilsverzichtsverträge nach §§ 2346 ff. BGB

---

[1]) Dazu ausführlich oben Rz 246 ff.

[2]) Bei beurkundungspflichtigen Geschäften kann als Inhalt der Vollmacht bestimmt werden, daß von der Vollmacht nur vor einem bestimmten Notar Gebrauch gemacht werden kann, der den Gebrauch der Vollmacht zu überwachen verpflichtet wird (Reithmann, BB 1984, 1394/1398).

[3]) Dazu siehe Rz 458 ff.

[4]) Rz 346 ff.

[5]) Einzelheiten darüber siehe Model/Haegele, Rz 656. Siehe auch Holzhauer, S. 6, 18.

abschließt.[1]) Der Abschluß solcher Verträge mit allen künftigen Erben, in denen diese zugleich eine entsprechende, u. U. unwiderrufliche, Vollmacht auf diejenige Person ausstellen, die nach dem Tod des Erblassers TV über sein anderes Vermögen werden soll, dürfte insgesamt die günstigste Lösung sein.[2]) Dabei ist stets auch ein Ersatz-Bevollmächtigter für den Fall des Wegfalls des in erster Linie Bevollmächtigten einzusetzen. Es dürfte sogar möglich sein, ganz allgemein denjenigen – ohne Namensnennung – als Bevollmächtigten vorzusehen, der nach dem Tod des Erblassers sein TV sein wird, mag dessen namentliche Benennung auch durch einen Dritten (§ 2198 BGB)[3]) oder durch das Nachlaßgericht (§ 2200 BGB)[4]) geschehen.

dd) Umwandlung der Komplementärstellung in Kommanditbeteiligung

Angesichts dieser komplizierten Rechtslage sollte die Praxis möglichst Abstand davon nehmen, eine Komplementärbeteiligung einer Dauer-TVg unterstellen zu wollen. Im Hinblick auf die nunmehrige Zulassung der Erstreckung einer TVg auf einen Kommanditanteil[5]) regt Mayer an, für den Fall des Todes eines persönlich haftenden Gesellschafters die Umwandlung seiner Beteiligung in eine Kommanditbeteiligung gesellschaftsvertraglich vorzusehen und hierfür TVg anzuordnen.[6]) Man könnte insoweit eine Parallele zu § 139 HGB ziehen. Dem Nachfolger-Erben kann gesellschaftsvertraglich das Recht eingeräumt werden, unter bestimmten Voraussetzungen, z. B. nach Ablauf der TVg, die (Rück-)Umwandlung der Kommanditistenstellung in eine Komplementärstellung zu verlangen.[7])

366a

---

[1]) Einzelheiten über Erb- und Pflichtteilsverzicht siehe Damrau, Der Erbverzicht als Mittel zweckmäßiger Vorsorge für den Todesfall (1965); Model/Haegele, Rz 682 ff.; Haegele, BWNotZ 1971, 36; Peter/Petzold/Winkler, Ziff. 10.11, 11.5.

[2]) So insbesondere Klußmann a.a.O., der davon ausgeht, daß eine derartige Vollmacht für die Dauer der Beteiligungsvollstreckung unwiderruflich erteilt werden kann, wobei er vor allem auf Siebert, Festschrift für Hueck, S. 331, Bezug nimmt. Nur eine unwiderrufliche Generalvollmacht wäre nach Klußmann unwirksam, die jedenfalls dann nicht vorliegt, wenn die Erben außer der ererbten Beteiligung über andere nicht ganz unerhebliche Vermögenswerte verfügen.
Klußmann a.a.O. gibt ein Muster für eine gestaffelte Regelung in einem Erb- und Erbverzichtsvertrag zwischen dem Erblasser und seinen Vertragserben. Es sieht zunächst Verwaltung durch den TV als Treuhänder, falls dies nicht in Frage kommt, sofortige Vollmachtserteilung durch die Vertragserben, schließlich, falls diese nicht wirksam sein sollte, Auflage an die Erben zu entsprechender Vollmachtserteilung an den TV nach dem Erbfall vor. Neben Aufnahme der bereits behandelten Strafklausel in die letztwillige Verfügung schlägt Klußmann noch eine Bestimmung im Gesellschaftsvertrag dahingehend vor, daß das Entnahmerecht der Erben ruht, solange die Vollmachtserteilung durch sie nicht vorgenommen ist. Auch dafür gibt Klußmann ein Muster.

[3]) Rz 45.

[4]) Rz 74.

[5]) Unten Rz 367.

[6]) Bengel/Reimann/Mayer, 5. Kap. Rz 171, dort auch Formulierungsvorschlag Rz 173.

[7]) Klein, DStR 1992, 296.

ee) Ausübung der Gesellschafter-Rechte eines Kommanditisten durch TV [1]

367 Aus der Eigenart der **KG** (die durch den Tod eines Kommanditisten gesetzlich nicht aufgelöst wird; § 177 HGB) ergeben sich nach dem Urteil des **RG** vom 10. 1. 1944 keine Abweichungen gegenüber dem Recht der **OHG**.[2] Der BGH hat die Frage jedoch bis in die jüngste Zeit offen gelassen.[3] Die vom Erblasser getroffene Auflage, daß der Erbe das mit dem Kommanditanteil verbundene Stimmrecht auf den TV – der in diesem Fall allerdings Miterbe war – zu übertragen hatte, hielt das RG für wirksam.

Der **BGH** hatte in einer vereinzelt gebliebenen Entscheidung vom 8. 10. 1953 ausgesprochen, die Mitgliedschaftsrechte der Kommanditisten fielen bei der Vererbung nicht in den Nachlaß.[4] Die Auffassung ist spätestens seit der Entscheidung vom 25. 5. 1977 [5] überholt; der BGH steht inzwischen fest auf dem Standpunkt, daß der Gesellschaftsanteil zum Nachlaß gehört.[6] Er ließ die Frage der Zulässigkeit der TV am Kommanditanteil lange Zeit ausdrücklich offen. Im Urteil vom 25. 2. 1985 führte der BGH aus:

> *„Im vorliegenden Fall betrifft die vom Erblasser angeordnete TVg einen Kommanditanteil, auf den die Einlage voll geleistet ist. Die Frage, ob in einem solchen Fall die TVg für den Gesellschaftsanteil als solchen rechtlich möglich ist, hat der Senat bisher offen gelassen (zuletzt BGHZ 91, 132, 137 f.). Wenn sie grundsätzlich zu bejahen wäre, wofür manches spricht, würde die TVg insoweit wegen des persönlichen Verbundes, in dem die Gesellschafter auch in der KG zueinander stehen, die Zustimmung der übrigen Gesellschafter (die auch schon im Gesellschaftsvertrag enthalten sein kann) voraussetzen (BGHZ 68, 225, 241). Fehlt es – wie hier – an dieser Zustimmung, verbleibt gleichwohl der Anspruch auf das Auseinandersetzungsguthaben unter der TVg."* [7]

---

[1] Ausführlich dazu Damrau, DNotZ 1984, 660; NJW 1984, 2785; Ulmer, ZHR 82, Bd. 146, 555; NJW 1984, 1496. Zur GmbH & Co. KG siehe Lenzen, GmbH-Rdschr. 1977, 56.

[2] Oben Rz 338; ebenso Dietrich, DR 1943, 807; Richardi, S. 87; Staudinger/Reimann, § 2205 BGB Rz 85; siehe auch RGR/Kregel, § 2205 BGB Rz 8; Schlegelberger/Geßler, Anm. 4 zu § 177 HGB; RGR/Weigert, Anm. 13 zu § 139 HGB und Anm. 22 zu § 177 HGB; verneinend wohl Kipp/Coing, Erbrecht, § 68 III 2. Nach Wiedemann, S. 334, erscheint es für die Erben eines Kommanditisten zumutbar, durch unwiderrufliche Vollmacht (Rz 350 ff.) das Auftreten des TV in der Gesellschaft zu berücksichtigen (siehe aber auch Wiedemann, S. 340 Fußnote 2).

[3] BGHZ 24, 106 (113) = NJW 1957, 1026 = DNotZ 1957, 413 = BB 1957, 524; BGHZ 68, 224 (241) = NJW 1977, 1339; BGH, NJW 1981, 749 = BB 1981, 201; NJW 1985, 1953 = RPfleger 1985, 240 = DNotZ 1985, 561 = GmbH-Rdsch. 1985, 193.

[4] BB 1953, 926 = MDR 1954, 32 = JR 1954, 59 mit zust. Anm. Weipert.

[5] BGHZ 69, 47/50 ff. = NJW 1977, 1540 allg. für Gesellschaftsanteile an Personengesellschaften.

[6] Siehe oben Rz 343.

[7] NJW 1985, 1953 = DNotZ 1985, 561 = BB 1985, 951. Ablehnend OLG Frankfurt OLGZ 1983, 189 = NJW 1983, 1806 = RPfleger 1983, 254 = BB 1983, 604 = JR 1983, 330 mit abl. Anm. Damrau; vorsichtiger BayObLG BB 1983, 1751; OLG Hamburg ZIP 1984, 1226.

Damit zeigte der BGH bereits gewisse Sympathien für die Zulässigkeit der **368** TVg an einer Kommanditbeteiligung, bei der die Hafteinlage voll einbezahlt ist. Nunmehr hat der BGH mit Beschluß vom 3. 7. 1989 die Zulässigkeit der Dauertestamentsvollstreckung an einem Kommanditanteil anerkannt [1]) und sich damit der auch hier seit langem in den Vorauflagen vertretenen Meinung angeschlossen.[2]) Er hat entschieden, daß der TV grundsätzlich die mit der Beteiligung verbundenen Mitgliedschaftsrechte ausüben kann. Einschränkungen können sich insbesondere daraus ergeben, daß der TV nicht befugt ist, den Erben persönlich zu verpflichten. Eine Kommanditbeteiligung unterliegt aber nach den allgemeinen Regeln, wie ausgeführt, dann nicht der TVg, wenn die übrigen Gesellschafter dem nicht zugestimmt haben.[3])

Wie ausgeführt, stehen beim Kommanditisten die unterschiedlichen Haftungs- **369** prinzipien der beschränkten Erbenhaftung und der unbeschränkten persönlichen Haftung des Gesellschafters der TVg nicht entgegen, weil der Kommanditist nur beschränkt mit seiner Einlage haftet. Der TV ist daher befugt, die dem Kommanditisten aufgrund seiner Mitgliedschaft zustehenden **Herrschafts- und Mitverwaltungsrechte,** insbesondere auch das **Stimmrecht,** auszuüben. Dies kann jedoch folgerichtig nicht gelten für die Fälle, in denen diese Haftung des Kommanditisten erweitert wird. Der TV ist daher nicht befugt, bei Beschlüssen über eine Erhöhung der Hafteinlage oder eine Einlagenrückgewähr, die zum Aufleben der Haftung führt (§ 172 Abs. 4 HGB), mitzuwirken.[4]) Nach einer Mittelmeinung ist eine TVg dann zulässig, wenn der Kommanditist seine Einlage bereits voll geleistet hat, da dann gemäß § 171 Abs. 1 HGB eine Haftung ausgeschlossen ist.[5])

Dies gilt auch in dem Fall, daß die übrigen Gesellschafter dem Antrag des Erben eines persönlich haftenden Gesellschafters zustimmen, ihm nach § 139

---

[1]) NJW 1989, 3152 = DNotZ 1990, 183 mit Anm. Reimann = RPfleger 1989, 462 = GmbH RdSchr. 1990, 28; dazu ausführlich Ulmer, NJW 1990, 93.

[2]) Ebenso bereits bisher OLG Hamm OLGZ 1989, 148 = NJW 1989, 1696; Bommert, BB 1984, 178, 183, der zu Recht die Fälle der Beschlußfassung über eine Erhöhung der Hafteinlage sowie die Einlagenrückgewähr nach § 172 Abs. 4 HGB aus dem Verwaltungsbereich des TV ausklammert und der Zuständigkeit des Erben/Gesellschafters zuweist (vgl. dazu auch unten Rz 372); Damrau, NJW 1984, 2785; Donner, DNotZ 1944, 146; Esch, NJW 1981, 2222; 1984, 339, 343; Flume, NJW 1988, 161, 163; Kraker, BWNoZ 1961, 70; Weiler, DNotZ 1952, 301; Westermann, Rz 847 mit Ausnahmen. Anderer Ansicht Koch, NJW 1983, 1762; Ulmer, ZHR 146 (1982), 555.

[3]) BGHZ 68, 225, 241 = NJW 1977, 1339 = DNotZ 1977, 550; NJW 1985, 1953 = RPfleger 1985, 240 = GmbH-RdSchr. 1985, 193; BayObLGZ 1983, 176 = RPfleger 1983, 442 = DNotZ 1984, 44; siehe oben Rz 346.

[4]) So richtig Bommert, BB 1984, 178/183; dazu siehe auch unten Rz 372.

[5]) Staudinger/Reimann, § 2205 BGB Rz 85; Kipp/Coing, § 68 III 2; Zartmann a.a.O. unter II 2b; kritisch Brenig, RheinNotK 1957, 643, 661; ablehnend Richardi, S. 67. Dieser vertritt die Ansicht, daß der TV zwar die Kommanditistenstellung treuhänderisch übernehmen und nach Beendigung seines Amtes wieder auf den Erben zurückübertragen kann. Sollte sich aber der TV zu dieser Form der Verwaltung (siehe Rz 342) nicht entschließen, so ist nach seiner Ansicht die Anordnung der TVg insoweit unwirksam, da die TVg an einer Kommanditbeteiligung rechtlich nicht durchgeführt werden kann.

HGB die Stellung eines Kommanditisten einzuräumen. Dieser Antrag kann nur durch einen Erben, nicht durch einen TV gestellt werden.[1]) Der TV hat jedoch die Entscheidung der Gesellschaft gegenüber herbeizuführen.

ff) Eingriffe in den Kernbereich der Mitgliedschaft

370 Wie ausgeführt, resultiert aus der Mitgliedschaft in einer Gesellschaft eine Reihe von personenrechtlichen Bindungen,[2]) die sich in das mehr sachenrechtlich orientierte Verfügungsschema des TV nicht nahtlos einordnen lassen. Wegen dieser personenrechtlichen Bezüge entspricht es einem gefestigten gesellschaftsrechtlichen Grundsatz, daß Eingriffe in den Kernbereich der Mitgliedschaft nur mit Billigung des betreffenden Gesellschafters vorgenommen werden dürfen.[3]) Dieser **Individualschutz** in der Personengesellschaft wurde vornehmlich von der Rechtsprechung entwickelt, die Lehre hat ihn nachvollzogen.[4]) Der Kernbereich der Mitgliedschaft beschränkt das Anwendungsfeld von **Mehrheitsbeschlüssen** und setzt auch der Rechtsmacht des TV **Grenzen.**[5]) Er umfaßt alle Rechte, die geeignet sind, die Rechtsstellung des Gesellschafters selbst in ihrem Bestand zu erhalten.[6]) Man könnte dagegen einwenden, daß der TV die Mitgliedschaft ja auch ganz aufgeben könne, indem er den Anteil veräußert; dann müsse er erst recht zur Inhaltsänderung befugt sein. Dabei würde aber verkannt, daß eine Verschlechterung seiner innergesellschaftlichen Rechtsstellung den Gesellschafter wegen der personenrechtlichen Bezüge der Mitgliedschaft weit stärker belasten kann als die Veräußerung des Anteils gegen ein angemessenes Entgelt.[7])

Das bedeutet, daß der TV bei „allen Befugnissen, die dazu dienen, die Rechtsstellung des Gesellschafters in ihrem Bestand zu erhalten",[7]) der **Mitwirkung des Gesellschafter-Erben** bedarf. Dazu gehören beispielsweise Änderungen des Gesellschaftsvertrags, die den Kapital- oder Gewinnanteil oder den Abfindungsanspruch des Gesellschafters verkürzen oder die Hafteinlage des Kommanditisten erhöhen.[8]) Angesichts der schwierigen Abgrenzungsfragen ist der Praxis zu empfehlen, nur bei Ausübung der laufenden Verwaltungsrechte und geringfügigen Gesellschaftsvertragsänderungen auf die ausdrückliche Zustim-

---

[1]) Schneider/Martin, S. 463 unter Berufung auf RGZ 170, 392, 395. A.A. Möhring, Vermögensverwaltung, S. 212, 215.

[2]) Siehe oben Rz 334a, 335, 345.

[3]) Zur Kernbereichslehre vgl. Wiedemann, Gesellschaftsrecht Bd. I 1980, S. 360 ff.

[4]) Vgl. BGHZ 20, 363; Marotzke, JZ 1986, 457/466; ausführlich Wiedemann, a.a.O. S. 361.

[5]) Priester, a.a.O. S. 482; a.A. Scholz/Winter, § 15 GmbHG Rz 156.

[6]) Quack, BB 1989, 2271, 2273; Mayer, ZIP 1990, 978; Katalog bei Weidlich, S. 47 ff.

[7]) Priester, a.a.O. S. 482.

[8]) Vgl. Bommert, BB 1984, 178/183; Schilling, § 161 HGB Rz 32.

mung der Gesellschafter-Erben zu verzichten. Andernfalls besteht die Gefahr der Nichtigkeit des allein unter Mitwirkung des TV gefaßten Beschlusses.[1])

d) TVg hinsichtlich der Zuordnung des Gesellschaftsanteils

aa) Außenseite

Die Zuordnung des ererbten Gesellschaftsanteils des Gesellschafter-Erben **371** zum Nachlaß verhindert, wie der BGH[2]) ausführt, daß der Gesellschafter-Erbe über den ererbten Gesellschaftsanteil verfügen kann und daß seine Eigengläubiger in den Anteil und die daraus erwachsenden Vermögensrechte vollstrecken können (§ 2214 BGB). Insofern unterliegt der Gesellschaftsanteil, um mit dem BGH zu sprechen, „als ganzes" gewissermaßen mit seiner „Außenseite" der Verwaltung des TV. Diese Zuordnung des Gesellschaftsanteils zum Nachlaß ist **erbrechtlichen Ursprungs** und kann daher weder durch den Gesellschaftsvertrag noch durch die anderen Gesellschafter ausgeschlossen oder eingeschränkt werden. Das bedeutet, daß der **TV** eine **beaufsichtigende Funktion** über den Erben hat, soweit dieser Gesellschafter-Nachfolger geworden ist.[3])

Der TV kann verhindern, daß der Gesellschafter-Erbe über den ererbten Gesellschaftsanteil **verfügt** oder seine Eigengläubiger in den Anteil oder die daraus erwachsenden Vermögensrechte **vollstrecken.** Der Gesellschafter-Erbe kann also nicht über seinen Anteil verfügen und bedarf zu Maßnahmen, die sein Auseinandersetzungs- oder Abfindungsguthaben betreffen, der Zustimmung des TV. Der **BGH** führt in seinem Urteil vom 25. 2. 1985 aus: „Der Anspruch auf das Auseinandersetzungs- oder Abfindungsguthaben unterliegt als verkehrsfähiger vermögensrechtlicher Anspruch (§ 717 Abs. 2 BGB, § 105 Abs. 2, § 161 Abs. 2 HGB) der TVg auch ohne die Zustimmung der übrigen Gesellschafter."[4]) Im Gegensatz zu früheren Entscheidungen[5]) beurteilt der BGH den Anspruch auf das **Auseinandersetzungsguthaben** auch dann selbständig, wenn die Beteiligung mit den Erben fortgesetzt wird, ein aktueller Auseinandersetzungsanspruch also nicht gegeben ist.

bb) vermögensrechtliche Ansprüche

Geht man diesen Weg folgerichtig weiter, so kommt man dazu, daß der TV **372** auch **gesellschaftsrechtlichen Maßnahmen** zustimmen muß, die den **Auseinandersetzungs- oder Abfindungsanspruch** als solchen betreffen; etwa wenn Bestimmungen des Gesellschaftsvertrags geändert werden über die Bewertung der Anteile oder über Höhe, Fälligkeit, Zahlungsweise des Abfindungsan-

---

[1]) Mayer, ZIP 1990, 978.

[2]) Siehe oben Rz 343.

[3]) Reimann, MittBayNot 1985, 135; 1986, 232.

[4]) BGH NJW 1985, 1953 = DNotZ 1985, 561.

[5]) Vgl. BGH DB 1981, 366.

spruchs. Dies muß dann für alle Fälle der **vermögensrechtlichen** „Außenseite" – im Gegensatz zur höchstpersönlichen „Innenseite" [1] – gelten, also auch z. B. für alle Maßnahmen und Beschlüsse, die den **Gewinn** betreffen, wie Verteilung, Verwendung, Ausschüttung, Fälligkeit, Thesaurierung, Verzinsung etc. [2]

Schützenswerte Interessen des Gesellschafter-Erben, seiner Mitgesellschafter oder der Gesellschaft, die auch einen derartigen „Minimalschutz" der dem TV anvertrauten Interessen der übrigen Nachlaßbeteiligten verböten, sind nicht ersichtlich. Ein mögliches Interesse der Gesellschafter-Erben, den Gesellschaftsanteil als Kreditgrundlage zu verwerten, muß hinter die Interessen der sonstigen Nachlaßbeteiligten zurücktreten. Diese Rechtslage hat zur Folge, daß auch bei einer Vereinigung aller Geschäftsanteile in einer Hand [3] die Gesellschaft als nicht erloschen anzusehen ist.[4]

cc) Testamentsvollstrecker und Handelsregister

373 Der TV hat nach § 2205 BGB anstelle und unter Ausschluß der Erben den Nachlaß zu verwalten. Wenn und soweit sich seine Verwaltungsbefugnis auf den Anteil an einer Personengesellschaft erstreckt, können davon die dem Registergericht gegenüber zu erfüllenden **Anmeldepflichten** nicht ausgenommen werden.[5]

Den durch die Vererbung eines **Kommanditanteils** eintretenden Gesellschafterwechsel hat der TV zum Handelsregister *anzumelden.*[6] Der TV ist dazu nicht befugt, wenn es sich nur um eine sog. Abwicklungs-TVg handelt.[7] Dagegen hat das KG zu Recht die Befugnis des TV bejaht, den Gesellschafterwechsel zum Handelsregister anzumelden, wenn für den Kommanditanteil eine Verwaltungs- oder Dauer-TVg [8] vorliegt, da in diesen Fällen dem TV die Verwaltung des Nachlasses als selbständige Aufgabe übertragen ist.[9] Die TVg an Kommanditanteilen ist im **Handelsregister** *einzutragen.* Bei der bislang gegebenen Konstellation – keine TVg an Kommanditanteilen – entsprach es der herrschenden Lehre, daß die Anordnung einer TVg nicht eintragungsfähig

---

[1]) Siehe oben Rz 335, 345.

[2]) Dazu Mayer, ZIP 1990, 979; Reimann, MittBayNot 1985, 135; 1986, 232; Weidlich MittBayNot 1996, 121; a. A. Weidlich S. 103.

[3]) Vgl. z. B. BGHZ 65, 79, 82 = NJW 1975, 1774; BGHZ 71, 296/303 = NJW 1978, 1525.

[4]) Vgl. BGHZ 48, 214/219 = NJW 1967, 2399; BGH NJW 1983, 2247/2249.

[5]) BGH NJW 1977, 1339; 1989, 3152 = DNotZ 1990, 183 mit Anm. Reimann = RPfleger 1989, 462 = GmbH-Rdsch. 1990, 28.

[6]) BGH a.a.O.

[7]) Siehe oben Rz 3, 507 ff.

[8]) Siehe oben Rz 3, 130 ff.

[9]) KG OLGZ 1991, 261 = RPfleger 1991, 318 = DB 1991, 1066 = BB 1991, 1283 = NJW-RR 1991, 835, das die Befugnis folgerichtig bei einer Abwicklungs-TVg ablehnt.

ist.[1]) Diese Aussage ist nach dem Beschluß des BGH v. 3. 7. 1989 zu überdenken. Einzutragen ist im Handelsregister nicht nur das, was gesetzlich ausdrücklich angeordnet ist, sondern was auch ohne ausdrückliche gesetzliche Vorschrift Sinn und Zweck des Handelsregisters erfordern. Das Handelsregister soll die Zugehörigkeit gewerblicher Unternehmen zum Handelsstand und die wichtigsten Rechtsverhältnisse der Unternehmen offenlegen. Da sich aus der TVg dinglich wirkende Beschränkungen der Rechtsmacht des Kommanditisten mit Außenwirkung ergeben, z. B. gemäß § 2212 BGB für Aktivprozesse und gemäß § 2214 BGB für den Zugriff von Eigengläubigern des Erben,[2]) erscheint die Eintragung des TV-Vermerks im Handelsregister notwendig.[3])

Da die TVg an der Beteiligung eines **persönlich haftenden Gesellschafters** nur die abspaltbaren Vermögensrechte erfaßt, nicht aber die Beteiligung selbst, ist für Anmeldungen, bei denen eine Anmeldepflicht aus den §§ 107, 143, 162 und 175 HGB folgt, die sich aus einer Vertragsänderung ergeben oder den Kernbereich der Mitgliedschaft berühren,[4]) die Zustimmung des Gesellschafter-Erben erforderlich.[5])

dd) Zusammentreffen von eigenem und ererbtem Anteil

Nicht selten erbt ein Gesellschafter eine weitere Gesellschaftsbeteiligung **373a** hinzu. Er ist dann gleichzeitig Gesellschafter aus eigenem Recht und aufgrund Erbrechts. Der Gesellschaftsrechtssenat der BGH hat zunächst in seinem Urteil vom 11. 4. 1957 [6]) angenommen, es sei aus Rechtsgründen nicht möglich, daß ein einheitlicher Gesellschaftsanteil dem Gesellschafter teilweise zur unbeschränkten Verfügung stehe und teilweise der Verwaltung des TV unterliege. In seiner Entscheidung vom 3. 7. 1989 [7]) hat er jedoch ausdrücklich die Frage offengelassen, ob er sich durch den Grundsatz der Einheitlichkeit der Mitgliedschaft gehindert sähe, den Machtbereich des TV zumindest teilweise auf den durch Erbfolge hinzuerworbenen Anteil auszudehnen. Jedenfalls steht der Grundsatz der Einheitlichkeit der Mitgliedschaft auch nach Auffassung des BGH dem Fortbestehen der TVg an den ererbten Gesellschaftsanteilen insoweit nicht entgegen, als es sich um die aus diesem Anteil folgenden übertrag-

---

[1]) RGZ 132, 138.

[2]) Siehe unten Rz 373 ff.

[3]) Klein, DStR 1992, 328; Mayer, ZIP 1990, 978; Reimann, DNotZ 1990, 190, 194; Ulmer, NJW 1990, 82; Weidlich, S. 90; a. A. KG RPfleger 1996, 30 = GmbH-Rdsch. 1995, 826 = FG-Prax 1995, 202 = NJW-RR 1996, 227 = WPM 1995, 1890 = ZEV 1996, 67 mit ablehnender Anm. Schaub; LG Berlin, RPfleger 1993, 25; Damrau, BWNotZ 1991, 69; Keidel/Schmatz/Stöber, Rz 288 m. w. N.

[4]) S. oben Rz 372.

[5]) Bengel/Reimann/Mayer, 5. Kap. Rz 209; Klein, DStR 1992, 328; Ulmer, NJW 1990, 82; a. A. BGH NJW 1989, 3152, 3155, der eine Anhörung des Gesellschafter-Erben für ausreichend hält.

[6]) BGHZ 24, 106, 113.

[7]) BGHZ 108, 187, 199 = NJW 1989, 3152, 3155; vgl. auch Reimann, DNotZ 1990, 193 der zumindest partielle Mitwirkungsrechte an der „Außenseite" der ererbten Beteiligung zulassen will.

baren Vermögensrechte handelt. Das zeigt auch das Urteil vom 25. 2. 1985;[1]) damals ging es um die rechtsgeschäftliche Übertragung eines der TVg unterliegenden Kommanditanteils auf den Komplementär. Im Zusammenhang mit der Frage, ob TVg an einem Kommanditanteil als solchem möglich sei, hat der BGH seinerzeit ausgeführt, zumindest der Anspruch auf das Auseinandersetzungsguthaben unterliege der TVg und könne ihr auch nicht dadurch nachträglich entzogen werden, daß der Gesellschafter-Erbe seinen Kommanditanteil auf den persönlich haftenden Gesellschafter übertrage. Mithin umfaßt der in der Hand des Komplementärs durch Vereinigung entstandene Gesellschaftsanteil nicht sämtliche, zu dem Gesellschaftsanteil gehörenden Vermögensrechte. Vielmehr können diese unbeschadet des Grundsatzes der Einheitlichkeit der Mitgliedschaft teilweise dem TV zustehen. Zumindest insoweit kann daher die TVg auch den durch Erbfall hinzuerworbenen Gesellschaftsanteil erfassen.

Gegen die zunächst ablehnende Meinung des BGH wenden sich zutreffend Weidlich [2]) und Mayer,[3]) die darauf verweisen, daß die Einheitlichkeit der Gesellschaftsbeteiligung auch in anderen Fällen durchbrochen wird, etwa dadurch, daß der Anteil des Erblassers anders als der bisher vom Gesellschafter-Erben gehaltene Anteil in den Nachlaß fällt. Will man diese Problematik sachgerecht erfassen, muß man eine vermögensmäßige Trennung der beiden Gesellschaftsanteile bejahen und den bisherigen Anteil des Gesellschafter-Erben weiter seinem Privatvermögen bzw. den Anteil des Erblassers dem Nachlaß zuordnen. Ist beim Tod eines Gesellschafters einer **zweigliedrigen Gesellschaft** der überlebende Gesellschafter zugleich alleiniger Erbe, führt die Zulassung der TVg an der Außenseite der vererbten Beteiligung auch nach Auffassung des BGH dazu, daß das Gesellschaftsverhältnis für die Dauer der TVg insoweit als nicht erloschen anzusehen ist.[4]) Nunmehr hat der BGH im Beschluß vom 10. 1. 1996 beim vererbten Anteil einer Gesellschaft bürgerlichen Rechts ausdrücklich entschieden, daß es der TVg nicht entgegensteht, wenn die Erben des Gesellschaftsanteils vor dem Erbfall bereits an der Gesellschaft beteiligt waren.[5])

e) Einfluß der Fortsetzung der Gesellschaft nur unter den übrigen Gesellschaftern auf die TVg

374 Scheiden nach dem Gesellschaftsvertrag die Erben eines verstorbenen Gesellschafters aus der Gesellschaft aus, wird diese also nur unter den übrigen Gesellschaftern fortgesetzt, so steht den ausgeschiedenen Erben ein schuldrechtlicher **Abfindungs- und Auseinandersetzungsanspruch** gegen die Gesell-

---

[1]) NJW 1985, 1953 f. a. E.

[2]) Weidlich, S. 100.

[3]) Bengel/Reimann/Mayer, 5. Kap. Rz 186.

[4]) BGH NJW 1986, 2431.

[5]) BGH NJW 1996, 1284 = RPfleger 1996, 289 = GmbH-Rdsch. 1996, 362 = ZEV 1996, 110 mit Anm. Lorz = FGPrax 1996, 110 = MittBayNot 1996, 118 mit Anm. Weidlich.

schaft zu. Die Verwaltung dieses mit dem Erbfall entstehenden Anspruchs durch den vom Erblasser allgemein ernannten TV bietet rechtlich keine Schwierigkeiten. Der TV wirkt bei Feststellung des Anspruchs mit, die Auszahlung des Guthabens erfolgt an ihn und er allein ist darüber verfügungsberechtigt.[1])

Die vorstehende Rechtslage ist auch dann gegeben, wenn ein Erbe nach § 139 HGB verlangt, daß ihm die **Stellung eines Kommanditisten** eingeräumt wird, die übrigen Gesellschafter diesen Antrag ablehnen und der Erbe seinen Austritt aus der Gesellschaft erklärt.

Zweifelhaft erscheint die Rechtslage dann, wenn die Gesellschaft nicht durch den Erbfall, sondern **erst später aufgelöst** wird, nachdem der Erbe bereits Gesellschafter war. Man wird auch hier das Verwaltungsrecht des TV anerkennen müssen.[2])

f) Auflösung der Gesellschaft und TVg

Der **Tod** eines persönlich haftenden Gesellschafters **löst** die Gesellschaft **375** gemäß § 131 Nr. 4 HGB **auf** (KG: i.V.m. § 161 Abs. 2 HGB).[3]) Bis zur **Auseinandersetzung** des Nachlasses und Abwicklung der Gesellschaft kann ein vom Erblasser ernannter TV die Rechte ausüben, die der Erbengemeinschaft zustehen.[4])

Der Gesellschaftsvertrag schließt den vorstehenden gesetzlichen Aufhebungsgrund allerdings in der Regel aus.

g) Errichtung einer Personengesellschaft durch TV

Einen Vertrag über Errichtung einer **OHG** oder einer **KG** kann der TV für **376** den Nachlaß oder für die Erben grundsätzlich **nicht abschließen.**[5]) Das gleiche gilt für Vertragsänderungen.

Hat der Erblasser den Wunsch, daß sein **Einzelunternehmen** nach seinem Tod **377** in eine Personengesellschaft umgewandelt wird, so muß er seine Erben zu dieser Gründung im Wege einer Auflage (oder Bedingung)[6]) ausdrücklich verpflichten. Dabei hat er die einzelnen Bestimmungen des späteren Gesellschaftsvertrages möglichst umfassend festzulegen, mindestens so, daß nach sei-

---

[1]) BGHZ 91, 132/137; NJW 1985, 1953 = RPfleger 1985, 240 = GmbH-Rdsch. 1985, 193; OLG Hamburg, ZIP 1984, 1226; Ulmer, NJW 1984, 1496/1500; siehe oben Rz 336, 373.

[2]) Anderer Ansicht Richardi, S. 69.

[3]) Der Tod eines Kommanditisten hat die Auflösung der Gesellschaft nicht zur Folge (§ 177 HGB).

[4]) Vgl. Kipp/Coing, § 125 I 2d; Muscheler, S. 440; RGR/Weipert, Anm. 28 zu § 146 HGB; Richardi, S. 79; Schlegelberger/Gessler Anm. 6 zu § 146 HGB.

[5]) BGH, WM 1969, 492; KG, RJA 10, 44; 12, 132; Richardi, S. 81; Soergel/Damrau, § 2205 BGB Rz 31; Staudinger/Reimann, § 2206 BGB Rz 4, je mit weiteren Nachweisen; teilweise abweichend Sommer, DNotZ 1936, 937.

[6]) Siehe oben Rz 353 ff.

nem Tode etwaige Lücken durch Vertragsauslegung, durch einen von ihm ernannten TV (evtl. als Schiedsrichter) [1]) oder durch Richterspruch ausgefüllt werden können. Der Erblasser kann aber nicht etwa den TV damit beauftragen, ohne Zuziehung der Erben nach seinem Tode den Gesellschaftsvertrag abzuschließen. Es tauchen hier die gleichen Probleme wie in dem Fall auf, daß der Erblasser den Erben eine Auflage auf Ausstellung einer Vollmacht für seinen TV macht. Es kann daher auf die entsprechend auch hierher passenden Ausführungen Rz 356 ff., namentlich auch wegen Beifügung einer Strafklausel, Bezug genommen werden.[2])

378 Hat der Erblasser seinen TV beauftragt, sich nach seinem Tode an der Errichtung einer **Gesellschaft zu beteiligen,** so wird der TV befugt sein, im eigenen Namen und unter eigener Haftung, aber für Rechnung der Erben, sich an der Errichtung der Gesellschaft zu beteiligen.[3])

Wollen die Erben die bisherige Einzelfirma des Erblassers in Form einer OHG oder KG fortführen, so müssen sie die Gesellschaft auf alle Fälle neben dem TV zum Handelsregister anmelden.[4])

h) Umwandlung einer Personengesellschaft in eine GmbH

379 Bei der formwechselnden Umwandlung einer Personengesellschaft in eine GmbH wird ein Rechtsträger in einen Rechtsträger anderer Rechtsform umgewandelt (§§ 190, 202 Abs. 1 UmwG). Hierbei wird das Vermögen beibehalten und nicht auf den neuen Rechtsträger übertragen, es ändert sich nur die rechtliche Organisationsform des Unternehmensträgers. Das Umwandlungsgesetz verzichtet auf die nach altem Recht notwendige Figur der übertragenden Umwandlung, wonach der Wechsel von einer Personengesellschaft in eine GmbH mit einer Vermögensübertragung verbunden war. Da die Änderung der Rechtsform zu keinem Ausscheiden des Gesellschaftsanteils aus dem Nachlaß führt, bleibt die Verwaltungsbefugnis des TV am neuen Geschäftsanteil gemäß § 202 Abs. 1 Nr. 1, Nr. 2 Satz 1 UmwG grundsätzlich weiter bestehen. Eines Rückgriffs auf das für die TVg entsprechend anwendbare Surrogationsprinzip des § 2041 BGB bedarf es daher nicht.[5])

---

[1]) Vgl. Rz 126.

[2]) Siehe zu diesen Fragen auch Model/Haegele, Rz 840a und Zartmann, RWP 2 BürgR D Erbrecht I 3d.

[3]) Nach Sommer, DNotZ 1936, 937 (ebenso Richardi, S. 82) kann der TV für die Erben eine Personengesellschaft errichten, wenn er im eigenen Namen, aber als Treuhänder der Erben handelt, so daß für letztere keine unbeschränkte Haftung besteht, und wenn ferner ein solcher Vertrag zur ordnungsgemäßen Verwaltung des Nachlasses erforderlich ist.

[4]) Waldmann, DFG 1944, 37.

[5]) Weidlich, MittBayNot 1996, 1; siehe oben Rz 290.

Dies ist unzweifelhaft bei der Kommanditbeteiligung, bei der die TVg zwischenzeitlich allgemein anerkannt ist.[1]) Anders stellt sich die Rechtslage dar beim Komplementäranteil bzw. Anteil eines OHG-Gesellschafters. Hier wird von der h. L. eine echte TVg nicht zugelassen, sondern einer Vollmachts- bzw. Treuhandlösung der Vorzug gegeben.[2]) Allein auf Grund der Umwandlung und der damit verbundenen Änderung der Rechtsform kann aber der TV keine weitergehenden Befugnisse erhalten als ihm am alten Anteil zustanden; die Wahrnehmung aller Gesellschafterrechte durch den TV würde daher voraussetzen, daß der Erbe den TV entweder zur Ausübung der Gesellschafterrechte bevollmächtigt bzw. diese Gesellschafterrechte treuhänderisch überträgt.[3]) Wenn man dagegen mit der im Vordringen befindlichen Auffassung die TVg am Komplementäranteil bzw. Anteil eines OHG-Gesellschafters allgemein zuläßt,[4]) umfaßt die TVg auch die Verwaltung der mit dem GmbH-Anteil verbundenen Mitgliedschaftsrechte.[5])

Der Umwandlungsbeschluß mußte nach altem Recht einstimmig geschehen (§ 48 UmwG a.F.); in der Umwandlung lag daher regelmäßig eine Maßnahme, die den Kernbereich der Mitgliedschaft betraf und das Einverständnis des Erben erforderlich machte. Auch nach § 217 UmwG bedarf der Umwandlungsbeschluß der Gesellschafterversammlung der Zustimmung aller anwesenden Gesellschafter; ihm müssen auch die nicht erschienenen Gesellschafter zustimmen. Der Gesellschaftsvertrag der formwechselnden Gesellschaft kann aber eine Mehrheitsentscheidung der Gesellschafter vorsehen; die Mehrheit muß mindestens ¾ der Stimmen der Gesellschafter betragen (§ 217 Abs. 1 Satz 2, 3 UmwG). Es können daher Zweifel an der Notwendigkeit des Einverständnisses aller Erben aufkommen. *Weidlich* weist hier zu Recht darauf hin, daß der Formwechsel auch durch eine Mehrheitsentscheidung keinem Gesellschafter aufgezwungen werden kann; nach § 207 Abs. 1 Satz 1 UmwG hat der formwechselnde Rechtsträger jedem Anteilsinhaber, der gegen den Umwandlungsbeschluß Widerspruch zur Niederschrift erklärt, den Erwerb seiner umgewandelten Anteile oder Mitgliedschaften gegen eine angemessene Barabfindung anzubieten.[6]) Die Doppelzuständigkeit von TV und Erbe führt dazu, daß bei der Notwendigkeit eines einstimmigen Beschlusses beide dem Formwechsel zustimmen müssen.

Es kommt daher nicht mehr darauf an, daß u. U. der Erbe auf Grund der Umwandlung in eine GmbH dem Risiko einer Haftung mit seinem Privatvermögen ausgesetzt ist, ohne seine Haftung auf den Nachlaß beschränken zu können, z. B. nach §§ 30, 31 GmbHG oder § 9, 9a, 24 GmbHG (Grundsatz der

---

[1]) Siehe oben Rz 367 ff.

[2]) Siehe oben Rz 349 ff.

[3]) Ausführlich dazu Weidlich a.a.O.

[4]) Dazu ausführlich oben Rz 293a.

[5]) Weidlich a.a.O.

[6]) A.a.O. 1, 3.

Kapitalaufbringung und -erhaltung, Differenzhaltung).[1] Nach §§ 198, 222 UmwG ist die Anmeldung durch die Geschäftsführer der GmbH vorzunehmen.

i) Sonstige Fragen zur Personengesellschaft und TVg

380 Möglich ist eine Anordnung des Erblassers mit dem Inhalt, daß die im Handelsregister eingetragenen **Erben im Innenverhältnis zum TV verpflichtet** sind, allgemein oder zu bestimmten Handlungen dessen vorherige Einwilligung einzuholen.[2] Dies kann insbesondere dann in Frage kommen, wenn der Gesellschaftsvertrag die Berufung eines TV für die Gesellschafterrechte nicht zuläßt und auch nicht mit einer späteren Zustimmung der übrigen Gesellschafter zu einer Amtsführung durch den TV gerechnet werden kann.[3]

381 Ist ein **Erbe** des verstorbenen Gesellschafters **minderjährig** oder aus anderen Gründen geschäftsunfähig oder in seiner Geschäftsfähigkeit beschränkt, so kann dann, wenn die Vermögensverwaltung den Eltern letztwillig entzogen ist (§§ 1638, 1909 Abs. 1 Satz 2 BGB),[4] insoweit der **TV** für den Erben als **Pfleger** bestellt werden. Das gleiche gilt für den Vormund bzw. Betreuer.[5]

382 Wird die Gesellschaft **nur** mit **einzelnen Erben fortgesetzt**, so unterliegen die Abfindungsansprüche der ausscheidenden Erben der TVg.[6] Diese ausscheidenden Gesellschafter können in einem solchen Fall, wenn sie entgegen dem Gesellschaftsvertrag Gesellschafter werden wollen, ohne daß das Auseinandersetzungsguthaben ausbezahlt wird, mit den übrigen Gesellschaftern nur unter Zustimmung des TV entsprechende Vereinbarungen treffen. Bei der Anmeldung müssen außer den übrigen Gesellschaftern der TV und die Erben mitwirken.[7]

---

[1] Siehe unten Rz 406; Weidlich aaO 1, 3.

[2] Siehe Rz 350; Staudinger/Reimann, § 2205 BGB Rz 80; Donner, DNotZ 1944, 148; a.A. Richardi, S. 64.

[3] Holch, DNotZ 1958, 282, 300; siehe dazu auch Rz 346 ff.

[4] Siehe dazu Rz 134.

[5] KG, JW 1935, 3558 = DNotZ 1936, 124; Donner, DNotZ 1944, 148; Schneider/Martin, S. 464.

[6] BGHZ 91, 132/137; NJW 1985, 1953 = RPfleger 1985, 240; Schlegelberger/Gessler, Anm. 14 zu § 139 HGB; Dietrich, DRW 1943, 807; zur Fortsetzungsklausel siehe oben Rz 337 Fußnote 1.

[7] Vgl. Waldmann, DFG 1944, 37. Nach OLG Hamburg, MDR 1966, 333 = NJW 1966, 986 ist die Anmeldung des Eintritts der Erben eines persönlich haftenden Gesellschafters durch den TV dann nicht möglich, wenn im Gesellschaftsvertrag bestimmt ist, daß die Gesellschaft mit den Erben eines verstorbenen Gesellschafters fortgesetzt wird und sich auch aus dem Testament nicht ergibt, daß der TV die Rechte der Erben hinsichtlich der Beteiligung wahrnehmen soll. Ein über den Tod der Gesellschafter hinaus Bevollmächtigter kann dagegen, wenn die Vollmacht in öffentlich beglaubigter Form (§ 129 BGB) erteilt ist, auch nach dem Tod der Vollmachtgeber für diese Anmeldungen zum Handelsregister vornehmen (ohne einen Erbschein vorlegen zu müssen; OLG Hamburg, DNotZ 1967, 30).

Ist in einem Gesellschaftsvertrag einem Erben oder mehreren Erben lediglich **383** ein **Eintrittsrecht** in eine OHG oder KG eingeräumt,[1]) so kommt daran eine TVg nicht in Frage. Denn die Mitgliedschaft aufgrund ausgeübten Eintrittsrechts des Erben gehört nicht zum Nachlaß des Erblassers.

Bei einer Personengesellschaft kann ein **Beirat** durch den Gesellschafts-Ver- **384** trag geschaffen werden. Auch durch Beschluß der Gesellschafterversammlung ist seine Schaffung möglich. Seine Aufgaben sind im einzelnen festzulegen, und zwar enger oder weiter. Ein TV kann Mitglied des Beirats, auch sein Vorsitzender, sein.[2])

Bei der **Liquidationsgesellschaft** kann der TV alle Rechte für den Erben wahr- **385** nehmen, weil eine persönliche Haftung nicht in Frage steht.[3]) Durch Gesellschafterbeschluß kann jedoch dem TV die Fähigkeit zum Auftreten als Liquidator genommen werden.[4])

Ist ein Mitgesellschafter TV, so kann er als Teilhaber, nicht als TV, alle Rechte **386** für die Erben ausüben, auf die diese wirksam verzichten können.[5]) Im Weg der Umdeutung (§ 140 BGB) wird die Übertragung der Verwaltung an den TV als zeitweilige Änderung der Verteilung der Rechte in der Gesellschaft angesehen.[6])

Der TV hat ein **eigenes Recht zur Kündigung** der Gesellschaft, in Analogie zu **387** § 135 HGB mit sechsmonatiger Kündigungsfrist zum Ende des Geschäftsjahrs. Das Kündigungsrecht der Gesellschafter-Erben wird dadurch nicht eingeschränkt. Wie der TV im Rahmen ordnungsgemäßer Verwaltung auch im übrigen zur Veräußerung von Nachlaßgegenständen befugt ist, kann für die Veräußerung von Mitgliedschaftsrechten grundsätzlich nichts anderes gelten; jede Verfügung hat der TV gegenüber den Erben zu verantworten (§§ 2216, 2219, 2220 BGB).[7])

5. Testamentsvollstreckung bei BGB-Gesellschaft

Für die TVg an einem Anteil an einer Gesellschaft bürgerlichen Rechts **388** (§§ 705 ff.) gelten bezüglich der Einschränkungen der Verwaltungsvollstreckung und der möglichen Ersatzlösungen nach überwiegender Meinung diesel-

---

[1])   Siehe oben Rz 337.

[2])   Wegen Einzelheiten zum Beirat siehe BGH, WM 1968, 98 und DB 1970, 389; ferner Sudhoff, Handbuch der Unternehmensnachfolge, unter Stichwort „Beirat".

[3])   Muscheler a.a.O., S. 440; ausführlich dazu Weidlich, S. 127 ff.

[4])   Muscheler a.a.O., S. 440; Wiedemann, Übertragung, S. 321 mit Nachweisen.

[5])   Siehe im einzelnen Wiedemann a.a.O., S. 342.

[6])   Wiedemann a.a.O., S. 342; siehe auch BGHZ 20, 363, 366.

[7])   Wiedemann a.a.O., S. 340, unter Anführung von Ausnahmefällen.

ben Grundsätze wie bei einem OHG-Gesellschaftsanteil.[1]) Danach kann sich der Machtbereich des TV nicht auf die Verwaltung des Gesellschaftsanteils eines mitgeschäftsführenden Gesellschafters einer BGB-Gesellschaft erstrecken.[2]) Insbesondere kann bei einem zu einer BGB-Gesellschaft gehörenden Grundstück ein TV-Vermerk hinsichtlich der Beteiligung eines Gesellschafters nicht in das Grundbuch eingetragen werden.[3])

Dabei wird aber übersehen, daß § 128 Satz 2 HGB, wonach die unbeschränkte Haftung der Gesellschafter einer OHG im Außenverhältnis nicht ausgeschlossen werden kann, für die BGB-Gesellschaft nicht gilt; die Beschränkung der Haftung der BGB-Gesellschafter auf das Gesellschaftsvermögen ist vielmehr zulässig.[4]) Daher gibt es auch, gehört zum Nachlaß ein Anteil an einer BGB-Gesellschaft, kein dem § 139 HGB entsprechendes Wahlrecht der Erben. Ist aber die Haftung der BGB-Gesellschafter – durch Vereinbarung der Gesellschafter, die den Gläubigern oder Dritten zumindest erkennbar sein muß [5] – auf das Gesellschaftsvermögen beschränkt, so ergeben sich aus Haftungsgründen der Gesellschafter keine Gründe gegen die TVg, sofern diese im Gesellschaftsvertrag zugelassen ist.[6]) Der Sachverhalt ist haftungsrechtlich dem des Kommanditisten einer KG derart angenähert, daß der TV, wird die Gesellschaft beim Tod eines Gesellschafters mit dessen Erben fortgesetzt, die Mitgliedschaftsrechte anstelle oder unter Ausschluß der Erben geltend machen kann.[7]) Nunmehr hat auch der BGH mit Beschluß vom 10. 1. 1996 klargestellt, daß TVg an dem vererbten Anteil einer Gesellschaft bürgerlichen Rechts nicht schlechthin ausgeschlossen ist, und zwar auch dann, wenn die Erben des Gesellschaftsanteils vor dem Erbfall bereits an der Gesellschaft beteiligt waren.[8])

Ebenso schreibt bereits 1984 *Bommert*: „Für die BGB-Gesellschaft stellt sich die Situation schon im Außenverhältnis anders dar, weil es eine dem § 128 HGB entsprechende Haftungsnorm für diese Gesellschaftsform nicht gibt. Die Haftung des BGB-Gesellschafters ist vielmehr auch im Außenverhältnis – über die Einschränkung der Vertretungsmacht des handelnden Gesellschafters

---

[1]) BGH NJW 1981, 749; BGHZ 98, 48, 56 = NJW 1986, 2431; Bengel/Reimann/Klumpp 3. Kap. Rz 86; MüKo/Brandner § 2205 BGB Rz 49; oben Rz 335 ff.

[2]) RGZ 171, 328; BGH DB 1981, 366 = WM 1981, 140, 141; RPfleger 1985, 240 = GmbH-Rdsch. 1985, 193; BayObLGZ 1984, 225/230; 1986, 34/40; Soergel/Damrau, § 2205 BGB Rz 34; ausführlich dazu Weidlich, S. 121 ff..

[3]) LG Hamburg, RPfleger 1979, 26; Haegele, RPfleger 1977, 50; siehe oben Rz 276.

[4]) BGHZ 74, 240, 242 = BB 1979, 999, 1000.

[5]) BGH ZIP 1990, 610, 613.

[6]) Siehe oben Rz 346 f.

[7]) So zutreffend Hehemann BB 1995, 1301, 1307.

[8]) BGH NJW 1996, 1284 = RPfleger 1996, 289 = GmbH-Rdsch. 1996, 362 = ZEV 1996, 110 mit Anm. Lorz = FGPrax 1996, 110 = MittBayNot 1996, 118 mit Anm. Weidlich; dazu auch oben Rz 373a.

gem. § 714 BGB (Palandt/Thomas, § 714 BGB Anm. 3c) – beschränkbar. Von daher ist ein Ausschluß der TVg auch hier nicht aus § 2206 BGB zu begründen." [1]) Neuerdings hält *Stimpel* [2]) eine TVg an minderkaufmännischen BGB-Erwerbsgesellschaften und damit an der großen Masse der Gesellschaften bürgerlichen Rechts für zulässig, äußert aber Zweifel bei Gesellschaften, die einen kaufmännisch eingerichteten Geschäftsbetrieb (§§ 2, 3 HGB) haben müssen, weil hier grundsätzlich eine unbeschränkte Gesellschafterhaftung befürwortet werde.

6. Testamentsvollstreckung bei einer stillen Gesellschaft

Da die stille Gesellschaft, auch die atypische stille Gesellschaft, nur schuldrechtliche Beziehungen begründet, ist eine Testamentsvollstreckung uneingeschränkt zulässig.[3])

a) Tod des Geschäftsinhabers

Mit dem Tode des Geschäftsinhabers endet die stille Gesellschaft (§ 727 Abs. 1 BGB). Die Auflösung tritt auch ein, wenn die Erben des Inhabers das Handelsgeschäft fortführen. Hat der Erblasser TVg angeordnet, so sind dafür diejenigen Regeln maßgebend, die allgemein für die TVg bei Vorhandensein eines Handelsgeschäfts gelten (Rz 300 ff.). Im Gesellschaftsvertrag kann festgelegt sein, daß der Tod des Geschäftsinhabers nicht zur Auflösung der stillen Gesellschaft führt, diese vielmehr mit dessen Erben fortgesetzt wird. Die Erben bilden eine Erbengemeinschaft. Sie können diese in eine Personengesellschaft umwandeln. **389**

Ein TV kann weder das Handelsgeschäft des Erblassers in eine Kapitalgesellschaft noch die am Handelsgeschäft entstandenen Mitgliedschaftsrechte in stille Beteiligungen umwandeln. Dazu sind nur die Erben selbst befugt. **390**

b) Tod des stillen Gesellschafters

Nach § 234 Abs. 2 HGB wird die Gesellschaft durch den Tod des stillen Gesellschafters nicht aufgelöst, sondern im Zweifel mit seinen Erben fortgeführt. Die Rechte und Pflichten eines verstorbenen **stillen Gesellschafters** kann cin TV wahrnehmen, und zwar auch bei einer atypischen stillen Gesellschaft. Das Eintrittsrecht eines Miterben, den der Erblasser nach Maßgabe des Gesellschaftsvertrages zu seinem Rechtsnachfolger als stillen Gesellschafter bestimmt hat, wird durch eine TVg nicht berührt.[4]) **391**

---

[1]) Bommert, BB 1984, 178, 183.

[2]) Festschrift für Brandner 1996, S. 779.

[3]) BGH WM 1962, 1084.

[4]) BGH, WM 1962, 1084; Paulick, Handbuch der stillen Gesellschaft, 2. Aufl., § 16 II 8, 9. Siehe zur Rechtslage bei der stillen Gesellschaft auch Soergel/Damrau, § 2205 BGB Rz 35.

7. Testamentsvollstreckung bei einer Kapitalgesellschaft

392 Ist der Erblasser an einer Kapitalgesellschaft beteiligt, gleich welcher Art, also insbesondere an einer GmbH oder AG, so nimmt sein TV die Rechte der Erben an ihr **kraft eigenen Rechts** wahr. Im folgenden soll die TVg am Geschäftsanteil der GmbH eingehender behandelt werden, da die Probleme bei den anderen Formen der Kapitalgesellschaft parallel gelagert sind.

a) Beteiligung des Erblassers an einer GmbH

aa) Allgemeines

393 Nach der ausdrücklichen Vorschrift des § 15 Abs. 1 GmbHG sind Geschäftsanteile **vererblich.**[1] Davon kann die Satzung nicht abweichen.[2] Mehreren Miterben steht der Geschäftsanteil in gesamthänderischer **Erbengemeinschaft** zu (§ 18 GmbHG). Eine Sondererbfolge wie bei Personengesellschaften findet beim GmbH-Anteil nicht statt. Der TV nimmt die Rechte der Erben an der GmbH kraft eigenen Rechts wahr. Im Rahmen seiner Verwaltung übt er die aus dem Anteil fließenden Vermögens- und Verwaltungsrechte aus,[3] so daß der Erbe insoweit ausgeschlossen ist.[4] Die Verwaltung der Beteiligung bezieht sich grundsätzlich auf die **Vornahme aller Rechtshandlungen,** die die Gesellschaftereigenschaft der Erben mit sich bringt. Insbesondere kann der TV die jedem Gesellschafter zustehenden Verwaltungs- und Vermögensrechte kraft eigenen Rechts für die Erben des verstorbenen Gesellschafter-Erblassers ausüben.[5] Er nimmt also an den **Gesellschafterversammlungen** teil und übt dort das **Stimmrecht** aus. Gewinnausschüttungen, die Auskehrung eines etwaigen Liquidationserlöses, die Informationsrechte etc. stehen ihm zu. Ebenso kann er eine – in der Satzung etwa zugelassene – Kündigung der Mitgliedschaft aus-

---

[1] Auf § 15 Abs. 1 GmbHG nimmt BGH NJW 1959, 1820 zur Begründung der TVg am GmbH-Anteil ausdrücklich Berlin.

[2] Scholz/Winter, § 15 GmbHG Rz 12.

[3] H. L.; BGH NJW 1959, 1820/1821; Baumbach/Hueck, § 1 GmbHG Rz 44; § 15 GmbHG Rz 16.

[4] Scholz/Winter, § 15 GmbHG Rz 156; Vogel, GmbH-Rdsch. 1971, 132/137.

[5] Baumbach/Hueck, § 15 GmbHG Rz 16; § 48 GmbHG Rz 4; Palandt/Edenhofer, § 2205 BGB Rz 24; Priester, Festschrift für Stimpel, 1985, S. 463; Schneider/Martin, 465 mit weiteren Nachweisen; Soergel/Damrau, § 2205 BGB Rz 38 mit Einzelheiten; Staudinger/Reimann, § 2205 BGB Rz 88; Sudhoff, GmbH, S. 358; Vogel, GmbHG, 2. Aufl., Anm. 2 zu § 18. Siehe zur Zulässigkeit einer TVg bei einer GmbH ferner Barella, GmbH-Rdsch. 1959, 47; v. Burchard, GmbH-Rdsch. 1954, 150; Däubler, Die Vererbung der Geschäftsanteile bei der GmbH, 1965, S. 42; Haegele, GmbH-Rdsch. 1972, 219, 223; Wiedemann, S. 338, mit weiteren Nachweisen, insbesondere auch BGH, BB 1959, 794 = DB 1959, 911 = MDR 1959, 921 = NJW 1959, 1820. Nach LG Köln (RheinNotK 1966, 127) läßt sich die Stellung des durch TVg an jeglicher Verfügung gehinderten Alleinerben und Alleingesellschafters einer GmbH nicht mit der des Gesellschafters ohne Stimmrecht vergleichen. Die TVg macht den Alleingesellschafter nicht zu einem Gesellschafter ohne Stimme, sondern sie setzt den TV an die Stelle des Gesellschafters.

sprechen.[1]) Gleiches gilt für etwa aus dem Anteil fließende Sonderrechte; **ausgenommen** sind **höchstpersönliche Gesellschafterrechte,** wie etwa ein dem Gesellschafter-Erben statutarisch eingeräumtes Geschäftsführungsrecht.[2]) Der TV darf über seine Bestellung und Anstellung als Geschäftsführer einer GmbH nur mitentscheiden, wenn der Erblasser oder der Erbe dies gestattet hat, da hier der Rechtsgedanke der § 181 BGB, § 47 Abs. 4 Satz 2 GmbHG entsprechend anzuwenden ist.[3])

Der TV ist auch zur **Veräußerung** des Geschäftsanteils befugt. Hat der Erblasser die Abtretung eines Geschäftsanteils angeordnet, so hat sie der TV vorzunehmen, einschließlich der eventuell zur Teilung des Geschäftsanteils erforderlichen Handlungen. Ist dem TV die Bestimmung des Nachfolgers in der GmbH aus dem Kreis der Erben übertragen,[4]) so muß der Geschäftsanteil an den vom TV Ausgewählten abgetreten werden. Wenn sich mehrere Erben über den Geschäftsanteil an der GmbH **auseinandergesetzt** haben, besteht die TVg auch hier am Geschäftsanteil weiter.[5]) **394**

Ein TV kann auch lediglich zu dem Zweck ernannt werden, das **Stimmrecht** aus einem Geschäftsanteil unter Ausschluß des Erben dauernd auszuüben.[6]) Diese Möglichkeit ist als minus in der Anordnung der TVg für alle Verwaltungs- und Vermögensrechte enthalten. Bei den Kapitalgesellschaften ist die Stimmrechtsausübung nicht auf den Kreis der Mitglieder beschränkt (vgl. § 47 Abs. 3 GmbHG).[7]) **395**

Rechtshandlungen, die eine GmbH gegenüber dem Inhaber eines Geschäftsanteils vorzunehmen hat, sind bei Vorhandensein eines TV dem TV **gegenüber** vorzunehmen (§ 18 Abs. 3 GmbHG).[8]) **396**

---

[1]) Baumbach/Hueck, § 15 GmbHG Rz 16; Priester, a.a.O. S. 473; Wiedemann, S. 322 für die KG; einschränkend wohl, Ulmer, ZHR 146 (1982), 555/568; nur mit Zustimmung des Erben.

[2]) Scholz/Winter, § 15 GmbHG Rz 156; a. A. Bengel/Reimann/Mayer, 5. Kap. Rz 228.

[3]) BGHZ 51, 209 = NJW 1969, 841 = DNotZ 1969, 381 = BB 1969, 329 = DB 1969, 299 = WM 1969, 176; Bengel/Reimann/Mayer, 5. Kap. Rz 241; Johannsen, WM 1969, 1405; Reithmann, BB 1984, 1394/1398.

[4]) Siehe unten Rz 412.

[5]) OLG Hamm BB 1956, 511.

[6]) OLG Hamm BB 1956, 511; Haegele, RPfleger 1969, 186/189; Palandt/Edenhofer, § 2205 BGB Rz 24; Wiedemann, a.a.O. S. 338; a.A. Priester, a.a.O. S. 468; Scholz/Winter, § 15 GmbHG Rz 156; Vogel, GmbH-Rdsch. 1971, 132/137.

[7]) Während die Stimmrechtsausübung bei den Kapitalgesellschaften nicht auf den Kreis der Mitglieder beschränkt ist (§ 47 Abs. 3 GmbHG, siehe unten Rz 398), muß sie bei Personengesellschaften ausdrücklich zugelassen sein (vgl. Priester, a.a.O. S. 469): Für die Kommanditbeteiligung hat BGH BB 1953, 926 = JR 1954, 59 daher die bloße Stimmrechtsausübung durch einen TV für unzulässig erklärt.

[8]) Priester, a.a.O. S. 472/473; Scholz/Winter, § 15 GmbHG Rz 156; § 18 GmbHG Rz 27; zu Stimmrecht und Stimmrechtsausschluß eingehend Groß GmbH-Rdsch. 1994, 596.

bb) Überwachung der Geschäftsführung

397 Der TV muß, wenn Anteile an einer GmbH zum Nachlaß gehören, Möglichkeiten, die das Gesetz und der Gesellschaftsvertrag **zur Überwachung der Geschäftsführung** der Gesellschaft bieten, gewissenhaft wahrnehmen und einem zum Ausdruck gekommenen Willen des Erblassers nach einer besonderen Ausgestaltung der Kontrolltätigkeit Rechnung tragen. Unter besonderen Umständen kann er verpflichtet sein, an Hand der Bankauszüge oder des Hauptjournals unter Heranziehung der Belege und Unterlagen die Geschäftsführung zu überprüfen.[1] Ein Recht zur Entscheidung in laufenden Geschäftsangelegenheiten steht ihm jedoch nicht zu.[2]

cc) Einschränkungen der Befugnisse des TV

(1) Höchstpersönliche Rechtsausübung

398 Die GmbH ist häufig als sogenannte **personalistische GmbH** strukturiert, d. h. einer Personengesellschaft angenähert.[3] Dies geschieht nicht selten auch dadurch, daß der Gesellschaftsvertrag die – an sich freie – Übertragung der Geschäftsanteile an besondere Voraussetzungen knüpft (§ 15 Abs. 5 GmbHG), insbesondere von der Genehmigung der Gesellschaft und/oder der Gesellschafter abhängig macht. Auch hierin kommt eine besondere Bindung an die einzelne Person des Gesellschafters zum Ausdruck.[4] Es fragt sich daher, ob in solchen Fällen der Annäherung an die Personengesellschaft wie bei dieser die TVg von der Zustimmung der übrigen Gesellschafter abhängig ist. Hier zeigt sich jedoch ein entscheidender **Unterschied zwischen Personen- und Kapitalgesellschaften:** Während die **Stimmrechtsausübung** durch Dritte bei der Personengesellschaft ausdrücklich zugelassen sein muß, gilt bei Kapitalgesellschaften der umgekehrte Grundsatz; die Stimmrechtsvollmacht ist nicht auf den Kreis der Mitgesellschafter beschränkt (§ 47 Abs. 3 GmbHG, § 134 Abs. 3 AktG) und kann auch einem Gesellschaftsfremden erteilt werden, ohne daß die übrigen Gesellschafter dagegen einschreiten können.[5] Sowohl bei der personalistischen GmbH als auch beim vinkulierten Geschäftsanteil gilt das Prinzip, daß der GmbH-Gesellschafter seine Rechte **nicht persönlich** ausüben muß.

399 Etwas anderes gilt freilich dann, wenn die GmbH-Satzung eine höchstpersönliche Ausübung der Mitverwaltungsrechte, insbesondere des Stimmrechts, vorsieht. Hier wollen die Gesellschafter eine Fremdmitwirkung bewußt ausschließen und brauchen sich die Ausübung der Verwaltungsrechte durch den TV

---

[1] BGH NJW 1959, 1820 = BB 1959, 794 = DB 1959, 911 = GmbH-Rdsch. 1959, 256 = MDR 1959, 921.

[2] BGH LM Nr. 3, 4 zu § 2205 BGB.

[3] Ausführlich dazu Winkler, Die Lückenausfüllung des GmbH-Rechts durch das Recht der Personengesellschaften, 1967.

[4] Winkler, a.a.O. S. 55.

[5] Fischer, § 119 HGB Rz 27; Scholz/Schmidt, § 47 GmbHG Rz 72; Priester, a.a.O. S. 469; zu Stimmrecht und Stimmrechtsausschluß ausführlich Groß GmbH-Rdsch. 1994, 596.

nicht aufdrängen zu lassen.[1]) Es liegt hier nicht anders als bei der Personengesellschaft, bei der dies von vornherein auf Grund ihrer personenbezogenen Struktur angenommen wird.[2]) Das gleiche gilt für den – in der Praxis häufigeren – Fall, daß die Satzung die **Vertretung** eines Gesellschafters auf bestimmte Personen, etwa Mitgesellschafter, Ehegatten oder zur Berufsverschwiegenheit verpflichtete Personen **beschränkt,** es sei denn, der TV gehört dem zugelassenen Personenkreis an.[3]) Auch hier erscheint es wie in der Personengesellschaft als für die übrigen Gesellschafter nicht zumutbar, entgegen der Satzung in der Gesellschafterversammlung mit einer **fremden Person** konfrontiert zu werden. Das Regel-Ausnahme-Verhältnis ist also genau umgekehrt: Während bei der Personengesellschaft eine TVg überhaupt nur in Frage kommt, wenn der Gesellschaftsvertrag oder die Gesellschafter den TV zulassen, ist bei der Kapitalgesellschaft die Mitwirkung des TV nur dann unzulässig, wenn sich dies ausdrücklich aus der Satzung ergibt.

Frag ich ist, ob in diesem Fall die Verwaltungsrechte während der Dauer der **400** TVg ruhen oder ob sie vom **Erben** ausgeübt werden können. Man wird letzteres annehmen müssen, da die Rechtsstellung des Erben in Bezug auf die Nachlaßgegenstände nur insoweit eingeschränkt ist, als die Befugnis des TV reicht.[4]) Ähnlich wie bei der Personengesellschaft gilt dies jedoch nur für die sog. Innenseite, also die innengesellschaftlichen Beziehungen. Die Zuordnung des Geschäftsanteils nach außen beruht allein auf Erbrecht, so daß gesellschaftsrechtliche Einschränkungen hierauf keinen Einfluß haben. Das Verfügungsrecht über den Geschäftsanteil sowie die sich daraus ergebenden vermögensrechtlichen Ansprüche, etwa das Gewinnbezugsrecht oder einen Abfindungsanspruch, liegt in der Zuständigkeit des TV.[5])

(2) Unentgeltliche Verfügungen

Der TV ist nach § 2205 Satz 3 BGB zu unentgeltlichen Verfügungen nicht **401** berechtigt.[6]) Das ist nicht nur dann der Fall, wenn eine Handlung des TV unentgeltlich, sondern auch dann, wenn sie gegen ein **nicht vollwertiges Entgelt** geschieht. Zu denken ist hier etwa an Beschlußfassungen oder Rechtshandlungen, aufgrund deren ein nicht dem vollen Wert des Geschäftsanteils entsprechendes Abfindungsentgelt bezahlt wird. Treffen die Folgen eines

---

[1])   Baumbach/Hueck, § 1 GmbHG Rz 44; § 15 Rz 16; Däubler, a.a.O. S. 42; Haegele, RPfleger 1969, 186/189; Petzoldt, GmbH-Rdsch. 1977, 25/28; Priester, a.a.O. S. 471; Scholz/Winter, § 15 GmbHG Rz 156.

[2])   Siehe oben Rz 346 ff.

[3])   Priester, a.a.O. S. 471.

[4])   BGHZ 51, 209, 217 = NJW 1969, 841 = DNotZ 1969, 381 = BB 1969, 329 = DB 1969, 299 = WM 1969, 176.

[5])   Siehe oben Rz 336, 344, 372, zustimmend Bengel/Reimann/Mayer, 5. Kap. Rz 238; im Ergebnis ebenso Priester, a.a.O. S. 371, 372; Scholz/Winter, § 15 GmbHG Rz 156, der an eine Beschränkung der TVg auf die Vermögensansprüche im Weg der Auslegung denkt.

[6])   Ausführlich dazu oben Rz 197 ff.

Beschlusses alle Gesellschafter gleichmäßig, so handelt es sich in der Regel nicht um eine unentgeltliche Verfügung, da die eigene Rechtseinschränkung durch die entsprechende bei den Mitgesellschaftern ausgeglichen sein wird.[1]) Trifft der Rechtsnachteil jedoch allein den der TVg unterliegenden Erben, so würde der TV durch seine Handlung, etwa die Kündigung des Gesellschaftsverhältnisses oder Zustimmung zu einem Beschluß, etwa der Einziehung des Geschäftsanteils, gegen das **Verbot des § 2205 Satz 3 BGB** verstoßen, wenn die Satzung in solchen Fällen nur ein unter dem vollen Wert liegendes Abfindungsentgelt vorsieht.[2]) Der TV stünde damit vor kaum lösbaren praktischen Problemen. Man wird analog den Rechtsgrundsätzen, die die Rechtsprechung bei Verfügungen des Vorerben aufgestellt hat, davon ausgehen dürfen, daß neben dem objektiven Kriterium des vollen Gegenwertes auch das subjektive Kriterium berücksichtigt wird, ob der TV das Entgelt unter dem Gesichtspunkt ordnungsgemäßer Nachlaßverwaltung **als vollwertige Entschädigung ansehen darf;** trifft das zu, so fehlt es an der Unentgeltlichkeit.[3]) Verfügt der TV im Rahmen einer Satzungsänderung nach dem eben Gesagten unentgeltlich über den GmbH-Anteil, so ist seine Stimme unwirksam, solange nicht der **Erbe zustimmt.**[4]) Ein Satzungsänderungsbeschluß selbst ist damit allerdings nicht nichtig, sondern nur **anfechtbar.**[5])

(3) Begründung persönlicher Haftung des Erben

402 Wie bereits oben ausgeführt, kann der TV nur den Nachlaß, nicht die Erben persönlich verpflichten; er kann Verbindlichkeiten nur „für den Nachlaß" eingehen.[6]) Im Hinblick auf die TVg am GmbH-Anteil wird diese mangelnde Befugnis, den Erben persönlich zu verpflichten, vor allem in zwei Fällen bedeutsam, nämlich der Mitwirkung bei einer Kapitalerhöhung und der Begründung neuer Nebenleistungspflichten.

Der TV darf an einer **Kapitalerhöhung** nur mitwirken, wenn die übernommenen Verpflichtungen aus Mitteln erfüllt werden können, die der TVg unterliegen.[7]) Dies ist einmal der Fall, wenn die Kapitalerhöhung **aus Gesellschaftsmitteln** erfolgt, da sich weder Einzahlungspflichten noch Haftungsgefahren für den Erben ergeben; nach § 8 Abs. 2 KapErhG gelten die neuen Anteile als voll

---

[1]) BGHZ 78, 177/186; Großfeld, JZ 1981, 769/775; Priester, a.a.O. S. 475/476.

[2]) BGH DB 1984, 181 zur Kündigung des Gesellschaftsverhältnisses; BGHZ 78, 177/183 zur Änderung des Gesellschaftsvertrags, jeweils zu Handlungen des Vorerben; ausführlich Priester, a.a.O. S. 474, 476.

[3]) BGHZ 7, 274/278; 78, 177/183.

[4]) Mit Zustimmung des Erben kann der TV unentgeltlich verfügen (BGHZ 57, 84 = NJW 1971, 2264 = DNotZ 1972, 90 = RPfleger 1972, 49 = WM 1971, 1393); siehe oben Rz 199.

[5]) Lutter, ZGR 1982, 108/119.

[6]) Siehe oben Rz 334.

[7]) Baumbach/Hueck, § 1 GmbHG Rz 47; Reithmann, BB 1984, 1394/1396.

eingezahlt.[1]) Erfolgt die Kapitalerhöhung **gegen Einlagen,** so ist der TV zur Zustimmung zum Kapitalerhöhungsbeschluß und zur Abgabe der Übernahmeerklärung nur berechtigt, wenn die Einlage **sofort fällig** und ihre Aufbringung **aus Nachlaßmitteln** möglich ist.[2]) Reicht der Nachlaß dagegen für die Einlageleistungen nicht aus, so hindert ihn das Verbot einer persönlichen Erbenverpflichtung an der Abgabe der Übernahmeerklärung. Ist die Einlage nicht sofort fällig, darf er sich am Erhöhungsbeschluß nicht beteiligen, weil sonst durch die **kollektive Ausfallhaftung** des § 24 GmbHG wiederum eine potentielle Eigenhaftung des Erben entstünde.

Der TV kann auch dann nicht mit Wirkung für den Nachlaß an einem **403** Beschluß mitwirken, wenn dem Erben-Gesellschafter im Vertrag **persönliche Verpflichtungen** auferlegt werden sollen (§ 3 Abs. 2 GmbHG) oder Zahlungsverpflichtungen, die nicht aus dem Nachlaß beglichen werden können. Der TV darf nur dann mitwirken, wenn die Erfüllung der Nebenleistungspflichten **aus dem Nachlaß** gesichert ist.[3]) Als Beispiele sind zu nennen etwa die Zahlung eines einmaligen Zuschusses, für den Nachlaßmittel bereitstehen, oder die Wiedereinlagepflicht hinsichtlich ausgeschütteter Gewinne im Rahmen des Ausschüttungsrückholverfahrens, da hier die Erfüllbarkeit aus der Natur der Sache heraus unproblematisch ist.[4]) Streitig ist, ob bei Entstehen einer persönlichen Verpflichtung TV und Erbe gemeinsam handeln müssen[5]) oder ob allein dem **Erben** die Entscheidungsbefugnis zusteht; der letzteren Ansicht ist zuzustimmen, da die Verpflichtung seines Eigenvermögens allein Sache des Erben ist.[6])

(4) Eingriff in die Mitgliedschaft

Dem TV sind aber auch außerhalb von § 2205 Satz 3 BGB insoweit Grenzen **404** gesetzt, als sein Handeln zu Eingriffen in **mitgliedschaftliche Kernrechte** des Erben führen würde.[7]) Wie bereits oben ausgeführt, entspricht es einem gefestigten gesellschaftsrechtlichen Grundsatz, daß Eingriffe in den Kernbereich der Mitgliedschaft nur mit Billigung des betreffenden Gesellschafters vorgenommen werden dürfen.[8]) Dieser Kernbereich der Mitgliedschaft beschränkt das Anwendungsfeld auch von Mehrheitsbeschlüssen und setzt auch der

---

[1]) Priester, a.a.O. S. 477, 478.

[2]) Priester, a.a.O. S. 478; Scholz/Priester, § 55 GmbHG Rz 27; Ulmer, ZHR 146 (1982), 555/566 für die Kapitalaufstockung bei der KG.

[3]) Priester, a.a.O. S. 479; Scholz/Winter, § 15 GmbHG Rz 156.

[4]) Priester, a.a.O. S. 479; Scholz/Emmerich, § 29 GmbHG Rz 94.

[5]) v. Burchard, GmbH-Rdsch. 1954, 150/152.

[6]) Däubler, a.a.O. S. 41; Priester, a.a.O. S. 480.

[7]) Priester, a.a.O. S. 481.

[8]) Priester, a.a.O. S. 482; siehe oben Rz 372 ff.

Rechtsmacht des TV Grenzen.[1]) Es handelt sich hierbei um Rechte, deren Einschränkungen auch nicht mit einer satzungsändernden Dreiviertel-Mehrheit der abgegebenen Stimmen beschlossen werden können (vgl. § 53 Abs. 2 Satz 1 GmbHG), sondern zu deren Einschränkung die **Zustimmung der betroffenen Gesellschafter** erforderlich ist. Es seien hier erwähnt Eingriffe in mitgliedschaftliche Sonderrechte oder unentziehbare Mitgliedschaftsrechte, die Einführung neuer Leistungspflichten oder Abweichungen vom Gleichbehandlungsgrundsatz.[2]) § 53 Abs. 3 GmbHG nennt in diesem Zusammenhang die Vermehrung der den Gesellschaftern nach dem Gesellschaftsvertrag obliegenden Leistungen. Rechtsprechung und Schrifttum sind weitgehend einig darüber, daß Gesellschafterbeschlüsse, die zu ihrer Wirksamkeit einer Zustimmung des betroffenen Gesellschafters bedürfen, den Machtbereich des TV überschreiten.[3]) Eine **Ausnahme** gilt nach den oben gemachten Ausführungen dann, wenn die Erfüllung der zusätzlichen Leistungen aus **Nachlaßmitteln** sichergestellt ist, da hier der Erbe persönlich nicht berührt wird.[4])

Soweit das Gesetz keine besondere Gesellschafterzustimmung vorschreibt, ist die Vornahme von **Satzungsänderungen** und sonstigen Handlungen allein Sache des TV. Ein Beispiel dafür bildet die unten Rz 409 erwähnte Umwandlung der GmbH in eine Aktiengesellschaft.

Anders als im Fall der Verpflichtung des Erben mit seinem Eigenvermögen erscheint bei Eingriffen in die Mitgliedschaft die **gemeinsame Zuständigkeit** als vernünftige Lösung: Der TV übt das Stimmrecht bei der Beschlußfassung aus, über die zusätzlich erforderliche Zustimmung entscheidet der Erbe.[5]) Einigen sich beide nicht, so kommt eine Änderung des Gesellschaftsvertrags nicht wirksam zustande.

b) Gründung einer GmbH durch TV

405 Die Frage, ob der TV mit Mitteln des Nachlasses eine GmbH gründen kann, wird teils verneint, teils bejaht. Die verneinende Meinung [6]) wird insbesondere damit begründet, daß eine solche Rechtshandlung außerhalb des Rahmens der Verwaltung des Nachlasses durch den TV liegt und es sich bei Gesellschaftsrechten in der Regel um höchstpersönliche Rechte der Erben handelt, außerdem der TV die Erben (über den Nachlaß hinaus) persönlich nicht verpflichten kann.

---

[1]) Priester, a.a.O. S. 482.

[2]) Priester, a.a.O. S. 483; Scholz/Priester, § 53 GmbHG Rz 36.

[3]) Ebenso Wiedemann, S. 338.

[4]) Siehe oben Rz 402.

[5]) Priester, a.a.O. S. 484.

[6]) KG, RJA 8, 127; 16, 102; Bondi, ZBlHR 1926, 318; Brodmann, Anm. 4 zu § 2 GmbHG; Scholz/Winter, § 2 GmbHG Rz 11; Soergel/Damrau, § 2205 BGB Rz 39 mit weiteren Nachw.; Baumbach/Hueck, § 1 GmbHG Rz 46 verlangt wegen des Prinzips des Grundsatzes der Aufbringung und Erhaltung des Stammkapitals zusätzlich eine Erklärung des Erben betr. seine Einlagenhaftung.

Die Möglichkeit des Abschlusses eines GmbH-Vertrags durch den TV wird **406** verschieden begründet. Die wohl zutreffende Ansicht ist folgende: [1]) Der TV kann einen GmbH-Gesellschaftsvertrag nicht mit Wirkung für den Nachlaß abschließen, wenn durch diesen, wie oben Rz 334, 335, 345 ausgeführt, Verbindlichkeiten begründet werden, die ihrem Inhalt nach mit der Beschränkung der Haftung auf den Nachlaß nicht vereinbar sind. Der TV kann nur den Nachlaß, nicht die Erben persönlich verpflichten. Er kann daher nicht mit Wirkung für den Nachlaß bei der Errichtung einer GmbH mitwirken, wenn den Gesellschaftern im Vertrag persönliche Verpflichtungen auferlegt werden sollen (§ 3 Abs. 2 GmbHG) oder wenn eine Ausfallhaftung der Gesellschafter nach § 24 GmbHG in Frage kommt.[2]) Nur wenn solche weitergehenden Verpflichtungen der Gesellschafter von vornherein auszuschließen sind, z. B. weil die Stammeinlagen von allen Gesellschaftern bereits vor Gründung voll einbezahlt sind, kann der TV einen Gesellschaftsvertrag abschließen. Der TV kann aus Mitteln des Nachlasses Geschäftsanteile an einer bestehenden GmbH [3]) – auch im Weg der Kapitalerhöhung – erwerben, er muß auch als berechtigt angesehen werden, durch Beteiligung an einer Neugründung Geschäftsanteile zu erwerben, immer vorausgesetzt, daß die übernommenen Verpflichtungen aus Mitteln, die der Testamentsvollstreckung unterliegen, erfüllt werden können bzw. die Gefahr einer Ausfallhaftung gemäß § 24 GmbHG wegen Volleinzahlung nicht (mehr) besteht.[4])

Darüber hinaus wird man gestatten müssen, daß der TV in eigenem Namen **407** unter eigener persönlicher Haftung, aber auf Rechnung der Erben als deren Treuhänder, bei der Errichtung einer GmbH mitwirkt, insbesondere dann, wenn ihn der Erblasser letztwillig beauftragt hat, sein **Geschäft in eine GmbH umzuwandeln** oder sich sonst an der Errichtung einer GmbH zu beteiligen.

---

[1]) Nach Sommer, DNotZ 1936, 937, ist dabei Voraussetzung, daß der TV im eigenen Namen, aber als Treuhänder der Erben handelt, so daß für die Erben keine unbeschränkte Haftung entsteht, und daß ein GmbH-Vertrag zur ordnungsgemäßen Verwaltung des Nachlasses erforderlich ist. Hachenburg/Schilling, Anm. 10 zu § 2 GmbHG, bejahen die Frage mit der Begründung, die Erben könnten in einem solchen Fall auch die Haftung nach § 24 trotz § 25 GmbHG auf den Nachlaß beschränken. BGH, WM 1958, 1199 geht, ohne näher auf die Probleme einzugehen, davon aus, daß der TV den Gesellschaftsvertrag einer GmbH für den Nachlaß an sich rechtlich abschließen kann. Siehe auch die Nachweise bei Wiedemann, S. 338.

[2]) BayObLGZ 1976, 67, 86 = NJW 1976, 1692 = RPfleger 1976, 438; 1991, 127, 135; Fischer, JZ 1954, 427; Sommer, DNotZ 1936, 937; Staudinger/Reimann, § 2205 BGB Rz 88, siehe oben Rz 402.

[3]) Dies gilt auch, wenn der Geschäftsanteil auf den Erben als Treugeber zurückübertragen wird, dies mit Mitteln des Nachlasses bewirkt wird und zusätzliche Pflichten für den Treugeber nicht begründet werden (BayObLGZ 1991, 127 = DB 1991, 1270 = NJW-RR 1991, 1252).

[4]) Reithmann, BB 1984, 1394/1396.

Das Rechtsgeschäft des TV beruht in diesem Falle auf einer vom Erblasser selbst getroffenen Anordnung.[1])

408   Keine Probleme wirft die Gründung einer GmbH zur **Fortführung** eines zum Nachlaß gehörenden Einzelunternehmens auf, wenn der das Geschäft im eigenen Namen fortführende TV als Inhaber im Handelsregister eingetragen ist, weil er dann wie jeder Alleininhaber einer Firma das Unternehmen im Weg der Sacheinlage in die GmbH einbringen kann. Er erwirbt dann die Geschäftsanteile, die er nach Beendigung seines Amtes an den oder die Erben abtritt.[2])

c) Umwandlung einer GmbH in eine AG [3])

409   Zur Frage der Zulässigkeit der Umwandlung einer GmbH in eine AG durch den TV hat das **BayObLG** am 29. 3. 1976 [4]) wie folgt erkannt: „Der TV, dem vom Erblasser auch die Ausführung von Stimmrechten übertragen ist, kann jedenfalls dann die Umwandlung einer GmbH in eine AG herbeiführen, wenn dadurch weitergehende Verpflichtungen als sie für die Erben vorher bestanden haben, nicht begründet werden." Im einzelnen hat das BayObLG folgendes ausgeführt:

> *Gehören zum Nachlaß Geschäftsanteile einer GmbH, so erfolgt die Verwaltung dieser Anteile durch den TV in der Weise, daß er vollständig an die Stelle des Erben tritt; dabei umfaßt die Verwaltung alle Rechtshandlungen, die die Gesellschaftereigenschaft des Erben mit sich bringt, einschließlich der Ausübung des Stimmrechts (Staudinger, BGB, Rdn 70, RGR, BGB, Rdn 9, Erman, BGB, Rdn 16 – für den Fall einer entsprechenden Anordnung im Testament wie hier –, je zu § 2205 und je mit weit. Nachw.; Scholz, GmbH-Gesetz, 4. Aufl., Rdn 13 zu § 47; Haegele Rdn 228 mit weit. Nachw.) und demgemäß auch die Mitwirkung bei Satzungsänderungen (Soergel-Siebert, BGB, 10. Aufl., Rdn 38 zu § 2205 BGB; vgl. BGH NJW 1959, 1820). Die Umwandlung einer GmbH in eine AG ist eine Satzungsänderung (§ 376 AktG; Baumbach-Hueck AktG, 18. Aufl., Übersicht vor § 362 Rdn 9; Rdn 3 zu § 376). Bei einer derartigen „formwechselnden Umwandlung" bleibt das Gesellschaftsvermögen voll erhalten, die AG wird Gesamtrechtsnach-*

---

[1])   Vgl. die entsprechenden Ausführungen über Personengesellschaften Rz 376. Es sei in diesem Zusammenhang auf BGH, BB 1958, 721 = MDR 1958, 670 hingewiesen, wonach ein TV seine Pflicht zur ordnungsmäßigen Verwaltung des Nachlasses verletzt, der ein zum Nachlaß gehörendes Handelsgeschäft zur Beschränkung seiner persönlichen Haftung und ohne die sichere Aussicht auf Steuereinsparungen in eine GmbH umwandelt und hierbei Geschäftsanteile auf seinen Namen erwirbt, und zwar unter Abänderung der alteingeführten Firma und unter Entnahme erheblicher Beträge zur Bestreitung des Gründungsaufwandes aus der Nachlaßmasse. Siehe dazu auch Schneider/Martin, S. 460; Zartmann, RWP 2 BürgR D Erbrecht I 3d unter 3a.

[2])   Schelter, DNotZ 1976, 703.

[3])   Dazu nunmehr §§ 226, 238 ff. UmwG.

[4])   BayObLG, NJW 1976, 1692 = RPfleger 1976, 430; siehe auch Keidel/Schmatz/Stöber, Rz 341, 726 Fußnote 6.

folger der GmbH; die Umwandlung löst die alte Gesellschaft nicht auf und gründet keine neue, vielmehr bleibt die alte Gesellschaft in neuer Rechtsform bestehen (Baumbach-Hueck a.a.O.).

Grundsätzlich werden daher bei einer solchen Umwandlung keine weitergehenden Verpflichtungen der Erben begründet, als sie bereits vorher bestanden. Auf die Begründung neuer Verbindlichkeiten, die ihrem Inhalt nach mit der Beschränkung der Haftung der Erben auf den Nachlaß nicht vereinbar sind, wird aber bei der Streitfrage, inwieweit der TV die Erben bei Gründung einer Kapitalgesellschaft vertreten kann, maßgeblich abgestellt (vgl. zum Meinungsstand Haegele, Rdn 229, 230 f. mit weit. Nachw.; Staudinger, BGB, Rdn 70 unter b zu § 2205 und die Schrifttumsnachweise bei Erman, BGB, Rdn 16 zu § 2205). Der TV kann daher nicht bei der Errichtung einer GmbH mitwirken, wenn den Gesellschaftern im Vertrag persönliche Verpflichtungen auferlegt werden sollen (§ 3 Abs. 2 GmbHG) oder wenn eine erweiterte Haftung der Gesellschafter nach § 24 GmbHG in Frage kommt. Ist dies aber nicht der Fall, so kann der TV auch zur Neugründung einer Kapitalgesellschaft berechtigt sein (Haegele a.a.O. und RPfleger 1973, 203/204 mit weit. Nachw.) mit der Folge, daß eine Verletzung der Verwalterpflichten nach § 2216 Abs. 1 BGB ausscheidet. Erst recht scheidet eine solche Pflichtverletzung bei einer Maßnahme aus, bei der im Wege einer Satzungsänderung durch die kraft ausdrücklicher Anordnung des Erblassers stimmbefugten TV lediglich die Rechtsform einer bereits bestehenden Kapitalgesellschaft geändert wird mit der Folge, daß die alte Gesellschaft in neuer Rechtsform fortbesteht.

Bei der von den TVn getroffenen Maßnahme kann zudem nicht außer Betracht bleiben, daß sich die Frage der Ordnungsmäßigkeit der Verwaltung im Sinn des § 2216 Abs. 1 BGB zwar nach objektiven Gesichtspunkten bestimmt, die Verwaltung aber weitgehend in das Ermessen des TV gestellt ist, der in eigener Verantwortung darüber zu entscheiden hat, ob eine Maßnahme wirtschaftlich geboten und für den verwalteten Nachlaß vorteilhaft ist (BGH WPM 1967, 25/27; BGHZ 25, 275/283; Staudinger, BGB Rdn 4, Soergel-Siebert, BGB Rdn 3, Palandt, BGB Anm. 1, je zu § 2216; Haegele Rdn 101, 102; vgl. auch Heck AcP 141, 335/349).

Daß die TV im Zusammenhang mit der Umwandlung die Grenzen des ihnen eingeräumten Ermessens überschritten und damit gegen ihre Pflicht, den Nachlaß ordnungsgemäß zu verwalten, verstoßen hätten (vgl. BGHZ 25, 275/283 unten, 284 oben), hat das LG mit Recht verneint, insbesondere konnten weder wirtschaftliche Nachteile für den Bestand des Nachlaßvermögens noch eine Erweiterung der persönlichen Verpflichtungen der Erben durch die Umwandlung festgestellt werden. Auch aus der zu den Akten vorgelegten Satzung der AG kann in dieser Richtung nichts entnommen werden.

d) Beteiligung an einer AG

410 Hierfür gelten die Ausführungen zur GmbH entsprechend.[1]) Wegen der strengen persönlichen Haftung der Gründer (§ 46 AktG) verneint die herrschende Meinung das Recht des TV, sich an der Gründung einer AG zu beteiligen.[2]) Der TV, dem vom Erblasser die Verwaltung von GmbH-Geschäftsanteilen übertragen ist, kann allerdings die Umwandlung einer GmbH in eine AG herbeiführen, wenn dadurch weitergehende Verpflichtungen für die Erben nicht begründet werden.[3]).

Ist ein Aktionär mit Aktien beteiligt, von denen ein Teil einer Dauer-TVg unterliegt,[4]) so geht das Verwaltungsrecht des TV unter, wenn die **AG in eine KG umgewandelt** und dieser Aktionär (Erbe) Kommanditist wird. Der TV hat aber in einem solchen Fall einen Anspruch auf Wiederherstellung seines Verwaltungsrechts. Dieser Anspruch ist in der Weise durchsetzbar, daß der Erbe dem TV treuhänderisch den Teil seines Kommanditanteils überträgt, der den Aktien entspricht, die zunächst der TVg unterlagen. Zur Wirksamkeit einer solchen Übertragung ist grundsätzlich die Zustimmung der übrigen Gesellschafter erforderlich.[5])

e) Umwandlung einer GmbH in eine Personengesellschaft

410a Bei der formwechselnden Umwandlung einer GmbH in eine Personengesellschaft wird ein Rechtsträger in einen Rechtsträger anderer Rechtsform umgewandelt (§§ 190, 202 Abs. 1 UmwG); es ändert sich nur die rechtliche Organisationsform des Unternehmensträgers, während das Vermögen beibehalten wird und nicht auf den neuen Rechtsträger übertragen werden muß. Da die Änderung der Rechtsform des Rechtsträgers zu keinem Ausscheiden des Geschäftsanteils aus dem Nachlaß führt, besteht die Verwaltungsbefugnis des TV gemäß § 202 Abs. 1 Nr. 1, Nr. 2 Satz 1 UmwG grundsätzlich weiter; eines Rückgriffs auf das für die TVg entsprechend anwendbare Surrogationsprinzip des § 2041 BGB bedarf es daher nicht.[6]) Wie weit dem TV Rechte an der neuen Gesellschaftsbeteiligung zustehen, erscheint problematisch, wenn man mit der h. L. eine echte TVg am Komplementäranteil bzw. Anteil eines OHG-Gesellschafters ablehnt. Die Wahrnehmung sätmlicher Gesellschafterrechte durch den TV setzt hier voraus, daß der Erbe den TV entweder zur Ausübung der Gesellschafterrechte bevollmächtigt bzw. diese Gesellschafterrechte treuhänderisch überträgt.[7]) Läßt man dagegen die TVg am Anteil unbeschränkt

---

[1]) Siehe oben Rz 392.

[2]) KGJ 33 A 135.

[3]) Oben Rz 409.

[4]) Oben Rz 130.

[5]) BGHZ 24, 106 = BB 1957, 524 = DNotZ 1957, 413 = NJW 1957, 1026.

[6]) Siehe oben Rz 290; Weidlich MittBayNot 1996, 1, 4.

[7]) Siehe oben Rz 349 ff.

haftender Gesellschafter zu,[1]) so umfaßt die TVg auch die Verwaltung der mit dem Gesellschaftsanteil verbundenen Mitgliedschaftsrechte. Für den Kommanditanteil ist eine echte TVg zwischenzeitlich anerkannt, sodaß sich durch die Umwandlung an der Zuständigkeit des TV nichts ändert.[2])

Der Umwandlungsbeschluß der Gesellschafterversammlung bedarf gemäß § 233 Abs. 1 UmwG, wenn die formwechselnde Gesellschaft die Rechtsform einer Gesellschaft des bürgerlichen Rechts oder einer OHG erlangen soll, der Zustimmung aller anwesenden Gesellschafter; ihm müssen auch die nicht erschienenen Anteilsinhaber zustimmen. Soll die formwechselnde Gesellschaft in eine KG umgewandelt werden, so bedarf der Umwandlungsbeschluß einer Mehrheit von mindestens ¾ der bei der Versammlung der GmbH abgegebenen Stimmen; der Gesellschaftsvertrag oder die Satzung kann eine größere Mehrheit und weitere Erfordernisse bestimmen; dem Formwechsel müssen alle Gesellschafter zustimmen, die in der KG die Stellung eines Komplementärs haben sollen. Zu beachten ist, daß der Formwechsel auch durch eine Mehrheitsentscheidung keinem Gesellschafter aufgezwungen werden kann; nach § 207 Abs. 1 Satz 1 UmwG hat der formwechselnde Rechtsträger jedem Anteilsinhaber, der gegen den Umwandlungsbeschluß Widerspruch zur Niederschrift erklärt, den Erwerb seiner umgewandelten Anteile oder Mitgliedschaften gegen eine angemessene Barabfindung anzubieten. Durch den Formwechsel wird in den Kernbereich der Mitgliedschaft eingegriffen.

Eine Besonderheit ergibt sich, worauf *Weidlich* hinweist,[3]) wenn ein GmbH-Anteil von einer Erbengemeinschaft gehalten wird. Da eine Erbengemeinschaft nicht Gesellschafter einer werbenden Personengesellschaft sein kann, kann auch die Umwandlung nicht dazu führen, daß gemäß § 202 Abs. 1 Nr. 2 UmwG die Erbengemeinschaft Inhaber des Gesellschaftsanteils wird: Mitglied der Gesellschaft kann nur jeder einzelne Erbe persönlich werden; dies führt zu einer Aufspaltung des der Erbengemeinschaft zustehenden Kapitalanteils entsprechend den Quoten der Miterben und zu einer Vervielfältigung der Mitgliedschaftsrechte. Die Anmeldung der Umwandlung erfolgt gemäß § 235 Abs. 2 UmwG durch die Geschäftsführer der formwechselnden GmbH. Bei einer OHG bzw. KG haben die vertretungsberechtigten Gesellschafter gemäß § 197 UmwG, §§ 161 Abs. 2, 108 Abs. 2 HGB bei dem für den neuen Rechtsträger zuständigen Gericht die Firma zu zeichnen.[4])

---

[1]) Ausführlich dazu oben Rz 293a.

[2]) Siehe oben Rz 367 ff.

[3]) A.a.O. 1, 4; vgl. auch Dörrie, GmbH-RdSch. 1996, 245, 251.

[4]) Weidlich, a.a.O. 1, 5.

8. Unternehmer-Nachfolge-Benennung durch Testamentsvollstrecker

a) Benennung eines Erben oder eines Vermächtnisnehmers

411 In nicht wenigen Fällen wird ein Erblasser, der an einem Unternehmen beteiligt ist, zur Zeit der Testamentserrichtung noch nicht wissen, **welchem Familienangehörigen** er nach seinem Tode die Führung des Unternehmens, verbunden mit wesentlicher Kapitalbeteiligung daran, anvertrauen will. Die Kinder sind vielleicht noch klein, oft noch in der Schul- oder Berufsausbildung begriffen und ihre Fähigkeiten sind noch nicht zu erkennen. Dem Unternehmer schwebt vor, daß das seiner ganzen **Veranlagung nach geeignetste Kind** später leitend in sein Unternehmen eintreten soll, ohne daß die anderen Kinder als Mitinhaber, wenn auch mit kleinerer Beteiligung, übergangen werden sollen.

412 Dies führt zu der Frage, ob es erbrechtlich zulässig ist, daß der Erblasser die **Bestimmung des Einzelnachfolgers** einem anderen überträgt. Nach § 2065 Abs. 2 BGB kann der Erblasser die Bestimmung der Person, die eine Zuwendung erhalten soll, nicht einem Dritten übertragen. Er kann letztwillig nicht bestimmen, daß der Einzelnachfolger als Erbe von einem anderen auszuwählen sei. Die Rechtsprechung vertritt allerdings den Standpunkt, daß der Erblasser in der letztwilligen Verfügung von der Nominierung des Erben absehen kann, wenn der zu benennende Erbe aus einem **bestimmten eng begrenzten Kreis von Personen** nach sachlichen Gesichtspunkten von einem Dritten ausgewählt werden kann. § 2065 BGB ist nicht verletzt, wenn der Erblasser in seiner letztwilligen Verfügung diejenigen Angaben gemacht hat, „die es jeder mit genügender Sachkunde ausgestatteten Person ermöglichen, den Bedachten aufgrund dieser Angaben zu bezeichnen, ohne daß ihr eigenes Ermessen dabei bestimmend oder mitbestimmend ist".[1] Innerhalb dieser engen Grenzen läßt also die Rechtsprechung die Bestimmung eines Erben durch Dritte anhand genauer Beschreibung zu. Dies ist aber ein zu schwankender Boden für eine zuverlässige letztwillige Anordnung.[2]

413 Abweichend hiervon bestimmt § 2151 Abs. 1 BGB, daß der Erblasser mehrere mit einem Vermächtnis in der Weise bedenken kann, daß der Beschwerte oder ein Dritter zu bestimmen hat, wer von den mehreren das Vermächtnis erhalten soll. Es muß sich um ein Vermächtnis handeln, also die Zuwendung eines oder mehrerer einzelner Vermögensgegenstände, etwa des Unternehmens, und

---

[1]) BGHZ 15, 199, 202 = NJW 1955, 100.

[2]) Dobroschke, Die Unternehmensnachfolge Minderjähriger, DB 1967, 803.

nicht um eine Erbeinsetzung.[1]) Dann kann mehreren minderjährigen Erben oder einer Anzahl von ihnen (z. B. den Söhnen) ein Unternehmen oder eine Beteiligung aus dem Nachlaß derart vermacht werden, daß zu einem bestimmten nach dem Erbfall liegenden Zeitpunkt ein Dritter bestimmen soll, welchem von ihnen das Vermachte aufgrund seiner Eignung zur Führungsnachfolge zufallen soll. Der zur Auswahl des Einzelnachfolgers berufene Dritte hat bei der Auswahl einen Ermessensspielraum in dem Maß, wie es der Erblasser wünscht. Der die Auswahl treffende Dritte kann beispielsweise TV oder ein Gremium von mehreren TVn sein.[2])

> *Beispielsfall:*
>
> *Der Inhaber eines Unternehmens hatte sechs Kinder unter zwölf Jahren, davon drei Buben und drei Mädchen. Das Unternehmen sollte in den Besitz und die Führung eines Jungen übergehen, der nach Volljährigkeit des Jüngsten als Unternehmensnachfolger auszuwählen sein würde.*
>
> *Lösung: Erbeinsetzung aller sechs Kinder zu gleichen Teilen. Für den Fall des Versterbens eines Kindes ohne Hinterlassung ehelicher Abkömmlinge werden diesem die anderen Kinder zu gleichen Teilen zu Nacherben eingesetzt. Das Unternehmen wird den drei Söhnen zum Vermächtnis ausgesetzt mit der Maßgabe, daß nur der nach Volljährigkeit des Jüngsten auszuwählende Unternehmensnachfolger das Unternehmen bekommt. Die Auswahl wird einem Testamentsvollstreckergremium übertragen, das bis zur Auswahl des Unternehmensnachfolgers und Durchführung des Vermächtnisses auch den Nachlaß für die Erben verwaltet.[3])*

b) Art der Bestimmung des Bedachten durch den TV

Die Bestimmung durch den TV muß gegenüber dem Beschwerten erklärt werden (§ 2151 Abs. 2 BGB). Formlose Erklärung (die unwiderruflich ist) reicht aus. **414**

---

[1])   So auch Bunke, MittRhNotK 1962, 545, 546; Rohs, DNotZ 1952, 372; Schäfer, BWNotZ 1962, 203. Wegen Einzelheiten über diese Vorschriften und über den ebenfalls einschlägigen § 2087 BGB siehe Haegele, BWNotZ 1972, 74, ferner Böttcher, StbJb 1957/58, 77, 100; Schneider/Martin, S. 464. Anregungen zu einer derartigen Regelung geben auch Sudhof, Die Regelung der Unternehmensnachfolge bei noch jugendlichen Erben, DB 1966, 649, 650 sowie Menz, DB 1966, 1719. Die Bestimmung des Nachfolgers durch den TV muß in Einklang stehen mit den Vereinbarungen, die im Gesellschaftsvertrag für den Fall des Todes eines Gesellschafters festgelegt sind, darf sich also damit nicht überschneiden. Erforderlichenfalls muß der Gesellschaftsvertrag entsprechend geändert werden (vgl. auch Rz 369).

[2])   Dobroschke, DB 1967, 803; Klunzinger, BB 1970, 1199.

[3])   Dobroschke, DB 1967, 806.

9. Zusammenfassung der Ausführungen über den TV im Handels- und Gesellschaftsrecht

a) Bestehende Gestaltungsmöglichkeiten

415   Faßt man die Ausführungen über die Möglichkeiten der Anordnung von TVg in einem Handelsgeschäft oder in einer Gesellschaftsbeteiligung zusammen, so ergibt sich im großen und ganzen folgendes Bild:

1. Der Erblasser kann nach h. L. durch eine **nur ganz allgemein angeordnete** TVg das vorstehende Ziel nicht erreichen. Eine solche TVg würde das Handelsgeschäft oder die persönlich haftende Beteiligung nicht erfassen.[1]

2. Der Erblasser kann testamentarisch anordnen, daß sein TV berechtigt und verpflichtet sein soll, das Geschäft oder die Beteiligung **in eigener Haftung und Veranwortung, jedoch** als **Treuhänder der Erben,** fortzuführen. In diesem Falle trägt er das Risiko.[2]

3. Der Erblasser kann – an Stelle von Nr. 2 – testamentarisch anordnen, daß der TV das Geschäft oder die Beteiligung **unter dem Namen der Erben** als deren Bevollmächtigter weiterzuführen hat. In diesem Falle belastet die Erben das Risiko.[3]

416   4. Der Erblasser kann – sollte aber grundsätzlich nicht – die Frage, ob der TV von der Möglichkeit nach Nr. 2 oder nach Nr. 3 Gebrauch machen will, der **Entscheidung des TV überlassen.**[4]

417   5. Bei beiden Möglichkeiten bedarf es neben der entsprechenden TVg-Anordnung einer **Auflage an die Erben.**[5] Die Frage, ob in der entsprechenden TVg-Anordnung bereits eine solche Auflage zu erblicken ist, läßt sich nicht mit voller Sicherheit bejahen. Die Auflage wird daher ausdrücklich festzulegen sein.

418   6. Im Falle der Möglichkeit Nr. 2 geht die Auflage dahin, daß die Erben verpflichtet sind, eine **treuhänderische Übertragung** des Geschäfts oder der Beteiligung auf den TV vorzunehmen. Im Falle der Möglichkeit Nr. 3 hat die Auflage dahin zu lauten, daß die Erben verpflichtet sind, dem TV eine entsprechende **Vollmacht zu erteilen** und sich selbst einer der Vollmacht entgegenstehenden Tätigkeit zu enthalten. Zusätzlich wird der Erblasser selbst eine postmortale Vollmacht testamentarisch oder durch Willenserklärung unter Lebenden erteilen.[6]

---

[1]   Rz 337.

[2]   Rz 300 ff., 349 ff.

[3]   Rz 312 ff., 350 ff.

[4]   Rz 328.

[5]   Rz 337.

[6]   Rz 14 ff., 350 ff.

7. Um sicherzustellen, daß die Erben diesen letztwilligen Bestimmungen **419** nicht zuwiderhandeln bzw. sich ihnen unterwerfen, ist grundsätzlich die Festlegung einer **Strafklausel** in Erwägung zu ziehen. Ihr Inhalt kann dahin gehen, daß ein renitenter Erbe mit bedingter Nacherbschaft zugunsten eines Dritten oder wenigstens mit einem Herausgabevermächtnis bezüglich Geschäft oder Beteiligung belastet wird.[1])

8. Die **Rechtsprechung** hat die vorstehenden Gestaltungsmöglichkeiten **420** als zulässig anerkannt. Im **Schrifttum** werden allerdings teilweise auch gegenteilige, zum mindesten eingeschränkte Ansichten vertreten. Sie sind in den vorangehenden Ausführungen jeweils angeführt. Die Ansichten über die Rechtslage in Einzelfragen gehen also teilweise auseinander. Noch unsicherer ist die Rechtslage durch eine Entscheidung des BGH vom 20. 1. 1969[2]) geworden, in der – allerdings mehr am Rande – gesagt ist, die Frage, ob der Erbe überhaupt durch eine Auflage **rechtswirksam gebunden** werden kann, einem **TV die Mitgliedschaftsrechte zu überlassen,** werde wohl (entgegen dem RG)[3]) zu **verneinen** sein.[4]) Da der BGH seinen Standpunkt nicht begründet hat, kann dieser Feststellung hier nichts entgegengehalten werden. Zur BGH-Entscheidung hat vor allem Johannsen[5]) näher Stellung genommen. Er kommt zu dem Ergebnis, daß es für die Rechtswirksamkeit einer auf eine Bevollmächtigung gerichteten Auflage ankommt, inwieweit eine solche **Belastung für den Erben „zumutbar"** ist. Die Frage der Zumutbarkeit ist bereits früher in der Debatte um dieses Thema aufgeworfen worden. Der Begriff des Zumutbaren wird teilweise als der **Kern des TV-Problems im Verhältnis zum Erben** bezeichnet. Er gipfelt in der Frage, wann der für den Erben bestehende Spielraum durch testamentarische Anordnungen so eingeengt

---

[1]) Rz 353.

[2]) Rz 360.

[3]) Rz 337 ff.

[4]) Vgl. dazu eingehend Soergel/Damrau, § 2205 BGB Rz 22 ff.; siehe auch Palandt/Edenhofer, § 2205 BGB Rz 9, 16.

[5]) Zur teilweisen Wiedergabe seiner Ausführungen siehe oben Rz 360.

ist, daß der Zwang rechtswidrig wird.[1]) Die Angriffe richten sich mit-hin vor allem gegen die Möglichkeit, das Geschäft oder die Beteili-gung als Erben-Bevollmächtigter zu führen. Es währe wohl zu wün-schen, wenn der Begriff des dem Erben Zumutbaren nicht zu sehr eingeengt wird, denn im allgemeinen bietet die TVg an einem Han-delsgeschäft oder an einer Gesellschaftsbeteiligung doch viele Vor-teile, insbesondere bei noch minderjährigen oder bei berufsfremden Erben,[2]) wenn auch nicht zu leugnen ist, daß eine TVg für den Unter-nehmer-Erben eine schwere Last bedeuten kann. Der Persönlichkeit des TV kommt dabei ganz besonderes Gewicht zu.

421 9. In allen Fällen bedarf die Anordnung einer TVg für eine Gesell-schaftsbeteiligung der **Billigung der übrigen Gesellschafter**.[3])

422 10. Bei Beteiligung an einer **Kapitalgesellschaft** begegnet die Anordnung von TVg keinen rechtlichen Bedenken,[4]) wenn auch der Rechtsmacht des TV Grenzen gesetzt sind.[5])

423 11. Die **GmbH & Co. KG** ist zwar eine Personengesellschaft. Ihr einziger persönlich haftender Gesellschafter ist aber meist eine GmbH, also eine Kapitalgesellschaft, so daß insoweit das vorst. Nr. 10 Ausgeführte gilt.

b) Testamentsvollstreckung und Nießbrauch

424 Bei Prüfung der nach den Ausführungen Rz 412 ff. naheliegenden Frage, ob es möglich ist, die TVg an einem Handelsgeschäft oder an einer Gesellschaftsbe-teiligung **rechtlich und wirtschaftlich zu sichern und zu stärken,** wenden sich

---

[1]) Vgl. namentlich Wiedemann, S. 330 unter Hinweis auf RGZ 172, 199, 205; BGHZ 12, 100, 103; KG, JW 1937, 2599; Baur, Festschrift für Dölle, I 249, 257; A. Hueck, OHG, § 26 II 5 Note 51; Johann-sen, Anm. LM Nr. 1 zu § 2216 BGB; Nordemann, NJW 1963, 1139, 1140; RGR/Kregel, § 2205 BGB Rz 8.
Wiedemann, S. 347, faßt das Ergebnis seiner besonders eingehenden Untersuchungen zu dem Fragenbereich wie folgt zusammen: „In der werbenden Personengesellschaft kann ein Amtswalter als solcher nicht auftreten. Soweit der Erbe nicht Geschäftsführungs- und Vertretungsrecht inne-hat, kann er gezwungen werden, den TV mit der Ausübung der Gesellschafter-Befugnisse zu betrauen, allerdings als persönlich haftender Gesellschafter nur widerruflich, als Kommanditist unwiderruflich. Unentziehbare Mitgliedsrechte werden davon nicht betroffen. Daneben vermag der TV nach seiner Wahl als Treuhänder-Kommanditist selbst in die Gesellschaft einzutreten. Die Vermögensbezüge des Geschäftsanteils verwaltet der TV als solcher, soweit sie Erben gebühren, die nicht dem Verband angehören. Dazu kann er Auskunft und Rechnungslegung fordern. Äußer-stenfalls steht ihm zur Durchführung seiner Aufgaben das Recht zu, die Gesellschaft oder Mit-gliedschaft von sich aus zu kündigen." Wiedemann, S. 318, führt auch zutreffend aus: „Eine Rechtsform – gemeint ist die TVg –, die das Gesetz so ausgeprägt zur Verfügung stellt, darf man nicht wegen unerwünschten Nebenwirkungen generell im Handelsrecht für untauglich erklären, es sei denn, die Inkongruenz mit dem Wirtschaftsrecht wird nachgewiesen."

[2]) Vgl. Rz 298.
[3]) Rz 346 ff.
[4]) Rz 392 ff.
[5]) Siehe oben Rz 398 ff.

die Überlegungen dem Nießbrauch zu.[1]) Hier soll ein solcher Nießbrauch nur insoweit behandelt werden, als er mit einer TVg in Zusammenhang steht.[2])

Beim Nießbrauch an einem Handelsgeschäft ist zwischen dem **Umlaufvermögen,** den **Forderungen** und dem **Anlagevermögen** einschl. des Grundbesitzes zu unterscheiden. Das Umlaufvermögen gehört zu den verbrauchbaren Sachen nach § 92 BGB, also zu den beweglichen Sachen, deren bestimmungsmäßiger Gebrauch in dem Verbrauch oder in der Veräußerung besteht. Als verbrauchbar gelten auch bewegliche Sachen, die zu einem Warenlager oder zu einem Sachinbegriff gehören, dessen bestimmungsmäßiger Gebrauch in der Veräußerung der einzelnen Sachen besteht. Damit wird das Umlaufvermögen Eigentum des Nießbrauchers (§ 1067 BGB). Über Forderungen darf der Nießbraucher grundsätzlich nur im Weg ihrer ordnungsmäßigen Einziehung verfügen (§ 1074 BGB, wegen der Zahlung einer verzinslichen Forderung an Nießbraucher und Gläubiger gemeinschaftlich siehe § 1077 ff. BGB). Bei einem kaufmännischen Unternehmen wird aber § 1074 Abs. 1 Satz 2 BGB, wonach dem Nießbraucher andere Verfügungen als die ordnungsmäßige Einziehung nicht gestattet sind, als nicht anwendbar betrachtet. Das hat zur Folge, daß die Erben verpflichtet sind, die Geschäftsforderungen auf den Nießbraucher zu übertragen.[3]) Über einzelne Stücke eines Grundstücks-Inventars kann der Nießbraucher innerhalb der Grenzen einer ordnungsmäßigen Wirtschaft verfügen (§ 1048 Abs. 1 BGB). Diese Vorschrift ist auf den Nießbrauch an einem Sachinbegriff, wie ein solcher bei einem Handelsgeschäft mit Inventar gegeben ist, ebenfalls anwendbar, falls nicht der bereits behandelte § 1067 BGB Platz greift.[4])

Es bleiben also nur die restlichen Werte des Anlagevermögens, über die der Nießbraucher nicht ohne Mitwirkung ihres Eigentümers (Erben) verfügen kann. Das liegt aber meist durchaus im Willen des Erblassers. Der Nießbraucher als solcher kann mithin schon weitgehend über das mit seinem Nießbrauch belastete Handelsgeschäft verfügen, ohne daß er zusätzlich zum TV ernannt werden müßte. Im Falle einer solchen Ernennung ist davon auszuge-

425

426

---

[1]) Dazu Rz 21, 242, 776, 849; Bengel/Reimann/Mayer, 5. Kap. Rz 299 ff.

[2]) Im übrigen siehe zum Nießbrauch bei einer Personengesellschaft etwa: Bunke, Der Nießbrauch an der Beteiligung an einer Personengesellschaft, DNotZ 1968, 5; Meilicke, Zivilrecht und Steuerrecht des Nießbrauchs und Nutzungsanspruchs an (Grundstücken sowic) Anteilen an Kapital- und Kommanditgesellschaften, StbJb 1972/73, 375; Mentz, Der Nießbrauch an OGH- und KG-Mitgliedschaftsrechten (Diss. 1972); Peter/Petzoldt/Winkler, Ziff. 16.12; Rohlff, Nießbraucher und Vorerbe als TV, DNotZ 1971, 518; Teichmann, Der Nießbrauch an Gesellschaftsanteilen, ZGR 1972, 1; Zartmann, Praktische Fragen des Nießbrauchs an einer Unternehmensbeteiligung bei einer Personen- und Kapitalgesellschaft, RWP 4 WiR, Unternehmensformen, Einzelfragen 1/ 62; Palandt/Bassenge, § 1068 BGB Rz 2 ff., § 1085 BGB Rz 4 ff.. Siehe auch Haegele, Nießbrauch an einem Handelsgeschäft sowie bei Personen- und Kapitalgesellschaften, BWNotZ 1974, 24; Petzoldt, Vorerbschaft und Nießbrauchvermächtnis, BB, Beil. 6/75 zu Heft 13, ferner die Schrift von Hartmann mit tabellarischer Gegenüberstellung der bei Nießbrauch und TVg anzuwendenden Vorschriften (Abschn. 3.4).

[3]) Soergel/Damrau, § 1085 BGB Rz 8; Staudinger/Spreng, § 1085 BGB Rz 3a.

[4]) Palandt/Bassenge, § 1048 BGB Rz 2.

hen, daß der Erblasser den TV auch zu solchen über die Nießbrauchrechte hinausgehenden Verfügungen ermächtigen will. Nur insoweit braucht der Nießbraucher als TV zu handeln.

427 Ein Nießbrauch der vorbehandelten Art, verbunden mit TVg, kommt allerdings für den Regelfall nur zugunsten des **überlebenden Ehegatten** in Betracht, dem der Erblasser dadurch die Mittel zur standesgemäßen Versorgung zur Verfügung stellen will.[1]) Beim Zusammentreffen von echtem **Unternehmensnießbrauch** und TVg in einer Person ist regelmäßig der Wille des Erblassers zu unterstellen, daß das Unternehmen von dem Bedachten in seiner Eigenschaft als Nießbraucher und nicht als TV geführt werden soll.[2]) Bezüglich des Unternehmens hat er als TV die alleinige Aufgabe, das Nießbrauchsvermächtnis gegenüber sich selbst zu erfüllen.[3]) Die den TV nach §§ 666, 2218 BGB obliegende Auskunfts- und Rechenschaftspflicht erschöpft sich bezüglich des Unternehmens deshalb auf die Auskunft über die ordnungsgemäße Bestellung des Nießbrauchs. Außer der Verpflichtung, ein Verzeichnis der dem Nießbrauch unterliegenden Gegenstände zu erstellen, hat der Nießbraucher über die Angelegenheiten des Unternehmens keine Auskunfts- und Rechenschaftspflicht. Sollte allerdings nach dem Willen des Erblassers der Bedachte das Unternehmen in seiner Eigenschaft als TV führen sollen, was unter Anordnung der Art und Weise der TVg (Vollmacht- oder Treuhandlösung) [4]) deutlich im Testament zum Ausdruck zu bringen wäre, hätte er zwar über das Unternehmen die erweiterte Verfügungsbefugnis eines TV, dafür aber auch dessen Auskunfts- und Rechenschaftspflicht. Mit einem echten Unternehmensnießbrauch wäre die Unterstellung des Unternehmens unter die TVg auf jeden Fall nicht vereinbar, da dieser Nießbraucher die Unternehmerstellung erhalten und als Inhaber im Handelsregister eingetragen werden muß. Da somit der überlebende Ehegatte auf Grund des vollen Nießbrauchs die Unternehmerstellung erhalten wird, entfällt die Problematik der TVg über ein Unternehmen [5]) und es verbleibt bei einer normalen Verwaltungs-TVg.[6])

428 Bei einer Personengesellschaft hat ein Nießbrauch einen anderen Inhalt. Hier bezieht er sich grundsätzlich nur auf die vermögensrechtlichen Bezüge des mit ihm Belasteten, insbesondere auf Gewinnanteil und Auseinandersetzungsguthaben (vgl. § 717 BGB). Mit Zustimmung der übrigen Gesellschafter kann allerdings auch der Anteil am Gesellschaftsvermögen und die Beteiligung im ganzen mit einem Nießbrauch belastet werden. Dem Nießbraucher muß hier aber die volle Rechtsstellung des Gesellschafters übertragen werden. Inwie-

---

[1]) Wegen einer besonderen Regelung in Fällen, in denen der Nießbrauchertrag für eine Versorgung des überlebenden Ehegatten nicht ausreichen wird, siehe Rohlff, DNotZ 1971, 522. Siehe auch Rz 21, 242, 850.

[2]) Rohlff, DNotZ 1971, 518, 519.

[3]) Hartmann/Aschfalk S. 120.

[4]) Siehe oben Rz 349 ff.

[5]) John, BB 1980, 757.

[6]) Nieder, Münchner Vertragshandbuch VIII. 38. Anm. 8.

weit dem Nießbraucher auch ein Entnahmerecht nach § 122 Abs. 1 HGB zusteht, ist eine umstrittene Frage.[1]) Besondere Rechtsbeziehungen zwischen Nießbraucher und TV bei einer Personengesellschaft bestehen nicht. Eine aktive Teilnahme am Leben der Gesellschaft und ein Einfluß auf das Geschehen ist über den Nießbrauch nicht möglich.[2])

10. Testamentsvollstreckung bei einer Genossenschaft

a) Zulässigkeit der TVg

Ist der Erblasser Mitglied einer Genossenschaft, so geht mit seinem Tod die   **429**
Mitgliedschaft auf den Erben über. Sie endet mit dem Schluß des Geschäftsjahres, in dem der Erbfall eingetreten ist (§ 77 Abs. 1 GenG). Der vom Erblasser ernannte TV kann seine Rechte und Pflichten an der Mitgliedschaft wahrnehmen.[3])

b) Fortsetzung der Mitgliedschaft

Die Mitgliedschaft des Erblassers kann vom Erben nach näherer Maßgabe des   **430**
§ 77 Abs. 2 GenG fortgesetzt werden. Bei den dazu erforderlichen Erklärungen kann der TV den Erben nicht vertreten.[3])

11. Testamentsvollstreckung bei Vereinsmitgliedschaft

Die Mitgliedschaft in einem rechtsfähigen oder nicht rechtsfähigen Verein ist   **431**
ein höchstpersönliches Verhältnis[4]) und gemäß § 38 BGB weder übertragbar noch vererblich. Die Ausübung der Rechte kann nicht einem anderen überlassen werden (§ 38 Satz 2 BGB), soweit die Satzung nichts anderes bestimmt (§ 40 BGB).[5]) Legt die Satzung die Vererblichkeit der Mitgliedschaft fest, so ist zwischen personenbezogenen und Vermögensrechten zu unterscheiden. Soweit die verbandsrechtliche Treuepflicht und persönliche Verbundenheit betroffen ist, überwiegt der höchstpersönliche Charakter, so daß analog den Personengesellschaften zu entscheiden ist. Die Ausübung der Mitgliedschaftsrechte ist daher im Zweifel dem Erben vorbehalten. Ist der Grad der persönlichen Bindung jedoch gering oder handelt es sich um von der Mitgliedschaft trennbare Rechte, wie etwa fällige Vermögensansprüche (z. B. Anspruch auf den festgestellten Gewinnanteil), so ist davon auszugehen, daß sie übertragbar und vererblich sind und somit der Testamentsvollstreckung unterliegen.[6])

---

[1])   Wegen Einzelheiten über diese und sonstige Fragen siehe Bunke, DNotZ 1968, 5.

[2])   So wörtlich Teichmann, ZGR 1972, 1, 13.

[3])   Palandt/Edenhofer, § 2205 BGB Rz 26; a. A. Bengel/Reimann/Mayer, 5. Kap. Rz 246; MüKo/ Brandner, § 2205 BGB Rz 45.

[4])   RGZ 163, 203.

[5])   Sauter/Schweyer, Der eingetragene Verein, 15. Aufl., 1994 Rz 345; Stöber, Vereinsrecht, 5. Aufl., 1987, Rz 67, 68.

[6])   Soergel/Damrau, § 2205 BGB Rz 36; Staudinger/Coing, § 35 BGB Rz 6.

IX. Prozeßführung

1. Aktivprozesse

432 In Aktivprozessen (für den Nachlaß) ist der **TV legitimiert,** soweit das den Gegenstand des Prozesses bildende Recht seiner Verwaltung unterliegt (§ 2212 BGB). Im übrigen ist der Erbe legitimiert. Der TV tritt im Prozeß nicht als gesetzlicher Vertreter des Erben, sondern als **Partei kraft Amtes** auf.[1]) Er kann daher als Partei vernommen werden (§ 445 ff. ZPO); der Erbe dagegen kann in dem vom TV geführten Rechtsstreit als Zeuge, auch als Nebenintervenient auftreten (§§ 66, 69 ZPO), ferner als Hauptintervenient, wenn das Recht des TV bestritten wird (§ 64 ZPO). Der TV hat kein Zeugnisverweigerungsrecht nach § 383 Nr. 6 ZPO.

433 Unerheblich ist, ob der Prozeß vor einem ordentlichen Gericht oder vor einem Verwaltungsgericht stattfindet oder ob es sich um ein Schiedsverfahren handelt. Der TV kann **alle Prozeßhandlungen** vornehmen, z. B. Vergleich, Verzicht, Widerklage, Aufrechnung, Vollstreckungsgegenklage. Klagt der Erbe selbst in einem Falle, in dem ausschließlich der TV zur Prozeßführung legitimiert ist, so ist er mit seiner Klage abzuweisen, falls nicht der TV zustimmt.[2])

434 Hat das Berufungsgericht die Klage wegen mangelnder Prozeßführungsbefugnis des klagenden Erben im Hinblick auf die bestehende TVg abgewiesen, so ist das Revisionsgericht bei Prüfung der Prozeßführungsbefugnis des Klägers an die tatsächlichen Feststellungen des Berufungsgerichts allerdings nicht gebunden.[3])

435 Der TV ist nicht nur dann klageberechtigt, wenn er ein seiner Verwaltung unterliegendes Recht geltend macht, sondern auch dann, wenn sonst die Prozeßführung im Rahmen seiner Verwaltungsaufgabe liegt. Zur Führung eines **Prozesses über Feststellung des Erbrechts** als solches ist der TV in der Regel nicht berechtigt.[4]) Er kann aber unter besonderen Umständen gerade in seiner

---

[1]) BGH NJW 1988, 1390; Thomas-Putzo, § 51 ZPO A. III 1d; Staudinger/Reimann, § 2212 BGB Rz 15; Tiedtke, JZ 1981, 429.

[2]) Die Prozeßführungsbefugnis des TV kann nicht mit der Begründung dahingestellt bleiben, daß der Klageanspruch sachlich unbegründet sei (BGH, DB 1961, 568 = WM 1961, 479).
Der TV kann den Erben ermächtigen, einen Prozeß im eigenen Namen zu führen (BGHZ 31, 284 = NJW 1960, 523; BGHZ 38, 286 = NJW 1963, 297 – für Nachlaßverwaltung –, OLG Saarbrücken, RPfleger 1968, 88; Soergel/Damrau, vor § 2197 BGB Rz 20).

[3]) BGHZ 31, 279 = FamRZ 1960, 197 = MDR 1960, 296 = NJW 1960, 523; BGHZ 38, 287 = NJW 1963, 297; siehe auch Palandt/Edenhofer, § 2212 BGB Rz 1 ff. wegen Streitfragen in dieser Richtung; vgl. ferner Böttcher, JZ 1963, 582.

[4]) BGHZ 31, 279 = FamRZ 1960, 197 = MDR 1960, 296 = NJW 1960, 523. Zur Frage, ob der TV Prozesse über das Erbrecht bestimmter Personen führen kann, siehe auch Löwisch, DRiZ 1971, 272.

Eigenschaft als TV ein rechtliches Interesse an der Feststellung haben.[1]) Der TV kann aber auf Feststellung des Erbrechts des Erblassers zwecks Ermittlung des Umfangs des Nachlasses klagen.

Bei Wechsel des TV gilt § 241 ZPO über den infolge Todes oder Beendigung der Vertretungsbefugnis in der Person des gesetzlichen Vertreters eintretenden Wechsel sinngemäß – Verfahrensunterbrechung –. **Erlischt das Amt** des TV oder das Verwaltungsrecht, aufgrund dessen der TV zur Klage befugt war, während des Prozesses aus einem nicht in der Person des TV liegenden Grunde, so tritt eine Unterbrechung des Verfahrens nach § 239 ZPO ein, oder es muß, sofern ein Prozeßbevollmächtigter bestellt ist, einem Aussetzungsantrag nach § 246 ZPO entsprochen werden.[2]) **436**

In die **Kosten** eines verlorenen Prozesses ist der TV zu verurteilen; er haftet nur mit dem Nachlaß. Eine eigene Kostenhaftung besteht für ihn nicht, unbeschadet seiner Verantwortlichkeit gegenüber den Erben (§ 2219 BGB).[3]) Als einer Partei kraft Amtes kann dem TV auf seinen Antrag Prozeßkostenhilfe bewilligt werden, wenn die zur Führung des Rechtsstreits erforderlichen Mittel weder aus dem Nachlaß noch von den Erben aufgebracht werden können und wenn die beabsichtigte Rechtsverfolgung hinreichende Aussicht auf Erfolg bietet und nicht mutwillig erscheint (§ 114 Abs. 1, 3 ZPO). **437**

Das auf Klage des TV ergehende Urteil hat auch im Verhältnis zu den Erben Rechtskraft (§ 327 Abs. 1 ZPO).[4]) **438**

Lehnt der TV die Führung eines Prozesses ab, so können die Erben nur seine Entlassung[5]) beim Nachlaßgericht beantragen oder ihn nach § 2218 BGB im Klageweg zur Prozeßführung anhalten. Sie können aber nicht gegen Dritte eine den Umfang der Nachlaßmasse betreffende Feststellungsklage erheben. **439**

---

[1]) BGH NJW-RR 1987, 1090 = WPM 1987, 564 = MittBayNot 1987, 154 = MDR 1987, 650. Über das seiner Verwaltung nicht unterliegende Erbrecht des wahren Erben kann der TV keinen Rechtsstreit führen, wohl aber, soweit es sich um das Bestehen seines Amtes, die Gültigkeit der ihn berufenden letztwilligen Verfügungen oder um sein Recht zu deren Ausführung usw. handelt (Palandt/Edenhofer, Einf. vor § 2197 BGB Rz 12).

[2]) RGZ 155, 350 = DNotZ 1937, 902.

[3]) Siehe Rz 559.

[4]) Siehe Rz 441, 455.

[5]) Siehe unten Rz 792.

2. Passivprozesse [1])

440 Steht dem TV die **Verwaltung des gesamten Nachlasses** zu, so sind **sowohl er als auch die Erben passiv** zur Prozeßführung gegen den Nachlaß [2]) **legitimiert** (§ 2213 Abs. 1 Satz 1 BGB, § 748 Abs. 1 ZPO).[3]) Steht dem TV nicht die Verwaltung des ganzen Nachlasses zu, so ist nur der Erbe passiv legitimiert (§ 2213 Abs. 1 Satz 2 BGB). Soweit die Zwangsvollstreckung in die der TVg unterliegenden Nachlaßgegenstände betrieben werden soll, bedarf es neben dem Urteil gegen die Erben auf Leistung stets auch eines **Urteils gegen den TV auf Duldung der Zwangsvollstreckung** (§ 748 Abs. 2 ZPO); ein Urteil gegen die Erben allein wirkt nicht gegen den TV. Der TV hat kein Zeugnisverweigerungsrecht nach § 383 Nr. 6 ZPO.

441 Werden **Pflichtteilsansprüche** nach §§ 2303 ff. BGB gegen den Nachlaß geltend gemacht, so ist nur der Erbe passiv legitimiert (§ 2213 Abs. 1 Satz 3 BGB), auch wenn dem TV die Verwaltung des ganzen Nachlasses zusteht. Der Regelungsgrund ist darin zu sehen, daß das Pflichtteilsrecht dem außerhalb der Verwaltung liegenden Erbrecht nahesteht und für den Erben häufig mit persönlichen Problemen verbunden ist.[4]) Aber auch in diesem Falle bedarf es neben dem Urteil gegen die Erben auf Leistung eines Urteils gegen den TV auf Duldung der Zwangsvollstreckung, soweit dessen Verwaltung reicht (§ 748

---

[1]) Ausführlich dazu Garlichs, Passivprozesse des Testamentsvollstreckers 1996; siehe auch Brox, Erbrecht, Rdn 529, und Meyke, Diss., 1966, S. 44, dazu kritisch Holzhauer S. 33; vgl. ferner Kessler, Der TV im Prozeß, DRiZ 1965, 195 (im Prozeß gegen den TV als Repräsentanten der Erben einen Hauptfeststellungsantrag und daneben zugleich einen Hilfsantrag auf Schadenersatz gegen den TV persönlich zu stellen, ist unzulässig). Siehe auch Kessler, DRiZ 1967, 299. Eine Patentnichtigkeitsklage ist auch dann, wenn das Streitpatent der Verwaltung eines TV unterliegt, gegen den in der Rolle als Patentinhaber eingetragenen Erben zu richten. Zur Führung des Nichtigkeitsprozesses auf der Beklagtenseite und damit auch zur Erteilung einer Prozeßvollmacht ist jedoch nur der TV befugt. Dieser ist auch – neben dem als Patentinhaber eingetragenen Erben – im Urteilsrubrum aufzuführen (BGH, MDR 1966, 818 = NJW 1966, 2059).
Streitigkeiten unter miterbenden Abkömmlingen über die Ausgleichungspflicht nach §§ 2050 ff. BGB stellen keine Ansprüche gegen den Nachlaß nach dem hier behandelten § 2213 BGB dar (RG, Recht 1929 Nr. 516).

[2]) Zum Begriff der Prozeßführung siehe Rz 432.

[3]) BGH NJW 1988, 1390.

[4]) BGHZ 51, 125, 130 = NJW 1969, 424; MüKo/Brandner, § 2213 BGB Rz 13.

Abs. 3 ZPO).[1]) Die Klagen gegen die Erben und den TV können miteinander verbunden werden, notwendig ist dies aber nicht. Der TV kann nicht etwa nur dann – zur Duldung – verurteilt werden, wenn vorher die Erben zur Leistung verurteilt sind. Wird gegen den TV kein Duldungstitel erwirkt, so kann das nur gegen die Erben ergangene (Leistungs-)Urteil in den Nachlaß erst nach Wegfall der TVg vollstreckt werden, da es nicht gegen den TV wirkt.[2]) Ist der Pflichtteilsanspruch jedoch unbestritten, so ist er als Nachlaßverbindlichkeit (§ 1967 Abs. 2 BGB) dagegen vom TV zu berichtigen (§§ 2205, 2046 BGB).[3]) Diese Regelung gilt auch für die dem Pflichtteilsgläubiger zustehenden Hilfs- und Nebenansprüche, wie auf **Auskunft,** Bestandsverzeichnis (§ 2314 BGB) usw., ferner für den Erbersatzanspruch des nichtehelichen Kindes gemäß §§ 1934a ff. (vgl. § 1934b Abs. 2 Satz 1) BGB;[4]) im Streitfall kann der Pflichtteilsberechtigte daher Auskunft nur vom Erben verlangen.[5])

Nicht hierher gehört der Fall, daß der Pflichtteilsberechtigte aufgrund des § 2306 BGB [6]) die Unwirksamkeit der ihn beschränkenden TVg geltend macht und deshalb negative Klage gegen den TV erhebt. **442**

Das **Urteil gegen den TV** wirkt hinsichtlich des Nachlasses auch gegen den Erben (§ 327 Abs. 2 ZPO); eines Vorbehalts der Haftungsbeschränkung auf den Nachlaß in dem gegen den TV ergehenden Urteil bedarf es nicht (§ 780 ZPO).[7]) Hat ein Erbe das Recht der Haftungsbeschränkung verloren, so kann auch in sein sonstiges Vermögen vollstreckt werden. **443**

Dem TV stehen die **aufschiebenden Einreden** des § 2014 (Dreimonatseinrede) und des § 2015 BGB (Einleitung des Aufgebotsverfahrens) zu (siehe auch §§ 782 bis 784 ZPO), jedoch nicht die Möglichkeit der Beschränkung der Haf- **444**

---

[1]) Siehe Rz 453. Die Rechtskraft eines gegen den Erben ergangenen Zahlungsurteils begründet keine Rechtskraft für das gegen den TV erforderliche Duldungsurteil. An das Anerkenntnis des Erben ist der TV nicht gebunden (OLG Celle, MDR 1967, 46). Eine Pflichtteilsforderung kann er ohne den Willen des Erben nicht mit Wirkung gegen diesen rechtsgeschäftlich anerkennen (BGHZ 51, 125 = BB 1969, 422 = FamRZ 1969, 85 = JR 1969, 299 = MDR 1969, 205 = NJW 1969, 424 = RPfleger 1969, 45; Merkel, NJW 1969, 1285; siehe auch v. Lübtow, S. 968). Das vorstehend über den Pflichtteil Ausgeführte gilt auch für den **Ersatzanspruch** eines nichtehelichen Kindes nach §§ 1934a ff. BGB (§ 1934b Abs. 2 Satz 1 BGB).
Wegen der Verzinslichkeit des Pflichtteilsanspruchs siehe LG Mannheim, DNotZ 1965, 360 = Justiz 1965, 144 = MDR 1964, 1007. Wegen Stundung des Pflichtteils siehe § 2331a BGB.
Für ein nichteheliches Kind hat in der Regel ein Pfleger nach § 1706 BGB die Pflichtteilsregelung (und die Regelung des Erbersatzanspruchs nach §§ 1934a ff. BGB) vorzunehmen. Der TV muß also hierüber grundsätzlich mit ihm verhandeln (Palandt/Diederichsen, § 1706 BGB Rz 6).

[2]) Siehe dazu auch Rz 455.

[3]) Unten Rz 511.

[4]) MüKo/Brandner, § 2213 BGB Rz 13.

[5]) Unten Rz 475.

[6]) Rz 112.

[7]) Vgl. Rz 454, 456.

tung des Erben durch Inventarerrichtung [1]) oder das Recht der Stellung des Antrags auf Nachlaßverwaltung oder Nachlaßkonkurs. Dafür sind die Erben zuständig.

445 Bei einem **Wechsel in der Person** des TV tritt Unterbrechung des Verfahrens ein (§ 241 ZPO). Bei Wegfall der TVg sind die §§ 239, 246 ZPO entsprechend anzuwenden.[2])

446 Eine persönliche Haftung des TV für die **Gebühren seines Rechtsanwalts** in einem gegen ihn in seiner Eigenschaft als TV angestrengten Prozeß besteht nicht. Solche Verbindlichkeiten werden im Nachlaßkonkurs zu Masseschulden, ebenso wie die Kosten des Rechtsstreits.[3]) Wegen Bewilligung der Prozeßkostenhilfe für den TV siehe Rz 437.

447 Erkennen die Miterben die Rechtsstellung eines von ihnen als Erben an, bestreitet dies aber der TV, so kann gegen ihn Klage auf Feststellung des Erbrechts erhoben werden.

3. Persönliche Prozesse des Testamentsvollstreckers

448 Nicht unter § 2213 BGB fallen Streitigkeiten, die die Rechtsstellung des TV zum Gegenstand haben. Persönlich Beklagter ist der TV etwa, wenn er auf Leistung von Schadensersatz wegen Pflichtverletzung in Anspruch genommen wird,[4]) wenn Nachlaßgegenstände herausverlangt werden, die er aufgrund eines vermeintlichen eigenen Vermächtnisanspruchs in Besitz genommen hat,[5]) wenn er einen Teilungsplan erstellen muß,[6]) wenn er ein Nachlaßverzeichnis erteilen oder Rechenschaft ablegen soll,[7]) wenn es um seine Absetzung oder die Ernennung eines Mitvollstreckers geht,[8]) wenn Streit besteht, ob das Amt erledigt ist. Persönlich Beklagter ist der TV auch dann, wenn seine Amtsbefugnis bestritten wird,[9]) wenn seine Rechtsstellung als Testamtentsvollstrecker von der Entscheidung abhängt,[10]) wenn es um die Gültigkeit des Testaments geht, auf dem seine Ernennung beruht.[11])

---

[1]) Siehe dazu auch Rz 485.

[2]) Fällt während des Revisionsverfahrens die TVg weg, so kann die bisher gegen den TV gerichtete Klage eines Nachlaßgläubigers jedenfalls dann gegen einen Miterben fortgeführt werden, wenn dies der bisherige TV ist (BGH, FamRZ 1964, 629 = MDR 1964, 998 = NJW 1964, 2301).

[3]) RGZ 60, 30.

[4]) BGH nach Kessler, DRiZ 1965, 195; dazu Bengel/Reimann/Riederer v. Paar, 12. Kap. Rz 106 f.

[5]) OGHZ 2, 45; KG, OLG 10, 303.

[6]) KG, OLG 25, 16.

[7]) KG, OLG 10, 303.

[8]) RG, JW 1936, 3388.

[9]) OGHZ 2, 45.

[10]) Soergel/Damrau, § 2213 BGB Rz 6.

[11]) OLG Frankfurt, OLG 32, 61.

Bei den **Kosten des Rechtsstreits,** die der TV zu tragen hat, etwa weil er **449** unterlegen ist (§ 91 ZPO), oder weil sie vom Gegner nicht beigetrieben werden können, hängt es davon ab, ob der TV den Rechtsstreit im Rahmen seines Amts oder in einer persönlichen Sache geführt hat. Nur den ersten Fall erfaßt § 2212 BGB; hier klagt der TV „... als TV über den Nachlaß des ...". Wird der TV mit Kosten belastet, die aus einem Rechtsstreit in einer persönlichen Sache herrühren, sind die Kosten von ihm selbst zu tragen und können in sein Privatvermögen vollstreckt werden.[1] Der TV kann auch keinen Aufwendungsersatz wegen dieser Kosten verlangen.[2] Das RG[3] hat von diesem Grundsatz dann eine Ausnahme gemacht, wenn der TV den Prozeß für erforderlich halten durfte, **um den letzten Willen des Erblassers zu verteidigen.** Das ist z. B. der Fall, wenn es um seine Absetzung geht oder um die Gültigkeit des Testaments, auf dem seine Ernennung beruht. Auch nach BGH gehören zu den nach §§ 2218 Abs. 1, 670 BGB zu ersetzenden Aufwendungen „Prozeßkosten, die dem TV aufgrund einer berechtigten Verteidigung des Erblasserwillens entstanden sind (Soergel/Siebert, § 2218 BGB Rdn 11; Staudinger-Dittmann, 11. Aufl., § 2218 BGB Rdn 28; RG, JW 1936, 3388 ff.). Dies gilt auch dann, wenn sich der Prozeß gegen den oder die Erben richtet und die an sich berechtigte Prozeßführung im Ergebnis ohne Erfolg bleibt. ... Sein Bemühen, ein TV-Zeugnis zu erlangen und die beantragte Erteilung eines Erbscheins ohne TV-Vermerk zu verhindern, stellt eine berechtigte Verteidigung des Erblasserwillens dar."[4]

4. Zwangsvollstreckung

a) Zwangsvollstreckung in den Nachlaß

Steht dem TV die **Verwaltung des gesamten Nachlasses** zu, so ist zur Zwangs- **450** vollstreckung in den Nachlaß ein **Leistungs- und Duldungstitel gegen den TV** erforderlich und genügend (§ 748 Abs. 1 ZPO; § 2213 Abs. 1 Satz 1 BGB). Lautet der Titel nur gegen die Erben, so kann, solange die TVg besteht, die Zwangsvollstreckung nur in deren Privatvermögen betrieben werden.[5]

Steht dem TV nur die **Verwaltung einzelner Nachlaßgegenstände** zu, so ist in **451** diese die Zwangsvollstreckung nur zulässig, wenn der TV zur Duldung der Vollstreckung verurteilt ist (§ 748 Abs. 2 ZPO).

---

[1]   Soergel/Damrau, § 2212 BGB Rz 11.

[2]   BGHZ 41, 23, 24 = NJW 1964, 1316.

[3]   JW 1936, 3388, 3390.

[4]   BGHZ 69, 235, 241 = NJW 1977, 1726 = DNotZ 1978, 491 = RPfleger 1977, 358.

[5]   Vgl. Rz 439 und 440.

452 Ein **Leistungstitel gegen die Erben** ist erforderlich, weil in diesem Falle die Geltendmachung eines Anspruchs an den Nachlaß nur gegen die Erben zulässig ist (§ 2213 Abs. 1 Satz 2 BGB).[1])

453 Zur Vollstreckung in den Nachlaß wegen eines **Pflichtteilsanspruchs** ist ohne Rücksicht darauf, ob dem TV die Verwaltung des gesamten Nachlasses oder nur einzelner Teile davon zusteht, stets ein Titel auf Leistung gegen die Erben und ein Titel auf Duldung gegen den TV erforderlich (§ 748 Abs. 3 ZPO). Ein Titel gegen den TV ist hier nicht ausreichend, weil Pflichtteilsansprüche stets nur gegen die Erben geltend gemacht werden können (§ 2213 Abs. 1 Satz 3 BGB).[2])

b) Geltendmachung der beschränkten Erbenhaftung

454 Der TV kann die **beschränkte Erbenhaftung** im Zwangsvollstreckungsverfahren geltend machen, ohne daß es eines Vorbehalts im Urteil bedarf (§ 780 Abs. 2 ZPO).[3]) Ein gegen den TV wegen einer Nachlaßverbindlichkeit erlassenes Urteil kann zwar grundsätzlich nur in den Nachlaß vollstreckt werden; trotzdem kann auch der TV in die Lage kommen, von der Einrede der beschränkten Erbenhaftung Gebrauch machen zu müssen; so etwa im Fall des § 1991 Abs. 4 BGB, der auch für den TV gilt. Er muß der Zwangsvollstreckung eines der in § 1991 BGB genannten Gläubiger, insbesondere eines Vermächtnisnehmers, die außerhalb der in der KO vorgesehenen Reihenfolge (§ 226 Abs. 2 Nr. 4, 5 KO) bewirkt werden soll, entgegentreten. Dazu bieten die Vorschriften der ZPO über die beschränkte Haftung den Weg.

c) Umschreibung eines Vollstreckungstitels

455 Ein **für den Erblasser erwirkter Vollstreckungstitel** kann für den TV umgeschrieben werden, wenn das dem Erblasser zugesprochene Recht der Verwaltung des TV unterliegt (§ 749 Satz 1 ZPO). Hat die Zwangsvollstreckung bereits zu Lebzeiten des Erblassers begonnen, so kann sie ohne Umschreibung fortgesetzt werden (§ 779 ZPO). **Gegen den** TV ist die Umschreibung eines gegen den Erblasser erwirkten Titels möglich, wenn der ganze Nachlaß seiner Verwaltung unterliegt (§§ 748 Abs. 1, 795 ZPO). Steht dem TV die Verwaltung nur in bezug auf einzelne Nachlaßgegenstände zu, so muß der gegen den Erblasser erwirkte Vollstreckungstitel gegen die Erben und gegen den TV umgeschrieben werden (§§ 748 Abs. 2, 795 ZPO). War diese Zwangsvollstreckung aufgrund eines Titels gegen den Erblasser bereits zu dessen Lebzeiten begonnen, so kann sie auch bei Vorhandensein eines TV nach seinem Tode ohne Umschreibung fortgesetzt werden (§ 779 Abs. 1 ZPO).

456 Ein **gegen den TV erwirkter Titel** kann **auf den Erben umgeschrieben** werden, sofern der Titel gegen ihn nach § 327 ZPO wirksam ist (§§ 728 Abs. 2 Satz 1,

---

[1]) Siehe Rz 439.

[2]) Siehe Rz 441.

[3]) Vgl. Rz 441.

795 ZPO).[1] Dies ist der Fall, wenn er ein der Verwaltung des TV unterliegendes Recht betrifft oder einen gegen den Nachlaß gerichteten Anspruch, sofern der TV nach § 2213 BGB zur Führung des Rechtsstreits berechtigt ist. Die Umschreibung des Titels für den Erben darf erst nach Beendigung der TVg erfolgen (§ 2212 BGB). Die Umschreibung eines Titels gegen den Erben ist dagegen zulässig, auch wenn die Verwaltung des TV noch besteht (§ 728 Abs. 2 Satz 2 ZPO). In letzterem Falle kann der Erbe die Beschränkung seiner Haftung nach §§ 780 Abs. 2, 785 ZPO geltend machen; ein entsprechender Vorbehalt im Titel ist hierzu nicht erforderlich.[1]

Wegen der Rechtsstellung der **Privatgläubiger der Erben** siehe Rz 181. Wegen **457** der Rechtslage in **Konkurs und Vergleich** siehe die Ausführungen Rz 170 und 172.

---

[1]   Rz 442.

X. Mehrheit von Testamentsvollstreckern

1. Amtsführung durch mehrere Testamentsvollstrecker

458 Mehrere TV führen das **Amt gemeinschaftlich nach innen und außen.**[1]) Sie können aber vorbehaltlich ihrer Haftung (§§ 2218, 664 BGB) die Ausführung einem TV oder Dritten übertragen oder den Wirkungskreis unter sich aufteilen. Aus der gemeinschaftlichen Amtsführung folgt, daß grundsätzlich – abgesehen von abweichenden Anordnungen des Erblassers – mehrere TV nur gemeinsam handeln, z. B. Anträge stellen und Beschwerde einlegen können.[2]) Bei Meinungsverschiedenheiten entscheidet das Nachlaßgericht. Fällt einer von mehreren TV weg oder ist einer rechtlich verhindert, so führen die übrigen das Amt allein. Vorübergehende Verhinderung durch Krankheit, Abwesenheit und dergleichen sind keine Verhinderung in diesem Sinn. Der **Erblasser** kann für die Amtsführung **abweichende Bestimmungen** treffen, z. B. jedem TV einen besonderen Aufgabenkreis mit eigener Verantwortung – Neben-TV – zuweisen oder anordnen, daß die Mehrheit der Stimmen ausschlaggebend sein soll (§ 2224 Abs. 1 BGB). Auch wenn die Mehrheit der Stimmen entscheiden soll, gilt eine solche Regelung grundsätzlich nur im Innenverhältnis und berührt nicht das Erfordernis der Vertretung durch **alle** TV nach außen. Der Erblasser kann aber auch hier eine andere Regelung treffen und die Aufgabenkreise **teilen** und jedem TV einen bestimmten Wirkungskreis zuweisen und zwar im Innen- und Außenverhältnis gleich oder verschieden,[3]) z. B. getrennt für sein Unternehmen und sein Privatvermögen.[4])

459 Müssen mehrere TV zusammenwirken, so brauchen sie dies nicht gleichzeitig zu tun; nachträgliche Genehmigung durch die anderen TV ist zulässig. Kommt eine Verfügung erst durch nachträgliche Genehmigung eines von mehreren TV zustande, so ist für die Beurteilung der **Frage der Entgeltlichkeit** des Rechtsgeschäftes[5]) der Zeitpunkt der Genehmigung maßgebend.[6])

460 **Streiten mehrere TV** darüber, ob im Rahmen einer sachlichen Amtsführung einer von ihnen der Vornahme des von einem anderen beabsichtigten Rechtsgeschäftes zuzustimmen hat, so kann das Nachlaßgericht auf Antrag eines der TV nur die Meinung eines von ihnen billigen, nicht aber eine Entscheidung treffen, die von keinem der TV vorgeschlagen worden ist (§ 2224 BGB).[7])

---

[1]) BGH, NJW 1967, 2401; Nieder, Münchner Vertragshandbuch, 3 Aufl. 1992, Band 4, 2. Halbband Ziffer XVI 7 Anm. 7; Staudinger/Reimann, § 2224 BGB Rz 6.

[2]) OLG Hamm, DNotZ 1994, 417, 419; Palandt/Edenhofer, § 2224 BGB Rz 1.

[3]) Palandt/Edenhofer, § 2224 BGB Rz 6; Staudinger/Reimann, § 2224 BGB Rz 3.

[4]) Siehe unter Rz 853a (Muster 19a).

[5]) Rz 197.

[6]) Siehe auch Rz 464.

[7]) Einzelheiten siehe Rz 679.

Führen mehrere TV das Amt gemeinschaftlich, so können sie den Antrag auf **461** Außerkraftsetzung einer Verwaltungsanordnung des Erblassers (§ 2216 Abs. 2 Satz 2 BGB) nur gemeinschaftlich stellen und im Falle eines abweisenden Beschlusses nur gemeinschaftlich Beschwerde einlegen.[1])

Jeder TV ist berechtigt, ohne Zustimmung der anderen TV die Maßnahmen zu **462** treffen, die zur Erhaltung eines der gemeinschaftlichen Verwaltung unterliegenden Nachlaßgegenstandes notwendig sind (§ 2224 Abs. 2 BGB).[2]) Mehrere TV sind mehrere Auftraggeber im Sinne des § 6 Abs. 1 Satz 1 und 2 BRAGO.[3])

Zur **Auskunftserteilung und Rechnungslegung** gegenüber den Erben ist jeder **463** der mehreren TV verpflichtet; jeder einzelne TV kann hierauf verklagt werden.[4]) Eine notwendige Streitgenossenschaft besteht nur da, wo die Handlung nur von allen TV gemeinschaftlich geleistet werden kann. Mehrere TV, denen ein Verschulden zur Last fällt, haften als Gesamtschuldner (§ 2219 Abs. 2 BGB).[5])

Zur **Vergütung** mehrerer TV siehe unten Rz 602 ff.

2. Sonderfälle

Sind mehrere TV vorhanden, so können sie, unbeschadet ihrer vorgenannten **464** Haftung, die **Ausführung einzelner Handlungen** einem von ihnen oder einem Dritten übertragen oder die Wirkungskreise unter sich aufteilen. Die Verfügung des einen der TV kann auch durch nachträgliche Genehmigung des anderen wirksam werden.[6]) Ein Mit-TV kann auch dem anderen Vollmacht zur Vornahme eines einzelnen Rechtsgeschäfts erteilen. Haben sich mehrere TV gegenseitig in ein und derselben notariellen Urkunde bevollmächtigt, so muß, wenn zwei von ihnen einen Grundbuchantrag aufgrund der ihnen erteilten Vollmacht stellen, jeder von ihnen die ihm erteilte Ausfertigung vorlegen.[7]) Hat der Erblasser angeordnet, daß die Mehrheit der Stimmen ausschlaggebend sein soll, so gilt eine solche Regelung grundsätzlich nur für das Innenverhältnis und ändert nichts daran, daß nach außen alle TV zusammen vertreten. Aber auch insoweit kann der Erblasser eine andere Regelung treffen, etwa indem er jedem TV oder je zwei TV zusammen volle Vertretungsmacht zuweist.

---

[1]) Siehe dazu Rz 669, 678. Zur Gebührenerhöhung nach § 6 Abs. 1 Satz 2 BRAGO eines Rechtsanwalts, der für mehrere TV tätig wird, s. BGH, RPfleger 1994, 271.

[2]) Aufgrund des § 2224 Abs. 2 BGB ist jeder von mehreren TV berechtigt, ohne Zustimmung der anderen TV gegen einen vollstreckbaren Teil (im entschiedenen Fall Kostenrechnung eines Notars) ein Rechtsmittel einzulegen, um eine Schmälerung des Nachlasses zu verhindern (OLG Saarbrücken, NJW 1967, 1137).

[3]) OLG Düsseldorf, Jur.Büro 1983, 1034.

[4]) RG, JW 1913, 495.

[5]) Vgl. Rz 563.

[6]) Vgl. Rz 458.

[7]) KG, DNotZ 1908, 268.

465 Sind mehrere TV vorhanden, so muß die Aufforderung des Grundbuchamtes, den Antrag auf **Grundbuchberichtigung** nach §§ 82, 82a, 83 GBO zu stellen, dann, wenn sie das Amt gemeinschaftlich führen, stets an alle TV gerichtet werden,[1]) da sie den Berichtigungsantrag nur gemeinschaftlich stellen können. Soweit ein TV als **Treuhänder** eine Komplementär- oder Kommanditbeteiligung an einer OHG oder KG hält, kann trotz Mehrheit von TV jeweils nur einer Treuhänder sein.[2])

466 Fällt einer der mehreren TV weg und ernennen die übrigen kraft der ihnen vom Erblasser erteilten Ermächtigung einen **Nachfolger,**[3]) so ist eine Einziehung des TV-Zeugnisses (§ 2368 BGB)[4]) nicht erforderlich, vielmehr ist es durch einen Vermerk entsprechend zu berichtigen.[5])

---

[1])   OLG München, DNotZ 1938, 625.

[2])   Siehe oben Rz 349.

[3])   Siehe Rz 49.

[4])   Rz 705 ff.

[5])   KGJ 28 A 200.

Vierter Abschnitt
Testamentsvollstrecker und Erben

I. Allgemeines über das Verhältnis zwischen Testamentsvollstrecker und Erben

1. Auftrags- und ähnliches Verhältnis

Auf das Rechtsverhältnis zwischen dem TV und den Erben des Erblassers **467** finden (aus technischen Gründen) die für den **Auftrag** geltenden Vorschriften (§§ 664, 666, 667, 668, 670, 673 Satz 2, 674 BGB) **entsprechende Anwendung** (§ 2218 Abs. 1 BGB). Ein eigentliches Auftragsverhältnis besteht zwischen TV und Erben gleichwohl nicht, vielmehr ein gesetzliches Schuldverhältnis.[1] Der TV ist nicht als Beauftragter des Erblassers oder der Erben anzusehen. Selbst wenn er Rechtsanwalt ist, ist der TV nicht Anwalt der Erben. Demgemäß kann der Erbe wohl Wünsche äußern, aber keine Weisungen erteilen.

Der TV muß sein Amt **höchstpersönlich** ausüben und darf weder sein Amt als **468** solches noch einzelne Obliegenheiten einem Dritten derart **übertragen,** daß er sich der Erledigung seiner Aufgaben entzieht (§ 664 BGB).[2] Für einzelne Fälle und Handlungen darf der TV **Bevollmächtigte** aufstellen. Die Erteilung einer **Generalvollmacht** ist dem TV daher grundsätzlich verwehrt, soweit nicht der Erblasserwille etwas anderes ergibt.[3] Die hierzu vertretenen abweichenden Meinungen sind teilweise widersprüchlich; so soll nach Palandt/Edenhofer der TV sein Vertrauensamt nicht im ganzen übertragen, wohl aber einen Generalbevollmächtigten bestellen dürfen, wenn er sich nur den Widerruf vorbehält.[4] Nach Reimann kann der TV Generalvollmacht immer dann erteilen, wenn der Erblasser eine solche Bevollmächtigung nicht untersagt hat, muß sich aber den Widerruf vorbehalten.[5] Während Brandner die Erteilung einer Generalvollmacht zuläßt, wenn sie mit dem Willen des Erblassers zu vereinbaren ist,[6] ist sie für Damrau überhaupt unproblematisch.[7] Eine vergleichbare Parallele besteht indes im Gesellschaftsrecht, wo der Grundsatz gilt, daß ein

---

[1]   Zu den Theorien s. o. Rz 1 Fußnote 3. Zum vermeintlichen TV siehe unten Rz 630 ff., 822.

[2]   RGZ 81, 170; JW 1930, 1075; OLGZ 40, 135.

[3]   Kipp/Coing, § 73 II 5b; Schlüter, Erbrecht § 42 XII 2b. Das KG, JW 1930, 1074, vertrat die Ansicht, eine unwiderrufliche Generalvollmacht des TV sei zulässig, wenn der Erblasser ihre Erteilung nicht ausdrücklich verboten hat (siehe auch RGZ 80, 170; KG, JFG 7, 279). Zur Vollmachterteilung durch den TV siehe auch Bengel/Reimann/Klumpp, 6. Kap. Rz 23 ff.; Schwindt, MittRhNotK 1961, 38, 46 mit weiteren Nachw.

[4]   § 2218 BGB Rz 2.

[5]   Staudinger/Reimann, § 2218 BGB Rz 12; ebenso Erman/Hense, § 2218 BGB Rz 2.

[6]   MüKo, § 2218 BGB Rz 6.

[7]   Soergel/Damrau, § 2218 BGB Rz 3.

GmbH-Geschäftsführer seine Organstellung nicht durch Generalvollmacht auf Dritte übertragen kann.[1]) Der TV würde auch hier das in ihn gesetzte Vertrauen enttäuschen, wenn er seine Befugnisse pauschal auf Dritte überträgt. In jedem Falle der Erteilung einer Vollmacht hat der TV die Ausführung durch den Bevollmächtigten zu überwachen und gegebenenfalls einzugreifen. Widerruft der TV eine von ihm erteilte Vollmacht nicht, obwohl der Bevollmächtigte ungeeignet ist, so haftet der TV den Erben (§ 664 Abs. 1 BGB) und können die Erben die Entlassung des TV betreiben (§ 2227 BGB).[2]) Bei Handlungen, die der TV nur zu veranlassen hat, wie Erteilung einer Prozeßvollmacht oder Beauftragung von Handwerkern, erschöpft sich seine Verpflichtung in sorgfältiger Auswahl und Anweisung.[3])

469 Die **Erben** können während der Dauer einer TVg dritten Personen eine **Vollmacht** über den Nachlaß **nicht erteilen.**[4]) Eine vom TV in dieser Eigenschaft einem Dritten erteilte Vollmacht **erlischt** mit der Beendigung seines Amtes.[5])

470 Miterben einerseits und TV andererseits können wegen künftiger Rechtsstreitigkeiten einen **Schiedsvertrag** abschließen; dies gilt jedenfalls für Streitigkeiten, die ohne Schiedsvertrag im Verfahren nach der ZPO auszutragen wären; aber auch für echte Streitsachen im Verfahren der freiwilligen Gerichtsbarkeit ist heute anerkannt, daß die staatliche Gerichtsbarkeit durch Schiedsvertrag ausgeschlossen werden kann.[6])

471 Die Rechtsstellung der Erben ist in bezug auf die Nachlaßgegenstände insoweit eingeschränkt, als die Befugnis des TV reicht; diese Beschränkung entfällt dort, wo der TV aus Rechtsgründen an der Amtsausübung verhindert ist.[7]) **Beim Tod des TV** haben dessen Erben unverzüglich Anzeige an die Erben des Erblassers zu erstatten und bei Gefahr im Verzug dringende Maßnahmen selbst zu treffen (§ 673 BGB).

2. Allgemeine Rechte der Erben

472 Die Erben haben ihre Ansprüche gegen den TV auf Mitteilung eines **Nachlaßverzeichnisses** (§ 2215 BGB),[8]) auf ordnungsmäßige **Verwaltung des Nachlas-**

---

[1]) BGH NJW 1977, 199.

[2]) Palandt/Edenhofer, § 2218 BGB Rz 2; siehe Rz 792.

[3]) Kipp/Coing, § 73 II 5b; Palandt/Edenhofer, § 2218 BGB Rz 2.

[4]) Vgl. Rz 251.

[5]) Bengel/Reimann/Klumpp, 6. Kap. Rz 29; MüKo/Brandner, § 2218 BGB Rz 6; Palandt/Edenhofer, § 2218 BGB Rz 2; Soergel/Damrau, § 2218 BGB Rz 3; Staudinger/Reimann, § 2218 BGB Rz 13; a. A. Kipp/Coing, § 73 II 5b; siehe dazu Rz 827.

[6]) LG Hamburg, EWiR 1985, 815; Damrau, EWiR 1985, 816; Keidel/Kuntze/Winkler, § 1 FGG Rz 5.

[7]) Vgl. BGHZ 30, 67/71; 51, 209/217.

[8]) Rz 485.

ses (§ 2216 BGB),[1]) auf **Überlassung bestimmter Nachlaßgegenstände** (§ 2217 BGB),[2]) sowie auf **Auskunft,** u. U. Benachrichtigung und Anhörung [3]) und **Rechnungslegung** (§§ 2218, 666 BGB).[4]) Diese Rechte selbst sind als solche nicht übertragbar, wohl aber die daraus entstehenden Ansprüche. Auf die Verwaltung des Nachlasses durch den TV und überhaupt auf seine Amtsführung haben die Erben eine gewisse Einwirkungsmöglichkeit dadurch, daß sie jederzeit Antrag auf Entlassung des TV stellen können, wenn ein wichtiger Grund vorliegt (§ 2227 BGB).[5])

Höchstpersönliche Rechte des Erben, wie z. B. sein Erbrecht selbst,[6]) die **473** Annahme oder Ausschlagung einer dem Erblasser zugefallenen Erbschaft oder den Widerruf einer Schenkung des Erblassers wegen groben Undanks des Beschenkten, darf der TV nicht ausüben.[7]) Daher ist der TV auch nicht beschwerdeberechtigt im Verfahren über die vormundschaftsgerichtliche Genehmigung eines Vergleichs über das Erbrecht.[8]) Auch das **Namensrecht** (§ 12 BGB) kann der TV nicht ausüben.

Wird über das Vermögen eines Miterben das **Konkursverfahren** eröffnet, so **474** werden dadurch die Rechte des TV am Nachlaß nicht berührt. Das Nachlaßvermögen kommt unter Aufrechterhaltung der Verfügungsbeschränkungen nach § 2211 BGB [9]) und des Vollstreckungsverbots nach § 2214 BGB [10]) zur Konkursmasse. Es wird aber von der Konkursmasse erst völlig ergriffen, wenn die TVg endet.[11])

---

[1]) Rz 165.

[2]) Rz 494.

[3]) Rz 475 ff.

[4]) Rz 549.

[5]) Siehe Rz 792.

[6]) OLG Zweibrücken, OLGZ 1980, 142.

[7]) Vgl. z. B. Rz 236.

[8]) OLG Zweibrücken, OLGZ 1980, 142.

[9]) Siehe Rz 227.

[10]) Rz 181.

[11]) LG Aachen, KTS 1960, 62 = NJW 1960, 46 mit Anm. von Buch. Nach OLG Düsseldorf, KTS 1962, 115, dagegen gehört der einer TVg unterliegende Nachlaß nicht zur Konkursmasse, ebenso Mohrbutter, Handbuch des gesamten Vollstreckungs- und Insolvenzrechts, S. 496; nach seiner Ansicht fällt der Nachlaß auch dann nicht in die Masse, wenn die TVg während des Konkurses endet (§§ 2225 bis 2227, 2210 BGB), da § 1 KO Beschlagnahmefähigkeit im Zeitpunkt der Konkurseröffnung (§ 108 KO) voraussetzt. Wohl aber fällt nach Mohrbutter a.a.O. der Nachlaß in die Masse eines zweiten, nach der Beendigung der TVg eröffneten Konkursverfahrens. Wegen Einzelheiten siehe Haegele, KTS 1969, 158, 159. Siehe auch Rz 171.

II. Auskunftsrechte der Erben

475 Aufgrund seiner selbständigen Stellung verwaltet der TV den Nachlaß unabhängig von den Erben und schließt diese weitgehend aus. Damit korrespondieren zwangsläufig Pflichten des TV zur Benachrichtigung, Auskunft und Rechenschaftsablegung gegenüber den **Erben** (§§ 2218, 666 BGB). Der Pflichtteilsberechtigte kann wegen seiner Ansprüche Auskunft nur vom Erben verlangen; dies ergibt sich aus §§ 2213 Abs. 1 Satz 3, 2314 BGB.[1]) Der Nacherben-TV (§ 2222 BGB) hat dem Nacherben bereits vor dem Nacherbfall und auch dann, wenn er zugleich TV über die Vorerbschaft ist, auf Verlangen Auskunft zu erteilen

(1) über den bei Übernahme der TVg vorhandenen Bestand des Nachlasses,

(2) nach Erteilung dieser Auskunft über den späteren Bestand nur, wenn der Nacherbe eine erhebliche Verletzung seiner Rechte durch die Verwaltung dartut,

(3) über den Verbleib von Nachlaßgegenständen, bezüglich deren der Nacherben-TV Rechte des Nacherben gem. §§ 2113 ff. und 2116 ff. BGB wahrgenommen hat.[2])

Bei einem Vermächtnisnehmer kann ein Auskunftsanspruch mitvermacht sein.[3]) Die Pflichten des TV bestehen unverzüglich nach Annahme des Amtes (Nachlaßverzeichnis),[4]) während der Dauer der Testamentsvollstreckung[5]) und nach Beendigung der Testamentsvollstreckung (Rechenschaftsablegung).[6])

476 Während der Dauer der Testamentsvollstreckung ist der TV gemäß §§ 2218, 666 BGB verpflichtet, dem Erben die erforderlichen Nachrichten zu geben und auf Verlangen über den Stand der Testamentsvollstreckung Auskunft zu erteilen.

1. Mitteilungs- und Anhörungspflicht des Testamentsvollstreckers

477 Der TV hat kraft Gesetzes die Pflicht, dem Erben auch unverlangt „die erforderlichen **Nachrichten**" zu geben; zu einer vorherigen **Anhörung** des Erben über die von ihm beabsichtigten Maßnahmen ist er jedoch nicht grundsätzlich, sondern

---

[1]) RGZ 50, 224; BGH, MDR 1952 B 53 Nr. 537; Soergel/Damrau, § 2218 BGB Rz 4; MüKo/Brandner, § 2215 BGB Rz 2, 4; vgl. oben Rz 441. Da die Vorschrift des § 2213 Abs. 1 Satz 3 BGB voraussetzt, daß der Pflichtteilsanspruch bestritten wird (oben Rz 441), dürfte der TV zur Auskunftserteilung zuständig sein, wenn der Pflichtteilsanspruch vom Erben nicht bestritten wird.

[2]) BGHZ 127, 360 = NJW 1995, 456 = MittBayNot 1995, 51 = RPfleger 1995, 298 = WM 1995, 253 = ZEV 1995, 67.

[3]) Vgl. BGH, DB 1964, 1370 = WM 1964, 950; Palandt/Edenhofer, § 2218 BGB Rz 1.

[4]) Siehe unten Rz 485.

[5]) Siehe unten Rz 477.

[6]) Siehe unten Rz 549 ff.

nur nach Lage des Einzelfalles verpflichtet.[1]) Der TV ist in seiner Amtsführung grundsätzlich unabhängig und kann auf diese Unabhängigkeit nicht rechtswirksam verzichten;[2]) infolgedessen ist bei Vorgängen, die eine Verwaltungsmaßnahme vorbereiten, die Frage, ob eine Nachricht erforderlich ist, und infolgedessen eine Mitteilungspflicht hierüber ebenfalls nicht grundsätzlich, sondern nur nach den Umständen des einzelnen Falles zu bejahen.[3]) Unabhängig hiervon bringt eine offensive Informationspolitik gegenüber den Erben Transparenz und Schnelligkeit in das Verfahren. Es empfiehlt sich daher regelmäßig, den Beteiligten Entwürfe des Nachlaßverzeichnisses und des Teilungsplans vorher zu überlassen mit der Bitte um Äußerung innerhalb angemessener Frist. Eine vorherige Mitteilungs- und Anhörungspflicht kann gegeben sein bei Geschäften, wenn der Erblasser erhebliche Sicherungen gegen einen unzweckmäßigen Verkauf von Nachlaßgegenständen durch den Erben vorgesehen hat [4]) oder wenn der TV einen Nachlaßgegenstand auf sich selbst überträgt.[5]) Wird eine bestehende Mitteilungs- und Anhörungspflicht verletzt, so ergibt sich daraus eine Ersatzpflicht (§ 2219 BGB), soweit die Pflichtverletzung für den Schaden ursächlich war, aber noch nicht die Unwirksamkeit des Rechtsgeschäfts.[6])

478

Die Benachrichtigung muß selbstverständlich genügend ausführlich und verständlich sein und hat unverzüglich zu erfolgen. Sie kann auch in laufender oder periodischer Information geschehen.[7]) Unabhängig hiervon hat der TV den Erben soweit zu **informieren,** daß dieser seine Rechte wahrnehmen, seine Pflichten erfüllen und sachgerechte Entscheidungen fällen kann. Eine weitgehende Benachrichtigung liegt auch im Interesse des TV selbst, das Unterlassen kann Schadensersatzpflichten auslösen [8]) und einen Grund zur Entlassung des TV darstellen.[9]) Eine zusätzliche Anhörungspflicht der Erben besteht nach § 2204 Abs. 2 BGB vor der Ausführung des Auseinandersetzungsplans.[10])

---

[1]) RGZ 130, 131, 139.

[2]) BGHZ 25, 275.

[3]) BGHZ 30, 67, 73 = DNotZ 1959, 480 = DB 1959, 706; Hartmann, Abschn. 2.263; MüKo/Brandner, § 2218 BGB Rz 9; Soergel/Damrau, § 2218 BGB Rz 4.

[4]) Vgl. RGZ 130, 131, 139; Hartmann, Abschn. 2.263; in diesem Fall war die zweite Ehefrau des Erblassers Miterbin und TV; sie verkaufte ein Nachlaßgrundstück zu einem weit unter dem Verkehrswert liegenden Verkaufspreis an ihre Kinder aus der Ehe mit dem Erblasser, die ebenfalls Miterben waren. Den Kindern des Erblassers aus dessen erster Ehe, die auch Miterben waren, verschwieg sie Verkauf und Erlös. Das RG bejahte hier eine vorherige Anhörungspflicht.

[5]) Vgl. BGHZ 30, 67, 73 = DNotZ 1959, 480. In diesem Fall hatte der TV, der gleichzeitig Miterbe war, ein Nachlaßgrundstück erheblich unter Wert an sich verkauft.

[6]) BGHZ 30, 67, 73 = NJW 1959, 1429 = DNotZ 1959, 480; Bengel/Reimann/Klumpp, 6. Kap. Rz 80; MüKo/Brandner, § 2218 BGB Rz 9; Soergel/Damrau, § 2218 BGB Rz 4; Staudinger/Wittmann, § 666 BGB Rz 2; vgl. BGH, DB 1959, 706.

[7]) Bengel/Reimann/Klumpp, 6. Kap. Rz 71; Hartmann, Abschn. 2.263; MüKo/Seiler, § 666 BGB Rz 5.

[8]) MüKo/Brandner, § 2218 BGB Rz 9; Hartmann, Abschn. 2.263.

[9]) OLG Zweibrücken, RPfleger 1977, 306; Hartmann, Abschn. 2.263.

[10]) Siehe unten Rz 519.

2. Auskunftspflicht des TV

479 Der TV ist verpflichtet, dem Erben über den Stand der Testamentsvollstrek-kung **auf Verlangen** Auskunft zu geben. Die Auskunftspflicht ist gegeben, solange der Erbe ein berechtigtes Interesse daran hat. Sie umfaßt auch bevor-stehende Geschäfte.[1]) Die Pflicht besteht auch dann, wenn der Nachlaß durch angeordnete Vermächtnisse und Auflagen aufgezehrt wird.[2]) Die Mitteilung des Nachlaßverzeichnisses und Rechnungslegung befreit den TV nicht von weiterer Auskunftspflicht.[3])

480 Der **Umfang** der Auskunft richtet sich nach den Anforderungen des Erben. Der TV muß die Auskunft auch dann erteilen, wenn er sich dadurch selbst strafbarer Handlungen bezichtigt.[4]) Die Richtigkeit der Auskunft muß nach-prüfbar sein. Teilauskünfte können die Gesamtauskunft ersetzen.[5]) Ein **Zurückbehaltungsrecht** steht dem TV gegenüber Ansprüchen aus § 666 BGB nicht zu.[6])

481 Bei einer Auskunft über einen Inbegriff von Vermögensgegenständen, z. B. über den Nachlaß insgesamt, ist § 260 BGB zu beachten. Hat der TV Auskunft über einen Wert zu geben, z. B. den Verkehrswert eines Grundstücks bei geplantem Verkauf, so muß er bei eigener wirtschaftlicher Unkenntnis ein Sachverständigengutachten einholen.[7])

482 Ist der TV gleichzeitig **Miterbe,** so treffen ihn in dieser Eigenschaft selbstver-ständlich auch die allgemein bestehenden Auskunftspflichten gegenüber den anderen Miterben. Er hat gegebenenfalls Auskunft über die vom Erblasser erhaltenen ausgleichspflichtigen Zuwendungen zu geben (§ 2057 BGB) und, falls er mit dem Erblasser in häuslicher Gemeinschaft gelebt hat, darüber wel-che erbschaftlichen Geschäfte er geführt hat und was ihm über den Verbleib der Erbschaftsgegenstände bekannt ist (§ 2028 BGB).[8])

3. Jährliche Rechnungslegung

483 Bei einer **länger dauernden Verwaltung** können die Erben jährliche Rech-nungslegung verlangen (§ 2218 Abs. 2 BGB). Unter länger dauernder Verwal-tung ist eine solche zu verstehen, die länger als ein Jahr währt.[9]) Unabhängig hiervon kann sich eine Pflicht zur Rechnungslegung nach Erledigung einer

---

[1]) Vgl. RGZ 130, 131, 139; Hartmann, Abschn. 2.263; Soergel/Damrau, § 2218 BGB Rz 4; Staudinger/ Reimann, § 2218 BGB Rz 17.

[2]) RG, Recht 1930, Nr. 1520; Soergel/Damrau, § 2218 BGB Rz 4.

[3]) Hartmann, Abschn. 2.263; Soergel/Damrau, § 2218 BGB Rz 4; vgl. auch BGH, NJW 1968, 300.

[4]) Hartmann, Abschn. 2.263; vgl. BGHZ 41, 318.

[5]) BGH, NJW 1962, 245; Soergel/Damrau, § 2218 BGB Rz 4.

[6]) RGZ 102, 110; BGH, LM § 2221 BGB Nr. 1; Soergel/Damrau, § 2218 BGB Rz 4.

[7]) Vgl. RGZ 130, 131, 135, 140.

[8]) Ebenso Bengel/Reimann/Klumpp, 6. Kap. Rz 123; Hartmann, Abschn. 2.265.

[9]) Staudinger/Reimann, § 2218 BGB Rz 23.

selbständigen Einzelaufgabe ergeben.[1]) Den Anspruch auf Rechnungslegung kann jeder Miterbe geltend machen, indem er die Leistung an alle Miterben verlangt.[2]) Die jährliche Rechnungslegung braucht den Erben nicht mehr zu bieten als eine Übersicht, durch die sie sich ein **allgemeines Bild** machen können, in welcher Weise und in welchem Umfang der TV im abgelaufenen Jahr die ihm vom Erblasser übertragenen Aufgaben abgewickelt hat.[3]) Sie soll einen Überblick über alle in Frage stehenden Rechnungsposten ermöglichen, muß also übersichtlich und in sich verständlich sein. Sind mehrere verschieden genutzte Grundstücke vorhanden, so muß die Zusammenstellung der Einnahmen und Ausgaben für jedes Grundstück gesondert erfolgen. Bei Vorhandensein eines **Handelsgeschäfts** kann im Einzelfall Vorlage der Bilanz ausreichend sein (vgl. für den weit enger gestellten Vormund § 1841 Abs. 2 BGB). Im übrigen muß die Rechnungslegung so beschaffen sein, daß sie den Erben die Prüfung möglich macht, ob und in welcher Höhe ihnen Ansprüche gegen den TV zustehen. Soweit Belege erteilt zu werden pflegen, sind sie vorzulegen (§ 259 Abs. 1 BGB). Der TV braucht sie also nicht aus der Hand zu geben;[4]) es genügt die Möglichkeit der Einsichtnahme in den Räumen des TV oder die Überlassung von Abschriften.

Einen **Anspruch auf Entlastung** durch den Erben hat der TV nicht.[5]) Doch **484** kann der TV unabhängig von der Rechnungslegung bei Streit über die ordnungsmäßige Pflichterfüllung oder die Richtigkeit der Abrechnung gegen den Erben auf Feststellung klagen, daß keine weiteren Ansprüche gegeben sind.[6])

---

[1]) MüKo/Brandner, § 2218 BGB Rz 10; Staudinger/Reimann, § 2218 BGB Rz 18.

[2]) MüKo/Brandner, § 2218 BGB Rz 13; Hartmann, Abschn. 2.263.

[3]) RG, WarnR 1936 Nr. 159; Soergel/Damrau, § 2218 BGB Rz 6. Weitergehend Bengel/Reimann/Klumpp, 6. Kap. Rz 300, der in Zeiten komplexer wirtschaftlicher Vorgänge und Lebenssachverhalte eine pauschale Überblicksverschaffung nicht ausreichen läßt.

[4]) Staudinger/Selb, § 258 BGB Rz 14.

[5]) Soergel/Damrau, § 2218 BGB Rz 6; Staudinger/Reimann, § 2218 BGB Rz 20; a.A. MüKo/Brandner, § 2218 BGB Rz 14.

[6]) Bengel/Reimann/Klumpp, 6. Kap. Rz 343; Hartmann, Abschn. 2.263; Soergel/Damrau, § 2218 BGB Rz 6; Staudinger/Reimann, § 2218 BGB Rz 20; siehe auch unten Rz 554.

III. Nachlaßverzeichnis

1. Inhalt des Verzeichnisses

485 Der TV hat den Erben (auch einem den Erbfall pfändenden Gläubiger und einem Erbteilsnießbraucher, nicht aber einem bloßen Vermächtnisnehmer, Pflichtteilsberechtigten oder dem Nacherben vor Eintritt des Nacherbfalls) **unverzüglich** nach der Annahme des Amtes unaufgefordert **ein Verzeichnis der seiner Verwaltung unterliegenden Nachlaßgegenstände** und der bekannten Nachlaßverbindlichkeiten mitzuteilen und ihnen die zur Aufnahme des Inventars (§§ 1993 ff. BGB) sonst erforderliche Beihilfe zu leisten. Bei unübersichtlichen Fällen kann es sich empfehlen, unter Übersendung eines TV-Zeugnisses bei den örtlichen Banken um Auskunft über Konten, Depots und Schließfächer zu bitten. Das Verzeichnis ist mit Angabe des Tages der Aufnahme zu versehen und vom TV zu unterzeichnen. Dieser hat auf Verlangen seine Unterschrift öffentlich beglaubigen zu lassen. Die Erben können verlangen, daß sie bei der Aufnahme des Verzeichnisses zugezogen werden (§ 2215 BGB).

486 Der TV ist berechtigt und auf Verlangen der Erben verpflichtet, das Verzeichnis durch die zuständige Behörde oder durch einen zuständigen Beamten oder Notar aufnehmen zu lassen (§ 2215 Abs. 4 BGB). Das Verzeichnis der Nachlaßgegenstände hat Bedeutung hauptsächlich als Grundlage für die ordnungsgemäße Verwaltung, die Rechenschaftspflicht und die Haftung (§ 2219 BGB) des TV. Durch die Errichtung des Inventars erhält sich der Erbe die rechtliche Möglichkeit, durch eines der dazu bestimmten Mittel (z. B. Aufgebot der Nachlaßgläubiger nach §§ 1970 ff. BGB, Nachlaßverwaltung oder Nachlaßkonkurs nach §§ 1975 ff. BGB) seine Haftung auf den Nachlaß zu beschränken. Zum Inhalt des Inventars siehe § 2001 BGB.

Die Kosten der Aufnahme und Beglaubigung des Nachlaßverzeichnisses fallen dem Nachlaß zur Last (§ 2215 BGB).

487 Es genügt eine einfache Aufzählung aller der Verwaltung des TV unterliegenden Gegenstände. Das ist bei Grundstücken (Grundbuch) und Betriebsvermögen (Bilanz) meist nicht schwer; bei beweglichen Gegenständen kann die Feststellung Schwierigkeiten verursachen; der TV ist deshalb verpflichtet, alle ihm gegebenen Erkenntnisquellen auszuschöpfen und vor allem alle verfügbaren Urkunden und sonstigen Unterlagen zu sichten und zu überprüfen.[1] Das Nachlaßverzeichnis braucht – im Gegensatz zum Inventar – eine Beschreibung der Gegenstände nicht zu enthalten. Auch besteht keine Pflicht, in dem Ver-

---

[1] BGH NJW 1981, 1271.

zeichnis den **Wert** der einzelnen Nachlaßgegenstände anzugeben.[1]) Gleichwohl ist eine solche Wertangabe und auch eine nähere Beschreibung der Nachlaßgegenstände, soweit möglich, zweckmäßig und üblich. Zur Feststellung des Pflichtteils eines Berechtigten ist eine solche wertmäßige Angabe, abgestellt auf den Todestag des Erblassers, unumgänglich (§§ 2213, 2218, 2314 BGB; §§ 163, 79 FGG).

Um den Bestand des Nachlasses ermitteln zu können, muß der TV auch über **Schenkungen** des Erblassers Bescheid wissen. Dabei unterliegen Schenkungsversprechen unter der Bedingung, daß der Beschenkte den Schenker überlebt, den Vorschriften über Verfügungen von Todes wegen (§ 2301 Abs. 1 BGB). Bereits vollzogene Schenkungen richten sich dagegen nach den allgemeinen Schenkungsvorschriften (§ 2301 Abs. 2, §§ 516 ff. BGB). Von Bedeutung ist dies auch für die Berechnung von Pflichtteilsergänzungsansprüchen gemäß § 2325 BGB – der TV hat, wie Rz 485 ausgeführt, die Erben bei der Inventarerrichtung zu unterstützen – und für die Erbschaftsteuer gemäß § 14 ErbStG;[2]) in beiden Fällen sind Schenkungen innerhalb der letzten 10 Jahre vor dem Tod des Erblassers zu berücksichtigen (§ 2325 BGB, § 14 ErbStG). **488**

Von der Pflicht zur Aufnahme und Vorlage des Verzeichnisses kann der Erblasser den TV nicht entbinden (§ 2220 BGB), wohl aber können die Erben selbst auf das Nachlaßverzeichnis verzichten. Ein TV, der Rechtsanwalt ist und kein den Anforderungen des § 2215 BGB entsprechendes Nachlaßverzeichnis erstellt, handelt grob pflichtwidrig.[3]) **489**

Zu einer **Ergänzung** des Vermögensverzeichnisses ist der TV nur auf Antrag eines Erben verpflichtet. **490**

Ist der **TV zugleich gesetzlicher Vertreter eines minderjährigen Miterben,** so fragt es sich, ob zum Zweck der ordnungsmäßigen Prüfung des vom TV aufgestellten Nachlaßverzeichnisses ein **Pfleger** für diesen Miterben bestellt werden muß. Die Frage wird verschieden beantwortet: Nach einer Ansicht ist Pflegerbestellung erforderlich, weil der gesetzliche Vertreter von der Prüfung des von ihm selbst als TV aufgestellten Vermögensverzeichnisses nach §§ 1630, 1795, 1802, 181 BGB ausgeschlossen sei.[4]) Auch die in der widerspruchslosen Annahme des Nachlaßverzeichnisses liegende Anerkennung der Richtigkeit und Vollständigkeit des Verzeichnisses könne nur durch einen hierfür bestell- **491**

---

[1]) RG, JW 1916, 613. Der Erbe ist – für den Fall der §§ 1993 ff. BGB – auch nicht berechtigt, vom TV zu verlangen, daß er über die in einem von ihm gemäß § 2215 BGB erstellten Nachlaßverzeichnis gemachten Angaben hinaus Auskunft über den Bestand des Nachlasses und die Nachlaßverbindlichkeiten, insbesondere über zum Nachlaß gehörende Bankkonten sowie das Nachlaßinventar, erteilt (OLG Karlsruhe, Justiz 1965, 28). Siehe zum Nachlaßverzeichnis auch Hartmann, Abschn. 2.262.

[2]) Siehe unten Rz 750, 760.

[3]) OLG Hamm OLGZ 1986, 1 = RPfleger 1986, 16.

[4]) Hartmann, Abschn. 2.261; nähere Begründung siehe RPfleger 1963, 330, 332; OLG Hamm FamRZ 1993, 1122: Aus der Doppelstellung ergebe sich ein Interessengegensatz, der Anlaß für eine Ergänzungspflegschaft sein könne.

ten Pfleger erfolgen.[1]) Die andere Ansicht geht dahin, die Verpflichtung aus §§ 1640, 1802 BGB treffe den gesetzlichen Vertreter nicht in seiner Eigenschaft als TV, sondern als Verwalter des Kindesvermögens, der er trotz seiner TV-Eigenschaft bleibe. Wegen der Doppeleigenschaft sei er praktisch auch, ohne in seinen Rechten als TV beeinträchtigt zu sein, in der Lage, der Verpflichtung aus §§ 1640, 1802 BGB voll zu genügen.[2]) Pflegerbestellung wird nach dieser Ansicht nur bei Gefährdung des Kindesvermögens für erforderlich und zulässig erachtet.[3]) Schließlich wird auch noch die Ansicht vertreten, daß eine Verzeichnispflicht des Elternteils gar nicht bestehe, falls die Verwaltung einem TV obliegt.[4]) Für die Prüfung des Nachlaßverzeichnisses ist somit die Bestellung eines Ergänzungspflegers nach § 1909 BGB nicht erforderlich. Der TV-Elternteil muß jedoch das von ihm erstellte Nachlaßverzeichnis nach § 1640 Abs. 1 BGB dem Vormundschaftsgericht einreichen, sofern nicht eine Ausnahme nach § 1640 Abs. 2 BGB vorliegt (Wert nicht höher als 10 000 DM, abweichende Anordnung des Erblassers).[5])

492 Zu einer Sicherheitsleistung ist der TV nicht verpflichtet.

2. Abgabe einer eidesstattlichen Versicherung

493 Der TV ist zur Abgabe einer eidesstattlichen Versicherung verpflichtet, wenn Grund zu der Annahme besteht, daß das Verzeichnis nicht mit der erforderlichen Sorgfalt aufgestellt ist (§ 260 Abs. 2 BGB). Der Anspruch auf Abgabe der Versicherung kann im Prozeßweg geltend gemacht werden. Die Abgabe der Versicherung erfolgt, wenn sie vom Prozeßgericht angeordnet ist, vor diesem (vgl. § 889 ZPO), sonst vor dem Amtsgericht des Ortes, an dem die Verpflichtung zur Rechnungslegung oder zur Vorlegung des Verzeichnisses zu erfüllen ist (§ 261 Abs. 1 Satz 1 BGB; vgl. auch §§ 163, 79 FGG). Der TV hat zu versichern, daß er den Bestand des Nachlasses und der ihm bekannten Nachlaßverbindlichkeiten nach bestem Wissen und Gewissen derart vollständig angegeben hat, als er dazu imstande ist.

---

[1]) Vgl. Möhring, DFG 1940, 83 mit weiteren Nachweisen.

[2]) KG, JW 1934, 1293; Bengel/Reimann/Klumpp, 3. Kap. Rz 39.

[3]) KG, JW 36, 2748; Guggumos, DFG 1940, 53, ähnlich Firsching, Familienrecht, 4. Aufl. 1979, S. 559, in bezug auf die Frage der Geltendmachung von Pflichtteilsansprüchen eines Kindes an den Elternteil.

[4]) So Firsching, a.a.O. S. 402, wobei in Fußnote 389 vermerkt ist: „Nach JFG 11, 48 zumindest jedoch dann, wenn Gewalthaber zugleich TV ist", welcher Fall hier behandelt wird.

[5]) Damrau, ZEV 1994, 1.

IV. Überlassung von Nachlaßgegenständen an die Erben

1. Überlassungspflicht des Testamentsvollstreckers [1]

Der TV hat Nachlaßgegenstände, deren er zur **Erfüllung** seiner **Aufgaben** **494** „offenbar", d. h. ohne weitläufige Beweiserhebungen, **nicht bedarf** – nach Annahme des Amtes – den **Erben** auf Verlangen zur **freien Verfügung** zu über**lassen;** der Erblasser kann ihn von dieser Pflicht befreien (§§ 2217, 2220 BGB).[2] Die Erfüllung dieser Pflicht kann von den Erben, bei einer Mehrheit nur von allen gemeinsam, nach Amtsannahme im Klageweg erzwungen werden. Dem TV steht wegen seiner Vergütung kein Zurückbehaltungsrecht zu. Die Herausgabe von Nutzungen kann vom TV nur verlangt werden, wenn dies den Grundsätzen der ordnungsmäßigen Verwaltung entspricht.[3]

Zur Ausführung seines Amtes **benötigt** der TV vor allem die Gegenstände, mit **495** denen er Vermächtnisse und Auflagen zu erfüllen hat, sowie die Mittel, die er zur Tilgung der Nachlaßverbindlichkeiten braucht. Obliegt ihm die Bewirkung der Nachlaßauseinandersetzung,[4] so benötigt er alle von dieser erfaßten Nachlaßgegenstände bis zur Schlußverteilung.[5] Hat der Erblasser dem TV die **Dauer**-TVg [6] übertragen, so bedarf er der von ihr betroffenen Gegenstände und ist eine Freigabe von Nachlaßgegenständen ausgeschlossen; was der Dauer-TVg unterliegt, muß in der Verfügungsgewalt des TV bleiben.[7]

Wegen Nachlaßverbindlichkeiten, die nicht auf einem Vermächtnis oder einer **496** Auflage beruhen, sowie wegen bedingter und befristeter Vermächtnisse oder Auflagen kann der TV die Überlassung der Gegenstände an die Erben nicht verweigern, wenn diese für die Berichtigung der Verbindlichkeiten oder für die

---

[1] Siehe darüber insbesondere Haegele/Schöner/Stöber, Grundbuchrecht, Rdn 1766; Häußermann, BWNotZ 1967, 234; Lange, JuS 1970, 101, 106, ferner OLG Hamm, MittBayNot 1973, 105.

[2] Palandt/Edenhofer, § 2217 BGB Rz 3. Die Befugnis, einen Nachlaßgegenstand zu belasten, ist kein selbständiges Recht (OLG Düsseldorf, NJW 1963, 162). Siehe auch Erman/Hense, § 2211 BGB Rz 4 (ferner § 2217 BGB Rz 2) wie folgt: „Will der Erbe ein Grundstück nur belasten, ist eine Freigabe weder notwendig noch angebracht noch nach § 2217 BGB überhaupt zulässig, da nur Nachlaßgegenstände freigegeben werden können. Hier ist nur dadurch zu helfen, daß der TV der Belastung zustimmt."

[3] BGH, NJW-RR 1988, 386 = DNotZ 1988, 440 = FamRZ 1988, 279: Bengel/Reimann/Klumpp, 6. Kap. Rz 192; MüKo/Brandner, § 2217 BGB Rz 4; Soergel/Damrau, § 2217 BGB Rz 3; Staudinger/Reimann, § 2217 BGB Rz 17.

[4] Rz 507.

[5] Bengel/Reimann/Klumpp, 6. Kap. Rz 167.

[6] Oben Rz 130.

[7] RG, HRR 1929, Nr. 1652; KG, DNotZ 1942, 225; BGHZ 56, 275 = NJW 1971, 1805 = RPfleger 1971, 349 mit Anm. von Haegele = WM 1971, 1393 = MDR 1971, 833; (siehe aber auch Rz 501 wegen freiwilliger Überlassung); Bengel/Reimann/Klumpp, 6. Kap. Rz 170; Staudinger/Reimann, § 2209 BGB Rz 3; eingeschränkter Lange a.a.O. Die Zustimmung des TV zur Eintragung eines Vorkaufsrechts an einem Nachlaßgrundstück stellt keine Grundstücksfreigabe dar (OLG Düsseldorf, NJW 1963, 162).

Vollziehung der Vermächtnisse oder Auflagen Sicherheit nach §§ 232 ff. BGB leisten (§ 2217 Abs. 2 BGB). Bei fälligen Vermächtnissen und Auflagen haben die Erben dagegen diese Möglichkeit nicht.

497 Die **Rechtsnatur der Freigabe** ist bestritten. Nach wohl noch überwiegender Meinung ist sie ein gemischter Realakt, der die tatsächliche Verschaffung der Verfügungsgewalt an den Erben, nicht aber einen auf diesen Rechtserfolg gerichteten Willen des TV erfordert; vorhanden sein muß lediglich der Wille des TV, den betreffenden Nachlaßgegenstand aus seiner Verfügungsgewalt zu entlassen.[1]) Eine Anfechtung wegen Irrtums kommt daher nicht in Betracht. Nach neuerer Auffassung handelt es sich um eine rechtsgeschäftliche empfangsbedürftige Erklärung des Verzichts des TV auf das Verwaltungs- und Verfügungsrecht über den betreffenden Gegenstand.[2]) Die Streitfrage hat aber keine praktische Bedeutung. Mit der Überlassung verliert der TV seine Rechte und endet das Zugriffsverbot nach § 2214 BGB für die Privatgläubiger des Erben.[3])

498 Mit der Überlassung von Nachlaßgegenständen an die Erben **erlischt** an diesen das **Verwaltungs- und Verfügungsrecht des TV,** auch seine Befugnis, hinsichtlich der herausgegebenen Gegenstände Verbindlichkeiten einzugehen und Prozesse zu führen. Die Erben erlangen an den überlassenen Gegenständen das freie Verfügungsrecht (§ 2217 Abs. 1 Satz 2 BGB). Das Grundbuchamt braucht nicht zu prüfen, ob der TV pflichtgemäß gehandelt hat, wenn er zum Nachlaß gehörende Grundstücke den Erben freigibt.[4]) Die Freigabe einzelner Nachlaßgegenstände kann der TV durch formlose Erklärung bewirken; dem Grundbuchamt muß diese Erklärung bei Freigabe eines Grundstücks oder eines Rechtes an einem Grundstück jedoch in öffentlich-beglaubigter Form des § 29 Abs. 1 Satz 1 GBO nachgewiesen werden, und zwar auch dann, wenn der TV zugleich Notar ist, weil die öffentliche Beglaubigung nicht durch eine notarielle Eigenurkunde ersetzt werden kann.[5]) Der TV-Vermerk an den freigegebenen Grundstücken ist auf Antrag des TV zu löschen (§ 52 GBO).[6])

---

[1]) OLG Hamm MittBayNot 1973, 105.

[2]) MüKo/Brandner, § 2217 BGB Rz 7; Palandt/Edenhofer, § 2217 BGB Rz 6.

[3]) Bengel/Reimann/Klumpp, 6. Kap. Rz 180, 181.

[4]) Meikel/Imhof/Riedel, Anm. 7 zu § 52 GBO; siehe aber auch Waldmann, DFG 1944, 37, 38, der für gewisse Fälle eine gegenteilige Ansicht vertritt.

[5]) OLG Düsseldorf RPfleger 1989, 58.

[6]) Siehe auch Rz 283. LG Hannover, JR 1950, 693 m. Anm. v. Hartung, hält die Übertragung der Verwaltungsbefugnis auf die Erben für ausreichend. Die Freigabe von Nachlaßgegenständen durch den TV ändert am Fortbestand der Erbengemeinschaft an diesen Gegenständen nichts (LG Berlin, WM 1961, 313; vgl. auch OLG Hamm, DNotZ 1973, 428 = MDR 1973, 500 = MittBayNot 1973, 105 = RPfleger 1973, 133), falls nicht der TV im Rahmen seiner Befugnisse zuvor eine Teilauseinandersetzung vornimmt (§ 2204 BGB; Rz 507 ff.). Siehe zur Freigabe eines Grundstücks auch zusammenfassend OLG Hamm a.a.O.

Gläubiger der Erben können deren Ansprüche auf Herausgabe von Nachlaß- **499** gegenständen pfänden; auch die Abtretung der Herausgabeansprüche durch die Erben ist zulässig.

Im übrigen wird die Verwaltungs- und Verfügungsmacht des TV durch die **500** Herausgabe einzelner Nachlaßgegenstände an die Erben nicht betroffen. Im TV-Zeugnis (§ 2368 BGB) [1]) ist daher auch nicht zu vermerken, daß ein Teil der Aufgaben des TV infolge der Herausgabe erledigt ist und nur noch bestimmte letztwillige Verfügungen zu vollziehen sind.[2])

2. Freiwillige Überlassung von Nachlaßgegenständen

Der TV kann, unbeschadet des § 2217 BGB, den Erben **aus freien Stücken** **501** **einzelne Nachlaßgegenstände** unverlangt überlassen.[3]) Auch in diesem Falle erlischt an ihnen sein Verwaltungsrecht. Diese Wirkung tritt unabhängig von einem entsprechenden Willen oder einer dahingehenden Willenserklärung des TV ein.[4]) Unerheblich ist, ob der TV dazu berechtigt war.[5]) Das Amt des TV als solches bleibt aber trotz der Überlassung von Gegenständen an die Erben bestehen, wenn dem TV noch andere Aufgaben obliegen. Bei einer auf einzelne Nachlaßgegenstände beschränkte TVg kann der TV diese Gegenstände den Erben nicht zur freien Verfügung überlassen, wenn sie zur Erfüllung der im Verwaltungsrecht verkörperten und sich erschöpfenden Obliegenheiten unentbehrlich sind.[6]) Der Erblasser kann dem TV auch untersagen, Nachlaßgegenstände an die Erben herauszugeben, selbst wenn er sie nicht mehr benötigt.

Die Frage, ob der TV zur Herausgabe von Nachlaßgegenständen berechtigt ist, **502** beantwortet sich gemäß einer Entscheidung des BGH vom 18. 6. 1971 [7]) nach der allgemeinen Erwägung, daß die Interessen der Erben, denen die TVg dient, durch die Nichtbeachtung einer vom Erblasser für den TV gesetzten Verfügungsschranke dann nicht rechtserheblich beeinträchtigt sind, wenn die **Erben selbst zustimmen.**

---

[1]) Rz 691.

[2]) BayObLGZ 1959, 135; LG Mannheim JW 1938, 2476; Bengel/Reimann/Klumpp, 6. Kap. Rz 188.

[3]) Vgl. auch den Rz 321, 326 behandelten Fall.

[4]) OLG Hamm OLGZ 1973, 258, 261; BayObLGZ 1991, 390 = NJW-RR 1992, 328 = RPfleger 1992, 62 mit Anm. Streuer (RPfleger 1992, 349) = FamRZ 1992, 604 mit Anm. Damrau = DNotZ 1993, 399 mit Anm. Weidlich.

[5]) BayObLGZ 1991, 390, 393 = NJW-RR 1992, 328 = RPfleger 1992, 62 mit Anm. Streuer (RPfleger 1992, 349) = FamRZ 1992, 604 mit Anm. Damrau = DNotZ 1993, 399 mit Anm. Weidlich.

[6]) Vgl. Rz 494.

[7]) BGHZ 56, 275 = NJW 1971, 1805 = RPfleger 1971, 349 mit Anm. von Haegele = WM 1971, 1393 = MDR 1971, 833.

503 Diese Grundsätze hat der BGH in einer weiteren Entscheidung vom 24. 9. 1971 [1]) bestätigt. Er sagt dort wörtlich: „Sieht man zunächst von der gesetzlichen Schranke des Schenkungsverbots ab,[2]) so ist eine solche Herausgabe durch den TV mit Zustimmung der Erben (Vor- und Nacherben) ohne die Schranke des § 2217 Abs. 1 Satz 1 BGB zulässig und hat zur Folge, daß das Verwaltungs- und Verfügungsrecht des TV erlischt und der Erbe nunmehr über den Gegenstand verfügen kann." Eine Mitwirkung von Vermächtnisnehmern und sonstigen Nachlaßgläubigern (die aber u. U. einen Schadenersatzanspruch haben) [3]) bei einer derartigen im Einverständnis der Erben erfolgten Überlassung von Nachlaßgegenständen ist nicht erforderlich. Zwar stellt dies der BGH zunächst nur für die Fälle der Überlassung von Nachlaßgegenständen an die Erben fest, durch die der TV dem Schenkungsverbot des § 2205 Satz 3 BGB [4]) nicht zuwiderhandelt. Doch dürfte in der Herausgabe von Nachlaßgegenständen an die Erben für sich allein kaum einmal eine Schenkung des TV erblickt werden können, denn die Nachlaßgegenstände als solche bleiben bei der Überlassung den Erben erhalten; es wechselt nur der Verfügungsberechtigte. Anders kann die Rechtslage sein, wenn Überlassung der Gegenstände an die Erben und unentgeltliche Verfügungen über sie in einem engen untrennbaren Zusammenhang stehen.

504 Die Herausgabe erfolgt meist gerade zu dem Zweck, den Erben eine Verfügung über den freigegebenen Gegenstand zu ermöglichen. Ist die **Herausgabe pflichtwidrig,** sind nach BGH vom 24. 9. 1971 [5]) eventuell davon Betroffene allein auf Schadenersatzansprüche angewiesen. An der Tatsache, daß mit der Herausgabe das Verwaltungs- und Verfügungsrecht des TV erlischt, ändert sich dadurch aber nichts.

505 In der Frage der Herausgabe von Nachlaßgegenständen an die Erben bei im übrigen fortbestehender TVg vertritt also der BGH − wie bei unentgeltlichen Verfügungen [6]) − die Ansicht, daß das früher aufgestellte Erfordernis der **Vereinbarkeit** der Überlassung **mit dem Willen des Erblassers** für die Wirksamkeit einer gemeinsamen Verfügung durch den TV und die Erben ohne Einfluß und daher unbeachtlich ist.

506 Es erhebt sich damit auch hier die Frage, ob und wie der Erblasser seinen etwa anders lautenden Willen in einer Weise durchzusetzen vermag, daß die Erben bei Zuwiderhandlung gegen seinen Willen mit Einbußen und finanziellen

---

[1]) NJW 1971, 2264 = DNotZ 1972, 130 = FamRZ 1972, 38 = JZ 1972, 94 = RPfleger 1972, 49 mit Anm. von Haegele = WM 1971, 1393.

[2]) Diese Frage ist bereits in Rz 201 behandelt.

[3]) Rz 504.

[4]) Rz 197 ff.

[5]) BGHZ 57, 84 = NJW 1971, 2264 = DNotZ 1972, 90 = JZ 1972, 94 = RPfleger 1972, 49.

[6]) Rz 201.

Nachteilen rechnen müssen. Insoweit kann auf die zu den **Strafklauseln** gemachten Ausführungen Bezug genommen werden.[1])

3. Irrtümliche Überlassung

Gibt der TV einen Nachlaßgegenstand frei, ohne daß die tatbestandlichen Voraussetzungen des § 2217 BGB vorliegen, stellt sich die Frage nach einem Anfechtungsrecht und dem Anspruch auf Rückgewähr. **506a**

a) Folgt man der Auffassung, die Freigabe sei eine rechtsgeschäftliche Willenserklärung,[2]) steht dem TV ein **Anfechtungsrecht** wegen Irrtums über den Erklärungsinhalt oder die Erklärungshandlung (§ 119 BGB) zu. Durch die Anfechtung wird die Willenserklärung rückwirkend (§ 142 BGB) beseitigt und besteht ein Anspruch aus ungerechtfertigter Bereicherung gemäß § 812 BGB. Wer die Freigabe als gemischten Realakt ansieht, läßt den Rückgabeanspruch ohne vorherige förmliche Anfechtungserklärung zu.[3])

b) Bei irrtümlicher Freigabe eines Nachlaßgegenstandes hat der TV einen schuldrechtlichen **Rückgewährungsanspruch** nach § 812 BGB, den er mit der Klage auf Herstellung seines Verwaltungsrechts gegen die Erben verfolgen kann.[4]) Kannte der TV das Fehlen der Freigabepflicht, so ist ein Rückgewährungsanspruch auf den trotzdem freigegebenen Gegenstand ausgeschlossen. Ist die Rückgewähr des freigegebenen Gegenstandes nicht mehr möglich, etwa weil er nicht mehr vorhanden ist, kann der TV Ersatz nach den Grundsätzen des § 818 BGB verlangen.[5])

---

[1]) Rz 211.

[2]) Oben Rz 497.

[3]) Bengel/Reimann/Klumpp, 6. Kap. Rz 190.

[4]) BGHZ 12, 100 = DNotZ 1954, 270 = NJW 1954, 636; BGHZ 24, 106 = NJW 1957, 1026; Bengel/Reimann/Klumpp, 6. Kap. Rz 191; siehe auch Haegele, RPfleger 1957, 147, 150.

[5]) BGHZ 24, 100, 110 = NJW 1957, 1026; Bengel/Reimann/Klumpp, 6. Kap. Rz 191; MüKo/Brandner, § 2217 BGB Rz 9.

V. Auseinandersetzung des Nachlasses

1. Pflicht des Testamentsvollstreckers zur Nachlaßauseinandersetzung

507 Der TV hat, wenn mehrere Erben vorhanden sind und der Erblasser nichts anderes bestimmt hat, die Auseinandersetzung des Nachlasses unter ihnen zu bewirken (§ 2204 BGB, § 86 Abs. 1 FGG). Der TV kann von den Erben erforderlichenfalls auf Bewirkung der Nachlaßauseinandersetzung verklagt werden.[1]) Für eine Vermittlung der Auseinandersetzung durch das **Nachlaßgericht** (§ 86 ff. FGG) besteht hier kein Raum.[2]) Das Nachlaßgericht hat von Amts wegen zu prüfen, ob ein TV vorhanden ist.[3]) Ist der TV gestorben, so steht einem Verfahren des Nachlaßgerichts rechtlich nichts entgegen, solange kein neuer TV vorhanden ist.[4])

508 Seine **Eigenschaft als Miterbe** hindert den TV an der Bewirkung der Nachlaßauseinandersetzung nicht.[5])

509 Die Auseinandersetzung des Nachlasses hat **unverzüglich** nach dem Tode des Erblassers bzw. in dem vom Erblasser festgelegten Zeitraum zu erfolgen.[6])

510 **Bei der Auseinandersetzung** sind mit den nachstehenden Vorbehalten für den TV die Vorschriften der §§ 2042 bis 2056, 750 bis 758 BGB maßgebend, soweit der Erblasser nichts anderes bestimmt hat. Dieser kann entweder ins einzelne gehende Anordnungen für die Art und Weise der Auseinandersetzung treffen oder bestimmen, daß die Auseinandersetzung vom TV **nach billigem Ermessen** zu bewirken ist (§ 2048 Satz 2 BGB). Eine solche Anordnung ist zuweilen aus den gesamten Umständen des Falles zu entnehmen, sie braucht also nicht stets ausdrücklich erfolgt zu sein. Fehlt eine testamentarische Erblasser-Ermächtigung, so darf der TV die Auseinandersetzung nicht nach Gutdünken oder billigem Ermessen vornehmen, sondern ist, wenn keine Einigkeit unter den Miterben besteht, an die gesetzlichen Auseinandersetzungsregeln der §§ 2042 Abs. 2, 750–758 BGB gebunden.[7])

---

[1]) RGZ 100, 97; RG JW 1910, 846.
Besteht **TVg nur an einem Erbteil** (vgl. Rz 20), so kann der TV Antrag auf amtliche Vermittlung der Nachlaßauseinandersetzung durch das Nachlaßgericht stellen (KGJ 28 A 16; Jansen, Anm. 15 zu § 86 FGG). Ein solcher TV kann von den übrigen Erben Mitwirkung bei der Auseinandersetzung verlangen (Lange/Kuchinke, § 46 II 1b).

[2]) Keidel/Kuntze/Winkler § 86 FGG Rz 11, 34.

[3]) LG Koblenz, JZ 1959, 316; Palandt/Edenhofer, § 2204 BGB Rz 1.

[4]) BGH, RdL 1956, 280.

[5]) Vgl. Rz 220 ff.

[6]) Siehe dazu Rz 540 wegen Ausschlusses der Auseinandersetzung.

[7]) OLG Karlsruhe NJW-RR 1994, 905.

2. Auseinandersetzung nach Gesetz

Hat der **Erblasser für** die Auseinandersetzung seines Nachlasses durch den TV **511**
keine besonderen Anordnungen getroffen, so sind nach den genannten Vorschriften zunächst die **Nachlaßverbindlichkeiten** (für die die Erben gemäß
§ 2058 BGB als Gesamtschuldner haften) [1]) zu bereinigen (§§ 2046, 755 BGB).
Dies setzt voraus, daß Bestand und Höhe der Verbindlichkeiten feststehen; es
gehört daher zu den Aufgaben des TV, den Schuldenstand zu ermitteln (§ 2205
BGB).[2]) Zu den Nachlaßverbindlichkeiten gehören nach § 1967 BGB die vom
Erblasser selbst herrührenden Schulden und die Verbindlichkeiten aus Pflicht-
teilen, Vermächtnissen und Auflagen. Der TV ist aber wegen § 2313 Abs. 1 S. 3
BGB nicht berechtigt, eine Pflichtteilsforderung ohne den Willen des Erben
mit Wirkung gegen diesen anzuerkennen.[3]) Die vom Erblasser herrührenden
Schulden sind vor den anderen Verbindlichkeiten zu erfüllen (§§ 1973, 1991
Abs. 4, 1992 BGB). Bei streitigen oder nicht fälligen Verbindlichkeiten ist der
erforderliche Betrag zurückzubehalten.

Der nach Bereinigung der Nachlaßverbindlichkeiten verbleibende **Überschuß 512**
des Nachlasses steht den Erben nach dem Verhältnis ihrer – gesetzlichen oder
testamentarischen – Erbteile zu, eventuell unter Berücksichtigung der gesetzlichen oder vom Erblasser angeordneten oder von den Erben vertraglich vereinbarten Ausgleichungspflicht bei Abkömmlingen (§§ 2050 ff. BGB).[4]) Die Teilung hat in **Natur** zu erfolgen, soweit sich der Nachlaß oder die einzelnen dazu
gehörenden Gegenstände ohne Wertminderung in gleichartige, den Erbquoten
entsprechende Teile zerlegen lassen; notfalls hat die Zuteilung durch das Los
zu erfolgen (§ 752 BGB). Soweit Teilung in Natur ausgeschlossen ist und der
TV nicht aufgrund seines Verfügungsrechts einzelne unteilbare Gegenstände
auf die Erben übertragen will, kann er den Nachlaß nach **pflichtgemäßem**
Ermessen im Wege des freihändigen Verkaufs verwerten. Um den Verkehrswert eines Grundstücks zu ermitteln, empfiehlt sich eine Anfrage beim lokalen
Gutachterausschuß für Grundstückswerte oder bei einem angesehenen Mak-
ler. An die (für den Fall der Uneinigkeit der Erben geschaffene) Vorschrift des
§ 753 BGB, die den Verkauf nach den Regeln des Pfandverkaufs, also durch
Versteigerung beweglicher Sachen nach §§ 1253 ff. BGB und von Grundstük-

---

[1]) Vgl. Rz 443, 454.

[2]) Dazu BGHZ 51, 125/127.

[3]) BGHZ 51, 125/127.

[4]) Siehe dazu aber auch Rz 528, § 2057 BGB über Auskunftspflicht gilt nur zugunsten des TV
(Palandt/Edenhofer, § 2057 BGB Rz 1 und § 2204 BGB Rz 3). Siehe dazu auch Hartmann,
Abschn. 2.265.

ken nach §§ 180 bis 184 (siehe auch § 175) ZVG vorsieht, ist der TV nicht zwingend gebunden.[1])

513   Hat der Erblasser die Veräußerung von Nachlaßwerten an fremde Personen untersagt, so hat der Verkauf unter den Erben allein zu erfolgen.

514   Der Verkauf einer zum Nachlaß gehörenden Forderung ist nur zulässig, wenn sie noch nicht eingezogen werden kann. Ist ihre Einziehung möglich, so kann sie jeder Miterbe verlangen (§ 754 BGB).

515   Die entsprechende Anwendung von § 667 BGB (§ 2218 BGB) verpflichtet den TV zur **Herausgabe des Nachlasses** nach Beendigung seines Amts. Er hat den ganzen Nachlaß herauszugeben. Dazu gehört alles, was er in Ausübung seines Amtes erlangt hat.[2]) Die Herausgabepflicht umfaßt Gewinne, Früchte, Zubehör, Akten,[3]) Surrogate des Nachlasses.[4]) Anders als beim Auskunfts- und Rechenschaftsanspruch hat der TV ein **Zurückbehaltungsrecht** nach §§ 273, 274 BGB wegen seiner Ansprüche auf Aufwendungsersatz (§ 670 BGB) und Vergütung (§ 2221 BGB).[5])

3. Fragen der Unentgeltlichkeit der Auseinandersetzung

516   Der TV darf – ohne Mitwirkung der Erben und etwaiger Vermächtnisnehmer[6]) – unentgeltliche Verfügungen über den seiner Verwaltung unterliegenden Nachlaß nicht vornehmen (§ 2205 Satz 3 BGB).[7]) Die Erfüllung einer letztwilligen Verfügung des Erblassers stellt grundsätzlich keine unentgeltliche Verfügung dar.[8]) Vollzieht der TV eine Teilungsanordnung ordnungsgemäß,[9]) dann erfolgt seine dementsprechende Verfügung ebensowenig unentgeltlich, wie die Erfüllung von Vermächtnissen und Auflagen durch ihn eine unentgelt-

---

[1])   RGZ 108, 289. Bei landwirtschaftlichen Grundstücken kann es sich gleichwohl empfehlen, die Zwangsversteigerung nach § 180 ZVG zu bewirken, da sie keiner Genehmigung nach dem GrdstVG bedarf und oft ein höherer Erlös zu erzielen sein wird als bei einem freihändigen Verkauf (vgl. Klingenstein, BWNotZ 1965, 25). Siehe jedoch zur Haftung eines Notars, wenn das Höchstgebot in der Versteigerung hinter den Angeboten bei der freihändigen Veräußerung zurückbleibt, OLG Saarbrücken, JZ 1953, 509 mit Anm. von Keidel. Auf alle Fälle kann nur der TV einen Antrag auf Teilungszwangsversteigerung stellen. Sind mehrere TV vorhanden (Rz 458), so müssen sie den Antrag gemeinschaftlich stellen. Bei Meinungsverschiedenheiten wird jedoch das Nachlaßgericht nach § 2224 BGB (Rz 679) entscheiden können. Betreibt ein Miterbe unzulässigerweise das Verfahren, so kann der TV dagegen Erinnerung und sofortige Beschwerde einlegen (Zeller/Stöber, § 180 ZVG Anm. (2) 2b, (4) 14).

[2])   BGH, NJW 1972, 1660; Soergel/Damrau, § 2218 BGB Rz 8.

[3])   Vgl. RGZ 105, 392, 395.

[4])   Oben Rz 289; RGZ 138, 132, 134; Staudinger/Reimann, § 2218 BGB Rz 28.

[5])   Soergel/Damrau, § 2218 BGB Rz 8; Staudinger/Reimann, § 2218 BGB Rz 27.

[6])   Siehe dazu Rz 517.

[7])   Siehe darüber Rz 197 ff.

[8])   BayObLG RPfleger 1989, 200 = NJW-RR 1989, 587.

[9])   Vgl. MüKo/Brandner, § 2205 BGB Rz 45.

liche Verfügung wäre;[1] denn in diesen Fällen gibt letztlich nicht der TV, sondern der Erblasser etwas ohne Entgelt weg.[2] Eine vom TV vorgenommene Auseinandersetzung kann aber dann eine unentgeltliche Verfügung sein, wenn ein Miterbe wertmäßig mehr erhält als seiner Erbquote entspricht.[3] Wenn demgegenüber das OLG Düsseldorf [4] Verfügungen, die ein TV im Rahmen der Erbauseinandersetzung trifft, in keinem Fall als unentgeltliche Verfügung ansieht, und zwar selbst dann nicht, wenn der TV den Gegenstand der Zuwendung zu niedrig bewertet, kann dem nicht zugestimmt werden.

In der Regel muß die Gegenleistung für einen vom TV abgegebenen Nachlaß- **517** wert in den **Nachlaß fallen** [5]). Für den Fall, daß der TV bei der Auseinandersetzung Nachlaßgegenstände auf einen Miterben überträgt, hat das KG [6]) aber mit Recht entschieden, daß bei Prüfung der Entgeltlichkeit seiner Verfügung auch **Ausgleichsleistungen berücksichtigt** werden können, die der begünstigte Miterbe **an einen anderen Miterben** zu erbringen hat, die also nicht in den Nachlaß fließen. Das KG hat ferner erkannt, daß es nicht darauf ankommt, ob die Leistung bereits bewirkt ist. Es ist in der Tat ein durchaus üblicher Vorgang, daß z. B. ein Miterbe Grundbesitz aus dem Nachlaß übernimmt und dafür an einen anderen Miterben eine wertentsprechende der Höhe nach meist vom Erblasser selbst festgelegte Ausgleichszahlung an den anderen Miterben leistet. Die Auseinandersetzung soll der Beendigung der Erbengemeinschaft dienen; es wäre ein Umweg, wenn der zahlungspflichtige Miterbe zunächst an den TV als Vertreter des mit der Auseinandersetzung aus seiner TVg ausscheidenden Nachlasses leisten müßte, der dann die Zahlung oder den Zahlungsanspruch dem berechtigten Miterben zuzuweisen hätte. Die Ausgleichsleistung selbst unterliegt nicht der TVg; letztere endigt praktisch mit der Übertragung des Gegenstandes. Die Verfügung des TV ist auch dann unentgeltlich, wenn er den Gegenstand dem ausgleichspflichtigen Erben überträgt, ohne daß dieser eine wirtschaftlich gleichwertige Leistung erbringt; falls nicht bar bezahlt wird, gehört hierzu auch eine angemessene Sicherstellung, etwa dadurch, daß die Ausgleichszahlung zuvor hinterlegt oder Zug um Zug bewirkt oder wenigstens der darauf gerichtete Anspruch – am besten am übertragenen Grundstück – **gesichert** wird. Wird das Eigentum am Gegenstand (soweit es den Erbteil des übernehmenden Erben übersteigt) zunächst nur gegen eine möglicherweise

---

[1]) RGZ 105, 246, 248; OLG Düsseldorf NJW-RR 1991, 1056, Lange/Kuchinke § 29 VI 2b; Palandt/ Edenhofer, § 2205 BGB Rz 32; Staudinger/Reimann, § 2205 BGB Rz 33.

[2]) OLG Düsseldorf GmbH-RdSchr. 1990, 504; Kipp/Coing, § 68 IV 2b.

[3]) BGH, NJW 1963, 1613 = RPfleger 1963, 285 = FamRZ 1963, 426 = MDR 1963, 666. Dazu siehe Keller, BWNotZ 1963, 285 und Haegele, BWNotZ 1969, 279.

[4]) OLG Düsseldorf BB 1987, 526 = ZIP 1987, 227.

[5]) Siehe Rz 197.

[6]) RPfleger 1972, 58.

nicht realisierbare Forderung eingetauscht, so wird Unentgeltlichkeit in der Regel zu bejahen sein.[1])

518 Den vorstehend behandelten Fragen der Unentgeltlichkeit einer vom TV bewirkten Nachlaßauseinandersetzung kommt nach dem vom BGH[2]) vertretenen Standpunkt dann keine entscheidende Bedeutung mehr zu, wenn der TV nicht einen bloß einseitigen Teilungsplan vorlegt (zu dem er die Erben nur zu hören braucht),[3]) sondern mit ihnen einen **Auseinandersetzungsvertrag** schließt. Dazu ist erforderlich, daß die Erben seinem Teilungsplan ausdrücklich zustimmen. Es handelt sich um einen gegenseitigen schuldrechtlichen Vertrag, der den Rechtsgrund für den Erwerb der Nachlaßgegenstände durch die Erben bildet.[4]) Bei Vorhandensein von Grundbesitz im Nachlaß bedarf es im Hinblick auf § 313 BGB eines notariell beurkundeten Vertrags. Soweit der Erblasser **Nacherbschaft** angeordnet hat, bedarf es ferner der Zustimmung aller Nacherben.[5]) Sind im Zeitpunkt der Bewirkung einer derartigen Auseinandersetzung **Vermächtnisse** noch nicht erfüllt, so bedarf es auch der Mitwirkung der Vermächtnisnehmer.[6]) Siehe zum Auseinandersetzungsvertrag auch Rz 525, 528.

4. Anhörung der Erben zum Teilungsplan

519 Der TV hat die Erben über seinen Teilungsplan vor dessen Ausführung zu hören (§ 2204 Abs. 2 BGB.) **Genehmigung** des Plans durch die Erben ist aber **nicht erforderlich.** Die Vollziehung des Plans kann vielmehr ohne Rücksicht auf etwaige Einwendungen der Erben erfolgen.[7]) Ein Nachweis darüber, daß die Erben gehört worden sind, braucht dem Grundbuchamt nicht erbracht zu werden. Selbst eine Nichtanhörung vor Aufstellung und Ausführung des Teilungsplans macht diesen nicht unwirksam. Wie generell bei Unterlassung gebotener Benachrichtigung kann dieses Versäumnis aber zu Schadensersatzpflichten des TV nach § 2219 BGB führen.[8])

520 Um die Anhörung zum Teilungsplan durchzuführen, ist **Pflegerbestellung** für abwesende, ungeborene und, falls deren gesetzliche Vertreter an der Erbengemeinschaft beteiligt sind, minderjährige Miterben in der Regel nicht zu umgehen (§§ 1909, 1911 bis 1913 BGB); denn die Anhörung ist unbedingt und nicht

---

[1]) Das OLG Hamm (RPfleger 1971, 147) hat z. B. die Unentgeltlichkeit einer Verfügung des Vorerben in einem Falle bejaht, in dem dieser für seine Ansprüche aus dem Verkauf eines Grundstücks keine angemessene dingliche Sicherheit erlangt hatte. Allerdings ist zu beachten, daß der TV in der Regel nicht eigenes, sondern fremdes Vermögen verwaltet.

[2]) Rz 201 ff.

[3]) Rz 519.

[4]) BGH DNotZ 1956, 406; Bengel/Reimann/Schaub, 4. Kap. Rz 259.

[5]) Rz 201.

[6]) Rz 206.

[7]) Siehe aber auch Rz 529, 532.

[8]) Bengel/Reimann/Klumpp, 6. Kap. Rz 72; MüKo/Brandner, § 2204 BGB Rz 4.

nur „soweit tunlich" vorgeschrieben.[1]) Wenn der TV die Anhörung unterläßt, macht er sich haftbar (§ 2219 BGB), aber die Wirksamkeit der Auseinandersetzung wird dadurch nicht berührt.[2]) Da der Teilungsplan den Auseinandersetzungsvertrag ersetzt,[3]) muß für jeden Minderjährigen usw. ein besonderer Pfleger bestellt werden.[4])

Der Umstand, daß sich ein Erbe beim Erbfall im **Konkurs** befindet, macht **521** weder seine Anhörung überflüssig noch die Zuziehung des Konkursverwalters erforderlich. Fällt der Erbe jedoch nach dem Erbfall in Konkurs, so tritt an seine Stelle der Konkursverwalter.

5. Wirkungen des Teilungsplans

Der vom TV im Rahmen seiner Befugnisse aufgestellte Teilungsplan ersetzt **522** den Auseinandersetzungsvertrag und wirkt **verpflichtend und berechtigend für und gegen die Erben.**[5]) Er bindet aber die Erben und den TV erst dann, wenn der TV endgültig erklärt hat, daß die Auseinandersetzung nach dem Plan geschehen soll.[6])

Der Plan hat **keine unmittelbare dingliche,** sondern nur obligatorische **Wir- 523 kung.** Er verpflichtet die Erben, einander die ihnen zugeteilten Nachlaßgegenstände zu übertragen. Der TV darf ungeachtet eines etwa erhobenen Widerspruchs der Erben diese Verpflichtung erfüllen.[7]) Der TV verfügt selbst dinglich zum Zweck der Auseinandersetzung über die Nachlaßgegenstände anstelle der Erben. Er kann dabei grundsätzlich wegen § 181 BGB jedoch nicht beide Seiten vertreten, soweit ihm dies nicht im Rahmen einer ordnungsgemäßen Verwaltung (§ 2216 Abs. 1 BGB) gestattet ist, an die jedoch strenge Anforderungen zu stellen sind.[8]) Dem TV, der nicht Miterbe und auch sonst nicht letztwillig bedacht ist, sind daher Insichgeschäfte grundsätzlich versagt[9]) und unwirksam.[10])

Der Plan **verpflichtet** jedoch die Erben, bei der Übertragung der ihnen vom **524** TV kraft seiner Verfügungsmacht zugeteilten Nachlaßgegenstände unter Wah-

---

[1]) Damrau, ZEV 1994, 1; Staudinger/Reimann, § 2204 BGB Rz 23; siehe zur Gewährung des rechtlichen Gehörs auch Rz 690.

[2]) Staudinger/Reimann, § 2204 BGB Rz 23.

[3]) Vgl. Rz 525; BayObLGZ 1967, 240; Palandt/Edenhofer, § 2204 BGB Rz 4.

[4]) Bengel/Reimann/Schaub, 4. Kap. Rz 237; a.A. Haegele, RPfleger 1963, 333; Damrau, ZEV 1994, 1.

[5]) RG, JW 1910, 1989; JW 1938, 2972; Palandt/Edenhofer, § 2204 BGB Rz 2.

[6]) Der TV kann den bindend gewordenen Teilungsplan nicht nachträglich rückgängig machen (RG, Warn 1939 Nr. 9; KG, OLG 11, 244; Bengel/Reimann/Schaub, 4. Kap. Rz 243). Der Plan ist auch dann noch bindend, wenn die TVg vor seiner Durchführung wegfällt (Staudinger/Reimann, § 2204 BGB Rz 19.)

[7]) Möhring, Vermögensverwaltung, S. 238.

[8]) BGHZ 30, 67 = NJW 1959, 1429; Haegele/Schöner/Stöber, Grundbuchrecht, Rdn 1748.

[9]) BGHZ 30, 67 = NJW 1959, 1429.

[10]) Palandt/Edenhofer, § 2204 BGB Rz 4, § 2205 BGB Rz 30.

rung der dafür vorgeschriebenen Form [1] **mitzuwirken,** auch wenn sie dem Plan nicht zugestimmt haben. Zur Erfüllung dieser Verpflichtung kann der TV erforderlichenfalls Klage gegen die Erben erheben. Soweit der **TV zugleich Miterbe** ist, ist die Annahme gerechtfertigt, daß der Erblasser trotz eines Interessenwiderstreits dem TV die Vornahme von Rechtsgeschäften mit sich selbst gestattet hat; in diesem Fall kann er das ihm nach dem Teilungsplan Zugeteilte annehmen, insbesondere Grundstücke an sich auflassen,[2] sofern sich kein anderer Wille des Erblassers erkennen läßt.[3]

6. Grundstücksauseinandersetzung im besonderen

525 Soll ein Miterbe nach der Teilungsanordnung des Erblassers ein bestimmtes Grundstück aus dem Nachlaß erhalten,[4] so kann das Grundstück vom TV diesem Miterben übertragen werden (§ 925 BGB), ohne daß es zuvor des Abschlusses eines schuldrechtlichen Vertrags nach § 313 BGB bedarf, denn der schuldrechtliche Grund liegt in der testamentarischen Teilungsanordnung.

526 Das gleiche gilt, wenn der TV den Nachlaß nach billigem Ermessen oder nach Gesetz [5] auseinanderzusetzen hat und dabei einem Miterben ein Nachlaßgrundstück zuweist. Auch hier kommt § 313 BGB nicht zur Anwendung.[6]

527 Bei der Auflassung muß der **Erwerber** des Grundstücks selbst **mitwirken.**[7] Nachzuweisen ist dabei seine Eigenschaft als Miterbe in der Form des § 35 GBO (ggf. § 36 GBO). Der TV hat die Erklärung abzugeben, daß er das Grundstück dem Miterben in Ausführung des Teilungsplans auf Rechnung seines Erbteils, also nicht unentgeltlich, überträgt; „Gegenleistung" ist hier die Aufgabe der Gesamthandsberechtigung am Nachlaß und damit des Auseinandersetzungsanspruchs.[8] Dieser Erklärung bedarf es dann nicht, wenn bei Auflassung alle Erben, auch etwaige Nacherben, und die im Zeitpunkt der Auflas-

---

[1]   Bei beweglichen Sachen durch deren Übergabe (§§ 929 ff. BGB), bei Grundstücken durch deren Auflassung und Eigentumsumschreibung im Grundbuch (§§ 873, 925 BGB).

[2]   Vgl. auch Rz 525.

[3]   Siehe auch Rz 221, 222.

[4]   Oft wird zweifelhaft sein, ob eine testamentarische Zuwendung ein Vermächtnis oder eine bloße Teilungsordnung ist. Dies ist insbesondere wegen des Zeitpunkts der Erfüllung der Zuwendung von ausschlaggebender Bedeutung. Ein Vermächtnis ist, wenn der Erblasser nichts anderes bestimmt hat, unabhängig von der Nachlaßauseinandersetzung zu erfüllen. Eine Teilungsordnung bildet dagegen einen Teil der Auseinandersetzung. Über die Unterschiede zwischen den beiden Rechtseinrichtungen siehe insbesondere BGHZ 36, 115 = BB 1962, 74 = DNotZ 1962, 322 = FamRZ 1962, 67 = MDR 1962, 205 = NJW 1962, 343 (Begünstigungswille); ferner BB 1962, 234 = DNotZ 1962, 327 = FamRZ 1962, 193 = MDR 1962, 387; schließlich BB 1962, 467 = FamRZ 1962, 193 = MDR 1962, 470 = NJW 1962, 1058; BGHZ 82, 274; NJW 1985, 51 (Wertverschiebung); dazu Palandt/Edenhofer, § 2048 BGB Rz 6.

[5]   Rz 510.

[6]   Zum Auseinandersetzungsvertrag siehe Rz 518, 528.

[7]   Vgl. Rz 518, 523.

[8]   BayObLGZ 1986, 208, 210.

sung noch nicht befriedigten Vermächtnisnehmer mitwirken, da dann auch unentgeltliche Verfügungen des TV möglich sind.[1])

Wegen Löschung des TV-Vermerks im Grundbuch siehe Rz 283.

7. Vereinbarungen der Erben über die Auseinandersetzung

An Vereinbarungen der Erben über **Art und Weise** der Auseinandersetzung ist der **TV nicht gebunden,** wie sich aus seinem bereits allgemein bestehenden Recht ergibt, die letztwilligen Verfügungen des Erblassers erforderlichenfalls auch gegen den Willen der Erben durchzusetzen.[2]) Die Erben können durch übereinstimmende Erklärungen dem TV die Bewirkung der Auseinandersetzung auch nicht entziehen.[3]) Gleichwohl wird der TV angebrachte und berechtigte Wünsche der Erben in bezug auf die Auseinandersetzung berücksichtigen, soweit er nicht durch ausdrückliche Anordnungen des Erblassers gebunden ist. Vereinbarungen der Erben über die **Ausgleichungspflicht** von Abkömmlingen (§§ 2050 ff. BGB)[4]) binden den TV. Dieser hat einen Anspruch gegen die Erben auf Mitteilung der ausgleichungspflichtigen Vorempfänge und ist berechtigt zur Stellung des Antrags auf Abgabe der eidesstattlichen Versicherung gemäß § 2057 S. 2, §§ 260, 261 BGB.[5]) **528**

Weicht der TV in seinem Teilungsplan **einseitig und willkürlich** von den Anordnungen des Erblassers oder vom Gesetz[6]) **ab,** so ist der Plan **unwirksam,** wenn er nicht die Zustimmung sämtlicher Erben findet. Die Zustimmung bedarf an sich keiner besonderen Form, sie kann auch stillschweigend durch Nichtbeanstandung des Teilungsplans erfolgen. Auch in diesem Fall wird der Teilungsplan des TV nicht zu einem Vertrag, bleibt vielmehr ein einseitiges Rechtsgeschäft des TV.[7]) **529**

Im ausdrücklichen **Zusammenwirken mit allen Erben** (auch etwaigen Nacherben) und etwaigen Vermächtnisnehmern kann der TV die Auseinandersetzung in beliebiger Weise unabhängig vom Willen des Erblassers bewirken, wenn er es verantworten zu können glaubt (Auseinandersetzungsvertrag).[8]) **530**

---

[1]) Siehe im einzelnen Rz 516, 530.

[2]) Rz 120.

[3]) Siehe aber Rz 540, 542.

[4]) Rz 512.

[5]) Keidel/Kuntze/Winkler, § 163 FGG Rz 6; Palandt/Edenhofer, § 2057 BGB Rz 1.

[6]) Rz 510 ff.

[7]) Siehe Rz 525; siehe aber zur Beurkundungspflicht des Auseinandersetzungsvertrags bei Vorhandensein von Grundbesitz Rz 518; zur Anfechtung des Teilungsplans siehe Rz 532.

[8]) Einzelheiten siehe Rz 199 ff. und 518.

8. Genehmigung des Vormundschaftsgerichts

531 Sind Minderjährige oder sonst unter Vormundschaft (Pflegschaft) stehende Erben vorhanden, so ist die Genehmigung des Vormundschaftsgerichts zu einem sich im Rahmen seiner Befugnisse haltenden **Teilungsplan** des TV **nicht erforderlich.**[1]) Dies gilt daher nicht, wenn im Plan Vereinbarungen der Erben enthalten sind, die weder den Anordnungen des Erblassers noch den gesetzlichen Vorschriften noch der Verfügungsmacht des TV entsprechen,[2]) oder wenn ein regelrechter Auseinandersetzungsvertrag geschlossen wird (§§ 1822 Nr. 2, 1643 BGB).[3])

9. Anfechtung des Teilungsplans

532 Die Auseinandersetzung des Nachlasses nach **billigem Ermessen**[4]) kann von jedem Miterben wegen **Ungesetzlichkeit** oder wegen offenbarer – also eindeutig erkennbarer – **Unbilligkeit** im Sinne des § 2048 Satz 3 BGB durch Klage angefochten werden. Die Klage ist außer gegen den TV auch gegen die übrigen Miterben zu richten. Im Wege der einstweiligen Verfügung kann die Ausführung des Teilungsplans gehemmt werden. Dritten steht ein Anfechtungsrecht nicht zu. Der Antrag hat auf die Bestimmung eines anderen Teilungsplanes durch das Gericht zu lauten, der billigem Ermessen entspricht. Das Gericht hat den Teilungsplan wie ein Dritter nach billigem Ermessen aufzustellen; bei dem Urteil handelt es sich um ein Gestaltungsurteil.[5])

533 Der Teilungsplan kann wegen Ungesetzlichkeit oder offenbarer Unbilligkeit von jedem Miterben durch Klage angefochten werden. Bei einem Streit (über die Art der Teilung oder über Einwendungen eines Miterben) entscheidet ebenfalls das Prozeßgericht.[6])

10. Sonstige Fragen der Auseinandersetzung durch den Testamentsvollstrecker

534 Die **Kosten der Auseinandersetzung** fallen den Erben zur Last.

---

[1]) RGZ 61, 144; OLGZ 39, 263; AG Bremen, RPfleger 1972, 369; Haegele/Schöner/Stöber, Grundbuchrecht, Rdn 1747, 1764; Backs, DFG 1937, 45; Damrau, ZEV 1994, 1; Palandt/Edenhofer, § 2204 BGB Rz 4; Soergel/Damrau, § 2204 BGB Rz 8, 9, 14; a.A. Greiser, DFG 1936, 245.

[2]) Haegele, RPfleger 1957, 147, 149 und 1963, 335, 336; Palandt/Edenhofer, § 2204 BGB Rz 4; Soergel/Damrau, § 2204 BGB Rz 14. Der BGH (BGHZ 56, 275 = NJW 1971, 1805 = DNotZ 1972, 86 = MDR 1971, 833 = RPfleger 1971, 349 = BWNotZ 1971, 146) hat festgestellt, daß die Genehmigung des Vormundschaftsgerichts dann erforderlich ist, wenn die Verfügung nicht nur auf der Verfügungsmacht des TV beruht, sondern auch auf zusätzlichen Vereinbarungen der Erben; a. A. Damrau, der auch dann eine vormundschaftsgerichtliche Genehmigung für nicht erforderlich hält.

[3]) Rz 518 und 530; vgl. BGHZ 21, 229.

[4]) Rz 510.

[5]) Einzelheiten MüKo/Dütz § 2048 BGB Rz 19.

[6]) Palandt/Edenhofer, § 2204 BGB Rz 4; siehe auch Rz 529.

Der Wirkungskreis eines gemäß §§ 1638 Abs. 1, 1909 BGB aufgestellten **Pfle- 535 gers eines minderjährigen Miterben** [1]) erstreckt sich auf das dem Erben durch die Auseinandersetzung des TV zugefallene Vermögen, unter Beschränkung auf die nicht dem TV zustehenden Verwaltungsbefugnisse.

Die durch den TV bewirkte Auseinandersetzung bedarf, soweit von ihr **land- 536 oder forstwirtschaftliche Grundstücke** erfaßt werden, der Genehmigung nach §§ 1 ff. Grundstücksverkehrsgesetz vom 28. Juli 1961 (BGBl I 1091). Die Frage, ob der vom TV aufgestellte privatschriftliche Auseinandersetzungsplan eine für die Genehmigung ausreichende Unterlage ist oder ob die zur Genehmigung zuständige Behörde erst nach der vom TV erklärten und beurkundeten Auflassung über die Genehmigung entscheiden kann, ist im ersten Sinne zu beantworten.[2]) Beim Teilungsplan kommt es ausschließlich auf den TV an, die Erben brauchen zu ihm nur gehört zu werden, dem Plan zuzustimmen brauchen sie nicht.[3]) Der Genehmigungsantrag kann vom TV gestellt werden. Sind, was ohnehin erforderlich ist, im Teilungsplan alle Bestimmungen über die Grundstücksauseinandersetzung festgelegt, so muß dieser – nicht beurkundete – Plan für das Genehmigungsverfahren ausreichen. Noch mehr gilt dies in Fällen, in denen der TV nachweisen kann, daß die Erben zum Teilungsplan gehört wurden und diesen mitunterschrieben haben.[3])

Bei Vorhandensein von Nacherben ist der TV nicht an die Beschränkungen 537 gebunden, denen ein Vorerbe nach § 2113 BGB insbesondere bei Verfügungen über Grundbesitz unterliegt. Sie gelten nur im Verhältnis zwischen Vor- und Nacherben.[4])

Ist der TV **gleichzeitig für Vor- und Nacherben** ernannt, so hat er den Nachlaß 538 spätestens unter den Nacherben auseinanderzusetzen.[5])

Wegen der Rechtslage nach **ehelicher oder fortgesetzter Gütergemeinschaft** 539 siehe die Ausführungen Rz 67 ff.

11. Ausschluß der Auseinandersetzung

Die Ausschlußgründe der §§ 2034 bis 2045 BGB hat auch der **TV zu beachten,** 540 insbesondere ist er an eine vom Erblasser aufgrund des § 2044 BGB angeordnete Ausschließung der Nachlaßauseinandersetzung gebunden.[6]) Diese muß sich im zeitlichen Rahmen des § 2044 Abs. 2 BGB halten. Innerhalb dieses Rahmens kann die Auseinandersetzung auch an die Zustimmung des TV gebunden werden. Eine Entziehung des Aufhebungsrechts hinsichtlich der Auseinandersetzung kann durch Anordnung einer Dauer- oder Verwaltungs-

---

[1])   Rz 132, 520.

[2])   Haegele, Die Beschränkungen im Grundstücksverkehr, Rz 181.

[3])   Rz 519.

[4])   Siehe im einzelnen Rz 215.

[5])   Palandt/Edenhofer, § 2204 BGB Rz 6.

[6])   BGHZ 40, 115.

TVg (§ 2209 BGB) [1]) innerhalb der dort festgestellten zeitlichen Begrenzung erreicht werden.[2])

541 Bei Einigung aller Erben kann der TV die Auseinandersetzung jedoch gleichwohl bewirken.[3]) Das vom Erblasser angeordnete Auseinandersetzungsverbot steht nicht entgegen, wenn TV und alle Erben gemeinsam die Auseinandersetzung vornehmen.[4])

542 **Vereinbarungen** der **Erben** über den **Zeitpunkt** der **Nachlaßauseinandersetzung binden** mangels besonderer Anordnungen den **TV.** Denn darüber, ob und wann der Nachlaß auseinandergesetzt wird, bestimmen grundsätzlich die Erben, nicht der TV.[5]) Die Erben haben zwar ein Recht auf Auseinandersetzung, aber keine Pflicht, diese zu dulden. Haben also alle Erben wirksam vereinbart, die Erbengemeinschaft hinsichtlich des Nachlasses oder eines Teils von ihm fortzusetzen, so ist der TV berechtigt und auch verpflichtet, die Bewirkung der Auseinandersetzung zu unterlassen, den Nachlaß ungeteilt den Erben zu überlassen und sein Amt als TV in Ansehung der Nachlaßauseinandersetzung als erledigt zu betrachten.[6]) Diese Bindung des TV ist allerdings nur schuldrechtlicher Art; eine entgegen der Ausschluß-Vereinbarung der Erben vom TV gleichwohl getroffene Verfügung ist wirksam. Der TV macht sich aber schadenersatzpflichtig.[7]) Trotz entgegenstehender Vereinbarung der Erben

---

[1]) Siehe Rz 130 ff.

[2]) Vgl. Kohler, Das Teilungsverbot, besonders bei testamentarischem Familiengut, DNotZ 1958, 245. In diesem Beitrag wird auch die Verwaltung des Familienguts durch einen TV mitbehandelt (mit entsprechendem Muster). Siehe ferner Kohler, NJW 1957, 1178.
Zur Frage, inwieweit ein Teilungsverbot des Erblassers, das sich zugleich als Verwaltungsanordnung darstellt, durch das Nachlaßgericht aufgehoben werden kann (§ 2216 BGB), siehe Rz 669.

[3]) Siehe dazu insbesondere BGHZ 40, 115 und BGHZ 56, 275, ferner Kegel, Festschrift für Lange, S. 934 mit zahlreichen weiteren Nachw.

[4]) Siehe Rz 199, 530.

[5]) BayObLGZ 21, 312; OLG München, DNotZ 1936, 810.

[6]) Rz 494 ff.

[7]) Siehe Rz 559.

darf der TV die Auseinandersetzung auch dann vornehmen, wenn ein wichtiger Grund hierfür vorliegt.[1]

Ist dem TV als alleinige Aufgabe die **Verwaltung** des Nachlasses übertragen (§ 2209 BGB),[2] so ist er zur Auseinandersetzung des Nachlasses nicht befugt. Für eine gleichwohl vorgenommene Auseinandersetzung gilt das Rz 542 Ausgeführte.

543

Hat der erstverstorbene Ehegatte den überlebenden Ehegatten bis zu seiner etwaigen Wiederverheiratung als TV berufen und die Auseinandersetzung des Nachlasses des Erstverstorbenen bis dahin ausgeschlossen,[3] so ist anzunehmen, daß der Ausschluß nur im Interesse des überlebenden Ehegatten angeordnet ist, er also die Auseinandersetzung vor seiner Wiederverheiratung bewirken darf.[4]

544

12. Vorangehende Gesamtgutsauseinandersetzung

Der Auseinandersetzung des Nachlasses des Erblassers durch den von diesem ernannten TV hat zuweilen noch die Auseinandersetzung des Gesamtguts der ehelichen **Gütergemeinschaft,** der **Errungenschaftsgemeinschaft** oder der **Fahrnisgemeinschaft** vorauszugehen, in der der Erblasser mit seinem Ehegatten

545

---

[1] Wird die Auseinandersetzung von den Erben bis auf weiteres ausgeschlossen und verlangt später ein Miterbe aus wichtigem Grund die Auseinandersetzung, so ist zu deren Vornahme der TV berufen (Erman/Hense, § 2204 BGB Rz 2; Palandt/Edenhofer, § 2204 BGB Rz 2; RGR/Kregel, § 2204 BGB Rz 2; a.A. OLG München JFG 14, 190; Staudinger/Reimann, § 2204 BGB Rz 5. – Zuständigkeit des Nachlaßgerichts).
Ein wichtiger Grund für die Aufhebung der Erbengemeinschaft ist bei Zerrüttung der Familienbande dann nicht anzuerkennen, wenn ein TV die privaten Spannungen der Gemeinschaftsmitglieder in seiner Person und in seinem Amt neutralisiert; die ersprießliche Fortführung der Gemeinschaft kann dann nicht als gefährdet gelten. Es ist ein Verstoß gegen Treu und Glauben, wenn ein Mitglied einer Erbengemeinschaft ohne dringenden persönlichen Grund gegen den Willen der übrigen Gemeinschaftsmitglieder und gegen die Entscheidung des TV die Aufhebung der Erbengemeinschaft verlangt (LG Düsseldorf, FamRZ 1965, 303).
In der Frage, ob die Vorschrift des § 1683 BGB, nach der ein Elternteil nach dem Tode des erstverstorbenen Ehegatten bei Wiederverheiratung die zwischen ihm und einem **minderjährigen Kind** bestehende **Erbengemeinschaft auseinanderzusetzen** hat, zwingend ist, sind die Meinungen geteilt. Die Frage stellt sich u. a., wenn der verstorbene Ehegatte die Auseinandersetzung ausgeschlossen und den überlebenden Ehegatten zum TV ernannt hat. Palandt/Edenhofer, § 2044 BGB Rz 5, sieht die Vorschrift als zwingendes Recht an und verweist insbesondere auf BayObLGZ 1967, 230. Palandt/Diederichsen, § 1683 BGB Rz 2, hält Ausschluß der Auseinandersetzung durch den Erblasser ebenfalls nicht für möglich, bezeichnet aber die Frage als strittig und verweist auf BayObLG, RPfleger 1974, 151, wonach von der Durchführung der Auseinandersetzung hinsichtlich einzelner Nachlaßgegenstände abgesehen werden kann, wenn mit der Durchführung der Auseinandersetzung erhebliche Nachteile oder Verluste für das minderjährige Kind verbunden wären (siehe auch bereits BayObLGZ 1973, 188, 195). Für nicht zwingend halten § 1683 BGB ferner Schumacher, BWNotZ 1968, 204; Staudenmaier, BWNotZ 1968, 248; Staudinger/Reimann, § 1683 BGB Rz 24.

[2] Siehe Rz 130 ff.

[3] Rz 21.

[4] OLG Stuttgart, HEZ 2, 115.

aufgrund notariellen Ehevertrags gelebt hat (siehe §§ 1471 ff. BGB, §§ 1546, 1549 BGB alter Fassung).

546 Die **Bewirkung** dieser Gesamtguts-Auseinandersetzung ist **nicht Aufgabe des TV.** Er kann bei ihr nur zur Vertretung der Rechte der Erbengemeinschaft am Gesamtgut mitwirken. Ist der überlebende Ehegatte TV, so kann er allerdings als Teilhaber am Gesamtgut und zugleich als TV hinsichtlich des Nachlasses des Erblassers auch die Auseinandersetzung des Gesamtguts der Gütergemeinschaft nach den hierfür geltenden Vorschriften bewirken. In diesem Falle bedarf der Auseinandersetzungsvertrag bei Vorhandensein von Grundbesitz der Beurkundung nach § 313 BGB, die für den Teilungsplan des TV nicht erforderlich ist.[1]

547 Das bei der Gesamtgutsauseinandersetzung im Fall des Bestehens von ehelicher Gütergemeinschaft jedem Ehegatten zustehende Recht, gegen Ersatz des Wertes die ausschließlich seinem persönlichen Gebrauch dienenden Sachen sowie diejenigen Gegenstände zu übernehmen, die er in die Gütergemeinschaft eingebracht hat (§ 1477 Abs. 2 BGB), gehört als vererbliches Recht zum Nachlaß. Das Recht kann vom TV ausgeübt werden, wenn ihm auch nicht die Bewirkung dieser Auseinandersetzung zusteht.

13. Testamentsvollstrecker als Erblasser-Bevollmächtigter

548 Ist der TV – aufgrund einer vom Erblasser erteilten postmortalen Vollmacht – zugleich Bevollmächtigter des Erblassers über dessen Tod hinaus und handelt er bei der Auseinandersetzung nach außen hin in seiner Eigenschaft als Bevollmächtigter, so kann er **unentgeltlich Verfügungen** über den Nachlaß auch ohne Mitwirkung der Erben vornehmen.[2]

---

[1]   Siehe Rz 525 ff.

[2]   Einzelheiten dazu siehe Rz 246.

VI. Rechenschaftsablegung und Herausgabe des Nachlasses

1. Pflichten des Testamentsvollstreckers

Nach Beendigung seiner Verwaltung hat der TV den Erben (nicht auch Vermächtnisnehmern, Pflichtteilsberechtigten) Rechnung zu legen (§§ 2218, 666 BGB) und den **Nachlaß** mit allen Nutzungen gegen Ersatz aller Aufwendungen an die Erben **herauszugeben** (§§ 2218, 667 BGB), soweit letzteres nicht bereits vorher [1]) geschehen ist. **549**

Die entsprechende Anwendung von § 667 BGB verpflichtet den TV zur **Herausgabe des Nachlasses** nach Beendigung seines Amts. Er hat den ganzen Nachlaß an den Erben herauszugeben. Dazu gehört alles, was er in Ausübung seines Amtes erlangt hat.[2]) Die Herausgabepflicht umfaßt Gewinne, Früchte, Zubehör, Akten,[3]) Surrogate des Nachlasses.[4]) Wegen der Einzelheiten siehe Auseinandersetzung Rz 507 ff. Anders als beim Auskunfts- und Rechenschaftsanspruch hat der TV ein **Zurückbehaltungsrecht** nach §§ 273, 274 BGB wegen seiner Ansprüche auf Aufwendungsersatz (§ 670 BGB) und Vergütung (§ 2221 BGB).[5]) **550**

2. Rechenschaftsablegung

Der TV hat auf Verlangen spätestens zur Zeit der Auseinandersetzung Rechenschaft abzulegen. Die Rechnungslegung muß dem Erben die Prüfung ermöglichen, ob und in welcher Höhe ihm Ansprüche gegen den TV zustehen. Das Erforderliche bestimmt sich nach den Umständen des einzelnen Falles und nach billigem Ermessen. Hohe Anforderungen sind nicht zu stellen, von Formvorschriften ist abzusehen.[6]) Wegen der Einzelheiten wird auf die Ausführungen zur jährlichen Rechnungslegung verwiesen.[7]) Bei Vorhandensein eines Handelsgeschäfts kann im Einzelfall die Vorlage einer Bilanz genügen. Die Schlußrechnung erschöpft sich aber nicht in der Vorlage von Belegen, die an sich nur dazu dienen, die einzelnen Posten der Rechnung glaubhaft zu machen. Bei umfangreichen Verwaltungen genügt es, wenn die Einnahmen und Ausgaben in großen Posten angegeben werden und wegen der Einzelbeträge auf die Bücher verwiesen wird. Der TV braucht eine zusammenfassende Schlußrechnung dann nicht zu geben, wenn er bereits bei dem einzelnen Geschäft genügend Auskunft erteilt und die Belege zur Verfügung gestellt hat. **551**

---

[1])   Rz 494 ff. und 507 ff.

[2])   BGH, NJW 1972, 1660; Soergel/Damrau, § 2218 BGB Rz 8.

[3])   Vgl. RGZ 105, 392, 395.

[4])   Oben Rz 274; RGZ 138, 132, 134; Staudinger/Reimann, § 2218 BGB Rz 28.

[5])   Soergel/Damrau, § 2218 BGB Rz 8; Staudinger/Reimann, § 2218 BGB Rz 27.

[6])   RGZ 127, 243, 244; 53, 252, 254; Soergel/Damrau, § 2218 BGB Rz 5.

[7])   Oben Rz 483.

Besteht Anlaß zur Annahme, daß die Einnahmen in der Rechnung unvollständig angegeben waren, so hat der TV die eidesstattliche Versicherung nach §§ 259 Abs. 2, 261 Abs. 2 BGB zu leisten.[1])

552 Auch gegenüber seinem Nachfolger im Amt ist der TV analog § 2218 BGB zur Rechenschaftsablegung und zur Herausgabe aller Unterlagen aus seiner Amtsführung verpflichtet.[2])

553 Darüber, wie lange der TV seine **Akten aufbewahren** muß, gibt es keine unmittelbare Vorschrift. Im Hinblick darauf, daß die Verjährungsfrist bei Amtspflichtverletzung 30 Jahre beträgt,[3]) empfiehlt sich eine möglichst lange Aufbewahrung der Akten. Im Einzelfall werden diese auch einem vertrauenswürdigen Erben einige Jahre nach Beendigung der TVg ausgehändigt werden können. Zum mindesten gilt dies für das Nachlaßverzeichnis und den Teilungsplan.

554 Der TV hat **keinen Anspruch auf Entlastung** gegenüber den Erben,[4]) auf alle Fälle nicht bezüglich eines einzelnen Geschäfts. Doch kann er den Streit über die gehörige Pflichterfüllung bei Gelegenheit dieses Geschäfts unabhängig von seiner Rechnungslegung im Wege der Feststellungsklage gegen den Erben zum Austrag bringen.[5])

555 Der Anspruch auf Rechenschaftsablegung kann durch zu langes Zuwarten verwirkt werden.[6]) Eine **Verwirkung der Ansprüche** oder ein Verzicht der Erben auf Rechnungslegung durch den TV ist im allgemeinen nicht anzunehmen, wenn die Erben Leistungen des TV vorbehaltlos entgegengenommen haben.[7])

556 Die Auskunfts- und Rechenschaftspflicht besteht gegenüber jedem Erben, auch gegenüber dem einzelnen Miterben. Bei **Klageerhebung** gegen den TV auf Rechnungslegung bilden die Erben daher keine notwendige Streitgenossenschaft; der klagende Miterbe kann aber nur Rechnungslegung an alle Erben verlangen.[8])

557 Ist der TV zugleich gesetzlicher Vertreter eines **minderjährigen Miterben,** so braucht für den Normalfall gleichwohl keine Pflegschaft angeordnet zu wer-

---

[1]) Vgl. Rz 493.

[2]) BGH, NJW 1972, 1660 = DNotZ 1973, 107; Bengel/Reimann/Klumpp, 6. Kap. Rz 266; Palandt/ Edenhofer, § 2218 BGB Rz 10; Soergel/Damrau, § 2218 BGB Rz 17; Staudinger/Reimann, § 2218 BGB Rz 7.

[3]) Rz 569.

[4]) Soergel/Damrau, § 2218 BGB Rz 6; Staudinger/Reimann, § 2218 BGB Rz 20; a.A. Erman/Hense, § 2218 BGB Rz 5.

[5]) RG, NJW 1909, 75; OLG Hamburg, OLG 16, 281; siehe auch oben Rz 484.

[6]) BGHZ 39, 87, 92 = NJW 1963, 950.

[7]) OLG München, HRR 1941, 628.

[8]) RGZ 70, 32; 73, 26; 86, 66; JW 1915, 273; BGH, BB 1956, 63 = FamRZ 1965, 134 = MDR 1965, 194 = NJW 1965, 396. Wegen des im allgemeinen nicht bestehenden Rechts des Vermächtnisnehmers auf Rechnungslegung siehe BGH, DB 1964, 1370 = WM 1964, 950.

den.[1]) Denn ein gesetzlicher Vertreter ist über die Dauer der elterlichen Gewalt dem Vormundschaftsgericht gegenüber nicht rechenschaftspflichtig. Zur Wahrung der Rechte des minderjährigen Miterben bei der Rechnungslegung muß aber ein Pfleger bestellt werden, da der TV daran gemäß §§ 1629 Abs. 2, 1795, 181 BGB verhindert ist.[2])

3. Zurückbehaltungsrecht des Testamentsvollstreckers

Dem TV steht gegenüber dem Anspruch der Erben auf Rechnungslegung **kein** **558** **Zurückbehaltungsrecht** wegen seiner Ansprüche auf Ersatz von Aufwendungen (§ 670 BGB) oder auf Vergütung (§ 2221 BGB) zu.[3])

---

[1]) Siehe auch Haegele, RPfleger 1963, 333, abgesehen vom Fall der Schlußrechnung. Nach KG, OLGZ 1973, 106 besteht grundsätzlich kein Bedürfnis für die Anordnung einer Nachlaßpflegschaft zur Wahrnehmung der Rechte unbekannter Erben gegen den TV auf Rechnungslegung, solange ein vertrauenswürdiger TV vorhanden ist.

[2]) Hartmann, Abschn. 2.261; Soergel/Damrau, § 2218 BGB Rz 16; Staudinger/Reimann, § 2218 BGB Rz 21; vgl. auch § 1840 BGB.

[3]) Soergel/Damrau, § 2218 BGB Rz 8; vgl. Rz 619.

VII. Haftung des Testamentsvollstreckers [1])

1. Haftung bei Pflichtverletzung

559 Verletzt der TV die ihm obliegenden Verpflichtungen, so ist er, wenn ihm ein Verschulden zur Last fällt, für den daraus entstehenden **Schaden den Erben persönlich verantwortlich** und, soweit ein Vermächtnis zu vollziehen ist, dem Vermächtnisnehmer (§ 2219 Abs. 1 BGB). Schadensersatzpflicht besteht nur bei vorsätzlicher oder fahrlässiger Pflichtverletzung des TV. Darunter kann auch eine falsche Geldanlage oder eine überflüssige oder mutwillige Prozeßverzögerung fallen. Eine schuldhafte Pflichtverletzung des TV liegt nicht vor, wenn er nach sorgfältiger Ermittlung aller erkennbar erheblichen Anhaltspunkte zu einer immerhin vertretbaren Auslegung der letztwilligen Verfügung gelangt ist und auf dieser Grundlage die beanstandeten Verfügungen über Nachlaßgegenstände vorgenommen hat.[2]) In Zeiten schwer übersehbarer Verhältnisse vorgenommene Maßnahmen des TV, die für den Nachlaß nachteilig gewesen sind, enthalten keine schuldhafte Verletzung der ordnungsmäßigen Verwaltung, wenn der TV sie damals sachgemäß halten durfte; § 2216 Abs. 2 BGB muß aber beachtet werden.[3]) Beweispflichtig ist der das Verschulden behauptende Gegner.

560 Ein TV, dem die nötigen Kenntnisse für sein Amt fehlen, darf dieses nicht annehmen, oder muß zu schwierigen Entscheidungen, die über seine eigenen Fachkenntnisse hinausgehen, eine fachkundige Person zu Rate ziehen.[4]) Dies gilt auch für Angehörige rechts- und steuerberatender Berufe, von denen nicht

---

[1]) Dazu Bengel/Reimann/Riederer v. Paar, 12. Kap.

[2]) BGH NJW-RR 1992, 775.

[3]) RGZ 130, 131 = JW 1931, 2290; OLGZ 44, 95; 46, 230. Siehe zur Haftung bei unerlaubter Handlung auch BGH, BB 1957, 346 = JZ 1957, 419. Nach BGH, BWNotZ 1967, 151 = WM 1967, 25 hat der TV für den Schaden einzustehen, den er durch eine erkennbar überflüssige, leichtfertige oder durch eigene persönliche Interessen beeinflußte Prozeßführung verursacht. Er darf einen erkennbar aussichtslosen Prozeß auch nicht führen, um für eine beabsichtigte Amtshaftungsklage den Einwand einer anderweitigen Ersatzmöglichkeit (§ 839 Abs. 1 Satz 2 BGB) auszuschließen. Der TV verletzt seine Pflicht zur ordnungsmäßigen Verwaltung auch dann, wenn er einem berechtigten Verlangen einer Bank, seine Legitimation zur Verfügung über die bei ihr verwahrten Wertpapiere des Nachlasses nachzuweisen, nicht nachkommt. Siehe dazu auch Rz 669.

[4]) OLG Stuttgart, BWNotZ 1962, 61. Schadensersatzpflicht kann für den TV bei Verletzung einer etwa bestehenden Pflicht, vorbereitende Verwaltungsmaßnahmen den Erben mitzuteilen und diese anzuhören, gegeben sein (BGH, DB 1959, 706; siehe oben Rz 477). Sie besteht aber nicht allgemein, wenn der TV es unterläßt, Aktien des von ihm verwalteten Nachlasses bei Kursrückgängen in festverzinsliche Schuldverschreibungen umzutauschen (OLG Köln, AktGes 1964, 308; dazu Glaser, DB 1964, 947).

Dem TV steht ein Beschwerderecht gegen die Auswahl des Pflegers, der Rechte gegen ihn geltend machen soll, nicht zu (KG, OLGZ 40, 133).

Die Geltendmachung des Ersatzanspruchs, der den Erben aus der Pflichtverletzung gegen einen früheren TV erwachsen ist, steht dem TV zu (BGH, MDR 1958, 670).

ohne weiteres verlangt werden kann, daß sie wirtschaftliche und kaufmännische Entscheidungen aus eigener Kenntnis und Erfahrung treffen.[1]

Für **Verschulden eines Gehilfen** haftet der TV wie für eigenes Verschulden **561** (§ 278 BGB). Ist eine juristische Person TV, so haftet sie als solche; für unerlaubte Handlungen sind aber ihre handelnden Organe auch selbst verantwortlich.

Bei einer **Nacherbschaft** haftet der TV sowohl dem Vor- wie dem Nacherben. **562** Der TV muß den Interessengegensatz zwischen Vor- und Nacherben berücksichtigen. Unzulässig ist sowohl eine Schmälerung der dem Vorerben gebührenden Nutzung als auch eine Minderung oder Gefährdung der Substanz zum Nachteil des Nacherben.[2]

Mehrere TV, denen ein Verschulden zur Last fällt, haften als Gesamtschuldner **563** (§ 2219 Abs. 2 BGB), vorausgesetzt, daß sie das Amt gemeinschaftlich führen. Ist jedem ein besonderer Wirkungskreis zugewiesen und steht den übrigen auch kein Aufsichtsrecht zu, so haftet jeder der mehreren TV allein innerhalb seines Wirkungskreises.[3]

Die **Haftung** des TV **vermindert** sich, wenn den Erben (oder Vermächtnisneh- **564** mer) bei Entstehung des Schadens ein mitwirkendes Verschulden trifft (§ 254 BGB).

Einem Erben gegenüber, der mit der Zuwiderhandlung durch den TV einver- **565** standen war, haftet der TV nicht, denn einem solchen Erben gegenüber hat der TV nicht rechtswidrig gehandelt.

Der Erblasser kann den TV von seiner gesetzlichen Haftung nicht befreien **566** (§ 2220 BGB). Fraglich ist, ob er anordnen kann, daß die Erben verpflichtet sein sollen, dem TV Schadensersatzansprüche aus fahrlässiger Pflichtverletzung zu erlassen (sog. Befreiungsvermächtnis).[4] Selbstverständlich kann er vom Erben selbst befreit werden (außer bei Vorsatz, § 276 Abs. 2 BGB).

Gegen die Gefahren der Regreßhaftung kann der TV sich durch Abschluß einer **Haftpflichtversicherung** schützen. Die Kosten für die Haftpflichtversicherung dürfte der TV selbst zu tragen haben, sie sind durch die Vergütung mit

---

[1] BGH, NJW-RR 1993, 849; Bengel/Reimann/Riederer v. Paar, 12. Kap. Rz 43.

[2] BGH, NJW-RR 1988, 386 = DNotZ 1988, 440 = WPM 1988, 125 = FamRZ 1988, 278.

[3] Bengel/Reimann/Riederer v. Paar, 12. Kap. Rz 55; siehe dazu Rz 458.

[4] Verneinend Erman/Hense, § 2219 BGB Rz 1; Kipp/Coing, § 73 II 7; Palandt/Edenhofer, § 2219 BGB Rz 1; Soergel/Damrau, § 2220 BGB Rz 3.
Ist die Leistung des vermachten Gegenstandes durch ein Verschulden des TV unmöglich geworden, so kann der Vermächtnisnehmer den TV nach § 2219 BGB auch dann auf Schadensersatz in Anspruch nehmen, wenn ihm aus gleichem Grunde ein Ersatzanspruch gegen den mit dem Vermächtnis beschwerten Erben zusteht. Er ist nicht genötigt, zunächst seine Ersatzansprüche gegen den Erben geltend zu machen (BGH, LM § 2258 BGB Nr. 1). Zur Frage der Schadensersatzpflicht des TV gegenüber Vermächtnisnehmern siehe auch BGH, DB 1964, 1371 = VersR 1964, 1100.

abgegolten.[1]) Im Einzelfall, wenn die Verhältnisse besonders schwierig liegen, kann wegen der besonderen Haftpflichtversicherung eine angemessene Erhöhung der Vergütung des TV [2]) in Frage kommen.[3])

567 Gegenüber anderen Personen als Erben oder Vermächtnisnehmern, z. B. gegenüber Nachlaßgläubigern und Auflagebegünstigten, haftet der TV nur aus unerlaubter Handlung (§§ 823 ff. BGB).[1])

568 Die **Erben** haben **Dritten gegenüber** ein Verschulden des TV im gleichen Umfang zu vertreten wie eigenes Verschulden (§ 278 BGB).[4])

2. Verjährung der Schadensersatzansprüche

569 Die Schadensersatzansprüche gegen den TV verjähren in der Regel in **dreißig Jahren** (§ 195 BGB), solche aus unerlaubter Handlung bereits in drei Jahren von dem Zeitpunkt an, in dem der Verletzte von dem Schaden Kenntnis erlangt hat, ohne Rücksicht auf diese Kenntnis in dreißig Jahren von der Begehung der Handlung an (§ 852 BGB).[5])

---

[1]) Siehe z. B. § 5 Abs. 1 VergütungsVO für Konkursverwalter usw., wonach bei einem solchen die Kosten einer Haftpflichtversicherung durch die Vergütung mitabgegolten sind. Nach § 27 Abs. 1 VO über die Geschäftsführung und die Vergütung des Zwangsverwalters vom 16. 2. 1970 (BGBl I 185) kann der Verwalter keinen Ersatz der Versicherungskosten verlangen. A. A., für Entnahme der Prämien aus dem Nachlaß, Bengel/Reimann/Riederer v. Paar, 12. Kap. Rz 138.

[2]) Siehe unten Rz 570 ff.

[3]) Vgl. beim Konkursverwalter Schmidt, RPfleger 1968, 251.

[4]) RGZ 144, 402; Palandt/Heinrichs, § 278 BGB Rz 5.

[5]) Vgl. Bengel/Reimann/Riederer v. Paar, 12. Kap. Rz 69 ff., der vorschlägt, die Rechtsprechung des BGH, der für die Ersatzansprüche der Beteiligten gegen den Konkursverwalter nach § 82 KO die dreijährige Verjährungsfrist des § 852 BGB entsprechend anwendet (BGH NJW 1985, 1161), auch auf die Haftung des TV zu übertragen. Wegen der Verwahrung der Akten des TV siehe Rz 553.

VIII. Vergütung des Testamentsvollstreckers

1. Grundsätze für die Höhe der Vergütung

a) Rechtsgrundlage im BGB

Grundlage für die Vergütung des TV bildet § 2221 BGB. Er bestimmt: „Der **570**
TV kann für die Führung seines Amtes eine **angemessene Vergütung** verlangen, sofern nicht der Erblasser ein anderes bestimmt hat." Eine weitere Regelung enthält das Gesetz mittelbar in § 2217 BGB, der auf das Auftragsrecht
verweist; der Beauftragte (TV) kann gemäß § 670 BGB Ersatz seiner Aufwendungen verlangen. Die gesetzliche Regelung sagt nichts über Höhe, Berech-
nungsmethode und Fälligkeit der Vergütung. Daher haben Rechtsprechung
und Literatur Richtlinien zur Ermittlung der Höhe der TV-Vergütung entwik-
kelt. Auch nach über 90jähriger Geltung des BGB kann aber noch nicht davon
gesprochen werden, daß alle Kontroversen geklärt sind.[1]) Das Gesetz sieht
ausdrücklich eine Bestimmung der Vergütung nur durch den Erblasser vor.

Der Erblasser darf mithin nicht festgelegt haben, daß der TV eine Vergütung
entweder überhaupt nicht erhalten soll[2]) oder daß ihm eine Vergütung in
bestimmter Höhe oder Art, mag sie auch unangemessen oder ungewöhnlich
sein, zustehen soll. Hat der Erblasser die Höhe der Vergütung **testamentarisch
bestimmt,** wobei auch hier der wirkliche oder mutmaßliche Wille des Erblassers zu erforschen ist, so darf der TV nur den bestimmten Betrag verlangen,
ohne daß es auf die Frage der Angemessenheit überhaupt noch ankommt.[3])
Hat der Erblasser eine Vergütung ausgeschlossen oder sie nach Ansicht des
TV zu niedrig angesetzt, so kann der TV ja ablehnen (§ 2202 BGB) oder
kündigen (§ 2226 BGB). Nur wenn eine solche andere Bestimmung des
Erblassers nicht vorliegt („nicht ein anderes bestimmt hat"), hat der TV

---

[1]) Belde, Büro 1969, Sp. 681; Bengel/Reimann/Eckelskemper, 10. Kap.; Dittus, NJW 1961, 590; Fir-
sching/Graf, Nachlaßrecht Rz 4423; Glaser, NJW 1962, 1998; MDR 1983, 93; AllgImmobZtg 1970,
332; Haegele/Hastenpflug, Testamente und Schenkungen, 2. Aufl., 1973, Tz 451; Haegele/Model,
Testament und Güterstand des Unternehmers, 5. Aufl., 1966, Rz 168; Johannsen, WM 1969, 1042,
1410; Kersten/Bühling, § 110 II; Möhring/Beisswingert/Klingelhöffer, Vermögensverwaltung,
S. 218; Palandt/Edenhofer, § 2221 BGB; Staudinger/Reimann, § 2221 BGB Rz 12; Tschischgale,
JurBüro 1965 Sp. 89.

[2]) Siehe auch Rz 629.

[3]) Eine anders lautende mündliche Absprache des Erblassers mit dem TV über die Höhe seiner
Vergütung ist unbeachtlich, kann allenfalls bei Auslegungsbedürftigkeit der einschlägigen testa-
mentarischen Bestimmung von Bedeutung sein (RGZ 142, 171, 174; BayObLGZ 1966, 390, 394;
RPfleger 1980, 152).

Anspruch auf eine **„angemessene"** Vergütung.[1]) Mehr läßt sich aus § 2221 BGB unmittelbar nicht entnehmen. Insbesondere gibt es **keine gesetzliche Gebührenordnung** für die TV-Vergütung. Ist ein Rechtsanwalt, Notar, Steuerberater oder sonstiger Angehöriger der rechtsberatenden Berufe bestellt, so sind deren Gebührenordnungen für ihre Vergütung als TV nicht maßgeblich.[2])

b) Arten der Vergütung

571 In der Praxis haben sich, je nach Aufgabe des TV, verschiedene Gebührenarten entwickelt, die zum Teil allerdings denselben Sachverhalt bezeichnen. Man unterscheidet die Konstituierungsgebühr und die Verwaltungsgebühr. Darüber hinaus nennt das Schrifttum die Verwaltungsgebühr (im untechnischen Sinn) [3]) und die Abwicklungsvergütung.[4])

Die Konstituierungsgebühr ist das Entgelt für die Tätigkeit des TV zu Beginn der TVg. Darunter sind die Ermittlung und Sichtung des Nachlasses, die Erstellung des Nachlaßverzeichnisses sowie die Regelung der Nachlaßverbindlichkeiten einschließlich Erbschaftsteuer zu verstehen.[5]) Eine Verwaltungsgebühr ist periodisch zu bezahlen, wenn der Erblasser den TV mit der langfristigen Verwaltung des Nachlasses beauftragt hat.[6]) Entgegen der Auffassung mancher TV gibt es keine „Abschlußgebühr" zum Ende der TVg oder eine „Auseinandersetzungsgebühr". Auch für die Schlußabrechnung und die Herausgabe des Nachlasses kann der TV nichts verlangen.[7])

---

[1]) Bei **nahen Angehörigen** als TV kommt vielfach eine mäßigere Vergütung in Frage als bei Ernennung einer fremden Person.
Wegen Vergütung des **Ehegatten** als TV siehe auch Rz 628.
Hat ein Erblasser dem TV eine **Zuwendung** gemacht, so ist es Sache der Auslegung, ob damit ein besonderer Vergütungsanspruch ausgeschlossen werden sollte (RGR/Kregel, § 2221 BGB Rz 1). Aus einer vom Erblasser ausgesetzten unangemessen hohen Vergütung kann auf ein – teilweises – Vermächtnis geschlossen werden.

[2]) Der BGH, DNotZ 1964, 168, 170, hat nur für den Fall, daß sich die Arbeit des TV im wesentlichen auf einen bestimmten Auftrag konzentriert, die durch Gesetz oder Übung festgelegten Gebühren der Berufsgruppe, der der TV angehört, als Anhaltspunkte zugelassen, wenn der TV gerade im Hinblick auf seinen Beruf ausgewählt worden ist.

[3]) Glaser, Das Honorar des TV, MDR 1983, 93.

[4]) Müko/Brandner, § 2221 BGB Rz 12.

[5]) Unten Rz 577 ff.

[6]) Unten Rz 595 ff.

[7]) Möhring, S. 221.

c) Grundsätze des Bundesgerichtshofs

Der BGH hat in verschiedenen Urteilen[1]) **wesentliche Grundsätze** über die **572** Gesichtspunkte aufgestellt, die für die Beurteilung der Angemessenheit der TV-Vergütung vor allem maßgeblich sind. Sie gehen übereinstimmend namentlich dahin:

> *„Maßgebend für die Höhe der Vergütung des TV sind sein im Rahmen der Verfügungen des Erblassers von Todes wegen obliegender Pflichtenkreis, der Umfang der ihn betreffenden Verantwortung und die von ihm geleistete Arbeit, wobei die Schwierigkeit der gelösten Aufgaben, die Dauer der Abwicklung oder der Verwaltung, die Verwertung besonderer Kenntnisse und Erfahrungen und auch die Bewährung einer sich im Erfolg auswirkenden Geschicklichkeit zu berücksichtigen sind. Die Berechnung der Vergütung nach Bruchteilen des Nachlaßwertes ist möglich und im Grundsatz der Rechtssicherheit und dem Rechtsfrieden förderlich. Solche von Körperschaften oder Berufsvereinigungen aufgestellte Richtsätze dürfen jedoch nicht schematisch, ohne Rücksicht auf die Vielgestaltigkeit der Verhältnisse, angewandt, die Besonderheiten des Einzelfalles dürfen nicht außer acht gelassen werden. Die Richtsätze geben in der Regel nur einen Anhalt für die Fälle, in denen der TV die üblichen Aufgaben einer Nachlaßabwicklung erfüllt und seine Aufgaben und seine Tätigkeit dem im Gesetze vorausgesetzten Pflichtenkreis eines TV entsprechen. Erhebliche Abweichungen rechtfertigen die Anpassung der Richtsätze. Ihrer Natur nach kann die Vergütung nur im Rahmen eines Ermessensspielraums bestimmt werden.“*

Allgemein und zusammenfassend kann folgendes gesagt werden: **573**

Die Höhe der angemessenen Vergütung des TV hängt von den **Verhältnissen des einzelnen Falles ab.** Für Normalfälle sind allerdings gewisse **allgemeine Richtlinien** in Rechtsprechung und Schrifttum aufgestellt und anerkannt worden. Sie stellen vor allem auf Umfang und Wert des Nachlasses, Zahl und Alter der Beteiligten, Dauer der TVg, Art der mit ihr verbundenen Geschäfte und Tätigkeiten, Schwierigkeit, Umfang und Erfolg der Arbeit des TV, Größe seiner Verantwortung sowie Art und Bedeutung der letztwilligen Verfügungen des Erblassers, ferner die Ortsüblichkeit ab.[2])

So sind insbesondere auch Größe, Wert und Umfang des Nachlasses heranzuziehen, denn darin kommt im Regelfall das Ausmaß der Verantwortung und

---

[1]) Siehe insbesondere Urteil vom 28. 11. 1962 (BB 1963, 161 = DNotZ 1964, 168 = MDR 1963, 293 = NJW 1963, 487 = RPfleger 1963, 77 mit Anm. von Haegele; bestätigt durch Urteil vom 22. 12. 1966 (BB 1967, 184 = NJW 1967, 876 = RPfleger 1967, 403 mit Anm. von Haegele) und Urteil vom 26. 6. 1967 (BB 1967, 1063 = DB 1967, 1499 = MDR 1967, 824 = NJW 1967, 2400 = RPfleger 1968, 85 mit Anm. von Haegele = WM 1972, 171).

[2]) Vgl. auch Tschischgale, JurBüro 1965, 90.

Arbeit zum Ausdruck.[1]) Aus dem sich gemäß §§ 276, 2219 BGB ergebenden Umfang der Verantwortung des TV folgt, daß sich die Höhe des **Nachlaßwertes** auf seine Verantwortung auswirkt. Ein höherer Nachlaßwert birgt auch ein höheres Haftungsrisiko nach § 2219 BGB in sich als ein niedriger. Auch die Beteiligung minderjähriger oder sonst geschäftsunfähiger oder beschränkt geschäftsfähiger Personen bedeutet einen besonderen Aufwand: es ist notwendig, nicht nur mit den betreffenden Personen selbst, falls sie die erforderliche Einsichtsfähigkeit besitzen, sondern auch mit dem Sorgeberechtigten bzw. Vertreter und gegebenenfalls auch mit dem Vormundschaftsgericht zu sprechen.[2])

d) Vereinbarung mit den Erben

574 Eine Vereinbarung des TV mit dem (bzw. allen) Erben über die Vergütungshöhe ist gegenüber dem Nachlaß wirksam, auch wenn sie einer Vergütungsanordnung des Erblassers widerspricht. Dies ist zu empfehlen, weil dadurch langwierige Streitigkeiten über die Angemessenheitsfrage entfallen.[3]) Die Beteiligten können neben der vom Erblasser festgesetzten Vergütung auch eine weitere Vergütung vereinbaren.[4]) Voraussetzung ist allerdings, daß dadurch nicht andere Nachlaßbeteiligte, wie Vermächtnisnehmer, Nachlaßgläubiger gefährdet werden; eine solche Vergütungsvereinbarung könnte eine Haftung des Erben gegenüber den Nachlaßgläubigern begründen (§ 1978 BGB).[5])

2. Einzelfragen zur Vergütung des Testamentsvollstreckers

a) Vergütung nach einzelnen Zeitabschnitten

575 Bei Erörterung der Angemessenheit der TV-Vergütung wird innerhalb des Rahmens des § 2221 BGB üblicherweise zwischen dem Zeit- und Arbeitsabschnitt der **Konstituierung des Nachlasses** und der sich u. U. – je nach den Anordnungen des Erblassers – daran anschließenden vielfach länger dauernden Zeit der **weiteren Verwaltung** des Nachlasses oder eines Teils davon unter-

---

[1]) KG, NJW 1974, 752.

[2]) Bengel/Reimann/Eckelskemper, 10. Kap. Rz 47.

[3]) Möhring/Beisswingert/Klingelhöffer, S. 219; MüKo/Brandner, § 2221 BGB Rz 6.

[4]) RG JW 1936, 3388; Staudinger/Ring, § 2221 BGB Rz 10.

[5]) MüKo/Brandner, § 2221 BGB Rz 6; Staudinger/Ring, § 2221 BGB Rz 10.

schieden (so auch vom RG und vom BGH).[1]) Hierbei handelt es sich um Teile der in § 2221 BGB festgesetzten Gesamtvergütung. Wenn vom Erblasser nichts anderes bestimmt ist, steht dem Testamentsvollstrecker, dem keine längerdauernde Verwaltung des Nachlasses abverlangt ist, (nur) eine einmalige Vergütung zu.[2])

Je nach Zeitabschnitten kann die **Bemessungsgrundlage** für die Vergütung **verschieden** sein, und zwar sowohl für die Konstituierung wie für die weitere Verwaltung. Dies ist etwa der Fall, wenn der Erblasser sofort zu erfüllende Vermächtnisse angeordnet hat, wenn der TV einzelne Gegenstände des Nachlasses früher freigibt oder wenn er Schulden tilgt. Eine Besonderheit kann sich bei der Vererbung von Anteilen an **Personengesellschaften** ergeben, auf die sich der Machtbereich des TV nach h. L. nicht ohne weiteres erstreckt.[3]) Soweit eine Testamentsvollstreckung hieran auch nicht aufgrund Vollmacht oder Treuhandschaft des TV möglich ist,[4]) kann eine weitere Verwaltung nicht in Frage kommen. Die Konstituierung schafft jedoch erst die Grundlage hierfür und bedeutet im wesentlichen die Ermittlung des Nachlasses und die Aufstellung eines Verzeichnisses der Aktiven und Passiven. Die Konstituierung ist beendet, wenn der Testamentsvollstrecker diese Arbeiten erledigt und dadurch die Grundlage für die weitere laufende Verwaltung des Nachlasses geschaffen hat, so daß es hier nicht entscheidend darauf ankommt, ob der Testamentsvollstrecker Gesellschafterrechte ausüben darf oder nicht. Die Konstituierungsgebühr wird daher in der Regel auch Anteile an Personengesellschaften erfassen.

576

b) Begriff der Konstituierung des Nachlasses

Unter **Konstituierung** des Nachlasses versteht man die Ermittlung und Inbesitznahme des Nachlasses durch den TV (§ 2205 BGB), die Aufstellung des Verzeichnisses der seiner Verwaltung unterliegenden Aktiven und Passiven (§ 2215 BGB), die Regelung der vom Erblasser herrührenden Schulden, die Bezahlung der Kosten der Beerdigung und des Grabsteins und die Regelung der Erbschaftsteuer. Die Konstituierung gilt als **beendet,** wenn der TV diese

577

---

[1]) Es ist also nicht etwa so, daß ein TV regelmäßig neben der Vergütung nach § 2221 BGB noch eine besondere Gebühr für die Konstituierung des Nachlasses beanspruchen kann (so auch BayObLGZ 1972, 379 = BB 1973, 114 = MDR 1973, 317 = RPfleger 1973, 94). Aus der Entscheidung des BayObLG ist allgemein noch folgendes festzuhalten: „Das Gesetz sieht eine angemessene Vergütung in der Form einer einmaligen Zahlung vor. Nach der Rechtsprechung kann die Vergütung allerdings bei längerer Verwaltung auch in jährlichen Abschnitten zu entrichten sein. Mit dieser Vergütung soll die gesamte Tätigkeit des TV abgegolten werden, wobei freilich, wenn sie in Abschnitten bezahlt wird, nicht ausgeschlossen ist, bei der ersten Zahlung die bei Beginn seiner Tätigkeit regelmäßig erhöhte Arbeitsbelastung des TV entsprechend zu berücksichtigen und die Zahlung für das erste Jahr seiner Tätigkeit höher zu bemessen als die Zahlung in den folgenden Jahren." Dazu auch BGH, NJW 1963, 1615 = DNotZ 1964, 169 = RPfleger 1963, 380 und Rz 593.

[2]) OLG Köln NJW-RR 1995, 202 = ZEV 1995, 70.

[3]) Vgl. Rz 334 ff.

[4]) Dazu oben Rz 334 ff.

Arbeiten für den Nachlaß erledigt und dadurch die Grundlage für die weitere laufende Verwaltung des Nachlasses geschaffen hat.[1])

578   Das RG [2]) führt dazu u. a. aus: „Das OLG ist der Ansicht, daß es sich bei der in dem Honorarabkommen an erster Stelle vereinbarten Vergütung von 2 % des Aktivbestandes des Nachlasses um eine einmalige besondere Gebühr handelte, die nicht eine Vergütung für die laufende Verwaltungstätigkeit des TV darstellen sollte, sondern die Entlohnung für eine besonders geartete Tätigkeit des TV, nämlich für seine Tätigkeit während des besonders arbeitsreichen und verantwortungsvollen Zeitabschnitts der sog. Konstituierung des Nachlasses. Das OLG fügte hinzu, daß es auch sonst üblich ist, diese Tätigkeit besonders zu entlohnen . . . Dem ist beizutreten."

579   Bei der Konstituierungsgebühr handelt es sich um eine **einmalige** Sondervergütung, die grundsätzlich nur dann aus dem Nachlaß zu zahlen ist, wenn zwischen dem Erben und dem TV vereinbart worden ist, daß sie wegen des Umfanges und der Schwierigkeiten der Konstituierung des Nachlasses gezahlt werden soll. Jedoch hat sich die Übung herausgebildet, daß dem TV neben der Vergütung nach § 2221 BGB eine Konstituierungsgebühr auch ohne eine besondere Vereinbarung mit dem Erben dann zugebilligt wird, wenn der TV während der Konstituierung des Nachlasses eine besonders arbeitsreiche und verantwortungsvolle Tätigkeit ausüben mußte.[3]) Der TV kann daher keine Konstituierungs-Vergütung verlangen, wenn er bei Fehlen einer Honorarvereinbarung die arbeitsreiche und verantwortungsvolle Tätigkeit zum Zwecke der Konstituierung des Nachlasses nicht geleistet hat; das BayObLG verneinte den Anfall einer Konstituierungs-Vergütung in einem Fall, in dem der Erblasser seinen langjährigen Steuerberater und Wirtschaftsprüfer zum TV ernannt hatte, der das Vermögen genau kannte, so daß eine Ermittlung des Nachlasses nicht erforderlich war.[4])

c) Höhe der Konstituierungs-Vergütung

580   Anhaltspunkte für die Berechnung der Vergütung des TV bieten seit langen Jahren die Richtsätze, die von Industrie- und Handelskammern oder den Berufsvereinigungen (Anwalts- und Notarkammern) aufgestellt worden sind. Eine besondere Bedeutung haben die schon im Jahr 1918 aufgestellten und im Jahr 1925 verbesserten Richtlinien des Rheinischen Notariats gewonnen. Über die Höhe der Vergütung des TV für die Konstituierung des Nachlasses sind im Bereich des fr. **Rheinischen Notariats** im Jahre 1925 folgende gestaffelte Richtsätze aufgestellt worden:

---

[1])   Vgl. RG, JW 1936, 3388; BGH, BB 1967, 184; BayObLG a.a.O.; Bengel/Reimann/Eckelskemper, 10. Kap. Rz 9; Glaser, DB 1979, 877; MDR 1983, 93.

[2])   RG a.a.O.

[3])   Vgl. OLG Köln, NJW-RR 1994, 269.

[4])   BayObLG a.a.O.

Nachlaß bis	5 000 DM brutto	5–6 %
Nachlaß darüber hinaus bis	20 000 DM brutto	4 %
darüber hinaus bis	100 000 DM brutto	3 %
darüber hinaus bis	1 000 000 DM brutto	2 %
darüber hinaus	brutto	1 %,

wenn normale Verhältnisse und normale Abwicklung gegeben sind.[1] Hiervon geht auch die jüngste Entscheidung des OLG Köln v. 8. 7. 1993 [2] aus, jedenfalls dann, wenn der Wert des Nachlasses wesentlich durch Immobilienvermögen bestimmt wird; auch bei einem Nachlaßwert von mehr als 1 Mill. DM sieht das Gericht keinen Anlaß einer weiteren degressiven Staffelung.

---

[1]   Plaßmann, DNotZ 1935, 623 = JW 1935, 1830. Eine gleiche Tabelle findet sich bei Kersten/Bühling, § 110 II. Der BGH (Rz 572, Fußnote 1) spricht wiederholt von den bewährten von der Praxis angenommenen und in der Rechtsprechung als geeignete Grundlage für Berechnung einer angemessenen Vergütung im Regelfall anerkannten Sätzen des Vereins für das Notariat in Rheinpreußen. Nach Auffassung des **BGH** (siehe insbesondere Urteil vom 28. 11. 1962; Rz 572, Fußnote 1) geben die sich nach dem Wert des der TVg unterliegenden Nachlasses richtenden prozentualen Vergütungssätze in der Regel nur einen Anhalt in den Fällen, in denen der TV die **üblichen Aufgaben** einer Nachlaßabwicklung erfüllt. Der BGH verlangt bei einem Nachlaßwert von über 1 Million DM eine weitere degressive Staffelung der Vergütung (während das OLG Stuttgart, BWNotZ 1961, 92 auch bei einem hohen Nachlaß eine Vergütung von 2 % für angemessen hielt; jedoch wurde seine Entscheidung durch das vorgenannte BGH-Urteil aufgehoben). Weichen die Aufgaben des TV von dem allgemein üblichen Pflichtenkreis erheblich ab, müssen nach BGH a.a.O. die Richtsätze ganz allgemein den bestehenden besonderen Verhältnissen angepaßt werden oder es ist die Vergütung insgesamt in einer Summe festzusetzen.

[2]   OLG Köln, NJW-RR 1994, 269.

581 Zu beachten ist allerdings, daß die vorstehenden Prozentsätze aus dem **Jahre 1925** stammen. Damals lagen die Verhältnisse bei einer TVg zu einem großen Teil einfacher als heute.[1]) Es kann daher richtig und gerechtfertigt sein, allgemein gewisse **Zuschläge** zu vorstehenden Sätzen (im unteren Bereich etwa 40 bis 50 %) vorzunehmen.[2])

582 Deshalb schlägt Möhring [3]) folgende etwas erhöhte Richtsätze vor (Tabelle auf den folgenden Seiten): [4])

---

[1]) In der Entscheidung des OLG Koblenz, die zum Urteil des BGH vom 26. 6. 1967 (Rz 572, Fußnote 1) geführt hat, ist allerdings ausgeführt: „Der Ansicht des TV, die obigen Sätze müßten bei heutiger Anwendung schematisch um einen bestimmten Vom-Hundert-Satz erhöht werden, kann nicht gefolgt werden. Die wirtschaftlichen Verhältnisse im Jahre 1953, als die TVg begann, sind noch nicht derart gewesen, daß sie eine allgemeine Erhöhung der Gebührensätze gefordert hätten, die im Bereich der Rechtspflege erst im Jahre 1957 durchgeführt worden ist, auch könne nicht ohne weiteres angenommen werden, daß die Aufgaben eines TV heute schwieriger seien als im Jahre 1925, denn damals hätten sich noch die Folgen des ersten Weltkriegs auf Vermögensverwaltungen ausgewirkt."
Diese Ausführungen vermögen nicht voll zu überzeugen. Der Erhöhung von Gerichtsgebühren, wie sie sich aus den in den Jahren 1957, 1975 und 1987 ergangenen Kostengesetzen ergibt, ging bereits eine Erhöhung um 20–25 % durch Art. 18, 19 des Gesetzes über Maßnahmen auf dem Gebiet des Kostenrechts vom 7. 8. 1952 (BGBl I 401) voraus, die vom OLG Koblenz anscheinend nicht beachtet worden ist. Die Entwicklung der letzten Jahre auf wirtschaftlichen, steuerlichen und rechtlichen Gebieten bereiten doch wohl einem TV im allgemeinen erheblich mehr Schwierigkeiten, als dies im Jahre 1925 der Fall gewesen ist.
In dem Rechtsstreit, der dem Urteil des BGH vom 26. 6. 1967 (Rz 572, Fußnote 1) zugrunde lag, hatte der beklagte TV ein Gutachten eines Kosten-Informationsdienstes in München vorgelegt, das damals schon eine Erhöhung der Regelsätze des Vereins für das Notariat in Rheinpreußen sogar um 50 % zugrundegelegt hat.

[2]) Esch/Schulze zur Wiesche, Handbuch der Vermögensnachfolge, 1976, Rz 651 vertreten unter Hinweis auf Glaser, NJW 1962, 1998, ebenfalls die Ansicht, daß zu den Richtsätzen nach Rz 580 für den Regelfall ein Zuschlag von etwa 25 % zuzubilligen ist. Höhere Sätze vertreten auch Gerold/Schmidt, Kommentar zur Bundesgebührenordnung für Rechtsanwälte, 6. Aufl., § 1 Ziff. 19 und Kersten/Bühling, § 114 II.

[3]) Möhring/Beisswingert/Klingelhöffer, S. 224.

[4]) Ähnliche Richtsätze bei Tschischgale, JurBüro 1965, 89.

Aktivmasse des verwalteten Vermögens DM	Vergütung DM	Aktivmasse des verwalteten Vermögens DM	Vergütung DM	Aktivmasse des verwalteten Vermögens DM	Vergütung DM
10 000	750	200 000	9 420	650 000	25 620
11 000	825	210 000	9 780	660 000	25 980
12 000	900	220 000	10 140	670 000	26 340
13 000	975	230 000	10 500	680 000	26 700
14 000	1 050	240 000	10 860	690 000	27 060
15 000	1 125	250 000	11 220	700 000	27 420
16 000	1 200	260 000	11 580	710 000	27 780
17 000	1 275	270 000	11 940	720 000	28 140
18 000	1 350	280 000	12 300	730 000	28 500
19 000	1 425	290 000	12 660	740 000	28 860
20 000	1 500	300 000	13 020	750 000	29 220
22 000	1 608	310 000	13 380	760 000	29 580
24 000	1 716	320 000	13 740	770 000	29 940
26 000	1 824	330 000	14 100	780 000	30 300
28 000	1 932	340 000	14 460	790 000	30 660
30 000	2 040	350 000	14 820	800 000	31 020
32 000	2 148	360 000	15 180	810 000	31 380
34 000	2 256	370 000	15 540	820 000	31 740
36 000	2 364	380 000	15 900	830 000	32 100
38 000	2 472	390 000	16 260	840 000	32 460
40 000	2 580	400 000	16 620	850 000	32 820
42 000	2 688	410 000	16 980	860 000	33 180
44 000	2 796	420 000	17 340	870 000	33 540
46 000	2 904	430 000	17 700	880 000	33 900
48 000	3 012	440 000	18 060	890 000	34 260
50 000	3 120	450 000	18 420	900 000	34 620
55 000	3 390	460 000	18 780	910 000	34 980
60 000	3 660	470 000	19 140	920 000	35 340
65 000	3 930	480 000	19 500	930 000	35 700
70 000	4 200	490 000	19 860	940 000	36 060
75 000	4 470	500 000	20 220	950 000	36 420
80 000	4 740	510 000	20 580	960 000	36 780
85 000	5 010	520 000	20 940	970 000	37 140
90 000	5 280	530 000	21 300	980 000	37 500
95 000	5 550	540 000	21 660	990 000	37 860
100 000	5 820	550 000	22 020	1 000 000	38 220
110 000	6 180	560 000	22 380	1 010 000	38 400
120 000	6 540	570 000	22 680	1 020 000	38 580
130 000	6 900	580 000	23 100	1 030 000	38 760
140 000	7 260	590 000	23 460	1 040 000	38 940
150 000	7 620	600 000	23 820	1 050 000	39 120
160 000	7 980	610 000	24 180	1 060 000	39 300
170 000	8 340	620 000	24 510	1 070 000	39 480
180 000	8 700	630 000	24 900	1 080 000	39 660
190 000	9 060	640 000	25 260	1 090 000	39 840

Aktivmasse des verwalteten Vermögens DM	Vergütung DM	Aktivmasse des verwalteten Vermögens DM	Vergütung DM	Aktivmasse des verwalteten Vermögens DM	Vergütung DM
1 100 000	40 020	1 410 000	45 600	1 710 000	51 000
1 110 000	40 200	1 420 000	45 780	1 720 000	51 180
1 120 000	40 380	1 430 000	45 960	1 730 000	51 360
1 130 000	40 560	1 440 000	46 140	1 740 000	51 540
1 140 000	40 740	1 450 000	46 320	1 750 000	51 720
1 150 000	40 920	1 460 000	46 500	1 760 000	51 900
1 160 000	41 100	1 470 000	46 680	1 770 000	52 080
1 170 000	41 280	1 480 000	46 860	1 780 000	52 260
1 180 000	41 460	1 490 000	47 040	1 790 000	52 440
1 190 000	41 640	1 500 000	47 220	1 800 000	52 620
1 200 000	41 820	1 510 000	47 400	1 810 000	52 800
1 210 000	42 000	1 520 000	47 580	1 820 000	52 980
1 220 000	42 180	1 530 000	47 760	1 830 000	53 160
1 230 000	42 360	1 540 000	47 940	1 840 000	53 340
1 240 000	42 540	1 550 000	48 120	1 850 000	53 520
1 250 000	42 720	1 560 000	48 300	1 860 000	53 700
1 260 000	42 900	1 570 000	48 480	1 870 000	53 880
1 270 000	43 080	1 580 000	48 660	1 880 000	54 060
1 280 000	43 260	1 590 000	48 840	1 890 000	54 240
1 290 000	43 440	1 600 000	49 020	1 900 000	54 420
1 300 000	43 620	1 610 000	49 200	1 910 000	54 600
1 310 000	43 800	1 620 000	49 380	1 920 000	54 780
1 320 000	43 980	1 630 000	49 560	1 930 000	54 960
1 330 000	44 160	1 640 000	49 740	1 940 000	55 140
1 340 000	44 340	1 650 000	49 920	1 950 000	55 320
1 350 000	44 520	1 660 000	50 100	1 960 000	55 500
1 360 000	44 700	1 670 000	50 280	1 970 000	55 680
1 370 000	44 880	1 680 000	50 460	1 980 000	55 860
1 380 000	45 060	1 690 000	50 640	1 990 000	56 040
1 390 000	45 240	1 700 000	50 820	2 000 000	56 220
1 400 000	45 420				

Für Werte darüberhinaus setzt Möhring 1 % an.

Weirich [1]) schlägt folgende Sätze vor:

1. bei einem Nachlaßwert bis zu   90 000 DM   4 %,
2. für einen Mehrbetrag bis zu   450 000 DM   3 %,
3. für einen Mehrbetrag bis zu   4 500 000 DM   2 %,
4. für Werte darüberhinaus   1 %.

Demgegenüber geht Eckelskemper [2]) von „glatten Zahlen" aus und zwar

1. bei einem Nachlaßwert bis zu   100 000 DM   4 %,
2. für einen Mehrbetrag bis zu   500 000 DM   3 %,
3. für einen Mehrbetrag bis zu   5 000 000 DM   2 %,
4. für Werte darüberhinaus   1 %.

---

[1]) Erben und Vererben, 3. Aufl. 1991, Rz 487.

[2]) Bengel/Reimann/Eckelskemper 10. Kap. Rz 43.

Der BGH [1]) führt zu dieser Frage allerdings folgendes aus: **583**

> *„Die Ansicht des TV, die Regelsätze müßten mit Rücksicht auf die Zeit-*
> *verhältnisse generell wesentlich erhöht werden, wird – soweit ersichtlich*
> *– nur von Göttlich (BRAGebO ABC-Ausgabe 9. Aufl. 1963 S. 789)*
> *ohne Begründung vertreten, während das Schrifttum im übrigen die*
> *Anwendung der ‚bewährten’ Sätze (LM zu BGB § 2221 Nr. 2) emp-*
> *fiehlt (so Staudinger-Dittmann, Anm. zu § 2221 BGB; Schumann,*
> *BRAGebO 1957, 110) und eine Anhebung nur dort für berechtigt hält,*
> *wo die Bemessung nach dem Regelsatz im Einzelfall – wegen des*
> *Umfangs oder der Dauer der Tätigkeit (Haegele RPfleger 1963, 79)*
> *oder wegen des Bestandes oder der Zusammensetzung des Nachlasses*
> *(Möhring, Vermögensverwaltung, 5. Aufl. 1963, 357) – zu einem unan-*
> *gemessenen Ergebnis führen würde. In diesem Zusammenhang weist*
> *Möhring (a. a. O., 356) zutreffend darauf hin, daß die nominale Wert-*
> *steigerung zu einer höheren Bewertung der Nachlässe als in früheren*
> *Jahren führt, so daß die prozentuale Bemessung der TV-Vergütung*
> *höhere Beträge ergibt, als sie für den wertmäßig gleichen oder entspre-*
> *chenden Nachlaß früher sich ergeben hätten; die Steigerung der Grund-*
> *stückspreise und der Aktienkurse erbringt für den TV heute einen*
> *höheren Betrag als bei einem früheren Erbfall, selbst wenn es um den*
> *gleichen Nachlaß geht.”*

Was die eben genannten Ausführungen betrifft, so ist zu beachten, daß die   **584**
höheren Nachlaßwerte auch eine höhere Verantwortung und Haftungsgefahr
für den TV zur Folge haben. Zudem sind vielfach die Werte maßgebend, die
vom Erblasser selbst testamentarisch festgelegt sind [2]) und diese liegen häufig
unter den heute erzielbaren Höchstwerten.[3])

Im einzelnen sei zur **Angemessenheit** der TV-Vergütung auf folgende weitere   **585**
einschlägige Stellungnahmen hingewiesen:

Ein von Hamburger Rechtsanwälten errichtetes Schiedsgutachten [4]) besagt
insbesondere: „Das Nachlaßgericht Hamburg steht keineswegs auf dem Standpunkt, daß der von den Beklagten genannte Satz von 2 bis 4 % des Nettonachlasses in der Jetztzeit der angemessene Normalsatz sei. Die gegen die Vor-
kriegszeit völlig veränderten wirtschaftlichen Verhältnisse, die bei der Konstituierung von Nachlässen die Arbeit der TV, verglichen mit den früheren

---

[1])   Urteil vom 26. 6. 1967 (Rz 572, Fußnote 7). Auch Johannsen (WM 1969, 1410) vertritt die Ansicht,
es lasse sich nicht sagen, die Richtsätze müßten mit Rücksicht auf die Zeitverhältnisse ohne weiteres wesentlich erhöht werden.

[2])   Rz 593.

[3])   Nicht unbeachtet darf gelassen werden, daß seit dem einen „allgemeinen Zuschlag” ablehnenden
Urteil des BGH aus dem Jahre 1967 mehr als 22 Jahre vergangen sind, die vielleicht auch den
BGH veranlassen könnten, in einem neuen Verfahren zu einem dem TV günstigeren Ergebnis zu
kommen. Ebenso Bengel/Reimann/Eckelskemper, 10. Kap. Rz 33.

[4])   DNotZ 1931, 465.

Zuständen, viel schwieriger und verantwortungsreicher gestalten, rechtfertigen es auch nach der Ansicht des Schiedsrichters, daß die früher üblichen TV-Gebühren erheblich überschritten werden. Es hat sich ein fester Prozentsatz des Nachlasses als übliche TV-Vergütung in der Nachkriegszeit in Hamburg noch nicht herausgebildet und eine derartige Berechnung nach festen Prozentsätzen erscheint auch nicht gerechtfertigt. Wenn auch die Größe des Nachlasses bei der Bemessung des TV-Honorars einer der wichtigsten Faktoren ist, so kommt es noch daneben, insbesondere bei Bemessung anwaltschaftlicher TV-Honorare, wesentlich darauf an, welches Honorar mit Rücksicht auf den Umfang und die Schwierigkeit der Arbeit des TV, die Größe seiner Verantwortung und auf den von ihm durch seine Tätigkeit erzielten Erfolg eine angemessene Vergütung darstellt. Was im vorliegenden Falle die Höhe des Nachlasses angeht, so ist der von den Beklagten angenommene Nettowert von etwa 266 000 DM deshalb zu niedrig, weil die Forderung gegen H. von nominale 100 000 DM in den Nettonachlaß jedenfalls einbezogen werden muß. Auf eine ganz genaue ziffernmäßige Feststellung der Nachlaßhöhe kommt es nicht an, weil nach der oben dargelegten Ansicht der Wert des Nachlasses schlechthin ausschlaggebender Faktor für die Bemessung des TV-Honorars ist. Hier ist vor allem zu berücksichtigen, daß die Verwaltung dem Kläger ungewöhnlich große Schwierigkeiten und eine sehr erhebliche Arbeit gemacht hat. Der Kläger mußte die nach der Inflation vorhandenen Reste des alten Nachlaßvermögens zum größten Teil durch seine Bemühungen neu konstituieren. Daher ist es auch ohne Bedeutung, welches Honorar der frühere TV aus dem Nachlaß seinerzeit erhalten hat. Auch die erhebliche Verantwortung und die Erschwerung der Tätigkeit des TV durch die verschiedenen Interessen der Beteiligten ist zu berücksichtigen. Weiter fällt ins Gewicht, daß der TV eine Reihe von Jahren tätig gewesen ist, ohne bisher überhaupt ein Honorar erhalten zu haben. Hätte der Kläger, wozu er an sich berechtigt gewesen wäre, mindestens einen Teil des Honorars schon vor einigen Jahren liquidiert, so würde er durch die inzwischen aufgelaufenen Zinsen, die jetzt den Nacherben zugute kommen, einen nicht unerheblichen Vorteil gehabt haben."

586 Das OLG Hamburg [1]) hat bei einem Rechtsanwalt als TV folgende Grundsätze für seine Vergütung aufgestellt: „Maßgebend ist der Nachlaßwert zur Zeit des Erbfalls. Als Normalsatz vor 1914 wären 2 % in Frage gekommen. Erhöhung des Satzes auf 3 % ist angebracht, da es sich um eine schwierige, aber wiederum auch nicht besonders schwierige TVg handelt. In letzterem Falle käme eine Vergütung bis zu 4 % in Frage. Kein Sonderhonorar für Erbscheinsantrag. Auslagen sind besonders zu vergüten. Umsatzsteuer ist nicht zu vergüten, da keine gesetzlich bemessene Gebühr."

587 Warneyer [2]) stellte folgendes fest: „Die Festsetzung der Höhe der dem TV zu gewährenden Gebühr ist unter billiger Berücksichtigung und Abwägung aller

---

[1]) DNotZ 1939, 127 = JW 1938, 3261.

[2]) Konkurs- und Treuhandwesen 1940, 50.

Umstände des einzelnen Falles vorzunehmen, und zwar regelmäßig in Prozenten vom Brutto-Nachlaß oder in einer einem solchen Prozentsatz entsprechenden festen Summe."

Eine Umfrage der Arbeitsgemeinschaft der Deutschen Rechtsanwaltskammern vom Jahre 1954 zur Ortsüblichkeit der Vergütung des TV hat folgendes ergeben: Sowohl in Nord- wie in Westdeutschland wird nach den allgemeinen Richtlinien des Rhein. Notariats[1] verfahren. Eine Ausnahme macht Süddeutschland. Hier hat das BayObLG bei größerem Umfang und erheblicher Schwierigkeit der geleisteten Tätigkeit eine individuelle Vergütung bis zu rund 12 % des reinen Nachlaßwertes gewährt.[2] **588**

Nach einer Entscheidung des OLG Köln v. 5. 7. 1994 richtet sich die Höhe der Vergütung bei einem TV, der nicht Notar oder Anwalt ist, nicht ohne weiteres nach Vergütungsrichtlinien, sondern ist nach den Umständen (geleistete Arbeit, Schwierigkeit, Dauer) zu bemessen.[3] **589**

Die **Konstituierung** des Nachlasses umfaßt nach den vorstehend gemachten Ausführungen **nicht** auch die **Auseinandersetzung** des Nachlasses, die dem TV bei Vorhandensein mehrerer Erben dann obliegt, wenn der Erblasser die (unverzügliche) Nachlaßauseinandersetzung nicht ausgeschlossen hat.[4] Die Aufstellung des erforderlichen Teilungsplans und dessen Vollzug durch den TV bereitet vielfach besondere Schwierigkeiten und nimmt auch die Zeit des TV erheblich in Anspruch. Gleichwohl lassen sich in Rechtsprechung und Schrifttum kaum Ausführungen feststellen, die sich unmittelbar mit der dem TV für die Bewirkung der Auseinandersetzung etwa zustehenden besonderen Gebühr befassen.[5] Welche Einzelvergütung für die Auseinandersetzung des TV in Frage kommen kann, ist schwer zu sagen.[6] Auf alle Fälle hat eine vom TV bewirkte Auseinandersetzung stets eine angemessene Erhöhung der normalen **590**

---

[1] Siehe Rz 799.

[2] BayObLGZ 18, 46.

[3] NJW-RR 1995, 202 = ZEV 1995, 70.

[4] Zur Auseinandersetzungspflicht des TV siehe § 2204 BGB, zum Teilungsausschluß siehe § 2044 BGB; siehe dazu Rz 507 ff., 540 ff.

[5] Der BGH (DNotZ 1964, 171, 174) bezeichnet die Auseinandersetzung als eine der Kerngebühren für Schwerpunkttätigkeiten des TV und stellt fest, daß der Tatrichter im entschiedenen Fall die Tätigkeit des TV bei der Nachlaßauseinandersetzung weder zum Gegenstand besonderer Einzelbewertung gemacht noch irgendwie sonst ausdrücklich gewürdigt hat. Dann führt der BGH wörtlich aus:
„Unter diesen Umständen war im Rahmen jener summierenden Bewertungsalternativen des Berufungsgerichts auch der Ansatz einer Einzelgebühr für die Tätigkeit des TV bei der Auseinandersetzung oder die Darlegung geboten, aus welchen besonderen Gründen das ausnahmsweise nicht angemessen sein sollte. Die Erwägung des Tatrichters, an der allmählichen Wertsteigerung des Nachlasses habe der TV durch die an den laufenden Einnahmen orientierten jährlichen Verwaltungsgebühren teilgenommen, trifft zwar für diesen Honorarteil zu, gilt aber nicht für eine Honorierung der Erbauseinandersetzungstätigkeit."

[6] Möhring/Beisswingert/Klingelhöffer, S. 229, weist darauf hin, daß zur Konstituierung des Nachlasses nicht die Vollziehung der Nachlaßauseinandersetzung unter den Miterben gehört.

Vergütung zur Folge. Betragsmäßig kommt es dabei auf die Schwierigkeit der Auseinandersetzung an. So kommt nach Ansicht des OLG Köln eine gesonderte „Auseinandersetzungsgebühr" nur dann in Betracht, wenn die Auseinandersetzung selbst anspruchsvoll und mit besonderen Schwierigkeiten verbunden ist.[1]) Folgt man der Rz 581 vertretenen Ansicht, daß zu den früher in Geltung gewesenen Richtsätzen seit geraumer Zeit ein Zuschlag von etwa 40–50 % in Frage kommt, so wird im Falle der Bewirkung der Auseinandersetzung durch den TV der Zuschlag insgesamt etwa 70–80 % zu betragen haben; zum mindesten muß die Normalvergütung nicht unwesentlich erhöht werden.

d) Brutto-Nachlaßwert als Berechnungsgrundlage

591 Ausgangspunkt für die Feststellung des Nachlaßwertes ist bei der Vergütung des TV der **gemeine Wert,** nicht etwa bei Grundstücken der Einheitswert. Vom Erblasser letztwillig vorgenommene Bewertungen sind aber auch bei der Feststellung der Höhe des Nachlaßwertes für die TV-Vergütung zu berücksichtigen.[2])

592 Die Vergütungsrichtsätze sind vom **Bruttowert** des Nachlasses zu nehmen, d. h. von der Summe der Aktiven des Nachlasses (Aktivvermögen) und nicht vom Nettowert (Reinnachlaß), d. h. von dem um die Nachlaßverbindlichkeiten verminderten Aktivwert des Nachlasses.[3]) Gerade die Regelung der Nachlaßverbindlichkeiten ist mit einer erheblichen Arbeitslast und einem besonderen Maß an Verantwortung verbunden. Daher kann der gegenteiligen Ansicht[4]) nicht gefolgt werden. Wollte man anders entscheiden, so bliebe dem TV trotz eines großen Aktivvermögens die Vergütung ganz oder teilweise versagt, wenn die darauf lastenden Nachlaßverbindlichkeiten seinem Bestand nahe kommen oder ihn sogar übersteigen. Diese Folge würde eintreten, obwohl gerade ein überschuldeter Nachlaß eine besondere Arbeitslast und erhöhte Verantwortung des TV mit sich bringt. Anders ist es dagegen, wenn die Ermittlung, Sichtung und Abwicklung der Nachlaßverbindlichkeiten nicht in den Aufgabenbereich des TV fällt.[5])

---

[1]) OLG Köln NJW-RR 1994, 269.

[2]) Bengel/Reimann/Eckelskemper, 10. Kap. Rz 15; Soergel/Damrau, § 2221 BGB Rz 10.

[3]) Siehe auch Belde, JurBüro 1969, 683; NJW 1962, 1999; DB 1979, 877; Bengel/Reimann/Eckelskemper, 10. Kap. Rz 7; Glaser MDR 1983, 94; Kersten/Bühling, § 110 II; Möhring/Beisswingert/Klingelhöffer, S. 223; Palandt/Edenhofer, § 2221 BGB Rz 10; Staudinger/Reimann, § 2221 BGB Rz 15; Tschischgale, JurBüro 1965, 89; OLG Stuttgart, BWNotZ 1961, 92. Nach BGH, DNotZ 1964, 169 = NJW 1963, 1615 = RPfleger 1963, 380 und BB 1967, 1063 = DB 1967, 1499 = MDR 1967, 842 = NJW 1967, 2400 = RPfleger 1968, 85 kann an den Bruttowert des Nachlasses angeknüpft werden, wenn die Nachlaßverbindlichkeiten unter bestimmten Gesichtspunkten in den Arbeitsbereich des TV fallen, von ihm etwa zu sichten und zu regeln sind (siehe dazu Tschischgale a.a.O.).

[4]) OLG Hamburg, HRR 1933 Nr. 1766; RGR/Kregel, § 2221 BGB Rz 5; Erman/Hense, § 2221 BGB Rz 1.

[5]) Palandt/Edenhofer, § 2221 BGB Rz 10.

e) Maßgebender Zeitpunkt für die Ermittlung des Nachlaßwertes

Als Zeitpunkt der Bemessung und Feststellung des Nachlaßwertes ist in der **593**
Regel der Zeitpunkt des **Eintritts des Erbfalles** – des Todestages des Erblassers – maßgebend.[1]) Das schließt jedoch nicht aus, daß für spätere Zeitabschnitte von einem anderen (geringeren) Nachlaßwert auszugehen ist.[2]) Dies
kommt z. B. dann in Betracht, wenn sich das Nachlaßvermögen durch die
Befriedigung der Nachlaßverbindlichkeiten wesentlich vermindert oder die
Verwaltungstätigkeit des TV aus anderen Gründen erheblich vereinfacht hat
und es gegenüber den Erben eine mit Treu und Glauben nicht vereinbare
Unbilligkeit darstellen würde, wenn der TV weiterhin das Honorar nach dem
ursprünglichen Nachlaßwert berechnen würde.[3]) Namentlich bei längerer
Dauer der TVg kann es gerechtfertigt sein, für spätere Zeitabschnitte von
einem anderen Wert auszugehen, etwa dann, wenn der TV die wesentlichen
Nachlaßgegenstände frühzeitig an Erben und Vermächtnisnehmer ausgehändigt und seine weitere Tätigkeit sich nur noch auf einen geringeren Wert bezogen hat.

Der BGH hat dazu in einem Urteil vom 22. 5. 1963 [4]) folgendes ausgeführt: **594**
„Die Frage, ob und inwieweit es für die Bemessung der Vergütung auf den
Nachlaßwert am Todestage oder auf einen höheren Nachlaßwert zu einem
späteren Zeitpunkt, insbesondere bei Beendigung der TV-Tätigkeit, ankommt,
läßt sich nicht allgemein, sondern nur von Fall zu Fall entscheiden, je nachdem
welche Bemessungsart gewählt wird. Sofern als Kerngebühr eine **Konstituierungsgebühr** in Frage kommt, soll sie die Arbeit und Verantwortung des TV zu
Beginn der TVg abgelten, deshalb ist hierfür die geeignete Bewertungsgrund-
lage nicht der Nachlaßwert in einem späteren Zeitpunkt, sondern der
Ursprungswert. Für die erst 10 Jahre später vorgenommene **Nachlaßauseinandersetzung** kann aber jeweils der Ursprungswert nicht maßgebend sein; soweit
eine besondere Bewertung dieses Teils der Tätigkeit des TV in Betracht
kommt, ist vielmehr der Wert des Nachlasses im Auseinandersetzungszeit-
punkt zugrunde zu legen. Es gibt allerdings keinen Grundsatz des Inhalts, daß
die TV-Vergütung stets oder auch nur im Regelfall in einer Summierung von
Kerngebühren für Schwerpunkttätigkeiten (Konstituierung, Auseinandersetzung) untereinander und (oder) von jährlichen Gebühren für laufende Verwaltung bestehen müsse; die Bemessung der Vergütung insgesamt in einem einzigen Betrag ist durchaus möglich. Wird aber der – bei umfangreichen Tätigkeiten meist zweckmäßige – Weg mehrerer Teilbewertungen gewählt, dann müssen auch alle wesentlichen Teile der Gesamttätigkeit einzeln berücksichtigt
werden.

---

[1]) OLG Hamburg, HRR 1933 Nr. 1766; Soergel/Müller, § 2221 BGB Rz 6.

[2]) BGH, NJW 1967, 2400.

[3]) OLG Hamburg, HRR 1933 Nr. 1766.

[4]) BB 1963, 795 = DB 1963, 1044 = DNotZ 1964, 171 = MDR 1963, 832 = NJW 1963, 1615 = RPfleger 1963, 380 mit Anm. von Haegele = WM 1964, 950. Dazu auch oben Rz 576.

f) Höhe der Verwaltungsgebühr

595 Folgt der Konstituierung des Nachlasses eine **längere Verwaltungstätigkeit,** z. B. bei einer Verwaltung nach § 2209 BGB oder bei Weiterführung eines Geschäftsbetriebs oder bei Vorhandensein von Minderjährigen, oder verursacht die Verwaltung eine besondere umfangreiche und zeitraubende Tätigkeit, so kann neben der Konstituierungsgebühr eine weitere Vergütung in Frage kommen. Bei der Bestimmung dieser Verwaltungsgebühr sind die §§ 315, 316 BGB entsprechend anzuwenden.[1]) Welche Vergütung als angemessen anzusehen ist, hängt von den gesamten Umständen des Einzelfalles ab, insbesondere davon, welche Aufgaben der TV im Rahmen des ihm obliegenden Pflichtenkreises auszuführen hat. Maßgebend ist ferner das Maß seiner Verantwortung und der Umfang der zu leistenden Arbeit, wobei die Schwierigkeit der zu lösenden Aufgaben, die Dauer der Verwaltung und der Abwicklung der TVg, die Verwertung besonderer Erfahrungen und Kenntnisse und auch die Bewährung seiner sich im Erfolg auswirkenden Geschicklichkeit zu berücksichtigen sind.[2]) Meist wird in solchen Fällen eine laufende, nach dem Jahresbetrag der Einkünfte zu berechnende und in periodischen Zeitabschnitten (jährlich) zu zahlende Vergütung von 2–4 % oder eine solche etwa in Höhe von ⅓ bis ½ % der Nachlaß-Bruttowertes im Jahr in Betracht kommen.[3])

596 Nach Warneyer a. a. O.[4]) ist, wenn sich an die Konstituierung des Nachlasses eine längere, über Jahre hinaus sich erstreckende Verwaltung anschließt, eine, auch bei großen Nachlässen mit mindestens 2 % der Brutto-Nachlaßsumme zu bemessende einmalige Gebühr für die Konstituierung des Nachlasses und eine fortlaufende, sich nach den jährlichen Brutto-Einnahmen berechnende Gebühr nicht unter 3 % zuzubilligen. Wenn das RG es für zulässig erachtet, an Stelle einer in Prozenten von der Nachlaßmasse (und den jährlichen Einnahmen) zu berechnenden Gebühr runde Summen festzusetzen, so muß es nach Ansicht von Warneyer auch angängig sein, für die Konstituierung des Nachlasses und die sich daran anschließende, auf längere Zeit sich erstreckende Verwaltung eine einheitliche feste Summe zu bestimmen und deren Zahlung auf die einzelnen in Betracht kommenden Jahre zu verteilen.

---

[1]) BGH, NJW 1963, 1615; Kipp/Coing, § 73 IV 2; Staudinger/Reimann, § 2221 BGB Rz 12.

[2]) BGH, DNotZ 1964, 168 = BB 1962, 161 = RPfleger 1963, 77; Glaser, NJW 1962, 1999; MDR 1983, 94; Möhring a.a.O. S. 270.

[3]) Glaser, DB 1979, 877; MDR 1983, 93; einschränkend Möhring, S. 278.

[4]) Konkurs- und Treuhandwesen 1940, 50.

Der BGH führt in dem Urteil vom 22. 12. 1966,[1]) das sich allerdings in erster **597**
Linie mit der Honorarbemessung bei Vermögensverwaltung durch einen
Rechtsanwalt befaßt, zur Frage der Vergütung des TV folgendes aus:

> *„Bei der TVg wird in der Regel ein einmaliges Honorar gewährt. Zieht*
> *sie sich über längere Zeit hin, so kommt auch eine in Zeitabschnitten*
> *meist jährlich zu zahlende Vergütung in Frage. Diese ist aber, von*
> *besonders zu begründenden Ausnahmen abgesehen, erheblich niedri-*
> *ger zu bemessen als die erstmalige sog. Konstituierungsgebühr. Im*
> *Schrifttum werden dafür die Sätze von ⅓ bis ½ % oder auch nur 1 vom*
> *1000 genannt."*

Mit der Vergütung des TV der hier behandelten Art befaßt sich auch ein **598**
Beschluß des KG vom 10. 12. 1973.[2]) Aus ihm seien folgende Ausführungen
wiedergegeben:

> *„Bei der Berechnung der Vergütung des einen bereits konstituierten*
> *Nachlaß verwaltenden TV hat das LG zutreffend davon abgesehen, für*
> *die Gesamtzeit einen festen Betrag einzusetzen. Es hat statt dessen in*
> *nicht zu beanstandendem richterlichen Ermessen die TV-Tätigkeit nach*
> *Prozentsätzen des Erbschaftsbestandes in einzelnen Zeiträumen bemes-*
> *sen. Diese Berechnungsweise schafft besonders die Möglichkeit, die*
> *hinsichtlich der einzelnen Vermögensmassen des bereits konstituierten*
> *Nachlasses verschiedenen Pflichten, Verantwortlichkeiten und Arbeits-*
> *leistungen unterschiedlich zahlenmäßig zu bewerten. Im einzelnen ist*
> *die Tätigkeit des TV zwecks Errechnung der angemessenen Gebühr wie*
> *folgt zu bewerten: . . . Der Senat ist mit der Festsetzung von ½ % im*
> *Rahmen der in der Rechtsprechung angewendeten Normalsätze geblie-*
> *ben. Eine Festsetzung an der unteren Grenze des Normalsatzes wäre*
> *nicht gerechtfertigt, weil sich der TV unter erheblichem Arbeitsaufwand*
> *mit teilweise verfeindeten Erben auseinandersetzen mußte. Das kann*
> *jedoch eine Erhöhung der Vergütung über den Normalsatz hinaus nicht*
> *begründen . . ."*

Das LG Hamburg geht in einem Urteil vom 27. 3. 1958 [3]) ebenfalls davon aus, **599**
daß eine Verwaltungsgebühr in Höhe von 2–4 % jährlich aus den laufenden
Bruttoeinnahmen das Normale ist. Besonderheiten müssen gelten, wenn der

---

[1]) Siehe Rz 572, Fußnote 7. Der BGH nimmt dabei auf Möhring, Vermögensverwaltung, 5. Aufl.,
S. 359, Plaßmann, JW 1935, 1830 und Schumann, BRAGebO, 107 ff. Bezug.
Die gleiche Ansicht wird in dem oben, Rz 585, Fußnote 3, genannten Gutachten vertreten. Eine
Vergütung für die laufende Verwaltung in Höhe von 3–5 % der jährlichen Bruttoeinnahmen wird
in diesem Gutachten nicht für richtig gehalten. Dieser Ausgangspunkt könne nach dem Gutachten
dazu führen, daß ein TV bei einem Betrieb ohne Rücksicht auf die Rentabilität möglichst hohe
Bruttoeinnahmen zu erzielen versucht. Wegen der Kosten einer Haftpflichtversicherung siehe Fußnote 2 zu Rz 567.

[2]) KG, JurBüro 1974 Sp. 204 = NJW 1974, 752.

[3]) MDR 1959, 761 mit folgender Anm. der Schriftleitung: „Die Sache ist im OLG verglichen ungefähr nach den Grundsätzen des LG-Urteils."

TV als Treuhänder eines Handelsgeschäfts persönlich haftet und das damit verbundene Unternehmerrisiko trägt.[1]) Die angemessene Vergütung des TV im Sinne des § 2221 BGB umfaßt hier eine entsprechende Risikoprämie.[2]) Über die Vergütung des TV bei einem **lebendigen Betrieb,** in dem der **TV** eine **unternehmerische Tätigkeit** entfaltet, führt das LG Hamburg u. a. aus:

> *„Soweit ersichtlich, handelt es sich bei den Entscheidungen über die Konstituierungsgebühr und über die allgemeine Verwaltungsgebühr um solche Vorgänge, die sich von dem vorliegenden Fall in einem entscheidenden Punkt unterscheiden und die ihre Anwendung nicht gestatten. Der Unterschied besteht in dem Gegenstand des dem TV anvertrauten Nachlasses. Ganz abgesehen davon, daß es sich übrigens vorwiegend um Rechtsanwälte als TV handelt, sind es nämlich Nachlässe, die fast ausschließlich aus Geld, Wertpapieren oder Grundvermögen bestehen. Das sind Nachlässe, deren Betreuung durch eine vorwiegend verwaltende Tätigkeit dargestellt wird. Insoweit bestehen auch keine Bedenken gegen die allgemein geübte Berechnungsgrundlage und die Gebührensätze. In vorliegendem Fall handelt es sich aber im Gegensatz dazu um einen lebendigen Betrieb und um eine dazugehörende unternehmerische Tätigkeit des TV. Wird aber vom TV eine unternehmerische Tätigkeit gefordert, dann kann die dafür angemessene Vergütung nicht von dem Standpunkt einer etwa gegen feste Bezahlung angestellten Arbeitskraft erfolgen, deren Entlohnung nicht einen Überschuß des Betriebs voraussetzt, auch nicht von dem Standpunkt der sicheren Erwartung von Zinsen aus angelegten Geldern oder Papieren oder regelmäßig fließenden Grundstückseinnahmen. Die unternehmerische Leistung und das Streben nach der Erzielung von Überschüssen, im Gegensatz zu der Erhaltung des Kapitals und des Flusses seiner Zinsen, erfordert, die angemessene Vergütung vom Reingewinn her festzusetzen. Das erfordert darüber hinaus nicht nur diese Tätigkeit des TV als solche, sondern auch das Interesse der Erben. Im anderen Falle könnte die Steigerung von Unkosten, die Aufblähung eines Verwaltungsapparates, den für einen arbeitenden Betrieb lebensnotwendigen Gewinn erheblich verringern, ohne die anhand des Brutto-Gewinns zu ermittelnde Vergütung des TV zu berühren."*

600 Der TV habe erfolgreich die Funktionen eines Unternehmers ausgeübt. Da der Reingewinn naturgemäß erheblich unter dem Brutto-Gewinn liege, sei eine Vergütung nur bei Anhebung der bei Brutto-Gewinn üblichen Sätze von 1 bis 4 % angemessen. Wie im einzelnen ausgeführt wird, sei danach eine **Vergütung von 10 % des Reingewinns** angemessen. Bei Beschäftigung von Hilfskräften wie hier würden deren Kosten vielfach besonders in Rechnung gesetzt (vgl. RG 36, 145). Das komme hier nicht in Betracht, weil sich hier dann der Rein-

---

[1]) Siehe oben Rz 298 ff., 349 ff.

[2]) John, BB 1980, 757/761.

gewinn senke.[1]) Es kann sich auch empfehlen, bei entsprechender Tätigkeit und Verantwortung des TV die Vergütung an den Bezügen von GmbH-Geschäftsführern oder Vorstandsmitgliedern von Aktiengesellschaften auszurichten. Einen Überblick über letztere vermittelt die in der Zeitschrift Capital, Juni 1990, S. 24 veröffentlichte Übersicht.[2])

g) Gesamt-Vergütung des TV

Kaum allgemein läßt sich die Frage beantworten, welcher Höchstsatz für die **601** TV-Vergütung insgesamt in Frage kommen kann. Maßgebend ist, wie wiederholt betont, die Lage des Einzelfalles.

Mit allem Vorbehalt kann vielleicht eine Höchst-Vergütung von 12 % des Nachlasses genannt werden.[3])

h) Vergütung bei Vorhandensein mehrerer TV

Die Frage, ob bei Vorhandensein mehrerer TV jeder die **seiner Tätigkeit ent-** **602** **sprechende Vergütung** beanspruchen kann, und zwar unabhängig vom anderen TV,[4]) ist vor allem durch die BGH-Entscheidung vom 26. 6. 1967 [5]) im bejahenden Sinne geklärt worden. In ihr ist u. a. folgendes ausgeführt:

---

[1]) Siehe dazu auch BGH, DNotZ 1964, 168, 171 dahingehend, daß, wenn ein TV das Unternehmerrisiko trägt, es seiner Leistungsfähigkeit angepaßt ist, ihm einen namhaften Hundertsatz des Gewinns zuzusprechen, wobei der BGH auf vorstehendes Urteil des LG Hamburg hinweist.

[2]) Abgedruckt bei Möhring/Beisswingert/Klingelhöffer, S. 231.

[3]) Tschischgale, JurBüro 1955, 89 hält ebenfalls einen Höchstsatz von 12 % für gerechtfertigt. Ein Schiedsgutachten Hamburger Rechtsanwälte (Rz 374) kam im Jahre 1930 auf einen Höchstsatz von ungefähr 7 % des Nettonachlasses. (Die Rz 807 erwähnte Umfrage der Arbeitsgemeinschaft der Rechtsanwaltskammern vom Jahre 1954 hielt eine individuelle Vergütung bis zu rund 12 % des Reinnachlasses für angemessen.)
Es dürfte im Regelfall angezeigt sein, sich zu Beginn der TVg oder, wenn sich diese erst später als besonders schwierig und umfangreich herausstellt, in diesem Zeitpunkt mit den Erben wegen der angemessenen Vergütung in Verbindung zu setzen. Bei den vielfachen Spannungen, die zwischen TV und Erben – gerade in der Vergütungsfrage – entstehen können, wird allerdings nicht selten das Prozeßgericht (Rz 620) über die angemessene Vergütung zu entscheiden haben.

[4]) Bejahend Glaser, MDR 1983, 94; Kersten/Bühling, S. 1101; Möhring/Beisswingert/Klingelhöffer, S. 237; Staudinger/Reimann, § 2221 BGB Rz 14. A.A. OLG Stuttgart, BWNotZ 1961, 92 wie folgt: „Zwei TV haben sich in der Regel in die vor allem nach der Höhe des Nachlasses zu bemessende Vergütung zu teilen.'' Ähnlich OLG Koblenz in der Entscheidung, mit der sich nachher der BGH befaßt hat. Siehe auch Möhring, Vermögensverwaltung, 5. Aufl., S. 279 dahin: Keineswegs hat in solchen Fällen jeder TV einen Anspruch auf die gleiche Vergütung, die ein alleiniger TV hätte. Andererseits ist es auch nicht richtig, zunächst die Vergütung so zu bemessen, als wäre nur ein TV vorhanden, und diesen Betrag durch die Zahl der Mit-TV zu teilen. Hier ist einerseits die Zahl der TV zu berücksichtigen, aber andererseits zu beachten, daß jeder TV die gleiche Verantwortung trägt und daß für eine Minderung der Einzelvergütung nur maßgebend sein kann, ob infolge der Mehrzahl der TV der Tätigkeitsumfang für den einzelnen geringer ist, als er es bei einer Einzel-TVg wäre.

[5]) Fundstellen siehe Rz 572, Fußnote 1. BGH, LM, § 2221 BGB Nr. 2, hat jedem TV die Hälfte der Vergütung deshalb zugesprochen, weil dies dem Klageantrag entsprochen hat.

*„Die Ansichten darüber, ob bei Vorhandensein mehrerer TV diese die
einheitliche Vergütung unter sich zu teilen haben oder ob jedem die
Regelentschädigung zusteht, sind geteilt. Das OLG Stuttgart
(BWNotZ 1961, 92) hat entschieden, daß zwei TV sich regelmäßig in
eine Vergütung zu teilen hätten. Aber auch die gegenteilige Ansicht,
jedem von mehreren TV stehe die Regelvergütung voll zu, ist vertreten
worden (Göttlich, BRAGebO ABC-Ausgabe, 9. Aufl. S. 788; Schumann, BRAGebO 1957, 110 = § 1 Anh. II 2). Im übrigen nimmt das
Schrifttum einen vermittelnden Standpunkt ein, der eine schematische
Behandlung vermeiden möchte und deshalb bei zwei TV für jeden
weder die volle Vergütung, die bei alleiniger Amtsführung angemessen
wäre, noch deren Häfte schlechthin als angemessen ansieht, sondern die
Bewertung der dem Einzelnen gestellten Aufgabe, der geleisteten Tätigkeit und der Verantwortung für geboten hält (vgl. Möhring, Vermögensverwaltung in Vormundschafts- und Nachlaßsachen, 5. Aufl. 1963
S. 362; Kersten-Bühling, Formularbuch und Praxis der freiwilligen
Gerichtsbarkeit, 12. Aufl. 1963 S. 867; Haegele RPfleger 1963, 79).*

603   *Diese Ablehnung einer schematischen Teilung oder Verdoppelung wird
allein dem Grundgedanken des § 2221 BGB gerecht, der dem TV die
Vergütung zubilligt, die für die Führung „seines” Amtes angemessen
ist. So hat schon das RG (RG Recht 1918 Nr. 251) ausgesprochen, daß
von mehreren TV jeder eine Vergütung „nach Maßgabe seiner Tätigkeit” beanspruchen könne (vgl. Staudinger-Dittmann, BGB, 10./11.
Aufl., Anm. 10 zu § 2211, und jetzt auch Schumann, BRAGebO,
Ergänzungs-Band 1961, 56). Dieser Grundsatz schließt die Berechnung
der Vergütung für mehrere TV nach einem Regelsatz nicht aus, zwingt
zur Besinnung, daß Richtsätze angesichts der Vielgestaltigkeit des
Lebens nicht schematisch angewandt werden dürfen, daß sie vielmehr
nur einen Anhaltspunkt für die Berechnung bieten, der unter Berücksichtigung aller gegebenen Umstände dahin zu prüfen ist, ob er zu der
angemessenen Vergütung führt (LM zu BGB § 2221 Nr. 2). Die Ernennung mehrerer TV weicht eben – mag sie auch nicht selten sein – von
dem Regelfall ab und läßt eine Anwendung des Regelsatzes nicht ohne
Abwägung der tatsächlichen Gegebenheiten zu. Ist aber, auch wenn
mehrere TV ernannt und tätig geworden sind, für die Vergütung eines
jeden seine Tätigkeit maßgebend, so muß diese Tätigkeit nach Umfang,
Dauer und Verantwortung festgestellt und, wenn nach einem Regelsatz
verfahren werden soll, daraufhin geprüft werden, ab sie der im Regelfall vorausgesetzten Tätigkeit eines TV, also den üblichen Aufgaben
einer Nachlaßabwicklung, entsprach oder ob das Maß der Tätigkeit ein
Abweichen vom Regelsatz nach oben oder unten rechtfertigt; dann wird
weiter zu prüfen sein, ob das Vorhandensein eines Mit-TV Anlaß geben
kann, eine Kürzung für angemessen zu halten, sei es unter dem*

Gesichtspunkt der Aufgabenteilung, einer sonstigen Erleichterung der Arbeit oder der Verteilung der Verantwortung.

Dem wird das Berufungsurteil nicht gerecht. Sein Standpunkt, der beklagte TV könne nur die Hälfte einer Regelvergütung oder beide TV können zusammen höchstens eine Regelvergütung beanspruchen, ist im Grundsatz und Ausgangspunkt unzutreffend und läßt – um nur das Nächstliegende zu erwähnen – außer Betracht, daß einer der TV schon Jahre vor der Endabrechnung des Beklagten verstarb und Last und Verantwortung des Amtes seitdem ausschließlich bei dem Beklagten lagen. Das Berufungsgericht hat das Maß der Tätigkeit des beklagten TV nicht festgestellt. Das Berufungsurteil führt zwar aus, bei mehreren TV könne der Wirkungskreis aufgeteilt werden und ruhe die Haftung auf mehreren Schultern; das aber ist nicht das Ergebnis einer Prüfung des vorliegenden Einzelfalles und soll nicht besagen, daß es in der vorliegenden Sache so gewesen sei, sondern will den allgemeinen Standpunkt erklären, daß einer von zwei TV nur die Hälfte des Regelsatzes beanspruchen könne. Deshalb ist diese Erwägung ebensowenig entscheidungserheblich wie die hiergegen gerichteten Angriffe der Revision, die darlegen möchte, daß das Vorhandensein eines zweiten TV in der Regel das Amt erschwere und jedenfalls hier erschwert habe. Auch die späteren Ausführungen des Berufungsurteils zur Frage, ob nach den gegebenen Umständen eine Erhöhung der Regelgebühr zu erwägen sei, zielen nicht auf eine Feststellung des Maßes der Tätigkeit des Beklagten, nicht auf die Ermittlung der für ihn angemessenen Vergütung ab, von der der Beklagte die Hälfte erhalten solle." **604**

Die Vergütungen können also **verschieden hoch** sein. In der Regel wird dadurch keine Verdoppelung der TV-Vergütung insgesamt eintreten. Vielmehr soll jeder TV eine Vergütung nach Maßgabe seiner geleisteten Tätigkeit erhalten. Danach kommt es darauf an, welche Aufgaben der einzelne TV gehabt hat, was er geleistet hat und wie groß seine Verantwortung gewesen ist.[1] **605**

Eine Vereinbarung zwischen mehreren TVn über die Höhe der Vergütung ist unzulässig.[2] Die Aufwendungen der mehreren TV sind getrennt abzurechnen.[3] **606**

Den Vergütungsanspruch kann jeder der mehreren TV ohne Mitwirkung des anderen geltend machen. Jeder der mehreren TV ist daher auch passiv legiti- **607**

---

[1]   BGH LM § 2221 BGB Nr. 4; Möhring/Beisswingert/Klingelhöffer, S. 237. Zur Gebührenerhöhung nach § 6 Abs. 1 Satz 2 BRAGO eines Rechtsanwalts, der für mehrere TV tätig wird, s. BGH, RPfleger 1994, 271 = NJW-RR 1994, 516 = FamRZ 1994, 438 = ZEV 1994, 378.

[2]   BGH, NJW 1957, 947 = DB 1957, 716 = DNotZ 1957, 609; vgl. auch Rz 615.

[3]   Rz 635 ff.

miert, wenn eine Erbe negative Festellungsklage erhebt. Jeder kann gesondert klagen.[1])

i) **Sonderfälle bei der Vergütung**

608 Bei **vorzeitiger Beendigung** des Amtes, etwa infolge **Entlassung** des TV durch das Nachlaßgericht (§ 2227 BGB) oder infolge **Kündigung** des Amtes seitens des TV (§ 2226 BGB), mindert sich die Vergütung entsprechend.[2]) Verletzt der TV die ihm in dieser Eigenschaft obliegenden Pflichten in gröblichem Maß, so kann u. U. sein Anspruch auf Vergütung ganz entfallen. Ist eine **besonders rasche Abwicklung** des Nachlasses, der etwa nur aus Bankguthaben oder Wertpapieren besteht und bei dem nur wenige Erben vorhanden sind, möglich, so ist an der Regelvergütung ein angemessener Abschlag zu machen. Zieht der TV nicht notwendige, sondern nur seiner Entlastung dienende **Hilfspersonen** zu, so ist seine Vergütung in Höhe der durch die Zuziehung entstandenen Kosten zu mindern.[3])

609 In Frage kommen kann eine unterschiedliche Vergütung gegenüber einzelnen Erben, etwa gegenüber solchen, die sich im Ausland befinden.

610 Der TV des erstverstorbenen Ehegatten, der mit dem anderen Ehegatten in Gütergemeinschaft gelebt hat, hat gegen die Erben des letztverstorbenen Ehegatten einen Anspruch auf Vergütung.[4])

611 Eine mit allen **Erben vereinbarte** einmalige **Sondervergütung** ist zulässig.[5])

k) **Festsetzung der Vergütung**

612 Die Frage, ob der TV seine Vergütung selbst festsetzen könne, wird unter Bezugnahme auf eine Entscheidung der BGH vom 5. 4. 1957 [6]) meist mißverständlich beantwortet, nämlich daß der TV seine angemessene Vergütung zwar selbst dem Nachlaß entnehmen, diese aber nicht selbst festsetzen könne.[7]) Der BGH stellt in diesem Urteil aber nur klar, daß über die Angemessenheit der Vergütung im Streitfall ein zwischen Erben und TV zu führender Rechtsstreit entscheiden müsse.

---

[1]) RG, Recht 1918 Nr. 250. Zur Zuständigkeit des Prozeßgerichts siehe Rz 620.

[2]) § 628 BGB; Palandt/Edenhofer, § 2221 BGB Rz 8. Dies gilt auch bei testamentarisch festgelegter Vergütung (BGH, DRiZ 1966, 398). Siehe aber auch BGH III ZR 29/68 (vgl. WM 1969, 1410), wonach dann, wenn der Erblasser dem TV eine bestimmte Vergütung ausgesetzt hat, diese nach Abschluß der Konstituierung des Nachlasses und Beschränkung der Verwaltung auf eine Kontrolltätigkeit dem TV auch dann zusteht, wenn er erkrankt und im Rahmen der TVg nicht mehr aktiv tätig werden kann.

[3]) Vgl. Rz 636.

[4]) OLG Hamburg, HansGZ 1924 B 165.

[5]) RG, JW 1936, 3388. Dabei ging es um die Frage, wie die Parteivereinbarung auszulegen war, d. h. welche Tätigkeiten des später vorzeitig ausgeschiedenen TV die einmalige Vergütung abgelten sollte.

[6]) NJW 1957, 947.

[7]) Z. B. Palandt/Edenhofer, § 2221 BGB Rz 12.

Der Anspruch des TV auf die Vergütung ist eine Nachlaßverbindlichkeit. **613** Sofern der Erblasser keine andere Anordnung getroffen hat, steht dem TV eine angemessene Vergütung zu. Nach h. M. ist der TV auch berechtigt, diese Vergütung selbst aus dem Nachlaß zu entnehmen.[1]) Dann muß er auch befugt sein, eben diese Vergütung selbst festzusetzen – selbstverständlich vorbehaltlich gerichtlicher Nachprüfung. Aus der selbständigen Stellung des TV folgt, daß sein Vergütungsanspruch weder dem Grunde noch der Höhe nach einer Vereinbarung mit den Erben bedarf, wenn auch zur Streitvermeidung eine einvernehmliche Regelung zweckmäßig ist. Aber selbstverständlich unterliegt die Frage der Angemessenheit der gerichtlichen Nachprüfung, da dem TV keine richterlichen oder schiedsrichterlichen Befugnisse zustehen. Darüber, welche Vergütung angemessen ist, hat daher im Streit mit den Erben nicht der TV verbindlich und abschließend zu entscheiden, sondern das Gericht. Entsprechendes gilt, wenn der Erblasser eine Bestimmung über die Höhe der Vergütung getroffen hat und zwischen TV und Erben steitig ist, wie die Bestimmung des Erblassers auszulegen ist.[2])

Die Festsetzung der Höhe seiner Vergütung durch den TV ist auch dann nicht **614** endgültig und verbindlich, wenn der Erblasser angeordnet hat, daß der TV in der Eingehung von Verbindlichkeiten für den Nachlaß nicht beschränkt sein soll. Diese Anordnung ermächtigt den TV nicht dazu, mit sich selbst ein Rechtsgeschäft vorzunehmen, das aus dem Rahmen seiner Aufgaben als TV herausfällt. Dies gilt auch dann, wenn mehrere TV bestellt sind; auch in diesem Fall kann ein TV ohne besondere dahingehende Bestimmung in der letztwilligen Verfügung nicht durch eine Vereinbarung mit seinem Mitvollstrecker dessen Vergütung endgültig festsetzen. Anders ist es nur, wenn der Erblasser ausdrücklich oder stillschweigend bestimmt hat, daß ein TV die Vergütung für die etwa später eintretenden TV zu bestimmen habe.[3]) Überschreitet der TV bei ihm vom Erblasser gestatteter eigener Bestimmung seiner Vergütung die Grenzen des billigen Ermessens, so dürfte § 319 BGB (über § 2156 BGB) zur Anwendung kommen.[4])

l) Fälligkeit der Vergütung

Die Vergütung des TV wird regelmäßig zum Schluß seiner Verwaltung in einer **615** Summe fällig (§§ 614, 628 BGB). Der TV kann sie selbst aus dem Nachlaß entnehmen. Bei länger dauernder TVg kann der TV periodische Zahlungen

---

[1]) BGH, NJW 1957, 947; 1963, 1615; WM 1972, 101; BayObLGZ 1972, 380; Palandt/Edenhofer, § 2221 BGB Rz 12.

[2]) BGH, NJW 1957, 947.

[3]) BGH, NJW 1957, 947.

[4]) Bengel/Reimann/Eckelskemper, 10. Kap. Rz 68.

bzw. Teilzahlungen – in jährlichen Abschnitten nachträglich – auf die angemessene Vergütung verlangen und ebenfalls selbst dem Nachlaß entnehmen.[1])

616 Die Konstituierungsgebühr ist fällig mit Beendigung der Konstituierung.[2]) Eine mit allen Erben vereinbarte einmalige **Sondervergütung** [3]) kann mit der Konstituierung des Nachlasses [4]) verdient sein.[5])

617 Die Frage, ob der TV zur Beschaffung der für die Bereinigung seiner Vergütung erforderlichen Geldmittel Sachwerte des Nachlasses (womöglich noch an sich selbst) veräußern darf, ist nach den Umständen des Einzelfalles zu beantworten, aber grundsätzlich zu verneinen, da ein solches Geschäft nicht im Rahmen einer ordnungsmäßigen Verwaltung des Nachlasses liegt.[6])

618 **Vorschuß** auf seine Vergütung kann der TV nicht verlangen (da in § 2218 BGB der § 669 BGB nicht erwähnt ist).[7]) In den Fällen, in denen die Vollstreckung über einen längeren Zeitraum andauert, ist der Testamentsvollstrecker aber berechtigt, Teile seiner Vergütung, die ihm in der betreffenden Höhe zustehen, schon während der Dauer seines Amtes dem Nachlaß zu entnehmen.[8])

619 Vor erfolgter Rechnungslegung hat der TV kein Zurückbehaltungsrecht an Nachlaßgegenständen wegen seiner Vergütung. Er kann also die Schlußvergütung erst nach Rechnungslegung verlangen.[9])

m) Streit über die Vergütung

620 Bei Streit über die Höhe oder Fälligkeit der Vergütung ist der Anspruch nicht beim Nachlaßgericht, sondern beim sachlich und örtlich zuständigen Prozeßgericht geltend zu machen.[10]) Je nach Lage des Falles werden die Erben oder der TV Kläger sein. Das Nachlaßgericht kann die Vergütung des TV nicht festset-

---

[1]) Der TV trägt das Risiko, ob der entnommene Betrag in voller Höhe als Vergütung geschuldet wird (BGH, siehe Rz 592, Fußnote 3); OLG Köln, OLGZ 1969, 281; oben Rz 613, unten Rz 623, 624.

[2]) Dazu oben Rz 577.

[3]) Rz 611.

[4]) Begriff siehe Rz 577.

[5]) RG, JW 1936, 3388.

[6]) BGH (Rz 592, Fußnote 3), ferner BGH, BB 1973, 499 = WM 1973, 360.

[7]) OLG Köln, RPfleger 1987, 458.

[8]) BGH, NJW 1957, 947/948; Glaser MDR 1983, 94; Möhring/Beisswingert/Klingelhöffer, S. 236.

[9]) BGH, DNotZ 1957, 609 = NJW 1957, 947; dazu Rz 550, 558.

[10]) BGH WM 1972, 101; BayObLG, BB 1973, 114 = MDR 1973, 317 = RPfleger 1973, 94; KG, JW 1937, 475; OLG Bremen, MDR 1936, 314; Glaser, MDR 1983, 94. Im Prozeß über die Vergütung des einen von mehreren TV brauchen nach RG, Recht 1918 Nr. 251 die übrigen TV nicht zugezogen zu werden.

zen oder sonst zu ihrer Höhe verbindlich Stellung nehmen.[1]) Auch der Erblasser kann keine hiervon abweichenden testamentarischen Anordnungen treffen. Eine Anordnung des Erblassers, die Höhe der Vergütung solle durch das Nachlaßgericht festgesetzt werden, kann allerdings dahin ausgelegt werden, daß der Nachlaßrichter die Vergütung nach §§ 317, 2156 BGB festsetzen soll.[2])

Erhebt der TV Klage auf Festsetzung seiner Vergütung, so muß er deren Höhe **621** im Klageantrag betragsmäßig angeben. Einen Klageantrag des Inhalts, ihm eine „angemessene" Vergütung zuzubilligen, kann der TV nur stellen, wenn ihm eine Bezifferung nicht möglich oder nicht zuzumuten ist.[3]) Derartige Fälle werden selten sein.[4])

Es dürfte daher im Regelfall angezeigt sein und kann dem TV nur dazu geraten **622** werden, sich zu Beginn der TVg oder, wenn sich diese erst später als besonders schwierig und umfangreich herausstellt, in diesem Zeitpunkt mit den Erben wegen der angemessenen Vergütung in Verbindung zu setzen. Angesichts der langen Dauer der Prozesse, des Instanzenzugs und der Kosten kann nur davon abgeraten werden, die Entscheidung über die Vergütung dem Prozeßgericht zu überlassen.[5])

n) Entnahme der Vergütung

Der TV hat grundsätzlich das Recht, seine Vergütung, soweit sie angemessen **623** ist, **selbst aus dem Nachlaß** zu entnehmen.[6]) Das ergibt sich aus dem Charakter des Vergütungsanspruches als einer Nachlaßverbindlichkeit in Verbindung mit den Schlußhalbsatz von § 181 BGB, der auf den TV entsprechend anzuwenden ist.[7]) Das Recht zur Entnahme bedeutet allerdings nicht, daß der TV ohne weiteres befugt ist, sich bei Fehlen liquider Mittel diese durch Veräußerung von Nachlaßgegenständen zu beschaffen; maßgebend ist, „ob eine solche Art der Geldbeschaffung im Rahmen einer ordnungsgemäßen Verwaltung des Nachlasses liegt; das ist nicht allgemein, sondern nur nach den jeweiligen

---

[1])   BGH, NJW 1957, 947; OLG Bremen, MDR 1963, 314; Firsching/Graf, Nachlaßrecht, Rz 4423. Glaser meint allerdings, NJW 1962, 1999, der TV solle in Zweifelsfällen den Nachlaßrichter bitten, ihm aus seinen Erfahrungen heraus zu bestätigen, ob die von ihm verlangte Vergütung als angemessen anzusehen ist. Mehr als eine völlig unverbindliche Auskunft wird aber der in die Materie nicht eingeweihte Nachlaßrichter nicht geben können. Kritisch zu dem Vorschlag von Glaser auch Belde, JurBüro 1969, 684.

[2])   BGH, WM 1972, 101; Bengel/Reimann/Eckelskemper, 10. Kap. Rz 76.

[3])   RG, JW 1937, 3184; Bengel/Reimann/Eckelskemper, 10. Kap. Rz 77.

[4])   Die Entscheidung über die Angemessenheit der Vergütung obliegt in erster Linie dem Gericht der Tatsacheninstanz. Im Revisionsrechtszug kann diese Frage nur beschränkt nachgeprüft werden (Johannsen, WM 1973, 536).

[5])   Hartmann, Abschn. 2.17; Esch/Schulze zur Wiesche, Rz 661.

[6])   BGH, NJW 1957, 947 = DNotZ 1957, 609; BGH, NJW 1963, 1615 = RPfleger 1963, 38 = DNotZ 1964, 169; Glaser, MDR 1983, 94; Möhring/Beisswingert/Klinghöffer, S. 236.

[7])   Vgl. BGHZ 30, 67, 69 = NJW 1959, 1429; NJW 1957, 948; 1963, 1616; WM 1972, 102; Bengel/Reimann/Eckelskemper, 10. Kap. Rz 64; Möhring/Beisswingert/Klinghöffer, S. 236; Staudinger/Reimann, § 2221 BGB Rz 19.

Umständen des Einzelfalles zu entscheiden.''[1]) Da der TV die Vergütungshöhe nicht endgültig verbindlich gegenüber dem Erben zu bestimmen hat, trägt der TV, der seine Vergütung selbst entnimmt, stets das **Risiko,** ob der entnommene Betrag auch in vollem Umfang geschuldet ist, worüber das Prozeßgericht zu entscheiden hat.[2]) Entnimmt er **zu viel,** so ist in der Regel nur die Entnahme des nicht geschuldeten Teils widerrechtlich, die des geschuldeten bleibt rechtmäßig. Das letzte Wort zur Frage der angemessenen Vergütung des TV haben die Erben, sie müssen Klage auf Feststellung der angemessenen Vergütung beim Prozeßgericht erheben. Die **Entnahme** einer **unangemessen hohen Vergütung** kann u. U. eine strafrechtlich zu ahndende Untreue, ein Entlassungsgrund[3]) oder eine den TV zum Schadensersatz verpflichtende Handlung sein.[4])

624 In den Fällen, in denen die TVg über einen längeren Zeitraum andauert, ist der TV berechtigt, Teile seiner Vergütung, die ihm in der betreffenden Höhe zustehen, schon während der Dauer seines Amtes dem Nachlaß zu entnehmen.[5])

625 Das Recht zur Entnahme der Vergütung berechtigt den TV im Innenverhältnis zu den Erben noch keineswegs ohne weiteres, zur Beschaffung der dazu benötigten Geldmittel **Sachwerte** des Nachlasses zu **veräußern.** Maßgebend ist, ob eine solche Art der Geldbeschaffung im Rahmen einer ordnungsgemäßen Verwaltung des Nachlasses liegt (§ 2216 BGB).[6])

3. Testamentarische Bestimmungen des Erblassers über die Vergütung

626 Der Erblasser kann die Höhe der Vergütung des TV selbst testamentarisch festlegen.[7]) Dies ist vielfach empfehlenswert, wobei ein Hundertsatz des Nachlasses oder ein fester Betrag bestimmt werden kann. Bestimmungen über Berechnung der Vergütung aus dem Brutto- oder Nettonachlaß und über ihre Fälligkeit sind ebenfalls oft zweckmäßig. Der Erblasser kann auch letztwillig bestimmen, daß der TV an Stelle einer eigentlichen Vergütung ein **Vermächt-**

---

[1]) BGH LM § 2221 BGB Nr. 3.

[2]) Oben Rz 570; Glaser, DB 1979, 878.

[3]) Unten Rz 793.

[4]) Möhring/Beisswingert/Klingelhöffer, S. 237; zu diesen Fragen auch Glaser, NJW 1963, 381.

[5]) BGH, NJW 1957, 947/948; oben Rz 615.

[6]) BGH, NJW 1963, 1615; BB 1973, 499; Glaser, DB 1979, 878; MDR 1983, 94.

[7]) BayObLGZ 1982, 59 = RPfleger 1982, 226. Vgl. das Muster Rz 862.

nis in Geld oder in Sachwerten erhält.[1]) Fehlen in der betreffenden Anordnung die Worte „an Stelle einer Vergütung", so kann der TV Vergütung und Vermächtnis geltend machen. Eine vom Erblasser selbst letztwillig festgesetzte unangemessen hohe Vergütung ist zu einem entsprechenden Teil als ein durch die Annahme des TV-Amtes bedingtes Vermächtnis zu werten.[2]) In der testamentarischen Festlegung der Vergütung des TV liegt keine Verwaltungsanordnung nach § 2216 Abs. 2 BGB.[3])

Zulässig ist auch, daß der Erblasser eine **dritte Person** mit der Festsetzung der Vergütung nach billigem Ermessen betraut (vgl. § 317 BGB). In diesem Falle muß der TV bzw. der Erbe bei Unbilligkeit der Festsetzung im Prozeßweg auf Abänderung klagen.[4])   **627**

Ernennt der Erblasser seinen **Ehegatten** zum TV, so findet sich zuweilen in seiner Verfügung von Todes wegen folgende Anordnung: „Der überlebende Ehegatte erhält für seine Tätigkeit als TV aus dem Nachlaß jährlich den von ihm zum Zweck der Bestreitung seines standesgemäßen Lebensunterhalts nach seinem Ermessen erforderlichen Jahresbedarf, und zwar in vom überlebenden Ehegatten selbst zu bestimmenden Raten. Der überlebende Ehegatte ist auch berechtigt, zu diesem Zweck im Notfall die Substanz des Nachlasses selbst anzugreifen." [5])   **628**

Der Erblasser kann auch anordnen, daß der TV sein Amt **unentgeltlich führen soll.** Hat er diese Absicht, so sollte er sich aber zuvor mit dem TV in Verbindung setzen. Denn andernfalls muß damit gerechnet werden, daß der als TV in Aussicht Genommene das Amt später nicht annimmt oder vorzeitig kündigt und sich ein Ersatz-TV schwer finden läßt. Erfährt der TV erst in einem später aufgefundenen selbständigen Testament davon, daß er keine Vergütung erhal-   **629**

---

[1]) Palandt/Edenhofer, § 2221 BGB Rz 1; Glaser, NJW 1962, 1998. Die Zuwendung eines Vermächtnisses unter der auflösenden Bedingung der Annahme des Amts als TV ist zulässig, es kommt dann auf den Willen des Erblassers an, ob mit dem Vermächtnis gleichzeitig der Vergütungsanspruch abgegolten sein soll (Soergel/Müller, § 2221 BGB Rz 11; siehe zu diesen Fragen auch Rz 102). Soweit die Vergütung des TV rechtlich als Vermächtnis zu werten ist, stellt sich die Frage, ob diese Tatsache dann, wenn der überlebende Ehegatte TV ist und in der Ehe Zugewinngemeinschaft bestanden hat, bei seinem Erbrecht zu beachten ist. § 1371 BGB unterscheidet nämlich zwischen den Fällen, daß der überlebende Ehegatte Erbe oder Vermächtnisnehmer oder daß er dies nicht ist. Die Frage kann hier nur angedeutet werden. Im allgemeinen wird der überlebende Ehegatte als TV keine besondere Vergütung erhalten. Siehe allerdings auch den Rz 578 behandelten Fall.

[2]) BayObLGZ 1982, 59 = RPfleger 1982, 226; Palandt/Edenhofer, § 2221 BGB Rz 1. Zu den darin steuerlich liegenden Gefahren s. unten Rz 653 und Bengel/Reimann/Eckelskemper, 10. Kap. Rz 145.

[3]) Siehe zu dieser Vorschrift Rz 669.

[4]) RG, JW 1937, 3184; BGH, WM 1972, 101.

[5]) Siehe dazu auch Rz 849 und zu einer ähnlichen Klausel BFH, DVStR 1952, 406 und Kapp, ErbStG, 5. Aufl., Rz 12 zu § 6.

ten soll, so wird ihm gleichwohl für seine bis dahin geleistete Arbeit eine angemessene Vergütung samt Auslagenersatz zuzubilligen sein.[1])

4. Vergütung eines vermeintlichen Testamentsvollstreckers [2])

630 Wer als TV tätig geworden ist, kann je nach Lage des Einzelfalles auch dann, wenn sich seine Ernennung als rechtsunwirksam herausstellt, Vergütung wie ein TV verlangen.

631 a) Hat das **TV-Amt zunächst bestanden** und ist es nachträglich weggefallen, so gilt zugunsten des TV die TVg noch als fortbestehend, wenn er ohne Verschulden über den Fortbestand geirrt hat (§§ 674, 2218 BGB). Es bestand zumindest kurze Zeit ein **besonderes gesetzliches Verhältnis** von gegenseitigen Rechten und Pflichten i. S. des § 2218 BGB, das seine Grundlage im Willen des Erblassers hat.[3])

632 b) Fehlt diese Grundlage, d. h. stellt sich nachträglich heraus, daß die ursprüngliche Anordnung des Erblassers entweder **von Anfang an unwirksam** war (z. B. wegen Geschäftsunfähigkeit) oder durch ein überholendes Ereignis unwirksam geworden ist (z. B. durch ein später aufgefundenes jüngeres Testament, Ausschlagung der Erbschaft, Anfechtung der Verfügung), so ist für eine unmittelbare Anwendung der §§ 2218, 2221 BGB kein Platz.[4]) Der BGH unterscheidet in diesen Fällen danach, ob die Erben die TVg von vornherein bestreiten oder nicht; während er im ersten Fall jede Anspruchsgrundlage verneint,[5]) sieht er im anderen Fall einen **Geschäftsbesorgungsvertrag** i. S. der §§ 675, 612 BGB als gegeben an, der einen Anspruch auf billige Vergütung begründet.[6]) Geht man davon aus, daß die Ansprüche des TV nach §§ 2218, 2221 BGB aus einem gesetzlichen, also keinem rechtsgeschäftlichen Schuldverhältnis entspringen, dann kann die Willensäußerung der daran Beteiligten für die Entstehung der Ansprüche keine Rolle spielen. Dem echten wie dem vermeintlichen TV ist gemeinsam, daß der Erblasser formgerecht einen TV ernannt und damit entweder ein gesetzliches Schuldverhältnis mit den Ansprüchen aus §§ 2218, 2221 BGB begründet oder doch den **Rechtsschein** dafür gesetzt hat, den er und damit auch der Erbe gegen sich gelten lassen muß. Die Bestimmungen der §§ 2218, 2221 BGB können damit ana-

---

[1]) Palandt/Edenhofer, § 2221 BGB Rz 1; vgl. dazu den vergleichbaren Fall des vermeintlichen TV, Rz 630 ff.

[2]) Zur vermeintlichen TVg vgl. allg. Nägele, Diss. Konstanz 1986.

[3]) BGHZ 69, 235 = NJW 1977, 1726 = DNotZ 1978, 491 = RPfleger 1977, 358; RGR/Kregel, § 2218 BGB Rz 2; dazu auch unten Rz 739.

[4]) Schelter, DNotZ 1978, 494; Möhring/Beisswingert/Klingelhöffer, Vermögensverwaltung, S. 238.

[5]) BGH, NJW 1977, 1726 = DNotZ 1978, 490 = RPfleger 1977, 358.

[6]) NJW 1963, 1615.

log auch für den vermeintlichen TV gelten. Zuzustimmen ist dem BGH insoweit, als er auf den **guten Glauben** des vermeintlichen TV abstellt, denn wenn der TV den Mangel seiner Ernennung kannte oder kennen mußte (Gedanke des § 122 Abs. 2 BGB), stehen ihm Ansprüche in analoger Anwendung der §§ 2218, 2221 BGB nicht zu.[1])

Leitet man die Ansprüche auf Vertrauensschutz des zwar vermeintlichen, aber gutgläubigen TV aus einem durch den Erblasser gesetzten Rechtsschein ab, dann lassen sich damit auch die vereinzelt bisher entschiedenen Fälle der Rechtsprechung systematisch einordnen. So, wenn der vermeintliche TV im Einvernehmen mit den Erben sein Amt übernommen und geführt hat und dem, wie ausgeführt, der BGH einen Vergütungsanspruch nicht versagt hat; oder wenn der TV zu Unrecht vom Nachlaßgericht gemäß § 2200 Abs. 1 BGB ernannt und in gutem Glauben an die Rechtsgültigkeit seiner Bestellung tätig geworden ist.[2]) Dabei greift der Gedanke des **Vertrauensschutzes** sowohl beim gerichtlich nach § 2200 Abs. 1 BGB ernannten wie auch bei dem allein vom Erblasser oder einem Dritten ernannten TV durch.[3]) Ein Unterschied besteht hier nicht, denn in beiden Fällen muß das Nachlaßgericht erst einmal prüfen, ob eine wirksame Anordnung einer TVg vorliegt, bevor es die Ernennung vornimmt und das Zeugnis ausstellt. Gerade das **TV-Zeugnis** verstärkt den vom Erblasser mit seiner nachträglich als unwirksam erkannten Anordnung gesetzten Rechtsschein, der die Haftung begründet. Auf einen **Widerspruch** der Erben kann es also nur insoweit ankommen, als er geeignet ist, den guten Glauben des TV zu zerstören, was nicht immer der Fall sein muß und keineswegs unterstellt werden darf, wenn man bedenkt, daß der TV häufig in einer gegensätzlichen Position zum Erben steht, weil er die Rechte der Erben beschneidet und daher leicht Widerspruch erregt.[4])   **633**

c)   Der gutgläubige vermeintliche TV hat Anspruch auf **Vergütung in derselben Höhe** wie der wirkliche TV, da die tatsächliche Arbeit und Verantwortlichkeit denselben Umfang hat. Es besteht auch kein Unterschied zwischen beiden Fällen in der Durchsetzung des Vergütungsanspruchs, insbesondere hinsichtlich des Rechts zur Selbstentnahme.[5]   **634**

---

[1])   Bengel/Reimann, 1. Kap. Rz 238; Schelter, DNotZ 1978, 494; Soergel/Damrau, § 2218 BGB Rz 20.

[2])   So RGR/Kregel, § 2221 BGB Rz 1 a.E.; Staudinger/Reimann, § 2221 BGB Rz 3; Dittus, NJW 1961, 590 in Anlehnung an RG, JW 1937, 3187, das einen vom Gericht bestellten Gesamtgutsverwalter, dessen Bestellung sich später als unwirksam herausstellte, hinsichtlich seines Vergütungsanspruchs einem ordnungsgemäß bestellten Verwalter gleichstellte.

[3])   A.A. Dittus, NJW 1961, 495.

[4])   Bengel/Reimann, 1. Kap. Rz 238; Schelter, DNotZ 1978, 495.

[5])   Siehe oben Rz 573; vgl. BGH, NJW 1963, 1615.

5. Sonstige Fragen zur Vergütung

a) Berufsmäßige Dienste des TV

635 Die berufliche Eigenschaft des TV ist für die Bemessung der TV-Vergütung ohne Bedeutung. Auch ein Rechtsanwalt, Steuerberater,[1]) Notar oder ein sonstiger Angehöriger eines rechts-, steuer- oder wirtschaftsberatenden Berufes kann die ihm als TV zustehende angemessene Vergütung nicht nach der Gebührenordnung berechnen, nach der er das Honorar für seine beruflichen Dienste berechnet. Etwas anderes ist es jedoch, wenn der TV für die Verwaltung des Nachlasses seine besonderen beruflichen Dienste leistet; dann hat der TV, wenn kein gegenteiliger Wille des Erblassers erkennbar ist (etwa durch Festsetzung einer besonders hohen Vergütung), neben dem Anspruch auf angemessene Vergütung auch Anspruch auf Honorierung seiner berufsmäßigen, regelmäßig nur gegen Entgelt zu leistenden Dienste, z. B. als Rechtsanwalt, Notar, Wirtschafts- oder Steuerbevollmächtigter oder Steuerberater, Baumeister, Buchprüfer, Gutsverwalter, Handwerker.[2]) Hat der TV etwa als Anwalt selbst einen Rechtsstreit vor dem Prozeßgericht geführt, so kann er wie ein bevollmächtigter Rechtsanwalt Gebühren nach der Bundesgebührenordnung für Rechtsanwälte beanspruchen.[3]) Dies gilt nicht nur für die Führung von Rechtsstreitigkeiten, sondern auch für besonders schwierige Verhandlungen, wenn ein nicht juristisch gebildeter TV vernünftigerweise einen Rechtsanwalt einschalten würde. Anwaltskosten kann der TV also z. B. dann verlangen, wenn ein juristisch nicht geschulter TV die Zuziehung eines Anwalts für erforderlich halten durfte.

---

[1]) Vgl. dazu Streck, DStR 1991, 592.

[2]) Nach KG, NJW 1965, 1538, das auf §§ 2218 Abs. 1, 670 BGB und auf RGZ 149, 121, 124, Gerold, BRAGebO, 2. Aufl., Anm. 19 zu § 1, Soergel/Siebert, § 2221 BGB Rz 3 und Kipp/Coing, 11. Aufl., § 73, 2, Bezug genommen hat, kann ein Rechtsanwalt für seine Tätigkeit als TV (grundsätzlich) Gebühren nach der BRAGO beanspruchen, wenn das Geschäft so beschaffen ist, daß ein anderer TV es berechtigterweise einem Rechtsanwalt übertragen hätte.
Handelt es sich um einen auswärts zu führenden Prozeß, so kann der TV, wenn er Rechtsanwalt ist, die Erstattung der Verkehrsgebühr verlangen, falls die Zuziehung eines Verkehrsanwalts erforderlich gewesen wäre (allerdings umstrittene Frage; siehe Tschischgale, JurBüro 1965, 90 mit Nachweisen für und wider). Festzuhalten ist bei diesem Anlaß, daß die Tätigkeit eines Rechtsanwalts als TV von den Vorschriften der BRAGO ausdrücklich ausgenommen ist (§ 1 Abs. 2 BRAGO). Insbesondere ist § 5 BRAGO, der für die Zuziehung mehrerer Rechtsanwälte maßgebend ist, auf die Vergütung mehrerer Rechtsanwalts-TV nicht anwendbar (siehe dazu Rz 602).
Zur Frage der Bewertung der Aufwendungen des TV für die Heranziehung eines Wirtschaftsprüfers bei Berechnung der Erbschaftsteuer siehe BGH, BB 1972, 1310. – Wegen eines Anspruchs auf Aufwendungsersatz für die Zeit nach der Entlassung des TV bei einem Erbfall in der DDR siehe BGH, WM 1972, 101 und Johannsen, WM 1973, 536.
Nicht zu den Aufgaben des TV gehört es, ein umfangreiches Grundvermögen selbst zu verwalten. Hat er diese Verwaltung übernommen und haben ihm die Erben dafür eine Vergütung zugesagt, so hat er zusätzlich einen Anspruch auf Vergütung des TV (BGH III ZR 57/63; vgl. WM 1969, 1411).

[3]) Bengel/Reimann/Klumpp, 6. Kap. Rz 18; Glaser, DB 1979, 877; MDR 1983, 94; Möhring/Beisswingert/Klinghöffer, S. 234.

b) Auslagen des TV

Neben der Vergütung kann der TV den Ersatz seiner Aufwendungen bean- **636**
spruchen, die er den Umständen nach für erforderlich halten durfte (§§ 2218,
670 BGB). Bei den Kosten eines **Rechtsstreits,** die der TV zu tragen hat, etwa
weil er unterlegen ist (§ 91 ZPO) oder weil sie vom Gegner nicht beigetrieben
werden können, kommt es darauf an, ob der TV den Rechtsstreit im Rahmen
seines **Amtes** geführt hat oder in einer **persönlichen Sache.**[1]) Nur den ersten
Fall erfaßt § 2212 BGB; hier klagt der TV „... als TV über den Nachlaß
des ...". Soweit der TV mit Kosten belastet wird, die aus einem Rechtsstreit in
einer persönlichen Sache herrühren, er also nicht „als TV" beteiligt ist, sind
die Kosten von ihm selbst zu tragen und können in sein Privatvermögen vollstreckt werden. Der TV kann keinen Aufwendungsersatz wegen dieser Kosten
verlangen. Das RG[2]) hat von diesem Grundsatz dann eine Ausnahme
gemacht, wenn der TV den Prozeß für erforderlich halten durfte, um den
letzten Willen des Erblassers zu verteidigen; das ist z. B. der Fall, wenn es um
seine Absetzung geht oder um die Gültigkeit des Testaments, auf dem seine
Ernennung beruht, nicht aber, wenn es sich um Schadensersatz oder die Erteilung einer Auskunft handelt.[3])

Auch seine Auslagen für notwendige **Hilfspersonen** kann der TV u. U. aus dem **637**
Nachlaß ersetzt verlangen (§§ 2218, 670 BGB). Ob und inwieweit der TV –
kostenträchtig – Hilfspersonen heranziehen darf, ist zunächst eine Frage der
Auslegung der Verfügung von Todes wegen und danach eine Frage der ordnungsgemäßen Amtsführung.[4]) Grundsätzlich erhält der TV seine Auslagen
ersetzt, wenn er sie den Umständen nach für erforderlich halten durfte. Dazu
gehören auch die Kosten notwendiger Hilfspersonen, es sei denn, daß ihnen
der Verwalter Arbeiten übertragen hat, die er in zumutbarer Weise selbst hätte
erledigen können.[5]) Aus der Pflicht, den Nachlaß ordnungsgemäß zu verwalten, folgt, daß für Aufgaben, die der TV nicht aus eigener Kenntnis bewältigen
kann, Fachleute hinzuzuziehen sind. Die Frage, ob eine solche Maßnahme
geboten ist, ist weitgehend in das Ermessen des TV gestellt. Dienste, die sozu-
sagen jeder leisten kann, darf er aber nicht delegieren.

Für die Frage, wieweit die für Hilfspersonen bezahlten Beträge vom Nachlaß
zu tragen sind oder zu einer Minderung der Vergütung des TV führen, können

---

[1]) Zur Abgrenzung siehe oben Rz 449.
[2]) JW 1936, 3388, 3390.
[3]) Vgl. BGHZ 69, 235 = NJW 1977, 1726 = DNotZ 1978, 493 = RPfleger 1977, 358; Soergel/Damrau,
§ 2212 BGB Rz 11.
[4]) Bengel/Reimann/Eckelskemper, 10. Kap. Rz 58.
[5]) Palandt/Edenhofer, § 2218 BGB Rz 5.

folgende Grundsätze des BGH als Maßstab gelten: [1] „Wird einem Rechtsanwalt eine Vermögensverwaltung übertragen, so wird von ihm regelmäßig
erwartet werden können, daß er die dabei anfallenden einfacheren Steueran-
gelegenheiten selbst erledigt, insbesondere auch die Steuererklärungen bearbeitet. Nur wenn verwickelte und schwierige Fragen die Heranziehung eines
Spezialisten erforderlich machen, wird das als üblich anzusehen und auf das
Honorar des Verwalters ohne Einfluß sein. Maßgebend für die Frage, ob die
Heranziehung von Hilfspersonen bei der Honorarbemessung mindernd zu
berücksichtigen ist, ist, ob der Verwalter Arbeiten, die er selbst hätte erledigen
können, anderen Personen überlassen hat, die dafür aus der Vermögensmasse
zu bezahlen waren. War dies der Fall, so wird der Verwalter im allgemeinen
nicht die Regelgebühr, sondern weniger für sich zu beanspruchen haben."
Daher kann der TV z. B. die von ihm für die Aufstellung eines Teilungsplans
an einen Sachverständigen bezahlte Gebühr nicht aus dem Nachlaß ersetzt
verlangen.[2] Zur Leistung von Diensten des TV in seiner beruflichen Eigenschaft siehe vorige Rz.

638 **Anwaltskosten** kann der TV auch dann ersetzt verlangen, wenn wie etwa im
Verfahren der freiwilligen Gerichtsbarkeit, eine **Vertretung** durch einen
Rechtsanwalt grundsätzlich **nicht geboten** ist, der TV sie aber für erforderlich
halten durfte; in dem vom BGH entschiedenen Fall handelte es sich um
bedeutsame Vorgänge der Nachlaßsicherung und -verwertung und es waren
die anderen Beteiligten ebenfalls anwaltlich vertreten.[3]

c) Schuldner der Vergütung

639 Die TV-Vergütung belastet den Nachlaß, mithin die **Erben** als Gesamtschuldner.
Die Beschränkung seiner Haftung kann der Erbe auch insoweit herbeiführen.

Ist nur für einen **Erbteil** TVg angeordnet, so haben nach nahezu einhelliger Auffassung in der Literatur alle Miterben auch die Vergütung des nur für einen Erbteil eingesetzten TV entsprechend ihren Anteilen mitzutragen. Allein diese Meinung findet entgegen dem Urteil des OLG Hamburg v. 12. 9. 1995, nach dem
vorbehaltlich abweichender Regelung im Testament nur der von der TVg betroffene Miterbe die Vergütung schuldet,[4] im System der erbrechtlichen Bestimmungen eine Begründung. Der Vergütungsanspruch ist auch in diesen Fällen
eine gemeinschaftliche Nachlaßverbindlichkeit; er rechnet zu den Kosten der
Verwaltung i. S. v. §§ 2038 Abs. 2 Satz 1, 748 BGB. Sämtliche Miterben haften
somit im Außenverhältnis als Gesamtschuldner gem. § 2058 BGB mit der Möglichkeit des internen Rückgriffs im Innenverhältnis gem. § 426 BGB, hier ent-

---

[1]   Urteil vom 22. 12. 1966 (BB 1967, 184). Wenn es hier auch um die Vergütung eines Rechtsanwalts
      als Vermögensverwalter ging, so sind diese grundsätzlichen Ausführungen doch auch für eine TVg
      richtungsweisend (vgl. auch Rz 608); dazu auch Möhring/Beisswingert/Klingelhöffer, S. 233.

[2]   KG, OLG 25, 16.

[3]   BGHZ 69, 235 = NJW 1977, 1726 = DNotZ 1978, 493 = RPfleger 1977, 358.

[4]   OLG Hamburg NJW-RR 1996, 455 = FamRZ 1996, 442 = ZEV 1996, 184 mit abl. Anm. Muscheler.

sprechend der Höhe des jeweiligen Erbteils.[1]) Intern kann im übrigen gem. § 2046 Abs. 1 Satz 1 BGB jeder Miterbe die Vorabberichtigung der TV-Vergütung aus dem ungeteilten Nachlaß vor Auseinandersetzung verlangen.[2])

Sind Vermächtnisse in Höhe eines Bruchteils des reinen Nachlasses festgelegt, so geht die Vergütung aber prozentual auf Rechnung der **Vermächtnisnehmer.** Auch dann wird mindestens teilweise Belastung der Vermächtnisnehmer mit der Vergütung als gewollt anzunehmen sein, wenn die Vermächtnisse im Verhältnis zu dem den Erben verbleibenden Restnachlaß unverhältnismäßig hoch sind.

Der Anspruch des **Nacherben-TV** auf Vergütung richtet sich nicht gegen den Vorerben.[3]) **640**

Der Vergütungsanspruch bei Vermächtnisvollstreckung[4]) richtet sich grundsätzlich gegen den Vermächtnisnehmer, wobei aber auch an die Möglichkeit zu denken ist, daß der Vermächtnisanspruch nach dem Willen des Erblassers die volle Kostentragung durch den Erben einschließt.[5]) Ist ein TV nur zur Erfüllung der einem Vermächtnisnehmer auferlegten Beschwerungen ernannt (§ 2223 BGB), so wird die Vergütung nur auf Rechnung des Vermächtnisnehmers gehen. Der Erblasser wird gut daran tun, diesen Fragen besondere Aufmerksamkeit zu schenken und letztwillig eindeutig zu bestimmen, wer die Vergütung des TV zu tragen hat. **641**

d) Vergütung bei Nachlaßkonkurs

Im **Nachlaßkonkurs** ist die (angemessene) Vergütung eine Masseschuld, die vorweg zu bereinigen ist (§ 224 Nr. 6 KO). Auch wenn sich die TVg auf einen Teil des Nachlasses beschränkt (einen oder mehrere Erbteile), haftet gleichwohl der ganze Nachlaß im Nachlaßkonkurs für diese Masseschuld, ohne daß die anderen Erben einen Ersatzanspruch an den Miterben haben, dessen Erbteil der TV verwaltet.[6]) **642**

Soweit die vom Erblasser selbst festgelegte Vergütung als Vermächtnis zu werten ist,[7]) fällt die Vergütung im Konkurs unter die minderberechtigten Ansprüche nach § 226 Abs. 2 Nr. 5 KO. **643**

Am **Nachlaßvergleichsverfahren** ist die Vergütung des TV nicht beteiligt (§ 113 Nr. 6 VglO). **644**

---

[1]) Vgl. Skibbe, Festschrift für Brandner 1996, S. 769, 775.

[2]) Morgen ZEV 1996, 170; Muscheler AcP 195, 1995, 35, 73; ZEV 1996, 185; RGRK/Kegel § 2221 BGB Rz 2; Soergel/Damrau § 2221 BGB Rz 1; Staudinger/Reimann § 2221 BGB Rz 5; a. A. MüKo/Brandner § 2221 BGB Rz 3.

[3]) Skibbe, Festschrift für Brandner 1996, S. 769, 774.

[4]) Oben Rz 162 ff.

[5]) Skibbe, Festschrift für Brandner 1996, S. 769, 775.

[6]) Morgen ZEV 1996, 170, 173; RGR/Kregel, § 2221 BGB Rz 2; Soergel/Damrau § 2221 BGB Rz 1; ebenso OLG Hamburg NJW-RR 1996, 455 = ZEV 1996, 184 = FamRZ 1996, 442, das im übrigen aber nur den betroffenen Miterben als Schuldner der Vergütung ansieht.

[7]) Rz 626.

e) Testamentsvollstrecker zugleich Schiedsrichter

645 Wird der TV zugleich als Schiedsrichter tätig, so steht ihm dafür eine besondere Vergütung zu, und zwar aufgrund des regelmäßig anzunehmenden Dienstvertrags nach allgemeiner Übung in Anlehnung an die BRAGO und mit dem Recht der Anforderung eines Vorschusses.[1])

f) Verjährung der Vergütung

646 Der Vergütungsanspruch des TV verjährt in 30 Jahren (§ 195 BGB). Dies gilt auch dann, wenn ein Rechtsanwalt TV ist. Soweit die Vergütung regelmäßig zu zahlen ist, etwa in jährlichen Beträgen bei einer längeren Verwaltungsvollstreckung,[2]) gilt die vierjährige Verjährung der § 197 BGB.

g) Verwirkung der Vergütung

647 Der TV, der gegen seine Treuepflicht verstößt, kann dadurch seinen Vergütungsanspruch verwirken,[3]) insbesondere, wenn er in besonders **schwerwiegender Weise** vorsätzlich oder mindestens grob fahrlässig gegen seine Amtspflicht verstoßen hat. So kann es sein, wie der BGH [4]) ausführt, wenn sich der TV „bewußt über die Interessen der Personen, für die er als TV eingesetzt ist, hinwegsetzt und mit seiner Tätigkeit eigene Interessen oder die anderer Personen verfolgt... Verwirkt sein könnte sein Anspruch ferner, wenn ihm die Interessen der von ihm betreuten Personen ganz gleichgültig sind und er sein Amt so nachlässig versieht, daß von einer ordnungsmäßigen, pflichtmäßigen Amtsführung nicht die Rede sein kann. Schließlich könnte der Anspruch verwirkt sein, wenn der TV seine Tätigkeit auf einem Gebiet entfaltet hat, das eindeutig nicht zu seinem Aufgabengebiet gehört. Der Anspruch des TV auf Vergütung ist dagegen **nicht verwirkt,** wenn der TV in dem Bestreben, sein Amt zum Wohle der von ihm betreuten Personen auszuüben, infolge irriger Beurteilung der Sach- oder Rechtslage fehlerhafte Entschlüsse faßt und Entscheidungen trifft. Dadurch kann er sich schadensersatzpflichtig machen. Er behält aber den Anspruch auf Vergütung und Ersatz seiner Aufwendungen."

h) Abtretbarkeit des Vergütungsanspruchs

648 Der Vergütungsanspruch des TV ist abtretbar.[5])

---

[1]) Zu Einzelheiten siehe RGZ 100, 76 und Kohler, Letztwillige Schiedsklausel, DNotZ 1962, 125 mit Nachweisen.

[2]) Oben Rz 595.

[3]) BGH, WM 1979, 1116; OLG Kiel, SchlHA 1958, 128.

[4]) BGH, NJW 1976, 1402 = RPfleger 1976, 295 = BB 1976, 814; DNotZ 1980, 164.

[5]) KG, JurBüro 1974, Sp. 204 = NJW 1974, 752.

i) Abzugsfähigkeit der Vergütung bei der Erbschaftsteuer

Die dem TV für die Konstituierung des Nachlasses zustehende Vergütung für **649** seine Tätigkeit ist im Rahmen des § 10 Abs. 5 Nr. 3 ErbStG abzugsfähig, nicht aber die Kosten für die Dauervollstreckung (Verwaltungsgebühren).[1])

Die Mühewaltung des TV bei der steuerlichen Behandlung des Nachlasses **650** liegt im Regelfall im Rahmen seiner Amtstätigkeit.[2])

j) Berücksichtigung der Vergütung bei der Einkommen- und Vermögensteuer

Die TV-Gebühren für die Konstituierung des Nachlasses stehen mit dem Erb- **651** fall selbst im Zusammenhang und sind wie andere Erbfallkosten steuerlich nicht abziehbar.[3]) Auch die Kosten für die auf Auseinandersetzung oder Abwicklung gerichteten Tätigkeiten des TV sind – wie der Erbfall selbst – dem Vermögensbereich zuzuordnen und können im Rahmen der Einkommensteuer weder als Werbungskosten noch als Betriebsausgaben abgezogen werden.[4]) In Fällen, in denen es sich mindestens teilweise um eine Vergütung des TV für die laufend erforderlichen Verwaltungsmaßnahmen handelt, kommt für die **Einkommensteuer** je nach Einkunftsart Abzug als Werbungskosten oder Betriebsausgaben [5]) in Betracht. Hier wird der TV nicht für den Nachlaß, sondern für die Erben selbst tätig.[6])

---

[1]) Bengel/Reimann/Piltz, 8. Kap. Rz 146; siehe unten Rz 768, 769.

[2]) Oben Rz 636; RFH, RStBl 1937, 973.

[3]) BFH, BStBl 1980 II 351 = NJW 1980, 1872.

[4]) BFH 125, 175 = BStBl 1978 II 499; DB 1980, 1473.

[5]) BFH, JZ 1979, 107 = WM 1979, 86 = DStR 1978, 591.

[6]) Die Kosten einer laufenden Verwaltung durch den TV sind nicht schon deshalb bei der ESt absetzbar, weil diese Verwaltung der Erblasser angeordnet hat (aufgezwungene Vermögensverwaltung im Gegensatz zur freiwilligen), sondern nur dann, wenn sie ihrem Wesen nach Betriebsausgaben oder Werbungskosten oder, soweit Steuerberatungskosten in Frage stehen, Sonderausgaben sind (BFH 125, 175 = BStBl 1978 II 499; Krah, DStR 1967, 119; Schröder, BB 1969, 1263; 1973, 459; Hermann/Heuer, EStG, Anm. 42 zu § 4, ABC der Betriebsausgaben Stichwort TV; siehe auch Friedrich, DB 1974, 1933 und Oswald, MDR 1974, 437; a.A. Kapp/Ebeling, Handbuch der Erbengemeinschaft, Teil III Rz 171 ff.). Nach dem Urteil des FG Düsseldorf vom 26. 2. 1973 (Entscheidungen der Finanzgerichte 1973, 367) sind, wenn ein Erblasser verfügt hat, daß der TV über mehrere Jahre (hier: 15 Jahre) die zum Nachlaß gehörenden Unternehmen und Beteiligungen verwalten soll, die damit verbundenen Kosten bei den Gewinneinkünften als (Sonder-)Betriebsausgaben abzugsfähig. Dies gilt auch für jene Kosten, die anläßlich der unvorhergesehenen Veräußerung einer zur langfristigen Verwaltung bestimmten Beteiligung entstehen, wenn der Veräußerungserlös der weiteren Verwaltung durch den TV unterliegt.
Nach BFH, BStBl 1972 III 878 = MittBayNot 1973, 56 sind die Kosten für die Aufstellung der Erbschaftsteuererklärung durch einen vom TV herangezogenen Wirtschaftsprüfer keine Werbungskosten.

652 Bei länger dauernder TVg kann die Pflicht zur Zahlung einer Vergütung an den TV mit dem nach dem BewG festgestellten Kapitalwert bei Ermittlung des der **Vermögensteuer** unterliegenden Gesamtvermögens des einzelnen Erben in Abzug gebracht werden.[1]) Das gilt, wie beim Abzug nach § 10 Abs. 5 Nr. 3 ErbStG [2]) allerdings insoweit nicht, als – bei langfristiger TVg – mit der Vergütung auch Leistungen abgegolten werden, die der TV für die Erben erbringt.[3])

6. Versteuerung der Vergütung des Testamentsvollstreckers

a) Einkommensteuer [4])

653 Die Tätigkeit als TV ist einkommensteuerrechtlich selbständige Arbeit i. S. von § 18 Abs. 1 Nr. 3 EStG (hier ist sie ausdrücklich erwähnt). Übersteigt eine vom Erblasser als TV-Honorar bezeichnete Vergütung einen angemessenen Betrag, so ist sie den Einkünften aus selbständiger Tätigkeit auch insoweit zuzurechnen;[5]) der die angemessene Vergütung übersteigende Betrag unterliegt dann zusätzlich der Erbschaftsteuer, da sich Einkommensteuer und Erbschaftsteuer nicht ausschließen, wie sich aus § 35 EStG ergibt.[6]) Sie ist es auch dann und nicht etwa gewerbliche Tätigkeit, wenn der TV einen Gewerbebetrieb des Erblassers zu überwachen oder zu führen hat.[7]) Im übrigen ist aufgrund der Gesetzessystematik zu unterscheiden zwischen der freien Berufstätigkeit i. S. des § 18 Abs. 1 Nr. 1 EStG und der sonstigen selbständigen Arbeit i. S. des § 18 Abs. 1 Nrn. 2 und 3 EStG. Die von RFH und BFH entwickelte sog. Vervielfältigungstheorie, die bei Beschäftigung mehrerer Hilfskräfte zu gewerblichen Einkünften führte, ist seit der Gesetzesänderung 1966 zwar nicht mehr bei freien Berufen anzuwenden, dagegen aber weiterhin bei sonstiger selbständiger Tätigkeit. § 18 Abs. 1 Nr. 3 EStG will offenbar aber nur gelegentliche Tätigkeiten erfassen. Übernimmt daher ein Kaufmann oder Angestellter nebenbei eine Testamentsvollstreckung, so liegen Einkünfte aus sonstiger selbständiger Tätigkeit vor; bei einem Rechtsanwalt dagegen ist die Testamentsvollstreckung freiberufliche Tätigkeit nach § 18 Abs. 1 Nr. 1 EStG (Freibetrag!).[8]) Die Tarifvergünstigung des § 34 Abs. 3 EStG (Verteilung der Ein-

---

[1]) BFH, BStBl 1966 III 362 = BB 1966, 891.

[2]) Siehe Rz 760.

[3]) BFH, BStBl 1966 III 362 = BB 1966, 891; Thoma Steuerberater, 1966, 193 und Troll, ErbStG, 2. Aufl., Anm. 154 zu § 3 und Anm. 36 zu § 10; vgl. auch Rz 651.

[4]) Dazu Bengel/Reimann/Eckelskemper, 10. Kap. Rz 123 ff.

[5]) BFH, NJW 1991, 319.

[6]) Bengel/Reimann/Eckelskemper, 10. Kap. Rz 145.

[7]) Möhring/Seebrecht, BB 1977, 1561.

[8]) Blümich/Falk, Komm. zum EStG, § 18 Anm. V 1.

künfte aus einer mehrjährigen Tätigkeit auf drei Jahre) soll für die Tätigkeit eines Wirtschaftsprüfers als TV nicht in Betracht kommen.[1])

Der Freibetrag bei freier Berufstätigkeit in Höhe von 5 % der Einnahmen, **654** höchstens jedoch 1200 DM jährlich (§ 18 Abs. 4 EStG), bei dem es sich nicht um eine Betriebsausgabenpauschale für nicht oder nur schwer nachweisbare Ausgaben, sondern um einen echten Freibetrag handelt, kommt für einen TV daher nur ausnahmsweise in Betracht. Die Außenprüfung bei einem TV kann daher nicht auf § 193 Abs. 1 AO gestützt werden, da er zwar **Einkünfte aus selbständiger Arbeit** hat, aber in der Regel **nicht freiberuflich** tätig ist. Es ist dabei unerheblich, ob die steuerlichen Verhältnisse eines TV in gleichem Maße prüfungsbedürftig sind wie diejenigen eines freiberuflich Tätigen.[2])

Wird jedoch die TVg im Rahmen einer freiberuflichen Tätigkeit ausgeübt und **655** überwiegt die eigentliche freiberufliche Tätigkeit, dann kann die Vergütung in die nach § 18 Abs. 4 EStG begünstigten Einnahmen einbezogen werden. Der Freibetrag kommt dann aber nur in Betracht, wenn die Einkünfte aus der freien Berufstätigkeit die anderen Einkünfte überwiegen.

Wird eine an sich unter § 18 Abs. 1 Nr. 3 EStG fallende Tätigkeit im Rahmen **656** eines freien Berufs i. S. v. Nr. 1 ausgeübt, so ist sie der Hauptberufstätigkeit zuzurechnen.[3]) Bei einem **Rechtsanwalt, Notar** oder **Steuerberater** unterscheidet sich die Übernahme einer TVg nicht so von der Ausübung seiner sonstigen Tätigkeit, daß sie als Ausübung eines Sonderberufs mit den sich daraus ergebenden steuerlichen Folgen angesehen werden könnte.[4]) Es handelt sich um eine **berufstypische Tätigkeit,** die deshalb auch nicht der Genehmigung der Aufsichtsbehörde bedarf.[5]) Dabei kommt es nicht darauf an, ob es sich um eine einmalig übernommene Verwaltung handelt, also die vermögensverwaltende Tätigkeit nicht nachhaltig ausgeübt wird. Würde ein Rechtsanwalt zugunsten einer umfangreichen Vermögensverwaltung seine anwaltschaftliche Tätigkeit aufgeben, so würde dies an der vorstehenden Beurteilung ebenfalls nichts ändern.

b) Umsatzsteuer

Der TV ist mit seinen Einkünften aus der TV-Tätigkeit nicht umsatzsteuer- **657** pflichtig, wenn er seine Tätigkeit **einmalig** ausübt,[6]) auch wenn sie sich auf eine längere Zeit erstreckt und wenn die Einnahmen längere Zeit hindurch fließen. Anders ist es, wenn der TV die Tätigkeit **nachhaltig** ausübt; das ist der Fall,

---

[1]) BFH, BStBl 1973 II 729; anders Herrmann/Heuer, Komm. zum EStG, § 34 Anm. 27 f.

[2]) BFH, BStBl 1982 II 184.

[3]) BFHE 110, 34 = BStBl II 1973, 729; NJW 1991, 320.

[4]) RFH, RStBl 1936, 651; Mölders, NJW 1949, 131, 133.

[5]) Für Notar siehe § 8 Abs. 3 BNotO. Selbstverständlich kann sie nicht der notariellen Amtstätigkeit zugerechnet werden; dies mißversteht Reimann DNotZ 1994, 659, 668; Bengel/Reimann/Stockebrand, 11. Kap. Rz 19, spricht deshalb von „beruflicher Tätigkeit im weiteren Sinn."

[6]) RFH, RStBl 1944, 704.

wenn der TV eine solche Tätigkeit wiederholt ausübt, ja selbst dann, wenn die Absicht besteht, bei sich bietender Gelegenheit erneut als TV tätig zu werden. Ist die TVg Ausfluß einer **freiberuflichen Tätigkeit,** z. B. bei einem Rechtsanwalt, Steuerberater oder Notar, so gehört die Vergütung ohnehin zu dem umsatzsteuerpflichtigen Entgelt. Hier ist auch eine einmalige TVg umsatzsteuerpflichtig. Dabei kommt es auf das Gesamtentgelt, nicht die Nettovergütung an. Der Umsatzsteuerpflicht unterliegen insbesondere auch Grundstücksmakler, die eine TVg gegen Vergütung durchführen.[1])

658   Die sich über mehrere Jahre erstreckende **Verwaltungs-**TVg ist in der Regel eine unternehmerische Tätigkeit und daher umsatzsteuerpflichtig.[2]) Der BFH stellt darauf ab, daß die entgeltlich übernommene Aufgabe sich als „eine Summe von vornherein auf Wiederholung angelegter Einzelhandlungen darstellt''. Im entschiedenen Fall betrug das Nachlaßvermögen rund 10 Millionen DM und die jährliche TV-Vergütung 25 000 DM. Der BFH äußerte sich aber nicht zur Auseinandersetzungs-TVg.

659   Wenn ein zum TV eingesetzter Arbeitnehmer neben der TV eine Bürgschaftserklärung und eine Grundstücksverwaltung zu besorgen hat, so ist das Entgelt für die Tätigkeit umsatzsteuerpflichtig, da es sich um eine dauernde Tätigkeit handelt und der Arbeitnehmer insoweit umsatzsteuerpflichtiger Unternehmer wird. Der RFH [3]) nahm hierbei eine einheitliche gewerbliche Tätigkeit an.[4])

660   Unterliegt der TV der Umsatzsteuer, so kann er die Steuer **nicht zusätzlich** zu seiner Vergütung verlangen. Denn die Vergütung ist ein **Bruttoentgelt,** das die zu zahlende Mehrwertsteuer einschließt.[5]) Der TV ist zwar berechtigt bzw. verpflichtet, die Steuer gesondert auszuweisen (§ 14 UStG). Zivilrechtlich kann er aber nur einen einheitlichen Betrag fordern, weil eine bürgerlichrechtliche Vergütung stets Bruttovergütung ist, mithin die zu zahlende Steuer einschließt. Aus § 25 Abs. 2 BRAGO kann nichts Gegenteiliges entnommen werden.[6]) Auch §§ 2218, 670 BGB führen zu keinem anderen Ergebnis.[7]) Ein

---

[1])   HansOLG, JW 1938, 3261; RFH, RStBl 1933, 1215; BGH, BB 1967, 84. Zur Umsatzsteuerpflicht des TV im allgemeinen siehe Link, DB 1971, 2434; Möhring/Seebrecht, BB 1977, 1057, eines Rechtsanwalts siehe Chemnitz/Beyer, UStR 1971, 203. Zur Frage, wann eine einmalige TV-Tätigkeit eine nachhaltige Tätigkeit darstellen kann, siehe FG Berlin, EFG 1971, 315 = UStR 1971, 264.

[2])   BFH, BStBl 1976 II 57 betr. eine TV-Tätigkeit über 18 Jahre.

[3])   RStBl 1933, 1215.

[4])   Peter/Petzold/Winkler, Ziff. 23, S. 311.

[5])   KG, JW 1974, 752 = JurBüro 1974, Sp. 204; OLG Köln, NJW-RR 1994, 269; Möhring/Seebrecht, BB 1977, 1057.

[6])   Anders Swolana, BRAGO, 6. Aufl. 1981, Anm. 2.

[7])   So KG, NJW 1974, 752 = JurBüro 1974, Sp. 204, 207.

Ersatz der Umsatzsteuer durch die Erben im Rahmen des dem TV zustehenden Auslagenersatzes [1]) kommt nicht in Betracht.[2])

Hat der TV als Unternehmer noch andere der Mehrwertsteuer unterliegende **661** Umsätze, so bildet die Vergütung für seine Tätigkeit nur einen Teil von ihnen. **Rechtsanwälte** und Notare unterlagen daher früher auch für die TV-Vergütung nur dem halben **Mehrwertsteuersatz,** da die TVg für sie ein adäquates und berufsspezifisches Geschäft ist.[3]) Die Frage ist für ab 1. 1. 1982 anfallende Vergütungen gegenstandslos, da ab diesem Zeitpunkt auch die Gebühren von Angehörigen der freien Berufe, wie Rechtsanwälte, Notare, dem vollen Mehrwertsteuersatz unterliegen.[4])

c) Gewerbesteuer

Der Gewerbesteuer unterliegt der TV als solcher nicht.[5]) Es kann aber über **662** die sog. Vervielfältigungstheorie [6]) Gewerbesteuerpflicht entstehen.[7])

---

[1]) Siehe Rz 636.

[2]) FinGer Hamburg, DStZ B 1964, 91; Möhring/Seebrecht, BB 1977, 1057; a. A. Möhring/Beisswingert/Klingelhöffer, S. 235; LG Mönchengladbach, NJW 1971, 146; OLG Hamburg, NJW 1972, 1427 (jeweils für den Nachlaßpfleger entschieden).
Wird wegen der TV-Vergütung geklagt, so kann das Gericht allerdings berücksichtigen, daß der TV aus einer Vergütung Umsatzsteuer ersatzlos entrichten muß (vgl. Schmidt, RPfleger 1969, 229).

[3]) Siehe dazu ausführlich Rz 661 der 9. Auflage.

[4]) § 12 Abs. 2 Nr. 5 UStG wurde durch Art. 36 Nr. 3a des 2. HaushaltssturkturG v. 22. 12. 1981, BGBl I S. 1523, gestrichen.

[5]) Dazu siehe BFH, NJW 1977, 1552.

[6]) Siehe oben Rz 653.

[7]) Bengel/Reimann/Eckelskemper, 10. Kap. Rz 150.

Fünfter Abschnitt
Testamentsvollstrecker und
Nachlaßgericht

I. Rechtsstellung des Testamentsvollstreckers gegenüber dem Nachlaßgericht

1. Keine Aufsicht des Nachlaßgerichts über den Testamentsvollstrecker

Das Nachlaßgericht hat, anders als dies bei Nachlaßpflegschaft oder Nachlaß- **663** verwaltung der Fall ist, **kein Aufsichtsrecht** über die Amtsführung des TV;[1]) es hat weder eine Überwachungs- noch eine Weisungsbefugnis, es darf keine vorläufige Entlassung des TV aussprechen und ist nicht berechtigt, durch einstweilige Anordnungen in die Amtsführung des TV einzugreifen.[2]) Es befaßt sich mit der verwaltenden Tätigkeit von TVn nur bei der Außerkraftsetzung von Anordnungen des Erblassers (§ 2216 Abs. 2 BGB) und bei der Entscheidung über Meinungsverschiedenheiten mehrerer TV, wenn der Erblasser für diesen Fall keine Anordnungen getroffen hat (§ 2224 Abs. 1 BGB).

Sonst **wirkt** es bei der TVg nur **mit** **664**

   a) bei der **Ernennung,** sofern der Erblasser die Bestimmung des TV einem Dritten oder dem Nachlaßgericht selbst überlassen hat (§§ 2198 und 2200 BGB),

   b) bei **Annahme** oder Ablehnung des Amtes oder bei **Kündigung** der Amtsführung (§§ 2202 und 2226 BGB),

   c) bei der Erteilung des **Testamentsvollstreckerzeugnisses** (§ 2368 BGB) und

   d) bei der **Entlassung** des TV aus wichtigem Grunde (§ 2227 BGB).

Der TV untersteht bei der Führung seines Amtes nicht der Aufsicht des Nach- **665** laßgerichts und ist in seiner Stellung gegenüber diesem Gericht frei.[3]) Auch der Erblasser kann den TV nicht der Aufsicht des Nachlaß- oder Vormundschaftsgerichts unterstellen oder etwa bestimmen, daß gewisse Handlungen des TV zu ihrer Wirksamkeit der Genehmigung dieses Gerichts bedürfen.[4])

---

[1]) KG, JR 1951, 732.

[2]) OLG Köln, OLGZ 1987, 280 = DNotZ 1987, 324 = NJW-RR 1987, 71 = RPfleger 1987, 70.

[3]) Vgl. auch KG, JR 1951, 732.

[4]) Vgl. oben Rz 218.

666 Eine **Verpflichtung des TV** durch das Nachlaßgericht findet nicht statt, sein Amt beginnt mit dem Zeitpunkt, in dem der Ernannte das Amt annimmt (§ 2202 Abs. 1 BGB).[1]) Das Nachlaßgericht kann keine Ordnungsstrafen oder Zwangsgelder gegen den TV verhängen und ihn auch nicht zur Auskunftserteilung oder Rechnungslegung auffordern.[2]) Angeblich unberechtigte Maßnahmen des TV kann das Nachlaßgericht nicht aufheben oder ändern oder insoweit wenigstens eine vermittelnde Tätigkeit ausüben.[3]) In allen Streitfragen zwischen TV und Erben ist vielmehr das Prozeßgericht zuständig, soweit sich nicht aus nachfolgenden Ausführungen etwas anderes ergibt.[4])

2. Einzelaufgaben des Nachlaßgerichts bei Testamentsvollstreckung im allgemeinen

667 Das Nachlaßgericht hat im Rahmen einer TVg nur in **einzelnen im Gesetz festgelegten Fällen** eine Tätigkeit zu entwickeln. Diese Fälle sind geregelt in § 2198 (Fristsetzung bei Bestimmung der Person des TV durch einen Dritten),[5]) § 2202 Abs. 3 (Fristsetzung zur Erklärung über die Annahme des TV-Amtes),[6]) § 2216 Abs. 2 (Außerkraftsetzung von Verwaltungsanordnungen des Erblassers),[7]) § 2224 Abs. 1 (Entscheidung bei Meinungsverschiedenheiten zwischen mehreren TV),[8]) § 2227 (Entlassung des TV),[9]) § 2228 (Gewährung von Akteneinsicht)[10]) und § 2368 BGB (Erteilung eines TV-Zeugnisses).[11]) **Erklärungen gegenüber dem Nachlaßgericht** sind abzugeben in den Fällen von: §§ 2198, 2199 (Bestimmung des TV durch einen Dritten),[12]) § 2200 (Ernennung eines TV oder Nachfolgers),[13]) § 2202 (Annahme oder Ablehnung des Amtes)[14]) und § 2226 Satz 2 BGB (Kündigung des TV).[15])

---

[1]) Siehe Rz 102.

[2]) Wohl aber kann der TV zur Rückgabe eines als unrichtig eingezogenen TV-Zeugnisses (Rz 705) vom Nachlaßgericht angehalten werden.

[3]) Abgesehen von dem Fall, daß die Entlassung des TV beantragt ist; siehe Rz 792.

[4]) BGH ZEV 1996, 110, 111.

[5]) Siehe Rz 47.

[6]) Siehe Rz 105.

[7]) Siehe Rz 669.

[8]) Siehe Rz 679.

[9]) Siehe Rz 792.

[10]) Siehe Rz 746.

[11]) Siehe Rz 685.

[12]) Rz 45.

[13]) Rz 49, 54, 74.

[14]) Rz 102 ff.

[15]) Rz 788.

Nicht zuständig ist das Nachlaßgericht z. B. zur Entscheidung darüber, ob die **668** TVg als solche beendet oder ob sie aufzuheben ist,[1]) auch nicht zur Entscheidung von Meinungsverschiedenheiten über Rechtsfragen, z. B. Auslegung von Testamentsbestimmungen.[2])

---

[1]) BGHZ 41, 23 = NJW 1964, 1316 = RPfleger 1964, 200; BayObLGZ 1953, 357; KG, JR 1951, 732; siehe dazu auch Rz 707, 782 ff.

[2]) BGHZ 20, 264 = JZ 1956, 494 mit ablehn. Anm. von Baur = NJW 1956, 986; siehe dazu oben Rz 126, auch Keidel/Kuntze/Winkler, § 82 FGG, Rz 4.

II. Außerkraftsetzung von Anordnungen des Erblassers

1. Möglichkeit bei Verwaltungsanordnungen

669 Der TV hat Anordnungen des Erblassers, die dieser über die Verwaltung seines Nachlasses testamentarisch getroffen hat, zu befolgen. Das Nachlaßgericht kann derartige Anordnungen **auf Antrag** des TV [1]) oder eines anderen Beteiligten (Erbe, Vermächtnisnehmer, nicht aber sonstiger Nachlaßgläubiger) [2]) **außer Kraft setzen,** wenn ihre Befolgung den **Nachlaß** (dessen Substanz) **erheblich gefährden** würde (§ 2216 Abs. 2 BGB) oder wenn eine Schädigung der an ihm interessierten Personen zu besorgen wäre.[3])

670 Bei den Anordnungen des Erblassers kann es sich um rein wirtschaftliche oder um rechtsgeschäftliche Maßnahmen handeln. Von der Außerkraftsetzung werden namentlich solche Fälle betroffen, bei denen in der Zeit zwischen der Anordnung durch den Erblasser und dem Vollzug der Anordnung eine Änderung der maßgebenden Umstände, insbesondere in wirtschaftlicher Beziehung, eingetreten ist, die der Erblasser nicht voraussehen konnte. Hat also der Erblasser durch die von ihm angeordnete Verwaltungsmaßnahme gerade die wirtschaftliche Grundlage des Erben sicherstellen wollen, so kann die Anordnung vom Nachlaßgericht außer Kraft gesetzt werden, wenn jetzt ihre Befolgung die Zweckbestimmung des Nachlasses erheblich gefährden würde.

671 **Teilungsanordnungen** (§ 2048 BGB) kann das Nachlaßgericht nur aufheben, soweit sie mit Verwaltungsanordnungen zusammenfallen, z. B. Festsetzung eines übermäßig hohen Kaufpreises. Diese Ansicht ist allerdings nicht unbestritten. Teilweise wird die Meinung vertreten, daß die Außerkraftsetzung einer Verwaltungsanordnung bei Vorliegen der übrigen Voraussetzungen des § 2216 Abs. 2 BGB auch dann zulässig ist, wenn dadurch die Durchführung einer Teilungsanordnung unmöglich gemacht wird.[4])

---

[1]) Bei gemeinschaftlicher Amtsausübung durch mehrere TV (Rz 458) ist gemeinsame Antragstellung erforderlich (OLG München, JFG 20, 121; a.A. Jansen, Anm. 5 zu § 82 FGG).

[2]) BGHZ 35, 296; zum Begriff der Beteiligten vgl. BayObLG, RPfleger 1983, 112.

[3]) KG, HRR 1933 Nr. 1765; Hartmann, Abschn. 2.23; MüKo/Brandner, § 2216 BGB Rz 18–25; Soergel/Damrau, § 2216 BGB Rz 11–17; Staudinger/Reimann, § 2216 BGB Rz 19–30.

[4]) In letzterem Sinn Staudinger/Reimann, § 2216 BGB Rz 21. Vgl. auch KG, JFG 14, 154 und Firsching/Graf, Nachlaßrecht, Rz 4478.
Eine Vermächtnisanordnung des Inhalts, daß der TV erforderlichenfalls auch die Substanz des Nachlasses angreifen kann (siehe dazu Rz 628), kann das Nachlaßgericht bei dadurch eintretender Gefährdung des Nachlasses nicht gemäß § 2216 Abs. 2 BGB aufheben (Rohlff, DNotZ 1971, 522 unter Bezugnahme auf Staudinger/Dittmann, Anm. 21 zu § 2216 BGB).

Besteht eine Verwaltungsanordnung des Erblassers aus **mehreren selbständigen Teilen,** so kann, wenn nur die Befolgung eines Teils den Nachlaß erheblich gefährdet, dieser Teil außer Kraft gesetzt werden.[1]   **672**

Der Umstand, daß der TV sich bereits über eine Verwaltungsanordnung des Erblassers hinweggesetzt hat, hindert deren Außerkraftsetzung nicht.[2] Diese dient in einem solchen Falle auch der Beseitigung der Schadensersatzpflicht des TV nach § 2219 BGB.[3]   **673**

Der Erblasser kann das Außerkraftsetzungsrecht des Nachlaßgerichts nicht ausschließen.   **674**

Eigene Verwaltungsanordnungen kann das Nachlaßgericht nicht treffen; es ist auch nicht berechtigt, durch einstweilige Anordnungen in die Amtsführung des TV einzugreifen.[4] Es kann vielmehr nur dem Antrag auf Außerkraftsetzung stattgeben oder ihn ablehnen.   **675**

Die **TVg** als solche kann das Nachlaßgericht **nicht aufheben,**[5] auch keine Anordnungen über deren Dauer oder die Zahl der TV treffen.[6]   **676**

Zur Aufhebung von **Auflagen** des Erblassers ist das Nachlaßgericht ebenfalls nicht befugt.[7]   **677**

2. Verfahrensrecht

Zur Außerkraftsetzung von Verwaltungsanordnungen des Erblassers ist der Nachlaßrichter zuständig (§ 16 Abs. 1 Nr. 3 RPflG). Das Nachlaßgericht soll vor seiner Entscheidung die Beteiligten hören.[8] Die Außerkraftsetzung ist an alle Beteiligten bekanntzugeben. Sie wird mit der Zustellung wirksam und ist von den aus Rz 669 ersichtlichen Personen mit der einfachen Beschwerde anfechtbar (§§ 19, 20, 82 FGG).[9] Mit der Beschwerde kann nicht die Entlassung des TV begehrt werden, wenn das Nachlaßgericht mit dieser Frage noch nicht befaßt war.[10] Gegen Ablehnung des Außerkraftsetzungsantrags steht nur dem Antragsteller Beschwerde zu (§ 20 Abs. 2 FGG).[11]   **678**

---

[1]   KG, OLGZ 1971, 220 = MDR 1971, 491 = RPfleger 1971, 179.

[2]   Palandt/Edenhofer, § 2216 BGB Rz 5; RGR-Kregel, § 2216 BGB Rz 13; Soergel/Damrau, § 2216 BGB Rz 14; a.A. KG, RJA 10, 114 und Staudinger/Reimann, § 2216 BGB Rz 19.

[3]   Rz 559.

[4]   OLG Köln, OLGZ 1987, 280 = DNotZ 1987, 324 = NJW-RR 1987, 71 = RPfleger 1987, 70.

[5]   KG, HRR 1934, Nr. 1681; KG, JR 1951, 732.

[6]   KG, JW 1937, 475.

[7]   BayObLGZ 1961, 155.

[8]   Siehe dazu auch Rz 690 wegen Beachtung des Art. 103 Abs. 1 GG.

[9]   Bei mehreren TV ist jeder selbständig beschwerdeberechtigt.

[10]   Das Beschwerdegericht darf eine Entscheidung nur insoweit treffen, als das Gericht des ersten Rechtszugs entschieden hat. Der Beschwerdeführer darf deshalb auch nicht zur Veränderung seines Antrags im zweiten Rechtszug dem Verfahren eine andere Wendung geben (BayObLG 34, 365).

[11]   Mehrere TV sind nur gemeinschaftlich beschwerdeberechtigt.

III. Entscheidung über Meinungsverschiedenheiten zwischen mehreren Testamentsvollstreckern [1])

1. Für das Nachlaßgericht bestehende Möglichkeiten

679 Streiten mehrere TV darüber, ob im Rahmen einer sachlichen Amtsführung bei gemeinschaftlicher Amtsausübung einer von ihnen der **Vornahme** des von einem anderen TV beabsichtigten Rechtsgeschäfts **zuzustimmen** hat,[2]) so kann das Nachlaßgericht auf Antrag eines der TV [3]) die **Meinung** eines von ihnen **billigen,** nicht aber eine Entscheidung treffen, die von keinem der mehreren TV vorgeschlagen worden ist (§ 2224 BGB). Das Gericht braucht sich jedoch dem Vorschlag nicht in allen Einzelheiten anzuschließen, wenn diese nicht einen wesentlichen Punkt der Meinungsverschiedenheit bilden.[4]) Das Nachlaßgericht kann in einem solchen Fall auch nur aussprechen, daß der sich weigernde TV dem beabsichtigten Rechtsgeschäft zuzustimmen habe. Dagegen kann es nicht verfügen, daß seine Zustimmung durch das Gericht ersetzt werde.[5])

680 **Billigt** das Gericht **keine** der ihm vorgetragenen Ansichten der mehreren TV, so hat es unter gleichzeitiger Verwerfung den Antrag zurückzuweisen.[6])

681 Ist jedem TV ein **selbständiger Aufgabenkreis zugewiesen,** in dem er ohne Mitwirkung der anderen TV handeln kann,[7]) ist § 2224 BGB nicht anwendbar.

682 Der **Erblasser** kann das Entscheidungsrecht des Nachlaßgerichts nach § 2224 BGB **ausschließen** (§ 2224 Abs. 1 Satz 3 BGB). Er kann das Recht auch einem Dritten übertragen.

---

[1]) Allgemein zur Mehrheit von TV oben Rz 458 ff.

[2]) Voraussetzung ist, daß es sich um einen Streit innerhalb der gemeinschaftlichen Amtsführung handelt. Das Prozeßgericht ist zuständig, wenn die TV darüber uneinig sind, ob eine Verwaltungshandlung überhaupt zum gemeinschaftlichen Wirkungskreis gehört, insbesondere ob sie mit dem Gesetz und den letztwilligen Verfügungen des Erblassers in Einklang steht (BGHZ 20, 264 = NJW 1956, 986). Gegen BGH siehe Baur, JZ 1956, 494 und Brox, Erbrecht, Rdn 386 (vgl. auch OLG Hamm, NJW 1956, 608). Nach OLG Hamburg, MDR 1953, 364 kann das Nachlaßgericht überhaupt nicht über Rechtsfragen entscheiden. Siehe aber auch Staudinger/Reimann, § 2224 BGB Rz 12, wonach das Prozeßgericht nur dann entscheidet, wenn die Rechtsfragen den eigentlichen Gegenstand des Streites bilden.
Meinungsverschiedenheiten zwischen mehreren TVn über die Zuwahl oder Nachwahl von TV (Rz 49 ff.) hat das Prozeßgericht zu entscheiden. § 2224 BGB findet hier keine Anwendung (Erman/Hense, § 2199 BGB Rz 2).

[3]) Antragsberechtigt ist auch ein sonstiger Beteiligter (Erbe bzw. Vermächtnisnehmer). Streitig: siehe Sauerland, DFG 1940, 12.

[4]) OLG München, JFG 15, 344.

[5]) A.A. Erman/Hense, § 2224 BGB Rz 3.

[6]) KG, JW 1936, 1017.

[7]) Rz 458.

2. Verfahrensrecht

Zuständig zur Entscheidung ist der Nachlaßrichter (§ 16 Abs. 1 Nr. 4 RpflG). **683**
Die Entscheidung, die allen TV zuzustellen ist, ist grundsätzlich mit der einfachen **Beschwerde** anfechtbar. Handelt es sich um einen Streit über den Abschluß eines Rechtsgeschäfts, so ist die sofortige Beschwerde gegeben (§§ 53, 82 Abs. 2, 60 Abs. 1 Nr. 6, § 22 FGG). Jeder TV hat ein selbständiges Beschwerderecht (§ 82 FGG).[1]

Die rechtskräftige Entscheidung ist nur für die beteiligten TV, nicht auch für **684**
die Erben bindend.

---

[1] Bumiller/Winkler, § 82 FGG Anm. 1b; Keidel/Kuntze/Winkler, § 82 FGG Rz 8.

IV. Das Testamentsvollstrecker-Zeugnis

1. Grundsätzliches zum Testamentsvollstrecker-Zeugnis

685 Zum Zwecke seiner **Legitimation** [1]) hat das Nachlaßgericht (Richter; § 16 Nr. 6 RPflG) [2]) dem TV **auf Antrag ein Zeugnis** über seine Ernennung zu erteilen (TV-Zeugnis; § 2368 BGB). Auf das Zeugnis finden die Vorschriften über den Erbschein (§§ 2353 ff. BGB) entsprechende Anwendung. Ein solches Zeugnis wird nicht etwa dadurch überflüssig, daß das Nachlaßgericht auf Antrag des Erblassers einen TV ernennt (§ 2200 BGB). Die Bescheinigung des Nachlaßgerichts darüber, daß der Ernannte das Amt angenommen hat (§ 2202 BGB),[3]) ersetzt das TV-Zeugnis ebenfalls nicht. Im Antrag auf Erteilung des TV-Zeugnisses ist aber ohne weiteres die Annahme des Amtes als TV zu erblicken. Ist die TV-Ernennung aufschiebend bedingt,[4]) so kann ein TV-Zeugnis erst nach Eintritt der Bedingung erteilt werden.[5])

686 Wegen der Fälle, in denen ein **TV-Zeugnis nicht erforderlich** ist, siehe Rz 717. Bei Anwendung **ausländischen Rechts** kann ein gegenständlich und auf das Inland beschränktes TV-Zeugnis (entsprechend § 2369 BGB) in Frage kommen.[6])

2. Antrag auf Testamentsvollstrecker-Zeugnis

687 Den **Antrag** auf Erteilung eines TV-Zeugnisses kann der TV, auch wenn er zur Verfügung über Nachlaßgegenstände nicht befugt ist, und jeder Erbe [7]) nach Amtsannahme stellen. Der TV ist auch dann antragsberechtigt, wenn sein Amt

---

[1]) Der TV braucht sein Amt nicht stets durch ein TV-Zeugnis nachzuweisen. Der Dritte, der mit ihm in rechtsgeschäftliche Beziehungen tritt, kann Vorlage eines solchen Zeugnisses nicht unbedingt verlangen (siehe Rz 720).

[2]) Die Erteilung eines Zeugnisses über den Eingang der Annahmeerklärung des TV erfolgt durch den Rechtspfleger. Wegen der örtlichen Zuständigkeit des Nachlaßgerichts siehe § 73 FGG.

[3]) Rz 106.

[4]) Siehe Rz 55.

[5]) KG, JFG 10, 73; MüKo/Promberger, § 2368 BGB Rz 4.

[6]) Siehe dazu BayObLGZ 1986, 466/470 sowie auch Rz 27 ff.; KGJ 36 A 110; Kersten/Bühling, § 110 II; Palandt/Edenhofer, § 2368 BGB Rz 5 und § 2369 BGB Rz 1 ff.; MüKo/Promberger, § 2368 BGB Rz 11; Staudinger/Firsching, § 2368 BGB Rz 32–35. Über Erteilung eines Zeugnisses unter Anwendung amerikanischen und englischen Rechts siehe Firsching, DNotZ 1969, 354 und Firsching, Deutsch-Amerikanische Erbfälle (1965), 136. Die internationale Zuständigkeit ergibt sich aus §§ 2368 Abs. 3, 2369 BGB. Letztere wird nicht etwa dadurch beeinträchtigt oder ausgeschlossen, daß nach ausländischem Erbrecht im Ausland ein Erbschein erteilt wird (BayObLGZ 1965, 382). Aus § 2368 Abs. 3 BGB ergibt sich aber nicht ohne weiteres die Befugnis des deutschen Nachlaßgerichts zur Ernennung oder Entlassung eines TV, wenn der ausländische Erblasser nach seinem Heimatrecht beerbt wird (BayObLGZ 1965, 382 – es handelte sich um ungarisches Recht –, siehe ferner Pinckernelle/Spreen, DNotZ 1967, 208; Soergel/Müller, § 2368 BGB Rz 3, 4).

[7]) Für Antragsrecht auch des Erben Brox, Erbrecht, Rdn 598; MüKo/Promberger, § 2368 BGB Rz 20; gegen Antragsrecht OLG Hamm, NJW 1974, 505; Schlüter, Erbrecht, § 42 XIII 2; Erman/ Hense, § 2369 BGB Rz 1.

bereits beendet ist.[1]) Bei Stellung des Antrags auf Erteilung des Zeugnisses müssen angegeben werden a) die Zeit des Todes des Erblassers; b) die Verfügung von Todes wegen, auf der die TV-Ernennung beruht (notfalls auch die entsprechende Bestimmung durch einen Dritten oder durch das Nachlaßgericht; §§ 2198, 2200 BGB); [2]) c) ob und welche Personen vorhanden sind und vorhanden waren, durch die der antragstellende TV von dem Amt ausgeschlossen oder in seinen Befugnissen beschränkt werden würde;[3]) d) ob und welche weiteren Verfügungen des Erblassers von Todes wegen vorhanden sind und e) ob ein Rechtsstreit über die Ernennung zum TV anhängig ist. Der Antragsteller hat die Richtigkeit seiner Angaben nach Buchst. a, b durch öffentliche Urkunden nachzuweisen, die übrigen Angaben an Eides Statt zu versichern. Das Nachlaßgericht kann diese Versicherung erlassen, wenn es sie nicht für erforderlich erachtet (§§ 2368, 2355, 2356 BGB). Zur Beurkundung der eidesstattlichen Versicherung (mit Antrag auf Zeugniserteilung) sind außer den Notaren auch die Amtsgerichte – Rechtspfleger – zuständig (§§ 2368 Abs. 3, 2356 Abs. 2 Satz 1 BGB).[4]) Einzuhalten ist für die aufzunehmende Urkunde die Form des BeurkG (§ 1 Abs. 2 BeurkG).

3. Verfahren des Nachlaßgerichts

Zuständig ist das Nachlaßgericht und zwar stets – für Erteilung, Einziehung **688** (§ 16 Nr. 6, 7 RPflG) und Kraftloserklärung – der Richter. Gehört zum Nachlaß ein Hof im Sinne der HöfeO, so ist das Nachlaßgericht und nicht das Landwirtschftsgericht sachlich zuständig.[5])

Vor Erteilung des TV-Zeugnisses hat das Nachlaßgericht die **Gültigkeit der** **689** **Ernennung zu prüfen,** darunter auch die Gültigkeit der Verfügung von Todes wegen, auf der die Berufung beruht. Weiter hat das Nachlaßgericht zu prüfen, ob die TVg nicht im Hinblick auf § 2306 BGB hinsichtlich des ganzen Nachlasses oder einzelner Erbteile als nicht angeordnet gilt.[6]) Ferner muß das Nachlaßgericht prüfen, ob der Erblasser nicht etwa durch gemeinschaftliches Testament oder durch Erbvertrag an der späteren einseitigen Ernennung eines TV gehindert gewesen ist.[7]) Schließlich hat das Nachlaßgericht auch zu prüfen, ob die Aufgaben des TV nicht z. Z. der Ausstellung des Zeugnisses bereits gegen-

---

[1]) OLG Stuttgart, OLGZ 1979, 387.

[2]) MüKo/Promberger, § 2368 BGB Rz 22; oben Rz 45, 74.

[3]) Etwa aufgrund eines anderen Testaments oder weil Nachlaß- oder Konkursverwaltung besteht (Lange/Kuchinke, § 41 XIII Fußnote 228; Staudinger/Firsching, § 2368 BGB Rz 5).

[4]) Keidel/Kuntze/Winkler, § 38 BeurkG Rz 7, § 56 BeurkG Rz 4.

[5]) BGHZ 58, 105 = NJW 1972, 582 = DNotZ 1972, 430 = RPfleger 1972, 215; Lange/Wulff/Lüdtke/Handjery, Höfe-Ordnung, § 18 HöfeO Rz 57; Soergel/Damrau, § 2353 BGB Rz 24; MüKo/Promberger, § 2368 BGB Rz 23; a.A. OLG Hamm, RdL 1953, 224; Firsching/Graf, Nachlaßrecht, Rz 4452; oben Rz 112 ff.

[6]) MüKo/Promberger, § 2368 BGB Rz 17.

[7]) Rz 62 ff.

standslos geworden sind.[1]) Hält das Amtsgericht einen Antrag auf Erteilung eines TV-Zeugnisses für unbegründet, so muß es ihn zurückweisen; eine Ankündigung, den Antrag zurückweisen zu wollen, ist verfahrensrechtlich nicht zulässig.[2])

690 Ist die Ernennung des TV **nicht in einer** dem Nachlaßgericht vorliegenden **öffentlichen Urkunde,**[3]) sondern in einem eigenhändigen Testament des Erblassers enthalten, so hat das Nachlaßgericht vor Erteilung des Zeugnisses die Erben, soweit tunlich, über die Gültigkeit der Ernennung zu hören.[4]) Liegt in einem solchen Falle noch kein Erbschein vor, so wird sich das Nachlaßgericht mit der bloßen Anhörung der Testamentserben nicht begnügen dürfen; denn diese werden auf Mängel des Testaments nicht hinweisen, wenn solche nicht nur die Ungültigkeit der TVg, sondern auch die Ungültigkeit ihrer in der gleichen Urkunde enthaltenen Erbeinsetzung zur Folge haben würden. Die Anhörung der gesetzlichen Erben ist zwar in § 2368 Abs. 2 BGB nicht vorgeschrieben, aber in einem solchen Falle gleichwohl zweckmäßig (siehe § 2360 Abs. 2 BGB).[5]) Liegt dagegen bereits ein Erbschein vor (der aber durch das TV-Zeugnis in vielen Fällen entbehrlich wird),[6]) so entfällt eine nochmalige Anhörung der gesetzlichen Erben, da diese bereits im Erbscheinverfahren gehört worden sind. Statt der Anhörung der gesetzlichen Erben kommt unter Umständen die Anhörung der Erben in Frage, die in einer früheren Verfügung

---

[1]) Rz 813; BayObLGZ 1956, 186; BayObLG, DNotZ 1969, 43; MüKo/Promberger, § 2368 BGB Rz 23; vgl. aber auch KG, NJW 1964, 1905.

[2]) OLG Düsseldorf NJW-RR 1994, 906.

[3]) Siehe hierüber Rz 717.

[4]) Die frühere Sollvorschrift des § 2368 Abs. 2 BGB ist zu einer zwingenden Norm geworden (vgl. Art. 103 Abs. 1 GG; BVerfG, NJW 1965, 1267; BayVerfG, NJW 1964, 2295; BayObLGZ 1960, 432 = DNotZ 1961, 155; OLG Köln, NJW 1962, 1727). Der Umstand, daß zahlreiche oder weit entfernt wohnende Personen als gesetzliche Erben in Betracht kommen, reicht für die „Untunlichkeit" der Anhörung nicht aus. Das **rechtliche Gehör** konnte aber nicht als verletzt angesehen werden, wenn von der Anhörung gesetzlicher Erben abgesehen wurde, die in der ehemaligen DDR oder in Berlin-Ost wohnten und für die durch eine Anhörung Nachteile hätten entstehen können (Welskop, MittRhNotK 1965, 279). Die Verletzung des rechtlichen Gehörs erfordert nicht die Einziehung des Zeugnisses (BGH, NJW 1963, 1872). Dem Standpunkt, daß die vorherige Anhörung der gesetzlichen Erben auch dann zwingend erforderlich ist, wenn das TV-Zeugnis aufgrund eines öffentlichen Testaments oder eines Erbvertrags beantragt ist (so OLG Köln a.a.O., Schlüter, Erbrecht, § 33 III 3b und Helmut Keidel, Der Grundsatz des rechtlichen Gehörs in der freiwilligen Gerichtsbarkeit, 1965, S. 232) kann nicht beigetreten werden (vgl. OLG Köln, NJW 1963, 880; Haegele, RPfleger 1964, 80; 1965, 30 und 1966, 63; Palandt/Edenhofer, § 2360 BGB Rz 5; KG, NJW 1963, 880). Siehe zum gesamten Fragenbereich auch Keidel/Kuntze/Winkler, § 12 FGG Rz 70 ff. und Soergel/Müller, § 2360 BGB Rz 6, 7.

[5]) MüKo/Promberger, § 2368 BGB Rz 24.

[6]) Siehe Rz 722 ff.

des Erblassers von Todes wegen, die durch das die TVg enthaltende Testament gegenstandslos geworden ist, zu Erben berufen sind.[1])

4. Inhalt des Testamentsvollstrecker-Zeugnisses

691

Im TV-Zeugnis werden **Erblasser und TV namentlich angegeben.** Die der **gesetzlichen Regelung** (vgl. dazu §§ 2208 bis 2210, 2222 bis 2224 Abs. 1 Satz 3 BGB) entsprechenden Beschränkungen der Befugnisse des TV, denen dieser ohnehin unterliegt, sind nicht im TV-Zeugnis zu vermerken; gehört zum Nachlaß ein Gesellschaftsanteil, so gilt dies auch für die sich aus dem Gesellschaftsrecht ergebenden gesetzlichen Beschränkungen.[2]) Ist der TV dagegen in der Verwaltung des Nachlasses beschränkt oder hat der Erblasser angeordnet, daß er in der Eingehung von Verbindlichkeiten für den Nachlaß nicht beschränkt sein soll, so ist dies im Zeugnis anzugeben. Dies gilt auch von jeder anderen von der gesetzlichen Regelung **abweichenden Anordnung** des Erblassers, soweit sie für den rechtsgeschäftlichen Verkehr des TV mit Dritten erheblich ist.[3]) Beispiele: Beschränkung auf den Erbteil eines Miterben, Beschränkung auf einzelne Gegenstände, [4]) Beschränkung auf die Überwachung des Erben oder Vermächtnisnehmers,[5]) Beschränkung auf eine Verwaltung oder Fortdauer der Verwaltung des TV nach Erledigung der ihm sonst zugewiesenen Aufgaben (Dauervollstreckung),[6]) Verwaltung nur bis zu einem bestimmten Ereignis oder Zeitpunkt,[7]) TVg nur zur Wahrnehmung der Rechte der Nacherben bis zum Eintritt der Nacherbschaft [8]) oder zum Vollzug einer Auflage,[9]) Beschränkung durch Mit-TV,[10]) es sei denn, daß sie nicht nach außen wirkt, abweichende Anordnungen des Erblassers bei Vorhandensein mehrerer TV,[10]) bedingte TVg.[7]) Zur Angabe der Amtsdauer im TV-Zeugnis siehe Rz 703.

---

[1]) Vgl. MüKo/Promberger, § 2368 BGB Rz 24; Rohs, DJ 1940, 1379.
   Die Erteilung eines **Vorbescheids** ist – wie bei einem Erbschein – zulässig (Palandt/Edenhofer, § 2368 BGB Rz 2; MüKo/Promberger, § 2368 BGB Rz 23). Das Nachlaßgericht kann also ankündigen, es werde das beantragte TV-Zeugnis erteilen, wenn nicht binnen einer bestimmten Frist Beschwerde eingelegt werde. Doch ist ein solches Vorgehen auf Ausnahmefälle zu beschränken (BGHZ 20, 255 = NJW 1963, 880). Siehe zum gesamten Fragenbereich Keidel/Kuntze/Winkler, § 12 FGG Rz 70 ff.

[2]) BGH NJW 1996, 1284 = RPfleger 1996, 289 = GmbH-Rdsch. 1996, 362 = ZEV 1996, 110 mit Anm. Lorz = FGPrax 1996, 110 = MittBayNot 1996, 118 mit Anm. Weidlich.

[3]) Ausführlich MüKo/Promberger, § 2368 BGB Rz 9.

[4]) Rz 20. Zur Angabe der Beschränkung im Erbschein siehe Rz 150.

[5]) Rz 143, 145, 147, 150, 162.

[6]) Rz 130; KG, JW 1938, 2823; BayObLGZ 1992, 175, 180 = RPfleger 1993, 67.

[7]) Rz 55.

[8]) Rz 153.

[9]) BayObLG, RPfleger 1991, 196 (LS).

[10]) Rz 458.

692 Auch negative Teilungsordnungen sind zu erwähnen, wie „Untersagung der Veräußerung des Nachlasses auf die Dauer von . . . Jahren".[1]) Die allgemeine Verwaltungsbefugnis des TV braucht dagegen im TV-Zeugnis nicht erwähnt zu werden. Ein Vermerk, daß dem TV die Verwaltung des Nachlasses übertragen ist, darf also in das TV-Zeugnis nur aufgenommen werden, wenn dem TV ein selbständiges Verwaltungsrecht nach § 2209 BGB [2]) zusteht.[3]) Enthält das **TV-Zeugnis keine besonderen Angaben,** so ist damit zum Ausdruck gebracht, daß dem TV die rechtmäßigen Befugnisse (§§ 2203 und 2206 BGB) zustehen, aber auch nur diese (§ 2365 BGB).[4])

693 Ist für den **Vor- und Nacherbfall** TVg angeordnet, so ist ein einheitliches TV-Zeugnis zu erteilen.[5])

694 In Frage kommen können auch ein gemeinschaftliches oder ein Teil-TV-Zeugnis oder ein gemeinschaftliches Teil-TV-Zeugnis.[6])

695 **Die Angabe der Erben** erfolgt im TV-Zeugnis nur dann, wenn lediglich der Erbteil eines bestimmten Miterben mit TVg belastet ist.[7])

696 Das TV-Zeugnis kann **nur entsprechend dem Antrag** des TV erteilt werden. Ein abweichend vom Antrag erteiltes Zeugnis muß selbst dann vom Nachlaßgericht eingezogen werden, wenn es richtig ist, es sei denn, daß es nachträglich vom Antragsteller genehmigt wird.[8])

697 Das TV-Zeugnis kann auch mit dem Vermerk erteilt werden, daß das Amt durch Entlassung aus dem Amt zu einem bestimmten Zeitpunkt geendet habe; wenn der TV, dessen Amt bereits beendet ist, noch des Zeugnisses bedarf, ist eine Erteilung mit entsprechendem Beendigungsvermerk zulässig. Dies gilt auch dann, wenn die Amtsführung des TVs zur Entlassung aus wichtigem Grund Veranlassung gab; denn es ist gleichgültig, warum das Amt beendet ist, da das TV-Zeugnis nur die Legitimation eines TVs, nicht aber die Ordnungsmäßigkeit der Amtsführung bekundet.[9])

5. Vorhandensein mehrerer Testamentsvollstrecker

698 Sind mehrere TV vorhanden, so kommt ein **gemeinschaftliches** alle TV erwähnendes **TV-Zeugnis** in Frage, dessen Erteilung jeder TV allein beantragen

---

[1]) Firsching/Graf, Nachlaßrecht, Rz 4462; MüKo/Promberger, § 2368 BGB Rz 9.

[2]) Rz 131.

[3]) KG, JR 1939, 2823; BayObLGZ 1992, 175 = RPfleger 1993, 67.

[4]) MüKo/Promberger, § 2368 BGB Rz 7; unten Rz 703.

[5]) BayObLGZ 1959, 128 = NJW 1959, 1920; MüKo/Promberger, § 2368 BGB Rz 6.

[6]) MüKo/Promberger, § 2368 BGB Rz 10; vgl. Rz 694, 698.

[7]) MüKo/Promberger, § 2368 BGB Rz 6; Soergel/Müller, § 2368 BGB Rz 2.

[8]) OLG Zweibrücken, OLGZ 1989, 153; OLG München, HRR 1942, 752 = DNotZ 1943, 39; Keidel/Kuntze/Winkler, § 84 FGG Rz 13 ff.

[9]) OLG Stuttgart, OLGZ 1979, 387.

kann. Er muß in seinem Antrag angeben und nachweisen, daß die übrigen TV das Amt ebenfalls angenommen haben. Auf Antrag nur eines TV kann das Nachlaßgericht auch ein **gemeinschaftliches Teilzeugnis** über die Rechte einiger von mehreren TVn erteilen. Trifft der Erblasser bei Ernennung mehrerer TV besondere von der gesetzlichen Regelung des § 2224 BGB abweichende Anordnungen, so müssen die Abweichungen im Zeugnis angegeben werden.[1] Ein **Teilzeugnis über einen von mehreren TVn** kann dann in Frage kommen, wenn den TVn völlig getrennte Wirkungskreise zugewiesen sind oder der eine nach außen hin allein verfügungsberechtigt, also durch die anderen Mit-TV nicht beschränkt ist. Sind für die **Erbteile mehrerer Erben verschiedene TV** eingesetzt, so kann, solange der Nachlaß nicht verteilt ist, jeder TV ein gemeinschaftliches TV-Zeugnis über die Rechte aller oder ein Teilzeugnis über das Recht eines jeden anderen TV beantragen, also das Zeugnis nicht nur über die Rechte der mit ihm zur Verwaltung des gleichen Erbteils Ernannten. Nach der Auseinandersetzung kann er nur noch ein Voll- oder Teilzeugnis über die Rechte der TV erhalten, die mit ihm denselben Erbteil zu verwalten haben.[2]

Fällt von mehreren TVn einer weg und ernennen die übrigen TV kraft der ihnen vom Erblasser erteilten Ermächtigung einen Nachfolger,[3] so ist eine Einziehung der TV-Zeugnisse nicht erforderlich, vielmehr ist es durch einen Vermerk entsprechend zu berichtigen.[4]   **699**

6. Rechtsmittel

Gegen die **Erteilung** eines TV-Zeugnisses ist Beschwerde nicht zulässig. Es kann aber entweder die Herausgabe des zu Unrecht erteilten Zeugnisses nach § 2362 BGB im Wege der Klage erzwungen werden oder das Nachlaßgericht kann nach § 2361 BGB von Amts wegen das Zeugnis einziehen oder für kraftlos erklären; hiergegen ist gemäß § 84 Satz 2 FGG die Beschwerde ausgeschlossen.[5] Jeder, dessen Recht durch die Erteilung des TV-Zeugnisses beeinträchtigt wird, kann diese Maßnahme beantragen und bei Ablehnung des Antrags Beschwerde nach § 20 FGG erheben.[6] Pflichtteilsberechtigten steht gegen diese Ablehnung der Einziehung aber kein Beschwerderecht zu.[7] Gegen Ablehnung des TV-Zeugnisses findet einfache Beschwerde statt.   **700**

Das Zeugnis über die Ernennung des TV wird nach § 2368 Abs. 3 BGB mit der Beendigung des Amts von selbst kraftlos, so daß eine Kraftloserklärung ent-   **701**

---

[1] MüKo/Promberger, § 2368 BGB Rz 10; vgl. Rz 691.

[2] Vgl. Greiser, DFG 1936, 190; MüKo/Promberger, § 2368 BGB Rz 19.

[3] Rz 50.

[4] KGJ 28 A 200; MüKo/Promberger, § 2368 BGB Rz 5; a.A. Drewers, JW 1926, 2428.

[5] BayObLG, DNotZ 1986, 549; Bumiller/Winkler, § 85 FGG Anm. 4; Keidel/Kuntze/Winkler, § 84 FGG Rz 26 ff.

[6] BayObLGZ 1986, 34/36; Keidel/Kuntze/Winkler, § 84 FGG, Rz 16 ff., 27a.

[7] OLG Hamm, OLGZ 1977, 422; MüKo/Promberger, § 2368 BGB Rz 25.

behrlich ist; dies gilt nicht, wenn ein Entlassungsbeschluß des Nachlaßgerichts vom Beschwerdegericht aufgehoben ist.[1])

7. Antragsrecht der Nachlaßgläubiger

702 Die Gläubiger des Nachlasses sind zur Stellung eines Antrags auf Erteilung eines TV-Zeugnisses nach §§ 792, 896 ZPO berechtigt.[2]) Wegen des Rechts zur Akteneinsicht und auf Erteilung einer Zeugnisausfertigung siehe § 2368 BGB, §§ 78, 85 FGG.

8. Wirkungen des Testamentsvollstrecker-Zeugnisses

703 Das TV-Zeugnis ist nicht nur mit der Vermutung der Richtigkeit (§ 2365 BGB), sondern mit Gutglaubensschutz (§ 2366 BGB) ausgestattet.[3]) Es wird vermutet, daß dem im TV-Zeugnis genannten TV die TVg über den Nachlaß des in ihm genannten Erblassers rechtsgültig zusteht und daß er nicht durch andere als die im Zeugnis angegebenen Anordnungen beschränkt ist (§ 2365 BGB).[4]) Ein TV-Zeugnis, das keine besonderen Angaben enthält, bezeugt, daß dem TV nur die nach den §§ 2203 bis 2206 BGB mit dem Amt verbundenen Befugnisse zustehen.[5]) Diese Vermutung erstreckt sich aber weder darauf, daß die Verfügung des TV sich wirklich auf einen Nachlaßgegenstand bezieht, noch darauf, daß das Amt des TV fortbesteht.[6]) Ferner wird nicht vermutet, daß durch das Zeugnis ausgewiesene Beschränkungen oder Erweiterungen wirksam bestehen.[7]) Die Vermutungen von einander widersprechenden TV-Zeugnissen, ebenso von Erbschein und TV-Zeugnis mit widersprüchlichem Inhalt, heben sich gegenseitig auf.[8])

704 Dritte Personen können sich nur insoweit auf den öffentlichen Glauben des Zeugnisses berufen, als es eine auf Anordnung des Erblassers beruhende Beschränkung der Amtsdauer des TV nicht enthält, nicht aber, daß sie sich im Irrtum über den Eintritt der Tatsachen befunden haben, die die Beendigung des Amtes zur Folge hatten. Im Gegensatz zum Erbschein, dessen öffentlicher Glaube sich nur auf Verfügungsgeschäfte erstreckt, umfaßt der Verkehrsschutz

---

[1]) BayObLGZ 1959, 129 = NJW 1959, 1920.

[2]) BGH, NJW 1964, 1905.

[3]) Firsching/Graf, Nachlaßrecht, Rz 4449; Reithmann, DNotZ 1979, 67, 72.

[4]) MüKo/Promberger, § 2368 BGB Rz 2, 35; Staudinger/Firsching, § 2368 BGB Rz 11. Der öffentliche Glaube kommt dem Zeugnis aber nicht gegenüber den Erben zu (BGHZ 41, 23 = NJW 1964, 1316). Siehe auch Palandt/Edenhofer, § 2368 BGB Rz 9; vgl. Rz 691, 698.

[5]) KG, OLGZ 1991, 261 = RPfleger 1991, 318 = DB 1991, 1066.

[6]) RGZ 83, 348, 352; Keidel/Kuntze/Winkler, § 84 FGG Rz 27; vgl. Rz 707; MüKo/Promberger, § 2368 BGB Rz 36.

[7]) Schlüter, § 42 XIII 3a; Brox, Rz 598; v. Lübtow II 977; Lange/Kuchinke, § VIII 3a; vgl. auch MüKo/Promberger, § 2368 BGB Rz 34; Palandt/Edenhofer, § 2368 BGB Rz 8; Staudinger/Firsching, § 2368 BGB Rz 11.

[8]) BGHZ 58, 105, 108 = NJW 1972, 582; MüKo/Promberger, § 2368 BGB Rz 37.

des TV-Zeugnisses auch Verpflichtungsgeschäfte, die nach dem gesetzlichen Regelfall oder dem ausgewiesenen Umfang zum Amtsbereich des TV gehören.[1]) Der öffentliche Glaube schützt nur Dritte im Verhältnis zum Nachlaß; er gilt deshalb nicht für die zwischen TV und Erben abzuwickelnden Geschäfte.[2])

9. Einziehung und Rückgabe des Testamentsvollstrecker-Zeugnisses

Ist das TV-Zeugnis von **Anfang an unrichtig,** so ist es vom Nachlaßgericht **705** (Richter, § 16 Nr. 6 RPflG) einzuziehen (§§ 2368 Abs. 1, 2361 BGB). Es darf nicht berichtigt, abgeändert oder ergänzt werden. Ausnahmen sind enthalten in § 319 ZPO und Rz 699, 870, 879. Ist einem TV lediglich die Aufgabe übertragen, den Vollzug einer Auflage zu verlangen, ist das Zeugnis unrichtig, wenn es die Ernennung ohne Beschränkung bekundet.[3])

Ein von vornherein unrichtiges TV-Zeugnis (z. B. ein aufgrund eines nichtigen **706** Testaments erteiltes Zeugnis) verliert seine Wirkung erst mit der Einziehung oder Kraftloserklärung oder mit Kenntnis seiner Unrichtigkeit.[4]) Gegen die Kraftloserklärung des TV-Zeugnisses ist die Beschwerde gemäß § 84 Satz 2 FGG ausgeschlossen. Gegen die vom Beschwerdegericht angeordnete Einzie-

---

[1]) Ein guter Glaube an das Fortbestehen der TVg nach ihrer Beendigung wird regelmäßig nicht geschützt (siehe Rz 707). Beruht das Ende der TVg jedoch auf einer Anordnung des Erblassers, dann nimmt RGZ 83, 352 insoweit eine im Zeugnis zu vermerkende Beschränkung an, so daß Gutgläubige, die auf die gewöhnliche Dauer des Amtes vertrauen, geschützt werden (vgl. Schlüter, § 42 XIII 3, 4b; Brox, Erbrecht Rdn 599; MüKo/Promberger, § 2368 BGB Rz 3, 41, 43. Siehe dazu auch die Ausführungen Rz 183 ff.

[2]) BGHZ 41, 23, 30 = NJW 1963, 1316, 1319; MüKo/Promberger, § 2368 BGB Rz 44.

[3]) BayObLG, RPfleger 1991, 196 (LS); BayObLGZ 1992, 175 = RPfleger 1993, 67.

[4]) BayObLGZ 1956, 379; OLG Köln, NJW 1962, 1727; LG Mannheim, MDR 1960, 843. Ergeben sich Zweifel an der Richtigkeit eines TV-Zeugnisses, so ist das Zeugnis nicht ohne weiteres einzuziehen, vielmehr ist über die Einziehung erst nach abschließender Klärung zu entscheiden (BGHZ 40, 54 = MDR 1963, 751 = NJW 1963, 1972 = RPfleger 1964, 77 mit Anm. von Haegele). Gegen die Anordnung der Einziehung eines TV-Zeugnisses und gegen deren Ablehnung durch das Nachlaßgericht ist Beschwerde und weitere Beschwerde zulässig (§§ 19, 27 FGG; OLG Hamm, DNotZ 1951, 41; Palandt/Edenhofer, § 2361 BGB Rz 3; wegen des Beschwerderechts des TV siehe OLG Oldenburg, RPfleger 1965, 305). Ist das TV-Zeugnis zu Unrecht aufgrund bloßer Zweifel an der Richtigkeit eingezogen worden, so ist die mit dem Ziel der Erteilung eines gleichlautenden Zeugnisses eingelegte Beschwerde begründet, auch wenn die Zweifel an der Geschäfts- und Testierfähigkeit fortbestehen (OLG Köln a.a.O.). Das gleiche gilt, wenn der Kraftloserklärung kein Einziehungsbeschluß vorausgegangen ist (Palandt/ Edenhofer, § 2361 BGB Rz 13). Gegen die Kraftloserklärung als solche besteht kein Beschwerderecht. Gegen die Ablehnung der Einziehung eines TV-Zeugnisses hat der Erbe das Recht zur einfachen Beschwerde (§§ 19, 27 FGG; BayObLGZ 1956, 377), nicht aber gegen die Einziehung (KG, JFG 5, 161). Zur Umdeutung der gegen die Erteilung eines TV-Zeugnisses eingelegten Beschwerde in einen Antrag auf Einziehung oder Kraftloserklärung des Zeugnisses siehe OLG Freiburg, RPfleger 1952, 340. Wegen weiterer Fragen zum Beschwerderecht bei Einziehung eines TV-Zeugnisses siehe Keidel/ Kuntze/Winkler, § 84 FGG Rz 19 ff.

hung ist die unbefristete weitere Beschwerde gegeben; beschwerdebefugt ist der TV, nicht der Erbe.[1])

707 **Mit Beendigung des Amtes** (durch Kündigung, Entlassung, Zeitablauf, Erledigung aller Aufgaben),[2]) wird das TV-Zeugnis **von selbst** kraftlos und damit die Vermutung des § 2365 BGB [3]) und gutgläubiger Erwerb gegenstandslos. Einer Einziehung oder Kraftloserklärung des Zeugnisses bedarf es nach Amtsbeendigung nicht.[4]) Das wirkungslos gewordene Zeugnis ist jedoch vom Nachlaßgericht von Amts wegen aus dem Verkehr zu ziehen und zu den Akten zu nehmen oder es ist auf ihm zu vermerken, daß und seit wann das Amt des TV erloschen ist.[5]) Diese Rechtslage zieht eine gewisse Rechtsunsicherheit nach sich. Wer aufgrund des TV-Zeugnisses mit dem TV verhandelt, weiß, vom Rz 703 behandelten Fall abgesehen, nie, ob das Zeugnis noch gilt.

708 Das Grundbuchamt ist durch die Formalvorschriften der GBO geschützt,[6]) für einen Dritten aber können sich erhebliche Nachteile ergeben.[7]) Ist die TV-Ernennung im Grundbuch eingetragen (vgl. § 52 GBO),[8]) so fragt es sich, ob derjenige, der durch Rechtsgeschäft mit dem TV ein Recht an dem Grundstück oder ein Recht an einem solchen Recht erwirbt, in seinem Glauben an den Fortbestand des TV-Amtes geschützt ist, sofern er nicht die Beendigung positiv kennt. Diese Frage dürfte zu verneinen sein, denn für eine in dem TV-Vermerk liegende Verfügungsbeschränkung gilt nur die negative Wirkung des öffentlichen Glaubens. Es wird durch den Vermerk nur ein gutgläubiger Erwerb vom Erben verhindert, nicht aber erstreckt sich der öffentliche Glaube auf die Verfügungsmacht des TV, ganz abgesehen davon, daß dessen Name im Grundbuch nicht eingetragen wird.[9]) Der TV kann vom Nachlaßgericht ein Zeugnis darüber verlangen, daß sein Amt noch fortdauert.[10])

709 Ergibt sich nachträglich, daß der TV **noch Aufgaben zu erfüllen** hat, so ist ihm das zu den Akten genommene Zeugnis wieder auszuhändigen, also nicht etwa

---

[1]) BayObLG ZEV 1995, 22.

[2]) Siehe Rz 788 ff.

[3]) Rz 703.

[4]) RGZ 83, 353; BayObLGZ 1953, 357, 361; OLG München, NJW 1951, 74; Bumiller/Winkler, § 84 FGG Anm. 4; Firsching/Graf, Nachlaßrecht, Rz 4470; Jansen, § 84 FGG Rz 27; Keidel/Kuntze/Winkler, § 84 FGG Rz 27a; MüKo/Promberger, § 2368 BGB Rz 27; Lange/Kuchinke, Erbrecht, § 41 VIII 5, hält Einziehung des Zeugnisses als deklaratorischen Akt für zulässig.

[5]) KG, JFG 16, 299 = JW 1937, 3234; BayObLGZ 1953, 357; KG, NJW 1964, 1905; OLG München, NJW 1951, 74.

[6]) Vgl. Rz 714.

[7]) Siehe auch Wirth, WürttNotV 1952, 8.

[8]) Rz 274.

[9]) Ebenso Wirth, WürttNotV 1952, 8.

[10]) Greiser, DFG 1936, 248; Palandt/Edenhofer, § 2368 BGB Rz 11; MüKo/Promberger, § 2368 BGB Rz 13.

ein neues Zeugnis zu erteilen.[1]) Die Erteilung eines TV-Zeugnisses nach Beendigung des Amtes mit entsprechendem Vermerk darauf ist zulässig.[2])

Die Tatsache, daß **ein Teil** der dem TV zugewiesenen **Aufgaben erfüllt** ist (vgl. **710** z. B. § 2217 BGB),[3]) darf in dem TV-Zeugnis nicht vermerkt werden, die Verwaltungs- und Verfügungsbefugnis des TV als solche wird durch eine derartige Herausgabe der vom TV nicht mehr benötigten Gegenstände nicht beschränkt.

Wird der Beschluß, durch den das Nachlaßgericht den TV **entlassen** hat,[4]) vom **711** Beschwerdegericht aufgehoben, so gilt das TV-Zeugnis nicht als kraftlos geworden.[5])

10. Testamentsvollstrecker-Zeugnis und Notar

Der Notar hat sich bei der Beurkundung das TV-Zeugnis in **Urschrift** oder **712** **Ausfertigung** vorlegen zu lassen oder den Nachlaßakt beizuziehen; die Beiziehung wird ersetzt durch Verweisung auf die das Zeugnis enthaltenen Akten desselben Amtsgerichts, für das die Urkunde bestimmt ist (z. B. Grundbuchamt). Nur so kann er den Fortbestand prüfen. Mit der Vorlage einer einfachen oder beglaubigten Abschrift darf er sich nicht begnügen, da ihr Besitz auch nach der Beendigung der TVg oder Einziehung des TV-Zeugnisses möglich ist.[6]) Der Notar hat das TV-Zeugnis darauf zu prüfen, ob sich aus ihm inhaltliche oder gegenständliche Beschränkungen der Verfügungsbefugnis ergeben. Nicht ausreichend zur Legitimation ist dagegen die Eintragung des TV im Grundbuch gemäß § 52 GBO, ebensowenig der Erbschein, in dem nach § 2364 BGB die Ernennung des TV angegeben ist, selbst wenn – fälschlicherweise – der Name des TV darin aufgeführt ist.[7])

Das TV-Zeugnis ist der Niederschrift in Urschrift bzw. Ausfertigung oder, **713** wenn die Beteiligten diese noch anderweitig benötigen, in beglaubigter Abschrift **beizufügen** (§ 12 Satz 1 BeurkG). Eine Verbindung mit der Niederschrift ist gemäß § 19 Abs. 5 DONot vorgeschrieben. Behält der Notar eine beglaubigte Abschrift zurück, so stellt er zweckmäßig in der Niederschrift etwa fest: „Das TV-Zeugnis lag in Urschrift vor und ist in beglaubigter Abschrift beigefügt.''

Die Feststellung, daß der Beteiligte im Besitz der Urschrift oder Ausfertigung der Urkunde war, genießt **öffentlichen Glauben;** es genügt dann die Vorlage einer beglaubigten Abschrift in Verbindung mit dieser Bestätigung zum Nach-

---

[1]) Dies kann auch auf eine Beschwerde erfolgen (OLG München, NJW 1951, 74); siehe auch Rz 820.

[2]) KG, DNotZ 1965, 480 = NJW 1964, 1905; OLG Stuttgart, DNotZ 1981, 294, 295; Palandt/Edenhofer, § 2368 BGB Rz 10; MüKo/Promberger, § 2368 BGB Rz 14.

[3]) Rz 494 ff.

[4]) Rz 801.

[5]) BayObLGZ 1959, 128 = NJW 1959, 1920 = JR 1959, 384.

[6]) Keidel/Kuntze/Winkler, § 12 BeurkG Rz 7.

[7]) Bengel/Reimann/Schaub, 5. Kap. Rz 31, 32.

weis der Verfügungsbefugnis gegenüber dem Grundbuchamt. Das Grundbuchamt hat dann von der im Zeitpunkt der Beurkundung bestehenden Verfügungsmacht auszugehen und kann nicht die Vorlage des TV-Zeugnisses in Urschrift oder Ausfertigung verlangen. Dagegen reicht die Bescheinigung über das Vorliegen des TV-Zeugnisses dann nicht aus, wenn zwischen Beurkundung und Eingang des Eintragungsantrags ein längerer Zeitraum verstrichen ist (im entschiedenen Fall mehr als 9 Monate), weil dann die Möglichkeit einer zwischenzeitlichen Einziehung des TV-Zeugnisses, das dem Notar vorgelegen hat, nicht mit der für das Grundbuchamt erforderlichen Sicherheit ausgeschlossen werden kann.[1])

11. Testamentsvollstrecker-Zeugnis und Grundbuchamt [2])

714 Das Grundbuchamt, dem gegenüber das TV-Zeugnis im besonderen Maße zu Legitimationszwecken dient (siehe § 35 Abs. 2 GBO), hat **kein Recht** und keine Pflicht, die **Legitimation** des TV gemäß dem ihm erteilten Zeugnis **in Zweifel zu ziehen,** auch dann nicht, wenn das Nachlaßgericht nach seiner Auffassung eine irrtümliche Auslegung der letztwilligen Verfügungen des Erblassers vorgenommen hat; zu einer eigenen ergänzenden oder berichtigenden Auslegung der Verfügungen von Todes wegen ist das Grundbuchamt nicht berechtigt.[3]) Eine Ausnahme von diesem Grundsatz ist nur dann begründet, wenn z. B. der Ernennung des TV und der Erteilung eines Zeugnisses hierüber Tatsachen entgegenstehen, die dem Nachlaßgericht nicht bekannt waren, etwa wenn sich eine weitere mit dem vorliegenden Testament in Widerspruch stehende spätere letztwillige Verfügung des Erblassers inzwischen vorgefunden oder wenn die in Frage stehende letztwillige Verfügung sich inzwischen als gefälscht herausgestellt hat.[4]) Wegen des Nachweises bei längerer zeitlicher Differenz zwischen Eingang des Eintragungsantrags und Bescheinigung über das Vorliegen des TV-Zeugnisses siehe Rz 713.

715 Hat das Nachlaßgericht die Erteilung eines TV-Zeugnisses wegen **Ungültigkeit der letztwilligen Verfügung** abgelehnt, so kann das Grundbuchamt die selbständige Prüfung dieser Ungültigkeit zwecks Feststellung der Verfügungsbefugnis des vermeintlichen TV ablehnen und verlangen, daß ihm die Verfü-

---

[1]) KG, DNotZ 1972, 615 zum Erbschein; Keidel/Kuntze/Winkler, § 12 BeurkG Rz 8.

[2]) Dazu Staudinger/Firsching, § 2368 BGB Rz 35; MüKo/Promberger, § 2368 BGB Rz 39. Zum gegenständlich beschränkten Erbschein und Fremdrechts-TV-Zeugnis im Grundbuchverfahren siehe BayObLG, NJW-RR 1990, 906 und Roth, IPRax 1991, 322. Wegen des TV-Zeugnisses beim Schiffsregister siehe § 41 SchiffsRegO.

[3]) Vgl. BayObLGZ 1990, 82 = RPfleger 1990, 365 = FamRZ 1990, 913; FamRZ 1991, 984 = Mitt-BayNot 1991, 122 = MittRhNotK 1991, 124 = BWNotZ 1991, 142 = RPfleger 1991, 194 (LS).

[4]) OLG Frankfurt, RPfleger 1952, 36; KG, KGJ 45, 252 und JFG 18, 42; OLG München, JFG 16, 144; OLG Stuttgart, JW 1934, 923; LG Bückeburg, MDR 1957, 559; Haegele, RPfleger 1951, 547.

gungsbefugnis durch ein im Wege der Beschwerde gegen die Entscheidung des Nachlaßgerichts zu erlangendes TV-Zeugnis nachgewiesen wird.[1])

Wird der Nachweis des Bestehens von TVg durch ein TV-Zeugnis erbracht, so **716** genügt die Vorlage einer beglaubigten Abschrift dieses Zeugnisses nicht, ebenso wie beim Erbschein. Das Zeugnis ist in Urschrift oder Ausfertigung vorzulegen. Die Vorlegung wird ersetzt durch Verweisung auf die das Zeugnis enthaltenden Akten desselben Amtsgerichts.[2])

12. Ersatz des Testamentsvollstrecker-Zeugnisses durch andere Urkunden

Beruht die Ernennung des TV auf einem **öffentlichen Testament** oder auf **717** einem (notariell beurkundeten) **Erbvertrag,** so kann sich das Grundbuchamt mit der Vorlage einer beglaubigten Abschrift der Verfügung und einer Ausfertigung (oder beglaubigten Abschrift) des Eröffnungsprotokolls über die Verfügung begnügen (§ 35 GBO; evtl. genügt die Bezugnahme auf die Akten des Nachlaßgerichts). Dem Grundbuchamt muß aber in diesem Falle die **Annahme** des Amtes des TV gegenüber dem Nachlaßgericht in öffentlicher oder öffentlich beglaubigter Urkunde besonders nachgewiesen werden.[3]) Dies geschieht am besten durch Vorlage einer entsprechenden Bestätigung des Nachlaßgerichts, auf deren Erteilung der TV ein Anrecht hat,[4]) oder durch Vorlage einer vom Nachlaßgericht beglaubigten Abschrift der in öffentlicher oder öffentlich beglaubigter Urkunde vorliegenden Annahmeerklärung des TV, in der der Eingang der Annahmeerklärung beim Nachlaßgericht bescheinigt ist.[5]) Das Zeugnis über die Annahme unterliegt wie ein TV-Zeugnis bei nachgewiesener Unrichtigkeit der Einziehung.[6])

Nicht ausreichend zur Legitimation ist dagegen die Eintragung des TV im **718** Grundbuch gemäß § 52 GBO. Ebensowenig kann der Erbschein, in dem nach § 2364 BGB die Ernennung des TV angegeben ist, das TV-Zeugnis ersetzen, auch dann nicht, wenn – fälschlicherweise – der Name des TV darin aufgeführt ist.[7])

Ist der TV nach §§ 2198, 2200 BGB – durch einen Dritten oder das Nachlaß- **719** gericht [8]) – ernannt, so ist, wenn nicht ein TV-Zeugnis vorgelegt wird, dem Grundbuchamt auch die Bestimmung des Dritten in der Form des § 29 GBO

---

[1]) KGJ 34 A 233.

[2]) Horber, Anm. 6 Cb zu § 35 GBO; Meikel/Imhof/Riedel, § 42 GBO Rz 7; § 47 GBO Rz 6; a.A. Haegele, RPfleger 1967, 40, der Vorlage einer beglaubigten Abschrift für ausreichend ansieht.

[3]) OLG München, DNotZ 1938, 536; KGJ 28, 283; Bengel/Reimann/Schaub, 5. Kap. Rz 27.

[4]) Vgl. Rz 106.

[5]) Vgl. Meikel/Imhof/Riedel, § 35 GBO Rz 92.

[6]) Rz 705.

[7]) Bengel/Reimann/Schaub, 5. Kap. Rz 32.

[8]) Siehe Rz 45, 54, 74.

oder der Beschluß des Nachlaßgerichts über die Ernennung mit Rechtskraft-zeugnis vorzulegen.

Die Sondervorschrift des § 35 Abs. 3 GBO – Erleichterung des Erbnachwei-ses – ist auf die TVg nicht anwendbar.

720 Der TV ist übrigens grundsätzlich nicht genötigt, sein Amt gerade durch das vorstehend behandelte TV-Zeugnis nachzuweisen. Weder aus dem Wortlaut noch aus dem Sinn und Zweck des § 2368 BGB ergibt sich, daß die Legitima-tion des TV nur auf diesem Wege Dritten gegenüber dargetan werden kann.[1] Allerdings genießt der Dritte, wenn ein TV-Zeugnis erteilt ist, ohne Rücksicht darauf, ob es ihm vorgelegt worden ist, den Schutz des öffentlichen Glau-bens.[2]

721 Bei Vorhandensein von Grundbesitz oder von Rechten an Grundstücken kann nach vom Nachlaßgericht vermittelter Nachlaßauseinandersetzung[3] die Ertei-lung eines **Überweisungszeugnisses** gemäß §§ 36, 37 GBO in Frage kommen. Weist das Zeugnis eine Erbfolge aus, so ist auch die Anordnung einer TVg anzugeben. Praktisch kann dies nur werden, wenn TVg nur bezüglich eines Erbteils oder nur bezüglich eines Grundstücks oder Rechts an einem Grund-stück besteht.[4]

13. Testamentsvollstrecker-Zeugnis und Erbschein

722 Das TV-Zeugnis dient nur zu Legitimationszwecken des TV. Über das Erbrecht der Erben des Nachlasses gibt es keine Auskunft. In der Regel bedarf der TV zur Durchführung der TVg auch nicht **eines amtlichen Ausweises über die Erben,** zumal die im Rahmen seiner Verwaltungsbefugnisse getroffenen Verfügungen über Nachlaßgegenstände im Grundbuch ohne vorherige Eintra-gung der Erben vollzogen werden können (§ 40 GBO).[5]

723 **Im Einzelfall** muß allerdings das **Erbrecht der Erben nachgewiesen** werden, z. B. in dem Fall, daß ein mit Mitteln der Erbschaft erworbenes Grundstück oder Recht an einem Grundstück im Grundbuch durch Umschreibung auf die Erben – in Erbengemeinschaft – eingetragen werden soll. Ein Erbschein ist auch erforderlich, wenn der TV ein Grundstück verkauft und für die Erben in Erbengemeinschaft eine Kaufpreishypothek eingetragen werden soll oder wenn die Entgeltlichkeit einer Verfügung des TV nur durch die Zustimmung der Erben dem Erwerber dargetan werden kann oder wenn zwar eine unent-geltliche Verfügung des TV vorliegt, ihr aber alle – dem Grundbuchamt nach-

---

[1])   Palandt/Edenhofer, § 2205 BGB Rz 36.

[2])   Rz 703; vgl. RG, JW 1910, 802; BGH, WM 1961, 479; 1967, 25.

[3])   Siehe dazu Rz 507 ff.

[4])   Vgl. Rz 20.

[5])   Siehe Rz 274.

zuweisenden – Erben zustimmen.[1]) Die bloße Tatsache der TVg, aber nicht der Name des TV und die Amtsannahme, ist im Erbschein anzugeben.[2]) Anzugeben sind im Erbschein nach überwiegender Meinung auch gegenständliche Beschränkungen des TV.[3]) Die Angabe der TVg hat ausnahmsweise zu unterbleiben, wenn es sich um den einem Miterben ausgestellten Teilerbschein handelt und der TV nur für den Erbteil eines anderen Miterben ernannt ist,[4]) wenn die Ernennung des TV von vornherein unwirksam war (§§ 2201, 2306 BGB),[5]) oder zwischen Erbfall und Erbscheinerteilung gegenstandslos[6]) geworden ist, etwa durch Ablehnung des Amtes durch den alleinigen TV ohne Nachfolger-Ernennung,[7]) oder wenn es sich nur um eine Überwachungs-TVg nach § 2223 BGB handelt. Es gibt keine Vermutung, wonach die im Erbschein vermerkte Beschränkung durch TVg auch tatsächlich besteht.[8])

Ist der Erbschein erteilt und lehnt der TV die Amtsannahme nachträglich ab, **724** so kann der Erbe Einziehung des jetzt unrichtig gewordenen Erbscheins und Erteilung eines die TVg nicht mehr erwähnenden Erbscheins verlangen, nicht aber ein Zeugnis des Nachlaßgerichts darüber, daß die TVg in Wegfall gekommen ist.[9]) Es gibt daher kein eigenes Zeugnis des Nachlaßgerichts, daß eine TVg fortgefallen ist oder daß keine TVg besteht (Negativzeugnis); ein etwa erforderlicher Nachweis ist mittelbar durch den Erbschein ohne TV-Vermerk möglich.[10]) Die Anordnung einer aufschiebend bedingten TVg[11]) ist im Erbschein in der Regel erst anzugeben, nachdem die Bedingung eingetreten ist.[12]) Die für den Nacherben angeordnete TVg ist in dem dem Vorerben erteilten Erbschein anzugeben.[13]) Es gibt keine Vermutung, wonach die im Erbschein vermerkte Beschränkung durch TVg auch tatsächlich besteht.[14])

---

[1]) Siehe die Ausführungen Rz 201, 204.

[2]) KGJ 34 A. 327; LG Berlin, DFG 1943, 108; Firsching/Graf, Nachlaßrecht, Rz 4305 ff.

[3]) Fisching/Graf, Nachlaßrecht, Rz 4307; oben Rz 150.

[4]) KGJ 43, A. 92.

[5]) Rz 98, 112.

[6]) BayObLG, RPfleger 1974, 345.

[7]) KGJ 48 A. 143.

[8]) OLG Frankfurt, WM 1993, 803.

[9]) RJA 16, 53; KGJ 50 A. 103.

[10]) MüKo/Promberger, § 2368 BGB Rz 16.

[11]) Rz 55.

[12]) KG, JFG 10, 73 = JW 1933, 2067.

[13]) Auch bei Eintragung des Vorerben- und Nacherbenrechts im Grundbuch zu vermerken: KGJ 40, 196; 43 A. 92.
Erteilung eines TV-Zeugnisses und eines Erbscheins sind verschiedene Sachen im Sinne des § 4 FGG – Konkurrenz mehrerer Gerichte (LG Berlin, RPfleger 1971, 318; anders in Bayern wegen der Besonderheiten des Landesrechts; BayObLGZ 1954, 213).

[14]) OLG Frankfurt, WM 1993, 803.

725 Im Erbscheinsverfahren ist das Gericht an die im Verfahren nach § 2200 BGB überprüfte Anordnung einer TVg gebunden – jedenfalls wenn dieselben Personen in beiden Verfahren beteiligt sind.[1]) Ist die Tatsache des Bestehens einer TVg – von vorstehenden Ausnahmefällen abgesehen – im Erbschein nicht erwähnt, so ist der Erbschein vom Nachlaßgericht **als unrichtig einzuziehen** bzw. für kraftlos zu erklären. Endet das Amt des TV durch Kündigung, Tod oder Entlassung, so wird der Erbschein ebenfalls unrichtig und ist einzuziehen (nicht etwa zu berichtigen), falls nicht ein Ersatz-TV eintritt.[2]) Die Vermutungen von Erbschein und TV-Zeugnis mit widersprüchlichem Inhalt heben sich gegenseitig auf, soweit sie dieselbe Aussage betreffen, z. B. wenn das TV-Zeugnis das Bestehen einer TVg bezeugt, während der Erbschein diese nicht aufführt.[3]) Ist ein Testamentsvollstreckerzeugnis erteilt und will ein Beschwerdegericht das Nachlaßgericht zur Erteilung eines Erbscheins anweisen, der keinen Testamentsvollstreckervermerk enthalten soll, so muß es die Anweisung davon abhängig machen, daß das Testamentsvollstreckerzeugnis vorher eingezogen oder für kraftlos erklärt wird.[4])

726 Ein TV kann sowohl einen Erbschein beantragen [5]) als auch dessen Einziehung bei Unrichtigkeit verlangen und sich infolgedessen auch gegen unrichtige Entscheidungen zur Wehr setzen. Zur Zulässigkeit seines Rechtsmittels genügt es schon, daß ihm die behauptete Einsetzung als TV trotz Annahme des Amtes abgesprochen wird und der Erbschein nach seiner Auffassung unrichtige Erben nennt.[6]) Der TV, dem auf seinen Antrag ein Erbschein erteilt worden ist, ist zur Einlegung der Beschwerde gegen die Anordnung der Einziehung dieses Erbscheins befugt, und zwar auch dann, wenn er die Erbauseinandersetzung bereits durchgeführt hat.[7]) Der TV kann auch vom Besitzer eines unrichtigen Erbscheins dessen Herausgabe an das Nachlaßgericht verlangen (§§ 2364 Abs. 2, 2362 Abs. 1 BGB). Der in einem **Erbvertrag** eingesetzte TV, der das Amt angenommen hat, ist im Erbscheinverfahren **Beteiligter** und kann in diesem Verfahren nicht als Zeuge vernommen werden.[8])

---

[1]) OLG Karlsruhe FGPrax 1996, 64.

[2]) RGZ 64, 178; OLG Hamm, OLGZ 1983, 59 = RPfleger 1983, 71; KG, KGJ 50, 104; Staudinger/Firsching, § 2364 BGB Rz 13, hält Vermerk des Wegfalls des TV auf dem Erbschein für ausreichend.

[3]) BGHZ 58, 105, 108 = NJW 1972, 582; DNotZ 1991, 545; MüKo/Promberger, § 2365 BGB Rz 19; § 2368 BGB Rz 37.

[4]) BayObLG, RPfleger 1991, 196 (LS).

[5]) OLG Hamm, RPfleger 1993, 346; Bengel/Reimann/Schaub, 3. Kap. Rz 128.

[6]) So OLG Oldenburg, RPfleger 1965, 305 mit Anm. von Haegele. Wegen des Beschwerderechts des TV gegen die Erteilung eines Erbscheins siehe BayObLGZ 19, 192. Wegen des Erbscheinantrags des TV bei mehrdeutigem Testament siehe Schubart, Berliner Anwaltsblatt 1966, 38. Der im Erbvertrag eingesetzte TV, der das Amt angenommen hat, ist im Erbscheinverfahren Beteiligter und kann in diesem nicht als Zeuge vernommen werden (BayObLGZ 1974, 223).

[7]) OLG Hamm, RPfleger 1993, 346.

[8]) BayObLGZ 1974, 224.

Im Falle des Vorliegens eines öffentlichen Testaments oder eines Erbvertrags **727** kann der Erbschein – wie das TV-Zeugnis – durch Vorlage dieser Verfügung und einer Ausfertigung des Eröffnungsprotokolls nach näherer Maßgabe des § 35 Abs. 1 GBO ersetzt werden.[1]

---

[1] Vgl. Rz 771.

V. Kostenfragen

1. Kosten des Nachlaßgerichts

728 Im Verfahren vor dem Nachlaßgericht kommen an Gebühren in TVg-Sachen in Betracht

a) für die **Ernennung oder Entlassung** eines TV (§§ 2200, 2227 BGB), sowie für **sonstige anläßlich einer TVg zu treffende Anordnungen** (vgl. §§ 2198 Abs. 2, 2202 Abs. 3, 2216 Abs. 2, 2224 BGB) die Hälfte der vollen Gebühr (§ 113 KostO). Der Wert bestimmt sich dabei nach § 30 Abs. 2 KostO; in der Praxis werden als Wert vielfach 10 % des reinen Nachlasses angenommen.[1]) Die Gebühr für die Ernennung des TV wird neben der Gebühr für Erteilung des Zeugnisses (nachstehend Buchst. c) nicht erhoben (§ 115 KostO). Zahlungspflichtig ist der Antragsteller;

729 b) für die **Entgegennahme von Erklärungen über die Bestimmung der Person des TV oder Ernennung von Mit-TV** (§§ 2198 Abs. 1 Satz 2, 2199 Abs. 3 BGB), Annahme oder Ablehnung des Amts des TV (§ 2202 BGB) sowie über **Kündigung des Amtes** (§ 2226 BGB) ein Viertel der vollen Gebühr (§ 112 Abs. 1 Nr. 6 KostO); wegen des Wertes siehe § 30 Abs. 2 KostO. Neben der Gebühr für die Erteilung des TV-Zeugnisses (nachstehend Buchst. c) wird die Gebühr für die Entgegennahme der Erklärung des zum TV-Ernannten über die Amtsannahme nicht erhoben (§ 115 KostO). Im übrigen wird die Gebühr nach § 112 Abs. 1 Nr. 6 KostO für jede Erklärung besonders erhoben, auch dann, wenn mehrere Erklärungen gleichen Inhalts – mit- oder nacheinander – abgegeben werden (Beispiel: Annahme des Amtes durch mehrere nebeneinander berufene TV);

730 c) **für das erste Zeugnis über die Ernennung eines TV** (§ 2368 BGB) die volle Gebühr (§ 109 Abs. 1 Nr. 2 KostO). Daneben wird für die **Beurkundung der eidesstattlichen Versicherung** zur Erlangung des Zeugnisses die Gebühr nach § 49 KostO besonders erhoben. Dagegen sind die Erklärung des TV, daß er das Amt angenommen habe (vorstehend Buchst. b) und die Aufnahme des Antrags auf Erteilung des Zeugnisses gebührenfreie Nebengeschäfte. Auch die durch das Nachlaßgericht erfolgte Ernennung eines TV (vorstehend Buchst. a) verursacht keine besondere Gebühr, wenn dem ernannten TV ein Zeugnis erteilt wird. Die Gebühr für die Entgegennahme der Erklärung des Ernannten, daß er das Amt annimmt (vorstehend Buchst. b) fällt rückwirkend fort.[2])

731 **Für jedes weitere TV-Zeugnis** (z. B. bei Wechsel der Person des TV) wird ein Viertel der vollen Gebühr erhoben (§ 109 Abs. 1 Nr. 2

---

[1]) Vgl. Smolla, DNotZ 1939, 614.

[2]) KGJ 28 B. 8.

KostO). Eine weitere Ausfertigung des dem TV erteilten Zeugnisses ist nur schreibauslagenpflichtig (§ 132 KostO).

Der **Wert** bei Erteilung des TV-Zeugnisses bestimmt sich nach § 30 Abs. 2 KostO. Bei Beurkundung der Versicherung zur genannten eidesstattlichen Erlangung des TV-Zeugnisses bestimmt sich der Geschäftswert ebenfalls nach § 30 Abs. 2 KostO. Ob die Umstände des Einzelfalles eine Abweichung von dem Regelwert (5000 DM) rechtfertigen, hängt namentlich von der Höhe der Vermögenswerte ab, die der Verwaltung des TV unterliegen, vom Umfang der voraussichtlichen Dauer und der Schwierigkeit seiner Tätigkeit sowie von ihrer Bedeutung für den Nachlaß und die Erben.[1]) Im Zweifel ist von etwa 30 % des Nachlaßwertes auszugehen. **732**

Ein zum Nachlaß gehörendes Grundstück ist mit seinem Verkehrswert anzusetzen. **733**

Als TV-Zeugnis im Sinne des § 109 KostO gilt auch eine **Bescheinigung des Nachlaßgerichts,** daß der vom Erblasser zum TV Ernannte die Erklärung eingereicht hat, daß er das Amt annimmt.[2]) **734**

Wird dagegen nur der Eingang der Annahmeerklärung bescheinigt, so entsteht die Gebühr nach § 50 Abs. 1 Nr. 1 KostO,[3]) und für die Entgegennahme der Annahmeerklärung noch die aus Buchst. b ersichtliche Gebühr; **735**

d) **für die Einziehung oder Kraftloserklärung eines unrichtigen TV-Zeugnisses** die Hälfte der vollen Gebühr, außer wenn in demselben Verfahren ein neues Zeugnis erteilt wird (§§ 109 Abs. 1 Nr. 2, 108 KostO). Wert nach § 30 Abs. 2 KostO (siehe Buchst. c); **736**

e) Steht eine nach § 112 (vorstehend Buchst. b) oder § 113 KostO (vorstehend Buchst. a) gebührenpflichtige Verrichtung mit einer anderen in diesen Vorschriften aufgeführten oder mit einem nach § 109 KostO (vorstehend Buchst. c und d) gebührenpflichtigen Verfahren in Zusammenhang, so bleibt sie gebührenfrei (§ 115 KostO). Ausreichend ist dabei, daß das eine Geschäft durch das andere veranlaßt worden ist, wobei allerdings ein rein zufälliges Zusammentreffen nicht genügt. Beispiele für die Anwendbarkeit des § 115 KostO sind bereits vorstehend unter Buchst. a bis d angeführt; weiteres Beispiel: Entgegennahme einer Erklärung über Ablehnung des Amtes des TV und Bescheinigung, daß der Nachfolger an die Stelle eines verstorbenen **737**

---

[1]) KG, DNotZ 1942, 344; BayObLGZ 1969, 163; Korintenberg/Lappe/Bengel/Reimann, KostO, § 30 Rdn 4. Streiten im Erbscheinverfahren Erben mit dem TV darüber, ob der Nachlaß der TVg unterliegt, so berechnen sich die Gebühren des Anwalts jedes Miterben nach dem Wert des gesamten reinen Nachlasses (OLG Hamburg, RPfleger 1962, 32).

[2]) Siehe dazu Rz 106, 717; KGJ 22, B. 32; 38 A. 136.

[3]) Siehe dazu LG Köln, DNotZ 1950, 45. Siehe auch Korintenberg/Lappe/Bengel/Reimann, KostO, § 109 Rdn 3.

TV getreten ist.[1]) Keine Anwendung findet § 115 KostO dagegen z. B. dann, wenn Testamentseröffnung und Erklärung des Ernannten, daß er das Amt annimmt oder ablehnt, zusammenfallen.[2]) Das gleiche gilt bei der Entgegennahme der Erklärungen mehrerer TV über Ernennung je eines Nachfolgers.

738 f) Die im **Erbschein** enthaltene Angabe, daß der Erblasser einen TV ernannt hat (§ 2364 Abs. 1 BGB), verursacht keine besondere Gebühr. Anders ist es, wenn im Erbschein der TV namentlich aufgeführt und dadurch zugleich ein TV-Zeugnis erteilt wird; in diesem Falle sind die Gebühren nach § 109 Abs. 1 Nr. 2 und nach § 107 KostO zu erheben.[3])

739 Hat das Nachlaßgericht einen von ihm erteilten Erbschein später mit dem Zusatz versehen, daß der Vermerk über die Ernennung eines TV sich erledigt habe, da von den ernannten TVn einer verstorben sei und die übrigen die Annahme des Amtes abgelehnt hätten,[4]) so ist hierfür keine Gebühr aus § 107 KostO – Erbschein – zu erheben, denn der Kostenbeamte hat seiner Entscheidung das zugrunde zu legen, was das Nachlaßgericht getan hat. Dieses hat aber den alten Erbschein nicht eingezogen und ihn durch einen neuen ersetzt (richtige Behandlungsweise),[5]) sondern ihn nur mit dem Zusatz versehen und ihn dann den Beteiligten wieder ausgehändigt.[6])

740 g) Die **Einsicht der Gerichtsakten** [7]) ist gebührenfrei.

741 h) Wegen der **Haftung der Erben** für die Kosten, die durch Entgegennahme von Erklärungen über die Annahme, Ablehnung oder Kündigung des Amtes als TV entstehen, siehe § 6 KostO.

742 Der **TV haftet** für die Kosten (§ 13a FGG) nur mit dem von ihm verwalteten Nachlaß. In einem seine Entlassung [8]) betreffenden Verfahren ist der TV aber persönlicher Schuldner.[9])

---

[1]) KG, JFG Erg 13, 113 = JW 1935, 788 = HRR 1935, 458.

[2]) KG, JFG Erg 4, 253.

[3]) KG, KGJ 23 B. 8; KG, JW 1937, 580.

[4]) Siehe dazu aber auch Rz 699.

[5]) Siehe Rz 725.

[6]) OLG München, DNotZ 1944, 78.

[7]) Rz 746.

[8]) Rz 792.

[9]) Siehe dazu Rz 805.

2. Grundbuchkosten

Für die **Eintragung des TV-Vermerks** im Grundbuch (§ 52 GBO)[1]) wird die **743** Hälfte der vollen Gebühr erhoben (§ 65 KostO). Für die Löschung des Vermerks im Grundbuch kommt ein Viertel der vollen Gebühr zum Ansatz (§ 68 KostO). Erfolgt die Eintragung des TV-Vermerks bei mehreren Grundstücken, so wird die Gebühr nur einmal aus den zusammengerechneten Werten erhoben, wenn die Eintragung gleichzeitig beantragt ist (§ 65 Abs. 2, 3 KostO). Der Wert ist nach § 30 Abs. 1 KostO frei zu schätzen. Zahlungspflichtig ist der Erbe, der die Eintragung veranlaßt hat.[2])

Die Gebühr für die Eintragung des TV-Vermerks kommt dann nicht zur Erhe- **744** bung, wenn die Grundbuchberichtigung auf die Erben nach § 60 Abs. 4 KostO gebührenfrei erfolgt.[3])

3. Sonstige Kosten

Werden Erklärungen des TV, die gegenüber dem Nachlaßgericht abzugeben **745** sind[4]) – trotz der regelmäßig bestehenden Formfreiheit – von einem **Notar** beurkundet, so wird ein Viertel der vollen Gebühr erhoben (§ 38 Abs. 3 KostO). Der Wert bemißt sich nach § 30 Abs. 2 KostO. Wird der Antrag auf Erteilung des TV-Zeugnisses und die eidesstattliche Versicherung von einem Notar beurkundet, so wird die volle Gebühr erhoben (§ 49 KostO).

---

[1]) Rz 274.

[2]) OLG Hamburg, MDR 1963, 423.

[3]) BayObLG, DNotZ 1974, 315 = RPfleger 1973, 262; OLG Hamm, DNotZ 1969, 636 = RPfleger 1969, 68; OLG Köln, DNotZ 1971, 443; AG Stuttgart, BWNotZ 1970, 47; a.A. OLG Bremen, RPfleger 1971, 195; OLG Düsseldorf, DNotZ 1974, 105 = RPfleger 1973, 73; RPfleger 1988, 142; OLG Zweibrücken, RPfleger 1989, 150, sowie das Schrifttum.

[4]) Vgl. Rz 729.

VI. Akteneinsicht

1. Recht auf Akteneinsicht

746 Das Nachlaßgericht hat gemäß § 2228 BGB jedem, der ein **rechtliches Interesse** glaubhaft macht, die Einsicht zu gewähren in Erklärungen über Bestimmung des TV durch einen Dritten (§ 2198 Abs. 1 Satz 2 BGB), Ernennung eines Mit-TV oder eines Nachfolgers durch den TV (§ 2199 Abs. 3 BGB), Annahme oder Ablehnung des Amtes (§ 2202 Abs. 2 BGB).

Die Einsicht einer Verfügung über die Ernennung oder Entlassung eines TV durch das Nachlaßgericht (§§ 2200, 2227 BGB) steht jedem zu, der ein berechtigtes Interesse glaubhaft macht (§ 78 Abs. 1 FGG). Von den Schriftstücken kann eine Abschrift verlangt werden, die auf Verlangen zu beglaubigen ist (§ 78 Abs. 2 FGG).

747 Für die Einsicht in andere Akten in einer TV-Sache gilt § 34 FGG. Danach gewährt das Gericht nach pflichtgemäßem Ermessen Einsicht, wenn ein berechtigtes Interesse glaubhaft gemacht wird.[1] Das gleiche gilt für die Erteilung einer Abschrift, die auf Verlangen von der Geschäftsstelle zu beglaubigen ist.

2. Kosten der Akteneinsicht

748 Die Akteneinsicht ist gebührenfrei. Für Abschriften werden Schreibauslagen für die ersten 50 Seiten mit 1 DM pro Seite und für jede weitere Seite 0,30 DM erhoben (§§ 132, 136 KostO).

---

[1] Ausführlich dazu Bumiller/Winkler, Keidel/Kuntze/Winkler, je zu § 34 FGG.

Sechster Abschnitt
Testamentsvollstrecker und
Steuerrecht [1])

I. Allgemeine Sorgfaltspflichten

1. Haftung des Testamentsvollstreckers

Der TV hat, soweit sein Verwaltungsrecht am Nachlaß des Erblassers reicht,[2]) **749**
alle Steuerpflichten zu erfüllen, die das von ihm verwaltete Vermögen betreffen (§ 34 AO). Insbesondere hat er dafür zu sorgen, daß die Steuern aus den
Mitteln, die er verwaltet, entrichtet werden. Der TV kann sich diesen auf
öffentlich-rechtlicher Grundlage beruhenden Steuerpflichten nicht durch pri-
vatrechtliche Abmachungen mit den Erben entziehen.[3]) Der TV hat dafür zu
sorgen, daß Mittel zur Bezahlung der vor dem Tod des Erblassers entstandenen Steuerschulden und der mit dessen Tod entstehenden Erbschaftsteuer
zurückgehalten und diese Steuerschulden bezahlt werden oder dafür Sicherheit geleistet wird (§ 32 ErbStG).[4]) Besitzt der TV nicht selbst steuerrechtliche
Kenntnisse, ist er berechtigt und auch verpflichtet, auf Kosten des Nachlasses
steuerlichen Rat einzuholen, da dies zur ordnungsmäßigen Verwaltung des
Nachlasses gehört.[5]) Holt der TV den Rat nicht ein und entsteht dem Nachlaß
daraus ein Schaden, hat der TV diesen zu ersetzen (§ 2219 BGB).

Der TV **haftet persönlich** neben den Erben für vorstehende Steuern, soweit **750**
durch schuldhafte Verletzung der ihm obliegenden Pflichten Steueransprüche
verkürzt oder Erstattungen oder Vergütungen zu Unrecht gewährt worden
sind (§ 69 AO). Hinzuweisen ist in diesem Zusammenhang auf § 14 ErbStG,
wonach Schenkungen innerhalb der letzten 10 Jahre vor dem Tod des Erblassers zu berücksichtigen sind. Schuldhafte Verletzung der Pflichten bedeutet
hierbei vorsätzliche oder fahrlässige Verletzung. Der TV sollte sich daher
gegebenenfalls von den Beteiligten eindeutige schriftliche Erklärungen geben
lassen (z. B. über Schenkungen der letzten 10 Jahre). Jedoch darf dieser Begriff
nicht zu stark ausgedehnt werden; nur ein wesentliches Verschulden des TV ist

---

[1]) Hierzu ausführlich Bengel/Reimann/Piltz, 8. Kap.

[2]) Rz 120 ff.

[3]) RFH, RStBl. 1932, 1224, 2287. Die dem TV nach § 34 AO obliegenden Pflichten und die sich aus
der Erfüllung dieser Pflichten ergebenden Rechte bestimmen sich nach BFH, BStBl. 1971 II 119
nach Maßgabe seines bürgerlich-rechtlichen Verwaltungsrechts.

[4]) Zu diesen Vorschriften siehe auch Rz 768.

[5]) Bengel/Reimann/Piltz, 8. Kap. Rz 138; MüKo/Brandner, § 2218 BGB Rz 5a, 6.

als die Haftung begründend anzusehen.[1]) Auf der anderen Seite ist für eine Haftung aus § 69 AO nicht Voraussetzung, daß der TV wegen fahrlässiger Steuerverkürzung nach § 34 AO oder wegen eines Verstoßes nach § 378 ff. AO zu Bußgeld herangezogen worden sein müßte.

751 Bei Rechtsanwälten, Patentanwälten, Notaren, Steuerberatern, Steuerbevollmächtigten, Wirtschaftsprüfern und vereidigten Buchprüfern muß, auch wenn sie als TV tätig sind, vor einer Inanspruchnahme aus der vorstehend behandelten Haftung der zuständigen Berufskammer Gelegenheit gegeben werden, die Gesichtspunkte vorzubringen, die von ihrem Standpunkt für die Entscheidung von Bedeutung sind (§ 191 Abs. 2 AO).[2]) Auf die bei einer TVg nur selten praktisch werdende Haftungsvorschrift des § 71 AO sei lediglich hingewiesen.

752 Im Fall der Inanspruchnahme des TV aus der Steuerhaftung kommen die Vorschriften des § 254 BGB über Berücksichtigung eines **mitwirkenden Verschuldens der Finanzbehörde** und der §§ 249 bis 253, 255 BGB über Art und Umfang des Schadensersatzes und über Abtretung der Ansprüche des Beschädigten grundsätzlich nicht zur Anwendung. Die Finanzbehörde hat aber bei Erlaß des Haftungsbescheides zu prüfen, ob die Inanspruchnahme des TV unter Berücksichtigung der besonderen Umstände des Einzelfalles den Grundsätzen der Billigkeit entspricht. Eine Unbilligkeit kann z. B. darin erblickt werden, daß der Finanzbehörde selbst mitwirkendes oder gar überwiegendes Verschulden zur Last fällt (§ 5 AO).[3]

753 Steuerpflichtiger und Haftungsschuldner sind Gesamtschuldner (§§ 44, 268 AO). Der Ausgleich zwischen dem haftenden TV und dem steuerpflichtigen Nachlaß vollzieht sich nicht nach § 426 Abs. 1 BGB (Verpflichtung zu gleichen Teilen, der aber für den Ausgleich unter mehreren in Anspruch genommenen Erben maßgebend ist), sondern nach § 242 BGB, wobei in jedem Falle zu prüfen ist, wer nach dem Innenverhältnis der beiden Gesamtschuldner dem anderen gegenüber der allein oder überwiegend Schuldige bei Erfüllung der steuerlichen Pflichten ist.

754 Erkennt der TV, daß durch seine Tätigkeit der Tatbestand einer Steuerhinterziehung verwirklicht werden kann, so muß er die Gefahr einer steuerrechtlichen Ahndung durch eine **Selbstanzeige** nach § 371 AO abzuwehren versuchen.[4]

755 Die **Beendigung einer TVg** berührt bereits entstandene Haftungsansprüche nicht (§ 36 AO).

---

[1]) RFH, RStBl. 1930, 312, 600; 1933, 249, 1224.

[2]) BFH, BStBl. 1957 III 453.

[3]) RFH, RStBl. 1930, 355 und 1935, 741 zu § 2 Abs. 1, 2 StAnpG a. F.

[4]) Vgl. Susat, MDR 1955, 275.

2. Anzeigepflichten des Testamentsvollstreckers

Der TV muß dem **FA binnen Monatsfrist** Anzeige erstatten, wenn er nach dem **756** Tod des Erblassers erkennt, daß Erklärungen, die dieser zur Festsetzung oder Veranlagung von Steuern abgegeben hat, unrichtig oder unvollständig sind oder daß der Erblasser pflichtwidrig unterlassen hat, solche Erklärungen abzugeben (§ 153 AO). Fahrlässiges Nichterkennen oder bloße Zweifel an den Erklärungen des Erblassers genügen nicht.[1]) Auf ein Verschulden des Erblassers kommt es nicht an. Die Monatsfrist für die Anzeige beginnt mit dem Erkennen der Unrichtigkeit. Unterläßt der TV eine solche Anzeige, so haftet er persönlich für die vorenthaltenen Steuerbeträge (wegen Geltendmachung der Haftung vgl. § 191 AO). Diese Anzeigepflicht trifft allerdings nur einen solchen TV, der nicht zugleich Rechtsnachfolger (Erbe) oder naher Angehöriger (Verlobter, Ehegatte, Verwandter in gerader Linie, Geschwister und deren Kinder und Ehegatten, Geschwister der Ehegatten und und Eltern, Pflegeeltern und Pflegekinder; siehe zu diesem Personenkreis § 15 AO) des Steuerpflichtigen ist (§§ 93, 101 AO).

Hatte der Erblasser als TV über Wirtschaftsgüter die Verfügungsmacht, so **757** besteht die sonst für einen Vermögensverwalter bestehende Anzeigepflicht nach § 5 ErbStDV nicht.

3. Umfang der einzelnen Steuerpflichten

Die einzelnen Steuerpflichten (Ausgangspunkt ist der in Rz 749 behandelte **758** § 34 AO) obliegen dem TV für die seiner Verwaltung unterliegenden Vermögenswerte. Bei einer **Dauer-TVg**[2]) sind damit die Steuerpflichten des TV umfassender als bei einer in erster Linie auf **Auseinandersetzung** des Nachlasses **gerichteten TVg.** Bei der ersteren hat der TV insbesondere auch Erklärungen zur einheitlichen Gewinnfeststellung aus Einkünften für Vermietung und Verpachtung von Nachlaßgegenständen sowie ESt-Erklärungen für Gewinne aus den seiner Verwaltung unterliegenden Anteilen an einer GmbH oder an einer Personengesellschaft abzugeben.

Die Voraussetzungen der in Rz 749 behandelten Verpflichtung zur Zahlung **759** bzw. Sicherstellung der Mittel für die Steuerschulden sind bei **einer nur beschränkten TVg** unter gewissen Umständen nicht gegeben. Denn dies setzt mindestens die tatsächliche Möglichkeit eines Zugriffs des TV auf die Mittel des Nachlasses voraus.[3]) Sind also dem TV vom Erblasser nur bestimmte Befugnisse bezüglich des Nachlasses übertragen, etwa die Erfüllung eines Vermächtnisses, ohne daß dem TV auch die Verwaltung des Nachlasses ganz oder teilweise zusteht, so kann der TV auch insoweit nicht tätig werden.[4])

---

[1]) FG München, EFG 1961, 466.

[2]) Rz 130 ff.

[3]) FG Stuttgart, EFG 1958, 253.

[4]) FG Düsseldorf (II 4/52 L) zu § 106 AO a. F.

II. Erbschaftsteuer im besonderen [1])

1. Besteuerungsverfahren

760 Schuldner der ErbSt ist der Erbe (§ 20 Abs. 1 ErbStG); der Nachlaß haftet lediglich bis zur Auseinandersetzung der Erben (§ 2042 BGB) für die ErbSt der am Erbfall Beteiligten (§ 20 Abs. 3 ErbStG). Die **Steuererklärungspflicht** trifft grundsätzlich den Erben (§ 149 Abs. 1 Satz 1 AO i. V. m. § 31 Abs. 1 ErbStG). Ist ein TV vorhanden, so ist die ErbSt-Erklärung von ihm abzugeben (§ 149 AO i. V. m. § 31 Abs. 5 Satz 1 ErbStG). Dabei kann das Finanzamt verlangen, daß die Steuererklärung von einem oder mehreren Erben mitunterschrieben wird (§ 31 Abs. 5 Satz 2 ErbStG). Demgemäß steht bei Überzahlung der ErbSt ein Erstattungsanspruch (als Umkehrung des Steueranspruchs) auch dem Erben zu.[2])

Da im Rahmen der Erbschaftsteuererklärung auch Angaben über Schenkungen innerhalb der letzten 10 Jahre vor dem Tod des Erblassers (vgl. § 14 ErbStG) zu machen sind, empfiehlt es sich, daß der TV den Erben bzw. Pflichtteilsberechtigten und Vermächtnisnehmern entsprechende Erklärungen abverlangt; im Hinblick auf die Haftung des TV sollten diese eindeutig und schriftlich sein. Zur Berechnung der Steuer war bis 31. 12. 1995 für Grundstücke nicht der gemeine Wert, sondern der um 40 % erhöhte Einheitswert anzusetzen, was je nach Lage des Falles zu der für den Laien leicht grotesken Situation führen konnte, daß der Reinwert des Nachlasses abzüglich der Schulden und Pflichtteile steuerlich negativ war. Diese Regelung wurde durch die Entscheidung des Bundesverfassungsgerichts vom 22. 6. 1995 für verfassungswidrig erklärt; eine Neuregelung ist geplant, aber noch nicht Gesetz.

761 Nach § 122 Abs. 1 AO ist ein Steuerbescheid dem Beteiligten bekanntzugeben, für den er bestimmt ist oder der von ihm betroffen wird. Der ErbSt-Bescheid ist dem Erben bekanntzugeben; sind mehrere Erben vorhanden, so ist für jeden Erben ein Steuerbescheid zu erlassen. Die Möglichkeit, gemäß § 155 Abs. 2 AO einen zusammengefaßten Steuerbescheid zu erlassen, besteht nicht, da die Erben untereinander nicht gesamtschuldnerisch für die ErbSt verpflichtet sind. Ist ein TV vorhanden, und hat dieser für den Erben die ErbSt-Erklärung abgegeben, so ist der **ErbSt-Bescheid dem TV bekanntzugeben** (§ 32 Abs. 1 Satz 1 ErbStG.[3]) Auch in diesem Fall kann kein zusammengefaßter ErbSt-Bescheid, vielmehr muß für jeden der Erben ein gesonderter Bescheid ergehen. Aus der letztgenannten Vorschrift folgt, daß der ErbSt-Bescheid mit der Bekanntgabe an den TV wirksam wird; einer Bekanntgabe an den Erben bedarf es nicht. Wird dagegen die Erbschaftsteuer lediglich aufgrund Ver-

---

[1]) Ausführlich dazu Mößlang, NWB Fach 10 S. 477.

[2]) BGH, NJW 1987, 1039.

[3]) BFH, NJW 1991, 3303; dazu auch BFH, BStBl. 1986 II, 524. Nach Troll, Anm. 5 zu § 32, ist es im Zweifelsfall notwendig, den Steuerbescheid den betroffenen Erben bekanntzugeben, auch wenn ein TV vorhanden ist.

mächtnisanfalls und/oder aufgrund Erwerbs infolge Vertrags des Erblassers zugunsten des Erwerbers auf den Todesfall festgesetzt, so kann der Erbschaftsteuerbescheid dem TV nicht mit Wirkung für und gegen den Steuerschuldner bekanntgegeben werden.[1]) Ist die ErbSt aus dem der TVg unterliegenden Nachlaß bezahlt worden, sind bei Überzahlung der ErbSt zwar die Erben Inhaber des Erstattungsanspruchs, verfügungsberechtigt und daher empfangszuständig ist jedoch der TV.[2])

Aus § 32 Abs. 1 Satz 1 ErbStG i. V. m. § 122 Abs. 1 Satz 1 AO ist aber auch zu entnehmen, daß der TV nicht der Beteiligte ist, für den der ErbSt-Bescheid bestimmt ist oder der von ihm betroffen wird; andernfalls hätte es jener Vorschrift nicht bedurft. Der **TV ist nicht selbst Steuerschuldner der ErbSt** noch ist es der Nachlaß. Der TV ist kraft seines Amtes auch weder gesetzlicher oder gewillkürter Vertreter des Erben; § 32 Abs. 1 Satz 1 ErbStG trifft insoweit lediglich eine Regelung für die Befugnis, den ErbSt-Bescheid für die Erben entgegenzunehmen (der TV kann jedoch vom Erben als sein Vertreter bestimmt werden). Ein an den TV als Steuerschuldner gerichteter ErbSt-Bescheid wäre daher gegenüber dem Erben unwirksam; der **ErbSt-Bescheid muß** vielmehr den **jeweiligen Erben als Steuerpflichtigen bezeichnen.** Wird der TV allerdings durch den ErbSt-Bescheid in seiner Eigenschaft als TV (ungerechtfertigterweise) in Anspruch genommen, so stehen ihm als Betroffenen die hiergegen vorgesehenen Rechtsbehelfe zu. Der Bescheid ist aufzuheben, ohne daß über den materiellen Anspruch zu entscheiden ist.

762

2. Rechtsbehelfsverfahren

Mit der Bekanntgabe an den TV wird der ErbSt-Bescheid dem Erben gegenüber wirksam (§ 124 Abs. 1 Satz 1 AO). Dies gilt allerdings nur insoweit, als der TV Befugnisse über den Erwerb des jeweiligen Erben hat. Die Bekanntgabe des Bescheids an den TV wirkt nur dem Erben gegenüber, auf dessen Nachlaßbeteiligung sich die TVg bezieht. Insbesondere beginnt mit der Bekanntgabe der Lauf der Einspruchsfrist von einem Monat (§ 355 AO).[3]) **Befugt zur Einlegung des Einspruchs ist** jedoch **nicht der TV im eigenen Namen;** [4]) denn dieser ist durch den ErbSt-Bescheid nicht beschwert (§ 350 AO). Zwar ordnet § 32 Abs. 1 Satz 2 ErbStG an, daß der TV für die Bezahlung der ErbSt „zu sorgen" hat. Diese dem TV auferlegte besondere Pflicht, die erforderlichen Mittel bereitzustellen, ist nicht Gegenstand des verbindlichen Regelungsinhalts des ErbSt-Bescheides; dieser erschöpft sich in der Festsetzung des Steuerbetrages und der Feststellung der Steuerpflicht des Erben dem Grunde nach. Die Verpflichtung des TV, für die Bezahlung der ErbSt zu sorgen, wird durch den ErbSt-Bescheid nicht näher konkretisiert. Aus einer Ver-

763

---

[1])   BFH, NJW 1991, 3302.

[2])   BGH, NJW 1987, 1039.

[3])   BFH, NJW 1991, 3303.

[4])   Vgl. BFH, BB 1988, 2024.

letzung dieser Obliegenheit kann sich zwar eine persönliche Haftung des TV ergeben.[1]) Sie gewährt ihm jedoch nicht das Recht, den Anspruch, für dessen Befriedigung er die Mittel bereitzustellen hat, zu bestreiten; denn der ErbSt-Anspruch richtet sich weder gegen ihn persönlich noch gegen den Nachlaß, sondern gegen den Erben.[2])

764 Kann der Erbe die Einspruchsfrist deshalb nicht einhalten, weil er vom TV zu spät über den ErbSt-Bescheid informiert worden ist, so ist ihm allein aus diesem Grund **Wiedereinsetzung in den vorigen Stand** zu gewähren (§ 110 AO). Ein Verschulden des TV ist ihm nicht zuzurechnen; § 110 Abs. 1 Satz 2 AO gilt nicht; § 32 Abs. 1 Satz 1 ErbStG beschränkt sich auf die Bekanntgabe des ErbSt-Bescheides.[3])

Legt der TV gegen den ErbSt-Bescheid im Namen des Erben Einspruch ein, so kann das Finanzamt gemäß § 80 Abs. 1 Satz 3 AO den schriftlichen Nachweis der **Vollmacht** verlangen; wird der Nachweis nicht erbracht, ist der Einspruch unzulässig. Das TV-Zeugnis genügt nicht. Im gerichtlichen Rechtsbehelfsverfahren gilt entsprechendes. Abweichend vom außergerichtlichen Rechtsbehelfsverfahren ist hier die Vollmacht in jedem Fall vom Erben schriftlich zu erteilen (§ 62 Abs. 3 FGO).

3. Haftung

765 Gemäß § 20 Abs. 3 ErbStG **haftet der Nachlaß** für die ErbSt der am Erbfall Beteiligten **bis zur Auseinandersetzung** (§ 2042 BGB). Da der TV gem. § 32 Abs. 1 Satz 2 ErbStG, § 34 Abs. 3 AO dafür zu sorgen hat, daß die ErbSt aus dem von ihm verwalteten Nachlaß entrichtet wird, genügt zur Durchsetzung dieses Haftungsanspruches ein **gegen den TV gerichteter Duldungsbescheid** (§§ 77, 191 Abs. 1 AO). **Darüber hinaus haftet der TV** über § 69 AO **persönlich,** wenn er die ihm durch §§ 31 Abs. 5, 32 Abs. 1 Satz 2 ErbStG auferlegten Pflichten schuldhaft verletzt hat und deshalb die ErbSt nicht oder nicht rechtzeitig festgesetzt oder die Steueransprüche nicht erfüllt werden. Insbesondere muß er dafür sorgen, daß die ErbSt aus dem von ihm verwalteten Nachlaß bezahlt wird oder ihre Bezahlung – bei der Auseinandersetzung der Erben – sichergestellt wird. Die Inanspruchnahme erfolgt durch **Haftungsbescheid** gegen den TV (§ 191 Abs. 1 AO). Auf Verlangen des Finanzamts hat der TV aus dem Nachlaß Sicherheit zu leisten (§ 32 Abs. 1 Satz 3 ErbStG).[4])

766 Personen, die einen Nachlaß oder Teile eines solchen vor Bezahlung der ErbSt ausgehändigt haben, also auch ein TV, **haften** zwecks Sicherstellung des Ein-

---

[1])   Siehe unten Rz 765.
[2])   BFH, BStBl. 1978 II, 383; 1978 II, 491.
[3])   BFH, NJW 1991, 3303, 3304.
[4])   Zur Sicherheitsleistung siehe auch Rz 749.

gangs der Steuer für die ErbSt.[1]) Diese Haftung ergibt sich aus den bereits in Rz 749 behandelten Vorschriften des § 69 AO, § 32 ErbStG. Damit haftet der TV im dort behandelten Umfang bei Aushändigung von Nachlaßteilen an Erben und an Vermächtnisnehmer.

4. Abzugsfähigkeit der Vergütung des Testamentsvollstreckers [2])

§ 10 Abs. 5 Nr. 3 ErbStG bestimmt ganz allgemein, daß u. a. die Kosten, die **767** dem Erwerber unmittelbar im Zusammenhang mit der **Abwicklung, Regelung oder Verwaltung** des Nachlasses entstehen, abzugsfähig sind. Einschließlich der Kosten der Bestattung des Erblassers, der Kosten für einen angemessenen Grabstein und für die übliche Grabpflege darf dafür ein Betrag von insgesamt 10 000 DM ohne besonderen Nachweis eingesetzt werden. Sind höhere Kosten entstanden, so müssen sie nachgewiesen werden.

Ausdrücklich ist in der genannten Vorschrift festgelegt, daß **Kosten** für die **768** **Verwaltung** des Nachlasses bei der ErbSt **nicht abzugsfähig** sind.

Daraus ergibt sich im einzelnen folgendes:

Die Vergütung des TV für eine **Abwicklungs-TVg [3])** ist abzugsfähig, soweit sie nach § 2221 BGB angemessen ist.

Die Kosten einer **Dauer-** oder **Verwaltungs-TVg [4])** sind nicht abzugsfähig.[5]) **769**

Für die **Angemessenheit** der TV-Vergütung in vorstehendem Umfang kann auf **770** die Grundsätze zurückgegriffen werden, die der fr. RFH aufgestellt hat.[6]) Ihr Inhalt ist: Eine TV-Vergütung hält sich nur dann in den Grenzen des Angemessenen, wenn sie nicht lediglich nach der Höhe des Nachlasses, sondern in erster Linie nach dem Verhältnis von Leistung und Gegenleistung bestimmt worden ist. Wollte man Vergütungen auch insoweit vom Nachlaß abziehen

---

[1]) Vgl. BFH, BStBl. 1968 II, 376.

[2]) Bengel/Reimann/Piltz, 5. Kap. Rz 146 ff.

[3]) Rz 3, 507 ff.

[4]) Rz 130 ff.

[5]) Bengel/Reimann/Piltz, 9. Kap. Rz 146. Notfalls hat eine Aufteilung der Gesamtvergütung im Schätzungsweg zu erfolgen. Siehe zu den nicht abzugsfähigen TV-Kosten auch Ebeling, BB 1978, 459; Welsch, BB 1973, 1628; Troll, ErbStG, Anm. 36 zu § 10. Zu den nicht abzugsfähigen Kosten gehören wohl auch die für die Fertigung der ErbSt-Erklärung durch einen Dritten entstehenden Kosten (BFH, BStBl. 1972 II, 878 = umstrittene Frage; siehe Fellix, DStR 1972, 162; Troll a.a.O.). Wird die Steuererklärung vom TV bearbeitet, so ist ein Abzug nur in dem Rahmen möglich, in welchem die TV-Vergütung überhaupt abzugsfähig ist (BFH, BStBl. 1972 II, 278; Troll, Anm. 127 zu § 3, BB 1973, 459).
In Fällen, in denen bei Veranlagung der ErbSt die Höhe der Vergütung des TV (etwa im Hinblick auf die ungewisse Dauer der TVg oder wegen Anhängigseins eines Prozesses über die angemessene Vergütung) noch nicht genau zu übersehen ist, ist eine Schätzung der Vergütung erforderlich. Eine nur vorläufige Steuerveranlagung kommt hierwegen nur ausnahmsweise in Betracht (vgl. Horst, DB 1974, 1933).

[6]) RStBL 1938, 517 = JW 1938, 2160.

lassen, als sie nicht durch eine entsprechende Arbeitsleistung des TV gerecht-fertigt sind, so würde das letzten Endes eine Benachteiligung der Allgemein-heit zugunsten eines einzelnen bedeuten. Hat der Erblasser die Vergütung für den familienfremden TV selbst festgesetzt, so wird sie im allgemeinen ange-messen sein. Kommt das Finanzamt bei seiner Prüfung jedoch zu dem Ergeb-nis, daß nur ein Teil des Betrags, den der Erblasser als TV-Vergütung festgelegt hat, angemessen ist, so ist der übersteigende Betrag als Vermächtnis an den TV anzusehen und gegebenenfalls mit ErbSt zu belegen.[1] Ist die gerichtliche Festsetzung der Vergütung des TV erfolgt, so ist sie auch für die Finanzbe-hörde maßgebend.

Wegen der Vergütung für **steuerliche Tätigkeit** des TV siehe Rz 781. Wegen der Vergütung hinsichtlich **Einkommen- und Vermögensteuer** siehe Rz 651 und 652.

771 Die Beschränkung des Erbrechts durch die TVg [2]) kann bei der erbschaftsteu-erlichen Bewertung des Nachlasses nicht wertmindernd in Abzug gebracht werden (§ 9 Abs. 3 BewG).[3]

---

[1]) RFH a.a.O. Siehe auch Kapp, ErbStG, Tz 138 ff. zu § 10.

[2]) Rz 22.

[3]) FG Düsseldorf, DStZ B 1963, 455; Troll, ErbStG, Anm. 20 zu § 12. Wegen der ErbSt bei einem Trust nach amerikanischem Recht siehe Troll, a.a.O., Anm. 5 zu § 9.

III. Sonstige Steuerfragen [1])

1. Noch zu Lebzeiten des Erblassers entstandene Steuern

Bei noch **zu Lebzeiten des Erblassers entstandenen** Steuerschulden endet die **772** subjektive und objektive Steuerpflicht bei natürlichen Personen mit dem Tod (bei Gesellschaften dauert sie dagegen bis zur Abwicklung aller Geschäfte der Gesellschaft fort). Namentlich bei für den Erblasser bezahlter **Einkommensteuer** ist vom TV zu prüfen, ob die geleisteten Vorauszahlungen nicht die bis zum Tode des Erblassers zu zahlende Steuerschuld übersteigen und daher ein teilweiser **Rückerstattungsanspruch** geltend gemacht werden kann. Die **Vermögensteuer** wird bis zum Ende des Kalenderjahres weitererhoben, in dessen Verlauf der Erblasser gestorben ist (§ 15 VStG). Bei Dauer-TVg (§ 2209 BGB) kommt Rückerstattung nur an den TV in Frage.

Eines **Leistungsgebots** im Sinne der AO bedarf es vor Beginn einer Zwangs- **773** vollstreckung in den Nachlaß gegenüber dem TV nicht, wenn der Vollstreckungsschuldner gestorben ist, nachdem mit der Ausführung der Zwangsvollstreckung gegen ihn bereits begonnen worden ist und diese Vollstreckung in den Nachlaß fortgesetzt werden soll.

Der TV kann gemäß §§ 2014, 2015 BGB unter den dort bestimmten Vorausset- **774** zungen die Berichtigung von Nachlaßverbindlichkeiten bis zum Ablauf einer bestimmten Frist verweigern; doch stehen diese Rechte dem **Steuerzwangsverfahren** in den Nachlaß nicht entgegen, wenn es sich um Steuern handelt, die nach dem Beginn des Kalenderjahres fällig geworden sind, das der Anordnung des Zwangsverfahrens vorausgegangen ist.

2. Neu entstehende Steuern

Für erst **nach Beginn der TVg** fällig werdende Steuern trifft den TV grundsätz- **775** lich **keine unmittelbare steuerliche Pflicht.** Steuerpflichtig ist hier der Vermögensinhaber und derjenige, dem die Erträge des Nachlasses zufließen (vgl. dazu auch § 7 GrStG, § 5 GewStG).[2]) So bleibt ein Kommanditist auch dann Mitunternehmer, wenn der ihm testamentarisch vermachte Kommanditanteil

---

[1]) Die Abgabepflicht nach dem Lastenausgleich hat mit dem 31. 3. 1979 geendet (§ 77 LAG); siehe dazu ausführlich Rz 450–452 der 5. Auflage.

[2]) Siehe dazu aber auch Rz 749 ff. **Stehen die Erben fest,** so ist es nicht Aufgabe des TV, deren öffentlich-rechtliche Pflichten zu erfüllen, besonders deren einkommensteuerliche Angelegenheiten im Verhältnis zum Nachlaß zu überwachen, denn die Ansprüche auf Einkommensteuer richten sich, auch soweit sie aus den Erträgnissen des Nachlasses resultieren, gegen die Erben, nicht gegen den Nachlaß. Daher braucht auch der TV nicht ungerechtfertigte Steueransprüche in bezug auf die Erträge des Nachlaßvermögens abzuwehren. Adressat des Einkommensteuerbescheids ist nur der Erbe, nicht der TV (BFH, BStBl 1971 II 119 = NJW 1971, 1287 = DB 1971, 320 = MittBayNot 1971, 122; BFH, NJW 1977, 1552). Zur mangelnden Klagebefugnis des TV bei Einkommensteuer-Schulden der Erben siehe BFH ZEV 1996, 156.

Überbezahlte Beträge an ErbSt sind an den TV zu erstatten. Dagegen haben die Erben Anspruch auf Erstattung überbezahlter ESt oder VSt hinsichtlich ihres Anteils am Nachlaß und der Erträge hieraus (vgl. Megow-Michel, ErbSt., 6. Aufl. S. 73).

einer (treuhänderischen) Verwaltungsvollstreckung unterliegt.[1]) Eine Doppel-
belastung durch Einkommen- und Erbschaftsteuer kann sich ergeben, wenn
etwa rechnerisch zum Todestag angelaufene Erträge, wie z. B. Zinsen, erst
nach dem Todestag fällig werden. Erbe bzw. Vermächtnisnehmer haben auf
diese Erträge Erbschaftsteuer und beim Zufluß Einkommensteuer zu entrichten. Diese Doppelbesteuerung wird von zahlreichen Autoren kritisiert,[2]) wird
aber auf Antrag gemäß § 35 EStG ermäßigt.

3. Nießbrauch und Testamentsvollstreckung

776　Ist dem **überlebenden Ehegatten** in einem gemeinschaftlichen Testament der
lebenslängliche **Nießbrauch** an den Erbteilen der Miterben eingeräumt und ist
er außerdem zum TV ernannt, so wird dadurch noch **nicht wirtschaftliches
Eigentum** dieses Ehegatten an den Erbteilen der Miterben im Sinn des früheren § 11 Nr. 4 StAnpG begründet.[3]) Soweit der Nießbraucher sein Recht als
Treuhänder im Rahmen seiner aus dem Nießbrauchsrecht abgeleiteten gesellschaftsrechtlichen Befugnisse ausübt, übt er sie im eigenen Interesse und für
eigene Rechnung mit dem Ziel aus, aufgrund des Nutzungsrechts eigene Einkünfte zu erzielen; es liegt eine *eigennützige* Treuhand vor, die den Nießbraucher – hinsichtlich der laufenden Einkünfte – einkommensteuerrechtlich
regelmäßig zum Mitunternehmer macht. Der Nießbrauchsbestellte bleibt für
den Normalfall daneben Mitunternehmer. Beim TV ist dies anders. Er übt sein
Verwaltungsrecht nach dem gesetzlichen Leitbild in vollem Umfang im Interesse des Erben und auf dessen Rechnung aus; es liegt eine *fremdnützige* Treuhand vor,[4]) die den TV – wie bei der gewöhnlichen TVg – von der Mitunter-
nehmerschaft im einkommensteuerrechtlichen Sinn ausschließt.[5])

4. Einkommensteuer sowie Vermögensteuer, Testamentsvollstrecker-Vergütung, Veräußerungsgewinn

777　Der Einfluß der **Vergütung des TV** auf die **Einkommensteuer** ist bereits in
Rz 651 behandelt.[6])

Die Auswirkungen der **Vergütung** des TV bei der **Vermögensteuer** sind in
Rz 652 dargestellt.[7])

Wegen der **Versteuerung der TV-Vergütung** siehe die Ausführungen in
Rz 653 ff.

---

[1]) BFH NJW 1995, 3406, und zwar selbst dann, wenn der Komanditist die Gewinnanteile an einen Untervermächtnisnehmer herausgeben muß.

[2]) Vgl. z. B. Keuk, DB 1973, 634.

[3]) BFH, BStBl 1954 III, 250. Siehe auch BFH, NJW 1977, 1552 und Rz 849.

[4]) Siehe oben Rz 349.

[5]) BFH 175, 231 = NJW 1995, 1918; vgl. dazu BFH NJW 1995, 3406 und Geschwendtner NJW 1996, 362.

[6]) Siehe insbesondere Ebeling, BB 1970, 344.

[7]) Vgl. namentlich Thoma, Steuerberater 1966, 193.

Hinzuweisen ist hier noch auf die Vorschriften über **Veräußerungsgewinne** **778**
nach §§ 16, 34 EstG. Nach § 16 Abs. 1 EStG gehören zu den Einkünften aus
Gewerbebetrieb auch Gewinne, die bei der Veräußerung des ganzen Gewerbe-
betriebes (oder eines Teilbetriebs) erzielt werden. Nach § 16 Abs. 3 EStG gilt
als Veräußerung auch die Aufgabe des Gewerbebetriebs. Nach § 34 Abs. 1, 2
EStG ist für derartige außerordentliche Einkünfte die darauf entfallende ESt
nach einem ermäßigten Steuersatz zu bemessen; der ermäßigte Steuersatz
beträgt die Hälfte des durchschnittlichen Steuersatzes, der sich ergeben würde,
wenn die tarifliche ESt nach dem gesamten zu versteuernden Einkommen zu
bemessen wäre. Ob ein derartiger Fall vorliegt, muß der TV bei Vorhandensein
eines Handelsbetriebs prüfen. Er darf gegebenenfalls das Handelsgewerbe
nicht fortführen, wenn er dadurch die Erben vor einer erheblichen Steuerbela-
stung bewahren kann. Der TV kommt hier in eine Konfliktlage, wenn der
Erblasser – in Unkenntnis der Steuerlage – die Fortführung des Geschäfts
durch den TV oder die Erben selbst oder einen bestimmten Erben (letzterenfalls im Wege des Vermächtnisses) angeordnet hat. Vielfach werden die Erben
die Weiterführung eines derartigen Betriebs entgegen dem Willen des Erblassers ablehnen. Wenn sie dadurch vor großen steuerlichen Belastungen bewahrt
werden können, wird sich der TV ihren Wünschen auf Nichtfortführung des
Betriebs, dessen Umfang vielleicht schon zu Lebzeiten des Erblassers geringfügig gewesen ist, nicht verschließen können. Zuweilen hat der Erblasser gerade
im Hinblick auf die drohende Erfassung des Veräußerungsgewinns mit ESt
von einer Betriebseinstellung abgesehen. Dann sollte er allerdings die Fortsetzung auch nicht dem TV auferlegen. Im einzelnen Fall wird der TV die Entscheidung den Erben dadurch überlassen können, daß er das Geschäft freigibt.[1])

5. GmbH-Beteiligung und Testamentsvollstrecker

Gehört zu einem Nachlaß, für den ein TV bestellt ist, ein Geschäftsanteil an **779**
einer GmbH, so gilt der TV bezüglich der **Gesellschaftsteuer** nicht als Gesamtschuldner nach § 6 Abs. 2 KVStG. Schuldner ist vielmehr nur der Erbe.[2])

6. Vertretung im Steuerprozeß durch Testamentsvollstrecker

Die Vertretung der Erben in einem Steuerprozeß gehört im allgemeinen **nicht** **780**
zu den regelmäßig dem TV obliegenden **Aufgaben.**[3])

---

[1]) Haegele, BWNotZ 1976, 97; oben Rz 494 ff.

[2]) BFH, BStBl 1963 III, 62.

[3]) RFH, JW 1923, 622. Vgl. Boeker, BB 1967, 656.

781 Erteilt ein TV jedoch **geschäftsmäßig Beratung** und führt er einen Steuerprozeß, ohne einen Verfahrensbevollmächtigten zu bestellen, obwohl die Zuziehung eines Bevollmächtigten notwendig war, so kann das Gericht die **„Zuziehung" des TV als Bevollmächtigten** im Verfahren für notwendig erklären.[1])

---

[1]) FG Hamburg, BB 1967, 656 mit Anm. von Boeker = EFG 1967, 185. Nach Boeker a.a.O. kann der TV für diese besondere Tätigkeit besondere Gebühren beanspruchen. Die Tätigkeit ist nicht durch die allgemeine Vergütung des TV abgegolten, vgl. auch RFH, Mrozek, ErbStG, 1925, § 23 Abs. 4 Nr. 3 R. 2 wonach dann, wenn der TV außerhalb des Rahmens seines Amtes in Steuersachen der Erben tätig wird, ein Abzug der für diese Mühewaltung vom TV beanspruchten Vergütung als Nachlaßverbindlichkeit (im Rahmen des § 10 ErbStG; Rz 760) nicht in Betracht kommt. Die Entschädigung für die Mühewaltung bei der dem TV obliegenden steuerlichen Behandlung des Nachlasses innerhalb der Amtstätigkeit ist dagegen als Teil der Vergütung nach § 2221 BGB gemäß Rz 760 abzugsfähig.

Siebter Abschnitt
Beendigung der
Testamentsvollstreckung

I. Tod oder Geschäftsunfähigkeit des Testamentsvollstreckers

1. Wegfall des Testamentsvollstreckers

782 Das **Amt des TV erlischt mit seinem Tod,** es ist also unvererblich (§ 2225 BGB). Der Erbe des TV hat dessen Tod den mit TVg belasteten Erben unverzüglich anzuzeigen und bei Gefahr im Verzug die Tätigkeit fortzusetzen, bis anderweitige Fürsorge getroffen ist (§§ 2218 Abs. 1, 673 Satz 2 BGB).

783 Der **Tod des Erben** beendigt die TVg nur, wenn sie nur für ihn oder für seine Lebenszeit angeordnet war.

784 Das Amt des TV endet ferner, wenn er **geschäftsunfähig** oder in der Geschäftsfähigkeit beschränkt wird oder einen Betreuer zur Besorgung seiner Vermögensangelegenheiten erhalten hat (§§ 1896, 2201, 2225 BGB).[1]) Eine Wiederaufhebung der Entmündigung oder Pflegschaft läßt das erloschene TV-Amt nicht wieder aufleben.

785 Ist eine **juristische Person TV,** so endet dieses Amt mit dem Verlust ihrer eigenen Rechtsfähigkeit.

2. Eintritt eines Nachfolgers

786 Für den Tod des TV kann der Erblasser eine bestimmte Person zum Nachfolger letztwillig einsetzen. Dann und in anderen Fällen, in denen der Erblasser für den Wegfall des zunächst berufenen TV eine Ersatzbestimmung getroffen hat,[2]) **endet die TVg** als solche mit dem Wegfall des erstberufenen TV nicht.[3]) Sollte in der Zwischenzeit bis zur Annahme des Amts durch den Nachfolger Handlungsbedarf bestehen, ist die Bestellung eines Pflegers durch das Vormundschaftsgericht möglich.[4]

---

[1]) BayObLGZ 1994, 313 = RPfleger 1995, 160 = DNotZ 1996, 102; siehe Rz 98.

[2]) Vgl. Rz 45, 49, 54, 74.

[3]) Rz 43 ff., siehe auch Rz 791, 810 ff.

[4]) Damrau, Festschrift für Lange, 1992, S. 797 ff.; oben Rz 111a.

3. Sonstige Fragen

787 Eines die Beendigung feststellenden Beschlusses des Nachlaßgerichts bedarf es nicht.[1]) Im Streitfall entscheidet daß **Prozeßgericht,** ob Beendigung der TVg eingetreten ist.[2])

---

[1]) Siehe auch Rz 828.

[2]) BayObLGZ 1988, 42, 46.

II. Kündigung des Testamentsvollstreckers

1. Kündigungsrecht des Testamentsvollstreckers

Das Amt des TV endet mit seiner **Kündigung,** die **jederzeit ohne Angabe von** **788** **Gründen zulässig ist** und durch formlose unwiderrufliche (u. U. aber anfechtbare) Erklärung gegenüber dem Nachlaßgericht geschieht (§ 2226 BGB). Kündigt der TV zur Unzeit (§ 761 Abs. 2, 3 BGB), so macht er sich schadensersatzpflichtig; das Erlöschen des Amtes tritt aber auch bei einer zur Unzeit erfolgten Kündigung ein. Hat sich der TV durch Vertrag mit dem Erblasser zur Führung der TVg verpflichtet, so kann er nur bei Vorliegen eines wichtigen Grundes kündigen.[1]) Durch Vertrag mit dem Erben kann das Kündigungsrecht des TV nicht ausgeschlossen werden. Der Erblasser kann aber ein dem TV zugewendetes Vermächtnis mit der auflösenden Bedingung verbinden, daß es erlischt, wenn der TV kündigt.

Zur **teilweisen** Kündigung seines Amtes ist der TV nur berechtigt, wenn sich **789** ein dahingehender Wille des Erblassers feststellen läßt.[2]) Ist dies nicht der Fall, so führt die dennoch erklärte teilweise Kündigung des TV nicht zum Erlöschen des TV-Amtes insgesamt, sondern ist in vollem Umfang unwirksam;[3]) andernfalls würde der Kündigungserklärung des TV eine rechtsgeschäftliche Bedeutung beigemessen, die über ihren Erklärungsgehalt hinausginge: Will der TV ausdrücklich sein Amt nur hinsichtlich eines Teilbereichs der ihm zugewiesenen Aufgaben niederlegen, kann aus der Erklärung nicht die Bedeutung einer Gesamtkündigung abgeleitet werden. Es stellt sich vielmehr nur die Frage, ob die Teilkündigung mit dem Willen des Erblassers vereinbar ist. Fehlt es daran, ist die so erklärte Teilkündigung unwirksam und führt nicht zu einer auch nur teilweisen Beendigung des TV-Amtes.[4])

Der TV kann sich den Erben gegenüber verpflichten, sein Amt zu einem ver- **790** einbarten Zeitpunkt oder bei Eintritt eines bestimmten Ereignisses **niederzulegen.**[5]) Unzulässig ist dagegen eine Verpflichtung des TV, jederzeit auf Verlangen eines oder aller Erben sein Amt aufzugeben, sofern der Erblasser dies nicht ausdrücklich oder stillschweigend gebilligt hat; dadurch würde er in eine

---

[1]) RGZ 100, 97. Streit darüber, ob eine Kündigung des TV wirksam erfolgt oder die erklärte Kündigung nach §§ 119, 123 BGB wirksam angefochten ist, hat das Prozeßgericht zu entscheiden (Palandt/Edenhofer, § 2227 BGB Rz 10).

[2]) KGJ 43 A 88 = DFG 1939, 35 = JW 1939, 421; OLG Hamm, OLGZ 1991, 388, 392 = NJW-RR 1991, 837.

[3]) KG, HRR 1939 Nr. 617 = JW 1939, 421; OLG Hamm, OLGZ 1991, 388, 392 = NJW-RR 1991, 837 = MDR 1991, 1069; a. A. Müko/Brandner, § 2226 BGB Rz 4; Soergel/Damrau, § 2226 BGB Rz 2; Staudinger/Reimann, § 2226 BGB Rz 2.

[4]) OLG Hamm, OLGZ 1991, 388, 392 = DNotZ 1992, 323 mit Anm. Winkler = NJW-RR 1991, 837.

[5]) RGZ 156, 70, 75; BGHZ 25, 281 = NJW 1957, 1916; BGH, MDR 1962, 470 = NJW 1962, 912; BGH, FamRZ 1966, 140; OLG Hamm, RPfleger 1958, 15; a. A. Kipp/Coing, Erbrecht, § 75 VI. Siehe auch Palandt/Edenhofer, § 2225 BGB Rz 1 und § 2226 BGB Rz 1; RGR/Kregel, § 2225 BGB Rz 2; Soergel/Damrau, § 2226 BGB Rz 5.

solche Abhängigkeit zu den einzelnen Erben geraten, die mit der Natur seines Amtes unvereinbar wäre.[1]) Verletzt der TV eine mit den Erben wirksam getroffene Vereinbarung über Beendigung seines Amtes, so können die Erben die Beendigung im Prozeßweg erzwingen oder Antrag auf Entlassung des TV [2]) stellen.

2. Eintritt eines Nachfolgers

791 Im Falle einer Kündigung durch den TV kommt der Eintritt des vom Erblasser selbst bestimmten Nachfolgers, unter Umständen Ernennung eines Nachfolgers durch das Nachlaßgericht, in Frage. Letzteres ist vielfach aus den gesamten Umständen des Falles zu schließen, etwa wenn der Erblasser Dauer-TVg [3]) angeordnet oder dem Erben für immer die Verwaltung entzogen hat.[4]) Sollte in der Zwischenzeit bis zur Annahme des Amts durch den Nachfolger Handlungsbedarf bestehen, ist die Bestellung eines Pflegers durch das Vormundschaftsgericht möglich.[5]) Gegenüber seinem Nachfolger im Amt ist der TV analog § 2218 BGB zur Rechenschaftsablegung und zur Herausgabe aller Unterlagen aus seiner Amtsführung verpflichtet.[6]) Die Ernennung eines neuen TV kann vom Nachlaßgericht abgelehnt werden, wenn eine TVg mit Rücksicht auf die Lage des Falles und die berechtigten Interessen der Beteiligten nicht zweckmäßig erscheint.[7]

---

[1]) BGHZ 25, 275, 281. Siehe auch Johannsen, LM Nr. 2 zu § 2205 BGB.

[2]) Rz 792 ff.

[3]) BayObLG, FamRZ 1991, 615 = RPfleger 1991, 196 (LS); dies ist allerdings noch nicht der Fall, wenn der TV innerhalb von zwei Jahren 5 Monate bettlägerig erkrankt ist (BayObLG aaO).

[4]) OLG 43, 401 Fußnote 1b; Palandt/Edenhofer, § 2200 BGB Rz 1; vgl. oben Rz 111.

[5]) Damrau, Festschrift für Lange, 1992, S. 797 ff.; oben Rz 111a.

[6]) BGH, NJW 1972, 1660 = DNotZ 1973, 107; Soergel/Damrau, § 2218 BGB Rz 17.

[7]) Vgl. Rz 43 ff. Siehe dazu die Fußnote 4 zu Rz 76 mitgeteilten BGH-Entscheidungen und Rz 820.

III. Entlassung des Testamentsvollstreckers durch das Nachlaßgericht

1. Entlassungsgründe

Der TV kann vom Nachlaßgericht [1]) auf den – zurücknahmefähigen – **Antrag eines Beteiligten gegen seinen Willen** entlassen werden, wenn ein **wichtiger Grund** vorliegt.[2]) Die Entlassung setzt eine gültige Ernennung voraus,[3]) kann aber auch bereits vor Antritt seines Amtes [4]) und auch vor Amtsannahme [5]) geschehen. Das Fehlen eines Ersuchens des Erblassers an das Nachlaßgericht um die Ernennung eines TV [6]) ist ein wichtiger Grund für die Entlassung des gleichwohl ernannten TV.[7]) Als **wichtige Gründe** zählt das Gesetz selbst grobe Pflichtverletzung [8]) oder Unfähigkeit zur ordnungsmäßigen Geschäftsführung auf (§ 2227 BGB); letztere liegt z. B. bei Erkrankung des TV vor, wenn dieser durch Krankheit auf längere Zeit an der Abwicklung der Geschäfte gehindert ist.[9]) Entlassungsgründe können im Einzelfall sein: eigennütziges Verhalten, Bevorzugung einzelner Erben, Täuschung des in den TV gesetzten Vertrauens,[10]) Konkurseröffnung, Verhaftung, völlige Untätigkeit,[11]) erhebliche Interessenkollision,[12]) sonstige lange Abwesenheit, Nichtbefolgung von Anordnungen des Erblassers,[13]) Unmöglichkeit der Zusammenarbeit mehrerer TV, unzulängliche Auskunft über den Nachlaß,[14]) grobe Mängel der Rechnungslegung, Unzuverlässigkeit, ungenügende Überwachung der Geschäftsführung desjenigen, dem Nachlaßteile überlassen worden sind, laufend verspätete Unterhaltszahlungen, Ablehnung oder unzureichende Gewährung von Einblick in die

792

---

[1]) Richter (§ 16 Nr. 2, 5 RpflG). Übertragung des Entlassungsrechts auf ein Schiedsgericht ist unzulässig (RGZ 133, 128, 135).

[2]) Soergel/Damrau, § 2227 BGB Rz 9 f. bildet drei Gruppen von Entlassungsgründen: grobe Pflichtverletzung, Unfähigkeit zur ordnungsmäßigen Verwaltung und Feindschaft sowie Mißtrauen zwischen Erben und TV.

[3]) RGZ 168, 177; Palandt/Edenhofer, § 2227 BGB Rz 1; Staudinger/Reimann, § 2227 BGB Rz 24.

[4]) OLG Köln, OLGZ 1992, 192.

[5]) MüKo/Brandner, § 2227 BGB Rz 3; Soergel/Damrau, § 2227 BGB Rz 1; a. A. Staudinger/Reimann, § 2227 BGB Rz 1.

[6]) Rz 54, 74.

[7]) KG, DNotZ 1955, 649.

[8]) Zu diesem Begriff OLG Hamm, OLGZ 1986, 1 = RPfleger 1986, 16; BayObLG, FamRZ 1991, 235.

[9]) BayObLG, FamRZ 1991, 615 = RPfleger 1991, 196 (LS); dies ist allerdings noch nicht der Fall, wenn der TV innerhalb von zwei Jahren 5 Monate bettlägerig erkrankt ist (BayObLG a.a.O.).

[10]) RGZ 130, 131; vgl. auch BayObLGZ 1957, 317; OLG Hamm, RPfleger 1959, 53 und NJW 1968, 800 = RPfleger 1968, 24.

[11]) JFG 2, 155.

[12]) Dazu BayObLGZ 1985, 298, 302; 1988, 42, 49 = RPfleger 1988, 265 = MDR 1988, 674 = FamRz 1988, 770; OLG Dresden, JFG 3, 169; siehe aber auch OLG 3, 242.

[13]) OLG Hamm, JMBl NRW 1961, 78; OLG Zweibrücken, RPfleger 1989, 370 = FamRZ 1989, 788.

[14]) BayObLG, NJW-RR 1988, 645 = FamRZ 1988, 436.

wirtschaftliche Situation des Nachlasses.[1]) Der Erblasser kann die Möglichkeit, den TV zu entlassen, nicht durch Verfügung von Todes wegen ausschließen.[2])

793 Ein **wichtiger Grund** zur Abberufung des TV kann ferner z. B. darin liegen, daß er sich nicht an die Bestimmungen des Testaments über die Verpachtung des zum Nachlaß gehörenden Geschäfts hält und daß er die Geschäftsführung des Nießbrauchers, dem er das Geschäft überläßt, nicht genügend überwacht.[3]) Auch Mißtrauen der Erben gegenüber dem TV kann für sich allein ein wichtiger Grund für die Entlassung sein, wenn es nicht auf der persönlichen Einstellung der Erben, sondern auf Tatsachen beruht, die der TV durch sein Verhalten – sei es auch ohne Verschulden – herbeigeführt hat,[4]) etwa durch eigenmächtige Erhöhung von Vermächtnissen.[5]) Hat etwa ein zum TV bestellter Miterbe unmittelbar nach dem Tod des Erblassers aufgrund einer wenige Tage vor dem Erbfall erteilten Generalvollmacht zum Zweck der Abwicklung eines überschuldeten Handelsgeschäfts des Erblassers, aber auch eines Grundstücks, dessen Wert die Geschäftsschulden erheblich übersteigt, auf sich übertragen, kann das sich hieraus ergebende Mißtrauen der Miterben die Entlassung des TV rechtfertigen.[6]) Der Umstand, daß der TV früher die eidesstattliche Versicherung zur Offenbarung seiner Vermögensverhältnisse abgegeben hat, reicht allein nicht ohne weiteres aus, um einen wichtigen Grund i. S. des § 2227 Abs. 1 BGB bejahen zu können; erforderlich ist vielmehr eine umfassende Würdigung aller Umstände im Hinblick auf eine objektive Gefährdung der Interessen der Erben.[7]) Persönliche Spannungen, insbesondere Feindschaft zwischen dem Erben und dem TV können unter besonderen Umständen zur Entlassung führen, vor allem dann, wenn eine ordnungsgemäße Amtsführung dadurch gefährdet ist;[8]) dagegen rechtfertigen persönliche Spannungen zwischen dem TV und einem der Miterben eine Entlassung des TV im allgemeinen nicht.[9]) Ein Grund zur Entlassung des TV kann schließlich z. B. gegeben sein, wenn die von ihm beanspruchte **Vergütung** sich nicht innerhalb der Grenzen der

---

[1]) OLG Celle, OLGZ 1978, 442.

[2]) RGZ 133, 128 = JW 1932, 1359.

[3]) OLG Hamm, JMBl 1961, 78.

[4]) OLG Hamm, JMBl NRW 1958, 101 = RPfleger 1959, 53; OLG Celle, NdsRPfl 1961, 199; OLG Köln, OLGZ 1969, 281, 282; BayObLGZ 1976, 67, 73; 1988, 42, 48; RPfleger 1980, 152; ZEV 1995, 366 mit Anm. Reimann; OLG Zweibrücken, RPfleger 1977, 306; vgl. auch BayObLG, FamRZ 1991, 490. Nach OLG Hamm, DNotZ 1968, 443 = MDR 1968, 152 = NJW 1968, 800 = RPfleger 1968, 24 ist das Mißtrauen des Erben objektiv gerechtfertigt, wenn der TV zuvor als vermögensverwaltungsberechtigter Vormund des Erben versagt hat und deshalb vom Vormundschaftsgericht entlassen worden ist.

[5]) BayObLG, RPfleger 1989, 186 (LS).

[6]) BayObLG DNotZ 1996, 110 = ZEV 1995, 366 mit Anm. Bengel.

[7]) OLG Hamm, DNotZ 1994, 417; in diesem Fall war der TV lediglich als Mitvollstrecker berufen (dazu oben Rz 458).

[8]) BayObLGZ 1988, 42, 49 = RPfleger 1988, 265 = MDR 1988, 674 = FamRZ 1988, 770.

[9]) OLG Düsseldorf ZEV 1994, 302 = RPfleger 1995, 72 = MDR 1994, 1016.

Angemessenheit hält.[1]) Auch wenn über die Höhe der Vergütung grundsätzlich das Prozeßgericht zu entscheiden hat,[2]) hindert dieser Umstand das Nachlaßgericht nicht, auch seinerseits diese Frage zu prüfen, soweit von ihr als Vorfrage die ihm allein zustehende Entscheidung über das Vorliegen eines wichtigen Grundes abhängt.[3])

Ob beim Vorliegen eines wichtigen Grundes der TV zu entlassen ist, ist eine **793a** Frage des tatrichterlichen Ermessen. Dabei sind der wirkliche oder mutmaßliche Wille des Erblassers und die Interessen der am Verfahren nach § 2227 Abs. 1 BGB Beteiligten zu berücksichtigen und gegeneinander abzuwägen.[4])

Ein TV kann aus seinem Amt auch entlassen werden, wenn er durch **unge-** **794** **rechtfertigte Prozesse** die Interessen der Erben gefährdet oder wenn er **fällige Vermächtnisse** nur teilweise auszahlt, obwohl hinreichende Beträge im Nachlaß sind.[5])

Ein Verschulden des TV ist nicht Voraussetzung für die Entlassung, sofern sie **795** nicht wegen grober Pflichtverletzung erfolgt.[6]) Es genügt, daß eine objektive Gefährdung der Interessen der Beteiligten vom TV herbeigeführt wird.

Keinen Entlassungsgrund bilden in der Regel Unterlassung, Verzögerung oder **796** anderes pflichtwidriges Verhalten bei der Erstellung des Nachlaßverzeichnisses, falls der TV nicht grob fahrlässig handelt,[7]) oder dadurch die Interessen der Erben ernstlich gefährdet werden.[8]) Da das Nachlaßverzeichnis nur vom Erben verlangt werden kann, ist es nicht ohne weiteres pflichtwidrig, wenn der TV zunächst gerichtlich prüfen läßt, ob das Verlangen vom Erben ausgeht, es sei denn, daß keine vernünftigen Zweifel an der Erbenstellung bestehen können.[8]) Keine Entlassungsgründe sind ferner Mängel der Rechnungslegung,[9]) Schweben eines Prozesses zwischen dem TV, der Miterbe ist, und den anderen Erben.[9])

---

[1]) BayObLGZ 1972, 379, 380; BB 1973, 114; KG, JR 1955, 65; OLG Köln, MDR 1963, 763; NJW-RR 1987, 1097 = RPfleger 1988, 148; OLG Schleswig, SchlHA 1965, 107.

[2]) BGH, NJW 1957, 947, 948.

[3]) OLG Köln, MDR 1963, 763.

[4]) OLG Hamm, OLGZ 1986, 1 = RPfleger 1986, 16.

[5]) KG, DFG 1943, 133. Das OLG Köln (OLGZ 1969, 281 = RPfleger 1969, 207) hat folgende Grundsätze aufgestellt: Die Anwendung des § 2227 BGB über die im Gesetz genannten, einen wichtigen Grund darstellenden Tatsachen hinaus darf nur solche Fälle erfassen, die den im Gesetz genannten wesengleich sind. Ausreichend für die Entlassung sind Umstände in vorstehendem Sinn, die den Erblasser, wenn er noch leben würde, zum Widerruf „mutmaßlich" veranlaßt hätten. Nach OLG Düsseldorf, MittRhNotK 1964, 505 dagegen rechtfertigen Entlassungsgründe, die bereits dem Erblasser bekannt waren, nicht ohne weiteres die Entlassung des TV. Siehe auch OLG Zweibrücken, DNotZ 1973, 112, wonach das Nachlaßgericht Handlungsweisen des TV, auf die ein Entlassungsantrag gestützt ist und die nicht von vornherein als Entlassungsgrund ausscheiden, von sich aus aufzuklären und unter Würdigung aller Umstände zu beurteilen hat.

[6]) OLG Düsseldorf, DNotZ 1950, 67; Soergel/Damrau, § 2227 BGB Rz 7; Staudinger/Reimann, § 2227 BGB Rz 8.

[7]) LG Berlin, DFG 1943, 107.

[8]) OLG Köln, OLGZ 1992, 192.

[9]) BayObLG, Recht 1915, 1573.

Auch persönliche Feindschaft zwischen TV und Erben bildet im allgemeinen keinen Entlassungsgrund, es sei denn, es würde dadurch eine ordnungsmäßige Amtsführung durch den TV gefährdet.[1]) Auch die Tatsache, daß der TV Nachlaßgläubiger ist, stellt nicht ohne weiteres einen Entlassungsgrund dar. Eine Verhinderung des TV, bei einer einzelnen Nachlaßangelegenheit, z. B. infolge seiner Eigenschaft als Nachlaßschuldner, mitzuwirken, ist für sich allein ebenfalls noch kein Entlassungsgrund.[2])

797 **Entscheidend** ist die Frage, ob die weitere Amtsführung des TV im Interesse des Nachlasses und der Beteiligten noch tragbar, unschädlich und ungefährlich ist oder nicht.[3]) Die Entlassung wird insbesondere gerechtfertigt sein, wenn Umstände vorliegen, die den Erblasser, wenn er noch leben würde, mutmaßlich zum Widerruf der Ernennung des TV veranlaßt hätten und die auch, objektiv betrachtet, diesen Widerruf als im Interesse der Erben oder der sonst Beteiligten liegend erscheinen lassen.[4]) Zu beachten ist, daß eine gedeihliche Führung des Amtes vor allem Unbefangenheit des TV voraussetzt.[5])

798 Hat der Eigentümer eines dem norddeutschen **Höferecht** unterstehenden Hofes TVg auch zur Verwaltung des Hofes angeordnet,[6]) so wird der Hoferbe dann, wenn er die Selbstbewirtschaftung des Hofes übernehmen will und dazu auch tatsächlich in der Lage ist, das Recht haben, Antrag auf Entlassung des TV zu stellen. Zu berücksichtigen ist dabei, aus welchem Grund der Erblasser den TV ernannt hat und ob der Grund – z. B. Unreife des Hoferben – weggefallen ist. In einem solchen Falle erscheint es – in Abweichung von der nachstehend erwähnten Rechtsprechung – möglich, die Entlassung des TV auf die Verwaltung des Hofes zu beschränken.[7])

2. Antragsrecht und Verfahren vor dem Nachlaßgericht

799 Zu den **antragsberechtigten Beteiligten** rechnen Erben, Erbersatzberechtigte (§§ 1934a ff. BGB), Nacherben, Vermächtnisnehmer, Auflagebegünstigte,[8])

---

[1]) Vgl. BayObLGZ 1953, 364; OLG Hamm, NJW 1968, 800; OLG Köln, OLGZ 1969, 281 = RPfleger 1969, 207; OLG Schleswig, SchlHA 1958, 312; OLG Stuttgart, WürttNotV 1952, 32; BayObLG, RPfleger 1991, 196 (LS) zur Vermächtnisvollstreckung.

[2]) RGZ 98, 174.

[3]) Vgl. auch OLG Düsseldorf, DNotZ 1950, 67.

[4]) BayObLGZ 1953, 364; 1957, 317; 1976, 67, 73.

[5]) RGZ 77, 177, 178.

[6]) Vgl. Rz 39.

[7]) Haegele, RdL 1954, 144; Lange/Wulff/Lüdke/Handjery, HöfeO, 8. Aufl. 1978, § 16 HöfeO Anm. 37.

[8]) Da auch ihre objektive, wenn auch ohne Anspruch gegebene Rechtsstellung durch die TVg betroffen ist (Bengel/Reimann, 7. Kap. Rz 24; Erman/Hense, § 2227 BGB Rz 4; a. A. Palandt/Edenhofer, § 2227 Rz 7).

Pflichtteilsberechtigte, Mit-TV, nicht aber gewöhnliche Nachlaßgläubiger.[1]) Ist einem Kind Vermögen letztwillig zugewandt mit der Bestimmung, daß die Eltern das Vermögen nicht verwalten sollen (§ 1638 BGB), dann können die Eltern einen Antrag auf Entlassung des für das zugewendete Vermögen zuständigen TV nicht für das Kind stellen, auch nicht „in Sorge für das Vermögen des Kindes"; die Vermögenssorge ist ihnen insoweit gerade genommen, so daß ihnen eine entsprechende gesetzliche Vertretungsmacht fehlt.[2]) Auch nach Übertragung oder Pfändung seines Erbteils kann ein Erbe Entlassung des TV beantragen. Der TV ist vor der Entlassung zu hören (siehe dazu auch Art. 103 Abs. 1 GG).[3])

Die Frage, ob ein wichtiger Grund zur Entlassung vorliegt, ist Tat- und Rechtsfrage. Tatfrage ist die Feststellung der einzelnen Tatumstände. Eine Nachprüfung tatsächlicher Verhältnisse ist im Rechtsbeschwerdeverfahren ausgeschlossen. Die Frage, ob die Tatumstände in ihrer Gesamtheit die Merkmale des unbestimmten Rechtsbegriffs eines **„wichtigen Grundes"** zur Entlassung erfüllen, ist eine **Rechtsfrage;** ihre unrichtige Beantwortung ist eine Gesetzesverletzung, über die das Rechtsbeschwerdegericht zu befinden hat.[4]) Unternehmerische Entscheidungen eines TV, zu dessen Aufgaben etwa die Verwaltung von Geschäftsanteilen einer GmbH gehört, können nur in eingeschränktem Umfang nachgeprüft werden.[5]) Dagegen liegt die Beantwortung der Frage, ob der TV wegen des vorhandenen Grundes zu entlassen ist, im **pflichtgemäßen Ermessen** des Nachlaßgerichts.[6]) Die Vorschrift des § 2227 BGB hat nämlich keinen zwingenden Charakter.[7]) Das Nachlaßgericht kann auch zum Ergebnis kommen, daß trotz etwaiger Verstöße des TV überwiegende Gründe für seine Belassung im Amt sprechen.[8]) Zu prüfen ist im Verfahren auch als Vorfrage, ob das Amt des TV nicht bereits wegen vollständiger Erfüllung seiner Aufga-

800

---

[1]) So insbesondere BGHZ 35, 296 = DNotZ 1962, 142 = JZ 1962, 123 mit Anm. von Baur = MDR 1961, 840 = NJW 1961, 1717 mit zahlreichen Nachweisen; KG, NJW 1963, 1553; Keidel/Kuntze/Winkler, § 81 FGG Rz 5. Siehe auch v. Lübtow, S. 997.
Eine zu dem Kreise der Pflichtteilsberechtigten gehörende Person ist auch dann zur Stellung des Entlassungsantrages gemäß § 2227 BGB berechtigt, wenn der Erblasser im Testament die Entziehung des Pflichtteils angeordnet hat, aber die Wirksamkeit dieser Anordnung ungewiß ist. Zum Sonderfall eines für den Nachlaßanteil eines anderen Miterben entlassenen TV, der gleichzeitig Miterbe ist, siehe OLG Köln, NJW-RR 1987, 1098 = RPfleger 1987, 313.

[2]) BGH, NJW 1989, 984 m. w. N., OLG Frankfurt, DNotZ 1965, 483 mit abl. Anm. von Baur; a. A. Palandt/Edenhofer, § 2227 BGB Rz 3.

[3]) Rz 690.

[4]) BayObLGZ 1969, 65, 68; 1976, 67, 74; OLG Celle, OLGZ 1978, 442; Keidel/Kuntze/Winkler, § 27 FGG RZ 30, 31, 31a.

[5]) BayObLGZ 1990, 177, 182 = NJW-RR 1990, 1420.

[6]) OLG Celle, OLGZ 1978, 442. Das Gericht der weiteren Beschwerde darf sein Ermessen nicht an die Stelle des Ermessens des Beschwerdegerichts setzen (OLG Köln, OLGZ 1988, 26 = NJW-RR 1987, 1414 = RPfleger 1988, 148).

[7]) Vgl. OLG Hamm, NJW 1968, 800.

[8]) BayObLGZ 14, 520; 30, 210.

ben beendet ist. Dann ist für eine Entlassung aus dem – erloschenen – Amt kein Raum mehr.[1]

801 Das Nachlaßgericht darf sich nicht auf eine Nachprüfung der vom Antragsteller vorgebrachten Entlassungsgründe beschränken, sondern hat die zur Feststellung der Tatsachen erforderlichen **Ermittlungen anzustellen,** die geeignet erscheinenden Beweise zu erheben (§ 12 FGG) sowie den vorgetragenen und festgestellten Sachverhalt unter allen Gesichtspunkten zu würdigen, die als Entlassungsgrund in Betracht kommen.[2] Der Beschluß des Nachlaßgerichts ist mit Gründen zu versehen und dem TV und dem Antragsteller und etwa sonst zur Beschwerde Berechtigten zuzustellen. Die Entlassung wird mit der Bekanntgabe des Beschlusses an den TV wirksam (§ 16 FGG). Die Wirksamkeit ist auflösend bedingt und entfällt, wenn die angefochtene Verfügung im Beschwerdeverfahren aufgehoben wird.[3] Das **TV-Zeugnis** wird damit kraftlos (§ 2368 Abs. 3 BGB),[4] so daß eine Kraftloserklärung entbehrlich ist.[5] Der TV und jeder, dessen Recht durch die Entlassung beeinträchtigt wird (§ 20 FGG), hat das Recht der **sofortigen Beschwerde** (§§ 81 Abs. 2, 22 FGG; Beschwerdefrist zwei Wochen). Bis zur rechtskräftigen Entscheidung des Beschwerdegerichts bleibt der Entlassungsbeschluß wirksam (§§ 16, 26 FGG).[6] Wird der Beschluß, durch den das Nachlaßgericht den TV entlassen hat, durch das Beschwerdegericht aufgehoben, so gilt jedoch das TV-Zeugnis nicht als kraftlos geworden.[7]

802 Gegen die nur dem Antragsteller zuzustellende Ablehnung des Entlassungsantrags ist einfache Beschwerde zulässig (§§ 19, 20 Abs. 2 FGG). Hat das Nachlaßgericht auf Antrag einzelner Miterben den TV entlassen und das Landgericht diese Entscheidung aufgehoben, so sind auch die übrigen Miterben berechtigt, gegen die landgerichtliche Entscheidung sofortige weitere Beschwerde einzulegen, wenn sie diese auf den Lebenssachverhalt stützen, der auch dem Entlassungsantrag zugrunde liegt.[8]

803 Mit der Beendigung des Amtes endigt die Befugnis des TV zur Ausübung seiner Rechte; die Befugnis gilt gemäß § 674 BGB zugunsten des TV solange als fortbestehend, bis er von der Beendigung Kenntnis erlangt oder sie kennen

---

[1]   BGHZ 41, 23 = DNotZ 1965, 98 = MDR 1964, 310 = NJW 1964, 1316 = RPfleger 1964, 210; BayObLGZ 1953, 357; OLG Köln, MDR 1963, 763; Keidel/Winkler, § 81 FGG Rz 5a.

[2]   BayObLGZ 1988, 42 = RPfleger 1988, 265 = MDR 1988, 674 = FamRZ 1988, 770.

[3]   BayObLG, FamRZ 1991, 615.

[4]   BayObLGZ 1988, 42, 51 = RPfleger 1988, 265 = MDR 1988, 674 = FamRZ 1988, 770; zur Einziehung siehe Rz 705.

[5]   Bumiller/Winkler, § 84 FGG Anm. 4; Keidel/Winkler, § 84 FGG Rz 27a.

[6]   Siehe auch Rz 802. Erklärt der TV sein Einverständnis mit seiner Entlassung, so kommt dies einer Niederlegung seines Amtes gleich (Keidel/Winkler, § 84 FGG Rz 5).

[7]   BayObLGZ 1959, 128 = JR 1959, 384 = MDR 1959, 701 = NJW 1959, 1920.

[8]   BayObLG DNotZ 1996, 110 = ZEV 1995, 366 mit Anm. Reimann.

muß.[1]) Der TV hat keinen Anspruch auf seine Wiedereinsetzung, wenn der Grund für seine Entlassung weggefallen ist.[2])

Eine **zeitweilige Entlassung** des TV ist unzulässig. Das gleiche gilt für einstweilige Anordnungen des Nachlaßgerichts auf **vorläufige** Amtsenthebung. Das Gesetz sieht eine solche Möglichkeit nicht vor, weil das Nachlaßgericht nicht die Möglichkeit hat, während dieser Zeit anderweitig Vorsorge für den Nachlaß zu treffen, etwa vorübergehend einen Dritten von Amts wegen zum TV zu ernennen. Bei nur vorläufiger Entlassung des TV bliebe ungewiß, wem während dieser Zeit die Verwaltung und die Verfügung über den Nachlaß zustünde.[3]) Ebenso ist nur eine vollständige, nicht auch eine auf nur einzelne Nachlaßgegenstände beschränkte Entlassung möglich.[4]) **804**

Die den Erben im Entlassungsverfahren entstandenen außergerichtlichen **Kosten** einer unbegründeten Beschwerde des TV sind zunächst dem TV aufzuerlegen (§ 13a Abs. 1 Satz 2 FGG). Dies schließt jedoch das Recht des TV nicht aus, die genannten Kosten dem Nachlaß zu entnehmen oder gegen die Erben geltend zu machen, wenn er sich in dem Verfahren in berechtigter Verteidigung des letzten Willens des Erblassers befunden hat. Die Kosten eines wegen erheblicher Pflichtverletzungen betriebenen Entlassungsverfahrens kann ein TV nur erstattet bekommen, wenn er das Verfahren ausnahmsweise für erforderlich halten durfte, um den Erblasserwillen zu verteidigen.[5]) Zur Entscheidung dieser Frage ist das Prozeßgericht zuständig.[6]) **805**

Solange ein **Streit über die Beendigung des TV-Amts** vor dem Prozeßgericht nicht entschieden ist, kann das Nachlaßgericht den Antrag eines Erben auf Entlassung des TV nicht als gegenstandslos ansehen.[7]) Ist das Amt des TV beendet, ist ein Entlassungsverfahren in der Hauptsache erledigt.[8]) **806**

Die Feststellungsklage, daß die letztwillige Verfügung, durch welche ein TV ernannt ist, nichtig sei, wird durch die Entlassungsmöglichkeit nach § 2227 BGB nicht ausgeschlossen.[9]) **807**

---

[1]) Siehe oben Rz 631 ff.

[2]) BayObLGZ 1964, 153 = MDR 1964, 677 = RPfleger 1964, 181; OLG Schleswig, SchlHA 1965, 107. Kündigt der TV sein Amt vor Entscheidung über die Beschwerde, so erledigt sich das Beschwerdeverfahren an dem Tag, für den gekündigt wurde (BayObLGZ 1969, 138).

[3]) OLG Köln, OLGZ 1987, 280 = NJW-RR 1987, 71 = DNotZ 1987, 280 = RPfleger 1987, 70.

[4]) Zur Ausnahme im Höferecht siehe Rz 798.

[5]) OLG Oldenburg NJW-RR 1996, 582.

[6]) OLG Hamburg, MDR 1963, 423. Siehe zur Kostenfrage ferner RG, JW 1936; 3388; BayObLG, JW 1918, 103; RGR/Kregel, § 2227 BGB Rz 10; Staudinger/Reimann, § 2227 BGB Rz 6.

[7]) OLG Schleswig, SchlHA 1957, 303; BayObLGZ 1988, 42, 46 = RPfleger 1988, 265 = MDR 1988, 674 = FamRz 1988, 770.

[8]) BayObLG ZEV 1995, 370 mit Anm. Winkler.

[9]) RG, Recht 1942 Nr. 833.

808 Eine von einem Nachlaßgericht der ehemaligen **DDR** ausgesprochene Entlassung eines TV ist in der Bundesrepublik nicht anzuerkennen.[1])

809 Umstritten ist die Frage, ob die deutschen Nachlaßgerichte zur Entscheidung über die Entlassung eines TV, dessen Rechtsstellunng sich nach **ausländischem Recht** richtet, international zuständig sind.[2])

3. Eintritt eines Nachfolgers

810 Hat der Erblasser einen **Ersatz-TV** ernannt, so tritt dieser an Stelle des entlassenen TV. Das gleiche gilt, wenn das Nachlaßgericht aufgrund entsprechenden Ersuchens des Erblassers nach § 2200 BGB[3]) einen Ersatz-TV ernennt oder wenn eine Ernennung nach § 2198 oder § 2199 BGB[4]) gegeben ist. Ein solches Ersuchen wird vielfach aus den Umständen des Falles zu schließen sein, etwa wenn der Erblasser Dauer TVg[5]) angeordnet oder dem Erben für immer die Verwaltung entzogen hat.[6]) Sollte in der Zwischenzeit bis zur Annahme des Amts durch den Nachfolger Handlungsbedarf bestehen, ist die Bestellung eines Pflegers durch das Vormundschaftsgericht möglich.[7]) Gegenüber seinem Nachfolger im Amt ist der TV analog § 2218 BGB zur Rechenschaftsablegung und zur Herausgabe aller Unterlagen aus einer Amtsführung verpflichtet.[8]) Wegen des Falles der Entlassung des TV und aller Ersatzmänner siehe Rz 812.

811 Zur **Aufhebung** der TVg nach Entlassung des bisherigen TV ist das Nachlaßgericht u. U. dann berechtigt, wenn bei völlig veränderten Verhältnissen eine TVg für den Nachlaß nicht mehr tragbar ist, keinen vernünftigen Grund mehr haben kann und dem mutmaßlichen Willen eines verständigen Erblassers nicht mehr entspricht.[9])

---

[1]) KG, OLGZ 1965, 214 = JZ 1967, 123 mit teilw. krit. Anm. von Wengler; siehe auch BGH, WM 1969, 1403 und Palandt/Edenhofer, § 2227 BGB Rz 16; Keidel/Kuntze/Winkler, FGG, § 72 FGG Rz 34 mit § 35 FGG Rz 17; Wengler, JZ 1969, 664.

[2]) BayObLGZ 1965, 377, 383; Pinckernelle/Spreen, DNotZ 1967, 208; vgl. auch Rz 36.

[3]) Rz 54, 74.

[4]) Rz 45, 49.

[5]) Oben Rz 130 ff.

[6]) OLG 43, 401 Fußnote 1b; Palandt/Edenhofer, § 2200 BGB Rz 1; vgl. oben Rz 111.

[7]) Damrau, Festschrift für Lange, 1992, S. 797 ff.; oben Rz 111a.

[8]) BGH, NJW 1972, 1660 = DNotZ 1973, 107; Soergel/Damrau, § 2218 BGB Rz 17.

[9]) Vgl. Rz 74, 723, 728, ferner Vogel, JW 1934, 1400 im Gegensatz zu Donner, JW 1934, 887; Kohler, DNotZ 1958, 245, 252, meint dazu, daß hier eine Anfechtung wegen Irrtums näher liegt, die von dem Eintritt der grundlegenden Änderung an zulässig ist (§ 2082 Abs. 2 BGB).

Im übrigen ist die Aufhebung der TVg als solcher durch das Nachlaßgericht **812** nicht möglich.[1]) Sie ist unter Umständen aber dadurch zu erreichen, daß der TV und alle Ersatzmänner[2]) ihr Amt kündigen oder daß sie alle entlassen werden.[3])

---

[1]) BayObLGZ 1953, 357; Palandt/Edenhofer, § 2227 BGB Rz 13; Jansen, § 81 FGG Anm. 3 Abs. 2.

[2]) Vgl. Rz 810.

[3]) Ein entlassener TV ist gegenüber seinem Nachfolger im Amt nicht nur zur Auskunftserteilung und Rechenschaftsablegung verpflichtet, vielmehr hat er an diesen auch alles herauszugeben, was er zur Ausführung seines Amtes erhalten und aus der Besorgung des Amtes erlangt hat. Dazu gehören auch die Unterlagen seiner Amtsführung (BGH, NJW 1972, 1660 = FamRZ 1973, 504 = DNotZ 1973, 107 = MDR 1972, 1021 = RPfleger 1972, 397).

IV. Erledigung der Aufgaben, Zeitablauf, Bedingungseintritt

1. Wegfall der Testamentsvollstreckung als solcher

813 Das Amt des TV endet naturgemäß von selbst mit der **Erledigung seiner sämtlichen Aufgaben**[1]) oder mit Ablauf der vom Erblasser oder kraft Gesetzes (§ 2210 BGB)[2]) bestimmten **Frist** oder durch den Eintritt der vom Erblasser angeordneten **auflösenden Bedingung.**[3]) Hat der TV den beweglichen Nachlaß verteilt, die Nachlaßverbindlichkeiten geregelt und die Verwaltung eines zum Nachlaß gehörenden Grundstücks im Einvernehmen mit den Erben einem Miterben übertragen, so ist damit sein Amt beendet.[4]) „Denn das Amt des TV ist nicht etwas für sich Bestehendes; es erhält seine Grundlage und seinen Inhalt ausschließlich durch die dem TV vom Erblasser übertragenen Obliegenheiten. Ist durch Erledigung der Obliegenheiten der Inhalt weggefallen und ist deshalb der TV nicht mehr in der Lage, irgendwelche Tätigkeit auszuüben, so kann man nicht mehr von einem Fortbestehen des Amtes sprechen".[5]) Nachfolger-Ernennung kommt in diesen Fällen nicht in Frage. Auch eine Kündigung des Amtes durch den TV[6]) oder seine Entlassung scheiden hier aus.

814 Wie das BayObLG entschieden hat, kann der Erblasser, der ein TV-Kollegium für die Zeit von 30 Jahren ernannt hat, gleichzeitig wirksam bestimmen, daß das Kollegium durch einstimmigen Beschluß die Dauer-TVg schon vorzeitig beenden könne, wenn die Erhaltung des Nachlaßvermögens auch ohne Dauer-TVg gesichert sei.[7]) Aus dieser Entscheidung seien folgende Ausführungen wörtlich wiedergegeben:

815 *Die Bestimmungen der §§ 2207 mit 2209 BGB bringen neben anderen Vorschriften zum Ausdruck, daß innerhalb der gesetzlichen Schranken der Wille des Erblassers die oberste Norm für die Aufgaben und Befugnisse des TV sowie für die Beendigung seines Amtes (BGH NJW 1962, 912/913) ist (Staudinger, BGB, Rdn 1 zu § 2208 mit weit. Nachw.). Nach dem Willen des Erblassers kann der Machtkreis des TV beschränkt werden (§ 2208 BGB), er kann auch erweitert werden (§§ 2207, 2209 Satz 1 Halbsatz 2 BGB), wobei die zeitliche Grenze für die Dauervollstreckung in § 2210 BGB gezogen ist. Der Erblasser braucht die Frist von 30 Jahren für die Dauer-TVg nicht auszuschöpfen, er kann sie auf einen kürzeren Zeitraum beschränken (Soergel-*

---

[1]) RGZ 81, 166, 168; BGHZ 41, 23; BayObLG ZEV 1995, 370 mit Anm. Winkler; s. unten Rz 819.

[2]) Rz 138.

[3]) Derartige Fälle sind Rz 55, 103, 214, 788 behandelt. Siehe auch Hartmann, Abschn. 2.162 (6).

[4]) LG Hannover, JR 1950, 693 mit Anm. von Hartung.

[5]) RGZ 81, 166, 168.

[6]) Rz 788.

[7]) BayObLG, NJW 1976, 1692 = RPfleger 1976, 430.

Siebert, BGB Rdn 1 zu § 2208; Haegele, Rdn 89), insbesondere kann er ihr Ende durch eine auflösende Bedingung oder einen Endtermin (§ 158 Abs. 2, § 163 BGB; vgl. auch § 2210 Satz 2 BGB) bestimmen (Staudinger, BGB, Rdn 3, RGR, BGB, Rdn 1, Soergel-Siebert, BGB, Rdn 1, Erman, BGB, Rdn 1, Palandt, BGB, Anm. 1, je zu § 2225). Im vorliegenden Fall wollte der Erblasser zwar die Frist des § 2210 BGB an sich ausschöpfen, er hat gleichzeitig aber die TV ermächtigt, die Dauer-TVg früher, jedoch nicht vor dem 1. 1. 1973, zu beenden. Damit hat der Erblasser als frühesten Endtermin den 31. 12. 1972 bestimmt, dabei allerdings zwei Einschränkungen getroffen: einmal muß bei der vorzeitigen Beendigung der TVg die Erhaltung des Nachlaßvermögens gesichert sein, zum anderen bedarf es eines einstimmigen Beschlusses der TV.

Der Senat sieht keine durchgreifenden Bedenken gegen die Zulässigkeit einer solchen letztwilligen Anordnung über die vorzeitige Beendigung einer Dauer-TVg. Kann der Erblasser von vornherein von der Anordnung einer solchen absehen, kann er sie auf einzelne Nachlaßgegenstände oder Erbteile beschränken, eine auflösende Bedingung oder einen Endtermin setzen mit der Folge, daß die TVg von selbst endet (§§ 163, 158 Abs. 2 BGB), so kann er das Ende der Dauer-TVg auch von einem einstimmigen Beschluß eines TVg-Gremiums seines Vertrauens abhängig machen, mit der Einschränkung, daß die Erhaltung des Nachlaßvermögens gesichert sein müsse. Es handelt sich dabei nicht um eine Erweiterung der Befugnisse der TV über die im Gesetz vorgesehenen Möglichkeiten hinaus, was grundsätzlich ausgeschlossen wäre (Staudinger, BGB, Rdn 17 zu § 2208; vgl. auch § 2220 BGB). Die Verwaltungs-TVg stellt praktisch eine Art von fürsorglicher Bevormundung der Erben dar (Staudinger, BGB, Rdn 2; Palandt, BGB, Anm. 1, zu § 2209), die die Rechte der Erben weitgehend beschränkt (vgl. Staudinger, BGB, Rdn 12 zu § 2209). Dem Erblasser muß es daher freistehen, auch auf dem hier beschrittenen Weg, nach Umfluß eines bestimmten Zeitraumes und unter der Voraussetzung, daß die Erhaltung des Nachlaßvermögens gesichert ist, die TV selbst über das Ende der Dauerverwaltung befinden zu lassen, um seinen Erben von einem bestimmten Zeitpunkt ab eine freiere Stellung einzuräumen.

816

Dem steht auch nicht etwa entgegen, daß der TV bei Fehlen einer entsprechenden letztwilligen Verfügung sich dem Erben gegenüber nicht rechtswirksam verpflichten kann, sein Amt jederzeit auf Verlangen eines Miterben niederzulegen (BGHZ 25, 275/281), weil damit die freie und unabhängige Stellung des TV in Frage gestellt wäre. Kann aber der Erbe andererseits mit dem TV vereinbaren, daß sich dieser verpflichtet, zu einem bestimmten Termin auch schon vor dem im Testament vorgesehenen Zeitpunkt sein Amt niederzulegen (RGZ 156, 70/75), so darf erst recht dem Erblasser der hier gewählte Weg nicht versagt sein,

817

über die vorzeitige Beendigung ihres Amts die TV unter den angeordneten Voraussetzungen selbst entscheiden zu lassen. Dieser Weg beeinträchtigt nicht deren freie und unabhängige Stellung gegenüber den Erben, sondern stärkt sie sogar. Gerade ein mit den Wechselfällen des Wirtschaftslebens vertrauter Erblasser wird ins Auge fassen, daß die starre Regelung des § 2210 Satz 1 BGB, die auch nicht nach § 2216 Abs. 1 Satz 2 BGB außer Kraft gesetzt werden kann (Staudinger, BGB, Rdn 23 zu § 2216 BGB), unter bestimmten Voraussetzungen der Auflockerung bedarf.

818 *Bestehen hiernach gegen die vom Erblasser eröffnete Möglichkeit der vorzeitigen Beendigung der Dauer-TVg keine rechtlichen Bedenken, so ist dem LG darin beizutreten, daß die nur teilweise Aufhebung (hinsichtlich der Vorerben) als ein Minus gegenüber der Möglichkeit der vollen Aufhebung (auch hinsichtlich der Nacherben) zulässig war (vgl. auch BGH, NJW 1962, 912/913: Aufrechterhaltung der TVg als TeilTVg nach § 139 BGB).*

2. Verfahrensrecht

819 Einer **besonderen Aufhebung** der TVg durch das Nachlaßgericht oder einer Entlassung des TV oder einer Anzeige des TV an das Nachlaßgericht bedarf es in Fällen der Rz 813 behandelten Art nicht.[1]) Ein Streit über die Frage der Beendigung der TVg wäre im Klageweg vor dem Prozeßgericht auszutragen.[2]) Endet das Amt des TV, so ist ein Entlassungsverfahren in der Hauptsache erledigt.[3]) Zur Rechtslage in bezug auf das TV-Zeugnis siehe Rz 707.

3. Scheinbare Beendigung

820 Vertritt der TV die **irrige Ansicht**, seine **Aufgaben** seien **erledigt** und hat er sich daher lange Zeit um sein Amt nicht mehr gekümmert, so erlischt dadurch sein Amt nicht von selbst. Doch kann in diesem Falle eine Verpflichtung des TV zur Amtsniederlegung bestehen.[4]) Ergeben sich im übrigen für den TV, der sein Amt durch Erfüllung aller Aufgaben für beendet ansieht, **nachträglich neue Aufgaben, so kann er seine TV-Tätigkeit** ohne weiteres wieder aufnehmen.[5])

821 Ist eine TVg scheinbar beendet, hat der TV das Zeugnis dem Nachlaßgericht zurückgegeben und stellt sich wider Erwarten heraus, daß noch unverteilte

---

[1]) BGHZ 41, 23; KG, JR 1951, 732.

[2]) OLG Schleswig, SchlHA 1957, 303; BGHZ 41, 23, 28 = MDR 1962, 470 = NJW 1962, 912; BGH, NJW 1964, 1316 (mit Anm. von Strickrodt) = DNotZ 1965, 98 = MDR 1964, 310 = RPfleger 1964, 210.

[3]) BayObLG ZEV 1995, 370 mit Anm. Winkler.

[4]) Vgl. Rz 790 sowie OLG Hamm, RPfleger 1958, 15 mit Anm. von Haegele; BGH, NJW 1962, 912 = FamRZ 1962, 193 = MDR 1962, 470.

[5]) OLG München, NJW 1951, 74; wegen des TV-Zeugnisses in diesem Fall siehe Rz 707.

Vermögenswerte des Nachlasses vorhanden sind – wie das etwa bei Rücker-
stattungsansprüchen manchmal der Fall ist –, so ist die TVg eben noch nicht
beendet; der TV kann sein Zeugnis vom Gericht zurückverlangen und sein
Amt zu Ende führen.[1] Besteht zwischen den Beteiligten eines Nachlaßverfah-
rens Streit über die Frage, ob das Amt des TV erloschen oder die TVg wegen
Erledigung beendet ist, so hat hierüber das Nachlaßgericht zu entscheiden,
wenn die Fortdauer des Amtes Voraussetzung für eine im Verfahren der freiwilligen Gerichtsbarkeit zu treffende Entscheidung ist.[2]

4. Vermeintliche Testamentsvollstreckung

Eine TVg ist **gar nicht angeordnet,** wenn das in Frage stehende Testament   **822**
formungültig ist oder ein eigenhändiges Testament falsch ausgelegt wurde. Zur
Vergütung des vermeintlichen TV siehe ausführlich Rz 630. Zum Fall, daß das
Nachlaßgericht zu Unrecht einen TV nach § 2200 BGB [3] ernennt, siehe Rz 87.

---

[1]   OLG München, NJW 1951, 74.

[2]   BayObLGZ 1988, 42 = RPfleger 1988, 265 = MDR 1988, 674 = FamRZ 1988, 770.

[3]   Rz 74 ff.

V. Weitere Fragen zur Beendigung der Testamentsvollstreckung

1. Sonstiges Erlöschen des Amtes

822a In Ausnahmefällen erlischt die TVg bzw. tritt von vornherein nicht in Kraft: So z. B. im Fall des § 2306 BGB [1]) oder bei Nacherben-TVg, wenn der Nacherbe ausschlägt (§ 2142 BGB) oder die Vor- und Nacherbschaft sonst wegfällt.[2])

823 Das Amt des TV erlischt nicht mit der Eröffnung des **Nachlaßkonkurses** oder der Anordnung der **Nachlaßverwaltung** über den der TVg unterliegenden Nachlaß. Für die Dauer dieser Maßnahmen geht das Verwaltungsrecht des TV auf den Konkurs- oder Nachlaßverwalter über. Dieses Amt kann auch dem TV übertragen werden (§ 6 Abs. 2 KO, § 1985 BGB).[3])

824 Fällt von zwei TVn der eine weg, so endet die TVg grundsätzlich nicht. Der andere TV ist dann befugt allein zu handeln.[4]) Etwas anderes gilt, wenn ein Ersatz-TV vorhanden ist.[5])

825 Dadurch, daß der TV zum **Vormund bzw. Betreuer des Alleinerben** bestellt wird, endigt die TVg nicht.[6]) Das TV-Amt einer AktG endigt dagegen, wenn die Gesellschaft durch Fusion in einer anderen AktG aufgeht.[7])

826 **Erloschene Befugnisse** des TV können als stillschweigender Vollmachtsinhalt aufrechterhalten werden.[8])

827 Eine vom TV in dieser Eigenschaft einem Dritten erteilte **Vollmacht** erlischt mit der Beendigung seines Amtes. [9]) Läßt der TV die Vollmacht neben dem TV-Zeugnis in den Händen des Bevollmächtigten, so haftet er nach § 179 BGB, wenn der Bevollmächtigte aufgrund dieser Urkunden noch einen Vertrag schließt.[10])

---

[1]) Siehe oben Rz 112, 113, 362.

[2]) Siehe oben Rz 157.

[3]) Vgl. im einzelnen die Ausführungen Rz 170 ff., 474.

[4]) KG, JR 1955, 65; siehe Rz 458.

[5]) Rz 786, 791, 810.

[6]) Siehe dazu aber Rz 92; vgl. Damrau ZEV 1994, 1.

[7]) OLG Hamburg, HRR 1933, Nr. 942.

[8]) RG, JW 1914, 399.

[9]) Siehe oben Rz 469; Hartmann, Abschn. 2.33; Soergel/Damrau, § 2225 BGB Rz 5.

[10]) RG, DNotZ 1933, 303. Mit einem Wechsel der Person des TV endet eine Vollmacht in der Regel nicht (Palandt/Heinrichs, § 168 BGB Rz 1). Siehe dazu auch Rz 703, 707.

2. Rückgabe des Testamentsvollstrecker-Zeugnisses

Das Nachlaßgericht hat nach Erlöschen des Amtes das TV-Zeugnis, obwohl es **828**
bereits **kraft Gesetzes kraftlos** geworden ist, zu den Akten zu nehmen oder
darauf zu vermerken, daß und wann das Amt erloschen ist.[1])

3. Einziehung des Erbscheins

Der Erbschein, der mit dem TV-Vermerk erteilt ist, wird unrichtig, wenn die **829**
TVg endet. Ein solcher Erbschein ist als unrichtig einzuziehen. Für eine
Berichtigung fehlt die gesetzliche Grundlage.[2])

4. Löschung des Grundbuchvermerks

Nach Erlöschen der TVg ist der **im Grundbuch eingetragene TV-Vermerk** **830**
(§ 52 GBO) [3]) zu löschen. Es gehört zur letzten Aufgabe des TV, die Löschung
unter Hinweis auf die Beendigung seines Amtes zu beantragen, um dem Erben
die gewonnene Verfügungsfreiheit auch grundbuchrechtlich zu verschaffen.
Von Amts wegen erfolgt diese Löschung nicht.[4]) Vielfach wird die Löschung
im Teilungsplan des TV oder in der notariellen Urkunde, in der über ein der
TVg unterliegendes Grundstück verfügt wird, vorgesehen.[5]) Die Ansicht, daß
dazu die öffentlich beglaubigte Erklärung des TV nicht ausreicht, der Antrag
vielmehr vom Erben mit Unrichtigkeitsnachweis durch öffentliche Urkunde
(§ 22 GBO) gestellt werden muß, [6]) ist wohl zu eng. Der Unrichtigkeitsnachweis kann nämlich durch öffentliche Urkunde allenfalls über einen Erbschein,
der den TV-Vermerk nicht mehr ausweist, geführt werden, was die Einziehung
des bisherigen Erbscheins mit dem Vermerk erfordert. Das ist eine kostspielige
Lösung. Eine Einziehung oder Kraftloserklärung des TV-Zeugnisses, wie beim
Erbschein, kennt das Gesetz nicht, weil das Zeugnis nach Beendigung der TVg
kraft Gesetzes kraftlos wird (§ 2268 Abs. 3 BGB).[7]) Aber auch ein Zeugnis
über den Wegfall der TVg (sog. Negativzeugnis) ist nicht möglich,[8]) so daß
auch eine Löschung von Amts wegen nach § 84 GBO kaum in Betracht
kommt. Denkbar ist ein TV-Zeugnis, aus dem eine Befristung hervorgeht.[9])
Man sollte die Anforderungen an die Löschung des TV-Vermerks nicht überspannen. Wenn das Amt des TV beendet und seine Verfügungsbefugnis über

---

[1]) Einzelheiten siehe Rz 707.

[2]) OLG Hamm, RPfleger 1983, 71; siehe auch oben Rz 725.

[3]) Siehe Rz 274.

[4]) So MüKo/Brandner, § 2225 BGB Rz 7; Staudinger/Reimann, § 2225 BGB Rz 9.

[5]) Vgl. Muster Rz 885.

[6]) So AG Starnberg, RPfleger 1985, 57; Bengel/Reimann/Klumpp, 3. Kap. Rz 79; Haegele/Schöner/
      Stöber, Grundbuchrecht Rz 3473; Soergel/Damrau, § 2225 BGB Rz 7.

[7]) Siehe Rz 707; Firsching/Graf, Nachlaßrecht, Rz 4470.

[8]) Firsching/Graf, Nachlaßrecht, Rz 4472.

[9]) BayObLGZ 1990, 51 = RPfleger 1990, 363= NJW-RR 1990, 906.

den Grundbesitz erloschen ist, gleicht seine Stellung bei der Löschung des Vermerks der eines Betroffenen i. S. des § 19 GBO und sein Löschungsantrag ist zugleich Bewilligung. Der öffentlich beglaubigte Antrag des TV genügt daher für die Löschung des Vermerks.[1])

---

[1]) LG Köln, MittBayNot 1986, 50; KEHE, § 52 GBO Rz 16; Meikel/Imhof/Riedel, § 52 GBO Rz 12; überzeugend Schelter, DNotZ 1992, 683.

Achter Abschnitt
Mustersammlung [1])

I. Reine Testamentsvollstrecker-Berufung

1. Berufung durch den Erblasser
(§ 2197 BGB):

„Zu meinem Testamentsvollstrecker ernenne ich Max Maier, Kauf- **831**
mann in Astadt. Er ist von den Beschränkungen des § 181 BGB
befreit.

Für den Fall, daß er wegfällt, ernenne ich zum Testamentsvollstrecker
in folgender Reihenfolge: Otto Lehmann, Kaufmann in Astadt, bzw.
Paul Meister, Schreiner in Bedorf.

Aufgabe meines Testamentsvollstreckers ist die Verwaltung und
unverzügliche Auseinandersetzung meines Nachlasses nach billigem
Ermessen."

2. Bestimmung durch einen Dritten
(§ 2198 BGB):

„Ich ordne für meinen Nachlaß Testamentsvollstreckung an. Die **832**
Bestimmung der Person meines Testamentsvollstreckers übertrage ich
meiner Ehefrau Johanna Unseld, geb. Groß, und, falls diese wegfällt,
meinem Bruder Gottlieb Unseld, Müller in Bedorf, ersatzweise dem
Nachlaßgericht."

3. Recht zur Berufung eines Mit-Testamentsvollstreckers
(§ 2199 Abs. 1 BGB):

„Mein Testamentsvollstrecker Max Meier soll berechtigt sein, einen **833**
Mit-Testamentsvollstrecker zu ernennen."

---

[1]) Die Muster 1–15 befassen sich nur mit der **Art der TVg und der Person des TV.** Die Muster 16 ff.
enthalten eingehende Ausarbeitungen zum TV-Recht und zu anderen Fragen des **Erbrechts.**

---

4. Recht zur Ernennung eines Nachfolgers
(§ 2199 Abs. 2 BGB):

834

„Mein Testamentsvollstrecker hat das Recht, einen Nachfolger zu ernennen."

Oder

„Ich bitte meinen TV, bei der Annahme seines Amtes sofort seinen Nachfolger in notariell beglaubigter Urkunde gegenüber dem Nachlaßgericht zu ernennen."

**5. Ersuchen an das Nachlaßgericht um
Testamentsvollstrecker-Ernennung**
(§ 2200 BGB):

835

„Ich ersuche das Nachlaßgericht, einen Testamentsvollstrecker für meinen Nachlaß zu ernennen."

**6. Ersuchen an das Nachlaßgericht um Ernennung eines
Ersatz-Testamentsvollstreckers**
(§§ 2197 Abs. 2, 2200 BGB):

836

„Ich ordne für meinen Nachlaß TVg an.

Zum TV ernenne ich Max Meier, Kaufmann in Astadt. Sollte er das Amt nicht annehmen oder nach Annahme wegfallen, bitte ich das Nachlaßgericht, eine geeignete Person als TV zu bestimmen."

---

7. Berufung eines Verwaltungs-Testamentsvollstreckers
(§ 2209 BGB):

837

„Ich ordne Testamentsvollstreckung an. Der Testamentsvollstrecker soll nur die Aufgabe haben, mein landwirtschaftliches Anwesen bis zur Auseinandersetzung unter den Erben oder bis zu seiner Übergabe an einen der Erben zu verwalten."

---

8. Befristete Testamentsvollstrecker-Berufung
(§ 2210 BGB):

„Die Testamentsvollstreckung dauert bis zum Tode des überlebenden **838**
Ehegatten. Sollte sich dieser wieder verheiraten, so endet die Testamentsvollstreckung mit dem Tage der Wiederverheiratung."

Oder:

„Mein Testamentsvollstrecker soll den Nachlaß bis zum Tode meiner **839**
Tochter Anna Adam verwalten."

---

9. Beschränkte Testamentsvollstrecker-Berufung bis zum
   Eintritt einer Nacherbschaft
   (§ 2222 BGB):

„Der Testamentsvollstrecker soll nur die Rechte und Pflichten meines **840**
Enkels Otto Bauer als Nacherbe meines Sohnes Ludwig Bauer bis
zum Eintritt der Nacherbfolge ausüben."

Oder:

„Zur Wahrnehmung der Rechte der Nacherben und zur Erfüllung **841**
ihrer Pflichten in der Zeit vom Erbfall an bis zum Eintritt der Nacherbfolge ordne ich Testamentsvollstreckung nach § 2222 BGB an. Der
TV soll aber nur im Bedarfsfalle durch das Nachlaßgericht ernannt
werden. Die Anregung dazu kann insbesondere ein Vorerbe geben."

---

10. Beschränkte Testamentsvollstreckung bis zum Eintritt einer
    Nacherbschaft für Vorerben und Nacherben [1])

„Mein Sohn Ludwig Bauer ist überschuldet, so daß sein späterer **842**
Erwerb erheblich gefährdet ist. In guter Absicht setze ich ihn daher
nur zum Vorerben ein und bestimme weiter: Sein Erbteil soll seinen
gesetzlichen Erben als Nacherben im Verhältnis ihrer gesetzlichen
Erbteile zufallen. Ich entziehe meinem Sohn auch die Verwaltung dieses Erbteils und übertrage sie dem TV, der ihm nur den Reinertrag
seines Erbteils in monatlichen Raten auszahlen soll. Der TV soll auch
bis zum Eintritt der Nacherbfolge die Rechte und Pflichten der Nacherben ausüben."

---

[1]) Siehe Kersten/Bühling, Nr. 907.

11. Beschränkte Testamentsvollstrecker-Berufung zur Ausführung eines Vermächtnisses (§ 2223 BGB):

843

„Der Testamentsvollstrecker hat nur die Aufgabe, die meinem Sohn Ludwig Bauer auferlegten Vermächtnisse und Auflagen zu erfüllen."

Oder:

844

„Aufgabe des Testamentsvollstreckers ist es, das Vermächtnis gemäß Ziffer ... zu erfüllen, also das betroffene Grundstück an sich aufzulassen. Weitere Aufgaben hat der Testamentsvollstrecker nicht. Eine Vergütung erhält er nicht."

12. Berufung mehrerer Testamentsvollstrecker (§ 2224 BGB):

845

„a) Ich ordne für meinen Nachlaß Testamentsvollstreckung an. Zu meinen Testamentsvollstreckern ernenne ich

a) ...

b) ...

c) ...

Die mehreren Testamentsvollstrecker führen das Amt gemeinschaftlich.

Jeder von ihnen hat das Recht, einen Nachfolger zu benennen. Stets sollen drei Testamentsvollstrecker im Amt sein. Trifft dies einmal nicht zu, so ersuche ich das Nachlaßgericht um die Ernennung eines Ersatz-Testamentsvollstreckers."

845a

„b) Ich ordne für meinen Nachlaß Testamentsvollstreckung an. Zu Testamentsvollstreckern ernenne ich

a) ...

b) ...

Beide Testamentsvollstrecker führen das Amt gemeinschaftlich. Sie sollen unverzüglich nach Antritt ihres Amtes gemeinsam ihre Nachfolger benennen, und so fort, damit sich stets zwei Testamentsvollstrecker im Amt befinden; eine Benennung eines Testamentsvollstreckers durch das Nachlaßgericht ist ausgeschlossen."

---

13. Zusatzbestimmungen bei Ernennung mehrerer
Testamentsvollstrecker
(§ 2224 BGB):

„a) Bei allen wichtigen Entscheidungen haben die drei Testamentsvoll- **846**
strecker einen schriftlichen Beschluß herbeizuführen. Bei Meinungsverschiedenheiten unter den Testamentsvollstreckern entscheidet –
soweit in diesem Testament nichts anderes bestimmt ist – die Stimme
des Testamentsvollstreckers A. Dieser erhält hiermit auch Vollmacht
über meinen Tod hinaus zur Regelung aller Nachlaßangelegenheiten
bis zur Erteilung eines Testamentsvollstrecker-Zeugnisses an alle
Testamentsvollstrecker.

b) Die Testamentsvollstrecker haben unverzüglich nach Amtsannahme
eine Geschäftsordnung aufzustellen. Darin ist u. a. zu bestimmen, wie
die laufenden Geschäfte des Nachlasses abzuwickeln und zu überwachen sind. Im übrigen haben die Testamentsvollstrecker durch eine
entsprechende Regelung Vorsorge zu treffen, daß die Einsetzung der
mehreren Testamentsvollstrecker die Führung der laufenden
Geschäfte nicht unnötig behindert, insbesondere also einer von ihnen
das Recht hat, in Eilfällen allein zu entscheiden (siehe auch § 2224
Abs. 2 BBG).''

---

14. Ersatz-Testamentsvollstrecker bei Mehrheit von
Testamentsvollstreckern
(§ 2224 BGB):

„a) Sollte einer der von mir ernannten Testamentsvollstrecker wegfallen, so **847**
tritt an dessen Stelle der jeweilige Ersatz-Testamentsvollstrecker, der
von mir entweder bereits bestimmt ist oder in einer Ergänzung des vorliegenden Testaments benannt wird.

b) Habe ich von meinem Recht, Ersatz-Testamentsvollstrecker zu bestellen, keinen Gebrauch gemacht oder fällt der von mir benannte Ersatz-
Testamentsvollstrecker weg, ohne daß ich für diesen einen Nachfolger
vorgesehen habe, so tritt an die Stelle des weggefallenen Testamentsvollstreckers ein nach folgenden Regeln zu bestimmender Ersatzmann.

c) Jeder zum Testamentsvollstrecker Berufene hat unverzüglich nach seinem Amtsantritt ein verschlossenes Schreiben beim Amtsgericht/Nach-
laßgericht zu hinterlegen, in dem er in öffentlich beglaubigter Form seinen Nachfolger benennt und das einen Nachweis darüber zu enthalten
hat, daß die Mit-Testamentsvollstrecker diese Benennungen kennen
und mindestens einer von ihnen die benannte Person schriftlich als

geeigneten Ersatz-Testamentsvollstrecker anerkennt. Jeder Testamentsvollstrecker hat dafür zu sorgen, daß derartige Schreiben nach Wegfall eines TV unverzüglich vom Nachlaßgericht offengelegt werden.

d) Der Inhalt vorstehenden Schreibens ist laufend von jedem Testamentsvollstrecker zu überprüfen und dabei evtl. geänderten Verhältnissen anzupassen. In mindestens dreijährigem Turnus sollen die Schreiben erneuert werden, auch wenn dabei eine Änderung der Person des Ersatz-Testamentsvollstreckers nicht in Frage steht.

e) Liegt bei Wegfall eines Testamentsvollstreckers ein Schreiben gemäß Buchst. c nicht vor oder ist die darin getroffene Bestimmung aus irgendwelchen Gründen unwirksam, so obliegt die Benennung des Ersatz-Testamentsvollstreckers dem Präsidenten des Oberlandesgerichts ... nach Anhörung der örtlichen Industrie- und Handelskammer. . .

f) Ersatz-Testamentsvollstrecker können nur Persönlichkeiten sein, die neben persönlicher und fachlicher Eignung und Unabhängigkeit ausreichende Gewähr dafür bieten, daß sie die von mir in diesem Testament festgelegten Grundsätze zur Richtschnur ihres Handelns machen.

g) Bis zur Bestellung eines Ersatz-Testamentsvollstreckers liegt die Testamentsvollstreckung ausschließlich in Händen des bzw. der übrigen Testamentsvollstrecker.''

---

15. Umfangreichere Fassung einer Testamentsvollstrecker-Berufung

---

848

„a) Ich ordne für meinen Nachlaß Testamentsvollstreckung an und ernenne X zu meinem Testamentsvollstrecker. X hat unverzüglich nach Annahme seines Amtes als Testamentsvollstrecker dem Nachlaßgericht einen Nachfolger zu bezeichnen. Auch jeder spätere Nachfolger hat unverzüglich nach Amtsannahme dem Nachlaßgericht gegenüber einen Nachfolger zu bestimmen. Sollte einer dieser Testamentsvollstrecker das Amt nicht annehmen können oder wollen oder sollte aus anderen Gründen ein Testamentsvollstrecker nicht vorhanden sein, so soll das Nachlaßgericht den Testamentsvollstrecker ernennen.

b) Der Testamentsvollstrecker hat das Recht und die Pflicht, den Nachlaß zu verwalten und über ihn zu verfügen. Auch hat er die Auseinandersetzung meines Nachlasses nach billigem Ermessen vorzunehmen, aber erst nach dem Zeitpunkt, in dem mein jüngstes Kind sein 25. Lebensjahr vollendet hat, soweit nicht wichtige Gründe entgegenstehen. Letzterenfalls verlängert sich die Testamentsvollstreckung um drei Jahre. Der Testamentsvollstrecker ist in der Eingehung von Verbindlichkeiten für den Nachlaß nicht beschränkt. Von den Beschränkungen des § 181 BGB ist er befreit.

Er ist auch berechtigt, Generalvollmacht zu erteilen.

c) Der Testamentsvollstrecker erhält, solange er sein Amt ausübt, eine jährlich nachträglich zahlbare Vergütung von 2 Prozent meines Bruttonachlasses nach dem Stand an meinem Todestag. Für die Verwaltung meines Grundstücksnachlasses erhält er zusätzlich eine Vergütung von 10 Prozent der jährlichen Bruttomieteinnahmen.

Bei Beendigung seines Amtes erhält der Testamentsvollstrecker ein Sonderhonorar von 2 Prozent des dann noch seiner Verwaltung unterliegenden Bruttonachlasses."

II. Testamentsvollstrecker-Berufung im Zusammenhang mit anderen letztwilligen Verfügungen

---

16. Überlebender Ehegatte Testamentsvollstrecker, Nießbrauch, Teilungsausschluß

849

„**§ 1** Sind bei meinem Tod Abkömmlinge aus meiner Ehe mit Marie, geb. Müller, vorhanden, so verbleibt es bei der im heutigen Zeitpunkt bei Bestehen des Güterstandes der Zugewinnschaft geltenden gesetzlichen Erbfolge [1]). Meine Erben sind also in diesem Falle meine Ehefrau zur einen Hälfte und die im Zeitpunkt meines Todes vorhandenen Abkömmlinge nach den Regeln der gesetzlichen Erbfolge zusammen zur anderen Hälfte. Derzeit sind meine Kinder Paul und Anna vorhanden, die, wenn bis zu meinem Tode keine Änderungen eintreten, also je ein Viertel erben.

§ 2 Bis zum Tod oder bis zur etwaigen Wiederverheiratung meiner Ehefrau ist bei Vorhandensein von Abkömmlingen die Auseinandersetzung meines Nachlasses ausgeschlossen, falls nicht meine Ehefrau selbst die Auseinandersetzung wünscht. Der Tod eines Abkömmlings ist auf diesen Teilungsausschluß ohne Einfluß.

§ 3 Ich räume meiner Ehefrau bis zu ihrem Tod bzw. bis zu ihrer Wiederverheiratung den Nießbrauch an den Erbteilen meiner Abkömmlinge ein.

§ 4 Ich ernenne für die Dauer der Erbengemeinschaft meine Ehefrau zum Testamentsvollstrecker. Sie ist als solcher in der Eingehung von Verbindlichkeiten für meinen Nachlaß und im Handeln in eigenem Namen und zu eigenen Gunsten nicht beschränkt. Sie ist ferner berechtigt, einen Mit-TV oder einen Nachfolger zu ernennen. Sollte meine Ehefrau aus irgendeinem Grunde als TV nicht in Frage kommen oder sonst kein Testamentsvollstrecker vorhanden sein, so ersuche ich das Nachlaßgericht um Ernennung eines TV. Das Nachlaßgericht soll dabei den etwaigen Vorschlag meiner Frau über die Person des Testamentsvollstreckers nach Möglichkeit berücksichtigen.

---

[1]) Im Zweifel ist das **zur Zeit des Erbfalls geltende Erbrecht** anzuwenden, wenn sich durch Auslegung nicht ein anderer Wille des Erblassers ergibt (OLG Bremen, MDR 1959, 761; KG, FamRZ 1961, 447). Das gilt auch für die Frage, ob bei einem vor dem 1. 1. 1958 errichteten Testament der überlebende Ehegatte im gesetzlichen Güterstand der Zugewinngemeinschaft den erhöhten Erbteil des § 1371 Abs. 1 BGB erhalten soll (vgl. dazu Boehmer, NJW 1958, 526; Lange/Kuchinke, Erbrecht, § 33 V 3b; Palandt/Edenhofer, § 2066 BGB Rz 2; RGRK, § 2066 BGB Rz 6; Rupp, NJW 1958, 12; Schramm, BWNotZ 1966, 29). Es wird in der Regel besser sein, die einzelnen Erben (und Ersatzerben) und deren Erbquoten im Testament genau anzugeben.

Das Amt des TV umfaßt auch die Auseinandersetzung meines Nachlasses nach Wegfall des in § 2 angeordneten Teilungsausschlusses. Der Testamentsvollstrecker hat diese Auseinandersetzung nach billigem Ermessen zu bewirken [1]).

Der Testamentsvollstrecker hat die besondere Pflicht, einem erbberechtigten Abkömmling bei dessen Verheiratung oder wirtschaftlichen Selbständigmachung nach erreichter Volljährigkeit, spätestens aber in jedem Fall mit Vollendung des 30. Lebensjahres, aus dessen Erbteil und auf dessen Rechnung eine einmalige Ausstattung in Höhe des hälftigen Betrages seines Erbteils nießbrauchfrei zu gewähren, soweit er als überlebender Ehegatte dazu ohne erhebliche Gefährdung seines standesgemäßen angemessenen Unterhalts und des vorhandenen Handelsbetriebs in der Lage ist.

Der Testamentsvollstrecker erhält, soweit es sich nicht um den Ehegatten handelt, als Vergütung 5 v. H. des jährlichen Bruttobetrages meines Nachlasses, fällig nachträglich.

§ 5 Sind bei meinem Tode keine Abkömmlinge vorhanden, so ist meine Ehefrau meine Alleinerbin. TVg besteht in diesem Fall nicht."

---

17. Testamentsvollstrecker-Berufung zur Übertragung eines einzelnen Nachlaßgegenstandes

„**§ 1** Zu meinen Erben berufe ich meine beiden Kinder Max und Anna **850** Meier je zur Hälfte meines Nachlasses.

---

[1]) Darüber, daß es zweckmäßig sein kann, das gesetzliche Recht des TV, als solcher die Auseinandersetzung zu bewirken (siehe Rz 507 ff.), im Interesse der Kinder auszuschließen, siehe Haegele, RPfleger 1963, 331.

Darüber, daß der Nießbraucher zugleich TV sein kann, bestehen keine Zweifel. Dem grundsätzlich bestehenden Interessenwiderstreit zwischen TV und Nießbraucher kommt dabei keine besondere Bedeutung zu (siehe wegen Insichgeschäften des TV Rz 220 ff.). Welche Verfügungsrechte der Nießbraucher als solcher hat, ergibt sich aus den Ausführungen Rz 250 ff. (siehe zum Nießbrauch auch Rz 21, 242).

Vielfach kann es sich empfehlen, anstelle eines Nießbrauchs eine Rente zu vermachen, insbesondere dann, wenn zu erwarten ist, daß die Nießbrauch-Erträgnisse für den vorgesehenen Zweck (Sicherstellung der standesgemäßen Versorgung des Ehegatten) nicht ausreichen werden. Zur Erfüllung eines Rentenvermächtnisses ist erforderlichenfalls auch die Substanz des Nachlasses anzugreifen. Die Rente kann mit einer Wertsicherungsklausel verbunden werden (Lebenshaltungskostenindex – Beamtengehalt). Es kann auch im Wege der Vermächtnisanordnung festgelegt werden, daß dem Nießbraucher bei nicht ausreichenden Nießbrauch-Erträgnissen zusätzlich der Betrag durch die Erben zu zahlen ist, der bis zur Erreichung eines angemessenen Versorgungsbetrags erforderlich ist. Dabei ist zweckmäßigerweise ein Mindestbetrag festzulegen. Ist der Nießbraucher zugleich TV, so kann er vorstehende Vermächtnisanordnung selbst ausführen. Schließlich kann auch auf dem Weg der testamentarischen Zubilligung einer angemessenen TV-Vergütung eine Aufbesserung der Nießbrauch-Erträgnisse erreicht werden (vgl. Rz 628).

Erbschaftsteuerliche Vorteile lassen sich durch ein Nießbrauchvermächtnis nicht mehr erreichen; vgl. § 25 ErbStG. Diese Vorschrift ist sehr problematisch. Siehe zu ihr u. a. Bopp, FamRP 1975, 245, 249; Knur, DNotZ 1974, 721; Petzold, BB 1975, 35 und Troll, DB 1974, 1783.

§ 2 Als Vorausvermächtnis wende ich meinem Sohn Max das Grundstück Hauptstraße 10 in . . . zu.

Meinen Sohn Max ernenne ich zum TV meines Nachlasses, mit dem Wirkungskreis, das Vorausvermächtnis durch Auflassung des Grundstücks an sich selbst zu erfüllen, und zwar unverzüglich nach meinem Tod.

§ 3 Ersatzerben bzw. Ersatzvermächtnisnehmer sind die Abkömmlinge der Berufenen unter sich nach den Regeln der gesetzlichen Erbfolge in der ersten Erbordnung. Testamentsvollstrecker im vorerwähnten Umfang ist in diesem Falle der älteste der als Vermächtnisnehmer eintretenden Abkömmlinge, der die Auflassung an die Vermächtnisnehmer nach den entsprechenden Anteilen vorzunehmen hat. Sollten sich die Vermächtnisnehmer vorher untereinander dahin einigen, daß nur einer von ihnen das Grundstück unter Abfindung der anderen in Geld erhalten soll, so ist der Testamentsvollstrecker auch zur Auflassung an nur diesen Bedachten berechtigt und verpflichtet."

---

18. Testamentsvollstrecker und Schiedsgericht

851 „Meinen Testamentsvollstrecker – bzw. seinen Nachfolger – berufe ich gleichzeitig zum Schiedsrichter bei Streitigkeiten der Erben oder sonstigen Beteiligten untereinander über die Durchführung meiner letztwilligen Anordnungen. Mein Testamentsvollstrecker hat als Schiedsrichter auch eintretende Lücken des Testaments, die infolge der Unwirksamkeit einzelner Bestimmungen entstehen, so auszufüllen, daß seine Entscheidung sich dem unwirksamen Teil meines Testaments möglichst anpaßt." [1])."

Andere Gestaltungsmöglichkeit:

852 „a) Streitigkeiten der Miterben und sonstigen Beteiligten untereinander, ferner alle Streitigkeiten zwischen den Erben, Vermächtnisnehmern und sonstigen Beteiligten, einschließlich der Streitigkeiten über die Wirksamkeit dieses Testaments oder einzelner seiner Bestimmungen, entscheidet ein Schiedsgericht. Das Schiedsgericht besteht aus drei Personen. Einen Schiedsrichter bestimmt die betreibende Partei, einen der Gegner. Den Vorsitzenden bestimmt der Testamentsvollstrecker.

b) Streitigkeiten zwischen dem Testamentsvollstrecker einerseits und Erben oder Vermächtnisnehmern andererseits entscheidet ebenfalls ein Schiedsgericht. Dieses Schiedsgericht besteht aus drei Personen. Einen Schiedsrichter bestimmt die betreibende Partei, einen der

---

[1]) Siehe dazu Rz 126. Eine umfassendere Gestaltungsmöglichkeit gibt Kohler, DNotZ 1962, 127, 133 in seinem Aufsatz über letztwillige Schiedsklauseln.

Gegner. Den Vorsitzenden bestimmt der Präsident des Oberlandesgerichts . . , falls sich nicht die Schiedsrichter auf einen Obmann einigen.

c) Die betreibende Partei hat ihren Schiedsrichter jeweils der anderen Partei schriftlich mitzuteilen mit der Aufforderung, binnen einer Frist von drei Wochen ein gleiches zu tun. Kommt die aufgeforderte Partei dem nicht nach, ernennt der Präsident des Oberlandesgerichts diesen Schiedsrichter auf Antrag der betreibenden Partei. In jedem Fall muß der Vorsitzende des Schiedsgerichts die Befähigung zum Richteramt besitzen und in wirtschaftlichen Dingen erfahren sein."

18a. Testamentsvollstrecker-Berufung bei Behinderten-Testament [1])

„1. Mit Rücksicht darauf, daß unser Kind Harald wegen seiner Behinderung nicht in der Lage sein wird, seine Angelegenheiten selbst zu besorgen, insbesondere die ihm durch den jeweiligen Erbfall zufallenden Vermögenswerte selbst zu verwalten, wird sowohl für den Erbfall nach dem Zuerstversterbenden von uns beiden als auch für den Schlußerbfall jeweils hinsichtlich des Erbteiles unseres Kindes Harald Testamentsvollstreckung (Dauervollstreckung gemäß § 2209 BGB) angeordnet. **852a**

2. Aufgabe des jeweiligen Testamentsvollstreckers ist die Verwaltung des Erbteiles unseres Kindes Harald und damit die Verwaltung des Nachlasses gemeinsam mit den weiteren Miterben.

Der jeweilige Testamtensvollstrecker hat alle Verwaltungsrechte auszuüben, die unserem Kind Harald als (Mit-)Vorerbe zustehen. Er ist zur Verwaltung des Nachlasses in Gemeinschaft mit den weiteren Miterben berechtigt und verpflichtet. Über den Erbteil selbst darf der jeweilige Testamentsvollstrecker nicht verfügen.

3. Der jeweilige Testamentsvollstrecker hat unserem Kind Harald die ihm gebührenden anteiligen jährlichen Reinerträgnisse (Nutzungen) des Nachlasses, wie beispielsweise etwaige anteilige Miet- und Pachtzinsen, Zinserträge, Dividenden- und Gewinnanteile und etwaige sonstige Gebrauchsvorteile und Früchte von Nachlaßgegenständen, nur in Form folgender Leistungen zuzuwenden:

– Überlassung von Geldbeträgen in Höhe des jeweiligen Rahmens, der nach den jeweiligen einschlägigen Gesetzen einem Behinderten maximal zur freien Verfügung stehen kann;

– Geschenke zu Weihnachten, Ostern, Pfingsten und zu seinem Geburtstag, wobei bei der Auswahl der Geschenke auf die

---

[1]) In Anlehnung an Dittmann/Reimann/Bengel, Testament und Erbvertrag, Anh. Formulare, Rz 63; vgl. auch Kersten/Bühling Muster 975.

Bedürfnisse und Wünsche unseres Kindes Harald ausdrücklich einzugehen ist;

– Zuschüsse zur Finanzierung eines Urlaubes und zur Urlaubsgestaltung;

– Zuwendungen zur Befriedigung geistiger und künstlerischer Bedürfnisse sowie zur Befriedigung der individuellen Bedürfnisse unseres Kindes Harald in bezug auf Freizeit, wozu insbesondere auch Hobbys und Liebhabereien zählen.

4. Für welche der genannten Leistungen die jährlichen Reinerträgnisse verwendet werden sollen, ob diese also auf sämtliche Leistungen gleichmäßig oder nach einem bestimmten Schlüssel verteilt werden oder ob diese in einem Jahr nur für eine oder mehrere der genannten Leistungen verwendet werden, entscheidet der jeweilige Testamentsvollstrecker nach billigem Ermessen, wobei er allerdings immer auf das Wohl unseres Kindes Harald bedacht sein muß.

Werden die jährlichen Reinerträgnisse in einem Jahr nicht in voller Höhe in Form der bezeichneten Leistungen unserem Kind Harald zugewendet, sind die entsprechenden Teile vom jeweiligen Testamentsvollstrecker gewinnbringend anzulegen.

5. Sind größere Anschaffungen für unser Kind Harald, wie beispielsweise der Kauf eines Gegenstandes zur Steigerung des Lebensstandards unseres Kindes Harald oder eine größere Reise oder ähnliches, beabsichtigt, hat der jeweilige Testamentsvollstrecker entsprechende Rücklagen zu bilden, die dann zugunsten unseres Kindes Harald zur gegebenen Zeit entsprechend zu verwenden sind.

Im übrigen gelten für die Testamentsvollstreckung die gesetzlichen Bestimmungen.

6. Zum Testamentsvollstrecker über den Erbteil unseres Kindes Harald (beim Erbfall nach dem Zuerstversterbenden von uns beiden) wird der Überlebende von uns beiden ernannt. (Ersatz-)Testamentsvollstrecker für den Fall, daß der vorernannte Testamentsvollstrecker vor oder nach Annahme des Amtes wegfällt – auch durch eigene Kündigung – soll unser Sohn Robert werden. Der (Ersatz-)Testamentsvollstrecker wird hiermit ermächtigt, jederzeit einen Nachfolger zu ernennen.

7. Testamentsvollstrecker über den Erbteil unseres Kindes Harald (beim Schlußerbfall) sollen unsere Söhne Robert und Eugen gemeinsam werden, ersatzweise der Überlebende von ihnen alleine. Die Testamentsvollstrecker werden hiermit ermächtigt, jederzeit einen Nachfolger zu ernennen.

.....,"

---

19. Einfache Testamentsvollstrecker-Berufung bei einem Handelsgeschäft [1])

„1. Ich setze meinen am .... geborenen Sohn **853**
zu meinem alleinigen Erben ein.

2. Zum Testamentsvollstrecker ernenne ich meinen Prokuristen A.
Ersatzweise ernenne ich meinen Prokuristen B zum Testamentsvollstrecker. Dieser soll auch Nachfolger von A werden.
Fällt B vor A weg, so ermächtige ich A zur Ernennung eines anderen Nachfolgers. Wird B Testamentsvollstrecker, so ermächtige ich ihn zur Bestimmung seines Nachfolgers.

3. Dem Testamentsvollstrecker stehen alle Rechte zu, die ihm nach dem Gesetz eingeräumt werden können. Er ist auch von den Beschränkungen des § 181 BGB befreit.

4. Die Verwaltung endet mit der Vollendung des 30. Lebensjahres des Erben. Nach Erreichung der Volljährigkeit kann ihm der Testamentsvollstrecker nach und nach andere Nachlaßgegenstände als mein Unternehmen zur freien Verfügung überlassen.

5. Die Fortführung meines unter der Firma . . . geführten Unternehmens ist die Hauptaufgabe des Testamentsvollstreckers. Er kann sie erfüllen, indem er nach seinem Ermessen das Unternehmen entweder im eigenen Namen und unter eigener Haftung als Treuhänder oder im Namen und unter Haftung des Erben als Bevollmächtigter führt.

oder:

Die Fortführung meines unter der Firma . . . geführten Unternehmens ist die Hauptaufgabe des Testamentsvollstreckers. Er kann wählen, ob er

a) als Treuhänder handelt, also im eigenen Namen auftritt, jedoch für Rechnung der Erben handelt,

b) als Bevollmächtigter, also im Namen und für Rechnung der Erben handelt,

c) die Erben nach außen als Unternehmer auftreten läßt, sich jedoch die Entscheidungsbefugnis im Innenverhältnis vorbehält.

Die Erben haben nach Ausübung des Wahlrechts durch den Testamentsvollstrecker diesem alle Befugnisse einzuräumen, die erforderlich sind, damit er die Verwaltung des Nachlasses in der gebotenen Effektivität wahrnehmen kann. Die Verpflichtung erfolgt durch Auflage. Die Erfüllung der Auflage kann vom Testamentsvollstrecker selbst vorgenommen werden.

---

[1]) Siehe Kersten/Bühling, Nr. 909.

6. Als Vergütung erhält der Testamentsvollstrecker das Eineinhalbfache von dem, was er als Angestellter des Unternehmens zuletzt vor Antritt des Amtes bezogen hat.

Von dem nach Bezahlung dieser Vergütung verbleibenden Reingewinn bekommt der Erbe nur das zu seinem Lebensunterhalt Notwendige, das das jeweilige Gehalt eines kaufmännischen Angestellten nach dem Tarif ... nicht übersteigen soll. Wenn er im Betrieb mitarbeitet, kann das ihm Auszuzahlende das Gehalt eines Prokuristen erreichen. Einen höheren Reingewinn hat der Testamentsvollstrecker nach seinem Ermessen anzulegen, braucht es jedoch nicht mündelsicher zu tun."

19a. Berufung getrennter Testamentsvollstrecker für Handelsgeschäft und Privatvermögen [1])

853a

1. Zu meinem Testamentsvollstrecker mit dem ausschließlichen Wirkungskreis meines Betriebsvermögens und der Fortführung meines einzelkaufmännischen Unternehmens bis zur Benennung des Unternehmensnachfolgers ernenne ich meinen Prokuristen A. Er hat das Unternehmen bis zu diesem Zeitpunkt nach seinem freien Ermessen entweder im eigenen Namen und unter eigener persönlicher Haftung als Treuhänder für Rechnung der Erben oder im Namen und unter Haftung der Erben als deren Bevollmächtigter zu führen. Die Erben werden hiermit im Wege der Auflage verpflichtet, dem Testamentsvollstrecker die entsprechenden Befugnisse einzuräumen. Die Testamentsvollstreckung endet mit der Benennung des Unternehmer-Nachfolgers. Danach hat der Testamentsvollstrecker gegenüber den Erben einen Anspruch auf Befreiung von seiner unbeschränkten Haftung für die Geschäftsverbindlichkeiten. Dem Testamentsvollstrecker stehen alle Rechte zu, die ihm nach dem Gesetz eingeräumt werden können. Er ist auch von den Beschränkungen des § 181 BGB befreit. Als Vergütung erhält er neben seinem bisherigen Gehalt, falls er die Vollmachtslösung wählt 5 % und falls er die Treuhandlösung wählt 20 % des ausgewiesenen jährlichen Reingewinns.

2. Zur Testamentsvollstreckerin mit dem ausschließlichen Wirkungskreis meines Privatvermögens ernenne ich meine Ehefrau E. Sie ist von den Beschränkungen des § 181 BGB befreit. Eine Vergütung steht ihr nicht zu. Ihre Testamentsvollstreckung endet mit der Volljährigkeit des jüngsten Kindes oder mit ihrer Wiederverheiratung. Bis zum Zeitpunkt der Volljährigkeit des jüngsten Kindes schließe ich die Auseinandersetzung meines Privatnachlasses aus.

---

[1]) Siehe Nieder, Münchner Vertragshandbuch, 3. Aufl. 1992, Band 4, 2. Halbband Ziffer XVI 7.

19b. Anordnung der Umwandlung des Handelsgeschäfts in eine GmbH [1])

„Die Erben werden im Wege der Auflage verpflichtet, mein einzel-   **853b**
kaufmännisches Unternehmen auf eine GmbH im Wege der Sachgründung oder Umwandlung überzuführen. Die Beteiligungsverhält-
nisse der Erben an der GmbH haben dabei der Beteiligung am Nachlaß zu entsprechen. Das Stammkapital ist im Rahmen der gesetzlichen
Vorschriften beteiligungskonform festzusetzen. Im übrigen wird
wegen der Ausgestaltung der Gesellschaftssatzung auf die Anlage I zu
diesem Testament Bezug genommen; diese Anlage stellt einen
wesentlichen Bestandteil der Verfügung dar. Abweichungen von den
Vorgaben, die in der Anlage enthalten sind, sind nur zulässig, wenn
eine Gesetzesänderung sie zwingend erfordert''.

---

20. Testamentsvollstrecker-Berufung bei Gesellschaftsbeteiligung [2])

a)   „Damit meine Testamentsvollstrecker ihre Rechte und Pflichten in   **854**
bezug auf meine Gesellschaftsbeteiligung an der offenen Handelsgesellschaft / Kommanditgesellschaft unter der Firma ... wahrnehmen
können, ordne ich folgendes an:

a) Soweit mein betriebliches Vermögen in der Beteiligung an Personengesellschaften,   insbesondere   Kommanditgesellschaften,
besteht, haben meine Testamentsvollstrecker alle Rechte meiner
Erben daran in deren Vertretung auszuüben und die entsprechenden Pflichten zu erfüllen, soweit nicht zwingende gesetzliche Vorschriften entgegenstehen. Soweit etwa meine Testamentsvollstrekker solche Rechte nicht unmittelbar ausüben können, weil sie nicht
zu meinem Nachlaß gehören, sondern neu in der Person meiner
Erben entstehen, haben meine Erben die Ausübung auch dieser
Rechte durch meine Testamentsvollstrecker zu dulden und zu
ermöglichen.
Meine Erben belaste ich mit den vorstehenden Anordnungen entsprechenden Auflagen.

b) Für den Fall, daß dies aufgrund der Rechtsprechung oder aus sonstigen Gründen notwendig ist oder künftig notwendig sein sollte,
bevollmächtige ich hiermit meine Testamentsvollstrecker gegenüber meinen Erben, alle vermögensrechtlichen und mitgliedschaftlichen Rechte meiner Erben bei meinen Beteiligungen solange und

---

[1]) Bengel/Reimann/Mayer, 5. Kap. Rz 143.

[2]) Das Muster kann entsprechend verwendet werden, wenn zum Nachlaß ein **Handelsgeschäft** gehört
(siehe Rz 299 ff. und Muster 857).

in dem Umfang auszuüben, wie dies in diesem Testament bestimmt ist. Sollte die vorstehende Bevollmächtigung ganz oder teilweise unwirksam sein oder (auch durch Widerruf) unwirksam werden, so mache ich meinen Erben die Auflage, nach meinem Tod innerhalb einer von meinem Testamentsvollstreckern zu bestimmenden angemessenen Frist alle Rechtshandlungen, namentlich Vollmachtserteilungen in notariell beurkundeter Form vorzunehmen, die erforderlich sind, damit meine Testamentsvollstrecker die Erben in der in diesem Testament angeordneten Weise voll vertreten können.

c) An Stelle der Ausübung des Testamentsvollstrecker-Amts in der in Buchstabe b geregelten Weise können meine Testamentsvollstrecker die genannten Beteiligungen oder einige von ihnen auch als Treuhänder [1]) für meine Erben verwalten. Für diesen Fall mache ich meinen Erben die Auflage, die in Frage kommenden Beteiligungen innerhalb einer von den Testamentsvollstreckern zu bestimmenden angemessenen Frist auf diese treuhänderisch zu übertragen.

d) Sollte einer meiner Erben den ihm nach den Bestimmungen Buchst. a–c obliegenden Auflagen und Verpflichtungen nicht nachkommen oder eine von mir oder ihm selbst erteilte Vollmacht vorzeitig widerrufen, so hat er im Weg der hiermit von mir angeordneten Vermächtnisbelastung den in Frage stehenden Anteil an der betreffenden Beteiligung unverzüglich an . . . herauszugeben. Die Erfüllung dieses – bedingten – Vermächtnisses gehört ebenfalls zu den Aufgaben meiner Testamentsvollstrecker. Auf den genannten Vermächtnisteilnehmer geht dann auch der Anteil des renitenten Erben auf Beteiligung an den Erträgnissen gemäß § . . . dieses Testaments über. Soweit Erträgnisse an ihn bis dahin bereits ausgezahlt sein sollten, sind sie auf einen etwaigen Pflichtteilsanspruch anzurechnen."

854a   **b)** „Für die Verwaltung der Anteile an der . . . KG ordne ich Testamentsvollstreckung an, und zwar solange, als ein Vermächtnis- oder Ersatzvermächtnis- oder Nachvermächtnisnehmer oder ein Erbe, Ersatzerbe oder Nacherbe noch nicht das 25. Lebensjahr erreicht hat.

Soweit die Testamentsvollstreckung die Verwaltung von Kommanditanteilen der . . . KG betrifft, umfaßt sie neben den sämtlichen Kapitalkonten auch die anderen für den Gesellschafter geführten Konten, z. B. Darlehenskonten.

Der Testamentsvollstrecker übt die Rechte aus der Kommanditistenstellung, insbesondere das Stimmrecht, nach eigenem billigen Ermessen im Einvernehmen mit dem anderen Testamentsvollstrecker aus; Gewinne, die nicht in irgendeiner Form im Unternehmen verbleiben,

---

[1]) Beachte, daß bei einer Mehrheit von TV jeweils nur einer Treuhänder für eine Beteiligung sein kann (Rz 349, 465).

sondern entnommen werden, sind nach dem billigen Ermessen beider Testamentsvollstrecker anzulegen, soweit sie nicht den Erben für ihre Lebensführung und ihre Ausbildungs- und Unterhaltsbedürfnisse von den Testamentsvollstreckern zur Verfügung gestellt werden, wobei auch hier die Testamentsvollstrecker nach ihrem billigem Ermessen bei Anlegung eines großzügigen Maßstabs die alleinige Entscheidung treffen.

In allen Fällen der Testamentsvollstreckung stehen den Testamentsvollstreckern alle Rechte zu, die ihnen nach dem Gesetz eingeräumt werden können. Sie sind in der Eingehung von Verbindlichkeiten für den Nachlaß nicht beschränkt und von den Beschränkungen des § 181 BGB befreit.

Zu Testamentsvollstreckern ernenne ich

a) ...

b) ...

Beide Testamentsvollstrecker führen das Amt gemeinschaftlich. Sie sollen unverzüglich nach Antritt ihres Amtes gemeinsam ihre Nachfolger benennen, und so fort, damit sich stets zwei Testamentsvollstrecker im Amt befinden; eine Benennung eines Testamentsvollstreckers durch das Nachlaßgericht ist ausgeschlossen.''

...

c) oder kurze Formulierung:

„Zum Nachlaß gehören Gesellschaftsanteile. Soweit eine ‚echte' TVg **854b** hieran nicht möglich ist,[1]) soll der TV sie nach seiner Wahl als Treuhänder oder aufgrund Vollmacht verwalten. Den Erben mache ich zur Auflage, alle Handlungen vorzunehmen und Erklärungen abzugeben, die hierzu erforderlich sind ...''

---

21. Weitere Gestaltungsvorschläge bei Gesellschaftsbeteiligung

Aufschlußreich sind die folgenden im Schrifttum gemachten sonstigen Gestaltungsvorschläge:

a) Brenig, MittRhNotK 1957, 643, 660:

„Dem Erben wird die Auflage gemacht, die ihm aufgrund der erwor- **855** benen Mitgliedschaft zustehenden Verwaltungsrechte und insbeson-

---

[1]) Vgl. dazu oben Rz 293, 293a.

dere das Stimmrecht nur nach den Weisungen des Testamentsvollstreckers auszuüben." [1])

b) *Donner, DNotZ 1944, 150:*

für den Gesellschaftsvertrag:

856
„Wenn ein Gesellschafter stirbt, sind – soweit das Gesetz nicht zwingend entgegensteht – zur Ausübung sämtlicher Rechte, die seinen
Erben oder Vermächtnisnehmern als Gesellschaftern – vor oder nach
ihrer Eintragung im Handelsregister – gegenüber den anderen Gesellschaftern und auch gegenüber Dritten zustehen, insbesondere befugt:

aa) gesetzliche Vertreter (z. B. Vater, Mutter, Vormund),

bb) Testamentsvollstrecker, sofern und solange ihnen durch die Verfügung von Todes wegen die Verwaltung des ganzen Nachlasses
oder des auf den Erben oder Vermächtnisnehmer entfallenden
Gesellschaftsanteils übertragen ist, insbesondere auch eine Dauer-
testamentsvollstreckung nach § 2209 BGB währt,

cc) Bevollmächtigte, die entweder aufgrund einer durch den Erblasser
angeordneten Auflage von den Erben oder Vermächtnisnehmern
oder vom Erblasser für sich und seine Erben bestellt sind, solange
die betreffende Vollmacht nicht widerrufen ist."

c) *Kersten/Bühling, Formularbuch, Muster 835*

857
„Die Fortführung meines unter der Firma ... geführten Unternehmens ist die Hauptaufgabe des Testamentsvollstreckers. Er kann sie
erfüllen, indem er nach seinem Ermessen das Unternehmen entweder
im eigenen Namen und unter eigener Haftung als Treuhänder oder im
Namen und unter Haftung des Erben als Bevollmächtigter führt. Als
Vergütung erhält der Testamentsvollstrecker das Eineinhalbfache von
dem, was er als Angestellter des Unternehmens zuletzt vor Antritt des
Amtes bezogen hat."

d) *Klussmann, BB 1966, 1212:*

858
aa) für Erb- und Erbverzichtsvertrag zwischen Erblasser und Erben:

„Soweit eine Beteiligung an einer Personengesellschaft zum Nachlaß
gehört, soll der Testamentsvollstrecker diese in erster Linie als Treuhänder verwalten. Dem Erben wird auferlegt, dem Testamentsvollstrecker
innerhalb angemessener von diesem zu bestimmender Frist die ererbte
Beteiligung treuhänderisch für die vorgesehene Zeit der TVg zu über-

---

[1]) Allerdings müßte nach Brenig die Erfüllung dieser Auflage dadurch in erhöhtem Maße gesichert
werden, daß der Erblasser ihre Nichterfüllung zugleich als auflösende Bedingung des Anfalls der
Zuwendung an den Beschwerten bestimmt. Ist dies geschehen, so ist im Hinblick auf die weitrei-
chenden Folgen kaum damit zu rechnen, daß ein Erbe ohne bzw. abweichend von den Weisungen
des TV seine Rechte ausüben wird, was ihm im Verhältnis zu den Mitgesellschaften ohne weiteres
möglich wäre.

tragen. Entspricht der Erbe ohne wichtigen Grund nicht fristgerecht dieser Auflage, tritt an seine Stelle der benannte Ersatzerbe.

Für den Fall, daß der Testamentsvollstrecker nicht Treuhänder sein will oder kann, bevollmächtigt der Vertragserbe den Testamentsvollstrecker hiermit unwiderruflich, die vermögensrechtlichen und mitgliedschaftlichen Interessen des Erben gegenüber der Personengesellschaft solange und in dem Umfang zu vertreten, wie es dieser Erbvertrag vorsieht.

Sollte die Bevollmächtigung in dem vorstehenden Absatz nicht wirksam sein, wird dem Erben auferlegt, nach dem Erbfall innerhalb angemessener und von dem Testamentsvollstrecker zu bestimmender Frist sämtliche Rechtshandlungen (insbesondere Bevollmächtigungen) vorzunehmen, die erforderlich sind, damit der Testamentsvollstrecker den Erben gegenüber der Personengesellschaft in dem genannten Umfang und für die vorgesehene Dauer vertreten kann. Geschieht dies ohne wichtigen Grund nicht fristgemäß, tritt an seine Stelle auch in diesem Fall der benannte Ersatzerbe." [1])

bb) für den Gesellschaftsvertrag:

„Ein Testamentsvollstrecker kann nach Maßgabe der Anordnungen des Erblassers alle Rechte ausüben, die dem Erben aus dem Gesellschaftsvertrag zustehen, soweit das rechtlich zulässig ist. Der Testamentsvollstrecker kann sein Amt der Gesellschaft gegenüber nach seiner Wahl als Treuhänder oder als Bevollmächtigter der Erben führen. Im letzteren Fall bedarf er der Gesellschaft gegenüber einer schriftlichen Vollmacht der Erben. Solange nicht der Erbe ohne wichtigen Grund dem Testamentsvollstrecker nach dessen Wahl die ererbte Beteiligung treuhänderisch übertragen oder diesem als Vertreter eine schriftliche Vollmacht erteilt hat, ruht das Entnahmerecht der Erben."

e) *Weiler, DNotZ 1952, 283, 298:*

aa) für den Gesellschaftsvertrag oder einen Nachtrag zum Gesellschaftsvertrag bei der Vereinbarung über die Fortsetzung der Gesellschaft beim Tode eines Gesellschafters:

859

„Hat ein Gesellschafter von Todes wegen für seinen Nachlaß eine Testamentsvollstreckung angeordnet, so ist der Testamentsvollstrecker auch zur Ausübung aller Rechte berufen, die dem Erben oder dem Vermächtnisnehmer aus der Gesellschaftsbeteiligung der Gesellschaft, den Gesellschaftern oder Dritten gegenüber zustehen, soweit nicht zwingende gesetzliche Vorschriften entgegenstehen."

---

[1]) In der Verfügung von Todes wegen ist dann zweckmäßigerweise bei Anordnung der Dauer-TVg nach § 2209 BGB darauf hinzuweisen, daß im Gesellschaftsvertrag die vorstehenden Vereinbarungen getroffen worden sind und der eingesetzte Dauer-TV demgemäß nicht nur nach innen gegenüber den Erben oder Vermächtnisnehmern, sondern auch nach außen gegenüber den Mitgesellschaftern und Gesellschaftsgläubigern die in der Vereinbarung genannten Rechte hat.

Unter Umständen zusätzlich:

„Die Ausübung der Gesellschaftsrechte ist dem Testamentsvollstrekker auch dann vorbehalten, wenn in der Verfügung von Todes wegen ein ausdrücklicher Hinweis auf die Befugnis fehlt."

Oder:

„Die Ausübung der Gesellschaftsrechte ist dem Testamentsvollstrekker jedoch nur dann vorbehalten, wenn die Verfügung von Todes wegen dies über die bloße Anordnung einer Testamentsvollstreckung hinaus ausdrücklich bestimmt."

bb) für die Verfügung von Todes wegen:

„Zum Testamentsvollstrecker für meinen gesamten Nachlaß ernenne ich NN. Der Testamentsvollstrecker soll insbesondere berufen sein, alle Rechte, die meinen Erben – Vermächtnisnehmern – aus meiner Beteiligung an der . . . Gesellschaft zustehen, auszuüben, soweit nicht zwingende gesetzliche Vorschriften entgegenstehen.

Soweit ein Testamentsvollstrecker als solcher derartige Rechte nicht wahrnehmen kann – z. B. weil sie nicht zum Nachlaß gehören, sondern neu in der Person der Erben entstanden sind –, mache ich meinen Erben – Vermächtnisnehmern – die Auflage, sich auch die Ausübung dieser Rechte durch den Testamentsvollstrecker gefallen zu lassen [1]."

---

22. Ertragsausschüttung durch Testamentsvollstrecker [2])

860

„a) Aus den Erträgen des Nachlasses, soweit er der Testamentsvollstreckung jeweils unterliegt, ist den Erben zunächst soviel zu belassen, daß diese die persönlichen Steuern, die das ererbte Vermögen betreffen, bezahlen können. Die Testamentsvollstrecker sind ermächtigt, die Zahlung dieser Steuern unmittelbar an den Steuergläubiger zu bewirken.

b) Darüber hinaus erhalten die Erben für ihre Lebensführung den vollen Bruttoertrag aus den der Testamentsvollstreckung unterliegenden Grundstücken.

c) Die Erträge aus den Beteiligungen erhalten die Erben, sofern und soweit die Testamentsvollstrecker nicht nach pflichtgemäßem Ermessen bestimmen, daß diese Erträge für Investitionen in die der Testamentsvollstreckung unterliegenden Betriebe oder sonst zur Reservenbildung erforderlich sind.

---

[1]) Mit Recht weist Klussmann, BB 1966, 1211 aber darauf hin, daß die vielfach anzutreffende testamentarische Bestimmung, der Erbe habe die Ausübung seiner Rechte durch den TV „zu dulden" (RGZ 172, 207), die wünschenswerte Schärfe der Definition vermissen läßt. Eine bloße Duldung reicht danach nicht aus, sondern es ist eine Bevollmächtigung erforderlich.

[2]) Vgl. dazu auch oben Muster 20b (Rz 854a).

d) Ob aus sonstigen, der Testamentsvollstreckung unterliegenden Nachlaßgegenständen den Erben Erträge zur freien Verfügung überlassen werden, bestimmen die Testamentsvollstrecker nach billigem Ermessen.

e) Die nach Buchst. a gegebenenfalls unmittelbar zugunsten der Erben gezahlten Steuern sind Teile der den Erben zufließenden Erträge.

Wegen der im Zusammenhang mit meinem Tod anfallenden Steuern, insbesondere der Erbschaftsteuer und sonstigen Belastungen, sind die Testamentsvollstrecker berechtigt, die Auszahlung der Erträge an die Erben soweit und solange zu kürzen, wie ihnen dies für die Sicherstellung einer geordneten Fortführung der Unternehmungen notwendig erscheint."

---

23. Bestimmungen für die Nachlaßherausgabe an die Erben
(§ 2217 BGB):

„a) Bei der in § . . . dieses Testaments vorgesehenen Herausgabe meines **861** ganzen privaten Nachlasses und meines Unternehmens an die Erben kann mein Testamentsvollstrecker nach billigem Ermessen darüber entscheiden, ob er den Erben unter Beachtung der ihnen zustehenden Erbquoten das Vermögen ungeteilt bzw. insgesamt herausgeben oder einzelne Nachlaßgegenstände unter den Erben teilen will.

Eine mithin im Einzelfall erforderliche Erbteilung nach billigem Ermessen gehört zu den Aufgaben meines Testamentsvollstreckers.

b) Der Testamentsvollstrecker ist ermächtigt, das gesamte betriebliche Nachlaßvermögen vor dessen Herausgabe an die Erben nach Buchstabe a ganz oder teilweise in eine andere, ihm für den Fortbestand des Unternehmens geeignet erscheinende Rechtsform beliebiger Art umzuwandeln. Der Testamentsvollstrecker soll eine solche Maßnahme insbesondere dann ins Auge fassen, wenn sich zeigt, daß die rechtliche oder/und die steuerliche Struktur einer anderen Gesellschaftsform für die Erhaltung von Unternehmensbestand und Unternehmenszweck besser geeignet erscheint als die bisherige Form. Im Rahmen einer solchen Umwandlung können auch Fusionen verschiedener Unternehmen sowie überhaupt ein Umbau der gesamten rechtlichen Struktur des Unternehmens vorgenommen werden."

---

24. Vergütung des Testamentsvollstreckers
(§ 2221 BGB):

„a) Für seine Tätigkeit bis zur Konstituierung meines Nachlasses erhält **862** mein Testamentsvollstrecker eine feste Vergütung in Höhe von vier vom Hundert meines Bruttonachlasses nach seinem tatsächlichen Wert im Zeitpunkt meines Todes. Grundbesitz ist dabei zu dem vom Testamentsvollstrecker zu schätzenden Verkehrswert einzusetzen. Diese Vergütung darf der Testamentsvollstrecker nach Ablauf eines Jahres, von meinem Tode an gerechnet, aus meinem Nachlaß entnehmen. Zinsen daraus stehen ihm nicht zu.

b) Für die Zeit der angeordneten Dauer-Testamentsvollstreckung erhält mein Testamentsvollstrecker, gerechnet vom 2. Jahr nach meinem Todestag, für jedes Jahr, über das er die Testamentsvollstreckung ausübt, eine Vergütung in Höhe von 2 % der Roheinnahmen, wie sich diese in jedem Jahr aufgrund der von ihm zu legenden Rechnung ergeben.

c) Für seine etwa zu leistende Berufsarbeit erhält mein Testamentsvollstrecker die ihm gesetzlich zustehenden Gebühren, die er jeweils sofort entnehmen kann. Mein Testamentsvollstrecker hat auch Anspruch auf Ersatz seiner Auslagen. Sie sind auf die Testamentsvollstrecker-Vergütung nicht anzurechnen.

d) Bei Beendigung der Dauer-Testamentsvollstreckung erhält mein Testamentsvollstrecker zusätzlich noch ½ % weitere Vergütung aus meinem bei Beendigung noch vorhandenen Bruttonachlaß.

e) Die Vergütung aus der Konstituierung des Nachlasses haben meine Erben zu 80 %, meine Vermächtnisnehmer zu 20 %, unter sich je entsprechend ihrer Beteiligung am Nachlaß, zu tragen. Die weiteren Vergütungen belasten nur meine Erben.

f) Eine etwaige Umsatzsteuer belastet den Testamentsvollstrecker."

Andere Gestaltungsmöglichkeiten:

„a) Mein Testamentsvollstrecker erhält eine gewinnabhängige Vergütung in Höhe von . . . % des jährlichen Reingewinns, der sich aus dem der Testamentsvollstreckung unterliegenden Unternehmen für den Erben jeweils ergibt, nach Bilanzaufstellung fällig.

b) Mein Testamentsvollstrecker hat Anspruch auf eine entsprechende Änderung seiner Vergütung, falls sich die gesamtwirtschaftlichen Verhältnisse oder die Situation des Vermögens meines Unternehmens wesentlich ändern sollte, ohne daß sich dies in der gewinnabhängigen Tantieme adäquat niederschlägt.[1]

c) Mein Testamentsvollstrecker erhält als Vergütung jährlich das Doppelte von dem, was er im Zeitpunkt meines Todes als Prokurist meiner Firma brutto erhalten hat."

---

[1] Siehe wegen Regelung der Vergütung auch Muster 15 (Rz 848).

III. Vollmacht für den Testamentsvollstrecker

24a. Vollmacht

„Zur Verstärkung seiner Position erteile ich dem Testamentsvollstrek- **863**
ker hiermit zugleich eine Vollmacht, die ihn vom Zeitpunkt meines
Ablebens an ermächtigt, in meinem Namen mit Wirkung für und
gegen meine Erben zu handeln. Durch Auflage verpflichte ich die
Erben, die Vollmacht zu dulden und nicht zu widerrufen, solange das
Testamentsvollstreckeramt besteht.

Der Testamentsvollstrecker ist als Bevollmächtigter von den
Beschränkungen des § 181 BGB befreit und nicht an den Nachweis
der ordnungsgemäßen Verwaltung des Nachlasses gemäß § 2216 BGB
gebunden. Diese Befreiungen gelten insbesondere, soweit Unternehmen und Unternehmensrechte in meinen Nachlaß fallen und soweit
der Testamentsvollstrecker im Rahmen der Verwaltung des Nachlasses neue Unternehmen oder Geschäftsanteile an solchen für die
Erben erwerben will.”

IV. Erklärungen des zum Testamentsvollstrecker Ernannten bzw. eines Dritten

---

25. Annahme des Amtes
(§ 2202 BGB):

864

An das Nachlaßgericht Astadt

Der am ... in Astadt verstorbene Eugen Fischer, Bäckermeister in Astadt, hat mich in seinem eigenhändigen Testament vom ..., vom dortigen Nachlaßgericht eröffnet am ..., zu seinem Testamentsvollstrecker ernannt.

Ich nehme das Amt an. Ich bitte um Erteilung einer beglaubigten Abschrift dieser Annahmeerklärung, versehen mit Eingangsbestätigung.[1]

Den Wert des Nachlasses gebe ich mit brutto DM 30 000,–, netto etwa DM 18 000,– an.

– Datum und Unterschrift –

Notarielle Unterschriftsbeglaubigung bei Vorhandensein von Grundbesitz erforderlich.

---

26. Antrag eines Beteiligten, dem zum Testamentsvollstrecker Ernannten eine Frist zur Erklärung über die Annahme des Amtes zu bestimmen
(§ 2202 Abs. 3 BGB):

865

An das Nachlaßgericht Astadt

Der am ... verstorbene Bäckermeister Eugen Fischer hat in seinem vom Amtsgericht ... eröffneten Testament vom ... den Kaufmann Max Maier zum Testamentsvollstrecker ernannt.

Ich beantrage als Miterbe, Herrn Maier zur Erklärung über die Annahme seines Amtes eine Frist zu bestimmen.

– Datum und Unterschrift –

---

[1] Siehe unten Rz 878 (Bestätigung).

---

27. Ablehnung des Amtes
(§ 2202 BGB):

An das Nachlaßgericht Astadt **866**

In der Nachlaßsache des am ... in Astadt verstorbenen Eugen Fischer, Bäckermeister in Astadt, lehne ich das mir in seinem Testament vom ... zugedachte Amt als Testamentsvollstrecker hiermit ab.

– Datum und Unterschrift –

---

28. Bestimmung des Testamentsvollstreckers durch Dritten
(§ 2198 BGB):

An das Nachlaßgericht Astadt **867**

Der am ... in Astadt verstorbene Eugen Fischer, Bäckermeister in Astadt, hat in seinem vom Nachlaßgericht am ... eröffneten Testament vom ... die Bestimmung der Person des Testamentsvollstreckers mir übertragen.

Als Testamentsvollstrecker bestimme ich hiermit den Lebensmittelhändler Julius Deutlich in Astadt.

– Datum und Unterschrift –

(Notarielle Unterschriftsbeglaubigung)

---

29. Antrag, dem Dritten eine Frist zur Benennung des Testamentsvollstreckers zu bestimmen
(§ 2198 BGB):

An das Nachlaßgericht Astadt **868**

Am ... ist in Astadt der Bäckermeister Eugen Fischer verstorben. Er hat in seinem Testament vom 25. 11. 1983 die Bestimmung der Person des Testamentsvollstreckers dem Kaufmann Werner Weber in Freising überlassen. Dieser hat die Bestimmung bisher nicht vorgenommen.

Als Miterbe beantrage ich hiermit, Herrn Weber eine angemessene Frist zur Bestimmung der Person des Testamentsvollstreckers zu setzen.

– Datum und Unterschrift –

---

30. Antrag auf Testamentsvollstrecker-Zeugnis [1]
(§ 2368 BGB):

869   Heute am ... erschien vor mir, Dr. Karl Klug, Notar in Astadt, Herr Josef Fischer, Bäckermeister in Astadt, geb. 26. 7. 1941, ledig, persönlich bekannt. Er erklärt mit dem Antrag auf Beurkundung:

Der deutsche Staatsangehörige Kaufmann Otto Albrecht in Astadt ist am ... in Astadt verstorben. In seinem am ... vom Nachlaßgericht Astadt eröffneten eigenhändigen Testament vom ... hat er mich zu seinem alleinigen Testamentsvollstrecker für seinen Nachlaß ernannt mit der Maßgabe, daß ich in der Eingehung von Verbindlichkeiten für den Nachlaß nicht beschränkt sein soll. Sonstige Verfügungen des Erblassers von Todes wegen sind nicht vorhanden. Ein Rechtsstreit über die Gültigkeit des Testaments oder über meine Ernennung zum Testamentsvollstrecker ist nicht anhängig.

Ich nehme das Amt hiermit an. Über die Bedeutung einer eidesstattlichen Versicherung belehrt, versichere ich an Eides Statt, daß mir nichts bekannt ist, was der Richtigkeit meiner Angaben entgegensteht und beantrage unter Bezugnahme auf die bereits beim Nachlaßgericht Astadt liegenden Urkunden (Sterbeurkunde, Testament, Eröffnungsprotokoll), mir ein Zeugnis in einfacher Ausfertigung zu erteilen, daß ich zum Testamentsvollstrecker für den Nachlaß des Otto Albrecht ernannt und als solcher in der Eingehung von Verbindlichkeiten für den Nachlaß nicht beschränkt bin.

Wert des reinen Nachlasses DM 50 000,–.

Vorgelesen vom Notar,
von dem Beteiligten genehmigt und unterschrieben
Josef Fischer   Dr. Klug, Notar

---

31. Antrag auf Berichtigung eines Testamentsvollstrecker-Zeugnisses [2]

870   Amtsgericht Astadt   Astadt, den ... 19..

Gegenwärtig: Justizamtmann Schön als Rechtspfleger
Niederschrift in der Nachlaßsache des am ... in Astadt
verstorbenen Otto Albrecht, Kaufmann in Astadt.

---

[1]   Mit Rücksicht auf die erforderliche eidesstattliche Erklärung ist der Antrag in notarieller Urkunde zu stellen, falls er nicht zur Niederschrift des Nachlaßgerichts abgegeben wird (dazu Keidel/Kuntze/Winkler, § 1 BeurkG Rz 38; § 57 BeurkG Rz 6).
Antragsmuster auf Erteilung eines gegenständlich beschränkten TV-Zeugnisses (§§ 2368, 2369 BGB) bei Kersten/Bühling, Muster 993; siehe dazu auch Staudinger/Firsching, § 2368 BGB Rz 37.

[2]   Dazu siehe die Berichtigung in Muster 40 (Rz 879).

Erschienen sind, ausgewiesen durch mit Lichtbild versehene Personalausweise: 1. Herr Josef Engler, Schreinermeister in Astadt, 2. Herr Max Maier, Spenglermeister in Astadt.

Die Erschienenen erklären:

Der vorgenannte Erblasser hat uns beide zu seinen Testamentsvollstreckern ernannt, es ist uns vom Nachlaßgericht darüber am ... ein Zeugnis erteilt worden (siehe Blatt 10 dieser Akten). Im Testament des Erblassers (Bl. 8) ist bestimmt, daß bei Wegfall des einen Testamentsvollstreckers der andere berechtigt und verpflichtet ist, für den Weggefallenen einen Nachfolger zu ernennen. Ich, Max Maier, kündige hiermit wegen meines Wegzugs aus Astadt das Testamentsvollstrecker-Amt. Ich, Josef Engler, ernenne zum Nachfolger den Herrn Anton Müller, Werkmeister in Astadt. Er wird morgen beim Nachlaßgericht erscheinen und sein Amt annehmen.

Wir beantragen die Berichtigung des Testamentsvollstrecker-Zeugnisses und der beiden hiermit übergebenen Ausfertigungen. Diese sollen nach Berichtigung an den Erschienenen Nr. 1 ausgehändigt werden.

Vorgelesen, genehmigt und unterschrieben

Josef Engler   Max Maier   Justizamtmann Schön

---

32. Bestimmung eines Nachfolgers

In der Nachlaßsache des am ... verstorbenen Otto Albrecht, Kaufmann in Astadt, bin ich zum Testamentsvollstrecker bestellt worden. Gemäß der mir im Testament erteilten Ermächtigung bestimme ich zu meinem Nachfolger Herrn Karl Lehmann, Gärtner in Astadt. Wert DM 5000,–. **871**

– Datum und Unterschrift –

---

33. Antrag eines Beteiligten auf Entlassung des Testamentsvollstreckers aus wichtigem Grund
(§ 2227 BGB):

An das Nachlaßgericht Astadt   **872**

Mein Vater, der am ... in Astadt verstorbene Bäckermeister Eugen Fischer, hat in seinem Testament vom ... den Schreinermeister Josef Engler zum Testamentsvollstrecker ernannt. Dieser hat das Amt angenommen. Herr Engler hat, wie ich soeben erfahre, vor einigen

Monaten eine Unterschlagung begangen und ist deshalb vom Amtsgericht München am . . . zu einer höheren Geldstrafe verurteilt worden.

Diese Verfehlung des Herrn Engler bildet einen wichtigen Grund für seine Entlassung als Testamentsvollstrecker.

Ich beantrage daher, den Testamentsvollstrecker Josef Engler aus seinem Amt zu entlassen.

– Datum und Unterschrift –

---

34. Kündigung des Amtes
(§ 2226 BGB):

873

An das Nachlaßgericht Astadt

Mein Amt als Testamentsvollstrecker des am . . . in Astadt verstorbenen Otto Albrecht, Kaufmann in Astadt, kündige ich und gebe die in meinem Besitz befindliche Ausfertigung des Testamentsvollstrecker-Zeugnisses vom . . . in der Anlage zurück. Weitere Ausfertigungen des Zeugnisses sind meines Wissens nicht erteilt worden.

– Datum und Unterschrift –

V. Geschäfte des Nachlaßgerichts [1])

---

35. Fristsetzung zur Bestimmung der Person des Testamentsvollstreckers
(§ 2198 BGB):

Herrn August Schneider, Malermeister, Astadt   **874**

Der am ... hier verstorbene Moritz Franzen, Viehhändler hier, hat Sie in seinem vom Nachlaßgericht am ... eröffneten Testament vom ... ermächtigt, die Person seines Testamentsvollstreckers zu bestimmen. Abschrift des Testaments wurde Ihnen am ... übermittelt.

Auf Antrag des Miterben Anton Franzen, Metzgermeister hier, wird Ihnen hiermit zur Ernennung des Testamentsvollstreckers eine Frist bis ... gesetzt. Die Erklärung ist dem Nachlaßgericht gegenüber in beglaubigter Form abzugeben. Nach unausgenutztem Ablauf dieser Frist erlischt Ihr Bestimmungsrecht.

Astadt, den ...   Amtsgericht – Nachlaßgericht – Astadt

---

36. Ernennung eines Testamentsvollstreckers
(§ 2200 BGB):

---

a) Der am ... in Astadt verstorbene Johann Huber, Privatmann in **875** Astadt, hat in seinem vom Nachlaßgericht Astadt am ... eröffneten notariellen Testament vom ... das Nachlaßgericht um die Ernennung eines Testamentsvollstreckers für seinen Nachlaß ersucht und angeordnet, daß der Testamentsvollstrecker in der Eingehung von Verbindlichkeiten für den Nachlaß nicht beschränkt sein soll.

Gemäß diesem Ersuchen wird der Kaufmann Josef Ortlieb in Astadt zum Testamentsvollstrecker ernannt. Die Erben sind vorher gehört worden. Das Amt beginnt mit dem Zeitpunkt, in dem es vom Ernannten angenommen wird.

b) Zustellung einer Beschlußausfertigung an den Ernannten mit der Bitte um Mitteilung, ob er das ihm zugedachte Amt annimmt. Weitere Ausfertigungen zuzustellen an die aus dem Testament (Blatt 3) ersichtlichen Erben und Vermächtnisnehmer.

c) Wiedervorlage nach Eingang der Antwort des Testamentsvollstreckers, spätestens am ...

    Astadt, den ...   Amtsgericht – Nachlaßgericht – Astadt

---

[1]) Muster für **Außerkraftsetzung von Anordnungen** des Erblassers (Rz 669), für **Vermittlung von Streitigkeiten** unter mehreren TV (Rz 679) und für **Entlassung eines TV** (Rz 792) gibt Firsching/ Graf, Nachlaßrecht, Rz 4479, 4474, 4486. Höflichkeitsformeln sind weggelassen.

---

37. Erbenanhörung bei eigenhändigem Testament
(§ 2368 BGB):

876

Herrn Adam Maier, Landwirt, Astadt

Herr Paul Müller, Kaufmann in Neustadt, hat beantragt, ihm ein Testamentsvollstrecker-Zeugnis auf das am ... erfolgte Ableben ihres Vaters Moritz Maier, Landwirt in Offenau, aufgrund seines privatschriftlichen Testaments vom ... zu erteilen. Von diesem Testament haben Sie am ... eine Abschrift erhalten. Sie werden um Äußerung gebeten, ob Sie die Gültigkeit des genannten Testaments anerkennen. Es steht Ihnen frei, zum Antrag auch sonst Stellung zu nehmen. Sollte bis zum ... von Ihnen eine Stellungnahme nicht eingegangen sein, so wird angenommen, daß Sie gegen den Antrag des Herrn Paul Müller nichts einzuwenden haben.

Astadt, den ...   Amtsgericht – Nachlaßgericht – Astadt

---

38. Testamentsvollstrecker-Zeugnis
(§ 2368 BGB):

877

Amtsgericht – Nachlaßgericht – Astadt

Testamentsvollstrecker-Zeugnis vom ...

1. Testamentsvollstrecker des am ... in Astadt verstorbenen Otto Albrecht, Kaufmann in Astadt, ist

    Herr Josef Engler, Schreinermeister in Astadt.

    Er ist in der Eingehung von Verbindlichkeiten für den Nachlaß nicht beschränkt.

2. Zeugnis-Ausfertigung an den Testamentsvollstrecker, Abschrift an das Erbschaftsteueramt.

3. Kostenansatz aus DM 1000,–.

---

39. Bestätigung über Amtsannahme
(§ 2202 BGB):

878

In der Nachlaßsache des am ... in Neudorf verstorbenen Paul Adam, Händler in Neudorf, ist beim Nachlaßgericht Neudorf am ... eine Erklärung des Herrn Max Müller, Landwirt in Neudorf, vom ... ein-

gegangen, nach der er das ihm vom Erblasser im Testament vom . . .
übertragene Amt als Testamentsvollstrecker annimmt.

Neudorf, den . . . Amtsgericht – Nachlaßgericht
Justizoberinspektor Franz als Rechtspfleger

---

40. Berichtigung eines Testamentsvollstrecker-Zeugnisses [1])
(§ 2368 BGB):

Beschluß des Nachlaßgerichts Astadt vom . . . in der Nachlaßsache **879**
des am . . . in Astadt verstorbenen Otto Albrecht, Kaufmann in
Astadt:

Das Testamentsvollstrecker-Zeugnis vom . . . wird wie folgt berichtigt:
Herr Max Maier, Spenglermeister in Astadt, hat am . . . sein Amt als
Testamentsvollstrecker gekündigt. An seine Stelle ist der Werkmeister
Herr Anton Müller in Astadt getreten, der das Amt am . . . angenom-
men hat.

Die vom Mit-Testamentsvollstrecker Josef Engler vorgelegten beiden
Zeugnisausfertigungen sind nach Berichtigung an ihn zurückzugeben.
Dem Mit-Testamentsvollstrecker Anton Müller ist eine (dritte) Zeug-
nis-Ausfertigung zu erteilen.

---

41. Einziehung eines Testamentsvollstrecker-Zeugnisses
(§ 2368 BGB):

Herrn Paul Blei, Landwirt, Bedorf **880**

Das Ihnen am . . . erteilte Testamentsvollstrecker-Zeugnis in der
Nachlaßsache des am . . . verstorbenen Josef Händel, Landwirt dort,
ist unrichtig. Vom Sohn des Verstorbenen ist ein weiteres eigenhändiges Testament des Erblassers neueren Datums aufgefunden und heute
zur sofort erfolgten Eröffnung vorgelegt worden, in dem Ihre Ernennung zum Testamentsvollstrecker widerrufen worden ist. Sie werden
aufgefordert, die Ihnen am . . . erteilte Zeugnisausfertigung binnen
zwei Wochen bei Gericht einzureichen.

Hauptstadt, den . . . Amtsgericht – Nachlaßgericht

Gibt der Aufgeforderte das Zeugnis nicht fristgemäß zurück, so wird
folgender Beschluß erlassen:

---

[1]) Siehe dazu auch den entsprechenden Antrag in Muster 31 (Rz 870).

In der Nachlaßsache des am ... verstorbenen Josef Händel, Landwirt in Bedorf, wird das dem Paul Blei, Landwirt in Bedorf, am ... erteilte Testamentsvollstrecker-Zeugnis von Amts wegen für kraftlos erklärt.

Zuzustellen an Paul Blei und die aus Bl. 3 ersichtlichen Erben und Vermächtnisnehmer. Aushang sechs Wochen an der Gerichtstafel. Ersuchen an den Bundesanzeiger um einmalige Veröffentlichung und Übermittlung eines Belegblattes. Wiedervorlage nach zwei Monaten.

Hauptstadt, den ...   Amtsgericht – Nachlaßgericht

---

42. Erbschein mit Testamentsvollstrecker-Angabe
   (§ 2364 BGB):

881

Amtsgericht – Nachlaßgericht – Astadt –

Beschluß vom ...
Gemeinschaftlicher Erbschein

Erben des am ... in Astadt verstorbenen

Anton Lorenz, Bäcker in Astadt,

sind die Kinder

1. Max Lorenz, Bäckermeister in Astadt,
2. Laura Lorenz, Kontoristin in Astadt,

je zur Hälfte.

Testamentsvollstreckung ist angeordnet.

VI. Geschäfte des Testamentsvollstreckers

---

43. Schema eines Nachlaßverzeichnisses
(§ 2215 BGB):

VERZEICHNIS DES NACHLASSES **882**

des am . . . . in . . . .

verstorbenen . . . .

Güterstand des Erblassers . . . .

Der Erblasser hat in seinem eigenhändigen Testament vom . . . .

das am . . . . vom Nachlaßgericht in . . . .

eröffnet worden ist, den Unterzeichneten zu seinem Testamentsvollstrecker ernannt. Er hat das Amt am . . . . angenommen.

Testamentsvollstrecker-Zeugnis wurde vom Nachlaßgericht am
. . . . erteilt.

Der auf den Todestag des Erblassers festgestellte

NACHLASS

ist folgender:

I. Grundstücke

Beschreibung: . . . .

Einheitswert vom . . . . DM

tatsächlicher Verkaufswert . . . . DM

Als Eigentümer dieser Grundstücke ist im Grundbuch
eingetragen . . . .

Summe I – Grundstücke – . . . . DM

II. Bewegliche Sachen

a) Bargeld . . . . DM

b) Haushaltseinrichtung, bestehend aus

. . . . DM

c) Handelsgeschäft, Handwerksbetrieb

. . . . DM

d) Kunstgegenstände

. . . . DM

e) Gegenstände des persönlichen Bedarfs

. . . . DM

417

  f) Vieh und Haustiere

. . . . DM

  g) sonstige bewegliche Sachen

. . . . DM

  Summe II – Bewegliche Sachen – . . . . DM

III. Forderungen

  a) Bankguthaben

. . . . DM

  b) Sparkasseneinlagen

. . . . DM

  c) Wertpapiere

. . . . DM

  d) Schuldscheindarlehen

. . . . DM

  e) Hypotheken

. . . . DM

  f) Lebensversicherungen

. . . . DM

  g) sonstige Versicherungen

. . . . DM

  h) sonstige Forderungen

. . . . DM

    Summe III – Forderungen – . . . . DM

    Aktiv-Roh-Nachlaß (Summe I–III) . . . . DM

IV. Verbindlichkeiten

  a) Hypotheken, Grundschulden, Reallasten

. . . . DM

  b) Ungesicherte Schulden

  aa) auf Schuldschein . . . . DM

  bb) Steuern . . . . DM

  cc) sonstige laufende Schulden . . . . DM

  dd) Beerdigungskosten . . . . DM

  ee) Grabsteinkosten . . . . DM

    Summe IV – Verbindlichkeiten – . . . . DM

    <u>Reiner Nachlaß</u> (Summe I–III abzüglich IV) . . . . DM

V. Güterrechtliche Abrechnung zwischen Mann und Frau [1]
entfällt.

Gemäß § 2215 BGB vom Testamentsvollstrecker für die Erben aufgestellt.

Astadt, den . . .

Testamentsvollstrecker . . . .

---

44. Teilungsplan
(§ 2204 BGB):

Plan über die Auseinandersetzung des Nachlasses des am . . . verstor- **883**
benen Eugen, Fischer, Bäckermeister in Astadt

Gesetzliche – und zugleich testamentarische – Erben des Erblassers,
der mit seiner Witwe seit . . . in Zugewinngemeinschaft gelebt hat,
sind:

1. die Witwe Maria Fischer, geb. Müller, in Astadt, zur Hälfte des
   Nachlasses

2. die gemeinschaftlichen ehelichen Kinder   zur Hälfte des
   Nachlasses
   1. Max Fischer, Bäcker in Astadt,
   2. Frieda Fischer in Astadt,   je zu einem
      Viertel.

Der Erblasser hinterließ ein eigenhändiges Testament vom . . ., in dem
er die Erbeinsetzung vorgenommen und weiter bestimmt hat, daß der
Sohn Max Fischer bei der Nachlaßauseinandersetzung das vorhandene Geschäftshaus zu einem 20 Prozent unter dem vom Gutachterausschuß nach dem Baugesetzbuch festgestellten Verkehrswert liegenden Anschlag übernehmen darf und daß seiner Witwe das lebenslängliche Wohnungsrecht im gesamten zweiten Stock des Hauses
gemäß § 1093 BGB zustehen soll. Außerdem hat der Erblasser den
Unterzeichneten zu seinem Testamentsvollstrecker ernannt mit der
Bestimmung, daß er die Nachlaßauseinandersetzung nach billigem
Ermessen zu bewirken hat. Das Testament ist am . . . vom Nachlaßgericht eröffnet und von den Beteiligten als rechtsgültig anerkannt worden. Der Testamentsvollstrecker hat die Annahme seines Amtes am
. . . gegenüber dem Nachlaßgericht erklärt.

Sämtliche Erben haben die Erbschaft ausdrücklich angenommen. Die
Auseinandersetzung des Nachlasses soll jetzt erfolgen.

---

[1] Der Frage von güterrechtlichen Abrechnungen zwischen Mann und Frau ist im Einzelfall Aufmerksamkeit zu widmen. Abrechnungsposten können bei jedem Güterstand vorkommen, insbesondere, wenn Vermögen des einen Ehegatten vom anderen Ehegatten verwendet worden ist. Einzelheiten hierüber ergeben sich aus Haegele/Schöner/Stöber, Grundbuchrecht, Rdn. 1735 ff.

I. Feststellung des Nachlasses

Der für die Auseinandersetzung maßgebliche Nachlaß am Todestag des Erblassers wurde gemäß dem am ... vom Testamentsvollstrecker aufgestellten Nachlaßverzeichnis wie folgt festgestellt:

1. Grundbesitz:

Weinstraße Nr. 10 in Astadt, Wohnhaus mit Backofen-bau und Hofraum 0,0310 ha, eingetragen auf den Erblasser allein im Grundbuch von Astadt, Bd. 1 Bl. 10 S. 70. Wegen der hypothekarischen Belastung siehe unter Verbindlichkeiten. Amtliche Schätzung dieses Grundstücks am ... einschließlich Zubehör . . . . 100 000 DM

Summe 1 – Grundstücke – . . . . 100 000 DM

2. Bewegliche Sachen:

a) Bargeld am Todestag . . . . 1 000 DM

b) Fahrnis, das im Nachlaßverzeichnis in einzelnen aufgeführt ist, im Anschlag von . . . . 5 000 DM

c) Bäckereieinrichtung
Diese ist als Zubehör bereits im Grundstückswert und Nr. 1 enthalten

Summe 2 – Bewegliche Sachen – . . . . 6 000 DM

3. Forderungen:

a) Einlage bei der Kreissparkasse Astadt am Todestag
. . . . 16 000 DM

b) Geschäftsanteil bei der Bäckergenossenschaft Astadt . . . . 1 000 DM

Summe 3 – Forderungen – . . . . 17 000 DM

Summe 1 bis 3 . . . . 123 000 DM

4. Verbindlichkeiten:

a) Grundbuchlich gesicherte
Darlehenshypothek für Max Müller, Kaufmann in Astadt . . . . 10 000 DM

rückständige Zinsen . . . . 0 DM

b) laufende Geschäftsschulden, Beerdigungs- und Grabsteinkosten . . . . 5 000 DM

c) Vermächtnisse:
Die Bestimmung, daß der Sohn Max Fischer das vorhandene Grundstück um einen 20 v. H. unter dem amtlichen Schätzungswert liegenden Anschlag

übernehmen darf, stellt insoweit ein Vorausvermächtnis für diesen Sohn dar (durch das aber das
Pflichtteilsrecht der übrigen Erben offensichtlich
nicht verletzt wird). Es sind daher hier einzustellen
20 Prozent aus 100 000 DM . . . .   20 000 DM

d) Wohnungsrecht der Witwe des Erblassers. Dabei
handelt es sich hier um keine Verpflichtung der
Erben, sondern um eine Belastung des Vermächtnisnehmers, so daß hier einzustellen ist . . . .   0 DM

Summe 4 – Verbindlichkeiten – . . . .   35 000 DM

Es betragen

a) Rohnachlaß . . . .   123 000 DM

b) Verbindlichkeiten . . . .   35 000 DM

Reinnachlaß: . . . .   88 000 DM

II. Nachlaßteilung

Am Reinnachlaß von 88 000 DM erben:

1. die Witwe die Hälfte mit . . . .   44 000 DM

2. der Sohn Max ein Viertel mit . . . .   22 000 DM

3. die Tochter Frieda ein Viertel mit . . . .   22 000 DM

III. Ausgleichung

Zu den Erbteilen der Abkömmlinge mit . . . .   44 000 DM

hat die Tochter Frieda eine Ausstattung aus dem
Jahre 1960 mit . . . .   6 000 DM

auszugleichen, so daß zugrundezulegen sind . . . .   50 000 DM

Hiervon erben Sohn und Tochter je die Hälfte,
also Max 25 000 DM,
Frieda 19 000 DM

IV. Gesamtansprüche

1. Witwe:
   Erbteil . . . .   44 000 DM

2. Sohn Max:
   a) Erbteil . . . . 25 000 DM
   b) Vorausvermächtnis . . . . 20 000 DM   45 000 DM

3. Tochter Frieda:
   Erbteil . . . .   19 000 DM

4. gesicherte und ungesicherte fremde Gläubiger . . . .   15 000 DM

gibt wieder Rohnachlaß mit . . . .   123 000 DM

V. Nachlaßverwertung

Der Erblasser hat in seinem Testament bestimmt, daß der Sohn Max Fischer den Gegenwert für die Übernahme des Grundstücks und sonstiger Nachlaßgegenstände, soweit dieser Gegenwert nicht in der Form der Übernahme von Nachlaßverbindlichkeiten und der Abrechnung seiner eigenen Ansprüche gegen den Nachlaß bereinigt wird, gegen dreimonatige Kündigung, die aber seitens der Gläubiger nicht vor dem 1. Januar 19... ausgesprochen werden darf, zu zahlen und von dem auf den Todestag des Erblassers folgenden Vierteljahresersten an zu jährlich 5 Prozent zu verzinsen hat. Hypothekarische Sicherstellung der Schuld des Max Fischer auf dem vorhandenen Grundstück ist vom Erblasser ausdrücklich als nicht erforderlich bezeichnet worden.

Max Fischer übernimmt:
a) Grundbesitz im Anschlag von . . . . . 100 000 DM
b) Bargeld im Betrage von . . . .   1 000 DM
c) Geschäftsanteil mit . . . .   1 000 DM   102 000 DM

Er darf abrechnen:
a) übernommene Hypothek . . . . 10 000 DM
b) übernommene Geschäftsschulden usw.   5 000 DM
c) eigenen Erbteil . . . . 25 000 DM
d) Vorausvermächtnis . . . . 20 000 DM   60 000 DM

Die vorhandene Fahrnis wird entsprechend den Wünschen der Erben zwischen Witwe und Tochter im Verhältnis 3000 zu 2000 DM aufgeteilt. Die Aufteilung des Sparkassenguthabens erfolgt zwischen diesen beiden Erben im Verhältnis von einhalb zu einhalb.

VI. Auseinandersetzungsplan

```
        ┌──────────────── Es ───────────────┐
        ▼                                    ▼
┌─────────────────────┐          ┌─────────────────────┐
│      fordert:        │          │       erhält:        │
└─────────────────────┘          └─────────────────────┘
```

1. Witwe M. Fischer		a) Fahrnis	3 000 DM
Erbteil . . . . 44 000 DM		b) Spareinlagen . . .	8 000 DM
		c) von Max	33 000 DM
Rest 0 DM			44 000 DM
2. Tochter Frieda		a) Fahrnis	2 000 DM
Erbteil . . . . 19 000 DM		b) Spareinlagen . . .	8 000 DM
		c) von Max	9 000 DM
Rest 0 DM			19 000 DM
3. Sohn Max Fischer		a) Grundstück	100 000 DM
a) Erbteil . . . . . 25 000 DM		b) Geschäftsanteil . .	1 000 DM
b) Vorausverm. 20 000 DM		c) Bargeld	1 000 DM
45 000 DM			102 000 DM
mithin zuviel . . . 57 000 DM			
und hat zu zahlen:		a) Witwe Ziff. 1 . . .	33 000 DM
		b) Frieda Ziff. 2 . . .	9 000 DM
		c) gesich. Schuld . .	10 000 DM
		d) ungesich. Schuld .	5 000 DM
Rest 0 DM			57 000 DM
4. Fremde Gläubiger			15 000 DM
gibt wieder Gesamtnachlaß			123 000 DM

VII. Vollzug

1. Der Sohn Max Fischer ist verpflichtet, bei der Auflassung des Grundstücks an ihn mitzuwirken. Dabei hat er seiner Mutter das im Testament angeordnete Wohnungsrecht zu bestellen. Im übrigen haben die Erben die ihnen zugeteilten Nachlaßgegenstände anzunehmen.

2. Alle Erwerbe sind, da innerhalb der Freibeträge liegend, nach dem bis 31. 12. 1996 geltenden Recht erbschaftsteuerfrei [1]).

3. Die Vergütung des Testamentsvollstreckers ist von den Erben im Verhältnis ihrer Erbteile zu tragen. Sie beträgt vereinbarungsgemäß 1800 DM.

---

[1]) Steuerfrei blieb bis zur Entscheidung des Bundesverfassungsgerichts v. 22. 6. 1995 der Erwerb des Ehegatten in Höhe von 250 000 DM, der Kinder in Höhe von 90 000 DM, der Enkel in Höhe von 50 000 DM, der Eltern, Geschwister, Nichten, Neffen in Höhe von 10 000 DM, fremder Personen in Höhe von 3000 DM; Einzelheiten siehe § 16 ErbStG. Daneben hatte der überlebende Ehegatte noch einen besonderen Versorgungsfreibetrag ebenfalls in Höhe von 250 000 DM (§ 17 Abs. 1 ErbStG); wenn der Ehegatte allerdings Versorgungsbezüge bezieht, die nicht der Erbschaftsteuer unterliegen, ist der Versorgungsfreibetrag um den Kapitalwert dieser Versorgungsbezüge zu kürzen. Der Zugewinnausgleich ist grundsätzlich steuerfrei. Eine Neuregelung ist geplant, aber noch nicht Gesetz.

4. Gegenüber den Gläubigern der vom Sohn Max Fischer allein übernommenen Verbindlichkeiten wird der Antrag gestellt, Witwe und Tochter Fischer aus der Mithaftung für diese Verbindlichkeiten zu entlassen und diese Haftentlassung dem Testamentsvollstrecker gegenüber ausdrücklich zu bestätigen.

5. Nach grundbuchamtlichem Vollzug der Auflassung gemäß Nr. 1 ist die Testamentsvollstreckung beendet. Der Testamentsvollstrecker wird dies dem Nachlaßgericht dann unverzüglich mitteilen und die Ausfertigung des Testamentsvollstrecker-Zeugnisses (seines Wissens ist nur eine Ausfertigung erteilt) zurückgeben.

Astadt, den ...   Der Testamentsvollstrecker

---

45. Anhörung der Erben zum Teilungsplan
(§ 2204 BGB):

884

An

1. Frau Maria Fischer,   Bäckermeisterswitwe,
2. Herrn Max Fischer,   Bäcker,
3. Fräulein Frieda Fischer,   sämtlich Astadt.

In der Nachlaßsache des Herrn Eugen Fischer, Bäckermeister in Astadt, habe ich auf der Grundlage des eigenhändigen Testaments des Erblassers vom ... den aus anliegender Mehrfertigung ersichtlichen Auseinandersetzungsplan aufgestellt. Ich gebe Ihnen hiermit Gelegenheit, zu diesem Plan Stellung zu nehmen.

Sollte ich nicht bis spätestens ... im Besitz einer gegenteiligen Antwort sein, so nehme ich Ihr Einverständnis mit dem Plane an. Ich werde dann Herrn Max Fischer bitten, mit mir zu Herrn Notar Dr. Klug in Astadt zu gehen, damit die zur Eigentumsumschreibung und zur Bestellung des Wohnungsrechts erforderlichen Erklärungen beurkundet werden können.

Astadt, den ...   Der Testamentsvollstrecker

---

46. Grundstücksauflassung aufgrund des Planes
(§ 2204 BGB):

885

Heute, am ...

eintausendneunhundert ...

sind vor mir Dr. Karl Klug,
            Notar in Astadt

in meinen Amtsräumen in Astadt, Hauptstraße 15, gleichzeitig anwesend:

1. Herr Hugo Wendig, Kaufmann in Astadt,
   hier handelnd als Testamentsvollstrecker über den Nachlaß des
   am... verstorbenen Herrn Eugen Fischer, Bäckermeister in
   Astadt, aufgrund des mir in Urschrift vorgelegten und dieser
   Urkunde in beglaubigter Abschrift beigehefteten Testamentsvollstrecker-Zeugnisses,

2. Herr Max Fischer, Bäcker in Astadt,
   geb. am...
   nach Angabe ledig.

Die Erschienenen sind mir, Notar, persönlich bekannt,

Nach Grundbucheinsicht beurkunde ich die folgenden Erklärungen
der Anwesenden:

I. Am... verstarb Herr Eugen Fischer, zuletzt wohnhaft in Astadt. Er
wurde beerbt von

   a) seiner Witwe Maria Fischer, geb. Müller,
      zu einer Hälfte,

   b) von seinen Kindern
      Max Fischer, Bäcker in Astadt, und
      Frieda Fischer in Astadt
      zu je einem Viertel.

Wegen des Nachweises der Erbfolge wird auf den Erbschein des
Amtsgerichtes – Nachlaßgerichtes – Astadt vom... Az. ... Bezug
genommen.

Zum Nachlaß des Verstorbenen gehört u. a. das im Grundbuch des
Amtsgerichtes Astadt für

Astadt Band 1 Blatt 10 Seite 70

eingetragene Grundstück der Gemarkung Astadt
Fl. Nr. 222 Weinstraße Nr. 10 in Astadt,
Wohnhaus mit Backofenbau und Hofraum zu   0,0310 ha.
Dieses Grundstück ist derzeit in Abt. II mit dem Testamentsvollstrek-
kervermerk belastet. In Abt. III ist folgende Belastung eingetragen:
10 000,– DM Hypothek für Herrn Max Müller, Kaufmann in Astadt.

II. Der Testamentsvollstrecker Hugo Wendig hat am... einen Auseinandersetzungsplan aufgestellt und dazu die Erben gehört.

Aufgrund dieses Planes und in Erfüllung des angeordneten Vermächtnisses überträgt hiermit der Testamentsvollstrecker das in Ziffer I auf-
geführte Grundstück der Gemarkung Astadt
Fl. Nr. 222 Weinstraße 10 in Astadt,
Wohnhaus mit Backofenbau und Hofraum zu   0,0310 ha
auf den Sohn des Erblassers und Miterben
Herrn Max Fischer zu dessen Alleineigentum
und zwar auf Rechnung von dessen Erbteil.

Die Vertragsteile sind über den Eigentumsübergang auf Herrn Max Fischer einig. Sie bewilligen und beantragen die Eintragung dieser Rechtsänderung und die Löschung des Testamentsvollstreckervermerks im Grundbuch. Auf Eintragung einer Vormerkung wird verzichtet.

Vollzugsmitteilung an den Notar genügt und wird beantragt.

III. Gemäß der im Testament des Erblassers getroffenen Anordnung räumt hiermit Herr Max Fischer seiner Mutter

Frau Maria Fischer, geb. Müller, Astadt,

auf deren Lebensdauer das unbeschränkte und unentgeltliche Recht ein, alle Räume im zweiten Stock des Vertragsanwesens unter Ausschluß des Eigentümers als Wohnung zu benützen. Sämtliche für die Wohnrechtsräume anfallende Kosten trägt die Berechtigte selbst. Im übrigen gelten für den Inhalt des Wohnungsrechtes die Bestimmungen des § 1093 BGB.

Zur Sicherung des Wohnungsrechtes bestellt hiermit Herr Max Fischer am Vertragsgrundstück eine beschränkte persönliche Dienstbarkeit für seine Mutter Maria Fischer und bewilligt und beantragt die Eintragung dieser Dienstbarkeit im Grundbuch am Vertragsgrundstück an nächstoffener Rangstelle.

Vollzugsmitteilung an den Notar genügt und wird beantragt.

IV. Herr Max Fischer übernimmt vom Todestag des Erblassers an in dinglicher und persönlicher Haftung die am Vertragsbesitz im Grundbuch eingetragene Hypothek zu 10 000,– DM für Herrn Max Müller in Astadt samt der der Hypothek zugrundeliegenden Forderung. Die vereinbarte Schuldübernahme erfolgt in der Weise, daß der Erwerber mit befreiender Wirkung für die Erbengemeinschaft die Verbindlichkeit samt Pfandrecht in Haupt- und Nebensachen übernimmt.

Wegen der übernommenen Hypothekenschuld unterwirft sich der Erwerber in Haupt- und Nebensache der sofortigen Zwangsvollstreckung aus dieser Urkunde unter Bezugnahme auf die seinerzeitige Bestellungsurkunde in sein gesamtes Vermögen.

Dem Gläubiger ist eine beglaubigte Abschrift dieser Urkunde und auf einseitiges Verlangen eine vollstreckbare Ausfertigung zu erteilen.

Der Inhalt der übernommenen Verbindlichkeit ist dem Erwerber bekannt.

Der Veräußerer überträgt auf den Erwerber alle Ansprüche und Rechte, die ihm bis zum Vollzug dieser Urkunde an der übernommenen Hypothek zustehen und bewilligt die entsprechende Umschreibung im Grundbuch.

Die Vertragsteile wurden darauf hingewiesen, daß der bisherige Schuldner von der Haftung gegenüber dem Gläubiger erst dann frei wird, wenn der Gläubiger die Schuldübernahme genehmigt. Der Erwerber wird hiermit von allen Beteiligten unter Befreiung von den Beschränkungen des § 181 BGB ermächtigt, sämtliche Erklärungen abzugeben, die zur Genehmigung des Gläubigers erforderlich sind.

Verweigert der Gläubiger diese Genehmigung, dann übernimmt der Erwerber diese Schuld zur Erfüllung.

V. Die Übertragung des Grundstücks erfolgt mit allen Rechten und Pflichten und den gesetzlichen Bestandteilen.

Besitz, Nutzen, öffentliche Lasten und die Gefahr gehen ab dem Todestag des Erblassers auf den Erwerber über.

VI. Gehaftet wird nur für ungehinderten Besitz- und Eigentumsübergang und für Freiheit von Belastungen jeder Art, soweit sie nicht ausdrücklich übernommen werden. Gehaftet wird nicht für Freiheit von altrechtlichen Dienstbarkeiten, die im Grundbuch nicht eingetragen sind.

Der Vertragsbesitz wurde vom Erwerber vor Vertragsabschluß besichtigt und wird im derzeitigen Zustand veräußert. Gehaftet wird somit nicht für Flächenmaß, Beschaffenheit von Boden und Gebäuden und für Freiheit von Sachmängeln.

VII. Die Kosten der Beurkundung, etwaiger Genehmigungen, der Eintragung sowie eine eventuelle Erbschaftsteuer [1]) oder Grunderwerbsteuer [2]) trägt der Erwerber.

VIII. Von dieser Urkunde erhalten

jeder Vertragsteil eine Ausfertigung nach Vollzug
und sofort eine beglaubigte Abschrift,
das Finanzamt Astadt – Grunderwerbsteuerstelle –
eine einfache Abschrift,

je eine beglaubigte Abschrift
das Grundbuchamt,
das Finanzamt . . . für
Grundbesitz und Verkehrssteuern – Schenkungssteuerstelle –,
das Nachlaßgericht.

IX. Die Beteiligten wurden vom Notar u. a. über folgendes belehrt:

1. Das Eigentum geht nicht schon mit Abschluß dieses Vertrages auf den Erwerber über, sondern erst mit Eintragung des Eigentumsüberganges im Grundbuch. Diese Eintragung kann erst erfolgen, wenn etwa erforderliche Genehmigungen erteilt sind und die

---

[1]) Zu den Freibeträgen siehe oben Fußnote 1 zu Rz 883.

[2]) Bei Grundstückserwerb durch Abkömmlinge zur Teilung des Nachlasses greifen die Befreiungstatbestände des § 3 Nr. 3 und 6 GrEStG ein.

Unbedenklichkeitsbescheinigung des Finanzamtes wegen der Grunderwerbsteuer vorliegt [1]).

2. Alle Vereinbarungen müssen richtig und vollständig beurkundet sein, da alle nicht beurkundeten Abreden nichtig sind und die Wirksamkeit des ganzen Vertrages in Frage stellen können.

3. Der Grundbesitz haftet für Rückstände an öffentlichen Lasten und Abgaben, insbesondere für einen etwaigen Erschließungsbeitrag und für im Grundbuch eingetragene Belastungen bis zur Freistellung durch den Berechtigten.

4. Etwa bestehende Miet- und Pachtverhältnisse werden durch diesen Vertrag nicht berührt [2]).

5. Zu diesem Vertrag sind behördliche Genehmigungen nicht erforderlich.

6. Es kann Erbschaftsteuer anfallen [3]).

Vorgelesen vom Notar,
von den Beteiligten genehmigt und unterschrieben
Hugo Wendig   Max Fischer   Dr. Klug, Notar

---

[1])   Siehe §§ 18, 19 BeurkG (Keidel/Winkler, § 19 BeurkG Rz 7).

[2])   Vgl. § 571 BGB.

[3])   § 13 Abs. 1, 5 ErbStDV (Keidel/Winkler, § 19 BeurkG Rz 6) und oben Fußnote 1 zu Rz 883.

Stichwortverzeichnis

Die Zahlen verweisen auf die fett gedruckten Randnummern.

IMMOBILIEN · STEUERN
KAPITALANLAGE

▶ Profi-Handbuch Wohnungs- und Hausverwaltung

Wer eine Wohnung zu vermieten oder ein Haus zu verwalten hat, erfährt Schritt für Schritt, worauf es ankommt: Beispiele demonstrieren systematische Vermietungsstrategien und „Do-it-yourself-Verwaltungen".

Praktische Hilfe: zahlreiche Checklisten, Kontrollfragen und Beispielberechnungen

Profi-Handbuch Wohnungs- und Hausverwaltung
Vermieten · Verwalten · Kündigen
Mit Checklisten
Von Reinhold Pachowsky,
Immobiliensachverständiger
2. Auflage, ca. 208 Seiten, Broschur
ISBN 3-8029-3342-7

▶ Immobilien-Handbuch für Profis

Das Investmentrisiko verringern: Welche Überlegungen sind vor dem Kauf wichtig? Welche Aufgaben und Pflichten hat eine Immobilienverwaltung? Wie werden Erfolg und Rendite berechnet?

Praktische Hilfe: „Renditeformel", 10 Punkte für ein erfolgreiches Immobilieninvestment, viele Kalkulationsbeispiele

Immobilien-Handbuch für Profis
Immobilieninvestment · Vermietungsmanagement ·
Ertrag und Rendite
Von Reinhold Pachowsky,
Immobiliensachverständiger
ca. 260 Seiten, Broschur
ISBN 3-8029-3300-1

Seminar

Praxis der Wohnungs- und Hausverwaltung
Wenn Sie an diesem Seminar teilnehmen möchten, dann schreiben Sie bitte an
Walhalla Fachverlag, Seminar-Service, 93042 Regensburg

Erhältlich in Ihrer Buchhandlung
Nähere Informationen erhalten Sie bei

W A L H A L L A
F A C H V E R L A G

Fax: 09 41 / 56 84 111
E-mail: walhalla@walhalla.de